中国社会科学院2000年度重大A类科研课题暨2001年度国家社科基金项目，得到中国社会科学院文库出版资助。

中国社会科学院文库
历史考古研究系列
The Selected Works of CASS
History and Archaeology

彩图1　武丁时车伐𢀛方卜辞

彩图2　帝乙时伐危方荐祭敌俘刻辞

彩图3　践伐夷方卜辞

彩图4　美国弗利尔藏商代铜柲玉钺

彩图5　滕州前掌大晚商玉钺

彩图6　山东苏埠屯大墓出土人面钺

彩图7　安阳出土亚长铭钺

彩图8　西北冈1004号大墓出土铜胄

彩图9　江西新干商代大墓出土铜胄

彩图10　太原发现商代铜胄

彩图11　首博藏晚商三孔有銎钺

彩图12　西北冈1004号大墓出土兽面纹镦

彩图13　安阳出土叉形铜镈

彩图14　安阳后冈出土晚商銎内戈

彩图15　安阳出土残带木柲铜戈

彩图16　安阳出土曲内铜戈

彩图17　安阳出土绿松石镶嵌曲内铜戈

彩图18　安阳出土绿松石镶嵌三角形援戈

彩图19　安阳西北冈1335号墓出土卷首刀

彩图20　安阳出土骹腔残存木柲的铜矛

彩图21　西北冈1004号大墓出土有脊棱双系铜矛

彩图22　安阳出土铜斝

彩图23　西北冈1001号大墓出土玉镞

彩图24　安阳出土残存箭杆的铜镞堆

商代史·卷九

商代战争与军制

WARS AND MILITARY SYSTEM IN SHANG DYNASTY

宋镇豪 主编 罗琨 著

中国社会科学出版社

图书在版编目（CIP）数据

商代战争与军制/罗琨著．—北京：中国社会科学出版社，2010.11
（商代史·卷九）
ISBN 978-7-5004-8925-2

Ⅰ.①商… Ⅱ.①罗… Ⅲ.①战争史－中国－商代②军事制度－中国－商代 Ⅳ.①E292.3

中国版本图书馆CIP数据核字（2010）第137370号

责任编辑	黄燕生
特邀编辑	张　彤
责任校对	李　莉
封面设计	孙元明
技术编辑	戴　宽

出版发行	中国社会科学出版社		
社　　址	北京鼓楼西大街甲158号	邮　编	100720
电　　话	010－84029450（邮购）		
网　　址	http://www.csspw.cn		
经　　销	新华书店		
印　　刷	北京君升印刷有限公司	装　订	广增装订厂
版　　次	2010年11月第1版	印　次	2010年11月第1次印刷
开　　本	710×1000　1/16		
印　　张	37		
字　　数	645千字		
定　　价	72.00元		

凡购买中国社会科学出版社图书，如有质量问题请与本社发行部联系调换

版权所有　侵权必究

《中国社会科学院文库》出版说明

《中国社会科学院文库》（全称为《中国社会科学院重点研究课题成果文库》）是中国社会科学院组织出版的系列学术丛书。组织出版《中国社会科学院文库》，是我院进一步加强课题成果管理和学术成果出版的规范化、制度化建设的重要举措。

建院以来，我院广大科研人员坚持以马克思主义为指导，在中国特色社会主义理论和实践的双重探索中做出了重要贡献，在推进马克思主义理论创新、为建设中国特色社会主义提供智力支持和各学科基础建设方面，推出了大量的研究成果，其中每年完成的专著类成果就有三四百种之多。从现在起，我们经过一定的鉴定、结项、评审程序，逐年从中选出一批通过各类别课题研究工作而完成的具有较高学术水平和一定代表性的著作，编入《中国社会科学院文库》集中出版。我们希望这能够从一个侧面展示我院整体科研状况和学术成就，同时为优秀学术成果的面世创造更好的条件。

《中国社会科学院文库》分设马克思主义研究、文学语言研究、历史考古研究、哲学宗教研究、经济研究、法学社会学研究、国际问题研究七个系列，选收范围包括专著、研究报告集、学术资料、古籍整理、译著、工具书等。

中国社会科学院科研局
2006 年 11 月

目 录

第一章 成汤灭夏的战争 ……………………………………………… (1)
  第一节 夏商之际的历史大势 …………………………………… (1)
    一 夏后氏及其主要与国的兵要地理 ………………………… (2)
    二 商族的崛起与夏商力量对比的消长 ……………………… (13)
  第二节 成汤灭夏 ………………………………………………… (23)
    一 成汤伐夏的准备与谋略 …………………………………… (23)
    二 鸣条之战 …………………………………………………… (40)
    三 商王朝的建立 ……………………………………………… (64)

第二章 商代前期的战争 ……………………………………………… (69)
  第一节 夷夏交争 ………………………………………………… (69)
    一 夷夏交争的历史回顾 ……………………………………… (70)
    二 仲丁伐蓝夷 ………………………………………………… (76)
  第二节 开疆拓土 ………………………………………………… (84)
    一 经略"有夏之居" …………………………………………… (89)
    二 开拓四土 …………………………………………………… (94)

第三章 商代后期的战争（上） ……………………………………… (108)
  第一节 商代后期历史大势与武丁征伐分期研究 ……………… (108)
    一 武丁中兴及其后的发展 …………………………………… (109)
    二 武丁时期征伐卜辞分期研究 ……………………………… (118)
  第二节 振兴王朝的战争 ………………………………………… (125)
    一 戈宙、征基方缶 …………………………………………… (125)

  二 伐䂳、执亘 ……………………………………………………… (140)
  三 敦𢀛、戬周与其他小规模用兵 ………………………… (156)
 第三节 武丁对多方的战争 ……………………………………… (172)
  一 对夷、巴、龙、下𠂤诸方之战 ………………………… (172)
  二 拓疆南土 ………………………………………………… (192)
 第四节 抗御畜牧族内侵 ………………………………………… (203)
  一 四土以外的畜牧民多方 ………………………………… (204)
  二 䂷方的战争 ……………………………………………… (217)
  三 对土方的战争 …………………………………………… (227)
  四 对舌方的战争 …………………………………………… (232)
  五 小结 ……………………………………………………… (248)

第四章 商代后期的战争（下） ………………………………… (250)
 第一节 廪辛康丁前后对羌人的战争 …………………………… (250)
  一 殷代的羌和羌方 ………………………………………… (250)
  二 廪辛、康丁对羌方的战争 ……………………………… (257)
  三 对其他方国的战争 ……………………………………… (264)
  四 小结 ……………………………………………………… (273)
 第二节 武乙、文丁对西北方国的征伐 ………………………… (274)
  一 武乙前后对方的战争 …………………………………… (274)
  二 武乙文丁对召方的战争 ………………………………… (288)
  三 小结 ……………………………………………………… (297)
 第三节 帝乙帝辛时期的战争 …………………………………… (298)
  一 对夷方战争的起因及概况 ……………………………… (299)
  二 十祀伐夷方研究 ………………………………………… (310)
  三 伐盂方、二邦方、三邦方、四邦方 …………………… (327)
  四 小结 ……………………………………………………… (333)
 第四节 牧野之战与商王朝的覆灭 ……………………………… (334)
  一 力量对比的变化 ………………………………………… (334)
  二 牧野决战 ………………………………………………… (348)
  三 纣之百克，而卒无后 …………………………………… (358)
  四 小结 ……………………………………………………… (365)

第五章　商代的军事制度 (367)
第一节　军事领导体制和武装力量构成 (367)
　　一　军事领导体制 (367)
　　二　武装力量构成 (385)
第二节　兵种、编制与兵役制度 (397)
　　一　兵种 (397)
　　二　编制 (414)
　　三　兵役制度 (430)

第六章　商代的军事装备与国防 (436)
第一节　武器装备与战车 (437)
　　一　格斗武器 (437)
　　二　远射武器 (461)
　　三　防护装具 (470)
　　四　战车 (478)
第二节　国防 (491)
　　一　封疆警卫系统 (491)
　　二　城防设施 (515)

第七章　余说 (520)
第一节　商代军礼发凡 (520)
　　一　商代军礼的特点 (520)
　　二　以蒐狩习战阵 (535)
　　三　军事训练与军事法规 (544)
第二节　军事思想萌芽 (550)
　　一　《仲虺之诰》与《说命》 (550)
　　二　"慎战"思想在殷墟甲骨文中的反映 (554)

彩图目录

彩图 1　武丁时车伐𢀛方卜辞（采自《当甲骨遇上考古——导览 YH127 坑》）
彩图 2　帝乙时伐危方荐祭敌俘刻辞（采自《中国国家博物馆馆藏文物研究丛书·甲骨卷》260）
彩图 3　践伐夷方卜辞（采自《殷墟甲骨辑佚》690）
彩图 4　美国弗利尔藏商代铜柲玉钺（采自《中国青铜器全集·商 3》）
彩图 5　滕州前掌大晚商玉钺（采自《国之瑰宝——中国文物事业五十年》）
彩图 6　山东苏埠屯大墓出土人面钺（采自《中国美术全集·青铜器》上）
彩图 7　安阳出土亚长铭钺（采自《安阳殷墟花园庄东地商代墓葬》）
彩图 8　西北冈 1004 号大墓出土铜胄（采自《殷墟出土器物选粹》）
彩图 9　江西新干商代大墓出土铜胄（采自《新干商代大墓》）
彩图 10　太原发现商代铜胄（采自《山西省博物馆馆藏文物精华》）
彩图 11　首博藏晚商三孔有銎钺（采自《中国美术全集·青铜器》上）
彩图 12　西北冈 1004 号大墓出土兽面纹镦（采自《殷墟出土器物选粹》）
彩图 13　安阳出土叉形铜镈（采自《安阳殷墟花园庄东地商代墓葬》）
彩图 14　安阳后冈出土晚商銎内戈（采自《中国青铜器全集·商 3》）
彩图 15　安阳出土残带木柲铜戈（采自《安阳殷墟花园庄东地商代墓葬》）
彩图 16　安阳出土曲内铜戈（采自《安阳殷墟花园庄东地商代墓葬》）
彩图 17　安阳出土绿松石镶嵌曲内铜戈（采自《殷墟出土器物选粹》）
彩图 18　安阳出土绿松石镶嵌三角形援戈（采自《殷墟出土器物选粹》）
彩图 19　安阳西北冈 1335 号墓出土卷首刀（采自《殷墟出土器物选粹》）
彩图 20　安阳出土骸腔残存木柲的铜矛（采自《安阳殷墟花园庄东地商代墓葬》）
彩图 21　西北冈 1004 号大墓出土有脊棱双系铜矛（采自《殷墟出土器物选粹》）

彩图 22　安阳出土铜鞢(采自《殷墟出土器物选粹》)
彩图 23　西北冈 1001 号大墓出土玉镞(采自《殷墟出土器物选粹》)
彩图 24　安阳出土残存箭杆的铜镞堆(采自《安阳殷墟花园庄东地商代墓葬》)

插图目录

图1—1　先商文化南下拓展示意(采自《中国考古学·夏商卷》，
　　　　中国社会科学出版社2003年) ………………………………………(21)
图1—2　商汤伐桀示意图(采自《中国军事通史》第一卷，
　　　　军事科学出版社1998年10月) ………………………………………(67)
图2—1　商代早期商文化分布示意图
　　　　(采自王立新《早商文化研究》) ……………………………………(85)
图2—2　盘龙城地理位置示意图(采自《盘龙城——
　　　　1963—1994年考古发掘报告》) ……………………………………(103)
图2—3　铜岭古铜矿及檀树咀遗址位置示意图(采自《铜岭古铜矿遗址
　　　　发现与研究》、《江西瑞昌市檀树咀商周遗址发掘简报》) ……(104)
图3—1　《合集》6830 ………………………………………………………(125)
图3—2　《合集》6834 ………………………………………………………(125)
图3—3　《合集》1027 ………………………………………………………(126)
图3—4　《合集》8445 ………………………………………………………(128)
图3—5　《合集》6863 ………………………………………………………(130)
图3—6　《合集》6862 ………………………………………………………(131)
图3—7　《合集》6570 ………………………………………………………(133)
图3—8　《合集》6942 ………………………………………………………(140)
图3—9　《合集》6939 ………………………………………………………(142)
图3—10　《合集》6959 ……………………………………………………(148)
图3—11　1亘鬲,2—6曾侯乙钟,7秦公簋(采自《殷周金文集成》) …(151)
图3—12　《合集》7024 ……………………………………………………(157)
图3—13　《合集》53 ………………………………………………………(157)
图3—14　《合集》227 ………………………………………………………(159)

图3—15	《合集》34239	(159)
图3—16	《合集》6813	(160)
图3—17	《合集》6814	(160)
图3—18	《合集》4885	(162)
图3—19	《合集》6960	(166)
图3—20	《合集》6835	(167)
图3—21	《合集》6886 局部	(168)
图3—22	《合集》6895	(170)
图3—23	《合集》6877 正	(170)
图3—24	《合集》7084	(171)
图3—25	《合集》7083	(171)
图3—26	《合集》6476	(174)
图3—27	《合集》6513	(178)
图3—28	《合集》6527	(180)
图3—29	《合集》7311	(181)
图3—30	《合集》6480	(184)
图3—31	《合集》6594	(186)
图3—32	《合集》831	(188)
图3—33	《合集》6532	(189)
图3—34	《合集》6554	(190)
图3—35	《合集》34122	(194)
图3—36	《合集》20510	(194)
图3—37	《合集》6667	(198)
图3—38	《合集》5504	(199)
图3—39	《合集》5512	(199)
图3—40	《合集》8592	(205)
图3—41	《合集》6057 正、反	(212)
图3—42	《合集》6771	(220)
图3—43	《合集》6759	(224)
图3—44	《合集》6769	(225)
图3—45	《合集》6409	(229)
图3—46	《合集》6354	(231)

图 3—47　《合集》8610 …………………………………………………（233）
图 3—48　《合集》6185 …………………………………………………（238）
图 3—49　《合集》6345 …………………………………………………（243）
图 3—50　《合集》548 ……………………………………………………（245）
图 3—51　《合集》5445 …………………………………………………（246）
图 4—1　《合集》7345 ……………………………………………………（251）
图 4—2　《合集》22134 …………………………………………………（251）
图 4—3　《合集》191 ……………………………………………………（253）
图 4—4　《英藏》150 ……………………………………………………（253）
图 4—5　《合集》258 ……………………………………………………（255）
图 4—6　《合集》6615 …………………………………………………（256）
图 4—7　《甲编》2002 …………………………………………………（258）
图 4—8　《合集》27975 …………………………………………………（260）
图 4—9　《合集》36528 反局部 …………………………………………（263）
图 4—10　《合集》27990 ………………………………………………（265）
图 4—11　《合集》33213 ………………………………………………（266）
图 4—12　《合集》27995 ………………………………………………（267）
图 4—13　《合集》28087 ………………………………………………（268）
图 4—14　《合集》36481 ………………………………………………（271）
图 4—15　《屯南》2651 …………………………………………………（272）
图 4—16　《合集》28011 ………………………………………………（278）
图 4—17　《合集》33049 ………………………………………………（283）
图 4—18　《合集》33114 ………………………………………………（284）
图 4—19　《合集》36443 ………………………………………………（288）
图 4—20　《合集》33033 ………………………………………………（289）
图 4—21　《合集》33029 ………………………………………………（293）
图 4—22　《合集》37852 ………………………………………………（301）
图 4—23　《合集》36482 ………………………………………………（302）
图 4—24　《合集》36492＋36969＋《合集补编》11309 ………………（305）
图 4—25　《合集》36493 ………………………………………………（306）
图 4—26　《集成》5990 …………………………………………………（307）
图 4—27　《集成》5417 …………………………………………………（308）

图 4—28	《集成》944	(309)
图 4—29	《合集》36518	(327)
图 4—30	《合补》11242	(328)
图 4—31	《遗续二》056	(331)
图 4—32	《合集》36530	(332)
图 4—33	武王伐纣示意图	(364)
图 5—1	《合集》41529	(371)
图 5—2	《合集》27882	(374)
图 5—3	《合集》33045	(375)
图 5—4	《合集》33006	(376)
图 5—5	《合集》4834	(377)
图 5—6	《合集》27881	(383)
图 5—7	《合集》5746	(388)
图 5—8	《合集》32937	(389)
图 5—9	《合集》34133	(393)
图 5—10	《合集》66	(395)
图 5—11	《合集》35	(398)
图 5—12	《合集》10405 正	(402)
图 5—13	《合集》5766	(407)
图 5—14	《合集》5825	(410)
图 5—15	《合集》27996	(412)
图 5—16	《合集》32834	(413)
图 5—17	《屯南》2328 摹本	(416)
图 5—18	《合集》33087	(418)
图 5—19	《合集》35346	(420)
图 5—20	《屯南》728	(425)
图 5—21	《屯南》2320	(427)
图 6—1	殷代格斗武器(采自《殷墟发现与研究》第 317 页图一七七)	(437)
图 6—2	商代前期的戈(采自《藁城台西商代遗址》第 133 页,图八零—1、7、3)	(440)

图 6—3 商代后期的戈(采自《殷墟的发现与研究》、
《安阳殷墟花园庄东地商代墓葬》等) …………………………… (440)
图 6—3 (续)…………………………………………………………… (441)
图 6—4 殷墟出土的青铜戳(采自《殷墟的发现与研究》
第 311 页图一七一) …………………………………………… (444)
图 6—5 商代近距格斗兵器(采自《殷墟的发现与研究》第 313 页)…… (446)
图 6—6 藁城墓葬中戈矛合体的兵器(采自《藁城台西商代遗址》
第 124 页图 73—12) …………………………………………… (447)
图 6—7 商代銎斧(采自《中国考古学·夏商卷》第 400 页)…………… (448)
图 6—8 铜钺(采自《殷虚妇好墓》第 106 页线图 66) ………………… (451)
图 6—9 亚醜大钺(采自《中国青铜器全集》4:182 彩版) …………… (451)
图 6—10—1.2.3 商代铜钺(1. 采自《盘龙城》第 178 页,
2. 采自《安阳殷西郭家庄商代墓葬》第 106 页
图 82—3,3. 采自《安阳殷墟花园庄东地商代墓葬》
第 137 页图一零三—2)………………………… (452)
图 6—10—4 大洋洲商墓大型铜钺(采自《文物》
1991 年第 10 期图一二—1) ……………………………… (453)
图 6—11 藁城台西中型铜钺(采自《藁城台西商代遗址》彩版四) …… (454)
图 6—12 M633 中型铜钺(采自《考古》1988 年第 10 期)……………… (455)
图 6—13 金文氏族徽号(采自《三代》6—16,5—3) …………………… (456)
图 6—14 商代墓葬兵器(1. 采自《老牛坡》第 419 页附图六—3,
2. 采自《花园庄东地商代墓葬》第 155 页图一一八,
3. 采自《安阳殷墟郭家庄商代墓葬》第 107 页图 83) ……… (457)
图 6—15 殷墟西区 M1713 出土大刀(采自《殷墟的发现与研究》
第 314 页图 174) ……………………………………………… (459)
图 6—16 大型脊背刀(采自《考古》1979 年第 3 期第 225 页
图二—1,《藁城台西》第 124 页图七三—10,
《殷虚妇好墓》图版六五—1) ………………………………… (460)
图 6—17 商代短剑(采自《文物》1972 年第 4 期图版六—5) ………… (460)
图 6—18 商代青铜镞(采自《老牛坡》第 91 页图六五—1,4) ………… (463)
图 6—19 长脊双翼式镞(采自《台西商代遗址》
第 82 页图五三—19) …………………………………………… (464)

插图目录

图 6—20　妇好墓出土弓形器(采自《殷墟的发现与研究》
　　　　　第 318 页图一七八) ………………………………………(468)

图 6—21　弓形器使用示意图(采自《林沄学术文集》
　　　　　第 357 页图四) ……………………………………………(469)

图 6—22　殷墟出土皮甲纹饰(采自《殷墟的发现与研究》
　　　　　第 413 页图二七五) ……………………………………(471)

图 6—23　商代铜胄(采自《殷墟的发现与研究》
　　　　　第 316 页图一七六) ……………………………………(472)

图 6—24　商代皮胄(采自《滕州前掌大墓地》第 324 页) ………(473)

图 6—25　商代干盾遗痕(采自《殷墟的发现与研究》
　　　　　第 411 页图二七二) ……………………………………(474)

图 6—26　金文氏族徽号(采自《殷墟的发现与研究》
　　　　　第 412 页图二七四) ……………………………………(476)

图 6—27　商代马具示意图(采自《滕州前掌大墓地》
　　　　　第 645 页图四) ……………………………………………(478)

图 6—28　小屯村五座车马坑排列图(采自《商文化论集》
　　　　　上第 371 页图一) …………………………………………(479)

图 6—29　梅园庄东南 M41 出土曲衡车(采自《考古》
　　　　　1998 年第 10 期第 56 页图九) …………………………(484)

图 6—30　郭家庄 M52 出土车马器(采自《考古》
　　　　　1998 年第 10 期第 885 页图一) …………………………(485)

图 6—31　滕州前掌大遗址马车复原示意图(采自
　　　　　《滕州前掌大墓地》第 635 页) …………………………(487)

图 6—32　《合集》13575 ………………………………………………(493)

图 6—33　殷墟西区 M1713 随葬兵器(采自《考古》
　　　　　1986 年第 8 期) …………………………………………(497)

图 6—34　《合集》36824 ………………………………………………(514)

图 6—35　《合集》28157 ………………………………………………(514)

图 7—1　《合集》6584 …………………………………………………(522)

图 7—2　《合集》6585 …………………………………………………(522)

图 7—3　随葬铜爵铭文(采自《安阳小屯村北的两座殷墓》) ……(523)

图 7—4　随葬玉戈铭文(采自《考古学报》1981 年第 4 期) ………(523)

图 7—5	《合集》7204	(526)
图 7—6	《合集》7205	(526)
图 7—7	《合集》27972	(528)
图 7—8	《屯南》29	(529)
图 7—9	《合集》3952 正	(530)
图 7—10	《合集》32036	(530)
图 7—11	《合集》36426	(531)
图 7—12	《合集》36475	(532)
图 7—13	鹿头刻辞	(533)
图 7—14	《合集》1118	(534)
图 7—15	《合集》38759	(535)
图 7—16	《合集》24391	(537)
图 7—17	《合集》27558	(539)
图 7—18	《合集》20749	(539)
图 7—19	《合集》28789	(540)
图 7—20	《合集》28790	(540)
图 7—21	《合集》28799	(541)
图 7—22	《合集》27302	(543)
图 7—23	《合集》28008	(544)
图 7—24	《合集》5786	(546)
图 7—25	《屯南》119	(548)
图 7—26	《合补》9632	(548)
图 7—27	《屯南》2350 局部	(559)
图 7—28	《屯南》2064	(559)
图 7—29	《合集》4888	(560)
图 7—30	《合集》6801	(561)
图 7—31	《合集》6800	(561)
图 7—32	《合集》28000	(562)
图 7—33	《合集》20472	(563)
图 7—34	《合集》6764、6765	(563)
图 7—35	《合集》6167	(565)
图 7—36	《合集》6665	(566)

图 7—37　《合集》13759 ………………………………………（567）
图 7—38　《合集》28089 ………………………………………（568）
图 7—39　《合集》6822 …………………………………………（569）
图 7—40　《合集》22317 ………………………………………（571）

第一章

成汤灭夏的战争

约当公元前 1600 年，商汤伐夏，取而代之，建立了商王朝。当时，以中原地区为中心，统一的夏王朝已经存在了 400 年，文献记载孟子曾说过"七十里为政于天下者，汤是也"①，商汤仅为一个据地 70 里、臣服于夏王朝的小国之君，何以能"为政于天下"，是商代军事史首先要回答的问题。

第一节　夏商之际的历史大势

孔子曾经说："夏礼，吾能言之，杞不足征也；殷礼，吾能言之，宋不足征也。文献不足故也。足，则吾能征之矣。"朱熹注曰："征，证也。文，典籍也。献，贤也。"②说明上古时代所谓"文献"包括用文字记载的历史和"贤者"掌握的口述历史，春秋时"文献"已很不足了，虽然有如孔子等"贤者"对夏商历史文化还有较多的了解，却由于当时"述而不作"的风习，很少留下文字记录，更兼改朝换代等战乱，夏商史事的文字记录能够传之于后世的可谓凤毛麟角；由于口述历史更容易在流传过程中打上后世的烙印，长期被认为不足凭信，所以夏商之际历史大势，长期笼罩在迷雾中。上千年来，学者们大量使用本证和旁证的方法梳理文献，希望廓清谜团、复原历史原貌，终于因史料的空白太多而难以奏效。

直到殷墟甲骨文的发现和研究证实了商王朝的历史真实性，殷墟发掘揭

---

① 《孟子·梁惠王下》。
② 《论语集注·八佾篇第三》，见朱熹撰《四书章句集注》，中华书局 1983 年版，第 63 页。

示出商代晚期的文化面貌，学者们循迹溯源，找到了商代早期文化，将夏文化乃至先商文化从众多的考古学文化中辨识出来。根据考古学的发现和研究成果，多数学者认为以偃师二里头主要遗存为代表的二里头文化就是夏文化，即夏王朝时期夏族创造的文化。约当夏王朝的中期，即公元前18世纪前后，分布于太行山东麓滹沱河以南、卫河上游以北的下七垣文化崛起，并且日益南下拓展，其后继者最终在中原建立一个强大商王朝取代了夏王朝，以二里岗文化取代了二里头文化。所以夏商之际的历史大势是记录在下七垣文化和二里头文化的消长、分布地区的进退之中。

一　夏后氏及其主要与国的兵要地理

战争不能脱离一定的空间，《孙子兵法》开篇"始计"谈到用兵首先要经度"五事"之优劣，"五事"即"一曰道，二曰天，三曰地，四曰将，五曰法"，皆为关系战争胜负的重要因素。其中，"地者，远近、险易、广狭、死生也"，这虽然侧重于行军、作战的形势之地，但与之密切相关的是敌对双方的兵要地理环境，这对战略方针的制订、战争格局的变化有很大影响。所以，要追寻夏商之际的历史大势，首先要了解夏王朝的兵要地理。

（一）王畿

对于夏王朝的历史真实性以及传说中夏代社会的性质，长期以来国内外学界存在不同见解[1]，但是，在古史传说中的夏王朝腹心地区，已经发现了一系列相当于夏王朝时期的古城、宫殿宗庙建筑的大型夯土基址、铸铜作坊以及反映具有很高工艺水平的文化遗物。《尚书·多士》还记载，周公致政成王的次年，于新建成的洛邑，用王命告商人贵族遗民，"惟殷先人有册有典，殷革夏命"，孔安国传："言汝所亲知，殷先世有册书典籍，说殷改夏王命之意。"[2] 清楚地表明，商汤革夏的历史曾有成文记录，因此，对于夏王朝的历史真实性不能无端怀疑。

夏王朝在四百多年中，统治中心始终主要在伊洛及其附近地区。如：

> 昔伊洛竭而夏亡。韦昭注：竭，尽也。伊出熊耳，洛出冢岭。禹都

---

[1] 参见白寿彝总主编，徐喜辰、斯维至、杨昭主编《中国通史·第三卷上古时代》（上册），上海人民出版社1989年版，第200页。

[2] 《十三经注疏·尚书正义·多士》。

阳城，伊洛所近。(《国语·周语上》)

"禹都阳城"的记载在古代流传很广，至少说明"阳城"在夏代有重要地位。根据文献记载和考古资料①，河南登封告成镇是东周阳城所在地，夏之阳城可能也在附近，因为在那里今已发掘出两座龙山中晚期的古城址，除了出土大量陶、石、骨器外，还发现有青铜容器的残片。在龙山文化之后，这里是二里头文化先民的居地，二里头文化遗址的时代从一期延续到四期，分布范围也大于龙山文化时期。到了商代，这里仍是一处比较大的聚落，发现相当丰富的二里岗期文化遗存和少量的商代晚期的遗存，以至周代遗存。

告成镇在登封县城东南的颍河北岸，周围群山丘陵环抱，形成一个长约3公里、宽约2公里的河谷盆地。这里春秋时属郑国，战国时属韩国，先后为郑、韩两国军事要地之一。在夏代应同样如此，因为从登封沿着颍河上溯，经洛河支流谷地可以直接进入伊洛盆地，所以阳城是进入夏王朝腹心地区的门户之一。

此外，还有禹都阳翟说。如：

夏禹国。颜师古注：应劭曰夏禹都也；臣瓒曰《世本》禹都阳城，《汲冢古文》亦云之，不居阳翟也。师古曰阳翟本禹所受封耳。应、瓒之说皆非。(《汉书·地理志上》颍川郡阳翟县下注)

《禹贡》豫州之域，在天地之中，故三代皆为都邑。阳翟夏城禹都也……(《元和郡县志》河南道一河南府)

颍水出颍川阳城县西北少室山，东南过其县南，山又东南过阳翟县北。郦道元注：颍水自竭东径阳翟故城北，夏禹始封于此，为夏国。故武王至周曰：吾其有夏之居乎，遂营洛邑。徐广曰：河南阳城、阳翟则夏地也。《春秋经》书：秋，郑伯突入于栎……宋忠曰：（栎）今阳翟也。(《水经·颍水》)

杨守敬按："（阳翟）汉县为颍川治，后汉因。魏属河南尹，晋因，后魏兴和元年属阳翟郡……《地形志》阳翟有阳翟城，今禹州治。""《史记·夏本

---

① 参见河南省文物研究所、中国历史博物馆考古部《登封王城岗与阳城》，文物出版社1992年版。

纪·正义》引《帝王纪》，禹受封为夏伯，今河南阳翟是也。乃应劭误以为夏禹都，故师古驳之。《地形志》阳翟有禹山祠。""《集解》徐广曰：夏居河南，初在阳城，后居阳翟"。① 阳翟在今禹县、登封之间。

夏代后期都斟寻。太康失国后，帝相遭寒浞追杀，辗转迁徙。少康复国，"自纶归于夏邑"②。

《史记·夏本纪》云：帝相崩，子帝少康立。张守节正义：臣瓒云斟寻在河南，盖后迁北海也。《汲冢古文》云太康居斟寻。羿亦居之。桀又居之。《尚书》云"太康失都，兄弟五人须于洛汭"。此即太康居之，为近洛也。又吴起对魏武侯曰"夏桀之居，左河、济，右太华，伊阙在其南，羊肠在其北"。又《周书·度邑篇》云武王问太公"吾将因有夏之居"，即河南是也。《括地志》云："故鄩城在洛州巩县西南五十八里，盖桀所居也。阳翟县又是禹所封，为夏伯。"古斟寻的地望今尚不能确认，但位于伊洛盆地中部的偃师二里头，却发掘出一处大规模的夏文化遗址。

早在夏文化探索之初，1959年徐旭生在登封、禹县一带考察"夏墟"，已经发现偃师二里头有一处大型遗址，调查报告中有"如果乡人所说不虚，那在当时实为一大都会"之说③，以后的发掘证实了这一推测。该遗址面积约400万平方米，已发掘出二里头文化的大型宫殿遗址、大中小型墓葬、铸铜、制陶、制骨手工业作坊区，以及房址、窖穴、水井、道路，还有包括礼器、工具、武器、艺术品等大量文化遗物，显然具有王都的气势。④ 不仅如此，在孟津、禹县、登封、郑州、新郑、偃师、陕县、渑池、洛阳、巩义、临汝、密县、济源等地都发现了二里头文化遗址⑤，进一步证实古代文献中

---

① （北魏）郦道元撰，杨守敬、熊会贞疏：《水经注疏》，江苏古籍出版社1989年版，第1801—1808页。

② 今本《竹书纪年》。

③ 徐旭生：《1959年豫西调查"夏墟"的初步报告》，《考古》1959年第11期。

④ 参见中国社会科学院考古研究所编著《偃师二里头（1959—1978年考古发掘报告）》，中国大百科全书出版社1999年版。1978年以后又进行了大量的发掘、研究工作，发表了一系列的简报和研究成果，取得很多新进展，在此从略。

⑤ 参见河南文物考古所《河南省文物考古工作五十年》，见文物出版社编《新中国考古五十年》，文物出版社1999年版，第253页。又，中国社会科学院考古研究所洛阳工作队：《1975年豫西考古调查》，《考古》1978年第1期；新郑文化馆：《河南新郑县望京楼出土的铜器和玉器》，《考古》1981年第6期；洛阳市文物工作队：《河南洛阳吉利东杨村遗址》，《考古》1983年第2期。

对于夏王朝的统治中心是在伊洛地区的记载。

对于这一地区，古代曾有"左据成皋，右阻渑池，前乡（向）嵩高，后介大河，南望三途，北望岳鄙，三河若鼎足，洑伊背河，为天下之中"①的说法。其东端的巩县东接成皋（即虎牢关），是通向黄淮平原又一门户；西部的渑池县前列崤岭，后据韶山，西出崤函可直达关中盆地；北从孟津可以渡过黄河，到达晋西南，在运城盆地和临汾盆地也存在一系列的二里头文化遗址。南可沿伊、洛之水上溯，到达汉水流域以及另一个"有夏之居"——南阳盆地。这中间的狭长伊洛盆地，有伊、洛、瀍、涧四水，土地肥沃、沟渠纵横、气候温润，适宜发展农业生产。崤山、熊耳山、伏牛山、嵩山环绕西、南、东三面，既有利于军事防卫，又有谷地关隘通往四方。其险要的地理形势正如张平子《东京都赋》所述："洑洛伊背河，左伊右瀍；西阻九阿，东门于旋。盟津达其后，太谷通其前，回行道乎伊阙，邪径捷乎镮辕，大室作镇，揭以熊耳，底柱辍流，镡以大伾。"

夏王朝是在中华大地立足中原的第一个王朝，国家机构尚不完善，太康失国后相当长的一段时期内，夏后氏的统治曾经处于风雨飘摇的困境中②，但少康终于复国，夏王朝依然延续了四五百年，和这个古族植根于这片地理形势十分优越，又是居于"天下之中"当有密切关系。

然而，夏王朝并非仅仅依托都城周围形势之险，而是有了封疆警卫体系的萌芽，即将忠实的与国安置在险要地点，这就是《诗经·商颂·长发》所谓"苞有三蘖"，韦、顾、昆吾三个主要的同盟国。

（二）韦

韦即豕韦。《诗经·商颂·长发》"韦顾既伐，昆吾夏桀"，郑玄笺"韦，豕韦，彭姓也。"③

> 宣子曰"昔匄之祖，自虞以上为陶唐氏，在夏为御龙氏，在商为豕韦氏，在周为唐杜氏"。杜预注：豕韦，国名。东郡白马县东南有韦城。

---

① 见（雍正）《河南通志》卷六疆域"河南府"，是综合《史记》、《汉书》等记载所作的归纳。民国三年（1914年）河南教育司印历次增补本。

② 参见林庚《天问论笺》"天问中所见夏王朝的历史传说"一节，人民文学出版社1983年版，第114—125页。

③ 《十三经注疏·毛诗正义》。

> 孔颖达疏：正义曰《郑语》云祝融之后。（《左传·襄公二十四年》）
>
> 有陶唐氏既衰，其后有刘累，学扰龙于豢龙氏，以事孔甲，能饮食之，夏后嘉之，赐氏曰御龙，以更豕韦之后。龙一雌死，潜醢以食夏后，夏后飨之，既而使求之，惧而迁于鲁县。杜预注：更，代也。以刘累代彭姓之豕韦，累寻迁鲁县，豕韦复国，至商而灭。累之后世复承其国，为豕韦氏。（《左传·昭公二十九年》）

《襄公二十四年传》讲的是陶唐氏一支后人的谱系，但从中透露出彭姓的豕韦，也是以地命氏，虽一度衰竭，而当刘累惧而迁去后，豕韦复国。

> 刘累之后至商不绝，以代豕韦之后。祝融之后封于豕韦，殷武丁灭之，以刘累之后代之。（《史记·夏本纪》裴骃集解引贾逵语，司马贞索隐按：《系本》豕韦，防姓。）

《世本·秦嘉谟辑补本》在"防姓"下注：防、彭，古音同。"豕韦"下有"韦氏，古颛顼之后，大彭为夏诸侯，彭子受封为豕韦，苗裔以国为氏"，"按《姓氏篇上》注，夏封其别孙元哲于豕韦，则其国绝而复续，此说未知何本"[1]，此说亦见于《新唐书·宰相世系表》。豕韦之国虽数次更代，却始终存在，且有夏后封其"别孙元哲于豕韦"的传说，反映了该地地理位置的重要。

关于豕韦之地，前人多认为在今滑县。如《左传·襄公二十四年》杜预注："东郡白马县东南有韦城。"《新唐书·宰相世系表》也说"豕韦，其地滑州韦城是也"。《水经注疏·济水二》记：

> 濮渠又东径韦城南（守敬按：《滑县志》韦城在县东南五十里），即白马县之韦乡也。史迁记曰：夏伯豕韦之故国矣（守敬按：郦氏本杜说，而追溯豕韦之先见《史记》，遂但标为史迁记，此删节之过。）……有驰道，自城属于长垣。[2]

---

[1] 《世本八种·秦嘉谟辑补本·氏姓篇下》，商务印书馆1957年版，第294页。
[2] （北魏）郦道元撰、杨守敬、熊会贞疏：《水经注疏》，江苏古籍出版社1989年版，第1801—1808页。

此外,《元和郡县志》河南道韦城县、《诗地理考》商颂"韦顾"等均同此说。近些年由于临沂汉简《孙膑兵法·擒庞涓》的出土,研究者通过其中涉及的相关地名进行实地调查,更找到了《水经注·济水二》所载濮渠所经过的大部分城邑,其中的韦城就在今滑县东南的妹村。"汉长垣故城在长垣县东北十华里陈墙集,韦城在它的北面妹村,正南北相直,驰道穿濮渠直达两城",这里也是庞涓放弃攻卫,从濮阳西南十五里的沮丘回师救魏的必经之路。[①]

关于它的地理形势,《元和郡县志》中"河南道·滑州"记载,白马县濒临黄河,因白马津得名,"白马津,在县北三十里鹿鸣城之西南隅。郦食其说汉祖曰'守白马之津,塞飞狐之口,以示诸侯,则天下知所归矣'谓此津也。"滑州"州城,即古滑台城,城有三重,又有都城,周二十里……甚高峻艰险。"[②]《水经注疏》熊会贞按也引述《方舆纪要》,说"每河北有变,滑台常为重镇,盖其地控据河津,险固可恃。自大河南徙,故城已沦河中,即今滑县治"[③]。

在夏王朝时期,这一地区分布着卫辉类型的文化,它的西南与二里头文化相邻,东北方正是先商族的发祥地,是先商文化漳河型的分布区。有研究者指出,从文化内涵看,卫辉型是一支独立的考古学文化,可以命名为卫辉文化,它的时代上限略晚于漳河型文化,下限则与漳河型文化约略相当,也就是说大体结束于商王朝建立之前,但其文化因素在该地区长期保存,直到殷墟二期,即约当武丁前后才完成了与商文化的融合过程。据其存在年代和地望,联系文献记载可以大体推知卫辉文化的创造者是以豕韦之族为主体的人群[④]。夏王朝在此建立了抵御东北方强敌入侵的第一道防线。

(三)顾

顾,就是滨于黄河、近于沁水的雇,曾与夏后启大战于甘的有扈氏的故地。但对其族属和地望曾有不同看法。

---

① 黄盛璋:《〈孙膑兵法·擒庞涓〉释地》,《文物》1977年第2期。
② (唐)李吉甫:《元和郡县图志》,中华书局1983年版,第198—199页。
③ 参见《水经注疏》卷五河水"河水又东,右径滑台城北"熊会贞按,江苏古籍出版社1989年版,第412页。
④ 张立东:《论卫辉文化》,《考古学集刊》第10集,地质出版社1996年版。

前人多认为夏之顾国在今山东的范县一带，如：《元和郡县志》濮州范县下记"故顾城，在县东二十八里。夏之顾国也，《诗》曰'韦顾既伐，昆吾夏桀'"①；《诗地理考》也引"《郡县志》：顾城在濮州范县东二十八里（《寰宇记》：在县东南），夏之顾国"②。近世学者主要有两种看法。一种意见认为"顾"即雇，亦即扈，夏之异姓诸侯、东夷少皞族的"九扈"，原在今河南黄河北岸原阳、原武一带，甘之战被夏启战败，避迁到范县，成为夏王朝重要与国。③ 另一种意见认为"顾"即"甘之战"夏启所伐之"有扈氏"，与夏后氏同为姒姓，"一战失败，有扈氏服，成为夏之与国"。其地在原阳县西南。④

实际上，在文献记载中确实有两个称为扈（顾）的古地名和古族。

就族属而言，一说有扈氏属于东夷之族，研究者指出，《左传·昭公元年》有"虞有三苗，夏有观扈，商有姺邳，周有徐奄"，把夏之观扈与虞、商、周几个叛乱的异姓诸侯相提并论，可见观扈也是夏之异姓诸侯。《左传·昭公十七年》讲到少皞之族，"纪于鸟，为鸟师而鸟名……九扈为九农正"，杜注：扈有九种也。有扈氏以扈为名，当为"九扈"之后，属于东夷之族。可以作为旁证的是《左传·襄公四年》记载"昔有夏之方衰也，后羿自鉏迁于穷石，因夏民以代夏政"，引《虞人之箴》"在帝夷羿，冒于原兽，忘其国恤，而思其麀牡"，孔颖达疏："此羿篡立为王，故以帝称焉"，后羿亦称夷羿，可见属于东夷之族。鉏，在今河南滑县东十五里；穷石，即穷谷，今河南洛阳市西⑤，"自鉏迁于穷石"，是东夷古族参与中原逐鹿的一个实例，而无论是涿鹿之战的传说，还是大汶口文化的西渐，都说明这个过程开始得很早，甘之战可能也是一场夷夏之争。另一种记载说有扈氏为夏后氏同姓，《世本》载"有扈，姒姓"，"姒姓，夏禹之后"，《史记·夏本纪》有"太史公曰：禹为姒姓，其后分封，用国为姓，故有夏后氏、有扈氏、有男氏、斟寻氏……"反映历史上确有姒姓的有扈氏。

---

① （唐）李吉甫：《元和郡县图志》，中华书局1983年版，第297页。
② （宋）王应麟：《诗地理考》卷五商颂"韦顾"，文渊阁四库全书本。
③ 刘起釪：《夏后氏所伐有扈氏及甘的地点》、《汤伐桀的几个地点问题》，见《古史续辨》，中国社会科学出版社1981年版，第438—448页。下同。
④ 郑杰祥：《夏史初探》，中州古籍出版社1988年版，第127、114页。
⑤ 杨伯峻：《春秋左传注》，中华书局1981年版，第936页。

就地理而言，历史上也有两个与有扈氏相关的扈地：

　　十有二月甲寅，公会齐侯盟于扈。杜注：无传。扈，郑地也，在荥阳卷县西北也。（《春秋·庄公二十三年》）
　　秋八月，公会诸侯、晋大夫盟于扈。杜注：扈，郑地也，荥阳卷县西北有扈亭。（《春秋·文公七年》）

但竹添光鸿《左氏会笺》在庄公二十三年笺中，指出杜预注扈为郑地，"在荥阳卷县。王夫之曰卷县今修武。此文、宣二公时晋会诸侯之地，去齐且千里，去鲁亦远，齐鲁接壤之国，相会盟以讲姻好，非有事于西方，何为远涉千里以结盟，地固有名同而实异者，足知此扈非荥阳之扈，传称夏有观扈，其地在今东昌之观城，临于卫而为齐鲁之西界，孙氏曰扈，齐地得之"。在文公七年笺中，又说"扈亭在河南怀庆府原武县西北，与庄二十三年盟于扈同名异地"。竹添光鸿的分析是有道理的，而"东昌之观城"，就在范县附近，可见历史上确有两个扈地，一在"荥阳卷县"，即今原阳、原武一带；一在范县，且皆与有扈氏相关。

面对这些文献，无论是执原阳说还是范县说者都认为部分记载有误。然而，很可能不是文献有误，而在于后人理解的问题。

如前所述，甘之战的有扈氏为东夷之族的推断是有道理的，战败后离开故地、避走他方，也符合上古战争规律，而败走鲁北的范县，则为有扈是东夷之族提供了旁证。因为在夏王朝以至夏商之际，"以泰沂山为中心，北起鲁北冀东，向南越过淮河，西自山东最西部、河南省兰考、杞县、淮阳一线，东至黄海之滨。包括山东全省、江苏和安徽省的北部、河南省的东部"，是岳石文化分布区[①]，岳石文化为古代夷人的遗存，已成为多数学者的共识。这也证明根据《左传》把扈和虞、商、周之叛乱的异姓诸侯相提并论，推断扈原是夏之异姓诸侯是有道理的。

夏启大败有扈氏之后，确立了夏后氏的统治，可见甘之战是一场权力之争，在斗争中失败被逐的有扈氏转变为夏王朝忠实与国的可能性不大，所以作为"苞有三蘖"之一、被商汤所灭的"顾"应不是"甘之战"的有扈氏，而是有扈氏败走之后，居于扈地而袭用"有扈"之名的另一个古族

[①] 栾丰实：《东夷考古》，山东大学出版社1996年版，第291页。

氏。在"祚之土命之氏"的古代社会，居其地而袭用其氏的现象并不少见，这和同样称为"豕韦氏"，但在不同的历史时期分别属于"古颛顼之后"或"陶唐之后"是一样的。实际上河南原阳、原武一带的有扈氏故地不仅春秋时仍称为扈，商代晚期甲骨文中的"雇"也还在原武一带①。还有研究者联系夏文化的分布，提出范县属鲁西，至少不是夏文化分布中心地区，即或是夏邑，也绝不会是重镇，所以"扈顾"说较范县说更为可信②。这些都证明由于有扈氏迁范县，历史上存在两个与有扈氏相关的"顾"地，而原阳一带长期沿用旧名，必然是夏后启重新安置一个姒姓顾国，考古发现与研究成果也表明在夏代，原阳、原武一带正是二里头文化二里头类型的分布区。③

总之，夏王朝建立之初，夏后启曾与东夷之族彭姓有扈氏进行了一场关系王朝命运的大战——甘之战，有扈氏败走范县，夏后启在其故地安置一个同姓的与国，之所以这样做，是和扈地重要的地理位置分不开的。

据今所见，在《春秋》经传中共有八处提到于"扈"举行的盟会，除了《左传·宣公元年》提到"会诸侯于扈"，是对文公十五年"诸侯盟于扈"的复述；前述襄公二十三年鲁、齐"盟于扈"，是在范县外，晋、鲁、齐、宋、卫、陈、郑、许、曹等国在文公、宣公、成公、昭公之时，六次盟于郑地之"扈"。可见春秋时这里已是一个四通八达的都会了。王应麟《通鉴地理通释》有：

> 范睢说秦昭王曰：王下兵而攻荥阳，则巩、成皋之道不通。吕氏曰：荥阳、成皋自春秋以来常为天下重地。由秦而上，晋楚于此而争霸；由秦而下，楚汉于此而分雌雄。天下既定，七国、淮南、衡山之变，犹睥睨此地而决成败焉。④

---

① 参见陈梦家《殷虚卜辞综述》，科学出版社1956年版，第306页。
② 邹衡：《夏商周考古学论文集》，文物出版社1980年版，第248页。
③ 参见中国社会科学院考古研究所编著《中国考古学·夏商卷》"二里头类型分布"、"下七垣文化与同时期其他考古学文化分布示意图"，中国社会科学出版社2003年版，第90、145页。
④ （宋）王应麟：《通鉴地理通释》卷七《名臣议论考·萧何韩信论定三秦》"荥阳"，文渊阁四库全书本。

荥阳、成皋为天下重地并不自春秋始，由于它是进出伊洛地区的咽喉要地，对于夏后氏更有重要意义，在那里安置一个忠实的与国的目的，无疑是建立起抵御外敌入侵腹心地区的第二道防线。

（四）昆吾

昆吾之地主要有两说，《左传·昭公十二年》记述楚灵王"使人于周，求鼎以为分"，其中提到"昔我皇祖伯父昆吾，旧许是宅"，杜注："昆吾尝居许地，故曰旧许是宅"孔颖达疏：

> 昆吾尝居许地，许既南迁故云旧许……哀十七年传，卫侯梦见人登昆吾之观，北面而噪曰：登此昆吾之虚。杜云今在濮阳城中，盖昆吾居此二处，未知孰为先后也。

昆吾居帝丘，即今濮阳的记载很多，除了《左传·哀公十七年》"卫侯梦于北宫，见人登昆吾之观"，杜注："卫有观在于昆吾氏之虚，今濮阳城"外，《诗地理考》引《郡国志》、《通典》、《括地志》皆有此说[①]，如《括地志》濮州濮阳县下有：

> 濮阳县，古昆吾国也。[昆吾]故城在县西三十里。昆吾台在县西百步颛顼城内，周回五十步，高二丈，即昆吾虚也。[②]

昆吾居旧许及旧许的地望，还见于《国语》韦昭注和《左传》，如：

> 昆吾为夏伯矣。韦昭注：昆吾，祝融之孙……为己姓，封于昆吾。昆吾卫是也。其后夏衰，昆吾为夏伯，迁于旧许。《传》曰：楚之皇祖伯父，旧许是宅。（《国语·郑语》）
>
> 四月，诸侯伐郑，己亥，齐大子光、宋向戌先至于郑，门于东门。其莫，晋荀罃至于西郊，东侵旧许。杜注：许之旧国，郑新邑。（《左传·襄公十一年》）

[①] （宋）王应麟：《诗地理考》卷五"昆吾"，文渊阁四库全书本。

[②] （唐）李泰等著，贺次君辑校：《括地志辑校》，中华书局1980年版，第148页。

从《国语》韦昭注可见昆吾曾从卫地的"昆吾之墟",迁往郑地的"旧许"。

但是,对于许国的初封地——旧许的具体地点,文献没有明确记载,学者们多认为旧许为许昌,杨伯峻《春秋左传注》有:

> 旧许有二说,一为隐八年传"以泰山之祊易许田"之许邑,一为隐十一年传"郑伯入许"之许国。许国于鲁成公十五年迁于叶,地入于郑,故称旧许,在今许昌市东三十六里。主张后说者较多,其实二地亦相近。昭十二年传楚灵王谓"昔我皇祖伯父昆吾,旧许是宅",此旧许亦是旧许国。①

《春秋·隐公十一年》"秋七月壬午,公及齐侯郑伯入许",杜注:"许,颍川许昌县。"孔疏:"当战国初楚灭之,地理志云颍川郡许县故许国,文叔所封,二十四世为楚所灭也。汉世名许县耳,魏武作相改曰许昌。"竹添光鸿《左氏会笺》在前人的基础上,梳理了许国地域的变迁,说:

> 许,姜姓国,与齐同祖……周武王封其苗裔文叔于许,其地为夏伯昆吾之墟……灵公徙叶,悼公迁夷,又居析,许男斯迁容城……今河南徐州府治东三十里,有故许城。②

从前人的注疏看,古文献中的"旧许"当今之许昌说很少有异议。

但是,近世学者开始对此说提出质疑,因为从《左传·襄公十一年》"其莫,晋荀䓨至于西郊,东侵旧许"看,晋军日暮到达郑之西郊,并东向发起对"旧许"的攻击,说明"旧许"距郑国都城新郑不远,而许昌北距新郑近百里之遥。所以邹衡结合考古发现和研究成果提出,旧许不当在许昌,在许昌地区至今尚未发现较大的夏文化遗址,而新郑及其附近地区却发现了两处较大的夏文化遗址,即新郑城北12里孟庄孟家沟遗址和新郑西北30余里的密县曲梁遗址,都有方圆数百里的夏文化和早商文化遗址,都有铜器墓发现,孟家沟遗址在郑韩故城西郊之东,合于"东侵旧许"的方位。而且从

---

① 杨伯峻:《春秋左传注》襄公十一年,中华书局1981年版,第988页。
② [日]竹添光鸿:《左氏会笺》,隐公十一年经,旧抄卷子金坛文库本,日本明治三十六年(公元1903年)井井书屋印行。

地理形势看，两处遗址西与嵩山相邻，曲梁更在丘陵地带的边缘，西去是夏都阳城（告城镇）所在，东去是广阔的豫东平原，可谓入夏之门户，在古代军事上的重要地位是显而易见的。基于以上分析，邹衡提出"昆吾之居"可能就在新郑附近。[①]

这一推断是有道理的，可以补充的是从《国语》韦昭注可知，昆吾迁至旧许是夏代后期的事，而这时先商势力已经发展到豫东平原的北部，战略形势需要加强对豫东之敌的防御，许昌在颍水、洧水之间，虽然也接近从东方进入伊洛地区的通道，但其地理位置远不及新郑地区重要。从守驻入夏门户，建立第三道护卫夏王朝腹心地区防线的形势要求看，夏后氏在新郑地区附近，安置"桀党"昆吾的可能性更大。

二 商族的崛起与夏商力量对比的消长

商人是一个很早进入文明的古族，《史记·殷本纪》记述其世系从契开始，有简狄取吞玄鸟卵，因孕生契神话。用神话叙说本民族起源的历史，将祖先"神化"，见于世界上很多古老的民族，神话传说当然不是信史，却也不能视为任意的"伪造"。相传契兴于唐虞大禹之际，佐禹治水有功而封于商，赐姓子氏，这说明商人和周人一样，都是先有作为族名的商、周，以后建立王朝亦以王族的族名商周命之，也就是说在考古学所说的先商时代，该族已经有了"商"的名号，这当然不一定始于契，或许始于上甲微建立国家之时，总之有别于夏王朝建立以后才有夏人、夏后氏。[②]

《殷本纪》还记载"自契至汤八迁，汤始居亳，从先王居，作《帝诰》"。其说亦见《书序》，均未记载八迁的具体地点，皇甫谧《帝王世纪》说"史失其传，故不得详"[③]，表明"八迁"之说很古老，经过长时间的口耳相传。至于何以要"八迁"，曾引起近代很多史学家的困惑，出现"游牧说"、"游农说"、"水灾说"、"内部政治斗争需要说"，等等。实际上古代先民居地的迁徙并不少见，并非仅见于游农、游牧的时代，在发展到定居农业以后，随着生产力的发展，人口的增多或地力的衰减，都会导致迁徙，去开辟新的生产、生活基地。然而"八迁"不仅代代口耳相传，还要载入汤之《帝诰》，

---

① 邹衡：《夏商周考古学论文集》，文物出版社1980年版，第230—232页。
② 参见金景芳《中国奴隶社会史》，上海人民出版社1983年版，第29页。
③ 徐宗元辑：《帝王世纪辑存》，中华书局1964年版，第67页。

必定是需要世代记取的重大、重要事件,很可能与商族的发展、壮大,乃至汤武革夏,取而代之有关。先商文化的探索、商人早期足迹的追寻,为解开这个疑问提供了实证。

(一) 商先世的发祥地

先商文化探索——即寻找成汤灭夏以前以商人为主体的古族之文化遗存,凝聚了几代学者的心血。首先是由于殷墟发掘和研究,确立了晚期商文化的标尺,为确认郑州二里岗文化的性质创造了条件。而在找到商王朝前期文化遗存的基础上,20世纪70年代,邹衡首先通过对相关考古学文化的研究并与文献记载相印证,提出先商文化有三个类型:漳河型;卫辉型;南关外型。漳河型分布于"河北省的唐河以南,河南省淇河以北、卫河以西,山西省的沿太行山西麓一线,南北长约五六百里,东西宽约二三百里的范围。其中心分布地区是在河北的滹沱河与漳河之间的沿太行山东麓一线,而以漳河中游(指清浊漳二水合流以后)的邯郸、磁县地区的先商遗址为其代表。"卫辉型,分布于"北自淇河,南至黄河,包括沁水下游、卫河上游一带"。南关外型,分布于郑州一带。以后,又推断先商文化的"南关外型是从卫辉型而来,卫辉型又是从漳河型而来。这样,商文化的老家就算找到了"。[①]

稍后,李伯谦提出作为考古学文化"下七垣文化"之命名,他说漳河型主要分布在河北省南部漳河中游的邯郸、磁县地区,"经过正式发掘或试掘的有河北邯郸涧沟和龟台寺,磁县段界营、下潘汪、下七垣,石家庄市庄和内丘南三坡及河南安阳梅圆庄等"。卫辉型的中心在今河南新乡地区,正式发掘的遗址不多,与漳河型基本特征相同,"漳河型、卫辉型一类遗存似可以下七垣遗址第3、4层为代表,称为下七垣文化",并进一步论证了"下七垣文化是二里岗下层早段先商文化的直接前身","商族在伐夏、灭夏过程中,尽管吸收了大量夏文化因素,并与之逐步融合为商文化的有机组成部分,但作为本族固有文化传统直接来源的只能是下七垣文化"。而"下七垣文化在形成过程中,既吸收了后冈二期文化的一些因素,但更多地继承了其他考古学文化的传统","位于太行山西麓的龙山期文化与其关系则更

[①] 邹衡:《试论夏文化》1977年第四稿,《夏商周考古学论文集》,文物出版社1980年版,第117—123页;《关于探讨夏文化的几个问题》,《文物》1978年第3期。

为密切"①。以后，随着更多的发现和更深入的研究探索，对于卫辉型属于夏王朝与国的遗存、漳河型为先商文化的观点已为较多考古学者认同。②

20世纪90年代以来，相关考古遗存的研究更有长足的进展，除了对下七垣文化遗存有更多的发现外，近年河北磁县牤牛河两岸考古调查发现，在林坦镇林坦村袁家坟遗址属于冀南豫北一带"涧沟型"龙山文化遗存；林坦镇洛子村遗址则有先商文化漳河型明显特征。调查者认为两遗存虽不同，却有内在联系，属于同一文化不同发展阶段③，说明先商文化是在太行山东麓漳河流域的摇篮里吸收其他文化因素形成、发展起来的。这些考古学成果为明确先商社会定居农业的经济形态提供了实证，证实汤始居亳之前畜养业比较发达，却并非处于游牧或游农的阶段。

先商文化最早孕育于漳河流域，还可以从殷墟甲骨文得到印证。卜辞中有一条滴水，也写作"商水"，从文字来看，商族的命名可能与此水有关。从相关卜辞看，此水距殷都小屯不远，为了祈年、求雨、祈求安宁和禳除灾祸，商王往往要祭祀滴水，从卜辞数量和内容看，它在商人心目中显然占有重要地位，除黄河外，其他河流都无法与之相比。不少研究者都曾撰文探讨滴水是后来的哪一条河，较多学者认为卜辞中的滴水当即今天的漳水，在一些史学著作中也阐发、引述了同样的观点。④

正如学者们所考订，滴水之名与漳水有极密切的关系，很可能是漳水的古名，但是，殷墟卜辞中的滴水却不可能是漳水，因为从商王巡省、田猎"涉滴"及"于滴"逆羌的方位看，滴水当在小屯殷墟之南，漳水却在其北。所以有研究者提出滴水为今沁水⑤，但殷墟卜辞中另有沁水，同一期的卜辞中一水不当有两名，还有研究者提出滴水当为清水⑥，然而更可能是今淇

---

① 李伯谦：《先商文化探索》，《庆祝苏秉琦考古五十五年论文集》，文物出版社1989年版，第280—293页。

② 中国社会科学院考古研究所编著：《中国考古学·夏商卷》，中国社会科学出版社2003年版，第152—158页。

③ 邯郸地区文物保管所：《河北磁县境内牤牛河两岸考古调查》，《华夏考古》1993年第2期。

④ 孙淼：《夏商史稿》，文物出版社1987年版，第259—264页。

⑤ 李学勤：《殷代地理简论》，科学出版社1959年版，第13页。

⑥ 郑杰祥：《殷代地理概论》，中州古籍出版社1994年版，第55—58页。

水①，总之，滴水是殷都小屯南方不远的一条河流，它不是漳水却袭用漳水的古名，正印证了漳水是商人的母亲河，因为先民迁徙带走祖居之地的山名、水名、地名是常有的事，但这个名号必定是有重要意义、需要子孙永远牢记的名字。

（二）商人的拓展南下

发祥于冀州之域的先商文化，曾沿太行山东麓南下。早在提出先商文化包括漳河型和卫辉型以后，就有研究者循此思路提出漳河型时代上限最早可至二里头文化第二期偏早阶段，下限延至二里头文化四期晚段，分布于漳河型之南的卫辉型，上限约与二里头第三期偏晚阶段相当，下限延至二里头文化第四期偏晚阶段。所以从两种类型的分布区及起始年代，预示了商人南下拓展的历史②。在卫辉型从先商文化中划分出去以后，研究者将下七垣文化分为三个类型：岳各庄类型、漳河类型、鹿台岗类型，而以漳河类型为主体。岳各庄类型主要分布在唐河以北、拒马河以南的太行山麓，其文化"在渊源上较漳河类型复杂，在发展过程中二者的关系渐趋密切，共性逐渐增多。鹿台岗类型则是从漳河类型发展而来，是下七垣文化向东南方向发展的结果"③，随着豫东地区找到漳河型先商文化遗存，商人南下拓展的足迹愈加清晰。

南下拓展的漳河型先商文化上限的年代，根据与之相当的二里头文化第二期碳十四年代测定，"基本处于距今 3300 年左右"。④ 但北方居民拓展南下的总趋势，在更早的一个历史时期已经开始，这与古代地理环境变化相关，河南辉县及其附近地区环境考古研究揭示，距今 5000 年时，气候发生了变化，反映在植被方面，木本大减，耐旱草木增加，气候温和干旱，一些原来由于积水或易受水害的地区此时已变得宜于居住。"仰韶文化晚期与龙山之交遗址分布方面的变化在本地区表现尤为剧烈，不仅北方力量

---

① 罗琨：《卜辞滴水探研》，《考古学研究》（五），科学出版社 2003 年版，第 371—380 页。

② 李维明：《先商文化渊源与播化》，1998 年河北邢台中国商周文明学术研讨会论文集《三代文明研究》（一），科学出版社 1999 年版，第 208 页。

③ 中国社会科学院考古研究所编著：《中国考古学·夏商卷》，中国社会科学出版社 2003 年版，第 146—164 页。

④ 张雪莲等：《新砦—二里头—二里岗文化考古年代序列的建立与完善》，《考古》2007 年第 8 期。

有较大幅度的南下，而且他们对卫河以北至太行山前地带进行了前所未有的拓荒与利用，另外，遗址的密度及规模都有显著的扩大","这一现象可能具有十分复杂的背景，但于距今 5000 年的那次气候变化引自的气候带南移、当地湖泊水面缩小、沼泽化加快以及植被等的变化不无关系"。它导致可供人类利用的土地面积扩大，龙山文化遗址开始向较低的地区推进。①

到了夏王朝时期，南下的创造了先商文化的人们已经生息于这一地区了，其中一支继续向豫北沁水流域进发时，却遇到强大的夏人势力的阻拦。1990 年，刘绪发表《论卫怀地区的夏商文化》，论卫怀地区即清代的卫辉府、怀庆府，《禹贡》冀州覃怀之地，属于中原腹地的一部分，据文献记载这里既是商人早期活动地区，又是夏王朝的边界。《战国策》载，"夏桀之居，左河济，右泰华，伊阙在其南，羊肠在其北"，东界的河济当指"河济相交之处或距相交不远的地方。即属于卫怀地区的温县、武陟和河水对岸的荥阳、原武一带"，北界的羊肠是"太行山中南起今沁阳（怀），往北经壶关，达黎城或涉县（潞）的一条阪道"，沁水下游河段正切过羊肠南端和河济地区的北部，当为夏王朝的东北疆界。该文通过对这一地区夏王朝时期的古文化进行细致的比较研究后指出，沁水以西，以北平皋—赵庄遗址为代表的遗存属于二里头文化二里头类型，即夏文化；沁水以东是豫北和冀南地区，也是前人考证商先公时的活动地域，这一地区分布着以李固—潞王坟遗址为代表的文化遗存，与漳河类型属于同一文化，即先商文化。② 随着以李固—潞王坟遗址为代表的文化（即卫辉型或命名"潞王坟—宋窑类遗存"③）创造者是以豕韦之族为主体的人群提出以后，夏王朝在沁水下游建立起防线及商人先世迁徙受阻的态势也进一步明朗化。

沁水下游从来就是联系山西高原、伊洛平原的冲要地带，《后汉书·寇恂传》述及河内地区，曾有"带河为固，北连上党，南迫洛阳"之说。《大清一统志》记述卫辉府的形势是"南滨大河，西压上党"，"峰麓奇峻，地当

---

① 曹兵武：《河南辉县及其附近地区环境考古研究》，《华夏考古》1994 年第 3 期。

② 刘绪：《论卫怀地区的夏商文化》，《纪念北京大学考古专业三十周年论文集》，文物出版社 1990 年版，第 171—210 页。

③ 中国社会科学院考古研究所编著：《中国考古学·夏商卷》，中国社会科学出版社 2003 年版，第 157—164 页。

冲要";记述怀庆府形势为"太行北峙,沁水东流,近带黄河,远挹伊洛"。怀庆府地当晋豫交通要冲的有轵关,据载:

> 轵关,在济源县西北十五里,关当轵道之险,因曰轵关。郭缘生《述征记》"太行八径,第一曰轵关陉";《魏书·地形志》"王屋有轵关";《唐书·地理志》"济源县西有轵关"。按:魏景初十二年,司马懿在汲诏,懿自轵关西还长安。晋永嘉二年,王弥寇洛阳,败走渡河,自轵关入平阳。咸和三年,石虎自轵关西入,击赵之河东。永和六年,苻健西入长安,遣其弟雄自潼关入,兄子菁自轵关入。太和十九年,慕容垂伐慕容永,永悉敛诸军屯轵关……周建德四年,韦孝宽陈伐齐之策,曰大军出轵关可方轨而进。盖自昔险隘,为军出入必争之地。①

正是因此,这一地区在夏王朝时期,古代遗址的分布之密集,是其他地区所不能比拟的。研究者指出沁水以西是二里头文化分布区,在黄河以北、王屋山以东、沁河西南这一狭小范围,东西南北皆不过百华里,除武陟赵庄、温县北平皋外,1985以后调查试掘的还有武陟、温县、安乐、沁阳、孟县、济源西关汽车站、河头等12处遗址。沁河东北同一时期的遗址属于卫辉型,包括修武李固、郇封,武陟邸合,焦作府城、月季公园、二里山、店后、小尚,以及博爱金城、沁阳义庄、济源刘村等11处。② 漳河型的先商文化无法从这里长驱直入中原腹地,于是沿着二里头文化分布区的东部边缘和岳石文化分布区的西部边缘向豫东渗透,这应是文献所载商先世屡迁的历史背景。

根据考古调查发掘和研究成果,二里头类型夏文化的东向分布所至在杞县—太康—淮阳—项城—新蔡一线和杞县—柘城—鹿邑—郸城—沈丘—太和一线之间,此分布带以东属岳石文化分布区,以西属二里头文化分布区。而在这两种文化分布区的接界地带,多处发现了先商文化的踪迹。③ 首先是在杞县鹿台岗留下了它们的足迹,鹿台岗遗址的先商文化遗存既有豫北冀南先

---

① 《大清一统志》卷一六〇,怀庆府二"关隘",商务印书馆1934年重印本。
② 程峰:《焦作府城商城的考古学考察》,《殷都学刊》2000年第3期。
③ 宋豫秦:《论豫东夏邑清凉山遗址的岳石文化地层》,《中原文物》1995年第1期。

商文化共同因素，又受到与之相邻的二里头文化、岳石文化影响，形成了某些地方特点，故称之为鹿台岗类型①，其时代约当于二里头文化三四期之交至二里岗下层或上层的初始阶段②。此外，在濮阳马庄、湾子，浚县大赉店，滑县张家等十余个地点，长垣县苏坟、大冈等地，以及商丘地区考古调查中都发现了先商文化地层或遗物。指示出漳河型先商文化大抵是沿着濮阳、浚县—滑县—长垣—杞县这一"通道"南下豫东地区。③ 不仅如此，在菏泽安丘堌堆、夏邑清凉山、郸城丁寨、亳州牛粪堌堆、钓鱼台、宿县吴城孜、杞县段岗、牛角岗、朱岗等二里头文化、岳石文化分布区的遗址中，都曾发现有先商文化特征的陶片，甚至在安徽江淮地区的斗鸡台文化中，也可以找到先商文化的踪迹。④

这些考古学的成果说明，尽管文献所载的南亳和北亳至今尚未得到证实，但在夏王朝时期，菏泽地区、商丘地区都留下一支生命力强劲的商人的足迹，则是可以肯定的。

(三) 力量对比的消长

一些研究者推断下七垣文化属于自上甲至成汤时代的先商文化，还有研究者提出先商文化的发展历程与契至成汤的八迁大致契合，"平山以南为后冈二期文化的分布区，这与契和昭明曾居于此是不矛盾的。漳河流域是下七垣文化的中心，恰与商都的情况相合。濮阳附近马庄等遗址的下七垣文化，则为'相土之东都'提供了佐证。鹿台岗等遗址下七垣文化的发现，更为成汤五迁的具体路线作了注脚"⑤。这些推论当然还需要更多的发现和研究来证明和修订，但考古发现确实印证了文献中商先世屡迁的记载，而"屡迁"的过程，也是为"商汤革夏"步步奠下基础的过程。

---

① 郑州大学考古专业、开封市文物工作队、杞县文物管理所：《河南杞县鹿台岗遗址发掘简报》，《考古》1994 年第 8 期。

② 参见魏兴涛《试论下七垣文化鹿台岗类型》，《考古》1999 年第 5 期。

③ 见宋豫秦《夷夏商三种考古学文化交汇地域浅谈》，《中原文物》1992 年第 1 期；《论杞县与郑州新发现的先商文化》，中国社会科学院考古研究所编著：《中国商文化国际学术讨论会论文集》，中国大百科全书出版社 1998 年；《南亳地理之我见》，《中原文物》2001 年第 6 期。

④ 宋豫秦：《论豫东夏邑清凉山遗址的岳石文化地层》，《中原文物》1995 年第 1 期。

⑤ 张立东：《先商文化浅议》，中国社会科学院考古研究所编著：《中国商文化国际学术讨论会论文集》，中国大百科全书出版社 1998 年版。

豫东，是东西南北交通的要冲，四方文化荟萃之地，所以发祥于太行山东麓下七垣文化，南下拓展到豫东平原的时候，获得更好的生存、发展条件，这里地势平坦，土壤疏松，堆积层深厚，宜于耕种；阳光充足，水资源丰富，作物可以一年两熟。杞县鹿台岗遗址包括龙山文化、岳石文化、先商文化、商文化、东周文化遗存，文化层厚超过三米①；夏邑清凉山遗址是一个高出地面的"堌堆"，文化层厚达 6—7 米。② 在杞县鹿台岗遗址，先商文化分为两期，第一期相当二里头文化第三期偏晚到第四期偏早阶段，其文化内涵，就陶片定量分析看，漳河型先商文化因素约占 93%，岳石文化因素约占 5%，二里头文化因素约占 2%。第二期相当二里头文化第四期中段到晚段，文化面貌发生了很大变化，"一是体现在大量岳石文化因素的融入；二是体现在大量夹细砂薄胎红褐陶的产生，这一陶系或为岳石文化夹粗砂红褐陶与先商文化夹细砂薄胎灰陶结合的产物"③。这种变化反映出豫东先商文化的创造者不仅吸收了周围文化的影响，而且和东夷族的岳石文化建立了进一步的联系。

由此可见，由于豫东是二里头文化、岳石文化的接界地带，在这里既便于商族发展壮大自己，又便于同东方夷人结成联盟，与夏后氏统治抗衡；而且这一地带对于中原腹心之地而言，是边缘地区，战略选择的回旋余地比较充裕。先商文化首先在地理上具备这两点优势，从而迅速发展起来，当汤又迁亳"从先王居"的时候，已准备好要对夏王朝发起攻势了。

而另一方面，这时的夏王朝已经走向衰落。

公元前 21 世纪大禹之子启夺取了领袖的地位，公开废除了"禅让制"，建立了"家天下"的夏后氏统治。其间，由于统治者抛弃了尧舜禹时代要求领袖人物"慎乃在位"的传统④，而新的国家机构还不完备，发生了武观之乱、后羿代夏、寒浞灭相，直到少康复国，夏后氏的统治才得以巩固。接受了太康失国的教训，经后杼、槐、荒、泄、不降等数世，不断发展经济、开

---

① 郑州大学考古专业、开封市文物工作队、杞县文物管理所：《河南杞县鹿台岗遗址发掘简报》，《考古》1994 年版第 8 期。

② 宋豫秦：《论豫东夏邑清凉山遗址的岳石文化地层》，《中原文物》1995 年第 1 期。

③ 郑州大学文博学院、开封市文物工作队：《豫东杞县发掘报告》，科学出版社 2000 年版，第 114—116 页。

④ 参见《尚书·皋陶谟》。

拓疆土，夏代中期以后疆域已有很大拓展（见图1—1）。

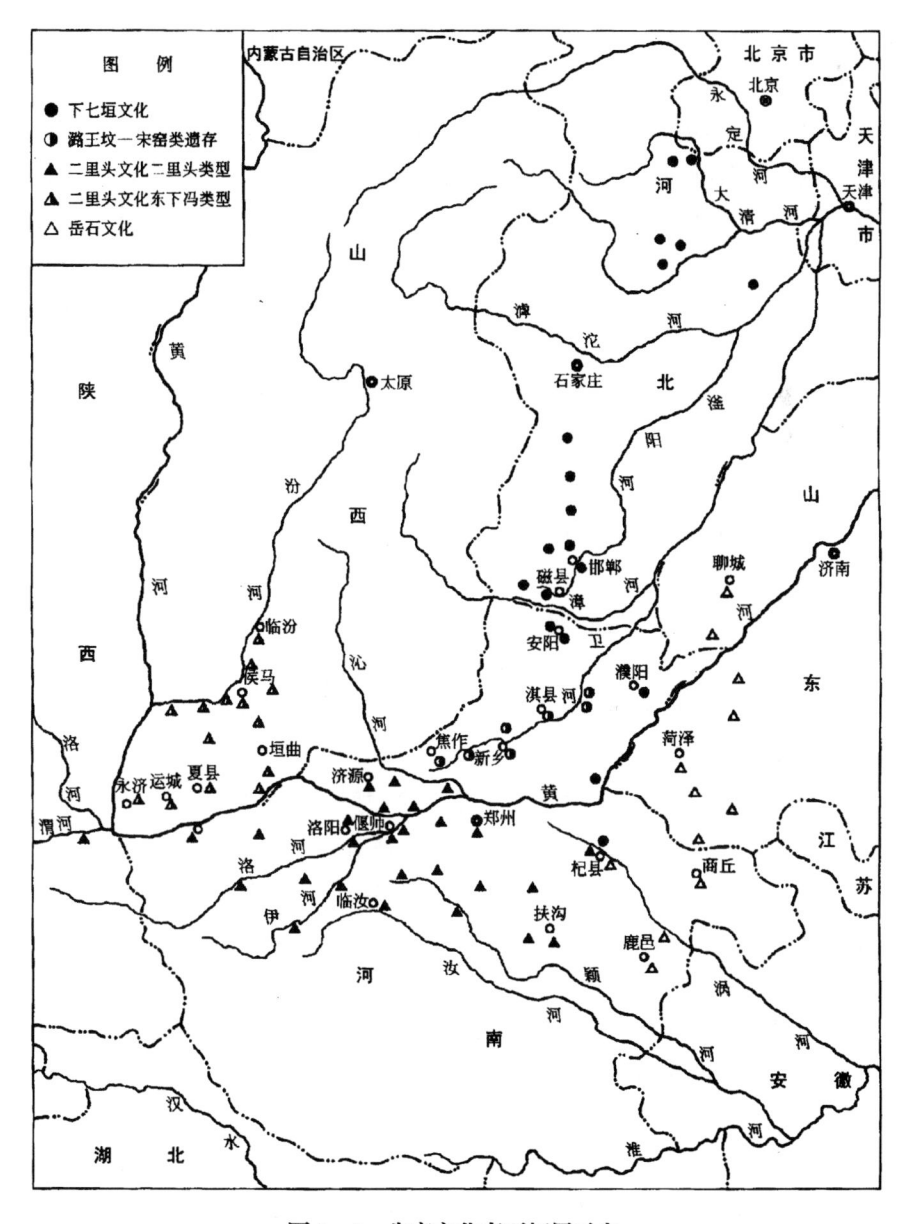

图1—1 先商文化南下拓展示意

（《中国考古学·夏商卷》，中国社会科学出版社2003年）

王朝的强盛，土地和财富的增加刺激了统治者的贪欲和骄奢，统治者愈加田猎无度、赋敛无度，社会矛盾加深，孔甲时矛盾进一步尖锐化，《国语·周语下》有"昔孔甲乱夏，四世而陨"，《史记·夏本纪》载"帝孔甲立，好方鬼神，事淫乱。夏后氏德衰，诸侯叛之"。孔甲以后第四世的夏后就是夏桀，《夏本纪》还说"自孔甲以来诸侯多叛夏，桀不务德而武伤百姓，百姓弗堪。乃召汤而囚之夏台"，《说苑·敬慎》载孔子答鲁哀公，曰"昔夏桀贵为天子，富有天下，不修禹之道，毁坏辟法，裂绝世祀，荒淫于乐，沉酗于酒"。较晚的《帝王世纪》描绘更为具体，说"帝桀淫虐有才，力能伸钩索铁，手能搏虎，多求美女以充后宫，为琼室瑶台，金柱三千。始以瓦为屋，以望云雨，大进侏儒倡优，为烂熳之乐，设奇伟之戏，纵靡靡之声，日夜与妹喜及宫女饮酒"。其间虽然掺杂了后世的理解和夸张成分，但是考古发现证明这些记载不是毫无根据的。

从偃师二里头遗址的发掘和调查、钻探可知，该遗址现存面积约300万平方米，有纵横交错的道路网、大规模的宫殿宗庙建筑基址群、宫城城垣，已发掘的一号宫殿面积1万平方米，由正殿、庭院、廊庑和门道组成，使用年代贯穿该遗址最繁荣的时期——第三期。此外还有大型铸铜作坊和制骨、制陶遗迹，大中小型墓葬，有的随葬了成组的青铜礼器、玉器、漆器等等[1]，显示出这一时期中华大地所达到的最高的发展繁荣。近年更发现直到二里头文化第四期末，兴建于第三期1、2、4、7、8号大型夯土建筑基址继续使用，更增建了庭院围墙、6号大型基址、宫殿区南部高质量的夯土墙等，文化遗存的丰富程度远远超过第三期。[2] 虽然现在还不能指认那些建筑始于夏桀，但二里头遗址的第三、四期，即从持续发展的繁荣点到全面衰败之前，必然涵盖了夏桀在位的时间，不断增多的建筑物，说明夏桀"为琼室瑶台，金柱三千"或虚，但劳动民力，大兴土木却是不争的事实。

文明时代是建立在社会分裂为阶级的基础上，它的全部发展都是在矛盾中进行的，如汉刘向《新序》所说"桀作瑶台，罢民力，殚民财"[3]。《逸周

---

[1] 参见中国社会科学院考古研究所编著《偃师二里头——1959—1978年版发掘报告》，中国大百科出版社1999年版；许宏：《略论二里头时代》，《2004年版安阳殷商文明国际学术讨论会论文集》，社会科学文献出版社2004年版。

[2] 许宏、陈国梁、赵海涛：《二里头遗址聚落形态的初步考察》，《考古》2004年第11期。

[3] （汉）刘向编著，石光瑛校释，陈新整理：《新序校释》，中华书局2001年版，第789—790页。

书》还有"夏箴曰：小人无兼年之食，遇天饥，妻子非其妻子也……国无兼年之食，遇大饥，百姓非其有也"①。夏箴，相传是夏禹之箴诫书，讲农业生产和粮食储备的重要性，夏代的社会生产力还相当低下，农业生产大量使用木、石工具，统治者无节制的聚敛财富，进一步剥夺了广大社会成员的基本生存需要。所以夏王的骄奢自恣与夏都繁华预示了夏王朝社会矛盾的尖锐化以及国力开始从盛而衰。

第二节　成汤灭夏

"国家是文明社会的概括"②，从这个意义上看，商人在上甲微时迈入了文明的门槛。历经报乙、报丙、报丁、示壬、示癸五世，至汤，国力日益强大，成长为足以与夏桀抗衡的力量。汤采取了政治和军事手段相结合，争取诸侯支持、翦除夏桀羽翼的策略，逐步推进扩大战果，壮大自己，孤立敌人，最终达到伐灭夏桀，建立了商王朝。

一　成汤伐夏的准备与谋略

夏是一个统治了四百多年的中原王朝，"有民不亿之众，四岳三涂之险，京山终南之固"③，虽然内外矛盾日益尖锐，已经走向衰落，但"百足之虫，死而不僵"，还有相当的威慑力。商作为一个新兴的小国，采取的是一步步靠近夏王朝的统治中心，"奉桀众以克有夏"的策略。

（一）从"汤始居亳"到"乡有夏之境"

《书序》载："自契至成汤八迁，汤始居亳，从先王居，作《帝诰》、《釐沃》。"注："契父帝喾都亳"，"告来居治沃土，二篇皆亡"。孔颖达疏："汤始往居亳，从其先王帝喾旧居，当时汤有言告史，序其事作《帝诰》、《釐沃》二篇"，"不知汤从何地而迁亳耳，必不从商丘迁也"，对于亳之地望，

---

① 见《太平御览》卷五八八《文部四·箴》作"周书曰"，中华书局影印本 1960 年版，第 2649 页；又见《逸周书·文传》，文字略异。

② 恩格斯：《家庭私有制和国家的起源》，《马克思恩格斯选集》第四卷，人民出版社 1966 年版，第 162 页。

③ （宋）李昉等撰：《太平御览》卷八二皇王部三"桀"引《袁子正书》，中华书局影印 1960 年版。

"诸说不同,未知孰是"。对于"《帝诰》、《釐沃》","正义曰:经文即亡,其义难明,孔以意言耳。所言帝告,不知告谁,序言'从先王居',或当告帝喾也"①。由于前缀"从先王居",前人多将《帝诰》与帝喾联系起来,除孔疏外,《史记·殷本纪》裴骃集解引"孔安国曰'契父帝喾都亳,汤自商丘迁焉,故曰从先王居'"。张守节正义引"《括地志》云:亳邑故城在洛州偃师县西,本帝喾之墟,商汤之都也",司马贞索隐解释"帝诰"说"一作佶,上云'从先王居',故作《帝佶》。孔安国以为作诰告先王,言已来居亳也"。孙星衍认为"疑《帝诰》、《釐沃》本一篇,釐、来声相近,言帝喾来沃土耳伪《传》即云'告来居沃土',又云'二篇'未可据也"。②

帝喾为契父,是汉代以来流传很广的传说,见于《史记·殷本纪》。然而,前人已提出过质疑,司马贞索隐引"谯周云:契生尧代,舜始举之,必非喾子……玄鸟遗卵,简狄吞之,则简狄非帝喾次妃明也"。实际上,将陶唐氏、商、周之先世都纳入帝喾一系,应是战国时对古史传说进行整理的结果,《礼记·祭法》有"殷人禘喾而郊冥,祖契而宗汤;周人禘喾而郊稷,祖文王而宗武王",而在更早的《国语·鲁语上》中作"殷人禘舜",虽然韦昭注据《礼记》认为"舜当为喾字之误也",但不能得到证实。相反,由于第一,甲骨文中多见殷人先公远祖的名号,却不能确认有"喾",卜辞中的高祖夒,不仅有半人半猴的形象,还是一位农业保护神,从"神性"看,应是传说中的女始祖而不可能是"喾"。③ 第二,对于商文化和周文化,通过考古发掘和研究如今已获得很多认识,两种文化并非同源,商人、周人皆"禘喾"的可能性不大。第三,从注疏还可以知道,前人认为"帝喾之墟"在"洛州偃师县西",汤"始居亳"是在灭夏以前,"从先王居"之亳不可能在夏后氏统治中心的"帝喾之墟"。所以,伪孔《传》解释"帝诰釐沃"为"告来居治沃土"当较为确切,即《帝诰》与帝喾无涉。此外,《太平御览》除了引《书》所载的相关内容外,还引:"逸书曰成汤自契至汤八迁,汤始居亳。"④ 当来源于《书序》、《史记》之外的古逸书。这些都透露出这支后来

---

① 《十三经注疏·尚书正义》卷七,世界书局1935年缩印阮刻本。

② 孙星衍:《尚书今古文注疏》书序第三十"商书",中华书局1986年版,第563页。

③ 罗琨:《殷墟卜辞中的高祖与商人的传说时代》,胡厚宣主编殷都学刊增刊《全国商史讨论会论文集》1985年2月。

④ (宋)李昉等撰:《太平御览》卷八三皇王部八"殷帝成汤",中华书局影印1960年版。

建立了商王朝的古族,在经过多次迁徙,汤又回到"先王"曾经生活过的土地,立足于亳,开始了灭夏大业。

"亳"不仅见于文献记载,也见于甲骨文乃至陶文,但对其地望,学术界长期以来存在多种不同的见解。值得注意的是在文献中,在前人追溯、引述商人历史时,往往用"亳"作为殷都或"殷家之号"的代称,这是导致"汤始居亳"地望众说纷纭的主要原因之一,而追寻先秦作为地名的亳,就会把我们的视线更多引向今河南商丘以北,山东曹县附近,史称"北亳"或"曹亳"一带①,这也是治文献者多信从"曹亳"说的原因。

当然考古学者多不同意此说,认为那一带属于岳石文化分布区,充其量是东方土著文化和先商文化的接界地带,没有发现大规模的先商文化遗址。但是,第一,尚未发现不等于不存在,这犹如古籍辨伪的"默证"法,难以作为定论;第二,据文献记载,汤始居之亳不过方圆七十里,如《孟子·梁惠王下》:"七十里为政于天下者,汤是也",《管子·轻重甲篇》:"汤以七十里之薄,兼桀之天下",《淮南子·泰族训》:"汤处亳,七十里"②,作为一个小国,始居之亳可能就是一个普通的聚落,不一定有城垣和宫殿;第三,从早商文化内涵看,这支取代了夏后氏的古族,与东方土著文化存在比较密切的关系。尤其是这一地区的地理位置很值得注意,它既远离夏王朝的腹心地带,又处于四达之冲,《读史方舆纪要》有"曹南临淮泗,北走相魏,当济兖之道,控汴宋之郊,自古四战用武之地也"③。居于这样的地利,既有利于保存发展自己,又方便进取中原,所以汤始居之亳在山东曹县一带不是不可能的。

但是成汤并没有局限于曹亳一带,《墨子·非攻下》讲述禹伐三苗、汤诛桀、武王伐纣的神话传说,其中有:

---

① 参见罗琨《殷墟卜辞中的亳——兼说汤始居亳》,《九州》,商务印书馆 2003 年版;《"汤始居亳"再探讨》,《殷商文明暨纪念三星堆遗址发现七十周年国际学术讨论会论文集》,社会科学文献出版社 2003 年版。

② 《战国策·楚策四》、《墨子·非命上》、《荀子·正论篇》作"百里",多与周武王并称,当为取其成数。

③ (清)顾祖禹撰,贺次君、施和金点校:《读史方舆纪要》卷三十三,山东四"兖州府下曹州",中华书局 2005 年版。

逮至乎夏王桀，天有酷命，日月不时，寒暑杂至，五谷焦死，鬼呼[于]国，鹤鸣十余夕。天乃命汤于镳宫，用受夏之大命，夏德大乱，予既卒其命于天矣，往而诛之，必使女堪之。汤焉敢奉率其众，是以乡有夏之境，帝乃使阴暴毁有夏之城。少少有神来告曰：夏德大乱，往攻之，予必使汝大堪之。予既受命于天，天命融隆火，于夏之城间西北之隅。汤奉桀众以克有[夏]，属诸侯于薄，荐章天命，通于四方，而天下诸侯莫敢不宾服，则此汤之所以诛桀也。

"汤焉敢奉率其众，是以乡有夏之境"，孙诒让《墨子间诂》引"王引之云：焉，犹乃也，言汤既受天命，乃敢伐夏也。王绍兰云：焉之为言于是也"[①]，乡读为向，是"乡"在先秦时的一种用法，如：

周公无天下矣，乡有天下今无天下，非擅也。成王乡无天下，今有天下非夺也，变势次序节然也。（《荀子·儒效篇》）

武王怒，师牧野，纣卒易乡，启乃下。（《荀子·成相篇》）

两处"乡"，（唐）杨倞皆注"乡，读为向"。又注"易乡，回也。谓前徒倒戈攻于后"。但是"乡"还有"国也"、"所也"、"居也"的含义。如：

薄言采芑，于彼新田，于此中乡。（《诗·小雅·采芑》，郑氏传"乡，所也"）

维女荆楚，居国南乡。（《诗·商颂·殷武》，郑氏传"乡，所也"）

孔子曰："持之则存，纵之则亡，莫知其乡"。（《孟子·告子》，[汉]赵氏注："乡，犹里，以喻居也。"）

羽人裸民之处不死之乡（《吕氏春秋·慎行论·求人》，[汉]高诱注："乡，亦国也。"）

乡，国离邑，民所封乡也，啬夫别治"，"封圻之内六乡，六卿治之。"段注"离邑如言离宫别馆，国与邑名可互称，析言之则国大邑小，一国中离析为若干邑"。"封犹域也，乡者今之向字，汉字多作乡，今作向。所封为民域其中，所乡为归往也。《释名》曰：乡，向也。民所向

---

① 孙诒让：《墨子间诂》，中华书局1986年版，第137—138页。

也。以同音为训也。"(《说文》六下)

在甲骨文中，有🈳字，作二人对食之形，即"鄉（乡）"字，如：

1. 庚子，王鄉（享）于祖辛。(《合集》23003)
2. 壬子卜，何，贞翌癸丑其又妣癸鄉（享）。(《合集》27456)
3. 贞叀多子鄉（饗）于宜。(《合集》27647)
4. 甲寅卜，彭，贞其鄉（饗）多子。(《合集》27649)
5. 戍其敗夒①于西方东鄉（嚮）。
   〔于〕东方西鄉（嚮）。(《合集》28190)
6. 辛未卜，在召宜，隹执，其令鄉（卿）事。(《合集》37468)

其中的乡字在第 1、2 辞中表示"享祭"之享，在第 3、4 辞中表示宴饗之饗，在 5 辞中表示嚮背之嚮。第 6 辞之"鄉事"，联系商代金文小子𪓐簋铭"乙未卿事赐小子𪓐贝"②，当读"卿事"。这说明甲骨文中饗、嚮、卿为一字，均写为鄉，"象两人相嚮就食之形，盖饗食之饗本字也"③，《说文》五下食部有"饗，乡人饮酒也"。段注"《豳风》：朋饮斯饗。传曰：饗，乡人饮酒也"。杨向奎曾指出"'乡饮酒'礼起源于氏族聚落的会'食'中"④，联系《说文》段注"所封谓民域其中，所乡谓归往也"，启示我们"乡"释"所也"、"居也"，与这种"会食"或"乡饮酒"的礼俗有关，当出现较早，以后才由"相嚮就食之形"引申读为"向"。所以，"汤焉敢奉率其众，是以乡有夏之境"之"乡"，可以理解为"居"。

再从行文看，"夏德大乱，予既卒其命于天矣，往而诛之，必使女堪之。"孙诒让按："文意与下文重复，疑校书者附纪异同，遂与正文混淆。《文选·辨命论》、《褚渊碑文·注》两引亦无此数语。毕所校乃下文之异文也。"⑤ 去掉这段文字，可见传说记述了商汤灭夏过程的三个环节：第一，

---

① 该甲骨文字不识，或以为是夒之繁体，暂代之。
② 《殷周金文集成》3904。
③ 参见罗振玉《殷虚书契考释》下、《雪堂金石跋尾·卿彝跋》，第 63 页。
④ 杨向奎：《宗周社会与礼乐文明》，人民出版社 1992 年版，第 229 页。
⑤ 孙诒让：《墨子间诂》，中华书局 1986 年版，第 137 页。

"天有酷命"以灾异警示夏人，同时"命汤于镳宫"，汤受天命，乃敢"奉率其众"，进居"有夏之境"，为灭夏做准备；第二，"夏德大乱"，各种矛盾尖锐化，抓住战机"汤奉桀众以克有［夏］"；第三，"属诸侯于薄"，通告商王朝建立。所以，若将"乡有夏之境"的"乡"读为"向"，理解为"伐夏"，在文意上前后不顺，有所重复。

而今在"有夏之境"的郑州确实发现了先商文化遗存，印证了文献记载。

1998年，在郑州商城宫殿区发掘出一道夯土墙基槽及相关早期遗存，2000年发表了发掘简报[①]，其中非常值得注意的是：

第一，已发现的夯土墙"墙基长度以达100余米"，其性质"不大可能是宫城的围护墙"，"夯土墙基础宽8米余，似更接近一道城墙的特征"。

第二，夯土墙基槽深1.2—2.3米不等，底部不平，形成较多的夯土坑，这是因为"被夯土墙打破的灰坑，具有一个共同的特点，即被夯土墙打破的部位，首先将灰坑中的部分填土清理出来，再逐层填土夯打而成"。

第三，"打破夯土墙的两个灰坑H56、H114的出土物可能要早于二里岗下层，最晚可至二里岗下层偏早阶段H9的时期"，"两个灰坑打破的是夯土墙的基槽部分，H114打破墙基的中部，表明在这个阶段城墙已完全废弃"，因而得出结论"夯土墙的始建年代不早于二里头文化第四期晚段，亦不晚于二里岗下层一期，其建筑及使用时间应大体相当二里岗下层H9阶段"。然而，考虑到当时生产工具还相当落后的情况下，将一座基槽宽8米的城垣修建起来，又夷为平地是需要相当时日的，尤其是"H9的时期"夯土城墙已完全夷为平地，不能排除修建于二里头文化四期某个阶段的可能。

第四，根据夯土墙下发现的陶窑和较多的灰坑，以及此前发现的同一时期遗存，"说明夯土墙建造以前，这里已是一个有相当规模的聚落遗址"。其遗物从文化因素分析，大致可分为三组：A组最多，约占出土物总数的85％，其内涵"同二里头文化四期晚段特征较为接近"；B组约占出土物总数的10％，"同豫北、冀南地区的漳河型先商文化的特征比较接近"；C组约占出土物总数的5％，"和豫东、鲁西南地区的岳石文化相同"。

[①] 河南文物考古研究所：《河南郑州商城宫殿区夯土墙1998年的发掘》，《考古》2000年第2期。

这些发现揭示了在二里头文化四期晚段的时候，这里已有了一座相当规模的聚落，稍后修建起城垣。后废弃，当二里岗下层二期时，一座高大的商代早期都邑耸立在这片土地上。

从最早一个时期的聚落遗址包含的漳河型先商文化因素看，可以推断其居民包括来自豫北、冀南地区下七垣文化先民，少量的岳石文化因素则提供了旁证，因为在有关横越河济、进入豫东的先商文化研究成果中往往可以读到融入岳石文化因素记述。而大量"同二里头文化四期晚段特征较为接近"的文化因素，正与"汤奉桀众以克有［夏］"的记载相表里。至于从一般聚落，发展为有夯土城垣的建筑，更为这里曾为商汤灭夏前夕政治中心的推断提供了论据。

郑州商城在夏王朝腹心地区的东方，西为虎牢关，历来有"咽喉九州，阃域中夏"、"锁天中区，控地四鄙"之说①，"由秦而上，晋楚于此而争霸，由秦而下，楚汉于此而分雌雄"②，而在夏商之际，这里更直接扼守住伊洛地区通向东方的门户，所以当商人势力进居到郑州地区，"乡有夏之境"已经为灭夏奠定了基础。

而商汤从"居亳"到"乡有夏之境"经历了一个过程，在这过程中也使用了军事手段，最主要的灭葛和伐灭"三蘗"。

（二）灭葛与剪除"三蘗"

商汤伐灭的第一个夏桀属国是葛，［宋］林之奇《尚书全解·仲虺之诰》说"汤之征伐，盖始于葛，其略见于仲虺之言，其详见于《孟子》。"据今所见，《孟子·梁惠王下》引"《书》曰：汤一征，自葛始"，《滕文公下》更详述其缘由：

> 孟子曰：汤居亳，与葛为邻。葛伯放而不祀，汤使人问之曰："何为不祀？"曰："无以供牺牲也。"汤使遗之牛羊，葛伯食之，又不以祀。汤又使人问之曰："何为不祀？"曰："无以供粢盛也。"汤使亳众往为之耕，老弱馈食。葛伯率其民，要其有酒食黍稻者夺之，不授

---

① 分别见（唐）贾至《虎牢关铭》、吕温《成皋铭》，转引自（明）李贤等撰《明一统志》卷二六《河南布政司·开封府上》"形胜"，文渊阁四库全书本。

② （宋）王应麟：《通鉴地理通释》卷七《名臣议论考·萧何韩信论定三秦·荥阳》，文渊阁四库全书本。

者杀之。有童子以黍肉饷，杀而夺之。书曰"葛伯仇饷"，此之谓也。为其杀是童子而征之，四海之内皆曰：非富天下也，为匹夫妇复雠也。汤始征，自葛载，十一征而无敌于天下，东面而征西夷怨，南面而征北狄怨，曰"奚为后我"？民之望之，若大旱之望雨也。归市者弗止，芸者不变，诛其君，吊其民，如时雨降，民大悦。《书》曰："徯我后，后来其无罚。"

文中多引《尚书》逸文，阎若璩指出《梁惠王下》有"《书》曰汤一征，自葛始"，《滕文公下》作"汤始征，自葛载"，"易'一'为'始'，易'始'为'载'，此乃古人文章不拘之处"，"《书序》'汤征诸侯，葛伯不祀，汤始征之，作《汤征》'，金仁山谓《史记·殷本纪》载《汤征》之辞而不类，盖非《汤征》之旧文也，《孟子》引亳众往耕之事，疑出此书。余尝叹为确识，因悟'葛伯仇饷'一语系于亳众往耕下，似即为古《汤征》书，而'汤一征，自葛始'，亦应为其文，今俱窜入《仲虺之诰》中。"① 王鸣盛《尚书后案》也认为"'葛伯仇饷'及'汤一征，自葛始'云云，正《汤征》中语"②。可见《孟子》所载，语言难免有所夸张，但基本事实应是世代的口耳相传，有一定可信性。其中值得注意的是：

第一，"亳，与葛为邻"，历来研究者多将两者联系起来考察它们的地望，对汤始居之亳地众说纷纭，对葛的地理位置也有不同看法，例如邹衡在《汤都郑亳考》中历数古代名葛之地多在郑，如《左传》桓公五年提到的缛葛、《春秋》隐公六年提到的长葛，又如《路史·国名纪》载"今郑西北有葛乡城"，"河内修武有葛伯城、葛伯墓。注：《九域志》'汤始征者'。"距郑州商城最远的也只有百多里，"郑州商城附近这些葛城，其中总会有其一为孟轲所言之葛"③。孙淼论汤始居亳当在河南浚县、内黄、濮阳一带，暂定在濮阳县，"以亳定葛，葛也不会太远"④。

比较传统的看法，多认为葛当在今河南宁陵北，《汉书·地理志》陈留

---

① 阎若璩：《尚书古文疏证》卷一第十一"《孟子》引《书》语今误入两处"。
② 见焦循《孟子正义》，中华书局1987年版，第152、433页。
③ 参见邹衡《论汤都郑亳及其前后的迁徙》，载《夏商周考古学论文集》，文物出版社1980年版。
④ 孙淼：《夏商史稿》，文物出版社1987年版，第298页。

郡宁陵县注引"孟康曰故葛伯国,今葛乡是"。王先谦《汉书补注》有"先谦曰续志后汉改属梁国"。《后汉书·郡国志二》梁国"宁陵故属陈留,有葛乡,故葛伯国"。当然,朱鹤龄《尚书埤传》早已指出,"凡地名相沿,多有不足据者,或指一亭、一城、一乡以为证,或指有古人之墓,亳城岂必汤都,葛乡岂必葛国,汤冢、伊尹冢安知非箕山许由冢之类也","然博考地志,葛国遗迹惟宁陵有之(《一统志》宁陵县有葛城,在归德府西六十里,归德古商丘也)。而蒙县、谷熟去商丘又甚近(蒙县在商丘北五十里,谷熟在商丘东南四十五里)。大抵蒙县、谷熟皆因商丘而讹耳,汤迁偃师当在克夏之后"。① 的确,名葛的地点虽多,但春秋时的葛国却在宁陵。如《春秋》桓公十五年,"邾人、牟人、葛人来朝"。杜预注:"无传,三人皆附庸之世子也,其君应称名,故其子降称人,牟国今泰山牟县,葛国在梁国宁陵县东北。"虽然王夫之提出"宁陵之葛,乃春秋同邾、牟觐鲁之葛人,周之葛而非夏之葛也",认为"不祀之葛疑即长葛或缑葛,或郑地"。② 但此说是立足于汤始居之亳为偃师,未能论"夏之葛"与"周之葛"的不同,所以,宁陵之葛还不能轻易否定,而宁陵近于蒙县、谷熟,则为商汤所居之地在今河南商丘以北的曹亳提供了旁证。

第二,葛伯不祀,"汤使遗之牛羊"以为牺牲,又"使亳众往为之耕",以供粢盛。直到葛伯率众抢夺老弱送来的酒食,并杀害一个不肯交出黍、肉的童子。商汤以为童子复仇、讨还血债为口实,起兵灭葛。这一记载也是具有可信性的,文献屡见天大旱商汤以身为祷的故事,说明夏商之际在意识形态方面还保存某些氏族制度时代的残余。在那个时代,不仅祭祀鬼神是生活大事,复仇更是最为正义的事业。拉法格在分析"正义思想的起源"时,曾经论述"报复是人类精神的最古老的情欲之一,它的根子扎在自卫的本能里,扎在动物和人进行抵抗的需要中",活在野蛮人心灵里的孜孜不倦的和猛烈的复仇欲,是它活动于其中的自然环境和社会环境的条件所引起的,当时人不能单独生存,而是被血缘的纽带紧紧地联系在一起,"如像其余所有东西一样,他们也是受屈辱成为公共财产,带给每一个野蛮人的侮辱,是整个氏族都会有所感觉,好像他是带给每个成员一样。流一个野蛮人的血等于流全氏族的血,氏族所有的成员都负有为侮辱复仇的责任"。他还说:

---

① 朱鹤龄:《尚书埤传》卷六《汤诰》"至于亳"条下。
② 王夫之:《尚书稗疏》卷三《汤诰》。

"人使自己的激情神圣化和神化,特别是这些激情可以帮助他在个人的和社会的关系上保存自己的时候,'对血的无厌渴求',被提升为神圣义务的复仇变成一切义务的第一位。"① 夏商之际虽然已经脱离了"野蛮时代",但是这种根深蒂固的价值观仍然存在,王亥之子上甲微曾利用它伐灭有易,树立了威信,建立了商人的国家②,大乙汤再一次利用它迈出灭夏战争的第一步。

汤以血亲复仇的名义伐葛,隐蔽了自己的真正目的,麻痹夏后氏的警觉,达到蓟除了夏桀的与国和争取民心的目的。灭葛不仅检阅了自己的军事力量,而且赢得了声誉,四海之内都赞扬他,出兵征伐不是为了贪图天下的财富,而是为百姓复仇,这与夏桀为夺取财富与美女而进行的伐有施氏、岷山氏之战又是鲜明的对比。

第三,关于"十一征而无敌于天下",赵岐注"十一征而服天下,一说言当做再字,再十一征而言,汤再征十一国……凡征二十二国也"③;焦循引《隋书》炀帝伐高丽诏"成汤二十七征"④。伐国之数未有定说,联系"禹合诸侯于涂山,执玉帛者万国"⑤,武王"征四方,凡憝国九十有九国"⑥,可见当时小国是很多的,其中有一些当仅具方国性质,内部发生了阶层或阶级的分化,不一定有完整的国家机构,但服属于夏王朝者。《孟子》"东面而征西夷怨,南面而征北狄怨","民之望之,若大旱之望雨也。归市者弗止,芸者不变,诛其君,吊其民,如时雨降,民大悦",虽有夸张成分,但前人考订"奚为后我"、"徯我后,后来其无罚"为《尚书》逸文,其传说当有悠远的历史。

汤征之国据记载还有洛、荆、温等,如今本《纪年》有:帝发"二十一年商师征有洛,克之,遂征荆,荆降"、"二十六年商灭温"。其中有洛见于《逸周书·史记解》"昔者有洛氏宫室无常,池囿广大,工功日进,以后更

---

① 拉法格著、王子野译:《思想起源论》,生活·读书·新知三联书店1963年版,第67—72页。
② 罗琨:《殷墟卜辞中高祖王亥史迹寻绎》,载《胡厚宣先生纪念文集》,科学出版社1998年版。
③ 见《十三经注疏·孟子注疏·滕文公下》(汉)赵岐注,世界书局影印阮刻本1935年版。
④ 焦循:《孟子正义》,中华书局1987年版,第434页。
⑤ 《左传·哀公七年》。
⑥ 《逸周书·世俘》。

前。民不得休，农失其时，饥馑无食，成汤伐之，有洛以亡"。

而其中最为关键性的战役是对韦、顾、昆吾的扫灭。《诗经·商颂·长发》有：

> 武王载旆，有虔秉钺，如火烈烈，则莫我敢曷。苞有三蘖，莫遂莫达，九有有截，韦顾既伐，昆吾夏桀。

《长发》，毛序"大禘也"。郑氏笺云"大禘，郊祭天也。《礼记》曰：'王者禘其祖之所自出，以其祖配之'是谓也"。王先谦认为"此或亦祀成汤之诗"，引黄山云"宋之有禘，本与鲁同。'大禘'即'大尝禘'，抑即盘庚之大享，本为内祭"，"《诗》本亦主祀汤，而以伊尹从祀，其历数先世，著汤业始由开"[1]，可见《长发》是祭祀大典中带有史诗的性质的乐歌，其基本史实具有可信性。诗中歌颂武汤兴师，旌旗飞扬，固持大钺，威势如猛火之炎炽，无人能抵御。"苞有三蘖"，毛传："苞，本。蘖，余也。"笺云："苞，丰也。天丰大先三正之后世，谓居以大国，行天子之礼乐。然而无有能以德自遂建于天者，故天下归乡汤，九州齐一截然。"孔颖达疏有："正义曰《易》称系于苞桑，谓桑木固，以苞为本。《盘庚》云若颠木之有由蘖，谓本根已颠，更生枝余，故云'蘖，余也'，本有三余，上世受命创基之君为之本，时二王之后及今夏桀是其余也，意与笺言三正之后亦同。"[2] 欧阳修则指出："毛以苞为本，蘖为余，训诂是矣，郑何据而为三王之后乎。考文求义，谓一本而生三蘖也，然则大者为本，小而附者为蘖，夏所谓本也，韦也、顾也、昆吾也，所谓三蘖也。达，生长也。谓此三蘖莫能遂达，其恶皆伐而去之，并拔其本也。其曰'九有有截'者，盖汤已为天下所归用，此九有之师以伐三蘖，并其本而去之也。"[3] 苏辙《诗集传》也赞同此说。[4]

商人用"苞有三蘖"比喻三国与夏桀的关系是因为三国都是夏桀统治的重要支柱。三国之君都是桀党，而且如前所述，韦，在今滑县东南的妹村；

---

[1] 王先谦撰，吴格点校：《诗三家义集疏》，中华书局1987年版，第1106—1115页。下同。
[2] 《毛诗注疏》卷三〇商颂，（汉）郑氏笺、（唐）陆德明音义、孔颖达疏。
[3] 欧阳修：《诗本义》卷一二"长发"。
[4] 苏辙：《诗集传》卷一九"长发"也认为"苞，本也。蘖，余也。本则夏桀，蘖则韦顾昆吾也"。

顾，即滨于黄河、近于沁水的有扈氏故地，在今原阳、原武一带；昆吾，夏代后期迁于旧许，在今新郑，即"郑韩故城"附近，他们的地理位置对于护卫夏王朝统治都具有战略枢纽意义。值得注意的是今本《纪年》有"昆吾氏伐商"，《元和郡县志》引"《国语》汤伐桀，桀与韦、顾之君距汤于莘之墟，遂战于鸣条之野"①。说明商汤的西进灭夏的主要对手，除桀之外，就是韦、顾、昆吾，所以在鸣条决战之前，拔除三蘖，势在必行。

汤伐韦、顾、昆吾的战争过程已不得而知，从今本《纪年》看，昆吾伐商是在商灭温之后，汤会诸侯于景亳之前，《国语·郑语》载："己姓，昆吾、苏、顾、温、董。"可知昆吾与温同姓，昆吾伐商或与汤灭温也有一定关系。而据《元和郡县志》引《国语》，当为汤攻取了韦、顾之地，其君或还有部分武装力量逃亡夏王朝的统治中心，与夏桀合为一道与成汤大军抗衡。

总之，商人伐夏取而代之，在军事方面则有严密的计划。如前所述，在汤以前先商文化已开始从漳河中游南下发展到今豫北新乡地区，逼近夏桀之居。与此同时，还和鲁西南东夷之地有了较多的交往和互相影响。商汤迁于亳，邻近东夷之地，当与经营东方，以打破夷夏联盟有关。伐葛是试探性用兵，取得了很好的政治效果。再北上伐韦，除掉夏桀在豫北的党羽，为西进伐顾扫清道路，也是消除肘腋之患。再伐顾，目的是占据原武，逼近通往伊洛平原的交通要道。进而伐昆吾，占据今新郑一带，守住了通向夏人发祥地的门户。在夺取这两处战略要地的同时，还除掉顾、昆吾两个夏桀统治的重要支柱，断其左右二臂，这就大大改变了夏、商的力量对比。

（三）布德施惠和阻贡观动

汤在使用军事手段集中打击桀党的同时，在政治方面实行布德施惠的策略，争取民心、争取同盟者，进一步壮大自己，为此还致力于网罗人才。即《史记·夏本纪》所说"自孔甲以来诸侯多叛夏，桀不务德而武伤百姓，百姓弗堪"。"汤修德，诸侯皆归汤，汤遂率兵以伐夏桀"。

相传"帝桀淫虐有才，力能伸钩索铁，手能搏虎，多求美女以充后宫，为琼室瑶台"②，"作瑶台，罢民力，殚民财"③，"桀为无道，暴戾顽贪，天

---

① （唐）李吉甫撰，贺次君点校：《元和郡县图志》河南道三，汴州陈留县故莘城，中华书局1983年版，第177页。

② 《帝王世纪》。

③ （汉）刘向撰：《新序·刺奢》。

下颤恐而患之。言者不同，纷纷分分，其情难得。干辛任威，凌轹诸侯，以及兆民"。高诱注"颤，惊也、患忧也"，"纷纷，毂乱也。分分，恐恨也。其情难得知也"。"干辛，桀之谀臣也"。① 针对夏桀时导致统治阶级内部众叛亲离、社会矛盾激化的种种弊政，成汤勤劳政事、任用贤良，采取以德治民的方针。在历史上流传最广的是"汤网"故事。较早见于《吕氏春秋·孟冬纪·异用》：

> 汤见祝网者，置四面，其祝曰："从天坠者、从地出者、从四方来者，皆离吾网。"汤曰："嘻，尽之矣。非桀其孰为此也。"汤收其三面，置其一面，更教祝曰："昔蛛蝥作网罟，今之人学纾。欲左者左，欲右者右，欲高者高，欲下者下，吾取其犯命者。"汉南之国闻之曰："汤之德及禽兽矣。"四十国归之。人置四面，未必得鸟；汤去其三面，置其一面，以网其四十国，非徒网鸟也。

高诱注："汉南，汉水之南。"反映汤行仁政影响之大。《史记·殷本纪》、刘向《新序》、贾谊《新书》都引述了这个故事，《淮南子·人间训》也有"汤教祝网者，而四十国朝"。

在争取民心、争取诸侯的同时，还大力吸收人才，不仅吸收了夏王朝的贤臣，还从被统治阶级中选拔能辅佐他的人。《鹖子·汤政》记载：

> （汤）得庆蒲、伊尹、湟里且、东门虚、南门蝡、西门疵、北门侧，得七大夫佐以治天下，而天下治。②

此"七大夫"中，有事迹可考的主要是伊尹，传说他原是得于空桑的弃儿，后成为有莘氏媵臣，汤举任以国政。如：

> 成汤东巡，有莘爰极，何乞彼小臣，而吉妃是得？水滨之木，得彼小子，夫何恶之，媵有莘之妇？（《楚辞·天问》）

---

① 《吕氏春秋·慎大览·慎大》。
② 见（宋）王应麟《玉海》卷一三四《官制·人物》"禹七佐、汤七佐、四佐、七大夫"条，引《鹖子·汤政第七》。

昔伊尹为莘氏女师仆,使为庖人,汤得而举之,立为三公,使接天下之政,治天下之民。(《墨子·尚贤下》)

有侁氏女子采桑,得婴儿于空桑之中,献之其君。其君令烰人养之。察其所以然,曰:"其母居伊水之上,孕,梦有神告之曰'白出水而东走,毋顾'。明日,视白出水,告其邻,东走十里,而顾其邑尽为水,身因化为空桑。"故命之曰伊尹。此伊尹生空桑之故也。长而贤。汤闻伊尹,使人请之有侁氏。有侁氏不可。伊尹亦欲归汤。汤于是请取妇为婚。有侁氏喜,以伊尹为媵送女……汤得伊尹,祓之于庙,爝以爟火,衅以牺猳。明日,设朝而见之,说汤以至味,汤曰:"可对而为乎。"对曰:"君之国小,不足以具之,为天子然后可具……"(《吕氏春秋·孝行览·本味》)

夏商周皆有莘国,就《左传》记载而言,[宋]程公说撰《春秋分记·地理释异》总结有五、卫、蔡、虢、齐皆有莘地,《左传·僖公二十八年》城濮之战"晋侯登有莘之虚以观师"的"有莘之虚"在陈留县。《史记·殷本纪》"为有莘氏媵臣"正义引《括地志》也说"古莘国在汴州陈留县东五里,故莘城是也"。另一说如《春秋左传地名图考》引顾栋高谓有莘之虚"在今山东曹县北十八里",《续山东考古录》有"莘国故城,在曹县北十八里,今莘仲集。《孟子》伊尹耕于有莘之野;《春秋》城濮之战,晋侯登有莘之墟;又,晋师陈于莘北均在此"。认为以"作战形势论之,晋已伐卫入曹,楚则围宋未下,晋应由曹南下,以解宋围。楚必自宋北上迎战,以救曹卫。会战之地有莘,自在曹宋两国之交,当以曹县莘墟附近为是。陈留之莘,相距颇远,不当战道,应从顾说及《考古录》"。① 竹添光鸿《左传会笺》、杨伯峻《春秋左传注》亦主此说。而《元和郡县志》、《太平寰宇记》等皆两说并存,如前者河南道汴州陈留县下有"故莘城在县东北三十五里,古莘国地也"。河南道曹州济阴县下有"莘仲故城,在县东南三十里,盖古之莘国也"。可见今河南开封至山东定陶之间的这片四达之冲,长久以来都有关于夏代古莘国的传说。

关于伊尹的出身,有人以为不可能举媵臣为右相,如《孟子·万章》有

---

① 程发轫:《春秋左传地名图考》第二篇"春秋地名今释",台北广文书局1967年版,第156页。

"万章问曰：人有言伊尹以割烹要汤，有诸。孟子曰：否，不然。伊尹耕于有莘之野，而乐尧舜之道焉"。然而，不仅文献有"汤师小臣"①之说，金文中也有"汤有九州，伊小臣唯辅"②的记载，在国家产生后的早期阶段，这样的事并不鲜见。成汤原是一个小国之君，但他以宽治民的方针，得到百姓的拥护，得以"率其百姓，以上尊天事鬼，是以天鬼富之，诸侯与之，百姓亲之，贤士归之，未殁其世，而王天下政诸侯"③。从文献屡见"汤得伊尹而有夏民"、"伊尹相汤以王于天下"的记述④，可见出身低微的伊尹被选拔出来以后，对于灭夏及其后商王朝的统治都起了很大作用。

《史记·夏本纪》记载，因为害怕成汤势力的壮大，夏桀曾将他囚于夏台，《楚辞·天问》更有"汤出重泉，夫何罪尤？不胜心伐帝，夫谁使挑之"之句。重泉，地名。前人多释为即夏台所在之地。说汤无罪被囚，更激发灭夏的决心，被释放后，更加紧了军事准备。但在决战前还做了三件事，这就是在景亳举行盟会；将政治中心西迁，逼近夏王朝腹心地区；停止贡纳，观察动向，为军事进攻奠定基础。

第一，景亳之会，《左传·昭公四年》有：

> 六月丙午，楚子合诸侯于申。椒举言于楚子曰：臣闻诸侯无归，礼以为归。今君始得诸侯，其慎礼矣。霸之济否，在此会也，夏启有钧台之享，商汤有景亳之命，周武有盟津之誓……

《帝王世纪》也有汤"盟诸侯于景亳"。钧台之享、盟津之誓分别与夏、周王朝建立有密切联系，景亳之命必为商王朝建立前夕的一次重要盟会，但其内容不详。有研究者论《墨子·非攻下》所谓"汤奉桀众以克有夏，属诸侯于亳，荐章天命通于四方"与《左传》"景亳之命"为一事，薄即亳，盟会内容当为申明自己是受天命而伐桀，以取得各"诸侯"的支持和拥护。⑤

关于盟会时间，惠栋《春秋左传补注》"商汤有景亳之命"下引"汲郡

---

① 《吕氏春秋·孟夏纪·尊师》，(汉)高诱注："小臣谓伊尹。"
② 《叔夷钟》铭文。
③ 《墨子·非命上》。
④ 《吕氏春秋·不苟论·赞能》、《孟子·万章上》。
⑤ 孙淼：《夏商史稿》，文物出版社1987年版，第306—307页。

古文云：帝癸二十八年昆吾氏伐商，商会诸侯于景亳，遂征韦，商师取韦，遂征顾"。为今本《竹书纪年》文。《殷本纪》也有"昆吾为乱"说，下接"汤乃兴师率诸侯，伊尹从汤，汤自把钺以伐昆吾，遂伐桀"。"昆吾氏伐商"与"昆吾为乱"可能为同一事，《殷本纪》不曾提到伐韦、顾，所以不能否定《纪年》所谓"景亳之命"在伐韦之前。这时十一征已进行大半，翦夏羽翼已初见成效，很多原臣服于夏桀的诸侯已转向支持成汤，而成汤灭夏取而代之的意图已开始被察觉，乃有汤被囚、昆吾伐商之事，面临挑战，汤必须果断地抓住战机，"景亳之命"当为战前的政治动员。

盟会地点即景亳之地，和学界对于汤都之亳有异说一样，历来也有不同看法。《左传》杜预注"河南巩县西南有汤亭，或言亳即偃师"。但偃师是夏代晚期的政治中心，灭夏前商汤势力不可能达到那里。《殷本纪》"汤始居亳"唐张守节正义引"《括地志》：宋州谷熟县西南三十五里南亳故城，即南亳，汤都也。宋州北五十里大蒙城为景亳，汤所盟地，因景山为名。河南偃师为西亳"。"北亳在蒙，即景亳，汤所盟地"，此说较早见于皇甫谧《帝王世纪》①，稍后北魏郦道元《水经注》更详述其地理位置及与葛地的相对位置：

> 汳水又东径葛城北，故葛伯之国也……汳水又东径神坑坞，又东径夏侯长坞……汳水又东径梁国睢阳县故城北……汳水又东径蒙县故城北，俗谓之小蒙城也……汳水又东径大蒙城北，自古不闻有二蒙，疑即蒙亳也，所谓景薄，为北亳矣，椒举云商汤有景亳之命者也。

此说亦见杜预所撰《春秋释例》，在该书"盟会图疏附"有"景亳，在宋州北"②，四库全书本按语称"此疏所载郡县，多非晋初所有，疑是杜氏原书已佚，而唐人补辑以附益者"。而王国维提出："杜预于庄十一年传云：蒙县西北有亳城。""蒙之西北，即汉山阳郡薄县地（今山东曹州府曹县南二十余里），其为汤都有三证"。③

第二，将政治中心迁往今郑州地区，实现"乡有夏之境"。近年研究者

---

① （宋）李昉等撰：《太平御览》卷八，三皇王部八"殷帝成汤"。
② 杜预撰：《春秋释例》卷七"晋"。
③ 王国维：《说亳》，《观堂集林》，河北教育出版社2001年版，第329页。

指出，对于夏、商、西周三个王朝，这一地区都是具有战略意义的"枢纽地区"，占领它就可以先得地利，进可以长驱直入对方腹地，退则能扼守要道拒敌于境外。① 就夏商之际而言，从二里岗下层偏早阶段商文化的分布区域看，大体在今河北南部和河南北部，其南界约在今郑州至陕县一线。可知郑州一带正是商与夏王朝及其与国交锋的前沿阵地，商汤的军队当时以今郑州为基地，踏上了灭夏的征途。②

将政治中心从北亳西移至今郑州的郑亳，最大限度地靠近夏王朝统治中心，这是鸣条决战前的一大战略部署，而郑州商城南距位于今新郑的昆吾仅数十里，所以这一部署的完成当在伐昆吾前后。

第三，阻贡观动，完成以上部署，汤准备出兵伐桀。但是，伊尹提议先行停止对夏桀的贡纳，观察其反应，刘向《说苑·权谋》载：

> 汤欲伐桀，伊尹曰：请阻乏贡职以观其动。桀怒，起九夷之师以伐之。伊尹曰：未可，彼尚犹能起九夷之师，是罪在我也。汤乃谢罪请服，复入贡职。明年又不供贡职，桀怒，起九夷之师，九夷之师不起。伊尹曰：可矣。汤乃兴师伐而残之，迁桀南巢氏焉。

"犹能起九夷之师"，反映夏桀还有九夷之师听命，气势尚盛，汤遂"谢罪请服"。第二年"九夷之师不起"，标志着夏王朝失去了一支强有力的同盟军，伐桀的时机已经成熟。

关于夷夏联盟的破裂，《左传·昭公四年》有"夏桀为仍之会，有缗叛之"，杨伯峻注：有缗即缗国，雷学淇云帝舜后，姚姓，（昭公）十一年传"桀克有缗，以丧其国"即此。③ 相传东方的有仍氏是少康的母族，《左传·哀公元年》有：

> 昔有过浇杀斟灌以伐斟鄩，灭夏后相，后缗方娠，逃出自窦，归于有仍，生少康焉。为仍牧正……

---

① 宋杰：《先秦战略地理研究》，首都师范大学出版社1999年版，第11页。
② 参见王迅《从商文化的分布看商都与商城》，《中原文物》1991年第1期。
③ 杨伯峻：《春秋左传注》，中华书局1981年版，第1252页。

少康后来终于复国,"灭过、戈,复禹之绩,祀夏配天"。可能正因为夏桀无视亲缘关系而伐灭有缗,导致夷夏关系的最终破裂,而使自己进一步陷入孤立。

这时夏王朝内部矛盾也日益尖锐,据记载桀暴戾而且贪得无厌,任用谀臣,残害贤良,致使众庶都盟生了叛离之意,只是在重压下不敢有所表示,在这种情况下"桀愈自贤",以为自己统治有方,矜过饰非,进一步激化了矛盾①,如《吕氏春秋·先识览·先识》说:

> 夏太史令终古,出其图法,执而泣之,夏桀迷惑,暴乱愈甚,太史令终古乃出奔如商。汤喜而告诸侯曰:夏王无道,暴虐百姓,穷其父兄,耻其功臣,轻其贤良,弃义听谗,众庶咸怨,守法之臣,自归于商。

陈其猷指出:"所谓'先识'即是预言,此篇系阴阳家之说。""太史,实即古羲和之官","图法,实即汉志天文类所列《图书秘记》一类之书"②,反映夏太史令终古曾利用天象警示以劝谏,桀全然不顾,终古弃夏奔商。这在信奉天命鬼神的时代,产生了很大的政治影响,对夏桀用兵时机成熟了。

二 鸣条之战

(一)伊尹间夏与发兵夏郊

出征夏桀的时机已经成熟,但为了清楚地掌握敌人动态,商汤派伊尹潜入夏王朝内部,这就是"伊尹间夏"。文献记载有:

> 史苏曰昔夏桀伐有施,有施人以妹喜女焉,妹喜有宠,于是乎与伊尹比而亡夏。(《国语·晋语一》)
>
> 后桀伐岷山,岷山女于桀二人,曰琬、曰琰。桀受二女,无子,刻其名于苕华之玉,苕是琬,华是琰。而弃其元妃于洛,曰末喜氏。末喜氏以与伊尹交,遂以间夏。(《太平御览·皇亲部·桀妃》引《纪年》)
>
> 昔殷之兴也,伊尹在夏。(《孙子·用间》)

---

① 《吕氏春秋·慎大览·慎大》。
② 陈其猷:《吕氏春秋校释》,学林出版社1984年版,第947页。

（汤）欲令伊尹往视旷夏，恐其不信，汤由亲自射伊尹。伊尹奔夏三年，反报于亳，曰：桀迷惑于末嬉，好彼琬、琰，不恤其众，众志不堪，上下相疾，民心积怨，皆曰"上天弗恤，夏命其卒"。汤谓伊尹曰：若告我旷夏尽如诗。汤与伊尹盟，以示必灭夏。伊尹又复往视旷夏，听于末嬉。末嬉言曰：今昔天子梦西方有日，东方有日，两日相与斗，西方日胜，东方日不胜。伊尹以告汤。商涸旱，汤犹发师，以信伊尹之盟，故令师从东方出于国，西以进。未接刃而桀走，逐之至大沙，身体离散，为天下戮，不可正谏，虽后悔之，将可奈何。汤立为天子，夏民大说，如得慈亲，朝不易位，农不去畴，商不变肆，亲郼如夏。此之谓至公，此之谓至安，此之谓至信。尽行伊尹之盟，不避旱殃，祖伊尹世世飨商。（《吕氏春秋·慎大览·慎大》）

缀合这些记忆碎片，可知汤曾派伊尹间夏，为了免除夏桀怀疑，曾亲射伊尹，驱逐之。伊尹奔夏三年，带回夏王朝内部矛盾尖锐化报告，说社会上产生"上天弗恤，夏命其卒"，即夏后氏气数已尽的舆论，汤遂与伊尹盟誓，同心灭夏。要求伊尹"若告我旷夏尽如诗"，即当旷夏的情况尽如四方歌谣所言的时候，要及时报告，以便抓住战机。伊尹二次赴夏，设法接近"桀妃"妹嬉。妹嬉为桀伐有施获得的女子，桀再伐岷山，又得琬、琰，皆有宠。妹嬉既得宠，又不专宠，为伊尹与之"比而亡夏"提供机会。伊尹终于从妹嬉处探听到夏桀两日相斗之梦，立即将情报传递给汤。由于夏桀曾自比于日，说"日亡吾乃亡"，夏民则有"时日曷丧，予及汝皆亡"之说[1]，所以"两日相与斗"，成为发兵的绝好战机。汤不避旱灾，决然出征，终于一举灭夏。

由于"间夏"的记述多见于春秋战国文献，前人曾认为商汤为正义之师，不当有用间等诡诈手段，"此战国之士以己度人也"[2]。然而，"间夏"之说应是有可信性的。

第一，伊尹曾往来于桀、汤之间的传说流传很广，如《孟子·告子下》

---

[1] 《史记·殷本纪》，亦见《孟子·梁惠王上》引《汤誓》。毛奇龄《四书賸言补》卷一"时日害丧"，注"谓桀自比于日，故民有是言，然不知出何书，惟《尚书大传》桀曰'吾之有民，如天之有日，日亡吾乃亡耳'，然世亦罕知者"。

[2] （宋）夏僎：《尚书详解》卷九。

有"孟子曰：居下位，不以贤事不肖者，伯夷也；五就汤，五就桀者，伊尹也……"赵歧注："伊尹为汤见贡于桀，桀不用而归汤，汤复贡之，如此者五。"焦循疏引翟灏《考异》："《鬼谷子·忤合篇》'伊尹五就汤，五就桀，然后合于汤'鬼谷与孟子并时，其言合符，则孟子所得于传闻者，当实云'五'。"可见不认为汤派伊尹间夏者，也不否认伊尹多次往来于桀、汤之间。

第二，在殷墟甲骨卜辞中多见对伊尹的祭祀，行用又祭、御祭、岁祭等常用于先公先王的祭法；祭品有鬯酒、牛羊乃至羌、伐等人牲，祈求事类包括求年、求雨、宁风等；有与先公先王合祭或配享，如"又蔑众伊尹"、"上甲岁伊宾"、"又升伐于伊，其乂大乙"①，也有不少单独的祭祀，总之享有商人先祖大体相同的祭典。对于《吕氏春秋·慎大》所谓"祖伊尹世世饗商"的含义，过去并不十分明确，如高诱注"祖用伊尹之贤"；马叙伦曰"当有夺字"；较多学者认为是举行祭祀大典时作为配享，如吴承仕曰"即《盘庚》'兹于大享于先王，尔祖其从与享之'是也"；范耕研曰"祖盖祭祀之名"，功臣配享太庙为"赏于祖"，"祖伊尹"即"祀伊尹于太庙"。② 甲骨文的发现和研究深化了"祖伊尹"的含义的认识，即在一定意义上，伊尹与商人先祖有对等的地位，印证了"祖伊尹世世饗商"的可信性。对于伊尹何以有如此特殊的地位，甲骨学者曾作过很多探讨，而联系文献可以知道这是与"汤与伊尹盟"、"以信伊尹之盟"、"尽行伊尹之盟"，终于取得伐夏胜利分不开的。就像"河"，虽然与商人没有血缘关系，却也具有祖神性质"世世饗商"一样，是因为"王亥托于有易、河伯仆牛"，上甲在河伯协助下，伐灭有易，建立国家。③ 所以卜辞中伊尹的特殊地位也从一个侧面证实"伊尹间夏"之说。

关于妹嬉，《楚辞·天问》也有"桀伐蒙山何所得焉？妹嬉何肆汤何殛焉"，蒙山即岷山，上句讲桀得琬、琰二女事④，下句讲妹嬉"與伊尹比而亡夏"的故事，林庚《天问论笺》说，古本《纪年》所载，"不但说明了蒙山与妹嬉的关系，而且还更具体的说明了妹嬉与伊尹的关系。《孟子·告子》：五就汤五就桀者，伊尹也。《鬼谷子》中也有伊尹五就汤、五就桀之说，总

---

① 《甲骨文合集》30451、27057、32103。
② 见陈奇猷《吕氏春秋校释》，学林出版社1984年版，第853—854页注释。
③ 参见罗琨《殷墟卜辞中高祖王亥史迹寻绎》，《胡厚宣先生纪念文集》，科学出版社1998年版。
④ 见游国恩主编《天问纂义》，中华书局1982年版，第270—273页。

之，这些记载都一致认为伊尹曾到夏桀那里进行过活动。而伊尹在传说中又作过后妃的媵臣，则与妺嬉打交道，正合于身份。"① 闻一多也解释说："妺嬉与伊尹交以间夏，是于桀为有罪，于汤为有功，乃汤既败桀，并妺嬉亦放之南巢，故曰妺嬉何肆汤何殛焉。"②

《孟子·万章上》引"《伊训》曰：天诛造攻自牧宫，朕载自亳"。孙奭疏谓"天行诛伐始攻之罪者，自桀宫起也，汤言我始与伊尹谋之自亳地也"。可见伐夏的准备，始于汤在始居之亳时，但是根据"伊尹奔夏三年，反报于亳"等记述，伊尹间夏应是在汤将政治中心迁往郑地之后。而得到情报，汤立即发兵，"以信伊尹之盟"，从"未接刃而桀走，逐之，至大沙"，可见进攻采取了迅雷不及掩耳之势，出兵之地也必然接近夏王朝的统治中心。

由于得到伊尹情报，汤伐桀的进军，采取了"令师从东方出国，西以进"的战略迂回策略，但这一策略不仅是针对夏桀两日斗的梦境展开心理攻势，更重要的还是从整个战争形势出发。

夏桀之都有斟寻说和安邑说，如：

> 太康居斟寻，羿亦居之，桀又居之。③（古本《纪年》）
> 伊尹相汤伐桀，升自陑，遂与桀战于鸣条之野，作汤誓。孔传：桀都安邑。（《书序》）

从《书序》看，安邑说当源于在安邑地区的鸣条之战，而夏王朝统治中心的伊洛地区，《国语·周语上》有"昔伊洛竭而夏亡"，所以近世学者们多不主张安邑说。而伊洛地区不仅有古郭城，还有郭水。如：

> 故郭城在洛州巩县西南五十八里，盖桀所居。④（《括地志》）
> 洛水会伊水，又东，合水注之。又东径计素渚，又东径偃师故县南，与缑氏分水。又东，休水自南注之。又东径百谷坞北，又北，阳渠水注之。又北径偃师城东，东北历郭中，径訾城西，郭水注之"。下注：

---

① 林庚：《天问论笺》，人民文学出版社1983年版，第52—53页。
② 闻一多：《天问疏证》，生活·读书·新知三联书店1980年版，第73页。
③ 《史记·夏本纪》"帝相崩，子帝少康立"正义。
④ （唐）李泰等著，贺次君辑校：《括地志辑校》，中华书局1980年版，第171页。

"水出北山郭谿，南流，世谓之温水泉，又东南于訾城西北，东入洛。按：杜预《左传》注"巩县西南有地名郭中。"訾城在今县西南四十里。①（《禹贡锥指》引《水经注》）

郭水在与巩县相邻的偃师县，所以从文献记载可以推定，桀都斟寻应在巩县以西至偃师的故郭城、郭水一带，而今在偃师二里头已发现具有王都规格的二里头文化遗址，该遗址应为夏代后期都城之说已成多数学者的共识。

桀都在今河南巩县、偃师一带，汤以郑亳为伐桀基地，在其东。若从东方西进直取斟寻，需经荥阳汜水西关（即虎牢关）进入伊洛平原，这里自古是兵家必争之地，尚在夏桀直接控制下，作为扼守伊洛平原的通道，必设重兵把守。而且今在荥阳东北，广武镇大师姑和杨寨村南地已发掘出一座二里头文化中晚期城址。该城址位于邙山山前低缓丘陵区，有城垣和护城壕沟，面积51万平方米。始建于二里头文化第二期偏晚，在第三期早晚段之间经过较大规模的续修，废弃于二里头文化第四期偏晚阶段和二里岗下层之间。而在二里岗下层第一、二期之间，修建起早商的大型环壕。大师姑夏代城址正处于夏王朝东境夏商文化分界线附近，发掘者指出：城址所在的郑州西北郊有众多的二里头文化遗址，这些遗址和大师姑二里头文化面貌基本一致，都属于二里头文化二里头类型，其性质的一种可能是夏王朝设置在其东境的军事重镇。② 这是有道理的，该城址大规模的续修在三期，约当东方商人崛起的时代，四期偏晚阶段开始废弃，意味着废弃于夏王朝覆灭以后，而早商时代的环壕，则进一步证明这个地区在军事上的重要地位。也证实汤不可能从东方西进直取斟寻。

进入伊洛地区还有几条通道，《战国策·秦一》载司马错与张仪争论于秦惠王前，司马错欲伐蜀，张仪主张伐韩，说惠王曰：

> 亲魏善楚，下兵三川，塞轘辕、缑氏之口，当屯留之道，魏绝南阳，楚临南郑，秦攻新城、宜阳，以临二周之郊，诛周主之罪，侵楚、魏之地。周自知不救，九鼎宝器必出。据九鼎，按图籍，挟天子以令天

---

① （清）胡渭著，邹逸麟整理：《禹贡锥指》，上海古籍出版社1996年版，第635—636页。
② 王文华等：《郑州大师姑发现二里头文化中晚期城址》，《中国文物报》2004年2月27日。作者还提出另一种可能是夏代方国韦或顾。

下，天下莫敢不听，此王业也。

（宋）姚宏注："三川，宜阳也。下兵，出兵也。""塞，断。""屯留，今上党县。""郑，今河南新郑也。"（元）吴道师补曰："正义云屯留，潞州县。道，即太行羊肠坂道也。"① 可见从东方塞轘辕、缑氏之口，断太行羊肠坂道，兵临新郑，就可以阻挡外部援助进入伊洛地区。汤以"郑亳"为伐夏基地，则不须考虑"屯留之道"，而对于轘辕、缑氏，文献记载又见：

> 巩县西南七十里有轘辕山，又洛水于巩县入河，亦名什谷，隋于此置洛口仓，春秋谓之洛汭。襄二十一年使候出诸轘辕，昭元年赵孟馆于雒汭，盖周、晋往来必由之道。(《春秋大事表》)②
> 《春秋地理考实》传"使候出诸轘辕"，杜注"轘辕关在缑氏县东南"，《彙纂舆地志》"其阪有十二曲，道将去复还故名，今河南府巩县西南有轘辕山。"今按《河南通志》轘辕山一名萼岭，在登封县西北三十里，《左传》轘辕即此，巩县、登封盖一山跨两县也。③

所以汤在伐灭昆吾，占据今新郑，打开了入夏门户的前提下。很可能是至新郑集结，西去登封（相传即禹都阳城），沿登封县西北三十里轘辕山坂道十二曲直插巩县西南，这是一条古代极具战略意义险道。所以当夏桀还陶醉在"西方日胜。东方日不胜"的梦境中，有恃无恐而未做任何准备之时，商汤军队出其不意突然出现在斟寻西南时，首先在心理战上给夏桀以致命的一击，一举取得"未接刃而桀走"的胜利。

（二）鸣条决战与夏桀败亡

鸣条之战对于夏、商都是极具关键性的一战，周秦以来文献多有记述，《尚书·多士》载："惟尔知：惟殷先人有册有典，殷革夏命。"表明商人先世留下了殷革夏命的文字记载，是周代以前人所共知的，但是，后人对这段历史的了解，根据的仍是口耳相传，如孔颖达所说"彼有其迹，相

---

① 见（汉）刘向辑录《战国策》，上海古籍出版社 1978 年版，第 115—117 页。

② （清）顾栋高辑、吴树平、李解民点校：《春秋大事表》"列国地形犬牙相错表河南府"，中华书局 1993 年版，第 612 页。

③ 江永撰：《春秋地理考实》卷二"襄公二十一年轘辕"，文渊阁四库全书本。

传云然"①。没有当时的文字记载，战事经过历代的口传，再经整理记载，不免有后人的增益，但细加梳理，仍可见有大体一致的梗概。

1. 文献记载的梳理

探讨这场战争经过，就要了解与战事相关的地理空间位置，首先是文献记载中的相关地名，这在很多文献中都有记载。如

> 伊尹相汤伐桀，升自陑，遂与桀战于鸣条之野，作汤誓。（《书序》）
>
> 汤以车九两，鸟陈雁行，汤乘大赞，犯遂下（逐夏）众，人（入）之郼（郊）遂。王乎禽推哆、大戏。②（《墨子·明鬼》）
>
> 汤乃谋戒求贤，乃立伊尹以为佐。伊尹既已受命，乃执兵钦□。伴得于民，遂迷，而不量亓力之不足，起师以伐岷山氏，取亓两女琰、琬，妳北去亓邦，□为咠宫，筑为璿室，饰为瑶台，立为玉门，亓骄泰如是状。汤闻之，于是乎慎戒登贤……如是而不可，然后从而攻之，升自戎（？）遂，入自北门，立于中□。桀乃逃之鬲山氏。汤又从而攻之，降自鸣条之遂，以伐高神之门。桀乃逃之南巢氏。汤又从而攻之，遂逃去之苍梧之野。汤于是乎征九州之师，以鼋四海之内，于是乎天下之兵大起，于是乎亡宗戮族，残群焉服……是以得众而王天下。汤王天下三十有一世而受作。③（楚简《容成氏》）
>
> 殷汤良车七十乘，必死六千人，以戊子战于郕，遂禽推移、大牺。登自鸣条，乃入巢门，遂有夏。（《吕氏春秋·仲秋纪·简选》）
>
> 百姓亲附，政令流行，乃整兵鸣条，困夏南巢，谯以其过，放之历山。（《淮南子·修务训》）
>
> 桀败于有娀之虚，桀奔于鸣条，夏师败绩。汤遂伐三朡，俘厥宝玉……（《史记·殷本纪》）
>
> 汤来伐桀，以乙卯日战于鸣条之野，桀未战而败绩，汤追至大涉（沙），遂禽桀于焦，放之历山。乃与妹喜及诸嬖妾同舟浮海，奔于南巢之山而死。（《帝王世纪》）

---

① 见《尚书注疏·书序·汤誓》孔颖达疏。
② 见孙诒让《墨子间诂》，中华书局1986年版，第221页。
③ 见马承源主编，上海博物馆藏《战国楚竹书》（二），李零"容成氏"释文考释37—42简（为便于印刷，简文隶定字代之释文中的现代汉字），上海古籍出版社2002年版。

楚竹书《容成氏》是新发现的先秦文献，据研究可能属于楚地原生文献，篇题是后补上的，说明出土前已经是残本了。内容是按时间顺序叙述古帝王的故事，性质却与《世本》、《竹书纪年》不同，是通过朝代更替来说明某种理念，属于诸子类，有可能是墨家讲学时讲义一类的东西。所述古帝王传说有的十分精确，与传世文献甚至甲骨卜辞相合，但也有明显谬误，如《史记》载桀囚汤于夏台、纣囚文王于羑里，简文作纣囚文王于夏台之下，显然是张冠李戴。①

此说是有道理的，如说桀亡以后，汤"征九州之师"，"天下之兵大起"，亦属此类错误，因为第一，夏作为中原第一个统一王朝，地域是有限的，并不拥有九州，如前所述，除了王朝直接统辖的军事力量外，重要军事支柱仅为"九夷之师"；第二，灭夏前商是一个小国，"奉桀众以克有夏"②，更不可能"征九州之师"；第三，"殷革夏命"主要的军事行动结束于伐桀，此后见于记载的仅有扫灭残余势力的伐三朡，没有大战，所以桀亡于苍梧后，"天下之兵大起"说也是没有根据的。所谓"九州之师"，不排除有为了说明某种理念而曲解史实的可能，借用了"九夷之师"，并"张冠李戴"的结果。但就汤伐桀的主要进程看，以上文献记载可以互证，从而揭示汤伐桀历经的主要地点及进军路线。

（1）戎遂

《容成氏》有"戎遂"不见传世文献，但《史记》有"有娀之虚"，又，《元和郡县志》河南道三卞州陈留县下，有"故莘城，在县东北三十五里。古莘国地也，《国语》汤伐桀，桀与韦、顾之君拒汤于莘之墟，遂战于鸣条之野"，亦见《诗地理考》。③雷学淇《竹书纪年义证》卷一〇帝癸三十一年"商自陑征夏邑"下，引此两条史料，并注"有娀即有莘，在陈留，古莘、姺通"。顾颉刚《有仍国考》，引《左传·昭公四年》"夏桀为有仍之会，有

---

① 见赵平安《楚竹书〈容成氏〉的片名及其性质》，饶宗颐主编《华学》第六辑，紫禁城出版社 2003 年版。

② 《墨子·非攻下》，参见罗琨《"乡有夏之境"试析》，北京大学考古文博学院编《考古学研究》（六），科学出版社 2006 年版。

③ （唐）李吉甫撰：《元和郡县图志》，中华书局 1983 年版，第 177 页；（宋）王应麟撰：《诗地理考》卷五"韦顾"。

缗叛之"，《韩非子·十过》作"有戎之会"，证明"有仍"在文献中又作"有戎"。戎所在之地，据杜预"陈留济阳县东南有戎城"，则在今山东曹县，而"有戎"盖即"有娀"。①

不过对于《史记》所谓"桀败于有娀之虚，桀奔于鸣条"，刘起釪认为从原文看，"显然是司马迁照抄两条史料的原文，拼凑在一起，所以每句都有'桀'作主语。这里有两种可能：一种是本来就是两件史事的两条史料，有娀之墟的战事与同韦、顾作战的史事有关，而与后来的鸣条之战不相及。有娀之墟之战即有莘之墟之战，商汤北向进击韦、顾时，桀叫韦顾迎战于城濮附近之有莘。另一种可能是两条史料为同一史事的传闻异辞，例如，很难确切考订有娀、有仍、有缗是同一个地方，所以这些地名很可能是传闻异辞。②

因而根据以上考订，《容成氏》中的"戎遂"与"有娀之虚"有关联是可能的，但认为夏桀与汤先后战于"莘之虚"和"有娀之虚"则论据不足，因为除了前人考订有娀即有莘外，在文献或古史传说中，不见二者并存于同一条史料的情况。从《史记》记载看，有娀之墟的战事在鸣条之战以前，它有可能与同韦、顾作战的史事有关，但联系《容成氏》，更有可能与在桀都斟寻之战有关，"有娀之虚"是"戎遂"的误传。因为从《史记》行文看，汤伐夏诸战次为为葛、昆吾、"有娀之虚"、鸣条，而伐昆吾与鸣条之间正当为进军桀都斟寻。所以"升自戎遂"当指汤从险道突袭桀都斟寻，此役之后，桀奔鬲山，才有鸣条之战。

（2）郼

战于郼，仅见于《吕氏春秋》，但"推移、大牺"为夏桀时的重臣则数见记载。如《墨子·所染》有"夏桀染于干辛、推哆，殷纣染于崇侯、恶来……所染不当，故国残身死"。《晏子春秋·内篇·谏上》有"昔夏之衰也有推侈、大戏"，《韩非子·说疑》有"桀有侯侈，纣有崇侯虎……此六人者，亡国之臣也"。《淮南子·主术训》有"桀之力，制觡伸钩，索铁歙金；椎移、大牺，水杀鼋鼍，陆捕熊罴，然汤革车三百乘，困之鸣条，擒之焦门"。

对于二人被擒，《吕氏春秋》记述是在"战于郼"，即桀奔鸣条以前；

---

① 顾颉刚：《有仍国考》，《禹贡》第5卷第10期。
② 刘起釪：《汤伐桀的几个地点问题》，载《古史续辨》，中国社会科学出版社1991年版，第449页。

《墨子》记述是在"汤乘大赞"入郊遂以后。孙诒让《墨子间诂》引俞云："汤乘大赞,即《书序》所谓升自陑者,枚传云'汤升道从陑,出其不意'是也。《吕氏春秋·简选篇》亦云'登自鸣条'。盖汤之伐桀,必由间道从高而下,故《书序》言升,《吕览》言登,《墨子》言乘,乘即升也、登也。《诗·七月篇》毛传曰'乘,升也'襄二十三年《左传》,杜注曰'乘,登也'。升陑登鸣条,皆以地言,则乘大赞亦必以地言,但不知其所在耳。"①从"入郊遂"看,《墨子》所述当指走险道突袭夏郊的战斗,《荣成氏》也记载汤"升自戎遂"突袭夏桀都城,因此郲之战应是汤军走险道突然出现在夏都斟寻的郊遂,擒获了夏桀两员猛将的故事,所谓"未接刃而桀走",可以理解为夏桀折损两员猛将,未敢恋战,夺路而走,是对汤初战告捷的一种略带夸张的描述。

利用古地名的考订,郲之地望有今山东宁阳说、汶上说、范县说等,然而,这既然是在夏郊的战斗,就不可能指今鲁西南之地。且如上所述"战于郲"与"升自戎遂"当为一事,则郲可能为戎之误,因为在古文献中郲亦写作成,戎字从戈从甲,成字从戊(戉形)从丁(古文从午),二者形近,有可能混淆。在殷墟卜辞中,有作为国族名的"戎",只是尚难确定其地望。

(3) 陑、鸣条之遂

陑仅见于《书序》,当为通往鸣条之野的险道,《荣成氏》未讲"鸣条之野",只说汤"降自鸣条之遂",发动对桀的攻击,正与《书序》"升自陑"战于鸣条之野相印证,表明桀都之战后,夏桀逃往崏山,汤军追击,从某一险道翻过山,到达鸣条之战的主战场。这条险道就攀登处而言称"陑",从目的地而言则称"鸣条之遂"——抵达鸣条的通道。因此《荣成氏》所谓"鸣条之遂"其所指当与"陑"为同一事。

对于陑的地望,主要有三种意见,一说在今山西永济县境中条山麓,传统说法多认为陑在中条山西段。文献记载中条山延长数百里,随州郡而异名,而永济西就有黄河的古渡口。另一说认为陑在太行东南,如《诗地理考》认为"《郡县志》高堠原在安邑县北三十里,原南坂口即古鸣条陌也,战地在安邑西,桀走,保三朡,今定陶也,桀自安邑东入山,出太行东南三

---

① 见孙诒让《墨子间诂》,中华书局1986年版,第221页。

十里有陑山"①。晋南考古证明洛阳以东的二里头文化北渡黄河，自济源翻过王屋山，经垣曲盆地后，越过中条山东段，可直达晋南运城盆地。垣曲盆地内的亳清河自西北向东南注入黄河，是盆地中谷地宽阔、交通最为便利的通道，沿河谷上行，出横岭关口，进入运城盆地，是夏代河洛地区与晋南之间地重要通道。②《书序》"遂伐三朡，俘厥宝玉"孔传有："桀自安邑东入山，出太行东南涉河，汤缓追之不迫，遂奔南巢。"正推测桀自此通道南逃。但正因为有夏王朝的长期经略，夏郊战败，"未接刃而桀走"，夏王朝的军事实力当未被摧毁，尚不能影响夏王朝势力对这条通道的控制，所以若将陑定为济源附近，不合汤自陑至鸣条的行军路线。还有研究者根据雷学期《竹书纪年义证》陑"后为宋臣陑班之采"，认为当在宋国境内，联系汤都亳在今曹县之南，提出陑在"曹县和商丘以西的今河南东部境内"。③

（4）鸣条、鬲山、亭山、历山

《容成氏》记述汤率军"降自鸣条之遂"，追击逃往"鬲山氏"的桀，可见鸣条、鬲山在同一地域。《荀子·解蔽篇》有"桀死于亭山"，杨倞注亭山，南巢之山，或本作鬲山。王念孙曰：按作"鬲山"者是也。鬲读与历同，字或作厯④，可见在古文献中鬲山又写作亭山、历山，属于南巢之山。鸣条是决战之地，历来有不同说法，但传统看法多认为在晋南，今安邑、夏县一带。

（5）南巢、巢门、焦门、焦

《容成氏》记述夏桀在鸣条战后，从鬲山氏又逃往南巢氏。"南巢氏"之说，在传世文献中，见于《说苑》、《路史》、《绎史》、《纪年》，而更多文献作"南巢"，用为地名。南巢，是夏桀败亡终了之地，在历史上流传极广，如《史记·律书》"成汤有南巢之伐，以殄夏乱"，《后汉书·冯衍传》"吊夏桀于南巢兮，哭殷纣于牧野"。

---

① （宋）王应麟撰：《诗地理考》卷五商颂"夏桀"，文渊阁四库全书本。

② 佟伟华：《二里头文化向晋南的扩张》，杜金鹏、许宏主编《二里头遗址与二里头文化研究——中国·二里头遗址与二里头文化国际学术讨论会论文集》，科学出版社 2006 年版。

③ 刘起釪：《汤伐桀的几个地点问题》，《古史续辨》，中国社会科学出版社 1991 年版，第 445 页。

④ （清）王先谦撰，沈啸寰、王星贤点校：《荀子集解》，中华书局 1988 年版，第 388—389 页。

上文《史记正义》按："巢即山名，古巢伯之国。云南巢者，在中国之南也。"可见南巢即"巢"。又，《吕氏春秋·仲秋纪》有两篇记述此事，《简选》作汤"登自鸣条"，"乃入巢门"；《论威》作夏桀"死于南巢也"。《淮南子》相关记述有四条，除《修务训》作"困夏南巢"外；《本经训》作"汤乃以革车三百乘伐桀于南巢，放之夏台"；《主术训》作"汤革车三百乘，困之鸣条，擒之焦门"。高诱注"焦或作巢"；《氾论训》作"桀囚于焦门"。凡此可见南巢即"巢"，又作"焦"，"巢门"当指通往南巢的门户或要道，又作"焦门"。从"困之鸣条，擒之焦门"或"囚于焦门"看，鸣条与南巢在同一地域。

《荣成氏》记述夏桀败于南巢"去之苍梧之野"，而且在不同的文献中，鸣条战败后，桀所经地名前后次序有所颠倒，这当然是因为在流传中后人的整理和理解有关，但也反映出鸣条、焦、南巢之山、历山、苍梧之山都属于同一片多山的地区，不同的名字可能有大地名和小地名之分。

(6) 三朡

《殷本纪》载汤兴师伐桀，作《汤誓》，"桀败于有娀之虚，桀奔于鸣条，夏师败绩。汤遂伐三朡，俘厥宝玉，义伯、仲伯作《典宝》。汤既胜夏，欲迁其社，不可，作《夏社》。伊尹报。于是诸侯毕服，汤乃践天子位，平定海内。"亦见《书序》，分别有"伊尹相汤伐桀，升自陑，遂与桀战于鸣条之野，作《汤誓》"。"夏师败绩，汤遂从之，遂伐三朡，俘厥宝玉。谊伯、仲伯作《典宝》"。孙星衍《尚书今古文注疏·书序》解释："败绩者，《春秋》左氏庄十一年传云：大崩曰败绩。"可见伐三朡不是鸣条之战的一个战役，而是在灭夏战争大局已定之后，扫灭残余势力的战役，甚至不能排除这有可能是胜利者为了获取所谓"国之常宝"，对失败一方进行的掠夺战争。正因为如此，很多讲述鸣条之战的文献，包括《荣成氏》都不涉及伐三朡，《史记·夏本纪》也以"桀走鸣条，遂放而死"，作为夏王朝的结束。只有需要全面记述"殷革夏命"的《殷本纪》和相类性质的《书序》包含伐三朡内容，但伐三朡之战只记掠获了作为国之常宝的宝玉，而没有提及桀，也说明鸣条之战已将桀处置完毕。

综上所述，在有关"殷革夏命"的各种文献记载中，由于截取的时空段不同，使用的地名有大小之分，从而出现不同说法，其地名异同和相对应关系可概括如表1—1：

表 1—1

		夏郊之战		鸣条之战		
容成氏		戎遂	鸣条之遂	鬲山氏、南巢氏、苍梧之野		
史记·殷本纪	伐葛、昆吾	桀败有娀之虚		鸣条		伐三朡
史记·夏本纪	伐桀	伐桀		鸣条		
书序（汤誓）			陑	鸣条之野		
书序（典宝）						三朡
墨子		乘大赞人郊遂				
吕氏春秋		郕		鸣条	巢门	
淮南子				鸣条	焦门、南巢、历山	
帝王世纪				鸣条之野	大涉、焦、历山、南巢之山	

2. 进军路线研究

关于鸣条之战，传统看法是桀与汤决战于安邑，失利逃江淮而死，但结合历史实际，这一推断显然不合常理。如有研究者指出，汤伐夏的进军路线主要在今河南北部，今濮阳至新郑、洛阳一带，安徽桐城距离洛阳约有500多公里，当时绝不会将战场摆在千里之外；文献多载鸣条在安邑，即今夏县，距安徽桐城、巢县，不仅路远千里，还有山河阻挡，更要通过商汤所占领的地区，鸣条距桐城不远和南巢桐城说均难以成立。[1] 此外，由于近些年在安徽巢湖及其邻近地区也发现了一系列二里头文化晚期因素，有研究者认为桀奔南巢，到达江淮地区不是不可能的[2]，更兼考古学否定了桀都安邑说，所以前人提出的鸣条陈留说日益引起重视。就近些年来的探讨而言，主要有以下几种：

（1）决战豫东，南逃江淮说

鸣条陈留说，较早见于《帝王世纪》，虽然皇甫谧并不同意此说。[3] 近人认为根据考古学有关斟鄩之地的研究成果，汤从豫东出发伐桀，不是指向晋南安邑，而是指向豫中偃师，那么鸣条必然在豫东与豫中之间，开封陈留说

---

[1] 孙淼：《夏商史稿》，文物出版社1987年版，第309—319页。

[2] 杜金鹏：《关于夏桀奔南巢的考古学探索及其意义》，《华夏考古》1991年第2期。

[3] 《帝王世纪》有："按《孟子》桀卒于鸣条，乃在东夷之地，或言陈留平丘，今有鸣条亭也。唯孔安国注《尚书》云鸣条在安邑西，考三说之验，孔为近之。"（《后汉书·野王二老传》注引《帝王纪》）见徐宗元辑《帝王世纪辑存》，中华书局1964年版，第60页。

大体可信。① 还有学者提出对于鸣条地望的讨论应从夏商交替时的大形势作观察，在逻辑推论上，不宜先定鸣条、南巢的地理位置。而且如果鸣条在安邑之西，商军在决战之前势必要通过夏都斟鄩，何以不在夏都决战，却要远到黄河以北的后方，令人难以理解；鸣条之战前曾有对韦、顾、昆吾的战争，加之有城之墟、三朡都在鲁西、豫东一带，则鸣条也在这一带求之比较合理。②

文章提出的原则无疑十分正确，然而，正是依据这样的原则考虑问题，鸣条在陈留的可能性不大。首先，何以未在夏都决战，文献记载得十分清楚，如前所述《吕氏春秋·慎大览·慎大》记伊尹间夏，获知夏桀"两日向与斗，东方日不胜，西方日胜"之梦，汤发师，"令师从东方出于国，西以进。未接刃而桀走"。这个故事的可信性，殷墟卜辞提供了旁证，国之大事，在祀与戎，直到商代晚期对外战争的每一步骤，都要反复占卜，夏商之际神、巫的力量更可想而知，所以汤命令军队从都城东方出师，绕道夏都之西挑战，以应"西方日胜"之兆，对敌造成最大程度的威慑，迫使夏桀出奔。但是没有在王都决战，不等于说不需要在夏王朝统治中心地区决战，商周王朝的建立都是小国取代中央王朝，周人灭商，尽管"三分天下有其二"，也还要经过在商郊牧野的决战，殷纣死，周武王才能取而代之，建立新朝。商汤灭夏也是一样，仅拔除三蘗、占领豫东不足以摧毁夏王朝的统治，必须经过一场消灭夏桀的决战。就夏桀一方而言，从上古史中对夏桀"淫虐有才"、"愈自贤"等批评中，也预示出他绝非甘于不接刃而败亡者，走，应是为了寻求新的战机。

从夏商交替时的大形势观察，鸣条之地在夏王朝后方的可能性远大于在鲁西、豫东，因为：第一，陈留所在的开封地区虽是二里头文化分布区，但鸣条之战的历史背景不是夏桀迎击汤军、御敌于国门之外，而是在都城陷落以后，夏桀败走选择的决战之地，当以在后方的可能性较大。再说根据郑州商城遗址的发现和研究成果，研究者多认为汤是以郑州为基地，西进发兵桀都，夏桀即使是出兵迎击，战场也不会在郑州以东的开封陈留一带。第二，豫东是汤军的后方，商人正是在这个夷、夏接界地带发展起来的，通过灭

---

① 刘起釪：《汤伐桀的几个地点问题》，《古史续辨》，中国社会科学出版社1991年版，第446页。

② 石兰梅：《试论夏商之际的历史地理问题》，杜金鹏、许宏主编《二里头遗址与二里头文化研究》，中国·二里头遗址与二里头文化国际学术讨论会论文，科学出版社2006年版。

韦、顾、昆吾，商人壮大了自己的实力、占据了从东方通往夏王朝腹心地区的战略要地，夏桀决战豫东的胜算不大，所以出奔豫东可能性也不大。第三，夏王朝前期，少康复国得到东方夷人的帮助和支持，而伐夏桀的历史背景，却是汤利用了"九夷之师不起"的时机，夏王朝与东方夷人联盟关系已经破裂，所以夏桀很难在东方寻求到足以支持他复国的同盟力量。此外，从文献记载看，桀奔鸣条以后，两军的行动作登、乘、陞、降等用语，所处应是有山地关隘的地区，而陈留今属开封县，地处豫东平原，二者有难以契合之处。

还有研究者从地理空间的考订，认为汤桀决战当在夏都以东的地区。《荣成氏》所载桀与汤初战失利，奔鬲山氏，其地即殷墟卜辞中的鬲，亦即汉鬲县，在今山东德州市、平原县一带。鸣条即殷墟卜辞作为地名的条，可能是汉代的蓨县，在今河北景县或景县、吴桥之间。汤"降自鸣条之遂"，就是走以鸣条为咽喉的道路，追击逃往鬲山氏的桀。①

在甲骨文中，有名鬲之地，如：

1. 丙申卜，宾，贞㠭隻羌其至于鬲。(《合集》201)
2. ……尹……在师鬲。(《合集》24280)
3. ……贞，秋于鬲。(《合集》32160)

因没有可以和"鬲"系联的卜辞地名，难定其较为确切的地理空间，但卜辞隻羌除了在殷之西外，还有北羌，所以认为甲骨文鬲在德州一带，可备一说，但是这一地区夏王朝时期的文化面貌尚且不清，是否为有鬲氏和鬲山氏之地，还有待更多的发现和研究。

《楚辞·天问》有"何条放致罚"，讲的就是汤用伊尹之谋，伐桀于鸣条，放之南巢，以致天之罚。其中"条"指"鸣条"②，所以有研究者认为甲骨文中作为的地名"条"即为鸣条③。在殷墟卜辞中，确有作为地名的

---

① 马保春：《由楚简〈荣成氏〉看汤伐桀的地理问题》，《中国历史文物》2004年第5期。
② （宋）朱子集注：《楚辞集注·天問》。
③ 王襄：《簠室殷契征文》考释提出甲骨文"攸"为条字省文，"或即鸣条"；叶玉森：《殷虚书契前编集释》释攸，说卜辞有"条"字，"予疑即鸣条"，见于省吾主编《甲骨文字释林》0084 攸，中华书局1996年版，第170—171页；郭沫若：《卜辞通纂》第574片考释进一步论证鸣条可简称"条"，甲骨文"攸"指鸣条。但此后更多研究者认为攸与条为不同的两个甲骨文字。

条，如：

  4. 贞帝于条。勿帝于条。(《合集》368)
  5. 王往条。(《合集》7902)
  6. ……贞夫……于条。(《合集》7903)

表明"条"为商王出入往来并举行祭祀之地，当在商王朝的四土之内。但有论者认为卜辞"贞其条有祸"(《合集》4194)中的"条"乃人名则不确。甲骨文中常见类似文例，如：

  7. 贞王条戈人。贞王弗条戈人。(《合集》775)
  8. 贞其条。(《合集》35239)
  9. 丙寅贞，子弗条祸。(《合集》22293)
  10. 羍亡其条来自南。允亡条。(《合集》5477)

在这些文例中，"条"字确切含义不清，但显然用作动词，不当为人名。

条在甲骨文中写作🗎、🗎，此外，甲骨文还有🗎字，早期曾有学者释为"条"，今多释"春"或"屯"、"载"、"时"、"者"等，未有定论，但显然是一个纪时之字，如"今🗎王比望乘伐下𠦪"、"今🗎王伐土方"[①]，论者将这些卜辞中的🗎字也作方国地名、释为鸣条，认为其地望在今河北景县，显然缺乏依据。

殷墟卜辞中，作为地名还有条，当为条字的异体，存在可以系联的地名，如：

  11. 甲午卜，在氵夹，贞王步于条，亡灾。(《合集》36587)
  12. 戊寅卜，贞[王]田于氵夹，往来……
    庚辰卜，贞王迠于召，往来亡灾。(《合集》36641)
  13. 戊午卜，在祝，贞[王]田，衣[逐]亡灾。
    □□卜，在氵夹，[贞王]田，衣[逐]亡灾。(《合集》37541)

---

  ① 见于省吾主编《甲骨文字释林》，中华书局1996年版，第1355—1364页。卜辞见《合集》6413、6427。

从以上卜辞可知条与洓必相距不很远，而洓与召、税存在着同版系联关系，据此研究者多认为洓与盂区、税与召区关系密切，召是召区的重要田猎地点，盂区与召区相邻，但是长期以来对它们的方位有不同看法，一说卜辞田猎地点主要在殷之西，即以沁阳地区为中心的"沁阳田猎区"。① 一说多在殷东，如认为包括盂在内的一组田猎地点在相当于今山东西南部、河北南部、河南东北部；包括召、条在内的一组田猎地点大致与盂区相同，不过北方界限延至河北南宫县；或认为卜辞中有一大批可以系联的地名，主要集中在河南濮阳市及新乡市以东和山东省西部边缘地带，可称之为"濮阳田猎区"。②

这个问题正在探索中，尚未能定论，不过条地在河北景县说，根据的是古地名的推演，或进而推演条所在地近鬲山氏，即山东德州、平原间，"山东绝大多数地方都发现了商代遗址和遗物，唯独德州地区尚未发现，说明商人的势力有可能没有到达德州地区"，夏桀逃亡选此地，就不难理解了。③ 但是，如果商王朝的势力未达这一地区，又如何能在条地举行祭祀和进行田猎，所以这一推论的论据不免有前后矛盾之处。从考古学资料看，商代中期的商文化遗址北界到达冀中，台西类型商文化遗址发现于藁城、获鹿、灵寿、涞水、沧县等地，豫北冀南则是曹演庄类型商文化的分布区。商代晚期冀中商文化考古资料报道较少，整体面貌不明，冀中南则属于殷墟类型的分布区，主要遗址发现于磁县、临漳、邯郸、峰峰矿区、武安、永年、沙河、邢台、隆尧等地。山东泰沂山脉北侧的商文化遗存属于苏埠屯类型，发现于阳谷、东阿、平阴、长青、齐河、济南、邹平、滨州、青州、昌乐、安丘等地。④ 可见商代晚期冀南已纳入商王朝四土范围，并加强了对山东地区的控制。但在景县、吴桥一带，乃至山东德州地区，似尚未见商文化遗存的报

---

① 参见李学勤《殷代地理简论》，其中释召为邵，科学出版社1959年版，第27、35页。
② 近世学者的评介及探索见钟柏生《殷商卜辞地理论丛》，其中认为"条之地望在河北景县"，稍北于南宫县，艺文印书馆1989年版，第92—96页；郑杰祥：《商代地理概论》，其中洓释为演，中州古籍出版社，第114、155页。
③ 马保春：《由楚简〈容成氏〉看汤伐桀的地理问题》，《中国历史文物》2004年第5期。
④ 中国社会科学院考古研究所编著：《中国考古学·夏商卷》，中国社会科学出版社2003年版，第255—263、324—325、310—313页。

道,这里是否可能是商代晚期商王出入往来进行祭祀、田猎的"条"地,现在还不能论定。

总之,决战豫东说论据不足,甲骨文资料还难以对鸣条地望的探索提供支持。

(2) 决战豫中,再战豫南,南逃安徽说

还有研究者认为桀战败奔南巢之路,过去多说始于鲁之定陶或豫东之陈留,是弄错了三朡的地望,汤、桀最后会战是在"有娀之虚",桀失败后经鲁山地区,南逃到三朡(河南唐河),汤追至三朡,桀再南逃,浮江到了巢门,即今安徽巢县地。① 此说虽有新意,但文献依据不足,如上所述,汤、桀决战于鸣条,败亡于南巢在历史上长久流传,见于很多文献,而桀从三朡逃往巢门说,仅见于今本《竹书纪年》,其文作:

> (帝癸)三十一年,商自陑征夏邑,克昆吾,大雷雨战于鸣条,夏师败绩,桀出奔三朡,商师征三朡,战于郕,获桀于焦门,放之于南巢。

雷学淇《竹书纪年义证》梳理了以上记述与传世文献的异同,指出汤自陑发师,战于鸣条见于《书序》等;所谓"征夏邑,克昆吾",即《诗·商颂》笺、《礼·檀弓》注、《帝王世纪》、《左传·昭公十八年》注并谓昆吾、夏桀同于乙卯日亡;三朡,与昆吾同祖,即《左传·昭公二十九年》之豷夷氏、《国语》所谓灭于夏的"董氏豷夷",征三朡见于《书序》;郕见于《吕氏春秋》"戊子战于郕",计乙卯至戊子共三十四日,伪孔传谓桀走保三朡,汤缓追之,即暗用此说。又,擒于焦门见于《淮南子》,放之南巢见于《国语》、《逸周书·殷祝》等,或作"放于历山",见于《尸子》,历山即南巢之山名。

可见今本《纪年》是综合各书记载整理而成,值得注意的是为了将这些资料编辑在一起,使汤伐桀的战争过程更为丰满,作者根据自己的理解作了加工,如在"伐三朡"前,加上"桀出奔三朡",使得"伐三朡"成为伐桀的一个战役;又将关于"战于郕……登自鸣条,乃入巢门",最终取得对夏

---

① 李学勤主编:《中国古代文明与国家形成研究》,云南人民出版社1997年版,第400页。详见杨升南《汤放桀之役中的几个地理问题》,胡厚宣主编《全国商史学术讨论会论文集》,《殷都学刊》增刊,1985年。

桀战争的胜利的记述,删去中间的"登自鸣条",将郲之战讲述成为鸣条之战以后的一个战役,这些都不见于其他文献记载。此外,帝癸三十一年,有"征夏邑,克昆吾",以应和昆吾、夏桀同日亡的传说;三十年还有"商师征昆吾",以应和《诗》所谓"苞有三蘖",败亡次第为"韦顾既伐,昆吾夏桀",换言之据今本《纪年》,汤伐昆吾不克,而后克昆吾于夏邑,这不见于其他文献,应是为了容纳各种记载进行人为整合的结果。

对于今本《纪年》当然不能简单地视为伪书,但就探讨商汤伐桀而言,今本《纪年》的相关记载的史料价值不能与上述《书序》、《史记》和诸子相比,尤其是不能得到印证的内容,如桀从三朡逃往巢门说,不足凭信。

此外,执此说者往往引《逸周书·殷祝解》以证南巢的方位,《殷祝解》有"桀与其属五百人南徙千里,止于不齐,士民往奔汤于中野……桀与其属五百人徙于鲁,鲁士民复奔汤……桀与其属五百人去"。末句卢本"五百人"下添"居南巢"三字,陈逢衡考《大传》、《古微书》引具无。陈逢衡《逸周书补注》云:《尚书大传》曰:"汤放桀居中野,士民皆奔汤,桀与属五百人南徙十里止于不齐,不齐士民往奔汤。桀与属五百人徙于鲁,鲁士民复奔汤。桀曰:国君之有也,吾闻海外有人。与五百人具去。"据此,"千里"当为"十里"之误。此外《路史·后记》曰:"桀与其属五百人南徙千里止于不齐,不齐之民去之,转之郲,遂放之南巢。"此解云"徙于鲁",而罗氏谓"转之郲",俟考。① 而且刘起釪在《尚书学史》中,分析了《逸周书》篇目简况,指出《殷祝》"属于显然出于汉代之文"②。可见桀战败南徙千里的故事只是一种寓言或传说,且在流传过程中有所附益,形成多种"版本",因而难以作为构建信史依据。至于江淮地区二里头文化的发现,只标示出了夏人的足迹,推测其为夏桀南奔遗存,只是可能性之一,更可能是夏王朝时期开拓江淮或稍后夏人南渐留下的遗存。

(3) 晋南说

随着晋南夏商考古的进展,一些研究者重新检视相关文献记载,论证了鸣条之战和夏桀败亡之地均为晋南说。③ 前人曾考订与夏桀败亡相关的之鸣条、郲、南巢均在晋南,如:

---

① 见黄怀信等《逸周书汇校集注》,上海古籍出版社1995年版,第1110—1119页。
② 刘起釪:《尚书学史》(订补本),中华书局1989年版,第97页。
③ 孙淼:《夏商史稿》,文物出版社1987年版,第309—319页。

《孟子》桀卒于鸣条，乃东夷之地。或言陈留平丘，今有鸣条亭也。唯孔安国注《尚书》云鸣条在安邑西。考三说之验，孔为近是。(《帝王世纪》)①

陑在河曲之南，盖今潼关左右，河曲在安邑西南，从陑向北渡河，乃东向安邑，鸣条在安邑之西，桀西出拒汤，故战于鸣条之野，陑在河曲之南，鸣条在安邑之西，皆彼有其迹，相传云然。(《书序》孔颖达疏)

高涯原在蒲(虞)州安邑县北三十里南坂口，即古鸣条陌也。(《括地志》)②

前人的这些论断可能受到桀都安邑说的影响，但是考古学证明夏代晚期确实加强了对晋南的开发与控制，尽管直到夏末，都不曾动摇斟鄩作为王都的地位，但是桀都安邑说仍包含有史影，安邑虽不能取代斟鄩的政治地位，却不妨碍桀在斟鄩失利，北奔安邑谋求战机。而且安邑附近不仅有鸣条之野，山西永济县境中条山麓还有陑山之称，而永济西就是黄河的古渡口蒲坂(后来的蒲津关)。如：

河东都三山，即舜所耕历山也。《禹贡》所谓壶口雷首至于太岳，壶口山在慈州，太岳在晋州，雷首在河东界。此山有九名，谓历山、首山、薄山、襄山、甘枣山、渠猪山、独头山、陑山等名。又汤伐桀升自陑之所。(《太平御览》引隋《图经》)③

雷首山在今蒲州南。一名首阳山……马融曰首阳山在蒲坂河曲之中。《寰宇记》云：首阳即雷首之南阜也。或称首山……又名尧山，《汉地理志》蒲坂有尧山。水经注云：雷首山临大河，北去蒲坂三十里，俗亦谓之尧山也……又名陑山，《寰宇记》云：尧山在河东县南二十八里，即雷首山，山有九名，亦即陑山。汤伐桀升自陑，注在河曲之南，即此

---

① 《后汉书·野王二老传》注引《帝王世纪》，见徐宗元辑《帝王世纪辑存》，中华书局1964年版，第60页。
② (唐)李泰等著，贺次君辑校：《括地志辑校》，中华书局1980年版，第53页。
③ 《太平御览》卷四五地部十"三山"引，中华书局影印1960年版，第216页。

也。《括地志》云此山西起雷首，东至吴坂，长数百里，随地异名。《通典》云：雷首在今河东县。此山凡有八名：历山、首阳山、薄山、襄山、甘枣山、中条山、渠猪山、独头山也。《蒲州新志》：首阳山在州南四十五里。又中条山在州东南十五里，山狭而长，西起雷首，迤逦而东，直接太行，南跨芮城、平陆，北跨临晋、解州、安邑、夏县、闻喜、垣曲诸境，凡数百里。（《禹贡锥指》）①

解州中条山，一名陑山，西起蒲坂，袤数百里，东连王屋，州境群山，胥中条山也。（《山西通志·山川》）

因此《书序》孔颖达疏有"升道从陑升者，从下向上之，名言陑，当是山阜之地，历险迂路，为出不意故也"。陑与鸣条的相对位置正与文献关于鸣条之战记载中的汤进军路线相合。

不仅如此，关于南巢的地望，前人大都认为在今安徽境内，如：

南巢，今庐江居巢。历山，盖历阳之山……（《淮南子·修务训》高诱注）

（沔水）又东北出居巢县南。注：古巢国也，汤伐桀，桀奔南巢，即巢泽也。杨守敬按：《鲁语》桀奔南巢。韦注南巢，巢伯之国，今庐江居巢是也。《括地志》庐州巢县有巢湖，即《尚书》成汤放桀于南巢者也，又《隋志》溢城有巢湖。《元和志》巢湖故城在浔阳县东四十二里。楚有二巢，一在庐江六县，其南巢桀所奔处盖此。（《水经注·沔水下》）②

但是，近世研究者梳理了有关历史文献，提出"西汉及其以前的著作，没有提到南巢即是巢伯国、春秋之巢国或邑、秦汉居巢县"，"南巢不能确定指为何地"。"南指在华夏族活动地区的南方"，联系三国时期吴魏争夺居巢的战

---

① （清）胡渭著，邹逸麟整理：《禹贡锥指》卷一一上"壶口、雷首，至于太岳"，上海古籍出版社1996年版，第344—345页。

② 无名氏撰，（北魏）郦道元注，杨守敬、熊会贞疏，段熙仲点校，陈桥驿复校：《水经注疏》，江苏古籍出版社1989年版，第2424页。

争路线,当即在今巢县之西的巢湖附近。① 这里"南"代表方位说是有道理的,在前述《史记·律书》张守节正义已经指出"云南巢者,在中国之南也",而顾炎武考订"惟彼陶唐,有此冀方",说"古之天子常居冀州,后人因之,遂以冀州为中国之号","《路史》云中国总谓之冀州"②,刘起釪则考订"冀州的原始地境在晋南","随着夏文化圈的扩大,'中国'、'冀州'在地理上的应用范围也相应扩大了"③,所以放在鸣条之战的历史时代,南巢也可以指晋南之地。

总之,从地名考订看,鸣条决战和夏桀败亡之地均在晋南说可以得到文献记载的支持,如果不仅限于地名的考订,放眼历史时空大背景,鸣条之地应在二里头文化分布区寻找,而晋南说正有较多的考古学资料支持。不仅如此,这还可以从鸣条决战前后桀、汤两军行军路线得到证明。

第一,汤军突袭夏郊,桀折损大将,被迫"未接刃"而走,从夏桀出奔路线看,可能有以下几条,一是出轘辕险道沿双洎河、颍河走向淮汉乃至长江流域,但轘辕险道正为商汤大军所行,由此出夏的门户——新郑一带也被商汤军队扼守,走此路无异于自投罗网,必不可行。二是由斟鄩西南行,沿伊水或汝水南下南阳地区,这里是夏人之居,有一定的统治基础,但商汤由西南迂回包抄的行军路线,不利于夏桀南逃。三是出荥阳汜水西关东走,据记载"自巩至汜长三十里,北多山凹,李密伏兵处即此,西南有崎山区,道通成皋道旁百花谷,绝壑深涧,亦险要之地"④。这一地区,当仍在夏王朝控制下,豫北、豫东,鲁西有一些地区深受夏文化影响,在太康失国至少康复国前后,夏后氏和这一地区关系比较密切,出奔东方可以找到一些支持者或容身之地,但在这条东向通道的出口,南有郑亳、北有崐顾,均在商汤控制下,所以东逃也很困难。夏桀唯一可行的选择是北上晋西南,从斟鄩西行,穿崤函险道,至陕县渡河或出汜水西关,西行,从孟津渡河至晋西南。因为这时商人的势力虽然已达到陕县,但中心地区仍在郑州以东,对夏后氏而

---

① 叶孟明:《南巢、居巢考》,《中国历史文献研究集刊》第四集,岳麓出版社1984年版。
② (清)顾炎武著,(清)黄汝成集释:《日知录集释》卷之二,上海古籍出版社1985年版,第169页。
③ 刘起釪:《由夏族原居地纵论夏文化始于晋南》,《古史续辨》,中国社会科学出版社1991年版,第136—142页。
④ 民国《巩县志》山川"侯山"引《己酉志》曰。

言，后期统治中心已向晋西南转移，有较为深厚的统治基础。此外，从上古史中对夏桀"淫虐有才"、"愈自贤"等批评中，可见他绝非甘于不接刃而败亡者，走，是为了重整旗鼓决一死战。所以无论从集结军队还是从"西方之日胜"考虑，夏桀都会向西北奔晋西南的。

第二，从汤进军路线看，陑山在今山西永济县境。而永济西就是黄河的古渡口蒲坂（后来的蒲津关），商汤继续把握对夏桀的心理攻势、西行迂回至蒲坂关渡河，至陑，进入运城盆地，沿涑水及其支流青龙河上溯，可直达今夏县东下冯二里头文化聚邑。

文献记载"桀都安邑"，鸣条"地在安邑之西"，安邑在今山西夏县，位于运城盆地东缘，今已在夏县东下冯发现一处大型二里头文化遗址，东下冯村位于涑水支流青龙河上游，遗址东傍中条山，西北约5公里就是蜿蜒绵亘直达闻喜境内的鸣条岗，河北岸与鸣条岗间地势开阔，是遗址的边缘地区，河南岸是一片西南低、东北高的缓坡，为遗址的中心区。文化面貌与偃师二里头的二里头文化有所差别，属于东下冯类型二里头文化，说明这里不是"桀都"，但与夏王朝的中心——河洛地区关系非常密切。

东下冯遗址[①]存在时间大抵同于偃师二里头，在它的晚期，即相当偃师二里头三期时尤为繁荣，并在聚落周围修建了回字形双层壕沟。内沟全长542米，口宽4.9—5.6米、底宽2.6—3.5米。外沟全长668米，口宽2.9—3.9米、底宽1.8—2.7米。两沟相距5.5—12.5米，深皆2—3米。沟壁修有窑洞式的房子和储藏室，沟底经加工修整并有坚硬的路土，是长期有人奔走其中形成的。沟壕围护的近1.8万平方米范围内，有密集的居住遗迹，包括窑洞式房子、储藏室、水井、陶窑，还有墓葬，可见沟壕是作为聚落防御设施而修建的。从外沟壕的结构看，挖成以后又用土、夯土、砾石回填了一部分，成为深处可达二三米，浅处接近一人深，其用途是将人工修建的屏障与人力守卫结合起来，沟壕内壁的住室、储藏室方便了守卫者的生活，各地段深浅不一的沟壕不仅便于发现和阻击敌人，也有利于隐蔽和保存自己，较单纯利用沟壕大大增强了防御能力。

从东下冯遗址的方位和防御设施看，它与鸣条之战的关系非常值得注意。不仅如此，在二里头文化以后，这里还出现一座商代的城址，同时，在

[①] 中国社会科学院考古研究所编著、中国历史博物馆、山西省考古研究所：《夏县东下冯》，文物出版社1988年版，第49—51页。

相距不很远的垣曲也兴建了一座二里岗期的商城,这些虽然不足以证明夏商之际曾在晋南发生过激战,却反映出商代早期对加强晋南地区军事力量的重视,从而可见夏代晚期曾将统治重心向北迁移,构成夏桀北走的历史背景。

第三,从历史地理看,山西地形复杂,在山地、高原、丘陵间,有一系列断陷盆地和断陷湖群,《水经注》记述了汾阪、文湖、邬泽、祁薮、王泽、董泽、盐池、硝池、晋兴泽、张泽、洞过泽等泽薮,最著名的是昭余祁薮,如《水经》记汾水"又南过大陵县东",《注》曰:

> 汾水于县左迤为邬泽,《广雅》曰:水自汾出为汾陂,其陂东西四里南北一十余里,陂南接邬。《地理志》曰:九泽在北,并州薮也。《吕氏春秋》谓之大陆。又名之曰沤洟之泽,俗谓之邬城泊……太谷水出谷西北流,径祁县故城南,自县连延,西接邬泽,是为祁薮。即《尔雅》所谓昭余祁矣。

《汉书·地理志》太原郡有:"邬,九泽在北,是为昭余祁,并州薮。"《汉书补注》王先谦补注:

> 《一统志》故城今介休县东北二十七里,今名曰邬城店。《尔雅》十薮,燕有昭余祁。郭注今太原邬陵县北九泽是也,与班说合。陂泽连接,其薮有九,故谓之九泽,总名之曰昭余祁薮。①

古代的昭余祁薮,在今介休以北,平遥、祁县、太谷以西,汾阳、文水以东,方园数百里,烟波浩渺,是山西最大的湖荡。此外在其北,忻县地区的今宁武县、神池县一带有天池、神池,雁北地区今怀仁县境有南池。又,王泽在今新绛东南境,董泽在今闻喜县东北境,盐池、硝池在今运城,晋兴泽、张泽合称张扬池,又名伍姓湖,在今永济,均处于晋西南。在晋东南虽然少有湖泊的记述,但传说舜"陶于濩泽"之濩泽就在今阳城县一带。还传说古代的晋东南是一个一望无际的大湖,屯留县西南约5公里的宜神岭,原是湖中的一个岛,四周船筏云集,毛孩岭绝壁上有"大小若车轮、黑而铮光"的铁环,据说是拴船用的,民间更有"毛孩岭上船、宜神岭下船"的谚

---

① 王先谦:《汉书补注》,中华书局影印1983年版,第680页。

语。数千年来这些泽薮多有干涸,如《水经注疏》杨守敬按曾引"《方舆纪要》:昭余祁薮水久涸",洞过泽也在榆次、太谷一带,杨守敬注也引"董佑诚曰:今分渠日多,不复成泽"。有研究者考察了山西水文的变迁,指出《水经注》记载山西的湖泊多达十四五个,唐代的《元和郡县志》只记邬城泊等七个大小湖泊,宋代的《元丰九域志》仅有盐池等三四个湖泊了①,这启示我们在夏商之际,山西南部地区的河流湖泊必然要较后魏时期的《水经注》的记载丰富得多。

所以不仅从文献记载可以推断鸣条、历山、南巢都在山西,从山西古地理看,桀与妺嬉等在这里"同舟浮海,奔于南巢之山"也是可能的。

三 商王朝的建立

鸣条之战为商王朝的建立奠定基础,相传战前,汤发表了誓师词,即《尚书·汤誓》:

> 王曰:格尔众庶,悉听朕言。非台小子敢行称乱,有夏多罪,天命殛之。今尔有众,汝曰:我后不恤我众,舍我穑事而割正夏。予惟闻汝众言,夏氏有罪,予畏上帝,不敢不正。今汝其曰:夏罪其如台?夏王率遏众力,率割夏邑。有众率怠弗协。曰:时日曷丧,予及汝皆亡。夏德若兹,今朕必往。尔尚辅予一人,致天之罚,予其大赉汝。尔无不信,朕不食言。尔不从誓言,予则孥戮汝,罔有攸赦。

誓师词标榜要民众放下正进行的农业生产出征夏桀,是执行上天的命令,宣布夏桀的罪行是用沉重的劳役和残酷的剥削压在人民头上,以致臣民们都诅咒他,宁愿与他同归于尽,所以必须要去讨伐和推翻他。最后还告诫所有出征的人,服从命令,积极投身"致天之罚"者,将受到赏赐,绝不食言。不从誓言者,将被降为奴隶或处死,绝不宽恕。②

还有文献记述,在鸣条之战中,商汤率领的军队为"良车七十乘,必死

---

① 参见田世英《历史时期山西水文的变迁及其与耕牧业更替的关系》,《山西大学学报》1981年第1期;《水经注疏》卷六,江苏古籍出版社1989年版,第523—624页。

② 参见孙星衍撰,陈抗、盛冬铃点校《尚书今古文注疏》,中华书局1986年版,第215—220页。

六千人"①，传说已使用了车战。但是如上所述，汤伐桀"升自陑"，"登自鸣条"，"乘大赞"说，都表示"汤之伐桀，必由间道从高而下"②，走险道进行突袭应以步卒为主。汤率军逼近桀栖身的历山或鬲山氏之地，在鸣条与桀师相遇，摆出鸟散云合、变化无穷的鸟云之阵，大败夏桀，夏桀再次溃逃，死于南巢。

夏桀灭亡，一个新的王朝取而代之。据《史记·殷本纪》，汤"践天子位"之前，还做了两件事，即军事上进一步扫灭夏之属国，而在政治上继续保留夏社。

（一）伐灭三朡

商汤乘胜扫灭尚未降服的夏之属国，巩固胜利，扩大战果，被征伐者见于记载的有三朡。《书序·商书》载：

> 夏师败绩，汤遂从之，遂伐三朡，俘厥宝玉，谊伯、仲伯作《典宝》。

亦见于《史记·殷本纪》。又，孙星衍《尚书今古文注疏》注引"郑康成曰：《伊训》曰'载孚在亳'，又曰'征是三朡'"。反映有一定的可信性，三朡之地，传统说法多认为在山东定陶，或认为在夏桀南逃的路线上，已如前述。详情由于文献的不足，已不可知，只知道伐三朡紧接伐夏桀之后，军事行动告一段落，然后"属诸侯于薄，荐章天命，通于四方，而天下诸侯莫敢不宾服"③。《典宝》一文已失传，值得注意的是其中强调"俘厥宝玉"，《史记·集解》引"孔安国曰：二臣作《典宝》一篇，言国之常宝也"。伐三朡的战利品成为"国之常宝"，可见这一战意义很重大。

（二）保留夏社

《史记·殷本纪》还记载：

> 汤既胜夏，欲迁其社，不可，作《夏社》。

---

① 《吕氏春秋·仲秋纪·简选》。
② 见孙诒让《墨子间诂·明鬼》注，中华书局1986年版。
③ 《墨子·非攻下》。

由于《夏社》早已失传，为何不能迁夏社，汤如何处置这个问题，长期不得其解。《吕氏春秋·慎大览·慎大》记载："汤立为天子，夏民大说，如得慈亲，朝不易位，农不去畴，商不变肆，亲郼如夏。"高诱注：畴，亩也。郼读如衣，言桀民亲殷如夏氏。陈奇猷按：朝不易位，谓朝士各守其职。① 对于这段记述，很少有学者将其视为信史，但是，二里头遗址考古成果预示出它或许保存了某些真实历史的影子。在偃师二里头遗址，近年发现"在一般认为以实现王朝更替的二里头文化四期（至少是其晚段）或稍晚，这里的宫殿区仍在使用中，仍在兴建新的大型建筑工程，仍集中着大量的人口，存在着贵族群体和服务于贵族的手工业"。例如这一时期遗存在遗址中心区分布相当密集，宫殿区仍延续使用，范围甚至有所扩大，宫墙和大道等重要遗存未见毁灭破坏的迹象，甚至还新建了一道大型夯土墙，夯土质量高于宫城城墙。铸铜等手工业作坊一直延续使用到二里头文化四期，"个别中型墓葬和青铜容器的下限可能已至二里岗下层文化早段（约当偃师商城第一期）"。据此研究者提出"这个阶段的二里头遗址仍属于都邑性质的大型聚落"，"即是在其间发生了王朝更替的历史事件，也并未导致这一都邑迅速而全面的衰败"。② 这一现象应与"汤既胜夏，欲迁其社，不可"有关，可能在一定范围内保存续"夏祀"的夏后氏上层贵族，这也有利于利用夏旧都一切可以利用的人力物力资源。

而这一历史现象的前提当与"汤奉桀众以克有［夏］"③ 有关，这是商汤伐桀战争有别于武王伐纣的一个特点。据郑州商代遗址的最早遗存，从文化因素分析，大致可分为三组：A组最多，约占出土物总数的85％，其内涵"同二里头文化四期晚段特征较为接近"；B组约占出土物总数的10％，"同豫北、冀南地区的漳河型先商文化的特征比较接近"；C组约占出土物总数的5％，"和豫东、鲁西南地区的岳石文化相同"。④ 偃师商城"第一期文化的陶器群具有混合型文化的特征"，"主要是二里头文化第四期因素和典型商文化因素的混合体。由第一期早段发展到晚段（晚段相当

---

① 陈奇猷：《吕氏春秋校释》，学术出版社1984年版。
② 许宏：《二里头遗址新发现的学术意义》，《中国文物报》2004年9月17日。
③ 《墨子·非攻下》。
④ 河南省文物考古研究所：《河南郑州商城宫殿区夯土墙1998年的发掘》，《考古》2000年第2期。

图1—2 商汤伐桀示意图

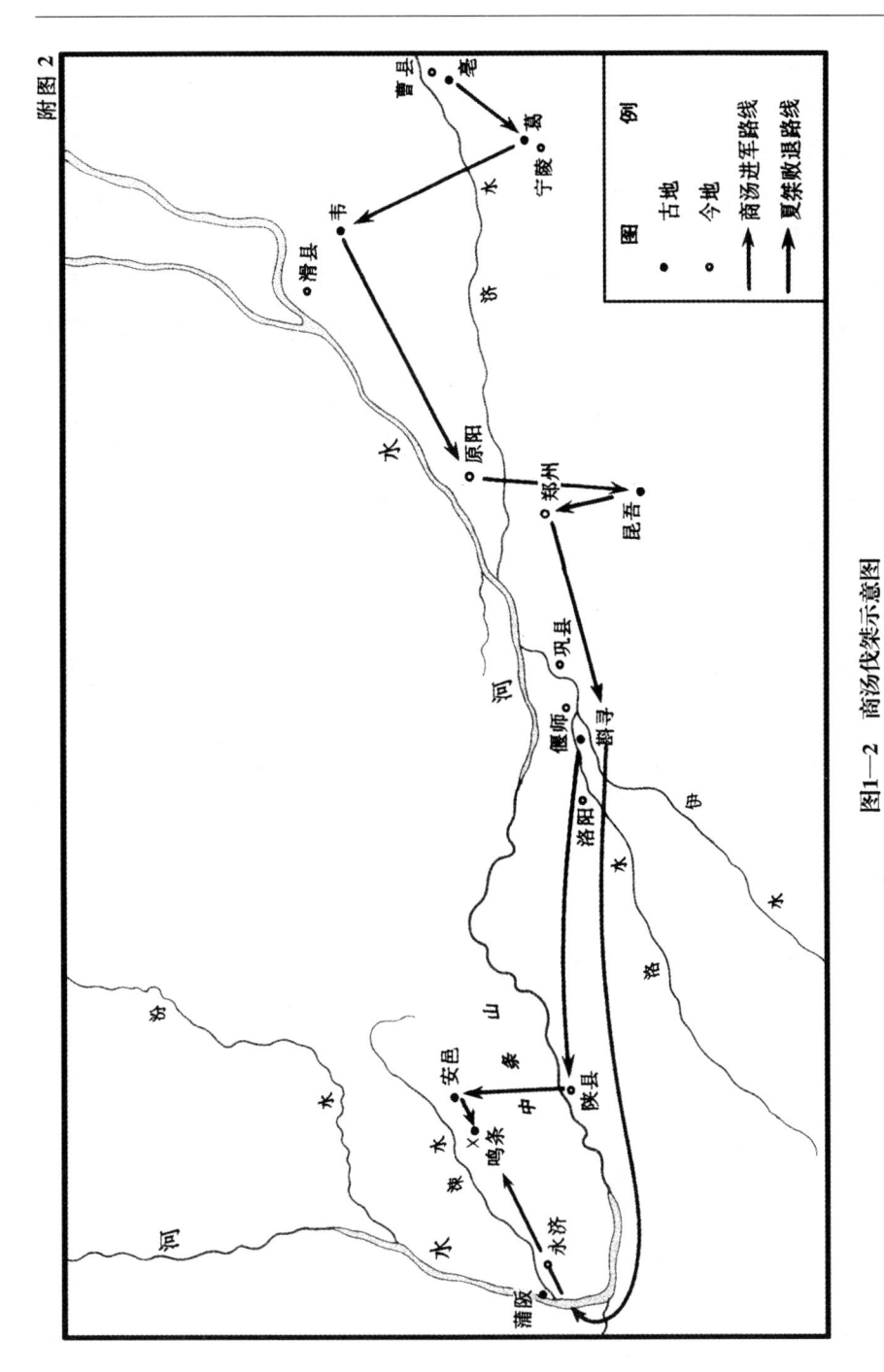

（采自《中国军事通史》第一卷，军事科学出版社1998年10月）

郑州二里岗 C1H9 所代表的时期）商文化因素明显增多"。"第二期早段（相当郑州南关外中层 H62 所代表的时期）"，"商文化已经非常成熟，商文化因素居于主导地位，同时商文化业已完成了对二里头文化的吸收和融合过程"[①]。这正好印证了《墨子》记述的可信性，是汤能以一个小国灭亡存在了四百年的夏王朝的一个主要原因。当然，在尽量利用夏旧都一切可以利用的人力物力资源、使夏旧都延续某种程度繁荣的同时，在其附近还建起一座具有浓重军事色彩的偃师商城，反映了商初对夏遗民怀柔与震慑并用的方针。

总之，成汤灭夏的战争是"伐谋"、"伐交"、"伐兵"、"用间"全面应用的一个最早战例。在夏王朝统治下，商只是一个很小的附属国，能"以七十里之薄，兼桀之天下"[②]，是由于汤重视将政治攻势与军事攻势相结合，从伐葛、伐韦、顾、昆吾，不断壮大自己，削弱敌人。在伐桀的军事行动中，通过伊尹间夏在知己知彼的基础上，确立正确的战略方针，而且善于创造和把握战机，无论是夏郊之战，还是鸣条之战，都是以有备之师突袭敌方，以速战速决的作战行动赢得胜利。此外商人以利用畜力闻名于史，所以在军队迂回行动中，可能也利用了牛、马和车辆，提高了军队远距离运动能力。夏桀的暴虐腐败、丧失民心及统治集团内部的分崩离析是失败的主要原因，自恃"有才""自贤"，过高地估计了自己的力量，轻敌麻痹，则为商汤顺利进军提供了条件。

---

① 王学荣：《偃师商城布局的探索和思考》，《考古》1999 年第 2 期。
② 《管子·轻重甲篇》。

第二章

商代前期的战争

商王朝存在近 600 年,《左传·宣公三年》称"桀有昏德,鼎迁于商,载祀六百",是举其成数。《孟子·尽心》作"由汤至于文王五百有余岁",《鬻子·汤政天下至纣第七》作"汤之治天下也……积岁五百七十六岁至纣",说明历史上没有确切的记载。根据夏商周断代工程多学科综合研究的阶段性成果,商代积年为 555 年上下,商汤伐桀约当公元前 1600 年,盘庚迁殷约当公元前 1300 年,这 300 年间,经十世 19 王,属于商代前期(见表 2—1)。[①]

表 2—1

一世	二世	三世	四世	五世	六世	七世	八世	九世	十世
[1]大乙	大丁	[4]大甲	[5]沃丁	[7]小甲	[10]中丁	[13]祖乙	[14]祖辛	[16]祖丁	[18]象甲
	[2]卜丙			[6]大庚	[8]雍己	[11]卜壬		[15]羌甲	[17]南庚	[19]盘庚
	[3]仲壬				[9]大戊	[12]戋甲				

这一阶段,商王朝经历了从兴盛到中落的过程。

第一节 夷夏交争

公元前 1600 年前后,乘夏夷联盟的破裂之机,更借助商夷联盟之力,商汤完成灭夏大业,在中原建立了第二个统一王朝——商,并且雄心勃勃地四向发展,以扩大王朝的版图,而东方的夷人也是一个极具活力的古族,从

---

① 其中"大丁"虽未立,但见于《殷本纪》以及甲骨文周祭祀谱,可知在商代是列入祀典的,故世系表列有"大丁"。

而在夷夏之间开始了新一轮的融合与交争。

一　夷夏交争的历史回顾

(一) 古夷人的活动地域与历史发展

1935年傅斯年作《夷夏东西说》，提出在河济淮流域，"三代及近于三代之前期，大体上有东西两个不同的体系"，东系夷、商，西系夏、周，它们"因对峙而生争斗，因争斗而起混合，因混合而文化进展"[1]。稍晚，徐旭生在《中国古史传说时代》一书中，进一步论证了"华夏、夷、蛮三族实为秦汉间所称的中国人的三个主要来源"，"华夏集团发祥于今陕西省的黄土原上，在有史以前，已经渐渐地顺着黄河两岸散布于中国的北方及中部的一部分地方"；东夷集团所居的地域，"北自山东北部，最盛时也或者能达到山东的北部全境。西至河南东部，西南至河南的极南部。南至安徽的中部，东至海"；苗蛮集团的中心在今日的湖北、湖南两省。三集团发生关系很早，他们在迁徙中相遇，始而相争，继而相安，血统与文化逐渐交互混杂，所以他们的关系大约以和平相处为常态，战争状态是暂时的，由于常态难以留下深刻的记忆，留下来多是战争的传说。[2] 虽然对于"夷夏东西说"及我国古代部族集团问题存在不同看法[3]，但对夷人属于东方古族多无疑义。

近半个世纪以来，随着考古学的发展，为历史上各大部族集团及其关系的研究提供了很多新资料，以山东地区而言，发现了丰富的大汶口文化—山东龙山文化、岳石文化遗存，从这些考古学文化和有关东夷族古史传说在时间、空间的一致性，以及考古资料所反映的风习和历史文献的互相印证，这些古文化属于古夷人文化遗存的观点得到越来越多的支持。例如刘敦愿在《古史传说和典型龙山文化》中梳理了相关的一些古史传说，提出"古代东夷族种姓复杂，史实繁多"，以太皞、少皞为主的风姓部落而言，除太皞之

---

[1]　傅斯年：《夷夏东西说》，"中研院"史语所集刊《庆祝蔡元培先生六十五岁论文集》1935年。

[2]　徐旭生：《中国古史的传说时代》（增订本），文物出版社1985年版，第39、48、56页。该书初版本1943年面世。

[3]　杨向奎：《评傅孟真的〈夷夏东西说〉》，见《夏史论丛》，齐鲁书社1985年版，第151—158页；俞伟超：《早期中国的四大联盟集团》，《中国历史博物馆馆刊》第13—14期合刊，1989年；宋豫秦、李亚东：《"夷夏东西说"的考古学考察》，见《夏文化研究论集》，中华书局1996年版，第54—59页。

墟有在陈之说外，居地大都位于山东境内。在曲阜，截至20世纪60年代初，已调查发现相关遗址30处上下，如大汶口、岗上等地出土物之丰富精美为山东其他地区少见，印证古史传说所谓曲阜及其附近一带是少皞之墟、风姓集团聚居所在，应该是符合事实的。传说少皞氏以鸟名官，正处于从野蛮走向文明之际，与山东龙山文化所反映的社会性质也相合。不仅如此，东夷族鸟崇拜的突出特征在山东龙山文化中也有迹可寻，小型的陶鸟及作鸟头形纽的器盖屡有发现，陶器全型作立鸟之状、部分结构形如鸟喙的情况更是多见。陶鬶之形也是略如立鸟，"鬶流之设，为便利于倾倒食物，原无需过于尖长，以避免折断，当时的人未必不知，而实际上鬶流往往尖而且长，晚期益甚，看来实用之外另有目的"。可能模拟鸟喙的还有"鬼脸式鼎足"，这是山东龙山文化的典型器物，分布极广，它的形制奇诡，"也极易折断，不利于实用，而实际运用却很广泛，似乎也是鸟图腾崇拜使然，否则难于解释"[1]。近些年，随着山东考古学文化谱系的建立和完善，研究者指出"通过龙山文化晚期和岳石文化早期的资料比较，可以清楚看到，岳石文化承袭了龙山文化的传统"，"当然岳石文化中也分别含有周围地区同期文化的因素，但主要因素还应来源于龙山文化"。岳石文化的年代在距今4000—3600年左右，与历史上记载的夏代纪年基本吻合[2]，从而进一步证实了"山东岳石文化是东夷文化、安徽省江淮之间深受岳石文化影响的夏商时期文化是淮夷系统的文化说，基本可以信从"。[3]

随着考古发掘和研究的深入开展，不断丰富和加深对山东龙山文化的认识，鉴于它分布的空间包括鲁中南山地、鲁东丘陵区以至淮北，既不限于山东省境，又不遍及山东全境，基本上是《尚书·禹贡》所谓"海、岱惟青洲"；"海、岱及淮惟徐洲"锁定的范围内，它还是后来商王朝本土以东的东夷诸国活动地区和更晚的"齐鲁国境"，研究者从而提出一个人文地理概念——海岱历史文化区[4]，其后此说得到愈多学者的认同，也推动了进一步

---

[1] 刘敦愿：《古史传说和典型龙山文化》，《山东大学学报》1963年第2期，转载于蔡凤书等主编《山东龙山文化论集》，齐鲁书社1992年版。

[2] 山东省文物考古研究所：《山东考古的世纪回顾与展望》，《考古》2000年第10期。

[3] 邹衡：《论菏泽（曹州）地区的岳石文化》，《文物与考古论集》，文物出版社1986年版。

[4] 高广仁、邵望平：《中华文明发祥地之一——海岱历史文化区》，《史前研究》1984年第1期。

立足历史长河,考察夷夏关系的发展。如研究者指出:"公元前 3000 年前后,中国黄河、长江流域的史前社会发生了大规模、大幅度的变化。不同来源、不同支系的地区性文化差不多同时进入了龙山文化形成期而至龙山时代。各区系文化迅速变得以灰、黑陶三实足器、袋足器和圈足器为共同特征。他们的社会发展大体同步,构成一个松散的龙山文化圈,又分别孕育了不同的文明因素。龙山时代是中国古代文明的奠基期,龙山文化圈是中国古代文明的基地。在龙山文化时代及其以后诸文明因素成熟、凝聚的过程中,形成中国古代文明的多元特色。同时,中央王朝的核心作用也不应忽视,各区系文化精华'进贡'于中原,并不是简单的混合,而是由中央王朝加以凝聚、加工、提炼、赋予新的社会意义,再以更高形式的文明成果向各区系传播推广,促进了中华两河流域文明基地的巩固,加速了各区系文化的融合。"其中,"以海、岱、淮所标示的地区为主要分布范围的大汶口—龙山文化系统,在整个龙山文化圈内,其社会经济、文化水平决不比其他文化区系逊色"[①],就中原和东方的比较而言,早有研究者指出:"大约在公元前三千五百年以前的各文化发展时期,中原地区同东方(山东和苏北)的步调基本上是一致的,发展水平也是差不多的。但在公元前三千五百年以后的大汶口文化和龙山文化时期,东方的经济文化在一些重要方面逐步超过了中原,在全国也处于领先地位。"[②]

相关研究成果表明,农业是大汶口文化—山东龙山文化最主要的经济部门,通过对不同时期、不同遗址农业工具种类、数量、质量的比较研究,兼考粮食作物的储藏、利用,可知大汶口文化粮食已有了一定的剩余,出现尚酒风习。到了龙山文化时期,生产工具中农具的比例进一步呈现上升趋势,同时农具种类增多,有相当多经过特殊加工防潮的窖穴及与存放粮食有关的大型陶容器,还有大量的饮酒器具,等等,都充分说明在耕作技术、生产水平方面有了长足的进步。与此同时,作为农业副业的家畜饲养也有很大发展,马、牛、羊、鸡、犬、豕等六畜皆已具备,在经济生活中狩猎捕捞降到更为次要的地位。农业的发展为社会人口的增加提供了条件,截至 20 世纪 90 年代,调查发现的龙山文化遗址达 1000 处以上,大大超过大汶口文化,

---

① 邵望平:《公元前二千年前后海岱地区历史大势》,田昌五主编《华夏文明》第三集,北京大学出版社 1992 年版。

② 严文明:《夏代的东方》,见中国先秦史学会编《夏史论丛》,齐鲁书社 1985 年版。

主要分布在宜于农耕的浅山丘陵和河岸湖滨地带，十分密集。"遗址面积大者可达数十万平方米，小者只有几千平方米，形成了城市、中心聚落、一般聚落的多重结构"①，预示出社会已发生了深刻变革。

社会生产的发展，推动了社会分工，社会变革产生的需要更促使某些尖端技术的发生、发展，海岱地区的手工业技术也往往居于领先地位，如制陶也是古代社会重要的生产部门，研究者指出，氏族社会晚期社会分化出现，陶器曾是其标识之一，"某些贵重的陶器具有礼器的性质，因此陶业的生产水平往往是社会经济发展的标尺"。海岱地区制陶业在当时居于领先地位，这里的先民最早使用了快轮制陶技术，而且山东龙山文化的蛋壳陶不仅代表史前制陶技术的顶峰，就是今人也还无法企及。其陶器种类繁多，最有代表性的除磨光黑陶外，还有用高岭土烧制的细砂白陶，白陶最早见于大溪文化，但作为独立陶系大量生产却始于大汶口文化晚期，它对商代白陶工艺乃至瓷器的发明有重大影响。骨牙雕和蚌器制作技术高超，虽然骨牙雕精品最早见于浙江余姚河姆渡遗址，但代表这一工艺最高水平的作品却出土于山东泰安大汶口墓地，而且出现了透雕和绿松石镶嵌技术。此外，大汶口文化—龙山文化出土的一些带有礼器性质玉器，反映当时制玉工艺也达到相当高的水平。②

从进入三代文明开始，铸铜取代制陶成为尖端手工业，有迹象表明大汶口文化可能已有了最早的金属工艺，山东龙山文化已有了小件铜工具，而岳石文化时期，青铜冶铸已成为最突出的手工业部门，青铜器出土地点遍及整个岳石文化分布区域，数量、种类多，有镞、凿、刀、锥、钻、镯形环等，还有迹象表明可能已经出现了铜容器。工具多用青铜铸造，加工技术包括有单范或合范铸造，多数成型后再经锻打加工。③

相传"蚩尤作冶"、"蚩尤之时烁金为兵，割革为甲，始制五兵"④，"昔

---

① 参见栾丰实《东夷考古》大汶口文化、龙山文化"社会经济"部分，山东大学出版社 1996 年版。

② 参见高广仁、邵望平《海岱文化对中华古代文明形成的贡献》，蔡凤书、栾丰实主编《山东龙山文化研究论集》，齐鲁书社 1992 年版。

③ 参见栾丰实《东夷考古》岳石文化"社会经济"部分，山东大学出版社 1996 年版。

④ 分别见（明）董斯张撰《广博物志》卷三九《器用·诸器物》引《尸子》，文渊阁四库全书本；（宋）李昉等撰《太平御览》卷三三九《兵部·叙兵器》，中华书局影印 1960 年版，第 1556 页。

者黄帝得蚩尤而明于天道，得大常而察于地利……黄帝得六相而天地治，神明至。蚩尤明乎天道，故使为当时……"① 古代东方远古文化遗存的发现，证实这些传说虽非信史，却包含了古代的史影。

（二）夷夏关系

正因为古代东方人杰地灵，经济、文化、技术的某些方面，在当时中华大地居于前列，这支富有创造性的生机勃勃的人群成为后来形成的华夏族核心成分之一。研究者曾指出："自大汶口文化中、晚期起，海岱区的部分居民主要溯淮河及其支流向河南腹地迁徙。文化性质比较单纯的大汶口文化中期墓葬见于郑州、禹县以东地区；大汶口文化晚期墓葬和成组遗存则见于更远的洛阳、信阳地区……（山东龙山文化因素）给予河南龙山文化以明显的影响。可以说，公元前第三千年间，海岱文化区系是黄河流域史前历史舞台上一个强有力的、十分活跃、进取的竞争角色。"② 大汶口文化的西进，构成古史传说中"涿鹿之战"的历史背景，相传"蚩尤宇于少皞，以临四方……蚩尤乃逐帝，争于涿鹿之阿，九隅无遗。赤帝大慑，乃说于黄帝，执蚩尤，杀之于中冀，以甲兵释怒"。③ 这是第一次夷夏之争，发生在华夏、东夷两大部族集团之间。传说大战以后"黄帝合鬼神于泰山之上……蚩尤居前，风伯进扫，雨师洒道"④，联系前述黄帝得六相，第一位就是蚩尤，反映了两大部族集团从相争到相安，日益融合，东方文化由于自身的强大和发展，尽管在涿鹿战败，在两大部族集团的融合中，仍占有重要地位。

还有益启之争，是又一次见于记载的夷夏之争，《楚辞·天问》有："启代益作后，卒然离蠥，何启为忧，而能拘是达？皆归射鞠，而无害厥躬；何后益作革，而禹降播？"古本《纪年》有"益干启位，启杀之"，而《天问》中，禹只称"伯"而不称"后"，可见他不是夏王朝开创者，对益却称"后益"，联系《尚书·尧典》舜命"益，汝作朕虞"、《皋陶谟》"暨益奏庶鲜食"，反映在尧舜禹时代，在超越血缘纽带建立的联合体中，出身东夷集团的益曾参与大禹治水，分任掌管山泽禽兽，《史记·夏本纪》更明确禹曾

---

① 《管子·五行》。

② 邵望平：《公元前二千年前后海岱地区历史大势》，田昌五主编《华夏文明》第三集1992年。下同。

③ 《逸周书·尝麦》。

④ 《韩非子·十过》。

"以天下授益",可见这场斗争的起因不是"益干启位",而是"启代益作后",《天问》之说较古本《纪年》更具可信性。

启从益的手中夺取了领袖职位,开始了新一轮夷夏之争,首先启通过甘之战,战胜东夷九扈之后的有扈氏,建立了夏王朝。夏启之后,太康失国,夷羿"因夏民以代夏政",后来寒浞政变,杀后羿,袭有穷之号,加紧对夏后氏势力的追剿,"杀斟灌以伐斟鄩,灭夏后相,后缗方娠,逃出自窦,归于有仍,生少康焉"。少康先后在有仍氏、有虞氏、逃奔有鬲氏的旧臣靡的帮助下,灭有穷,重新确立夏后氏的统治。① 夏王朝与东方的关系见于记载的还有后相"二年征黄夷"、"七年于夷来宾"、"少康即位,方夷来宾"、"伯杼子征于东海"、"后芬即位,三年,九夷来御"、"帝泄二十一年,加畎夷等爵命"、后发"元年,诸夷宾于王门,诸夷入舞。"② 至夏桀,如前所述"九夷之师"仍是王朝重要支柱之一。

有夏一代,中原与东方的这种关系在考古学文化中同样有所体现,东夷先民一方面依然保持着旺盛的活力,一方面逐步汇入了中原王朝,如一些研究者多次指出"二里头文化中包含着相当数量的大汶口文化、龙山文化因素"③;岳石文化和二里头文化"各有其文化渊源,但又相互交流,共同发展。从文化因素分析,二里头文化含有明显的岳石文化因素。相比之下,岳石文化中的二里头因素较少。总的说岳石文化对二里头文化的影响占上风"④。又如山东西部的菏泽地区,原不属于海岱历史文化区而属于中原文化区的范围,也发现了岳石文化遗存,"如果说(菏泽)安丘堌堆的岳石文化不只是作为一种文化因素与河南龙山文化遗存共存,而是作为单纯的岳石文化层叠压在龙山文化层之上,那么有理由认为岳石文化时期东夷先民曾通过鲁西平原向西推进过。而且在二里头第一、二期的遗存中,也发现了明显的东方文化影响,如所谓瓦足皿者,即可视为岳石文化因素向西传播的结果"⑤。从考古学文化分析,研究者还指出夏商以降,海岱地区夷人文化因素

---

① 见《左传》襄公四年、哀公元年;《太平御览》卷八二引《帝王世纪》。
② 古本《竹书纪年》,见方诗铭等《古本竹书纪年辑证》夏纪,上海古籍出版社 1981 年版。
③ 吴汝祚:《夏与东夷关系的初步探讨》,《华夏文明》第一集,北京大学出版社 1987 年版。
④ 山东省文物考古研究所:《山东考古的世纪回顾与展望》,《考古》2000 年第 10 期。
⑤ 邵望平:《公元前二千年前后海岱地区历史大势》,田昌五主编《华夏文明》第三集,北京大学出版社 1992 年版。

步步减少,"从时代的脉络看,西周时期夷人的文化因俗尚比较浓厚,尤其是地处东部较远的胶东地区,春秋时代迅速减少,至战国时期,则已趋于消失,最终汇入中华文化的大潮中"①。

总之,东夷先民各部长期处于分散的状态,有的族氏与中原联姻、交好,有的交争。据考"今山东潍坊县治即旧寒亭,寒浞以部落国家为氏"②,可见入主中原"因夏民以代夏政"的夷羿、寒浞均出于东方之族。夷夏之争导致太康失国,少康复国却也借助了东方之族的力量,不仅如此,寒浞灭斟灌、斟寻后,"处浇于过,处豷于戈",过,在今山东掖县稍西北,或疑在今河南太康县东南;戈,在宋、郑之间③,这一部署矛头所向显然与制约东方有关,这些都充分显示出了东夷先民各部的关系。可能正是他们自身的分散状态,使得东夷各部不能结成统一的力量,导致在争霸中原的斗争中屡屡失败。而这一地区经济、技术、文化的发展,使他们在与中原文化融为一体的过程中,体现了自身的价值,不断给华夏部族集团文化注入新的活力,历经夏、商、西周,"秦汉间所称的中国人"的前身——华夏族开始形成。在《左传》、《国语》等文献中,可见当时已出现了民族意识,强调夷夏之别,但这种夷夏之分是超越族源和血缘关系,而以语言、习俗,尤其是以礼制来区分的。而随着文化的交流和融合,夷夏之分也逐渐消融。

商人在族源上、在建立商王朝前南下发展的过程中,都与东夷先民有比较密切的关系,然而商代是华夏族形成过程中的一个重要阶段,所以,随着历史的发展,商夷关系也成为广义的"夷夏关系"的一个构成部分。

二 仲丁伐蓝夷

(一) 历史背景

商汤灭夏,自三朡而还,《尚书序》说"至于大坰,仲虺作诰"④,《史记·殷本纪》作"汤归至于泰卷陶",司马贞索隐说"陶"为衍字,"解《尚书》者以大坰今定陶也,旧本或傍记其地名,后人转写遂衍斯字也"。《仲虺之诰》已亡佚,见于文献的有:

---

① 栾丰实:《东夷考古》"东夷文化的尾声",山东大学出版社1996年版。
② 杨伯峻:《春秋左传注》,中华书局1981年版,第937页。
③ 《左传·襄公四年》及杜预注。
④ 见孙星衍《尚书今古文注疏》书序第三十上《商书》,中华书局1986年版。

> 子皮曰："《仲虺之志》云'乱者取之，亡者侮之'。"（《左传·襄公三十年》）
>
> 《仲虺之告》曰："我闻于夏，人矫天命，布命于下，帝伐之恶，龚丧厥师。"（《墨子·非命上》）

可见其内容是宣告灭夏的理由，《逸周书·殷祝解》还有"汤放桀而复薄，三千诸侯大会"的记载，今人或称此为"泰卷之会"。总之，汤即天子位，从此开始了一个生机勃勃的新朝统治。

商汤起于七十里之亳，是一个小国，地域相对宽广的商王朝建立，当务之急是巩固政权。"汤奉桀众以克有夏"与后羿"因夏民以代夏政"[1]在一定意义上有相近之处，为求得长治久安，不能不重视吸取历史的教训，这就是历史上长久流传的"殷鉴不远，在夏后之世"[2]。后羿"恃其射也，不修民事"，弃贤臣而用寒浞；寒浞"恃其谗慝诈伪，而不德于民"[3]，是他们失败的主要原因。夏桀更由于"不修禹之道，毁坏辟法，裂绝世祀，荒淫于乐，沈酗于酒"，"不务德而武伤百姓"。[4] 奢靡暴虐的统治造成社会矛盾激化，致使身死国亡。因此，商汤很重视发展生产，注意提拔贤才，要求官吏勤劳王事，有功于民。《尚书序》说"汤既黜夏命，复归于亳作《汤诰》"。《汤诰》也已亡佚，但《史记·殷本纪》曾引《汤诰》，孙星衍《尚书今古文注疏》认为"似是全文"，其文作：

> 既绌夏命，还亳，作《汤诰》：维三月，王自至于东郊。告诸侯群后："毋不有功于民，勤力迺事。予乃大罚殛女，毋予怨。"曰："古禹、皋陶久劳于外，其有功乎民，民乃有安。东为江，北为济，西为河，南为淮，四渎已修，万民乃有居。后稷降播，农殖百谷。三公咸有功于民，故后有立。昔蚩尤与其大夫作乱百姓，帝乃弗予，有状。先王言不可不勉。"曰："不道，毋之在国，女毋我怨。"以令诸侯。

---

[1] 《左传·襄公四年》。
[2] 《诗经·大雅·荡》。
[3] 《左传·襄公四年》。
[4] 分别见（汉）刘向撰《说苑·敬慎》、《史记·夏本纪》。

提出为政者要效法禹、皋陶、后稷"有功于民",关于他们的史迹见于《尚书·皋陶谟中》,其中记述禹讲到治水过程,说为政者要"慎乃在位","安汝止,惟几惟康,其弼直,惟动丕应。徯志以昭受上帝,天其申命用休"。安于职分,思危以图其安,不要妄动扰民,辅弼者要有德,行为合乎道德规范,才能有号召力,得到人民的支持、获得上天的保佑,这大抵可以视为"修禹之道"的主要内容。商王朝建立以后,汤立即昭示要求各为政者要以禹、皋陶为榜样,并且警告说如果不尽责尽职,就要受到严厉的惩罚。

历史上流传很广的还有一个汤以身为牲祈雨为民的故事,相传汤伐桀后"大旱七年,洛川竭",使人执鼎祝于山川祈雨,毫无效果。卜筮结果神谕"当以人祷,汤曰,吾所为请雨者民也,若必以人祷,吾请自当。遂斋戒剪发断爪,以己为牲,祷于桑林之社","告于上天后土曰:万方有罪,罪在朕躬,朕躬有罪,无及万方,无以一人之不敏,使上帝鬼神伤民之命"。将自焚以祭天,火将燃,即降大雨、方数千里。① 后世学者多以为王以身为牺牲不近情理,不可信。② 但殷墟甲骨文中有一批以人为牲进行祈雨的烄祭卜辞,证实商代后期仍有以人为牲祈雨之事,民族学资料更证明远古曾有"杀王"献祭的宗教习俗。③ 综合第四纪地质学、古生物学、海洋地质学、物理学的研究成果,可知夏商之际正值气候处于波动下降的总趋势中,海面在微微下降而出现较小波动④,反映有关记载所见这时大旱的传说应有一定根据。所以汤祷桑林的故事反映了真实历史的影子,并作为汤奉行统治者要有功于民的实例而流传下来。

总之,商王朝建立以后,结束了夏桀暴政,开始推行重民思想,得到人民的拥护,"夏民大悦"⑤ 已如前述,反映商汤时社会矛盾比较缓和。但是自从人类社会分裂出阶级和阶层、进入文明以后,全部的发展是在矛盾中进行的,商汤一方面尽量避免激化社会矛盾,另一方面对不顺从者则采取暴力刑戮的统治手段。《尚书·汤誓》所谓"尔不从誓言,余则孥戮汝,罔有攸赦"

---

① 《帝王世纪》。

② 参见崔述《商考信录》,载顾颉刚《崔东壁遗书》,上海古籍出版社1988年版。

③ 参见郑振铎《汤祷篇》,《东方杂志》,第30卷1期,1933年。

④ 参见刘方复《中国古代的洪水》,《文物天地》1993年1期。

⑤ 《吕氏春秋·慎大览·慎大》。

虽是指战场上不服从命令者，但在《盘庚》中，商王对不满迁殷的贵族、官吏屡次严词告诫"乃有不吉不迪，颠越不恭，暂遇奸宄，我乃劓殄灭之，无遗育，无俾易种于兹新邑"。"用罪伐厥死，用德彰厥善。邦之臧，惟汝众；邦之不臧，惟予一人有佚罚。凡尔众，其惟致告：自今至于后日，各恭尔事，齐乃位，度乃口。罚及尔身，弗可悔"。同样表明对不服从命令者不仅杀戮之，且要绝灭其后。值得注意的是其中谈到他作为王的职责：用刑罚惩处罪过，用爵赏表彰良善。国家治理得好，是大家的功劳；治理不好，是因为王掌握刑罚有疏失。再次告诫官员要谨慎自己的言行，不得背离王的命令，否则无情惩罚降临身上，悔之晚矣。这与《汤誓》的思想是一致的，尤其联系盘庚说"以常旧服，正法度"以及《左传·昭公六年》所载"商有乱政，而作汤刑"，都说明盘庚时的一些刑法、法规是从商初延续下来的。而直到西周初，周公封康叔于殷旧都为卫君时，还谆谆嘱咐要向殷之遗老请教统治之道，特别要把殷代有名的刑法学到手，"师兹殷罚有伦"、"罚蔽殷彝"，即学习殷代有定规的刑法，而且用殷代常法判刑。① 殷墟卜辞中已出现不少表示各种刑罚的文字，进一步证明商代在历史上独擅"刑名"的盛名不是没有缘由的。

在古代社会，兵刑不分，《尚书·多方》载周公对殷遗民谈到商汤伐桀，称之为"刑殄有夏"。商王朝对内的"重刑"，决定了对外的武力征服，商汤时国力比较强盛，四方部落方国多表示宾服，形成"自彼氐羌，莫敢不来享，莫敢不来王。曰商是常"② 的局面。《史记·殷本纪》载：

> 汤崩，太子太丁未立而卒，于是乃立太丁之弟外丙，是为帝外丙。帝外丙即位三年，崩，立外丙之弟中壬，是为帝中壬。帝中壬即位四年，崩，伊尹乃立太丁之子太甲。太甲，成汤适长孙也，是为帝太甲。帝太甲元年，伊尹作《伊训》，作《肆命》，作《徂后》。
>
> 帝太甲既立三年，不明，暴虐，不遵汤法，乱德，于是伊尹放之于桐宫。三年，伊尹摄行政当国，以朝诸侯。
>
> 帝太甲居桐宫三年，悔过自责，反善，于是伊尹乃迎帝太甲而授之

---

① 参见刘起釪《从殷商的尊神尚鬼重刑到西周的德教之治》，《古史续辨》，中国社会科学出版社 1991 年版。

② 《诗经·商颂·长发》。

政。帝太甲修德，诸侯咸归殷，百姓以宁。伊尹嘉之，乃作《太甲训》三篇，褒帝太甲，称太宗。

对于太甲居桐宫，古本《纪年》作"伊尹放太甲于桐，乃自立也"，"大甲潜出自桐，杀伊尹"夺回权力。[①] 透露出和夏王朝一样，王朝的创建者死后，很快出现了权位之争，自商汤（大乙）至大甲三世四王，是商王朝政权建立和巩固的阶段，为随后的开疆拓土奠定了基础。《殷本纪》还载：

太宗崩，子沃丁立。帝沃丁之时，伊尹卒。既葬伊尹于亳，咎单遂训伊尹事，作《沃丁》。

沃丁崩，弟太庚立，是为帝太庚。帝太庚崩，子帝小甲立。帝小甲崩，弟雍已立，是为帝雍已。殷道衰，诸侯或不至。

帝雍已崩，弟太戊立，是为帝太戊。帝太戊立伊陟为相……殷复兴，诸侯归之，故称中宗。中宗崩，子帝中丁立。帝中丁迁于隞。

《孟子·公孙丑》有"由汤至于武丁，贤圣之君六七作"，赵氏注"汤以下贤圣之君六七兴，谓太甲、太戊、盘庚等也"。结合考古发现可知，大约在沃丁、大庚时已经开始了向四方的发展，大戊时达到巅峰。在商王朝向西方、南方、东南推进的前一个阶段，对于东方之夷人的方国部落，延续着灭夏以前的联盟关系，文献中没有发生战事的记述，但是在走向巅峰之际，商王朝势力已开始向东夷地区渗透了。

（二）仲丁伐蓝夷

商代前期对东方夷人的战争始于仲丁，但是，在太戊时已将直属王朝的统治据点嵌入海岱地区的腹地。那里已发现最早的商文化是济南大辛庄遗址，研究者指出该遗址坐落在泰沂山北缘，《禹贡》所谓兖、青二州贡道的古济水之南，因而是扼控中原地区通往山东半岛沿海地区的陆路、水路交通之要道，战略地位非常重要。正是因此，从二里岗上层一期到殷墟晚期，商王朝一直牢牢抓住这一据点，商代前期它是地域性的统治中心和经略东方的基地，商代晚期则作为联系都城安阳和新的区域中心桓台、青州的中继站。大辛庄遗址最早一个时期的遗存中，包括有一大型窖穴，直径5.3米，深约

---

① 古本《竹书纪年》。参见方诗铭等《古本竹书纪年辑证》，上海古籍出版社1981年版。

3米，穴壁平整光滑，底部铺有木板，中间有柱洞，说明上有顶棚，上下有台阶，建造考究，据推测可能与军旅组织的储藏行为有关。废弃后的堆积物中更包括金箔、原始青瓷、卜骨等，从其规格看该遗址也不是一般的聚落。从出土物的形制看，大辛庄一期商文化相当二里岗上层一期，即早商文化第三期，也是郑州商城的繁盛期，应早于仲丁伐蓝夷。仲丁在位时间不长，所以商人势力进入岳石文化分布区，建立东扩据点，应是在太戊之时。

这种渗透可能引起了某些矛盾和冲突，更兼"自仲丁以来，废适而更立诸弟子，弟子或争相代立，比九世乱，于是诸侯莫朝"①，蓝夷等乘机发兵反商，再次引发了中央王朝与东夷之间的战争。

中原王朝与周边民族的关系，如《后汉书·西羌传》所说的"王政修则宾服，德教失则寇乱"，往往是当中原王朝强大时，统一的局面、和平交往的形势可得维护，当中原王朝衰落，崛起的周边民族同样会遵循"乱者取之，亡者侮之"，"推亡固存，国之利也"②的原则，挑战中原。《后汉书·东夷列传》记述：

> 桀为暴虐，诸夷内侵，殷汤革命，伐而定之。至于仲丁，蓝夷作寇。自是或服或叛，三百余年。武乙衰敝，东夷浸盛，遂分迁淮岱，渐居中土。

李贤等注：仲丁，殷太戊之子也。《竹书纪年》曰："仲丁即位，征于蓝夷。"这是仲丁征蓝夷得较早记载。也是商代前期对东方战事的开始，今本《竹书纪年》还有：

> 外壬元年……邳人姺人叛。
> 河亶甲三年彭伯克邳。四年征蓝夷。五年姺人入于班方，彭伯、韦伯伐班方，姺人来宾。

关于"蓝夷"雷学淇《竹书纪年义证》按"未详所在"。《后汉书·东夷列传》有"夷有九种，曰畎夷、于夷、方夷、黄夷、白夷、赤夷、玄夷、风

---

① 《史记·殷本纪》。
② 《左传·襄公三十年》。

夷、阳夷"。"九"，当表示如同西羌一样"种类繁炽"①，有很多方国部落，蓝夷和黄夷、白夷一样，为其中一支。"邳人、姺人"，《左传·昭公元年》载赵孟曰："虞有三苗，夏有观、扈，商有姺、邳，周有徐、奄。"杜预注姺、邳为"二国，商诸侯，邳今下邳县"。杨伯峻说："据杜注，即今之江苏邳县旧治邳城镇。"② 关于姺、邳、班方，雷学淇《竹书纪年义证·外壬元年》按：

《左传》述古之乱国，谓"商有姺、邳"……案：邳本奚仲之迁国，至商仲虺复居薛……姺或作侁，《吕览·本味篇》有侁氏，即汤之妃家。《史记·殷本纪》作有莘氏。《汉书·古今人表》作有㜝氏，谓禹母女志亦有㜝氏女。《河图著命》及《孝经纬》以禹母为有辛氏女，名修己。《潜夫论》谓修己是少昊氏之裔女。《世本》及《史记》以莘国、辛氏为夏禹后，姒姓。考《诗经》太姒为辛国女，则辛为姒姓无疑。然鲧时已有辛，则辛又实有己姓者。《汉表》于鲧、汤妃家具作㜝，于辛甲、縣靡具作辛，判而二之。是己姓者为㜝，省文作姺，通作侁，国在陈留。姒姓者为莘，通作辛，国在郃阳。此姺人即己姓者也。邳在今江南邳州，晋为下邳国，杜谓之县者，汉故县也。

班方，地名，所在未详……姺、邳共叛，今彭已克邳，姺惧来伐，故入于班方，负险自固。彭伯复连韦伯之师，以兵会伐，姺服其罪，故来朝也。

邳在江苏邳县为大汶口文化分布区，属于东夷之族故地。己姓之侁氏既然汤之妃家——有莘氏，如前所述，在陈留、曹县一带，靠近或属于东夷之地。班方与姺有关联，也当属于东夷的方国。反映从仲丁开始商王朝连续用兵东方。

对于这一段历史，文献记载十分简略，但在时代约当仲丁前后的郑州小双桥遗址，则发现了一批与东夷文化密切相关的典型岳石文化遗存。

小双桥遗址位于郑州西北约20公里、石佛乡小双桥村西南，发现有夯土建筑基址、大型青铜建筑构件、祭祀坑、朱书文字，还有很多与冶铸青铜

---

① 《后汉书·西羌传》。

② 杨伯峻编著：《春秋左传注》，中华书局1981年版，第1206页。

有关的遗存，以及铜、陶、玉、石、骨、牙质的文化遗物。其中有一种长方形穿孔石器在遗址中发现较多，分布集中，它的造型独特、磨制精细，除小双桥外，仅见于山东及其附近地区的岳石文化中。① 虽然对于小双桥遗址的性质是否为仲丁之隞都存在不同看法，但对它在考古学编年中的位置则没有大的疑义。研究者认为长方形穿孔石器作铲形，且三边有刃，可能是一种武器，它直接来自岳石文化，或为战争中缴获的战利品，因而在大型祭祀坑中，这种石器与大量牛头、牛角、兽骨、玉器等埋在一起，成为庆功祭祀活动遗存。② 小双桥遗址文化内涵中所传递出对东方战争的信息，正与文献所载仲丁征蓝夷相呼应。

同时，山东地区商文化遗址的编年研究还指示出了商王朝的东进路线，如有研究者提出在泰沂山脉北侧，东征路线是沿泰沂山脉北侧自西向东进行的，而且是逐步向东推进的。③ 还有研究者认为，山东的商文化遗存以济南、菏泽两遗址的年代最早，存在时间相近，从而推断商军东征可能兵分两路：一路由今安阳、濮阳沿古济水东进济南地区；一路从商丘北上菏泽或南转徐州"陆架"，走鲁中南丘陵南侧。稍后，河亶甲征蓝夷、班方可能又逆泗河、汶河而上，直达泗水天齐庙一带。而根据商文化在山东地区的分布大势，在鲁北，商人势力在二里岗上层阶段后期先达到济南地区（鲁北西段）；到殷墟第一期后段，又渐次占领了桓台、淄博（鲁北东段），殷墟第三、四期时，才控制了寿光、青州一带。其东渐次序大致清楚。鲁南局势稍有些不同。约在二里岗上层末段，商人势力即直抵泗水中上游的天齐庙一带，而到达滕县薛城、北辛的时间可能要早些。不过其间泗河流域缺少殷墟第三、四期遗存，而在邹县南关、滕州前掌大和苍县、郯城等偏南部的遗址又普遍含有与殷墟第四期相当的文化因素。这种情况反映出晚商阶段，商人势力在鲁中南地区经历一个时进时退的变化过程。④

仲丁伐蓝夷以后，商文化更多地涌入山东地区。如在大辛庄遗址发掘出一座相当于二里岗上层二期的中型墓，一棺一椁，殉人4，随葬品40余件。

---

① 河南省文物考古研究所等：《1995年郑州小双桥遗址的发掘》，《华夏考古》1996年第3期。
② 陈旭：《郑州小双桥商代遗址即隞都说》，《中原文物》1997年第2期。
③ 任相宏：《从泰沂山脉北侧商文化遗存看商人东征》，《中国文物报》1997年11月23日。
④ 徐基：《山东商代考古的新进展》，1998年河北邢台中国商周文明国际学术研讨会论文集《三代文明研究》（一），科学出版社1999年。

其中，青铜器 11 件，组合为觚、爵、斝、尊、壶，一对青铜尊，器形硕大，制作精细，是这一地区前所未见的。玉器 19 件，有戈、钺、圭、璧戚、璜，玉料上乘，磨制精细，不亚于郑州商城同类器物。研究者指出此墓规格之高、随葬礼器种类之全，在东部地区商代中期墓葬中是罕见的[①]，应反映自仲丁开始，商王朝加强了对东方的控制。

第二节　开疆拓土

早在五帝时代，已经渐次形成了四方文化辐辏中原的传统，商王朝建立以后，远夷四方往往来朝来献，商王朝则通过将某些服属方国首领人物封为侯伯，或派出官吏带领其族众到四方四土垦田、放牧等形式武装殖民，建立生产基地或军事据点。那些关系密切的方国，有的原本与商人有着血缘和文化的联系，有的接受了商文化，派出人员则把商文化带向四面八方并与当地土著文化相结合，这样就形成了商文化的各个地区类型。根据考古学研究成果，现在知道早商文化在最昌盛的时候，遗址点在西起岐山、东至潍河，北抵张家口、南达长江沿岸的广阔范围内都有发现。主要分布范围包括今河南省全部，陕西关中的中部、东部，山西省的霍山以南，河北省的北易水以南，山东省的潍河以西，安徽省霍山以北的江淮地区和皖西北，湖北省鄂东北的溾、澴、涢诸水流域，范围远远超过了夏王朝。如处于中心位置的是以郑州二里岗遗址为代表的二里岗类型，其北，有以藁城台西遗址为代表的台西类型；其东，有以山东济南大辛庄遗址为代表的大辛庄类型；其西，有以山西夏县东下冯遗址为代表的东下冯类型和以陕西耀县北村遗址为代表的北村类型；其南，有以湖北黄陂盘龙城遗址群为代表的盘龙城类型；东南，是以安徽含山大城墩为代表的大城墩类型等。[②] 处于中心部位的二里岗类型分布范围最大，且以商王朝的政治中心的文化遗存为代表，应该属于商王族为代表的典型商人文化遗存，四方分布的是由它派生出的地区类型。《尚书·

[①] 方辉：《2003 年济南大辛庄遗址的考古收获》，王宇信等主编《2004 年安阳殷墟文明国际学术讨论会论文集》，社会科学文献出版社 2004 年版，第 520 页。

[②] 王立新：《早商文化研究》"早商文化的空间分布和区域类型"，高等教育出版社 1998 年版。此外，《中国考古学·夏商卷》认为早商文化有八个类型，即应将以辉县琉璃阁遗址为代表的琉璃阁类型从二里岗类型中划分出来。

酒诰》记载殷代的行政制度有所谓"越在外服,侯伯男卫邦伯;越在内服,百官僚尹……"之说,所谓"外服"的不同等级而对商王有职有贡的诸侯,一部分是由派出的官吏演化成的,另一部分是将封号授予臣服的方国君主而形成的,这已得到殷墟甲骨文研究的证明①,而考古学所揭示的商文化这一核心主体类型与周边地区类型的存在,正与文献所载的内外服制度遥相呼应。

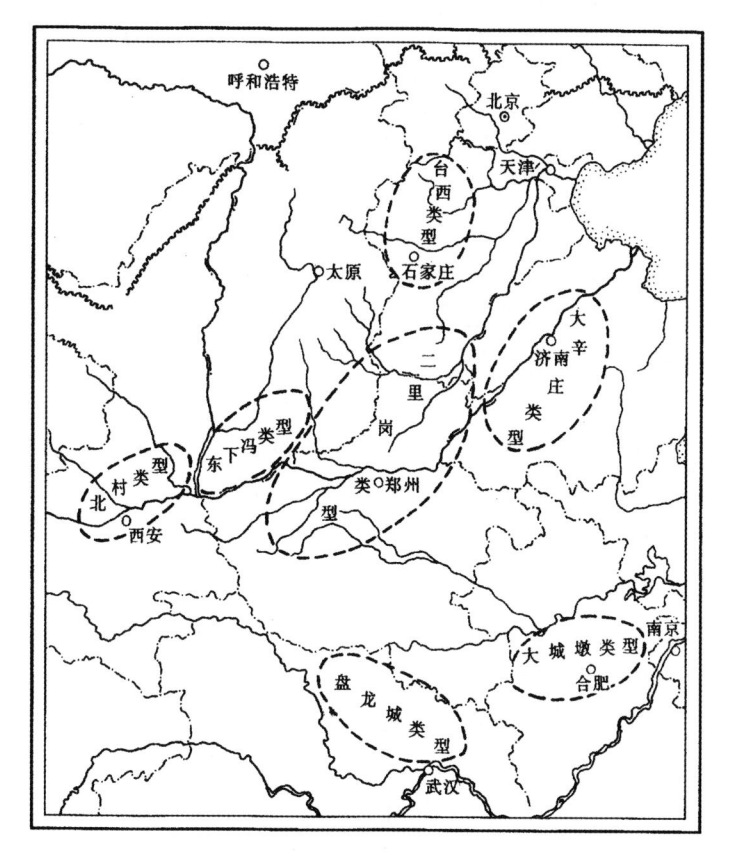

图 2—1 商代早期商文化分布示意图

(王立新:《早商文化研究》)

所以,通过各地区、各类型商文化遗址的分布,可以知道在商代前期就

---

① 裘锡圭:《甲骨卜辞所见田、牧、卫等职官的研究》,《文史》第 19 辑,中华书局 1983 年版。

以点面相结合的形式，在空前广大的地域建立了自己的统治，这个过程是经商代前期二三百年的时间渐次形成的，也是随着中国考古学的发展，才获得这个认识。为了说明这个过程，先要简单介绍一下商文化的考古学分期。

商代考古学分期较早是分为前后两期，商代前期文化以郑州商代遗存为代表，一般分为四期[①]：

第一期　二里岗下层一期，郑州商城初创阶段。

第二期　二里岗下层二期，郑州商城进入初步繁荣。

第三期　二里岗上层一期，郑州商城人口较多，相当繁荣。

第四期　二里岗上层二期，郑州商城衰落。

由于在二里岗遗址商代遗存截止于第三期，所以第四期是以郑州白家庄商代上层遗存为代表，也有人称之为白家庄期。目前存在的不同看法，主要在于对郑州商文化的上限的判定，一种意见认为位于郑州旧城南墙以南、郑州商城近郊的南关外遗址下层的文化遗存，与二里岗下层文化面貌有一定差异，相对年代也比较早，命名为南关外期[②]，一些研究者认为这类遗存属于先商文化[③]。另一些研究者则认为，南关外下层属于郑州早商文化第一期，在浓重的岳石文化色彩下，早商文化因素已占重要地位。[④]

商代后期文化以河南安阳小屯殷墟为代表，始于盘庚迁殷，止于商王朝灭亡，也分为四期[⑤]：

第一期　早段　盘庚、小辛、小乙时代。

　　　　　晚段　武丁早期。

第二期　早段　上限到武丁晚期。

　　　　　晚段　祖庚、祖甲。

第三期　廪辛、康丁、武乙、文丁。

第四期　帝乙、帝辛。

《尚书·盘庚》云："先王有服，恪谨天命，兹犹不常宁，不常厥邑，于今五

[①]　杨育彬等主编：《20世纪河南考古发现与研究》，中州古籍出版社1997年版，第338—342页。

[②]　安金槐：《对于郑州商代南关外期遗存的再认识》，《华夏考古》1989年第1期。

[③]　参见王立新《早商文化研究》，高等教育出版社1998年版，第38—39页。

[④]　中国社会科学院考古研究所编著：《中国考古学·夏商卷》，中国社会科学出版社2003年版，第164页。

[⑤]　中国社会科学院考古研究所编著：《殷墟的发现与研究》，科学出版社1994年版。

邦。"《尚书序》则称"盘庚五迁，将治亳殷"，所以从汤居亳到盘庚迁殷之间，尚有数次迁徙，如仲丁迁隞、河亶甲居相、祖乙迁邢①，联系考察物质文化遗存，郑州商城、小屯殷墟两座商代都城遗址涵盖的时间并不紧密相接。其后，郑州石佛乡小双桥村遗址发现，年代为白家庄期，一些研究者认为可能与仲丁迁隞有关，已如前述。又在安阳殷墟外围的洹北发现一座早于小屯殷墟的商城，以极其丰富的资料填补上缺环，因而一些学者将商代考古学文化分为三段，其分期和年代为②：

早商文化：（日历年代为公元前 1600—前 1400 年）

    第一期　二里岗下层一期。

    第二期　二里岗下层二期。

    第三期　二里岗上层（原上层一期）。

中商文化（日历年代为公元前 1400—前 1250 年）

    第一期　以白家庄上层及小双桥遗址为代表。

    第二期　以洹北商城 1997 年发掘的早期遗存、河北藁城台西早期墓葬为代表。

    第三期　以洹北商城 1997 年发掘的晚期遗存、河北藁城台西晚期居址、墓葬为代表。

晚商文化：（日历年代为公元前 1250—前 1046 年）

    殷墟文化第一期　约在武丁早期。

    殷墟文化第二期　约当武丁后期至祖庚、祖甲。

    殷墟文化第三期　约当廪辛、康丁、武乙、文丁时期。

    殷墟文化第四期　总体上约当帝乙、帝辛时期，最晚可延至西周初。

由于将商文化划分两段说的学者往往也称之为早商、晚商，所以在不同的考古学者的论述中，"早商"这一用语的下限有所不同，或以仲丁迁隞为界，或以盘庚迁殷为界，或以武丁即位为界③；所谓"二里岗上层"，可能指二里

---

①　《史记・殷本纪》。

②　中国社会科学院考古研究所编著：《中国考古学・夏商卷》，中国社会科学出版社 2003 年版，第 170—174、188、250、294 页。

③　分别见中国社会科学院考古研究所编著《中国考古学・夏商卷》、中国社会科学院考古研究所编著《殷墟的发现与研究》、王立新《早商文化研究》"早商文化的空间分布"。

岗遗址的上层即二里岗上层第一期，也有的不再细分，统称二里岗上层第一、二期；或说"二里岗期"，则统称上述早商文化第一至三期，这是史学研究利用考古学成果时需要注意的。

本书则仍暂按历史学的习惯分法，以盘庚迁殷为界，将商代历史分为前后两期，前期大约包括考古学上的早商和中商的大部分，后期相当考古学的晚商，前面再加上盘庚迁殷以后的一段时间。由于殷墟发现大批甲骨文，商代后期考古学分期与商王世次的关系基本解决，前期尚不清，暂且可以理解为二里岗下层早段始于商汤，晚段在大庚前后；二里岗上层早段约当大戊之时，晚段即白家庄上层，约始于仲丁。中商中期约当祖乙前后，晚期为盘庚迁殷以前。

根据各地商文化遗址的发现和研究成果[①]，可以知道在二里岗下层偏早阶段，二里岗文化主要在河南省中西部的伊洛——郑州一线和晋南、关中东部地区，大致与二里头文化主要分布区重合。到了二里岗下层偏晚阶段（约略在大庚前后），商人在上述地区商人势力加强，并开始向东南和南方发展，商文化进入豫东、皖西北。到了二里岗上层早段（约略为大戊时期），商王朝势力达到巅峰，商文化在豫东、江淮西部和鄂东北部地区的分布有所加强，且向鲁西、江淮地区东部逐步推进，同时将扩张重点转向北方，在太行山东麓，乃至太行山以北的壶河流域都发现了这一时期的商代遗址或商文化遗存。待到白家庄上层之时，仲丁迁都、征蓝夷，偃师商城、郑州商城相继衰落，古荥阳一带兴起规格颇高的遗址群，对东方呈现明显的扩张态势。仲丁以后，《史记·殷本纪》记载：

> ……帝仲丁迁于隞，河亶甲居相，祖乙迁于邢。帝仲丁崩，弟外壬立，是为帝外壬……帝外壬崩，弟河亶甲立，是为帝河亶甲。河亶甲时，殷复衰。
>
> 河亶甲崩，子帝祖乙立。帝祖乙立，殷复兴。巫贤任职。
>
> 祖乙崩，子帝祖辛立。帝祖辛崩，弟沃甲立，是为帝沃甲。帝沃甲崩，立沃甲兄祖辛之子祖丁，是为帝祖丁。帝祖丁崩，立弟沃甲之子南庚，是为帝南庚。帝南庚崩，立帝祖丁之子阳甲，是为帝阳甲。帝阳甲之时，殷衰。
>
> 自中丁以来，废适而更立诸弟子，弟子或争相代立，比九世乱，于

[①] 参见王立新《早商文化研究》"早商文化的空间分布"，高等教育出版社1998年版。

是诸侯莫朝。

帝阳甲崩，弟盘庚立，是为帝盘庚。帝盘庚之时，殷已都河北，盘庚渡河南，复居成汤之故居……

河亶甲居相，祖乙迁于邢，商王朝的中心由伊洛——郑州一带，移动到豫北、冀南，祖乙时商王朝的国力比较强大，在甲骨文中称"中宗祖乙"，一度中兴以后，商王朝走向发展的低谷。

一 经略"有夏之居"

《史记》记述夏人的旧居，见于《周本纪》："自洛汭延于伊汭，居易毋固，其有夏之居"，应是夏后氏的发祥地；又见《货殖列传》："颍川、南阳，夏人之居也……南阳西通武关、郧关，东南受汉、江、淮。宛亦一都会也。俗杂好事，业多贾。其任侠，交通颍川，故至今谓之'夏人'。"集解引徐广曰："禹居阳翟。"正义："禹居阳城。颍川、南阳皆夏地也。"可见今河南南阳也为夏人旧居。但在商代早期，最初经略重点首先是"自洛汭延于伊汭"一带，以及有"大夏"之称的晋南。

（一）郑洛

商汤灭夏以后，并没有摧毁夏王朝的旧都，而是尽量利用旧都可以利用的人力物力，已见前述，同时勒兵偃师商城，镇抚夏王朝的腹心地区。

偃师商城遗址与偃师二里头遗址同处洛河故道（在今洛河南）北，两地东西相望，距离仅有五六公里。这一地区北依邙山，南临洛河，地势平坦，土壤肥沃，而且自古就是东西交通要道，南北交通也很便利，东经巩县出虎牢关到郑州，西经洛阳出函谷关达西安，南越镮辕关至登封，北过邙山岭便抵黄河要津。[①] 遗址东侧有规模较大的仰韶——龙山时代遗址和二里头文化小型聚落，而商代早期文化遗存有两条分布带：伊洛河以北沿邙山南麓一线分布，伊洛河以南沿万安山北麓分布。[②]

偃师商城始建于二里岗下层一期，由于商汤灭夏之前是不可能在夏都近

[①] 中国科学院考古研究所洛阳汉魏故城工作队：《偃师商城的初步勘察和发掘》，《考古》1984年第6期。

[②] 参见中国社会科学院考古研究所编著《中国考古学·夏商卷》，中国社会科学出版社2003年版。

旁建立商城的,所以学者们多认为它的时代大体可以作为夏商之际的界标。偃师商城的建筑带有强烈的军事色彩,例如,最初所建只是一个长方形的小城,面积81万多平方米,城墙均非直线走向,北城墙中段长300米的部位内凹8—10米;东城墙中部外凸约10米;西城墙中段也有内凹。经发掘,形成城墙凹凸拐折处,皆为直角,城墙宽6—7米,研究者提出这应是后世城郭"马面"之滥觞。在以弓箭为主要城防武器的商代,这种有凹凸拐折的城垣,会给城墙上的防守者创造从侧面向来犯者射击的有利条件,并扩大有效防守范围。① 当然,它同样有利于开阔防守者视野,及时发现敌情。对于小城城墙修建质量,发掘简报指出,它的建造相对简单,宽度一般6—7米,基槽一般不足0.5米,有的地方甚至只有0.2或0.3米,实际上只是将地面稍加处理就开始夯筑墙体。对比后来扩建的大城,城墙宽度一般为17—19米,基槽一般深1.2米左右,甚至更深,可见小城的修建之时,很可能是受到条件的制约,如时间紧,人力、物力相对短缺,或客观条件不允许从容筑城等。② 在条件不足的情况下,仍要勉为其难修建城垣,充分反映了当时的战争形势和建设城防设施的必要性。

当然,偃师商城不仅仅是一个军事据点,传世文献中,屡见汤都西亳为河南偃师说③,从考古发现的物质文化遗存看,这里也是商代早期的政治中心之一,它的第一批建筑物是宫殿和宫城,位于小城南北中轴线偏南部位,宫殿建筑集中在宫城的中、南部,应是和小城统一规划的。其后宫殿群屡屡改建、扩建,后来建造的宫殿,有的不仅规模更大,而且远超原来宫墙的范围。与此同时,随着铸铜作坊等的兴建、人口的增多,扩建城郭被提上日程,在二里岗下层二期时,该城开始大规模地扩建,总长约5500米、平面厨刀形的城垣,围起一座面积近200万平方米的大城。城外有宽20米、深6米的城壕,城墙和城壕之间有顺城大道,城内也有顺城路以及四通八达的干道、道路网、民居、手工业作坊,有宫城护卫的宫殿建筑群也不断得到改建、扩建和新建,宫城的布局也发生了变化。相当二里岗上层一期时,偃师商城曾有比较短暂的繁荣,到了这一阶段偏晚时期,城址突然废弃,稍后沦

---

① 杜金鹏等:《偃师商城小城的发现及其意义》,《考古》1999年第2期。
② 中国社会科学院考古研究所河南第二工作队:《河南偃师商城小城发掘简报》,《考古》1999年第2期。
③ 见《汉书·地理志》、《元和郡县志》等。

为一般聚落。①

当偃师商城的宫城和小城耸立起来的时候，曾作为商汤灭夏基地的郑州先商聚落上，也建起了宫殿和城垣。二里岗下层二期时，郑州商城和偃师商城一道进入兴盛阶段，二里岗上层一期时，持续繁荣，甚至达到鼎盛阶段。到了偃师商城废弃的二里岗上层二期时，郑州商城才逐渐衰落。

这两座有都邑规模的商城究竟是后世记载中的亳、西亳、隞、桐宫，是一个正在探索，尚未有定论的问题。有研究者认为两座商城大致同时兴起，但聚落级别有明显差异，郑州商城遗存分布范围25平方公里，内城3平方公里，外城可能达到13平方公里。偃师商城遗存分布范围仅约2平方公里，小城约0.81平方公里，后来扩建的大城约2平方公里。郑州商城发现了为数众多的铜器墓、铜器窖藏、铸铜作坊，是偃师商城无法相比的，而偃师商城设计成拐折的宽厚城墙、狭小的城门，城内府库类建筑的设置，都显示出浓厚的战备色彩，有别于郑州商城，二者城市功能可能也有较大的不同。所以从考古学层面看，郑州商城当为主都，偃师商城是军事色彩浓重且具有仓储转运功能的次级中心或辅都的意见应较为妥帖②。这一观点可以得到文献的支持，梳理相关古文献记载，"亳"字出现的频率虽多，除了用作地名外，往往还作为商王都乃至商王朝政权的代称，据今所见，较早而且明确提出汤始居之亳在偃师的是《书序》东汉郑玄注，但从《史记》、《汉书》的记载看，直到秦汉之际，偃师并不称为亳③，据文献记载不能论定偃师是西亳。

当然，这两座商城同为商代前期重要的施政中心则是没有疑问的，随着这两座商城的繁荣，首先在郑洛地区商人势力不断加强，遗址数量增多，分布范围扩大，最早一个阶段商文化遗址仅见于郑州商城及其邻近的南关外、二里岗、偃师商城、二里头等地，稍后早商遗址在郑州白家庄、人民公园、岔河、董砦，荥阳西史村，登封王城岗，武陟赵庄，陕县七县铺都有发现。

---

① 参见高炜等《偃师商城与夏商文化分界》，《考古》1988年第10期；《中国考古学·夏商卷》，中国社会科学出版社2003年版。

② 许宏：《都邑变迁与商代考古学的阶段划分》，中国社会科学院考古研究所编著《二十一世纪中国考古学——庆祝佟柱臣先生八十三华诞学术文集》，文物出版社2006年版。

③ 详见罗琨《"汤始居亳"再探讨》，宋镇豪、肖先进主编《殷商文明暨纪念三星堆遗址发现七十周年国际学术研讨会论文集》，社会科学文献出版社2003年版。

更晚一些时候，除上述地区外，巩县、密县、修武等更多地点都有了商人的聚落。①

在这个基础上，商人势力逐渐扩展到今河南省的大部分以至更远的地域。

(二) 晋南

晋南古称"大夏"、"大夏之墟"，根据古史传说，夏后氏之先祖大禹就是在这里登上了历史舞台，因而大禹之子——启将新建的王朝称为"夏"，从此在历史上有了"夏后氏"②，夏王朝与这一地区的关系也十分密切。如1960—1980年前后晋南考古调查，共发现二里头遗址42处，最大的面积20万平方米，有的文化堆积厚达2—4米。③晋南的二里头文化与豫西大同小异，命名为二里头文化东下冯类型，但运城地区东南隅黄河北岸的垣曲发现的二里头文化遗存，时代属于二里头三期至四期，主要因素与豫西相同，发掘、研究者将其划归为二里头类型。④这充分说明，夏代晚期随着太行山东麓商人的崛起，夏王朝加强了对晋南的经略。

也正因此，商汤灭夏以后，进驻了垣曲和进行过鸣条决战的夏县东下冯，在二里头文化的聚落之上，出现了两座商城。⑤垣曲商城濒临黄河，踞守亳清河与黄河之间陡起的黄土高台地上，台地三面环水，西部略平坦，与鸡笼山等丘陵相接，而平面略呈梯形的商城，正在西墙南段和南墙西段均筑出具有双道城垣的夹墙，以加强防卫性能。不仅如此，城内整个宫殿区周围有一周宫城围墙，约为南北长88、东西宽50米，形成一座独立而封闭的宫城，北半部宫墙较窄，宽约2米，南半部宫墙加宽至6—7米，形成高台建筑，守卫者可以据守其顶部，居高临下，保卫整个宫殿区。这种浓重的军事

---

① 王立新：《早商文化研究》，高等教育出版社1998年版。

② 参见罗琨《夏墟大夏考》，张政烺先生九十华诞纪念文集《揖芬集》，社会科学文献出版社2002年版。

③ 中国社会科学院考古研究所山西工作队：《晋南考古调查报告》，《考古学集刊》(六)，中国社会科学出版社1989年版。

④ 中国历史博物馆考古部等编著：《垣曲商城》1986—1986年度勘察报告，科学出版社1996年版，第283页。

⑤ 佟伟华：《垣曲商城宫殿区再次发掘明确整体形状和布局》，《中国文物报》2003年6月27日；中国社会科学院考古研究所编著、中国历史博物馆、山西省考古研究所：《夏县东下冯》，文物出版社1988年版。

色彩，显示其功能与镇抚晋南有关。东下冯商城位于运城盆地西缘，东依中条山，西连鸣条岗，城垣建在涑水支流青龙河上游的河边开阔地上，平面大体作方形，长宽约 300—400 米之间。垣曲与东下冯两商城规模相当，都远小于郑州和偃师的商城，应属于地域性的政治、军事、文化中心。值得注意的是四座商城两座一组，分别立于黄河两岸，各组都有一座军事色彩十分鲜明，各城之间的直线距离约为 60—90 公里，这种布局当与商代初期的政治军事形势有关。

由于这两座商城出土的文化遗存与二里岗下层文化有一定的差异，因而被定名为东下冯类型，但也有不同意见，如根据垣曲商城 1986—1986 年度勘察报告，发掘研究者认为两座商城的文化面貌虽有一定差别，但总体上十分相像，而且和豫西的二里岗下层文化极为接近，应归属于豫西的二里岗下层文化，表明商代前期以豫中和豫西为中心分布区的二里岗下层文化向西北方向分布已到达晋南地区。尤其是随着时间的推移，到了二里岗上层时期，垣曲的商文化发展不仅与豫西同步前进，而且本地因素渐趋减少，与商王朝的王都地区表现了极大的一致性。东下冯的商文化虽然与垣曲有很大的一致性，但保存的本土特征要多一些。[1] 这一现象反映出灭夏以后，派出镇守、开辟晋南地区的将领很可能是商王的近亲贵族，尤其是派驻垣曲者与商王族关系十分密切，与这一现象相呼应的是在殷墟甲骨文中有"亘方"，其地多认为就在垣曲一带，从相关卜辞看，同样反映其代表人物与商王族有密切关系。[2]

总之，商汤灭夏后，派遣亲贵率领族属到晋南，建立两个镇抚、开拓这片有夏之居的据点，随着这两座古城的兴盛，商文化在晋南不断发展自己的势力，据晋南考古调查，已发现商代遗址二十多处，多数属于二里岗时期[3]，也有一些时代稍晚，但文化面貌与郑州地区相同，如平陆坡底乡前庄村发现的早商青铜器，包括方鼎、园鼎、罍、爵等，其中的鼎、罍等形

---

[1] 中国历史博物馆考古部等编著：《垣曲商城》1986—1986 年度勘察报告，科学出版社 1996 年版，第 294—295、298 页。

[2] 参见罗琨《商代亘方考》，中国社会科学院考古研究所编著《二十一世纪中国考古学——庆祝佟柱臣先生八十三华诞学术文集》，文物出版社 2006 年版。

[3] 中国社会科学院考古研究所山西工作队：《晋南考古调查报告》，《考古学集刊》六，中国社会科学出版社 1989 年版。

制、纹饰、尺寸皆可与郑州张寨以及郑州向阳回民食品厂出土的一批青铜器相比。[1] 夏县东阴村遗址属于二里岗上层晚段白家庄期的遗存、长治小神遗址相当殷墟一二期遗存，分别与郑州地区、安阳地区相同，说明这些聚落存在的时代，其地是在商王朝的直接统治下。[2]

二 开拓四土

(一) 北土

商王朝早期，除上述四座商城外，在豫北焦作还有一座府城商城，它位于沁水下游，焦作市区西南，北靠太行山，南望沁水和黄河，古城基本呈方形，总面积8万余平方米。最早这里曾是二里头文化，即夏人的聚落，商王朝建立以后，在相当二里岗下层文化阶段，在这里建立聚落，后来又修建了城垣和和规模宏大的宫殿，大约到了白家庄晚期时，城址废弃。[3]《元和郡县图志》记述"连山中断曰陉"，"太行山首始于河内，自河内北至幽州，凡百岭，连亘十二州之界。第一曰轵关陉，今属河南府济源县，在县理西十一里；第二太行陉，第三白陉，此两陉今在河内"，焦作府城西有轵关陉，北有太行陉和白陉，不仅是豫中与晋南的交通要冲，还便于沟通晋东南与豫北冀南。南有孟津渡，更是联系郑洛地区和豫北冀南的重要渡口。商代早期在夏王朝的东北边境修建府城商城不仅是镇抚夏遗民，更是为了沿太行山东麓北向拓土开疆建立第一个军事据点。

第二个据点是河北石家庄市东侧的藁城台西的商代遗址，面积至少10万平方米以上，商代文化层厚度在3米以上，研究者指出"其地北临幽燕，南接卫郑，西通晋秦，东达齐鲁，与郑州一样，自古即当东西南北交通之要冲，为四方文化荟萃之所在。其在商代，乃居国之北境，自滹沱河西上，可通晋中青铜器早期诸文化的中心分布区；北越拒马河，即达燕山南北青铜器早期诸文化分布的南缘"。从遗址地理位置、面积大小、文化内涵看，可称

---

[1] 张崇宁：《山西平陆前庄商代遗址分析》，1998年河北邢台中国商周文明学术研讨会论文集《三代文明研究》（一），科学出版社1999年版。

[2] 山西考古研究所、夏县博物馆：《夏县东阴村遗址发掘报告》，《考古与文物》2001年第6期；山西省考古所晋东南工作站：《长治小常乡小神遗址》，《考古学报》1996年第1期。

[3] 杨贵金等：《焦作市府城古城址调查报告》，《华夏考古》1994年第1期；袁广阔等：《河南焦作市府城遗址发掘简报》，《华夏考古》2000年第2期。

当时北方重镇。在近 2000 平方米的发掘区，发现了兴建于二里岗上层时期的居住区，后来那里被开辟为墓地，墓地一度被泛滥的滹沱河水淹没，水退后，大约在相当殷墟文化早期的时候，人们在第三层淤土上，重建了聚落，后来可能发生一场很大的火灾，留下一些被焚烧的房子，内外都堆积着大量的木炭和烧土，墙壁被浓烟熏得很黑，不少房子里的陶器被烧成半灰半红的颜色，在商代中期之末，整个聚落就这样被废弃了。①

随着这两个据点的建立，商王朝不断向北拓展，在早商的二里岗下层时期，已经进入冀南的邯郸地区，今在河北武安洺河边的赵窑、邯郸涧沟、龟台都发现了相当二里岗下层的早商文化遗存。② 更晚一些时候，在豫北冀南，商代中期的聚邑逐渐密集，河南的辉县、安阳，河北邯郸地区的磁县、邯郸、武安，邢台地区的邢台、隆尧、临城，石家庄地区的藁城、灵寿都发现了商代中期遗存，商文化遗址已蜿蜒分布于太行山东麓，甚至远至太行山以北的壶流河流域张家口地区的蔚县庄窠、四十里坡都发现了这一时期遗存，不排除只是少数遗址点插入的可能，但在北易水流域以南，基本上可以说是早商文化的分布区。③ 还有研究者指出，二里岗商文化的居民，循太行山东麓北上，溯黄河、渭水西渐，对黄土高原东南两翼形成钳形包围，并由诸河谷渗进黄土高原东南部，至少推进到晋中。④ 商代中期随着祖乙迁邢，统治中心由郑洛地区移到冀南邢台地区，着重于向北方、东方的发展，以后盘庚迁殷，回到豫北，继续东向发展，却中止了继续北进的势头，商代中期之末，退出了张家口地区。⑤

（二）东土

商王朝向东方的进军也是有计划、有步骤的。商王朝建立之初，在灭夏过程中和东方夷人建立的联盟关系虽在继续，但已开始将豫东纳入王朝的

---

① 苏秉琦、邹衡：《藁城台西商代遗址·序》；河北省文物研究所编：《藁城台西商代遗址》，文物出版社 1985 年版，第 7—14 页。
② 河北省文物研究所：《武安赵窑遗址发掘报告》，《考古学报》1992 年第 3 期。
③ 参见杨锡璋等《豫北冀南地区的中商遗存与盘庚以前的商都迁徙》《三代文明研究》（一），科学出版社 1999 年版；王立新《早商文化研究》，高等教育出版社 1998 年版。
④ 林沄：《商文化青铜器与北方地区青铜器关系之再研究》，《林沄学术文集》，中国大百科全书出版社 1998 年版。
⑤ 王立新：《早商文化研究》，高等教育出版社 1998 年版，第 180 页。

版图。

豫东周口地区原为岳石文化分布区,1987年在河南鹿邑栾台发掘了一处内涵十分丰富的古代遗址,文化层七八米厚,是从大汶口文化到战国初年的连续堆积。遗址的早商文化叠压在岳石文化层上,连续五段承袭关系清楚,早期同于郑州,第一段一些文化遗物特点与郑州二里岗下层早段基本一致,晚期同于殷墟,最晚一段的年代可能已超出帝乙、帝辛之时。① 鹿邑地处淮河冲积平原,淮河支流涡河贯穿全境,土壤肥沃,交通方便,地层关系告诉我们,商王朝建立之初,就有一支商人在当地土著夷人的聚居地上,建立了自己的聚落,作为向东南方进军的据点,长期固守这里,岳石文化先民开始逐步退出周口地区中部。早商文化经周口地区到达安徽的江淮地区的西部,也部分取代了当地的土著文化。② 到了二里岗上层时,更以迅猛之势占据了整个豫东,如开封东部的杞县、商丘地区的民权、柘城,周口地区的淮阳、西华、鹿邑,都发现了二里岗上层文化遗址。更晚一些时候,整个豫东已纳入商王朝的版图,其面貌与郑州等地典型的二里岗上层文化完全相同。③

与此同时,商王朝势力开始进入山东,济南大辛庄是已知最早嵌入了东方的腹心地区的商文化遗址,总面积超过30万平方米,从文化堆积看,龙山文化和岳石文化先民曾在这里留下零星的遗迹,在商代,形成一个以商文化为主体的大型聚落,商代文化遗迹有房址、窖穴、水井、墓葬,遗物可分陶器、原始青瓷、石蚌器、铜器、甲骨五大类。发掘报告将大辛庄遗址分为七期:第一至三期相当于二里岗上层文化,其中第一期时代可能稍早,接近郑州商文化第二段Ⅳ组或稍晚;第四至七期与安阳殷墟文化较一致,大体相当殷墟第一至四期④,说明商王朝势力进入山东地区要早于仲丁征蓝夷,大约在太戊之时,已如前述。

对于大辛庄商文化遗址嵌入东夷之地,有研究者认为这一现象非军事征

---

① 河南文物研究所:《河南鹿邑栾台遗址发掘简报》,《华夏考古》1989年第1期。
② 参见王立新《早商文化研究》"早商文化的空间分布",高等教育出版社1998年版,第123—135页。
③ 参见段宏振等《豫东地区考古学文化初论》,《中原文物》1991年第2期;王立新《早商文化研究》"早商文化的空间分布",高等教育出版社1998年版。
④ 山东大学历史系考古专业等:《1984年秋济南大辛庄遗址试掘述要》,《文物》1995年第6期。

服莫属，然而从考古资料看，如前述大辛庄遗址第一期发现的建造考究的大型窖穴，出土的陶器中，以典型的商式器物为主，此外还有"第二类遗存"，它包括两种因素，一是典型的土著岳石文化陶器群，二是融合了商式和土著式两种因素形成的陶器群。在山东，大辛庄类型的"第二类遗存"是随着时间的流逝逐渐递减，到了第三期以后基本消失，只在鲁北地区的一些遗址中，这种土著因素一直保留到东周。这一现象告诉我们，大辛庄邑落的居民成分以一支来自中原地区的先民为主体，他们和当地土著聚落共存，包含的"第二类遗存"，可能是通过交换流入聚落，也可能在居民中包括部分土著人。这一现象是可以用派驻外服的官员带领其族众，到岳石文化分布区建立聚落来解释的。

山东地区的商文化遗存，南起滕州薛城，北至济南一线均有发现，但都不早于大辛庄。相当于大辛庄第二、三、四期的中商文化遗存，近些年在鲁中南山地北沿一线也有不少发现，如有阳谷，东阿，茌平南陈庄，长清归德乡前平村，齐河尹屯、曹庙，禹城蒋芦、周尹，章丘马彭北等[①]，这些地点勾画出商代中期商人曾沿着泰沂山北侧、自西向东深入东夷内地的足迹。

在鲁西南，与大辛庄时代相近的商文化遗址还有菏泽安丘堌堆，时代从早商、中商之际延续到商末，考古学文化共分六期，最早一期大体相当于郑州二里岗上层，更接近白家庄早商文化上层。最晚一期与殷墟文化第四期接近，年代约当帝乙、帝辛之时。这一遗址文化堆积达4米以上，发现了龙山文化、岳石文化、早商文化、晚商文化依次叠压的文化层。这里的龙山文化和曹县莘冢集发现的龙山文化面貌基本相同，都属于河南龙山文化系统，说明原为中原系统的先民的活动范围，夏王朝时期，岳石文化先民向西扩展，中原系统的先民退出这一地区。早商、中商之际，商人势力东进，夷人逐渐退出。此后，商文化连续堆积几乎没有间断，说明商人从早期偏晚阶段一直牢固地占有鲁西南，这一地区在商人对东方的全面开拓中，自然具有显著的战略地位。[②]

---

① 参见山东省文物考古研究所《山东考古的世纪回顾与展望》，《考古》2000年第10期；中国社会科学院考古研究所编著《中国考古学·夏商卷》"大辛庄类型"，中国社会科学出版社2003年版，第263—264页。

② 参见邹衡《论菏泽（曹州）地区的岳石文化》，《文物与考古论集》，文物出版社1986年版；宋豫秦《论鲁西南地区的商文化》，《华夏考古》1988年第1期。

在鲁南，滕县前掌大遗址是一处包括龙山—岳石—早商遗址和晚商墓地的大型遗址，发掘出大型墓五座、中小型墓十一座，大中型墓的形制、埋葬制度与殷墟中型墓基本相同，如甲字形或中字形墓室，有殉人、彩绘棺椁，以及车马器、矛戈镞等兵器、青铜礼器、玉器随葬等。但也有个别大墓的形制和随葬习俗有别于殷墟，如一些随葬的陶器、精美的蚌饰、鳄皮饰的礼器为殷墟所不见。研究者认为前掌大墓地大墓的墓主应为商王朝东土方国上层或最高统治者，墓地所代表的文化实体，应有双重来源，可能是既接受商文化的巨大影响，又保存了某些土著传统；也可能是既带来了商文化，又接受了土著文化的某些因素。①《左传·定公元年》记述：

> 薛宰曰：薛之皇祖奚仲居薛，以为夏车正，奚仲迁于邳，仲虺居薛，以为汤左相。

这是薛国宰臣对祖先谱系的回顾，应有相当的可信性，薛在今山东滕县南40里，邳在今江苏邳县东北邳城镇，即邳县旧治②，皆在古东夷部族活动地区，也可作为可信性的一个佐证，所以前掌大的早期遗存或与仲虺之族有关。

总之，在商初扩地豫东的基础上，太戊、仲丁时，商王朝掀起东渐的第一个浪潮，进入了海岱地区的腹地，在商王朝前期向外推进势头转向发展低谷时，在东方的势力依然不减，持续地从东向西、从南向北发展推进，并延续到商代后期。其间有军事征伐或移民，但从考古学遗存分析，在这个地区商文化占据主导地位是通过夷人文化商化实现的，是通过和平的融合方式完成的，有商一代当地居民主要还是世代居住在那里的东夷人。从而反映出商文化东渐，在地域上呈波浪式的扩展，在时间上是跳跃式东渐。在夷人分布区，上层人物与中原商王朝统治者往来密切，接触频繁，商化步伐较快，程度较深；下层居民则保留着更多的土著文化因素，商化速度要慢一些。③

（三）西土

据今所知，在夏王朝鼎盛时期，其势力所达已从豫西进入陕西东部，如

---

① 邵望平：《公元前二千年前后海岱地区历史大势》，田昌五主编《华夏文明》第三集，北京大学出版社1992年版。
② 杨伯峻编著《春秋左传注》注释，中华书局1981年版，第1524页。
③ 栾丰实：《商时期鲁北地区的夷人遗存》，《三代文明研究》，科学出版社1999年版，第270页。

关中东部和商洛地区北部的华县、蓝田、商州、洛南，都发现了典型的二里头文化遗存，到了商代，这种格局大致延续下来，但内涵发生很大变化。二里头文化的西向分布大体不出华县，但商王朝建立之初，即相当二里岗下层早段，已将西进的据点推进到西安一带，到了鼎盛阶段，西界达到了汧水东岸，范围扩大到关中平原的大部分和商洛地区的一部分。①

西安老牛坡商代遗址位于灞河北岸，是古代关中地区东出潼关，南去丹淅、江汉流域的咽喉之地。从文化内涵可知，在这里仰韶、龙山时期、夏代都有人居住，到了商代，一支商人来到这里定居，延续了很长时间，几乎贯穿了整个商王国发展的各个时期。研究者指出，"从文化特征看，这支商人势力在此活动范围很广，不仅占有渭水下游地区，而且南逾秦岭，与陕南城固、洋县地区青铜文化亦有直接往来。其遗迹有居住基址、烧陶窑群、青铜作业区、宗族墓地以及众多的灰坑，显示了政治文化兴旺强大的历史足迹"，就考古学文化而言，可以分为五期。早期遗存虽然比较零散，但有一批特色鲜明的陶器，反映其居民是在二里岗下层早段时来自中原的。第一期文化遗存堆积很薄，遗物有陶器、石器、骨器、卜骨等，遗物不多。第二期相当于二里岗上层，分布面扩大，遗物也丰富了许多，可见这支先民已经扎下根并发展起来。第三、四期是商人在这一地区发展的鼎盛时期，留下了大型夯土基址、房基、灰坑、陶窑、铸铜遗址、墓地等，性质可能为方国中心或军事重镇。时代原定为相当于武丁前后，但是通过进一步的发掘和资料的全面整理，确认第四期年代相当于殷墟文化第四期，主要遗存毁于商亡前夕，商文化骤然转向衰亡，第五期已经进入西周纪年。②

还有西安以北、渭北高原的北部边缘的耀县北村遗址，发掘结果表明公元前2300—前2000年龙山文化的先民在那里生活，大约公元前1600多年前的商代早期，即相当二里岗下层商文化时，一支商人来此建立起邑落，与当地居民共处的过程中，部分地融合了当地的文化习俗。这个邑落一直存在到商代晚期的偏早阶段，即武丁前后。总之，关中地区商文化遗址，如还有华

---

① 参见国家文物局主编《中国文物地图集·陕西分册》"陕西省夏商时期的遗存"，西安地图出版社1998年版，第101—102页。

② 刘士莪：《从陕西渭水流域商代晚期文化之衰亡谈武王伐商的年代问题》，《庆祝杨向奎先生教研六十年论文集》，河北教育出版社1998年版；刘士莪编著西北大学考古专业田野发掘报告《老牛坡》，陕西人民出版社2002年版，第23—24、329—336页。

县南沙村、蓝田怀真坊、礼泉朱马嘴等地的发现显示了类似的文化内涵和分期，反映出在东起华山，西至岐山，南起蓝田、北抵铜川这一范围内，商代早期的商文化遗存，主要分布在西安、耀县一线以东；到了商代晚期，即殷墟第一、二期的时候，才逐渐西向波及扶风、岐山一带，而且随着往西发展，文化特征也发生了变化，与本土商文化有所区别，反映商文化由东渐西的历史过程。在殷墟二期以后，几乎不见商文化遗存，可见商人势力迅速退出关中，先周文化进入该地区。[1]

(四) 南土

商王朝向南方的发展分两条路线进行，一路是打通江淮，一路是进发江汉。

如前所述，商王朝在二里岗下层偏早阶段已开始向豫东发展，通过周口地区到达安徽的霍山—巢湖一线之北，稍后，从巢湖以西的霍邱、寿县、六安、肥西、肥东，推向巢湖以东的含山、嘉山。这一地区的商文化是早商文化向东南发展形成的地方类型，巢湖以东较多地保存了典型商文化因素，以西的文化遗物显示更多商式变体的因素。[2] 巢湖以东的安徽含山大城山遗址，第一期文化的一些遗物与偃师二里头一期文化同类器相似，时代约相当二里头文化早期略偏晚；第二期年代约当二里岗上层，有地方特色；第三期接近殷墟一期；第四期约当殷墟晚期至商周之际，此后这处遗址从西周一直延续到春秋早期。[3]

安徽淮水流域是古代淮夷活动地区，流经皖北的淮河支流颍河、涡河等皆发源于河南腹地，水路也是沟通两地的通道，从夏王朝开始，中原就与这一地区有所联系，年代相当于夏代的文化遗存包含有若干二里头文化因素，但当地的文化因素占主导地位。进入商代以后，一些遗址出现了前所未有的中原商文化作风。江淮地区的商文化始见于二里岗下层略偏晚，下限约当殷

---

[1] 徐天进：《试论关中地区的商文化》，《纪念北京大学考古专业三十周年论文集》，文物出版社1990年版；北京大学考古系商周组、陕西省考古研究所：《陕西耀县北村遗址1984年发掘报告》，《考古学研究》（二），北京大学出版社1994年版。

[2] 中国社会科学院考古研究所编著：《中国考古学·夏商卷》，中国社会科学出版社2003年版。

[3] 安徽考古文物研究所：《安徽含山大城墩发掘报告》，《考古学集刊》（六），中国社会科学出版社1989年版。

墟二期①。

商王朝在向江淮进发的同时，还规划了向江汉地区发展，古代中原与江汉地区的交往源远流长，有多条通道，其中古老而繁荣的通道之一是从郑洛地区先到达史称"有夏之居"的南阳，然后出南阳盆地，经随枣走廊，沿涢水、颡水、澴水直达长江岸边②，今仅在孝感、黄陂一带的颡水、澴水沿岸，就发现很多相当于二里头至商后期的文化遗址。而商王朝前期设在南土的重镇则为长江边上的武汉黄陂盘龙城遗址群。黄陂盘龙城在府河（涢水下游）北岸，为丘陵与湖泊交错地带，遗址群中部是一座面积约 7.5 万平方米的宫城。它三面环水，仅西北部有陆地相连，直达岗地，宫城内有大型宫殿建筑基址和水井等。铸铜作坊、贵族墓地、大片平民居住区、平民墓地等则分布于城外四周矮丘和湖汊间的陆地上。盘龙城宫城的修建是在二里岗上层一期偏晚；废弃是在二里岗上层二期晚段。而在宫城修建以前，商人已经在盘龙湖畔建立了居民点。③

考古发现和研究成果表明，在早商文化第二期，即二里岗下层晚段之时，在汉水以东，桐柏山以南，长江以北地域的一些地点，如随县、大悟、黄陂、新洲都有南下的商人留下的踪迹。到了盘龙城宫城修建起来以后，不仅湖北境内汉水以东和汉水下游地区已被商文化占据，长江南岸的湘江、澧水下游以及赣江下游的通道地带，也出现了商文化的若干据点。直到盘庚迁殷前后，商文化由长江以南向北收缩，约在武丁即位之前，长江流域广大地区基本上为地方性考古文化所覆盖。④

在商代前期，黄陂盘龙城是商王朝南土的政治中心和军事重镇。这里地处江汉平原，当时为古云梦泽的一隅，自然条件良好，土地肥沃，雨量适中，资源多样，历来是鱼米之乡。盘龙城古城址所在地扼守长江与府河的交汇处，当时汉口是一片低洼地带，每逢汛期，河水泛滥，一片汪洋，成为长江河床的内湾，因而坐落在 44.8 米高地的盘龙城宫城，正是汉口一带地势

---

① 张敬国：《略论江淮地区夏商周文化分期及族属》，《文物研究》总第三期 1988 年 6 月。
② 参见罗琨《二里头文化南渐与伐三苗史迹索隐》，中国先秦史学会、洛阳第二文物工作队编《夏文化研究论集》，中华书局 1996 年版。
③ 湖北文物考古研究所编著：《盘龙城——1963—1994 年考古发掘报告》，文物出版社 2001 年版。
④ 中国社会科学院考古研究所编著：《中国考古学·夏商卷》，中国社会科学出版社 2003 年版。

的制高点。盘龙城墓地中出土一批青铜武器,有戈、矛、刀、镞,数量之多为中原地区商墓所不及,还出土一件军权的象征——大型铜钺[①],险要的地理位置、高耸的城垣、军事统帅者和一般武士墓的发现,说明商代早期盘龙城拥有重兵把守。

将军事要塞建在黄陂盘龙城不是偶然的,因为它是长江中游水陆交通枢纽。盘龙城的发掘报告指出,它是长江中游的一个重要港口,中原与江汉南北交通的咽喉。从盘龙城出发,由府河(涢水下游)经长江进入汉水,再通过义阳三关,越过大别山、桐柏山隘口,北上可直达商王朝的中心地区;或由汉水,穿过随枣走廊,进入南阳盆地,也能便利地到达王都。从盘龙城向南,经长江可分东、西、南三路,通往南方各地:西路溯江而上,直抵荆州,可转向三峡;南路通过洞庭湖,可直达湘西北的澧水、沅水流域;东路顺江而下,由黄石进入鄂东南,或经九江进入鄱阳湖所属水系。盘龙城所处的这种能利用长江、汉水为主要航道,连接江汉湖泊,构成四通八达的水运交通网的枢纽地位,对商王朝有非常重要的意义。

与黄陂一江之隔、东南距武汉百余公里范围内的大冶、阳新、瑞昌都有青铜时代最重要的矿产资源,而且商代前期已经在那里进行了开采和冶炼。如大冶铜绿山矿区位于湖北省东南部的长江中游南岸,属大冶市,面积7.8平方公里。矿区东北距黄石市30公里,西北距武汉99公里。古代交通以水运为主,由于该矿区北部濒临大冶湖,水路经大冶湖,出伟源口进入长江。铜绿山矿产资源非常丰富,以铜铁为主伴生金、银、钴、镓、钼、锌等,大冶矿区今为全国六大铜基地之一,铜矿储量大,品位高,埋藏浅,易于开采。矿区发现多处古代采矿、冶炼遗址,由于古矿遗存最丰富的地方,也是矿体富集、矿石品位高,矿山最需要开采的地方,往往发现了古矿遗存,矿山生产却不能停顿,所以虽历经11年,发掘总面积近5千平方米,虽然就了解整个古矿,甚至某一矿体古代开采全貌而言,仍相距甚远,但已有很多重要发现。对于古矿开采年代,报告主要根据C 14测定判断始于商代晚期[②],而根据遗址上发现的商代二里岗期遗存,说明商代早期商人已经来到了矿区。江西瑞昌铜岭古矿井、阳新的许多矿冶遗址都发现商代二里岗期或

---

① 湖北文物考古研究所编著:《盘龙城——1963—1994年考古发掘报告》,文物出版社2001年版。

② 参见黄石博物馆《铜绿山古矿冶遗址》,文物出版社1999年版,第1、12—17、184页。

夏商时期的文化遗物,盘龙城遗址则发现很多铸造遗存,这就不仅从时间和空间,还从文化内涵上将盘龙城与古矿冶遗址联系了起来。①

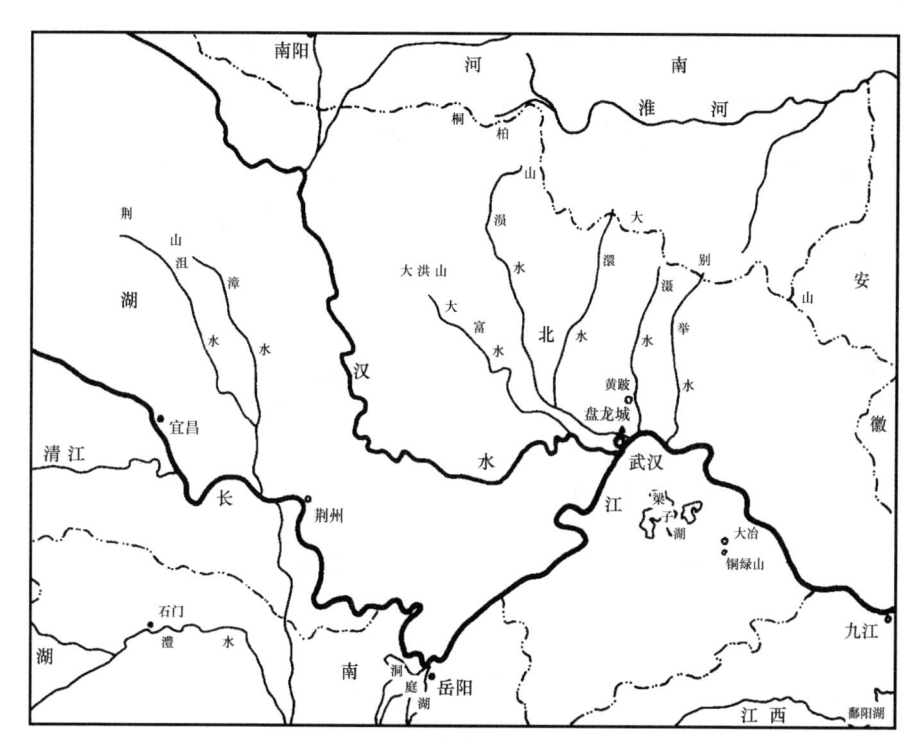

图 2—2　盘龙城地理位置示意图
(《盘龙城——1963—1994 年考古发掘报告》)

从盘龙城沿长江下行,可直抵九江,今在赣北九江龙王岭已发现商代早期遗址,江西瑞昌铜岭铜矿遗址的地理位置,正介于九江与阳新之间。它位于幕阜山东北角,居长江中游南岸,同样是集采矿、冶炼于一地,遗址年代始于商代中期,经商代晚期、西周、春秋,延续到战国早期②,不仅如此,

---

① 湖北文物考古研究所编著:《盘龙城——1963—1994 年考古发掘报告》,文物出版社 2001 年版,第 503 页。

② 刘诗中、卢本珊:《江西铜岭铜矿遗址的发掘与研究》,《考古学报》1998 年第 4 期;湖北文物考古所编著:《盘龙城——1963—1994 年考古发掘报告》,文物出版社 2001 年版,第 503 页。

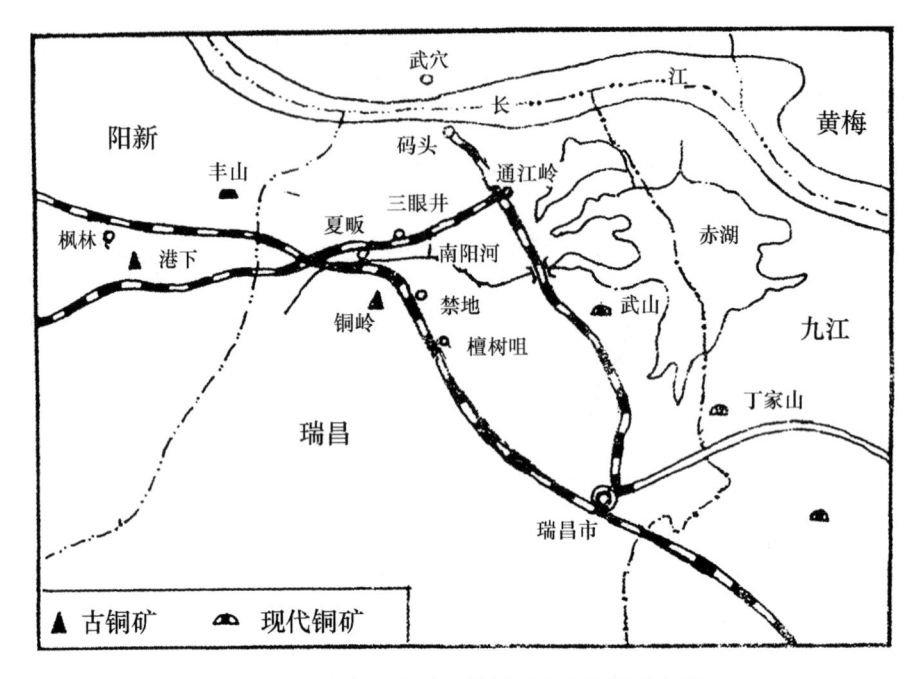

图 2—3　铜岭古铜矿及檀树咀遗址位置示意图
（《铜岭古铜矿遗址发现与研究》、《江西瑞昌市檀树咀商周遗址发掘简报》）

在与铜岭古铜矿相距 2 公里的瑞昌市檀树咀，还发现一处商代遗址，两遗址有共同的文化因素，如均以鬲为主要炊器等，发掘简报认为檀树咀遗址的居民可能就是古铜矿的开采者，檀树咀—铜岭古铜矿商代遗存是中原文化的一支。① 由长江入鄱阳湖再进赣江，这是江汉平原与江西地区至岭南联系的一条十分重要、也是十分古老的要道。盘龙城商文化往南扩展，有一条正是沿着这条路线，近年发掘的九江县神墩、湖口县下石钟山、德安城家墩和石灰山、新余席家山等遗址清晰地勾勒出这一路线。而吴城遗址是这条路线上规模最大、规格最高、内涵最丰富、延续时间最久的一处商代遗址。②

江西清江吴城遗址位于清江县（樟树镇）西南 35 公里，村北有萧江自西向东流去，注入滃水，古代这是一条较大的河流。河流两岸为开阔的平

---

① 江西省文物考古研究所、瑞昌市博物馆：《江西瑞昌市檀树咀商周遗址发掘简报》，《考古》2000 年第 12 期。

② 何介钧：《商文化在南方的传播》，《华夏文明》第三集，北京大学出版社 1992 年版。

地，土壤肥沃。调查发现遗址范围 4 平方公里，发掘出商代的房基、窖穴、陶窑、墓葬等遗迹，还有青铜器、石范、陶器、石器等 500 余件。吴城遗址起止年代约相当于商代二里岗期至殷墟晚期，文化内涵具有一定的地方特色，但不少文化遗物以及房屋结构、墓葬形制与中原相同或相近，并发现一批与殷墟甲骨文属于同一系统的陶文。①

以吴城遗址为代表的吴城文化主要分布在赣江流域。在清江县城南 20 公里新干县城北涝背沙丘，还发现了一座大墓，随葬品中仅青铜器就有 475 件，包括礼器、乐器、兵器、农业工具、手工工具等。时代最早的礼器属于二里岗期，墓葬年代则为殷墟中期。从器物特征看，礼器中具有典型殷商特征的约占 30%；器类、形制、纹饰与殷商式基本相同，又在某些方面进行加工改造的占 67%。土著式的礼器占比例很小，但兵器、工具较多，还有一些兵器同于先周的形制。说明这里不仅与中原有密切的联系，从陕南汉中地区经汉水到长江，而后进入赣江流域的通道，很早就已开通。②

对于吴城文化和新干大墓，甚至瑞昌铜岭古铜矿遗址的性质存在不同看法，其中一种意见认为："商人以盘龙城为基地，二里岗下层时期即沿江而下，过鄱阳，大举南进，并在清江吴城建立了强大的据点，用以防止周围越人的侵袭，保卫对商人至关重要的铜矿开采。数百年深入越人腹地，被万年类型土著文化所包围，南下商人吸收、融合了部分当地民族文化的优秀成分，创造了吴城类型的商文化。吴城类型的商文化与万年类型越人文化虽共处数百年，但始终泾渭分明。"新干大墓"是南下并在当地长期居留，建立了政治实体，负责保卫商王朝青铜资源供给的一支商人头领或高级贵族的墓。这一支商人，即是瑞昌铜岭铜矿前一阶段的主人，也是吴城类型商文化的创造者"。③ 结合商王朝的封疆警卫制度看，这一推断是有道理的。商王朝对四土的统治有互相补充的两种形式，一是派武官率领军队戍守战略要地；二是派遣贵族奴隶主带领他们的族众，分散到四土作邑、垦田，建立起星罗

---

① 江西省博物馆、北京大学历史系考古专业、清江县博物馆：《江西清江吴城商代遗址发掘简报》，《文物》1975 年第 7 期。

② 江西省文物考古研究所、江西省博物馆、新干县博物馆：《新干商代大墓》，文物出版社 1997 年版。

③ 何介钧：《试论湖南出土商代青铜器及商文化向南方传播的几个问题》，见李伯谦编《商文化论集》，文物出版社 2003 年版。

棋布的统治据点。这后一种形式，必然会和土著发生愈来愈多的联系，长时间的接触必然导致混居和融合，形成商文化新的地方类型。

类似的现象也见于湖北、湖南，从武汉溯江而上可直达江陵的荆南寺遗址，其文化内涵稳定的核心同样是土著因素（占50%）和商文化因素（占29.5%），最早的遗存约当二里头四期，其后从相当二里岗下层晚段直到盘庚、小辛、小乙时代，形成以荆南寺遗址为代表的荆南寺类型。其分布东可见于湖南岳阳铜鼓山，最西近于峡区，北及汉水两岸，南可渗透到河南澧县一带，在夏末至早商，基本占据了江汉平原南部的广大地区。研究者认为也是早商时期商人南下，与江汉平原南部土著人杂居的产物。①

而在江陵和武汉之间的岳阳铜鼓山遗址是与盘龙城等级不同、作用相似的商代遗址。它存在的时间为从相当二里岗下层时期到二里岗上层偏晚，考古学文化可分为三期，分别相当于二里岗下层、二里岗上下层之际、二里岗上层偏晚。商文化因素与荆南寺、盘龙城有更直接的联系，同属于一种区域性的商文化。它位于洞庭湖东北的长江干流南岸，顺江而下，是东北方向的盘龙城；溯江而上，是西面的荆南寺；往南则是洞庭湖东岸土著文化的范围。这样，铜鼓山遗址的存在就能很好地保证江汉平原西部荆南寺遗址与东面盘龙城之间沿长江的交通联系；又可遏制三峡地区、洞庭湖东岸土著文化势力顺江向东、向北的发展。② 所以，有研究者认为铜鼓山遗址是南下商人在长江南岸建立的军事哨堡，目的在于确保长江干流水路畅通③。

还有研究者指出，就洞庭湖地区而言，受商文化影响最强烈的是东岸的湘江下游。当时湘江在今岳阳市北区的陆城附近注入长江，岳阳铜鼓山遗址正扼湘江入长江的河口，地理位置十分重要，这里的商代遗址实际上延续了相当长的时间，铜鼓山第一、二期正是商王朝向四方扩张的时期，这种扩张往往与军事征伐和占领、移民有直接关系，反映在考古发现的文化遗址中，是中原商文化因素的突然插入，一系列典型的商式陶器替代了本地原有器形，与人们生活休戚相关的炊具更是急剧变化，由以釜鼎为主骤变为以鬲为

---

① 何驽：《荆南寺遗址夏商时期遗存分析》，《考古学研究》（二），北京大学出版社1994年版。
② 湖南省文物考古研究所、岳阳文物工作队：《岳阳市郊铜鼓山商代遗址与东周墓发掘报告》，《湖南考古辑刊》（五），1989年。
③ 参见向桃初《湖南商代晚期青铜文化的性质及其与殷墟商文化的关系》，见河南省文物事业管理局编《考古耕耘录——湖南中青年考古学者论文选集》，岳麓书社1999年版。

主。同时中原青铜冶铸技术开始传入，产生最初的青铜冶铸业。岳阳铜鼓山遗址的第三期虽然结束于二里岗上层略晚，但岳阳老鸦州遗址约略延续到相当于殷墟早期，而继之的岳阳对门山、樟树潭、温家山、汨罗玉笥山，可能到了殷墟第二、三期，岳阳费家河遗址则为商代末期的遗存。随着时间的推移，文化面貌变得十分复杂，从器物种类、形制看，一方面商文化因素继续存在，但不断发生着变化，另一方面土著文化因素重新抬头。通过对这一系列文化遗存的综合分析，可知从殷墟早期开始，湘江下游古文化遗存在陶器上表现为三种因素，一是商式陶器或其变形或变体；二是本地土著器形重新显现；三是本地创造的不同于周邻越族文化的硬陶。从而可知在商时期创造这一具有与周邻地区迥然不同的古文化的人群应是包括着从二里岗下层时期开始即已入主该地区，并且长期与当地居民杂居的商人后裔，以及在文化上与其同化融合的本地土著居民。近些年来，在岭南、珠江口诸岛，乃至越南出土一批具有商文化明显特征的铜、玉礼器，古器物出土地点标识出商文化向岭南传播的通道，即由湘江转道资江入西江，进入广西后，一条路线是南下经武鸣到徐闻、合浦和现在的越南；另一条是继续沿西江南下，至珠江口和邻近诸岛。①

商王朝向四方开疆拓土的第一个浪潮是在商文化的二里岗期，它造就了商王朝的强大和繁荣，改变一些地区原有文化的发展格局，虽然有部分土著民族因此迁往更加边远的地区，但总体说来，进一步打开了中原和四方——尤其是南方——的交通，促进了中原和四方的文化交流和融合，不仅使中华古代文化更为丰富多彩，更为后来的中华民族的形成以及秦汉的统一奠下了基石。其中对南土的开发尤其值得重视，这一措施推动了对中华大地各种资源的开发利用和青铜文明的进一步发展。

---

① 何介钧：《试论湖南出土商代青铜器及商文化向南方传播的几个问题》，见李伯谦编《商文化论集》，文物出版社 2003 年版。

第三章

商代后期的战争(上)

《史记·殷本纪》记载，中宗太戊以后，仲丁迁隞、河亶甲居相、祖乙迁于邢。邢，多认为在今河北邢台，由于"九世之乱"，政局动荡，商王朝一度衰落。至盘庚，重走先祖南下拓展的道路，将都城迁到今河南安阳小屯一带，厉行汤政，从此开始一个相对稳定的发展阶段。《括地志》引古本《竹书纪年》："自盘庚徙殷，至纣之灭，七百七十三年，更不徙都。"其中"七百七十三年"明显有传写之误，历来学者有"二百七十三年"、"二百七十五年"、"二百五十三年"等推断[①]，据夏商周断代工程阶段性成果，自盘庚迁殷至帝辛灭国共255年，即公元前1300—前1046年。商代后期在这250多年间，共历八世十二王，其世系及位次如表3—1：

表3—1

十世	十一世	十二世	十三世	十四世	十五世	十六世	十七世
[19]盘庚	[22]武丁	[23]祖庚	[25]廪辛	[27]武乙	[28]文丁	[39]帝乙	[30]帝辛
[20]小辛		[24]祖甲	[26]康丁				
[21]小乙							

第一节 商代后期历史大势与武丁征伐分期研究

自"九世之乱"以后，成汤建立的商王朝日益衰落，原臣服的小国纷纷叛离，就是派出镇守、开边的官吏，也逐渐成为一方侯伯，不再服从商王的统辖。这不仅削弱了统一王朝的力量，甚至威胁了商王朝的国防安全。为此

---

① 参见方诗铭、王修龄《古本竹书纪年辑证》，上海古籍出版社1981年版。

盘庚继位以后，首先谋划迁都，从《尚书·盘庚》可知，首先对民众作动员讲话，迁都以后，"民不适有居"，盘庚反复劝导、告诫以至用严刑相威胁，要求臣下与自己同心同德①，"治亳，行汤之政，然后百姓由宁，殷道复兴。诸侯来朝"②，盘庚时政治比较稳定，经济获得恢复发展，为商王朝的复兴奠定了经济基础，武丁继位后进一步发展经济，修政行德、加强国力，继而四方用兵，用武力迫使叛离者归附，巩固和加强了商王朝的统治。

一 武丁中兴及其后的发展

《史记·殷本纪》载：

> 帝盘庚崩，弟小辛立，是为帝小辛……帝小辛崩，弟小乙立，是为帝小乙。
>
> 帝小乙崩，子帝武丁立。帝武丁即位，思复兴殷，而未得其佐。三年不言，政事决定于冢宰，以观国风。武丁夜梦得圣人，名曰说。以梦所见视群臣百吏，皆非也。于是乃使百工营求之野，得说于傅险中。是时说为胥靡，筑于傅险。见于武丁，武丁曰是也。得而与之语，果圣人，举以为相，殷国大治。故遂以傅险姓之，号曰傅说。
>
> ……武丁修政行德，天下咸欢，殷道复兴。帝武丁崩，子帝祖庚立。祖己嘉武丁之以祥雉为德，立其庙为高宗，遂作《高宗肜日》及《训》。

据此可知，武丁是盘庚弟小乙之子，也是一代名王。商人的先王中，仅少数有尊号，如《殷本纪》载太甲称"太宗"、太戊称"中宗"、武丁称"高宗"，甲骨文中有高祖上甲、高祖乙（大乙）、中宗祖丁、中宗祖乙③，除上甲属于先公，其余，大乙、大甲、大戊、仲丁④、祖乙、武丁是六位先王，若加上盘庚则为七，当即《孟子·公孙丑》所说由汤至于武丁的六七位"圣贤之

---

① 参见顾颉刚、刘起釪《〈盘庚〉三篇校释译论》，《历史学》1979年第1、2期。
② 《史记·殷本纪》。
③ 见《小屯南地甲骨》2384《甲骨文合集》32449、《小屯南地甲骨》2281、《甲骨文合集》26991。
④ 于省吾说"中宗祖丁"为仲丁，见《甲骨文字释林·释中宗祖丁和中宗祖乙》，中华书局1979年版，第200页。

君"。其中，汤号曰"武王"①，《诗》之《玄鸟》、《长发》歌颂他"古帝命武汤，征域彼四方"、"武王载旆，有虔秉钺，如火烈烈，则莫我敢曷"。此外，武丁是在先王近祖中第一个谥为"武"者，在《诗》中称之为"殷武"颂扬他能继承和发扬商汤的功业。②武丁的事迹见于《尚书》的还有：

其在高宗，时旧劳于外，爰暨小人。作其即位，乃或亮阴，三年不言。其惟不言，言乃雍。不敢荒宁，嘉靖殷邦。（《无逸》）

在武丁时，则有若甘盘。传：高宗即位，甘盘佐之，后有傅说。（《君奭》）

所谓"亮阴，三年不言"，当即《史记》所说三年"政事决定于冢宰，以观国风"。继位前"旧劳于外，爰暨小人"，见于今本《纪年》还有小乙"六年，命世子武丁居于河，学于甘盘"，武丁元年"命卿士甘盘"，可能反映武丁曾有生活在民间的某些经历，对于民间状况有一定的了解，继位后，为振兴商王朝，委政事于甘盘③，自己致力于调查民情，寻访能够辅佐他的人才，又得傅说。在甲骨文武丁卜辞中，常见有关"师般"的占卜，或与甘盘有关。关于傅说，不见于卜辞，却见于不少典籍，如：

高宗梦得说，使百工营求诸野，得诸傅岩，作《说命》三篇。（《书序·商书》）

昔者傅说居北海之洲，圜土之上，衣褐带索，庸筑于傅岩之城，武丁得而举之，立为三公，使之接天下之政，而治天下之民。（《墨子·尚贤下》）

傅说举于版筑之间。（《孟子·告子下》）

《说命》三篇已亡佚，但《礼记·缁衣》曾引该篇佚文："《兑命》曰：惟口起羞，惟甲胄起兵，惟衣裳在笥，惟干戈省厥躬。"《史记·殷本纪》也记述"武丁夜梦得圣人，名曰说。以梦所见视群臣百吏，皆非也。于是乃使百工

---

① 《史记·殷本纪》。

② 《诗经·商颂·殷武》。

③ 参见雷学淇述《竹书纪年义证》卷一三"武丁"。

营求之野，得说于傅险中"，"举以为相，殷国大治"。这个故事流传很广，而且已成为一条重要的统治经验。如《国语·楚语上》载春秋时楚灵王暴虐，不听谏诫，大夫子张引述武丁、傅说史事劝诫他，说：

（武丁）得傅说以来，升以为公，而使朝夕规谏，曰：若金，用女作砺；若津水，用女作舟；若天旱，用女作霖雨；启乃心，沃朕心；若药，不瞑眩，厥疾不瘳；若跣，不视地，厥足用伤。

这种记述可能有夸张成分，但武丁中兴无疑与他能广泛招揽人才，虚心听取意见有关。武丁从下层民众中举用傅说，犹如商汤举用小臣伊尹，伊尹在汤灭夏及商王朝的建立过程中，起了很大作用。傅说则推动了商王朝的中兴，其详情已不得而知，但《说命》所谓"惟甲胄起兵"，《礼记》郑氏注"当慎军旅之事也"。在对外用兵频繁的武丁时代，傅说的这一军事思想可能对保证胜利起了重要作用。

这一时期的"慎战"思想，包括了审势而动，量力而行，最根本的则是社会经济的发展，农业是商代社会经济的基础部门，已发现的商文化遗址基本上都是定居农业遗址，商代存在青铜农具，如翻土的𫓭、中耕的铲、收割的镰，但发现的不多，大量的是使用木、石、骨、蚌制的农具，因此农业生产的发展依赖于多方面的因素。商代后期的都城在河南安阳小屯，通过多年的安阳发掘和研究，可知这时农业生产水平较商代前期有了很大提高。就以收割工具数量而言，在郑州二里岗期商代遗存中，共发现石、骨、蚌制的刀、镰408件，也有集中存放的，如发掘郑州市木材公司的商代遗存，曾发现一个陶罐中有18件大型石镰和一件小石镰[①]。而殷墟发掘中，和王室珍贵精致的铜玉骨牙艺术品同时出土的还有成批石镰，据统计仅第二至七次发掘就获标本3640件[②]，如深井式窖穴F181出土金、铜、石、玉、骨、陶制的各种遗物5801件，其中石刀（镰）444件，还有纵二甲支、纵二乙支、大连坑等六七个坑都集中出土石刀（镰），各在百件以上。[③] 收割工具数量的增加

---

① 见河南省文物考古研究所编著《郑州商城——1953—1985年考古发掘报告》，文物出版社2001年版。

② 李济：《殷墟有刃石器图说》，"中研院"史语所集刊第20本。

③ 石璋如：《第七次殷墟发掘：E区工作报告》，《安阳发掘报告》（四）1933年。

反映了产量的提高，这固然与殷墟位于太行山东南端的山前平地，黄色冲积土，土层很厚，肥沃而疏松，宜于农耕，又在洹水岸边，依山临河，地理条件比较优越有关，但更与武丁的励精图治分不开。

武丁很重视作为经济基础的农业生产。这一时期卜辞中有大量关于农业生产的内容，如：

  1. 令众人□入绊方乃袁田。(《合集》6)
  2. 王大令众人曰劦田，其受年。十一月。(《合集》1)
  3. 曰众人□尊田。(《合集》9)
  4. 乎耤于隉，受业年。(《合集》9504)
  5. 令尹乍大畎。(《合集》9472)
  6. 王往萑耤，延往。(《合集》9501)

第1辞袁田是垦田，绊方是羌人的方国，反映商代往往随着对外征伐、开疆拓土，委派统治族的族众到归顺的侯伯或新征服的土地去开垦荒地，这种囤戍性质的垦田不但加强了国防，也扩大了生产基地。武丁以后的卜辞也有同样内容，表明继续实行这一政策。第2、4辞劦田、耤田是翻耕土地。第3、5辞尊田、作大畎是整治土地，开渠作垄。这些开垦整治土地的事务，商王武丁或直接命令各族氏的族众、或命令各级行政长官去完成。第6辞萑耤，则表明王要亲往视察执行情况。此外，卜辞还有"肖田"，是清理来年要种的田地，为春耕做准备[①]，以上仅就农业生产的整治土地而言，生产环节划分很细，并得到武丁的一一关心。

播种也是一样，几乎每种作物播种前都要占卜，如关于种黍有：

  7. 贞王立黍受年。(《合集》9525)
  8. 王往以众黍于冏。(《合集》10)
  9. 叀小臣令众黍。一月。(《合集》12)
  10. 王乎黍在妇受业年。(《合集》9517)
  11. 妇井乎黍[于]丘商受年。(《合集》9530)
  12. 乎黍于北受年。(《合集》9535)

---

① 参见张政烺《甲骨文"肖"与"肖田"》，《历史研究》1978年第3期。

13. 乎黍于亙受年。(《合集》9536)

14. 乎黍于敦宜受年。(《合集》9537)

以上八条卜辞中的"黍"都作动词，表示种黍。7辞"立黍"是莅临种黍之地，此外还有"王往立秭黍"①，是莅临收割之地。8辞"以众"有带领众人的意思。9—11辞卜问由谁组织种黍的具体事务，10—14辞问在某地种黍可获丰收。

关于能否"受年"的占卜也非常具体细致，如：

15. 今岁商受年。(《合集》9661)

16. 今来岁我受年。(《合集》9668)

17. 东土受年。(《合集》9735)

18. 南土受年。(《合集》9737)

19. 西土受年。(《合集》9741)

20. 北土受年。(《合集》9747)

此外还有占卜具体人名、地名是否"受年"卜辞，涉及雀、奠、舟觳、菁、罚、敦、隹、犬等。② 还有很多祈年、祈雨、卜问水旱虫灾以及巡视仓廪的内容，仅就对"南廪"视察而言，就有：

21. 叀戍令省在南廪。(《合集》9637)

22. 令吴省在南廪。(《合集》9638)

23. 叀竝令省在南廪。(《合集》9639)

24. 贞先省在南廪。(《合集》9641)

这一切都可见武丁对国家的组织生产的职能，尤其是对于粮食生产、储备十分重视。此外商人嗜酒，还大量用酒祭祀祖先，一次所用可达二十卣、三十卣以至百卣，这些都说明商代后期虽然农业工具仍以木石蚌器为主，但由于国家组织日益完善和奴隶制的发展，农业生产已取得很大进步。

---

① 《合集》9558。

② 见《合集》9763、9766、9772、9774、9783、9793。

发展畜牧业不仅可以提供肉食、皮革，而且畜力对于交通、运输和战争都有重要意义，商代后期畜牧业相当发达，献祭祖先用牲最多可达"三百牢"。① 在武丁卜辞中，曾见"降酋千牛"，"不其降酋千牛千人"的对贞，反映一次大型祭祀，拟准备一千头牛为牺牲，而拟用三百牲、百牲的卜辞更不鲜见了。从卜辞可知，为保证畜牧业的劳动力，武丁不仅要求服属的方国进献畜牧奴隶，而且直接派人到敌对的方国掳掠畜牧奴隶。卜辞有：

25. 丁未卜贞令戉、光业隻羌刍五十。（《合集》22043）
26. 甲辰卜，亘，贞今三月光乎来。王占曰：其乎来，气至隹乙。旬又二日允有来自光，以羌刍五十。（《合集》94）
27. 己丑卜，即以刍五百隹六。
贞即不其以刍五百隹六。（《合集》93）

第 25 辞"隻"是捕捉、擒获的意思，"刍"是从事畜牧的劳动者，下令戉、光两位将领去羌人活动地区捕捉"羌刍"，从这条卜辞可知，第一，这批劳动者是没有人身自由的奴隶；第二，武丁不仅下令捕捉，还规定了数量要求。第 26 辞卜问光何时来朝来献，占辞说会来的，要到其后的乙日。占卜后的第十二天（恰为乙卯），有人自光地送来"羌刍五十"，可能这次占卜十分巧合，因而详细记下了验辞。第 27 辞"即"是人名、族名，卜问的数字为五百又六人，可能是预先得到报告的实际进献的数量，也可能其中包括不同级别的六名管理人员，他们的身份是否同于羌刍尚不清。不过这些卜辞和验辞已经反映出在武丁时从事畜牧的专业劳动者数量是相当大的。

商代后期手工业相当发达，如今已发现大量工艺水平高超的陶、石、金、玉、象牙等制作的工艺品，尤其是作为"尖端"工业的青铜铸造业出现了一个飞跃，铸铜作坊仅在殷墟已发现四五处，充分展示商代晚期青铜冶、铸已经分离，各作坊间有较明确的专业分工和庞大的规模，制作大型青铜器的熔铸技术已经解决，就合金成分看主要有铜锡、铜锡铅、铜铅三种类型，还有少量接近纯铜的铜器，不同的器类，以及不同用途、不同时代的铜器，

---

① 《合集》22274。

含铜量有所不同。① 从武丁时起，青铜器数量大大增加，如武丁的法定配偶妇好墓随葬铜器 468 件，总重量 1625 公斤左右。② 同时，技术也有很大进步，开始走上铸铜工艺的高峰阶段。

商代的青铜文明大量体现在丰富多彩的青铜礼器上，然而"国之大事，在祀与戎"，作为"尖端"工业同样要优先服务于军备。在商代前期都城郑州商城，出土的青铜兵器主要是戈。而在商代晚期都城安阳小屯，不仅青铜兵器的数量、种类迅速增加，而且出现多种组合，而且随着时代的发展，铜兵器数量、种类、组合都在递增。

小屯殷墟的文化遗存集中体现了商代后期国力的发展，经过 80 年来的殷墟发掘和研究，在考古学上一般将殷墟文化分为四期③：

殷墟文化第一期：年代约当武丁早期。

殷墟文化第二期：约当武丁后期至祖庚、祖甲时期。

殷墟文化第三期：约当廪辛、康丁、武乙、文丁时期。

殷墟文化第四期：总体约当帝乙、帝辛时期，下限或可延至西周初年。纵观各期的发展变化，指示出盘庚迁殷以后，商王朝逐渐从"九世之乱"后的衰落中复苏，武丁中兴以后，直至商末，基本保持着持续发展的势头。

例如据统计小屯未经破坏的随葬青铜兵器墓共 197 座，其中：

第一期 10 座，组合为：戈（8 座）；戈、矛（1 座）；钺、戈、镞（1 座）。

第二期 63 座，组合为戈（53 座）；戈、矛（2 座）；钺、戈、镞或钺、戈、矛、镞（共 5 座）；戈、镞（2 座）；镞（1 座）。

第三期 66 座，有 10 种组合，7 种含铜戈，见于 61 座墓；5 种含戈、矛，见于 28 座墓。铜矛比例显著增加，成为仅次于铜戈的一种重要兵器。

第四期 58 座，有 9 种组合，与第三期基本相同，6 种含铜戈，见于 36

---

① 中国社会科学院考古研究所编著：《中国考古学·夏商卷》，中国社会科学出版社 2003 年版，第 376—379 页。

② 中国社会科学院考古研究所编著：《殷虚妇好墓》，文物出版社 1980 年版，第 15 页。

③ 中国社会科学院考古研究所编著：《中国考古学·夏商卷》，中国社会科学出版社 2003 年版，第 294 页。

座墓，比例下降，5种含铜镞，见于26座墓。①

随葬有铜镞的墓在第一期仅1座，占1/10；在第二期有8座，超过1/8。不仅如此，在古代社会钺是军权的象征，第一期仅随葬铜钺的墓中有铜镞，而第二期随葬戈、矛，甚至没有其他铜兵器的墓中也有铜镞。随葬武器中仅有铜镞，没有其他青铜兵器的墓属于第三期的有2座，第四期有14座。镞是消耗性武器，商代还有很多骨镞，铜镞虽然有更大的杀伤力，但只有在原料相当丰富的时候才能普遍使用。铜戈是最常见的青铜武器；铜矛虽然在第一期已经出现，但是到了第三期才广为流行；铜大刀（卷头刀）也是第三期才出现的，只见于出土青铜钺的墓中，不是一般战士的武器。可见武丁以后，兵器，或者说与之相关的战略战术不断发展，青铜铸造业则为这一发展不断提供支持。

商代后期的社会经济，尤其是各项手工业的发展与商代前期奠下的基础是分不开的，虽然盘庚迁殷前后商王朝势力由逐步向外推进的昌盛局面开始转向低谷。但依然掌握着有战略意义的要地，如在晋南，长治小神遗址正属于殷墟第一、二期②，即武丁前后；北方的重镇河北藁城台西商代晚期居址的重建也是在殷墟第一、二期之间③，在关中，灞河北岸的西安老牛坡在武丁前后持续发展到鼎盛阶段。在东方，济南大辛庄这个东进的基地，全盛期是在大辛庄一至五期，即二里岗上层一期至殷墟二期，如前所述山东地区的特产，包括有战略意义的物资都可以通过这个中继站源源不断地输送到安阳。在南方，虽然盘龙城已经衰落，但江西赣江下游的清江吴城商代遗址依然繁荣，瑞昌铜岭铜矿、湖北大冶铜绿山铜矿的开采冶炼还在继续。通过现代自然科学手段检测青铜制品所含铅同位素的比值模式表明，中原有相当一部分青铜制品原料来源于长江流域的铜绿山等古矿，如殷墟妇好墓青铜器铅同位素比值就与大冶铜绿山数据比较接近，其部分矿料可能来自大冶铜绿山或邻近矿区。④

对外战争必须以强大的国力为后盾，需要一定数量的物资储存，在这方

---

① 刘一曼：《论安阳殷墟墓葬青铜兵器的组合》，中国社会科学院考古所夏商周考古研究室编《三代考古》（一），科学出版社2004年版。

② 山西省考古所晋东南工作站：《长治小常乡小神遗址》，《考古学报》1996年第1期。

③ 河北文物研究所：《藁城台西商代遗址》，文物出版社1985年版。

④ 刘诗中、卢本珊：《江西铜岭铜矿遗址的发掘与研究》，《考古学报》1998年第4期。

面，从窖穴可见一斑。安阳发掘表明，洹河南岸小屯宫殿区是殷都的中心，仅20世纪30年代就发现53座大型夯土基址，在小屯东北地，除发现大量建筑基址外，还有数以百计的地下窖穴，其中较深的一种深达六七米，甚至10米以上，坑口圆形、方形或长方形，坑壁规整，有的还涂一层光滑的细泥，坑壁挖有上下成行的脚窝，以供上下，一般认为这类深窖少数可能是水井，多数应是储藏粮食等物品的窖穴。① 这类窖穴不仅见于宫殿区，在洹河北岸大司空村可能是平民的聚落中，也有类似的窖穴，坑壁光滑，有的还经夯打，底部平坦。例如属于殷墟一期的317号窖穴，宽1.4米、长2米，四壁光滑平整，口距地表2，3米，清理到4.9米时，因为达到了现代地下水水面，未往下挖，底部情况不明。到殷墟第二期以后，窖穴的数量增多，分布也更为集中，如大司空村1958—1960年四次发掘，清理灰坑31个，其中第一期4个，第二期11个，第三期26个。后者的灰坑多较大而深，坑壁光滑，底部平坦，少数还有壁龛和出入通道，比第一、二期的结构更为完善。②

武丁以后，商代社会的持续发展还表现为殷墟人口的增多和范围的扩大，1969—1977年在殷墟西区钻探发现千余座殷墓，发掘了其中的939座，能分期的697座，其中第二期74座、第三期189座、第四期434座，说明殷墟人口的增加速度是很快的③。它与殷墟范围的不断扩大也是相应的，殷墟文化第一期时，小屯殷墟的总面积约有12平方公里。至迟从第二期开始，宫殿宗庙区的西、南两面挖掘了深壕，两端与洹水相汇，围护起布局日臻完善的宫殿宗庙区，侯家庄西北冈的王陵区已经建起。小屯以外的居民点范围扩大许多，普通家族墓地数量显著增加。第三、四期的居址、墓葬、各种手工业作坊范围不断扩大，据目前所知，殷墟的范围已达到东西6公里，南北5公里，总面积达到30平方公里④。

经济的持续发展，人口的迅速增加是武丁乃至其后诸王有可能出征四方的基础。

---

① 杨宝成著：《殷墟文化研究》，武汉大学出版社2002年版，第8页。

② 中国社会科学院考古研究所编著：《殷墟发掘报告（1958—1961）》，文物出版社1987年版，第77页。

③ 中国社会科学院考古研究所编著：《殷墟的发现与研究》，科学出版社1994年版，第128页。

④ 中国社会科学院考古研究所编著：《中国考古学·夏商卷》，中国社会科学出版社2003年版，第295—296页。

二 武丁时期征伐卜辞分期研究

在古代社会，征伐是国之大事之一。武丁最主要的功绩在于他四处用兵，首先平定了周边小国的叛乱，再向距离较远的方国发动了进击，抗御了畜牧民的入侵，振兴了统一的中原王朝，将商代文明的发展推向一个新阶段。然而其经过在先秦文献中仅留有片字只言，就是《史记·殷本纪》也只是笼统地说武丁修政行德，殷道复兴。幸而殷墟甲骨文的发现给我们提供了大量的第一手材料。《甲骨文合集》共收录甲骨 41956 片，其中武丁卜辞 22970 片，占一半以上。分入"军队—战争"类的卜辞 2220 片，约占同期卜辞的 1/10，但这并非全部，因为一些大版卜辞，内容有涉及其他类的，如参与征伐的众、臣、仆皆未入征伐类，还有一些残辞，则收入人名、地名类等。此外，《合集》出版以后，又陆续出版一些大型甲骨著录书，如《甲骨文合集补编》、《英国所藏甲骨集》、《小屯南地甲骨》、《殷墟花园庄东地甲骨》，后两部还是新出土资料，极大地丰富了对商代战争的认识。

面对如此丰富的资料，长期以来学者们做了很多排谱研究，希望能复原各次战事始末，以便尽可能全面了解商代历史的这一重要的侧面。较早的是 1945 年董作宾发表《殷历谱》，其中就包括武丁伐土方、舌方，帝辛征人方日谱。其后很多研究者继续探索，除了就某场战争排谱外，由于文献记载武丁在位 59 年，所以还有研究者试探对整个武丁时期的战争排序。主要从两个方面进行了尝试，一是尝试通过人物系联关系对武丁战争卜辞分期，如林小安《殷武丁臣属征伐与行祭考》[①] 认为，武丁卜辞中包含大量丰富的王室亲属、臣属、方国首领的同版现象，他们生活供职于不同时期，可以根据其中的系联关系，作进一步的分期。即将同版、同事项多的划归为一个"同代人"组，若干"同代人"组之间，有少数同版、同事项者，可视为"接代人"，没有同版、同事项者，可视为"隔代人"，并结合武丁下一世的祖庚、祖甲卜辞进行考察，划分出"雀组臣属"、"妇好组臣属"、"晕组臣属"，分别相当于武丁早期、中期、晚期，根据各组臣属的参与，划分出武丁早期的战争 35 次、中期战争 12 次、晚期战争 5 次，共计 52 次。王宇信《武丁期

[①] 林小安：《殷武丁臣属征伐与行祭考》，《甲骨文与殷商史》第二辑，上海古籍出版社 1986 年版。

战争分期的尝试》①则以妇好为界标，认为妇好死于武丁前叶，根据妇好参与征伐的方国及其同版人物参与征伐的方国，判定武丁"前叶"战争12次；妇好不曾参与的伐舌方战争，以及与伐舌相关人物参与的战争7次，为武丁"晚叶"的战争，总计19次。范毓周《殷代武丁时期的战争》②主要从武丁卜辞分组、分期入手，对于数量最大的宾组卜辞，通过对127坑1.7万片甲骨分析，将有较早特征、有"雀"事类的卜辞定为武丁中期；有较晚特征且不见"雀"者为武丁晚期；127坑以外有较早特征的宾组卜辞、自组卜辞为武丁早期。从而划分出早、中、晚三个时期征伐对象分别为34个、12个、14个。

三篇文章使用的方法都是在传统的甲骨文分期方法上，作进一步发挥，但选择的界标有所不同，就结论而言，相同之处是都认为伐周和舌方为武丁晚期之事，此外，相异之处较多见表3—2。

表3—2

	林小安文	王宇信文	范毓周文
舌方	早期	晚叶	晚期
獾	早期	前叶	中期
亘	早期	前叶	中期
下㠱	中期	前叶	晚期
人方	中期	前叶	晚期
巴方	中期	前叶	晚期
龙方	中期	晚叶	晚期
土方	中期	前叶	晚期
㳄方	晚期	前叶	晚期
井方	晚期	前叶	晚期
𢀛方	晚期	前叶	晚期

这似表明对武丁战争卜辞的分期研究尚不成熟。

---

① 王宇信：《武丁期战争分期的尝试》，《甲骨文与殷商史》第三辑，上海古籍出版社1991年版。

② 范毓周：《殷代武丁时期的战争》，《甲骨文与殷商史》第三辑，上海古籍出版社1991年版。

第二个方面的努力是试图对卜辞127坑的甲骨卜辞的重大事件，排出更详尽的综合年谱、日谱。127坑发现于1936年前中央研究院历史语言研究所在安阳殷墟进行的第13次发掘，编号YH 127，系一圆形窖穴，口径1.8米，上层灰土厚0.5米，中层灰土与龟甲厚1.6米，下层灰绿土厚2.7米，含少量陶片、兽骨，说明此窖穴在瘞埋甲骨以前已经废弃。坑内甲骨无序叠压、枕藉，由北而南形成斜坡形，显示出甲骨是由北边倾入坑中的，北壁下还有一拳曲而侧置的人架，半露在龟甲层外，当为与龟甲同时埋入的甲骨管理人员。坑内共出土有字甲骨17096片，除字骨8片外，皆为龟甲，其中完整龟甲300多版。①从出土情况可知，这是一次有意识的集中瘞埋，甚至可能是从储藏甲骨的场所直接移至坑中，应包括了一段历史时期内比较完整的占卜资料。

1999年夏含夷发表《殷墟卜辞的细微断代法——以武丁时代一次战役为例》②，提出"细微断代法"，以《合集》11485有一月癸亥、二月癸未、二月癸卯、五月癸卯、八月癸未的卜旬卜辞为例，提出可以检验他们是否刻成于同一年的方法。即假定商代的历法是三十日的大月和二十九日的小月交替，就可以根据占卜日判定该月1日的参数，若有系月，则可推定该年1月1日的参数，上述5条卜旬卜辞分别推算出的1月1日的参数若有重合，则可能为同一年的遗存。计算方法是将占卜日的干支换算成六十甲子位序（见表3—3）：

表3—3

1甲子	2乙丑	3丙寅	4丁卯	5戊辰	6己巳	7庚午	8辛未	9壬申	10癸酉
11甲戌	12乙亥	13丙子	14丁丑	15戊寅	16己卯	17庚辰	18辛巳	19壬午	20癸未
21甲申	22乙酉	23丙戌	24丁亥	25戊子	26己丑	27庚寅	28辛卯	29壬辰	30癸巳
31甲午	32乙未	33丙申	34丁酉	35戊戌	36己亥	37庚子	38辛丑	39壬寅	40癸卯
41甲辰	42乙巳	43丙午	44丁未	45戊申	46己酉	47庚戌	48辛亥	49壬子	50癸丑
51甲寅	52乙卯	53丙辰	54丁巳	55戊午	56己未	57庚申	58辛酉	59壬戌	60癸亥

---

① 中国社会科学院考古研究所编著：《殷墟的发现与研究》，科学出版社1994年版，第149—150页。

② 夏含夷：《殷墟卜辞的细微断代法——以武丁时代一次战役为例》，台湾师范大学国文学系等编《甲骨文发现一百周年学术研讨会论文》，台北文史哲出版社1999年版。

一月癸亥（60）卜，以一个月30日计，其一日必为甲午（31）至癸亥（60）之间的一日，该年一月一日参数则为31—60。

二月癸未（20）卜，二月一日必为甲寅（51）至癸未（20）之间的一日，该年三月一日参数为21—50，向前推两个月，首尾各减一个59天，因干支表为六十甲子循环，减59相当首尾各加1，一月一日的参数为22—51。

二月癸卯（40）卜，二月一日参数为11—40，为便于计算，先换算为单月的参数，即三月一日参数为41—10。一月一日的参数为42—11。

五月癸卯（40）卜，五月一日参数为11—40，一月一日的参数则为13—42。

八月癸未（20）卜，八月一日参数则为51—20，九月一日参数为21—50，向前推八个月（4个59天），一月一日的参数为25—54。

五条卜辞所在年的一月一日参数中都包括42（乙巳），因而可能是同一年的遗存。由于这组卜辞的第五条还有验辞，记八月"乙酉夕月有食"。由于月食只能发生在满月时，若乙酉（22）为十五日，八月一日当为辛未（8），一月朔只能是甲辰（41）或乙巳（42）。

利用这种计算方法，曾有青年学子试图对127坑有系联关系的卜辞进行综合排谱[①]，如通过分别对宾组卜辞中与雀、与子商、与妇好及戋正化有关的事件排谱，最后得出了127坑甲骨的时间为从武丁四十年至五十三年遗存，从而排出这15年的大事年表，包括戋宙、敦缶、戋基方、伐巴方、下危、征夷、獵、目、伐亘、奉等。这是一个很好的尝试，引起学者们充分的关注和鼓励，然而，其结论显然与前述诸说有更大的差距，如多数学者认为有较早特征的雀，以及至少活动于武丁中期的妇好，都成为武丁四十年以后的人物。最为明显的例子是关于妇好生育的问题，127坑有三版"妇好娩妨"的卜辞和验辞，上述尝试者将其排入武丁四十三年十二月（《丙》249）、四十四年（《丙》247）、四十五年五月（《丙》245），但是妇好作为一位经常参加王朝政事的女将，前后17个月中生育三次是难以解释的。这三版刻辞为：

1. 壬寅卜，㱃，贞妇好娩妨。壬辰皿癸巳娩，隹女。（《合集》6948，

[①] 魏慈德：《殷墟YH一二七坑甲骨卜辞研究》，见台北政治大学中国文学系博士学位论文，2001年6月网络授权。

《丙》249)

2. 甲申卜，㱿，贞妇好娩㚸。王占曰其隹丁娩，㚸；其隹庚娩，弘吉。三旬又一日甲寅娩，不㚸，隹女。(《合集》14002，《丙》247)

3. 戊辰卜，㱿，贞妇好娩，不其㚸。五月。

戊辰卜，㱿，贞妇好娩㚸。丙子夕皿丁丑娩，㚸。(《合集》14003，《丙》245)

第1辞反卜略，同版有"癸卯卜，㱿，贞乎雀戈伐亘，戈。十二月。"癸卯为壬寅次日，所以占卜娩㚸之日很可能是在十二月，最早是十一月的最后一天，而验辞记载，实际分娩是在占卜50日以后，最早是次年一月下旬，或到二月。和第三版的时间距离只有十五六个月。第2辞也有反卜，略。占辞记丁日、庚日分娩皆吉。验辞记占卜31日后甲日分娩，果然"不㚸，隹女"。这次占卜在第三组之前是可能的，由于前两次生育均"隹女"、"不㚸，隹女"，导致对第三生育先卜是否"娩，不其㚸"，验辞记9日后"娩，㚸"，未记"隹女"，当为男儿，此次占卜时间为某年五月戊辰，分娩在9日后。三版皆为验辞，是对已发生之事的记录，分娩时日的干支不同，不是对同一事件的多次记录，但也显然不可能在连续的十五六个月内，唯一的解释是"细微断代法"对于已知时间比较集中，或有同版关系的事件，用这种计算方法检验是否为同一年的遗存还是有意义的；对于一个较长时期留下的卜辞，证明某些事物的发生"不在一年"，具有可信性；通过系联关系进行综合排谱，推算结果"可能在一年"者，误差会相当大，可能把很长的期间内进行的占卜压缩到一个较短的期间内，这种排谱方法还有待改进。

实际上在殷墟卜辞中，记录验辞的仅占一小部分，大量的是卜辞，它折射了历史却不是历史记录，不都是真实发生过的事，如伐巴方、下危；伐下危、夷见于同版，由此判断武丁在同一时间曾考虑是亲自出征还是派兵出征这些方国，是可信的，但如果根据这些卜辞中皆有"王比"，认为王"亲征"了这些方国就不一定正确了。

总之，利用甲骨刻辞研究历史有一个正确释读的问题，不仅要区分验辞和卜辞，卜辞的解读更要注意：一方面由于甲骨文多省略句，如早在1983年，张政烺《释"因蕴"》一文，列举了两条卜辞："甲辰卜，争，贞缶其蕴"、"戊申卜，㱿，贞缶屮其蕴贝"，指出辞中的缶是人名，两辞相隔三日，当是一回事，前一条蕴后的贝字省略了。贝在殷代是宝物，与龟玉同珍，可以蕴椟而藏也用以殉葬，在这组卜辞中"蕴"指蕴藏人间还是瘗埋地下尚不敢定，但敢断言它绝不是死字。虽然在甲骨文中"蕴"可以作埋葬讲，并可以引申出死的意思。① 也就是说从全辞看，这是关于缶"蕴贝"的占卜，若全辞缺失，仅见省略句"缶其蕴"，就有可能理解为"缶死"或"埋缶"，意思完全变了；另一方面甲骨文往往一词多义，征、伐、戎、取等动词多用于征伐，却不仅限于征伐，武丁卜辞中，与这些动词相接的名词近百，是否为武丁征伐过这些地方，需要尽量多的占有资料，尽量作全面具体分析。如一些研究者将利、玉列为武丁早期被征伐对象，列举卜辞有：

  4. 伐利。(《合集》7042)
  5. 壬寅[卜]，㱿，贞□征玉。(《合集》7053)
  6. 戊戌卜，争，王归奏玉其伐。(《合集》6016)

第4辞的"利"在甲骨文中的确有作为人名地名者，如"王其田于利亡灾"、"利示十屯"②，但"伐利"之利却不一定是地名，因为同期卜辞还有"二伐利"、"三伐利"，廪康卜辞更有"二伐利"和"不利"的对贞③，可见和"伐利"相对的是"伐不利"，所以"伐利"之"利"不是征伐对象。

甲骨文中"玉"似不见用为人名、地名，第5辞"征玉"之"征"除表示征伐外，还用为"正"、"足"及祭名④；第6辞占卜并契刻在龟甲的靠近甲桥部位，而龟甲上部外侧两条卜辞为"己丑卜，争，贞王其戠。贞勿戠"。内侧卜辞为"贞御于妣庚"，己丑、戊戌相距一旬，戠在甲骨文中常作用牲之法，所以第5、6辞可能都和祭祀及祭祀用玉有关，总之，就目前资料看，尚难确认"玉"为武丁征伐对象。

还有的研究成果将戈、我列为武丁前期征伐对象，列举的卜辞文例有：

---

 ① 张政烺：《释"因蕴"》，《古文字研究》第十二辑，中华书局1985年版。卜辞文例见《合集》17100、11426。
 ② 《合集》27146、13651。
 ③ 《合集》7043—7045、26998。
 ④ 参见于省吾主编《甲骨文诂林》姚孝遂按语，中华书局1996年版，第807—809页。

7. 乙未卜，𡧊，貞𢀛戈。

辛巳卜，𡧊，貞雀得𢀛我。（《合集》6959）

伐𢀛是武丁前期振兴王朝统治的措施之一，前后历时半年，戈是参与军事行动的，卜辞有"戈𢀛𢀛戈"、"［戊］戌卜，宾，贞戈执𢀛"，从干支看乙未、戊戌最少仅间隔两天。因而对"𢀛戈"所反映的史实究竟是在行动中戈突然背叛，成为镇压的对象，还是"𢀛戈"可以理解为"戈𢀛"的倒装句，值得考虑。从殷墟甲骨刻辞中不乏戈为商王臣属的内容看，"戈"突然倒戈的可能性似不大。

"我"在甲骨文中也作人名族名，在"𢀛𢀛鼓"的同版，有"乎我人先于穗"的卜辞，也就是说在𢀛作乱前后，武丁还有调动"我"人的军事部署。而且和"得𢀛我"相类的结构还有"得方我"、"祟方我"、"祟戎我"①，很难解释为何只有"我"往往与不同的敌方协同作乱，同时还保持与商王朝良好的臣属关系。所以"雀得𢀛我"这类卜辞的"我"不应读作与"𢀛"并列的国族名，而应读适宜之"宜"，"雀得到与𢀛作战之宜的意思"②，而不是指我与𢀛同时被擒。

又如，与征伐相关的卜辞中多见"戎"字，有研究者列举"𢀛戎其𢀛我"，以及"講戎"、"伐戎"、"获征戎"等内容，认为商代前期伐戎是一场大战。然而，联系"旁方其蔑作戎"、"𤔲归其作戎"③，可知"𢀛戎"是𢀛"作戎"——起兵作乱的意思，戎为动词。联系伐巴方的卜辞有"妇好其比沚𢻻伐巴方，王自东罙伐，戎陷于妇好位"④，辞中的"戎"指敌人——巴方，可知"講戎"、"伐戎"、"获征戎"之戎，可以理解为"敌人"。当然，商代也有作为人名的"戎"，如"令戎执麐"、"王令戎祟方"⑤，此戎却是商王的臣属。所以，征伐卜辞虽然多涉及"戎"，但武丁时与这一国族发生一场大战之说还难以成立。

类似的例子还很多，就目前研究水平看，甲骨卜辞的通读和理解还存在

---

① 《合集》5765、5766、5048。

② 参见裘锡圭《释"求"》，《古文字研究》第十五辑，中华书局1986年版。

③ 《合集》6666、6923。

④ 《合集》6480。

⑤ 《合集》10389、20469。

不少有待深入探讨的问题，对武丁征伐卜辞进行全面梳理、分期的条件尚不成熟，因此以下仅对商代后期战争史的重大事件作一探讨。

第二节　振兴王朝的战争

在古代社会，兵刑不分，典型的事例是《史记·夏本纪》所载，"帝仲康时，羲和湎淫，废时乱日。胤往征之，作《胤征》。"《胤征》已佚，仅留下篇名，结合其他记载，可知羲氏、和氏世为日官，执掌历数，太康以后，沉湎于酒而不尽职守，胤受王命讨伐。商代也是这样，在武丁卜辞中，被征伐者涉及百余方国、地名、族氏，其中有一些被征伐过，又是武丁王朝中的常见或重要人物，正反映了这样的历史背景。

武丁振兴王朝的战争主要针对周边小国，重点一是殷都以东的山东、河南接界地区，一是殷都以西的晋南地区。据甲骨文所见，有代表性战事主要为对宙、基方缶、𢍰、亘的征伐。

一　戋宙、征基方缶

（一）戋宙

小型速战速决的战争以对戋宙之战为代表，战事起因不详，仅知始于武丁某年十二月，次年一月结束展事，前后共用四旬的时间，卜辞有：

图 3—1　《合集》6830　　　　　图 3—2　《合集》6834

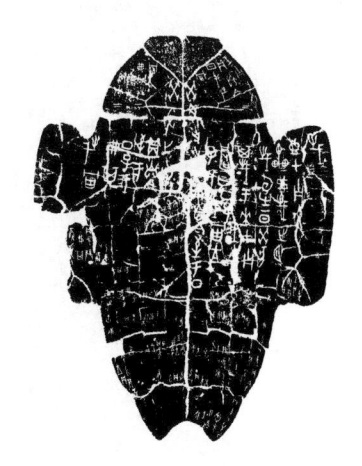

1. 辛卯卜，王敦宙受又。十二月。(《合集》20530)

2. 壬子卜，㱿，[贞我]戋宙。王占曰：吉，戋。旬又三日甲子允戋。十二月。

壬子卜，㱿，贞[我]弗其戋宙。(《合集》6830，图3—1)

3. 壬子卜，争，贞自今日我戋宙。

贞自今五日我弗其戋宙。

癸丑卜，争，贞自今至于丁巳我戋宙。王占曰：丁巳我毋其戋，于来甲子戋。旬有一日癸亥车弗戋，之夕皿甲子允戋。

癸丑卜争贞自今至于丁巳我弗其戋宙。(《合集》6834，图3—2)

4. 戊午卜，㱿，贞我其乎舍宙戋。

戊午卜，㱿，贞我舍宙戋。(《合集》1027，图3—3)

5. 乙丑卜，内，我弗其戋宙。(《合集》6832)

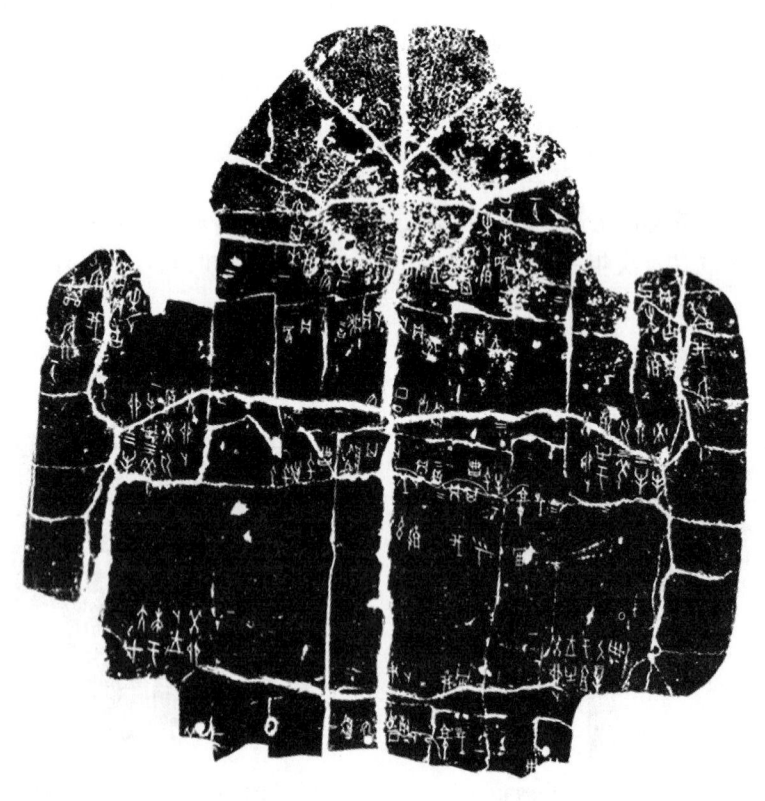

图3—3　《合集》1027

第 1 版是所见最早有关伐宙的占卜，辛卯在甲申旬，经甲午旬至甲辰旬的壬子、癸丑是积极备战的时间。戠，《说文》释"伤也"，常见于甲骨文，从大量卜辞文例可知，在征伐卜辞中"征、伐、敦是前提，戠见成果"[①]。所以第 1 版反映某年十二月辛卯武丁拟征伐宙；第 3 版为 21 日后的壬子所卜，再从正反两个方面卜问伐宙是否能取得预期的胜利，从占辞可知曾得吉兆；第 3 版为壬子、癸亥两日的连续占卜，问自癸丑至丁巳的五日内哪一日出兵可以达到预期的目的。占卜结果却是不要在丁巳出击，待到 11 日以后的甲子，才会取得预期的胜利。第 4 版的龠字不识，为一表示征伐行为的动词，由此可以推断，根据占卜结果，丁巳不曾出击，而在次日戊午再卜是否出兵伐宙。而从第 3 辞的验辞看，武丁实际上没有完全按照占卜得到的神谕，在甲子的前一天癸亥就发动了攻击，但没有取得胜利，癸亥之夜至甲子凌晨再发起攻击，终于在甲子取胜。验辞中有"车弗戠"，车在甲骨文中有两种含义，一为车马之车，卜辞习见，故一种解释认为伐宙使用了车战；但殷墟甲骨文中也有用为人名、族名、地名的车字，如"车不其以十朋"、"于车舞"[②]，前者卜问车是否入贡货贝，后者卜是否要在车地举行求雨的舞祭。所以不能排除"车"为伐宙将领的可能。

此役的准备始于武丁某年十二月辛卯，结束于 33 天以后的甲子，值得注意的是第 2 版的验辞后缀"十二月"，然而甲子距离第 1 版十二月辛卯 34 天，这有两种可能：第一，此"十二月"至少包括 34 天，商代一个月的长短会有较大的差异；第二，此"十二月"为占卜日，即壬子所在之月，补刻验辞时将卜辞的系月移于验辞下。由于第 4 版同版有一月己未占卜缶是否来王来献，第 3 版同版有三月庚申卜伐"不"，排起日程可知，十二月辛卯后的第 29 天己未已进入次年一月，所以五日后取得伐宙胜利的甲子，也必在一月。若甲子在"十二月"，不仅十二月的天数异于常规，次年也不可能有一月己未和三月庚申。由此可以推断事实上不存在第一种可能，第 2 版的验辞后所缀十二月，所记实为占卜之月，可以作为旁证的是契刻部位不仅有刮痕，还有尚未刮掉的小字，证明了全辞为后来的补刻，第 3 版龟甲中部一组同一内容的刻辞，字体与之相同，应是与第 2 版同时的补刻。

---

① 张政烺：《释"戠"》，《古文字研究》第六辑，中华书局 1981 年版。
② 《合集》11442、13624。

第 2、3 两版曾分别著录于《丙编》图版 558 和 1，同为伐宙的占卜，而由㱿、争两位贞人同时进行，不仅补刻卜辞、占辞、验辞，而且刻辞涂朱，又经长久的保存，如《丙编》考释指出，两版的裂痕都是陈旧的，说明出土以前，久已破碎了。后者经缀合，基本完整，是属于大字、小字；粗笔、细笔见于同版的标本，但它们并非全为同日所刻，其中粗笔大字刻槽内填朱，细笔小字内填褐，上引的两组对贞契刻还不避卜兆，是所谓"犯兆卜辞"，而且许多地方有被铲削过的痕迹。① 它首先反映了由于对这场战事的占卜出奇的"灵验"，而引起的重视，但不仅如此，第 5 版占卜时间在乙丑，即在已取得胜利的甲子之次日，武丁还继续卜问伐宙能否取胜，这一方面反映宙地离殷都尚有一定距离，商王未能及时得到捷报，另一方面也反映这场战争对商王朝来说是至关重要的。

从伐宙的这一组占卜还可以知道，尽管武丁之时对于国之大事要事事占卜，而且往往一事多卜，留下不少同文或成套卜辞，但实际上并非都按照占卜行事。

（二）征基方缶

基方为晋南的方国，缶当为基方的一支强宗大族，并且是统治族的族氏名、人名、政治中心的地名，在卜辞中称其国族或领袖为基方缶、基方、基或缶。其地或认为在今山西永济县②，或认为在陕西韩城③。基方原是臣服于商的，后来情况发生了变化，卜辞有：

图 3—4　《合集》8445

6. 己未卜，㱿，贞缶来见王。一月。
己未卜，㱿，贞缶不其来见王。
己未卜，㱿，贞缶其鼗我旅。
己未卜，㱿，贞缶不我鼗旅。一月。（《合集》1027，见图 3—3）

7. ……卜㱿贞……缶其戋雀。（《合集》6989）

8. 贞基方不其㚔。

---

① 见张秉权著《殷虚文字·丙编》，"中研院"史语所 1957 年版。
② 陈梦家：《殷虚卜辞综述》，科学出版社 1956 年版，第 294 页。
③ 钟柏生：《殷商地理论丛》，艺文印书馆 1999 年版，第 204 页。

贞基方［其］戜。（《合集》8445，图 3—4）
9.［己］卯卜，㱿，贞基其戎。（《合集》6581）

第 1 辞是同月同日的两组对贞，"见"在此表示朝觐，"来见王"如《诗·殷武》所谓"莫敢不来享，莫敢不来王"，即来献来见的意思，说明缶曾臣服于商，而对于缶是否来朝来献的占卜，则意味着变故的发生。"䵼"有两种解释，一种释䵼，认为是指属国为王师提供粮草的义务①，由于在该版中，字作从禾、从㐭，有研究者提出，䵼与䵼分别从来、从禾，字形不同，后者当读为麟，是"戕"的借字②，两种解释在卜辞都可以解释得通，在甲骨文中，禾与来的本义都是表示农作物的独体象形字，少数情况下也有混用的例子，如甲骨文年字作人荷禾之形，《合集》9811"画受年"之年则作"𥝌"，是用表示小麦的独体象形字"來"③ 的省形取代"禾"。不过这毕竟是特例，按照字形隶定，以作"䵼"为长。《说文》释"戕，枪也"，段注"枪者，距也。距谓之相抵为害，《小雅》'曰予不戕'，传曰'戕，残也'，此戕之正义"。"曰予不戕"见《诗经·小雅·十月》，诗中"戕"，前人皆释为残也、害也、杀也④，所以"䵼我旅"的占卜反映发生了军事冲突，缶甚至可能袭击了王师。第 7 版卜辞问缶是否威胁到"雀"的安全，雀是武丁时的一员大将，也是一支强宗大族的首领，多次参与对晋南诸国的征伐，其居地当也在晋南。第 8 版"戜"，甲骨文作𢦏，《说文》释"戜，击踝也"，徐锴曰"亦谓相斗也"⑤，《甲骨文字诂林》按语认为第 8 版对贞当与丁未角"丁未戜商"之用法同，为击伐之意⑥，但是，该铜器铭文为"丁未，戜赏征贝，用作父辛彝。亚矣"⑦，其中的戜字实为人名。这是一个会意字，结构与"夙"字相

---

① 钟柏生：《卜辞所见殷代的军政之一——战争启动的过程及其准备工作》，《中国文字》新 14 期 131 页。
② 刘钊：《卜辞所见殷代的军事活动》，《古文字研究》第十六辑，中华书局 1989 年版。
③ 见于省吾：《甲骨文字释林·释禾、年》，中华书局 1979 年版。
④ 见《毛诗注疏》（汉）郑氏笺，《诗经集传》（宋）朱子注，《诗缉》（宋）严粲注。
⑤ （南唐）徐锴撰：《说文解字系传》，中华书局 1987 年版，第 56 页。
⑥ 见于省吾主编《甲骨文字诂林》姚孝遂按语，中华书局 1996 年版，第 426 页。
⑦ 见中国社会科学院考古研究所编著《殷周金文集成》9099"征作父辛角"；又陈佩芬著《夏商周青铜器研究》西周早期"征角"，上海古籍出版社。

类，只不过后者作奉月祝祷，此作奉戈祝祷之形，可能表示一种出兵前的仪式，也可能表示降服的意思，联系甲骨卜辞，起兵作乱或顺服、降服均可解释得通。第9版"戎"表示与商王朝兵戎相见。

总之，第6、7辞反映缶已不再臣服，第8、9辞则是进一步卜问是否整个基方都参与了叛乱。平叛的战争至少从二月开始至五月进行了4个月。卜辞有：

10. 丁卯卜，㱿，贞王敦缶于𩁺。二月。（《合集》6863，图3—5）

11. 庚辰卜，㱿，贞王敦缶于𩁺。二月。（正反相接）（《合集》6864）

图3—5 《合集》6863

12. □寅卜，㱿，[贞]王共人征𩁺。（《合集》6859）

13. 乙酉卜，王敦缶受又。（《合集》20524、20527）

14. 丁酉卜，㱿，贞王叀乙敦缶戋。
……叀……三月。（《合集》6867）

15. 庚申卜，王，贞余伐不。三月。
庚申卜，王，贞余勿伐不。
庚申卜，王，贞余伐不。
庚申卜，王，贞余勿伐不。
庚申卜，[王]，贞隻缶。
庚申卜，王，贞雀弗隻缶。
雀弗其隻缶。
癸亥卜，㱿，贞我史戋缶。
癸亥卜，㱿，贞我史毋其戋缶。
癸亥卜，㱿，贞翌乙丑多臣戋缶。
翌乙丑多臣毋其戋缶。
乙丑卜，㱿，贞子商弗其隻先。
丙寅卜，争，贞呼龙、𢀛侯专崇权。（《合集》6834，见图3—2）

16. 乎我戋缶。（《合集》6870）

二、三月是战事的第一个阶段，由于缶拒绝来朝来献并举兵伐商，武丁拟将其擒拿问罪。第 10、11 版卜问是否要在罥地与缶军决战，反映缶首先在那里阻击商王派出的武装力量，罥，一说在山西新绛县西。① 第 10 版卜辞契刻在牛肩胛骨的骨面上，还有三版同文卜辞即《合集》6860—6862，契刻在靠近骨臼部位，有两版存兆序，分别为七和九（后者见图 3—6），这是成套卜辞的遗存，说明为了此事，丁卯日贞人殷在至少九版牛肩胛骨上，连续进行多次占卜，从第 11 版可知 14 日后的庚辰贞人殷再次为此事进行了占卜。第 12 版反映擒拿缶的行动受阻于罥，商王拟征兵伐罥，将战事升级。联系第 13—15 版卜辞可知，在二月甲子旬、甲戌旬、甲申旬、直至甲午旬，进入了三月，主要为"王"直接掌控对缶叛乱行为的惩治，三月庚申"贞隻缶"、"贞雀弗其隻缶"

图 3—6　《合集》6862

的卜辞，反映可能最初只是派雀率领其族军执行这项任务，但一直未能将缶擒拿归案。而同一日还有一组商王对于是否要伐"不"的反复贞问，"不"与同一版的"权"所指应为同一地，据考后者也是山西境内的方国②，这一版卜辞反映缶尚未平定，权又起兵反商，因此考虑重新部署兵力，准备派出"我史"或"多臣"等商王直接统辖的武装力量。第 16 版中"乎我"之我是名词，卜辞中的我字有两种用法，一为代词，二为名词——族名。甲骨文我字源于一种武器的象形，尚武的古族往往以武器作为自己的族名，如甲骨文中常见的戌、戈等都是经常活跃于战场上的武将，"我"也是一样。该辞没有干支和月份，不一定是三月之卜，但可知商王还拟派"我"帅其族军投入伐缶。

关于第 15 版的"子商弗其隻先"，"先"当指敌军的先导，从稍晚的卜辞可知，伐缶之战是以子商为主帅。卜辞有：

---

① 陈梦家：《殷虚卜辞综述》，科学出版社 1956 年版，第 295 页。
② 张亚初：《殷墟都城与山西方国考略》，《古文字研究》第十辑，中华书局 1983 年版。

17. 甲戌卜，㱿，贞雀人、子商征基方克。（《合集》6573）
18. 乙亥卜，内，贞今［乙亥子商𢦔基方戋］。
    乙亥卜，内，贞今乙亥子商𢦔基方弗其戋。
    ［今乙亥子商𢦔基方戋］。
    今乙亥子商𢦔［基］方弗戋。（《合集》6577）
19. 乙亥卜，㱿，贞［子］商弗其戋［基］方。（《合集》6580）
20. ［辛巳卜，争，贞基方弗戎］。
    辛巳卜，争，贞基方戎。
    癸未卜，内，贞子商戋基方缶。四月。
    癸未卜，内，贞子商弗其戋基方缶。
    癸未卜，内，贞子商业保。
    癸未卜，内，贞子商亡其保。（《合集》6572）

第 12 版已卜问派雀的族军和子商率领的王师能否取得对基方战争的胜利。第 13 版卜辞中的"𢦔"是擒拿的意思，以用工具猎获大兽来表示，与用徒手执鸟来表示的"隻（获）"字，同为会意字，其含义显然是使用手段的不同。结合第 14、15 版，再次卜问基方是否作乱，子商出征是否能达到重创基方缶的目的，子商是否能受到神灵的保佑，反映从三四月间的甲戌旬开始，擒缶之战已经升级为对整个基方的战争。

四、五月有关子商伐基方缶的卜辞很多，如：

21. 乙酉卜，内，贞子商戋基方。四月。
    丙戌卜，内，我乍基方𢓊。（《合集》6570，图 3—7）
22. 辛卯卜，㱿，贞基方缶作郭不鬲，弗㚔。
    辛卯卜，㱿，贞基方作郭不鬲，弗㚔。四月。
    辛卯卜，㱿，贞勿鼄基方缶作郭子商□。
    辛卯卜，㱿，贞勿鼄基方缶作郭子商戋。四月。（《合集》13514 正甲）
    辛卯卜，㱿，贞基方作郭其鬲。（《合集》13514 正乙）
23. 辛丑卜，㱿，贞今日子商其𢦔基方缶戋。五月。
    辛丑卜，㱿，贞今日子商其𢦔基方缶弗其戋。

壬寅卜，彀，贞自今至于甲辰子商弗其伐基方。

壬寅卜，彀，贞自今至于甲辰子商伐基方。

壬寅卜，彀，贞尊雀宙宙𡧑基方。

壬寅卜，彀，贞子商不首伐基方。

贞自今壬寅至于甲辰子商伐基方。

壬寅卜，彀，贞曰子商𢦏癸敦。五月。

曰𢦏甲敦。

曰子商于乙敦。

甲辰卜，彀，贞翌乙巳曰子商敦。至于丁未伐。（《合集》6571）

24. 丙午卜，沐，翌丁未子商伐基方。（《合集》6578）

图 3—7　《合集》6570

以上卜辞占卜时间为四月乙酉至五月丙午，历经两旬又二日。从内容看，目的是要"𡧑基方缶伐"，即通过战争的手段擒获缶，给基方以重创。不仅如此，第 21 版的柞字，或释为封字异文，而封之本义乃古人之疆界①，研究者指出甲骨文封从土从丰，像植树土上以明经界，有封疆的意思，甲骨文有"一封方"、"二封方"、"南封方"皆当释为封疆之封。②《左传·定公四年》有武王分鲁公伯禽以"封父之繁弱"，杜注"封父，古诸侯也"。《史记·孝武本纪》讲封禅，提到"风后、封钜"，集解"应劭曰封巨，黄帝师"。《元和姓纂》卷一有"封，姜姓炎帝之后。封钜为黄帝师，胙土命氏。夏，封

---

① 见郭沫若《卜辞通纂》373 片考释及《释封》，后者转引自李孝定编述《甲骨文字集释》，"中研院"史语所 1970 年版，第 3993 页。

② 李孝定：《甲骨文字集释》封字按语，"中研院"史语所 1970 年版，第 3997 页。

父，侯国君也"之说，因而有研究者提出封父"因封而名"。① 可见这一制度来源于古俗，在商代应已存在，所以"我乍基方柞"可以理解为在基方作我疆界，反映了武丁拟伐灭基方，将其地并入商王朝的意图。

伐基方之战的将领主要是子商，但第23版中还有一条卜"尊雀惠宙羁基方"，尊，甲骨文作两手奉酉——酒器之形，多用为祭名，在此辞中当由"尊奉"之义引申为"协助"，即问由宙协同雀是否能达到"羁基方"的目的，反映在人事安排上曾有过的第二套方案。

战争经过颇费周折，同期卜辞中，还有不少"伐缶"、"戎缶"、"追缶"、"隻缶"、"执缶"的残辞。② 第23版卜辞反复卜问"基方缶作郭其鹵"、"基方缶作郭不鹵，弗吾"，鹵、吾之义不明，卜辞有"子商其鹵有祸"、"疾目不鹵"、"疾不鹵"③，可见鹵有为患、为害之意，但"作郭"为筑城郭则是明确的，可能基方缶据城郭坚守，给子商的攻取带来很大困难，因而计划用某种方法摧毁其城垣。对于选择决战的日期，也经过反复斟酌，既考虑自"壬寅至于甲辰"能否"戈基方"，又斟酌癸卯、甲辰、乙巳哪一天为好。从第24版可知最终决战并未选择在这三天，而选择了第五天的丁未，而23版的最后一条所记"至于丁未戈"当为验辞，记载这一天出战并取得了胜利。6日后的卜辞有：

25. 癸丑卜，争，贞亞缶于大子。
癸丑卜，争，贞勿亞缶于大子。
甲寅卜，乎子汰酒缶于冥。
甲寅卜，勿乎子汰酒缶于冥。
……于商酒缶。
壬申卜，骰，翌乙亥子汰其来。
子汰其为甲戌来。（《合集》3061正）
缶隻用。（《合集》3061反）

这组占卜前后延续20日，第一条缶前一字不识，像器物形，疑即罂字。该

---

① 饶宗颐：《殷代贞卜人物通考》，香港大学出版社1959年版，第614—615页。
② 《合集》6868、6869、6871—6874、2052。
③ 《合集》2954、13628、13826。

字甲骨文作🉐，亦为器物之形，在这条卜辞中表示一种用牲之法，借为《说文》解作"柯伐也"的"斩"；或释《说文》解作"砍也"的斲。① 斲缶和辞中的"酒缶"与卜辞常见的"斲羊"、"酒羌"② 一样，都是用人、畜献祭，最末一条"缶隻用"当为验辞，进一步证明了缶是被捕获并遭杀祭。其他几条辞表明执行杀缶祭祖典礼的是子汰，地点是在冥或商，由于当时子汰在远离王都，所以要"乎子汰"，而子汰最早也要到两旬以后的乙亥或甲戌才能到来，可见荐俘之礼不一定在凯旋后立即进行。

这次历时 4 个月的战争是最终平定基方之战，但缶与商的战争当不只这一次，卜辞还见：

26. 庚寅贞，敦缶于罥戈，右旅在□，一月。
    甲午卜王叀宫……（《合集补编》6625）
27. 在罥。（正）
    己未卜，弗鞎缶。
    己未卜，鞎缶。二月。允鞎。（反）（《合集》20385）

罥与罚当指一地，从一月庚寅到二月己未相距 30 日，两辞可能是同一年的事。但前第 6 辞一月有"己未"，二月不可能再有己未，所以 22、23 辞与上述一组征伐卜辞不可能是同一年遗存，应属另一次战争。

武丁伐灭基方缶以后，缶和罚也纳入了商王朝的四土范围内，如武丁卜辞见"罚受年"、"罚不其受年"，还有"子娟"、"贞娟祸凡有疾"以及"己丑乞自缶五屯，𡆥示三屯。岳"的记事刻辞③，帝乙帝辛卜辞有"在缶贞王旬亡祸"，还有"𠃌侯"。④ 说明在基方的土地上重新册立"𠃌侯"，作为商王朝的统治支柱；很可能还将子姓的王族派驻缶地，袭用缶为氏，卜辞见有"甲辰卜，争，贞缶其蕴"⑤。还有"缶隻豕"、"缶不其隻豕"、"缶

---

① 分别见唐兰《殷墟文字记·释良狼》、于省吾《双剑誃殷契骈枝续·释斲》。
② 《合集》271，《丙编》328。
③ 《合集》9774、9775、10579、13864、9408。
④ 《英藏》2532，《合集》36525。
⑤ 《合集》17100，释读现本章第一节。

隻兕"①，反映了与商王的密切关系。

此外，武丁时还有一组缶参与征伐的卜辞，如"戊戌卜，扶，缶中行征方，九日丙午菁"、"壬寅卜，扶，缶从，方允执。四日丙午菁方不隻"。② 反映缶的军队在维护商王朝北境安全方面起着重要作用，由于缺少系联关系，目前无法判断究竟是在伐基方以前，还是平定基方以后，但是一般认为自组卜辞时代稍早，贞人"扶"正属于这一组。如果这一判断不误的话，缶在叛商以前就是商王朝在北方的一个重要的军事据点。

（三）小结

有关𢦏宙、征基方缶的卜辞，存在同版关系，以时间为序，可综合排谱如表3—4：

表3—4

旬	月	日	宙	基方缶	其他	出处
甲申旬	十二月	辛卯卜	王敦宙受又。			《合集》20530
甲午旬						
甲辰旬	十二月	壬子卜	㱿贞我𢦏宙。		王占曰吉，𢦏。旬又三日甲子允𢦏。	《合集》6830
		壬子卜	争贞自今日我𢦏宙。			《合集》6834
		癸丑卜	争贞自今至于丁巳我𢦏宙。		王占曰丁巳我毋其𢦏，于来甲子𢦏。旬有一日癸亥车弗𢦏，之夕皿甲子允𢦏。	《合集》6834
甲寅旬		戊午卜	㱿贞我其乎禽宙𢦏。我禽宙𢦏。			《合集》1027
	一月	己未卜		㱿贞缶其𩂣我旅。缶不我𩂣旅。		《合集》1027

① 《合集》10240、10241、20732。
② 《合集补编》6783，《合集》20449。

续表

旬	月	日	宙	基方缶	其他	出处
	一月	己未卜		㱿贞缶来见王。缶不其来见王。	㱿贞王梦蛊隹祸。王梦蛊不隹祸。	《合集》1027
甲子旬		甲子	允𢦏宙。			《合集》6834验辞
		乙丑卜	内，我弗其𢦏宙。			《合集》6832
	二月	丁卯卜		㱿贞王敦缶于羁。		《合集》6863
甲戌旬		己卯卜		㱿贞基其戎。		《合集》6581
	二月	庚辰卜		㱿贞，王敦缶于羁。		《合集》6864
		辛巳卜		争贞基方戎。		《合集》6572
甲申旬		乙酉卜		王敦缶受又。		《合集》20524、20527
甲午旬	三月	丁酉卜		㱿贞王惠乙敦缶𢦏。		《合集》6867
甲辰旬						
甲寅旬	三月	庚申卜		王贞隻缶。王贞雀弗其隻缶。雀弗其隻缶。	王贞余伐不。余勿伐不；余伐不。余勿伐不。	《合集》6834
		癸亥卜		㱿贞我史𢦏缶。我史毋其𢦏缶。㱿贞翌乙丑多臣𢦏缶。多臣毋其𢦏缶。		《合集》6834
甲子旬		乙丑卜			㱿贞子商弗其隻先。	《合集》6834

续表

旬	月	日	宙	基方缶	其他	出处
甲戌旬		甲戌卜		㱿贞雀人子商征基方克。		《合集》6573
		乙亥卜		内贞今乙亥子商䏁基方𢦏。弗其𢦏。	㱿贞雀㞢乍祸。雀亡乍祸。	《合集》6577
		乙亥卜		㱿贞〔子〕商弗其𢦏〔基〕方。		《合集》6580
		辛巳卜		令雀□其敦缶。		《合集》20526
	四月	癸未卜		内贞子商𢦏基方缶。弗其𢦏基方缶。	内贞子商㞢保。子商亡其保。	《合集》6572
甲申旬	四月	乙酉卜		内贞子商𢦏基方。		《合集》6570
		丙戌卜		内，我乍基方怍。		《合集》6570
		丙戌卜		㱿贞我□基方〔其〕𢦏。		《合集》6576
		辛卯卜		㱿贞基方乍𩫖不鬲，弗吾。		《合集》13514
		辛卯卜		㱿贞勿鼎基方缶乍𩫖子商𢦏。		《合集》13514
	五月	辛丑卜		㱿贞今日子商其䏁基方缶𢦏。其䏁基方缶弗其𢦏。		《合集》6571
		壬寅卜		㱿贞自今至于甲辰子商弗其𢦏基方。𢦏基方。贞子商不首𢦏基方。		《合集》6571

续表

旬	月	日	宙	基方缶	其他	出处
		壬寅卜		殼贞自尊雀惠，禽摹基方。		《合集》6571
	五月	壬寅卜		殼贞曰子商敦癸敦。曰　甲敦。曰子商于乙敦。		《合集》6571
甲辰旬		甲辰卜		殼贞翌乙巳日子商敦。至于丁未戈。		《合集》6571
		丙午卜		沐，翌丁未子商戈基方。		《合集》6578
		癸丑卜		争贞复缶于大[子]。勿复缶于[大]子。		《合集》3061
甲寅旬		甲寅卜		乎子汰酒缶于冥。勿乎子汰酒缶于冥。于商酒缶。		《合集》3061
甲子旬		辛未卜			争贞我伐猙，在兮。	《合集》3061
		壬申卜		殼，翌乙亥子汰其来。子汰其为甲戌来。		《合集》3061
				缶隻用。(反)		《合集》3061

以上卜辞所排的日程，大体符合商代一个月为29—30天的认识，但也存在一些问题。从第五旬以后看，假设武丁敦缶之年丁卯为二月的第一天，至"三月丁酉"之前正30日；假设三月29日，则为丁酉至乙丑；四月30日，则为丙寅至乙未；五月为丙申至甲子；六月为乙丑至甲午，完全可以将有月份和日干支的卜辞排入。

然而在第五旬以前，假设某年十二月壬子为此月最后一天，则次年一月（即在十二月壬子至二月丁卯之间）仅一旬又4天，14天与一般月份的29—

30 天相差颇多。或认为该年有十三月①，按干支排入，要增加六旬，减去十三月和可能入十二月的日数，一月的日数还近四旬，仍然与常例有差距。为解决这个问题，研究者将十三月朔定在甲子，一月朔为甲午，以下各月皆为29—30 天，这样可以将绝大部分有月份、有干支的卜辞排入，唯"十二月"辛卯只能排在十一月，从而提出"十二月"可能是误刻的推测，而且补入十三月前提是历组卜辞属于武丁时期、历组卜辞的"戋袖"即宾组的"戋宙"，这也是正在讨论的问题，难以定论，而在宾组卜辞中，找不到这场战争与十三月关联的例证。所以以上排谱涉及商代历法的问题尚且存疑。

二 伐豰、执亘

（一）伐豰

对东境小国的征讨比较大的战事是伐豰。其地一说在山东历城附近②，卜辞有：

1. 贞豰归其作戎。（《合集》6923）
2. 豰其钺。（《合集》7076 正）
   豰不其戋。（《合集》7076 反）
3. 贞豰伐棘，其戋。（《合集》6942，图 3—8）

从第 1 版卜辞可知，豰原臣服于商，曾来王来献，后起兵入侵周边小国。第 2 版正反贞的两条卜辞是问豰是否要兴兵；兴兵是否会得逞，造成伤害。第 3 版卜辞的棘，是曹的初文，前人考证多认为是卫之曹邑，《左传·闵公二年》"立戴公以庐于曹"、《诗·邶风·击鼓》"土国城漕"之曹（漕），即河南滑县南白马城。③ 但是《春秋·桓公五年》"冬，州公如曹"，杜氏注"曹国今济阴定陶县"。孔颖达疏引"《世本》曹国，伯爵谱云：曹，姬姓，文王子叔振铎之后也。武王封之陶丘，今济阴定陶县是也"。定

图 3—8　《合集》6942

---

① 夏含夷：《殷虚卜辞的细微断代法》，台湾师范大学等编《甲骨文发现一百周年学术讨论会论文集》，台北文史哲出版社 1999 年版。

② 唐兰：《殷墟文字记》，中国社会科学院历史研究所 1978 年油印本。

③ 见于省吾主编《甲骨文诂林》，郭沫若、陈邦福考证，中华书局 1996 年版，第 3012 页。

陶称曹可能很早，据记载"汤伐三朡曰曹"①，而武王灭商后又将其地分封给弟叔振铎②。若猏在山东历城附近，所侵伐之曹当为定陶之曹。

曹地在夏商周三代都是中原王朝竭力经营的镇抚东方重镇。三朡是夏朝忠实的与国，追随夏桀直至最后，周初实行封建亲戚以藩屏周的政策，同姓诸侯都封于前朝势力盘根错节的地方，今在定陶附近的菏泽安丘堌堆遗址发掘出从早商到晚商连续发展的文化堆积，早商的文化面貌与郑州等地非常相似，晚商则与殷墟文化大同小异。③ 遗址位于菏泽市东南12公里，现存面积45×55米，文化层4米以上，商文化始于相当二里岗上层偏晚阶段，一直到相当殷墟文化第四期，几乎没有间断，是全国其他商文化遗址中少有的④，可见几乎整个商代这里都有商人的聚落，不仅繁荣，和殷都关系也非常密切，显然也是镇抚东方的据点。正因为如此，武丁对曹地遭侵略十分关心，所以卜问猏伐曹"其戋"——是否会达到敌人预期侵略目的，并且组织力量前往讨伐。卜辞有：

4. 癸卯卜，宾，贞㞢猏祸我，粤戋。贞勿粤。（《合集》9507）
5. 乙丑卜，王，贞余伐猏。（《合集》6926、6927同文）
6. 甲申卜，王，贞余征猏。六月。（《合集》6928）
7. 丁未［卜］，王，贞余首隻猏。六月。（《合集》6943）
8. 乙亥卜，敵，贞勿伐猏。（《英藏》604）
9. 辛未卜，争，贞我伐猏，在酉。（《合集》3061）
10. 丁丑卜，敵，贞我伐猏。（《合集》6929）
11. 王往罙伐猏。（《英藏》602）
12. 己卯卜，贞叀罙伐猏。（《合集》6934）

第4版卜辞，粤，有薄、迫的意思，卜辞有"水其粤兹邑"、"㞢家祖乙佐王"、"我家祖辛佐王"的连续占卜，当为"洹水迫近商邑，将造成灾害"而呼求

---

① 冯麟、王桂等修，曹垣纂：《定陶县志》引《汉书》说，民国五年（1916年）刊本。
② 《左传·僖公二十八年》"曹叔振铎，文之昭也"杜注。
③ 邹衡：《论菏泽（曹州）地区的岳石文化》，《文物与考古论集》，文物出版社1986年版。
④ 《菏泽安丘堌堆遗址发掘简报》，《文物》1987年第11期。

祖先庇佑①，在此可以理解为逼近、出击，问獋起兵伐我，要不要出击。"勿粤"与第8版"勿伐"有相近之处，都是反卜。卜辞中余、我有作族名、人名的，但第5—7辞都是王贞，卜辞中的"余"应是自称，此外，还见"自征獋"②，应是"王自征獋"的残辞，这些和第11版一样，都表示王拟亲征，"余昏隻獋"的占卜，更表达了亲手擒获叛乱者的希望。第9、10版卜辞的"我"若为代词，则代表商王朝，若为名词，则反映武丁可能准备调集"我"族的族军伐獋。值得注意的是第9版同版有关于杀祭缶的卜辞和验辞，反映平定了基方缶，就开始计划伐獋，但这两场战争不是在同一年连续进行的，因为如表3—4所示，伐缶之年的六月在乙丑至甲午，当包括甲子、甲戌、甲申旬，伐獋之年，从第6、7版看，六月在甲申至丁未前后，当包括甲申、甲午、甲辰旬。第11、12版"罙伐"，是深入进击的意思。③除了王亲征的卜辞外，武丁还考虑要调动亘、沚、雀、多子族等将领或精锐的族军出征，如：

13. 庚寅卜，殼，贞乎雀伐獋。(《合集》6931)

14. 雀伐獋。(《英藏》603)

15. 贞叀多子乎伐獋。(《英藏》601、《合集》6933同文)

16. 乙酉卜，贞乎亘比沚伐獋。(《合集》6937)

17. 贞亘不昔戈獋。(《合集》6938)

18. 癸巳卜，贞亘戈獋。八月。(《合集》6939，图3—9)

19. 戊午卜，争，贞亘戈獋。贞亘弗其戈獋。(《合集》6947)

20. ……亘……覃獋。(《合集》6940)

图3—9 《合集》6939

以上第13—16版的卜辞呼令雀、多子、沚伐獋仅见卜辞，不一定实际投入

---

① 见于省吾主编《甲骨文字诂林》姚孝遂按语，中华书局1996年版，第1615页。

② 《合集》6930。

③ 《中国大百科全书》中国文学卷第296页裘锡圭撰写"甲骨卜辞"，转引自于省吾主编《甲骨文字诂林》，中华书局1996年版，第2672页。

了战争，而对亘不仅有"乎伐"，还有"弋獋"、"鞏獋"，可见主要是亘实际参与了征伐。从这些关于是否能重创或擒获敌人的卜辞看，战争以獋被伐灭而告终。此后这一国族销声匿迹，而在商王出入往来之地出现了罩，或许将该族之地纳入了商王朝的版图。伐獋解除了对曹的威胁，在商末的卜辞中曾见"在曹贞，王步于瀑"①，说明帝乙、帝辛巡狩东方继续以曹作为据点。

（二）执亘

在对獋之战尚未结束时，亘方又作乱。上节伐獋所引第 7 版卜辞，契刻于一大版龟腹甲的甲桥部位，内容是六月丁未王亲贞问是否能擒获獋，该辞同版，还有一组有关亘方作乱的卜辞：

21. 壬申卜，㱿，贞亘戎其弋我。
　　壬申卜，㱿，贞亘戎不我弋。七月。
　　癸酉卜，㱿，贞盲亡在亘。
　　癸酉卜，㱿，贞盲由（咎）。
　　甲戌卜，贞我马及戎。贞弗其及戎。（《合集》6943）

亘方，一般认为其地在今山西垣曲西②，武丁卜辞有"甲申卜，贞甾及亘方"③。甾，人名；及，为逮、至的意思④，卜辞还有甾报告吾方动态的内容⑤，当在殷之西北境。武丁卜辞中有不少涉及亘的卜辞和记事刻辞，贞人亘更是武丁宾组贞人集团的核心人物之一，但在武丁时也发生过对亘的军事征伐。相关卜辞还有：

22. 贞亘其鮺佳戎。（《英藏》424）
23. ［壬］申卜，㱿，贞亘戎［不］佳我為，其终于之。（《合集》6944）
24. 壬午卜，㱿，贞亘弗其弋鼓。

---

① 《前编》2.5.5。
② 陈梦家：《殷虚卜辞综述》，科学出版社 1956 年版，第 298 页。
③ 陈梦家：《殷虚卜辞综述》图版贰贰沐园藏骨拓本，科学出版社 1956 年版。
④ 见《说文》、《广雅·释诂》。
⑤ 《合集》6063、6078、6079、6131。

> 壬午卜，㱿，贞亘允其戋鼓。八月。
> 兄丁㞢王。兄丁弗㞢王。
> 兄丁㞢亘。兄丁弗㞢亘。（《合集》6945）

第 21—23 版都有亘"隹戎"或"亘戎"，戎为动词，表示起兵作乱。第 22 版"㲋"，含义不明，其他卜辞中还有"不其㲋"，多作动词，研究者有作祭名、当"渔"字用、当班赐讲等诸说①，但皆难解释此辞。不过，此辞中"隹戎"含义却是明确的。第 23 版㐰字不识，从行文看似有灾咎之义②，卜问为患是否到此为止，透露出其作乱在七月壬申之前。第 21 版的第一组对贞再次卜问亘作乱是否为患；第二组占卜时间在次日，问亘是否有咎，也与亘有关；第三组为第三日甲戌占卜，"我马及戎"指派出的军队是否与敌人遭遇，辞中的戎为名词，在此指作乱的敌人，从连续占卜看，可能与"亘戎"有关。第 24 版为九日以后的八月壬午，是否"戋鼓"的占卜反映此前亘已入侵鼓，因为在这一前提下，武丁才会卜问亘侵鼓是否得逞。所以乙亥至壬午大约是亘进一步侵袭鼓地的时间。该版对兄丁"㞢王"，还是"㞢亘"的反复卜问，表明在和亘发生冲突后，武丁关心兄丁的英灵究竟站在自己一边，还是亘的一边。

以上，亘方起兵侵犯之地有鼓、亩、我等。鼓，常见于武丁卜辞，如"王步于鼓"、"王勿于鼓次"、"在鼓"③，可见鼓是商王往来巡省、师次的驻地。亩，见于骨臼记事刻辞④，知该族有人入朝供事，参与卜用甲骨的祭祀与加工整治。卜辞还有"贞令王族比亩㲋叶王事"、"贞惠多子族令比亩㲋叶王事"⑤ 等。"亩㲋"当为该族的代表人物，曾协同王族、多子族一道勤劳王事。同期卜辞还有啇，可能与亩属于同一族属⑥，除了频繁地出现于各种王事活动的卜辞外，还有关于"啇受年"的反复卜问⑦，可知亩（啇）必为商王朝四

---

① 参见于省吾主编《甲骨文字诂林》，中华书局 1996 年版，第 1749—1752 页。
② 于省吾主编：《甲骨文字诂林》姚孝遂按语，中华书局 1996 年版，第 1706 页。
③ 《合集》8291、7355、8289。
④ 《合集》5056 臼。
⑤ 《怀特》71、《合集》5450。
⑥ 《甲骨文合集释文》将亩、啇均隶定为亩。
⑦ 《合集》9810。

土之内的一个强宗大族。"我"在卜辞中有两种用法，一为代词，指以商王为代表的商王朝；二为名词，是一个国族名、地名。亘方侵犯的鼓、宙属于商王朝的版图，所以第1、3辞的"我"都可能是代词，指商王朝廷。但是第4版同版还有"勿乎我人先于穗。乎我人先于穗"的对贞，辞中的"先"指前驱，可见亘方起兵以后，武丁曾有调动"我"族的族众为先导的军事部署，因而不能排除第1辞"亘戎其戋我"之"我"为国族名的可能。

以上四版皆为宾组卜辞，时间有七月和八月，日干支有壬申、癸酉、壬午，前后相距一旬，很可能是较短期间内的连续占卜。还有一些可能在八九月前后的卜辞，如：

25. ……戋羍亘戋。(《合集》6939，见图3—9)
26. 丁巳卜，㱿（反）贞犬追亘业及。
    贞犬追亘亡其及。(正)(《合集》6946)

第25版卜辞同版有"癸巳卜，贞羍戋獋。八月"、第26版卜辞同版有"丁卯卜，争，乎雀□戎埶。九月"，所以第25、26两辞占卜时间当在此前后，第25版卜辞干支残缺，但卜辞还见有：

27. ［戊］戌卜，宾，贞戋执亘。(《合集》6951反)

干支恰在八月癸巳与九月丁卯之间，又，前第21辞同版也有六月丁未关于"隻獋"的占卜（见第7版卜辞），总之，总体考察第21、24—27版甲骨卜辞的占卜事类及干支纪日，当为同一年的遗存，可以推断在亘方起兵后不久，商王曾派戈、犬抓捕叛乱者。

伐亘卜辞还有一组是在十二月前后，如：

28. □亥［卜］，㱿，［贞］我［其］隻𣪠亘。
    ［贞］我［弗］其隻𣪠亘。
    ［壬寅卜］，㱿，贞乎雀衔伐［亘］。
    壬寅卜，㱿，贞勿乎雀衔伐［亘］。
    ［贞雀］亡祸。贞雀亡祸。
    壬寅卜，争，贞翌［丁］未［王］勿［步］。

贞王惠翌乙巳步。贞今十二月我步。

贞于生一月步。(《合集》6949)

29. 癸卯卜，㱿，贞乎雀衒伐亘戋。十二月。

勿乎雀衒伐亘，弗其戋。

辛□［卜］□贞［乎雀］先。

勿［乎］雀［先］。

甲辰卜，宾（反）贞翌丁未王步。(《合集》6948)

30. ［己亥卜，争，贞令］隻执亘。

己亥卜，争，贞令弗其隻执亘。

辛丑卜，㱿，贞戌不其隻亘。

贞戌隻。

乙巳卜，争，贞雀隻亘。

乙巳卜，争，贞雀弗其隻亘。

丙午卜，㱿，贞翌丁未王步。

翌丁未王勿步。丁未启。

辛亥卜，㱿，贞雀［其］隻亘。（正）

翌丁未王步。（反）(《合集》6952)

31. 今十二月戌亘。(《京津》1370)

第 28、29 两版皆有"乎雀衒伐亘"，衒伐，或以为指戈伐[1]，占卜时间分别为壬寅、癸卯，干支相差一日，且两版都记有"十二月"，可见是连续占卜。第 30 版虽然没有记"十二月"，但是第 28—30 三版都有"丁未王步"的占卜内容，分别为壬寅、甲辰、丙午，即丁未的五天、三天、一天前。说明这三版卜甲是同时的遗存，戌参与了对亘的军事行动，也在十二月或稍早一些时候，相关卜辞还有"戌眔亘"[2]。第 28—31 版卜辞中的"步"，一般理解为步伐，"丁未启"为验辞，记载王确于这一日出师，而且从第 8 版"贞王惠翌乙巳步。贞今十二月我步。贞于生一月步"地连续占卜，可知辞中的"我"指以武丁为代表的商王朝。将"今十二月我步"和第 31 辞"今十二月戌亘"联系起来考察，很可能最后商王亲自出动平定亘方的动乱。

---

[1] 参见刘钊《卜辞所见商代的军事活动》，《古文字研究》第十六辑，中华书局 1989 年版。

[2] 《合集》6950。

在这过程中，参与军事行动的有戈、戉、犬、雀等，他们除了受命于王出征外，常见参与其他王事活动，尤其是雀更是武丁时的重臣，在有关伐亘的卜辞中，出现也最为频繁，如：

32. 戊午卜，㱿，贞雀追亘……
    戊午卜，㱿，贞雀追亘㞢隻。
    戊午卜，㱿，贞雀追亘……
    己未卜（反）贞亘不果隹执。
    贞亘其果隹执。
    庚午卜，争，贞亘执。
    庚午卜，争，贞亘不其执。
    贞亘不其执。
    贞亘执。（《合集》6947）
33. 贞雀弗其执亘。（《合集》6953）
34. ［辛］亥卜，□，贞自今［至于］乙卯雀［执］亘。（《合集》6954）
35. 辛巳卜，㱿，贞雀得亘我。
    辛巳卜，㱿，贞雀弗其得亘我。（《合集》6959，图3—10）
36. 令雀敦亘。（《合集》6958）

第32—36版均为卜问雀是否追、隻、执、得亘，与前第25—27版及第30版关于戈、犬、戉能否追及擒获亘的用语是相同的。第36版则使用了征伐用语"敦"，敦训为"迫"，敦伐与第28、29版的戈、伐均为具体手段有所不同的军事征伐。用语的不同，不仅反映了在这场战争中雀起的作用超过了其他将领，而且"衔伐"出现在十二月，意味着后期战争曾有升级。

值得注意的是第35辞"雀得亘我"，如前所述，辞中的"我"当读为"宜"[①]，卜雀是否得到与亘作战的适宜时机，而同版同一日、同一贞人的卜辞还有："贞乎雀敦桑"、"贞乎雀敦［壴］"、"贞乎雀伐巺"，预示出亘方尚未平定，更多地方却又发生动乱，因此需要通过占卜解决将雀派往哪一个战场。同时，在武丁期宾组以外的卜辞中，还有：

---

① 从裘锡圭说，见裘锡圭《释"求"》，《古文字研究》第十五辑，中华书局1986年版。

图 3—10　《合集》6959

37. 辛亥贞，雀执亘受又。（《合集》20384）
38. 癸丑卜，[雀] 隹（隻）亘受 [又]。九月。① （《合集》20175）
39. 癸亥卜，亘弗月征雀。
    癸亥卜，亘其月征雀。（《合集》20393）
40. 癸亥卜，亘弗月雀。
    丁卯卜雀隻亘。（《合集》20383）

从干支及内容看，应为一组时间相近的连续占卜。第37、38辞的卜日干支辛亥与癸丑相隔一日，反映至迟在九月，雀已受命抓捕亘方代表人物，第38、39辞卜日干支相距一旬，第39、40辞的"月"作动词，郭沫若说可

---

① 根据残辞互补复原，同版对贞残辞为"癸……雀……"

"叚为拐,《说文》拐,折也"①,可知派雀去抓捕亘的行动也受到挫折。这可能是后期战争升级的原因。

武丁伐亘的结局,在已知的甲骨文中没有更多的记载,只知道武乙文丁卜辞有"至亘方"、帝乙帝辛时有"在亘贞"②,廪辛康丁卜辞中也有"弜宣方燎"③,此宣方很可能就是亘方,因为从文字看,曾侯乙钟铭文中的律名"宣钟"也写作"亘钟",据考,二字皆从"亘"声,故可通用④,在甲骨文中也存在同一字有加偏旁或不加偏旁的两种写法,如⃞、⃞,是不加宀的叚、鑿二字之繁体。⑤ 而《逸周书·世俘》记载,武王甲子灭商之役以后,至回师途中,为巩固胜利成果,七次部署兵力伐商属国,其中就有宣方。这说明亘方不仅存在至商末,而且是商王朝统治支柱之一。

对于武丁对亘方战争的性质,学术界一种看法认为是"伐鬼方三年克之"的总斗争的一部分。⑥ 它源于陈梦家提出"卜辞亘即《汉书·地理志》之垣,今垣曲县西廿里","春秋时代的赤狄即殷代的鬼方,垣之附近在春秋为赤狄皋落氏之都,可能此本为鬼方盘踞之地"。⑦

然而,全面考察有关亘和亘方的甲骨文资料,可以清楚地看到亘与商王朝、商王族有着极为密切的关系。首先,武丁卜辞有如"亘入十"、"贞亘执棐"、"贞亘亡祸"⑧,可知亘方的代表人物不仅有进贡占卜用龟的记录、有参与追捕逃亡奴隶的卜辞,武丁还十分关心他是否有祸。从大量的卜辞可知,有祸、无祸的占卜对象以王为代表的商王朝为主,还有王室贵族及重臣,如子商、我、雀、般、光、西史旨等,属于商王朝统治集团的成员。尤其值得注意的是,如前列第 4 版所示,当亘入侵鼓地,武丁有"兄丁耄王。兄丁弗耄王"、"兄丁耄亘。兄丁弗耄亘"的反复卜问。耄,常见于卜辞,可读为

---

① 郭沫若:《殷契粹编》1553 片考释。

② 《合集》36751。

③ 《合集》28003。

④ 裘锡圭、李家浩:《曾侯乙墓钟、磬铭文释文与考释》,中国社会科学院考古研究所所编《曾侯乙墓》,文物出版社 1989 年版,第 558 页。

⑤ 见于省吾主编《甲骨文字诂林》2034、2036 页。

⑥ 张亚初:《殷墟都城与山西方国考略》,《古文字研究》第十辑,中华书局 1983 年版。

⑦ 陈梦家:《殷虚卜辞综述》,科学出版社 1956 年版,第 176 页。

⑧ 《合集》9289、575、10184。

"害"①，主要指帝和包括祖神在内的诸天神地祇降下的伤害。从大量卜辞看，"耑年"以及云雨者，主要是帝、自然神、先公远祖；"耑王"者，主要是先公先王先妣、旧臣等；降害于诸子者主要是父辈的先王先妣；降害于多妇者以女性祖先为主。在武丁卜辞中，父乙、母庚作为时王生父及其法定配偶，卜问他们是否为"耑"的卜辞数量多、范围也最广，说明施"耑"与被"耑"还与血缘亲疏有关。而被"耑"者除以王为代表的商王朝外，主要是诸妇、诸子，如妇好、妇井、子安、子渔、子美等。② 在这类卜辞中，仅有少数不称"子"者，如亘、皋，还有吴③，但皋有"子皋"之称④；吴有"御吴于妇"⑤ 的卜辞，祭祀王妇为他禳灾，可见吴与王族有关；至于亘则有"兄丁耑亘"与"兄丁耑王"并卜。由此可见，是否有"耑"的卜问对象不仅属于统治集团的成员，而且是与商王族有亲缘、乃至血缘关系者。这就说明，武丁征伐过的亘不当属于鬼方的方国。

同时，目前虽难判定亘方代表人物贡龟及参与追捕逃亡奴隶的时间，是在武丁伐亘之前还是以后，但可以知道贞人亘长久受到武丁的重用。武丁伐亘，多见雀参与其事，一般认为属于武丁前期，而亘贞卜辞中既有可能死于武丁前期的妇好，又有武丁后期的伐舌方等内容。从占卜事类看，包括"国之大事"的方方面面，充分说明亘方之乱平定以后，亘族的贞人仍然受到武丁的信任。不仅如此，在亘贞的卜辞中还有"□戌卜，亘，贞余弘祟"⑥，余，在宾组大量用作第一人称代词，即王自称，往往见于王亲贞卜辞，如"庚子卜，王，贞余亡耑"。⑦ 所以"余弘祟"反映亘是代王贞问，这在宾组卜辞中是极少见的，这进一步反映了亘族与王族有非同一般的关系。

不仅如此，这种关系在亘地也有反映，武丁卜辞有：

41. 乙亥［卜］，贞醫衣于亘冓雨。十一月在甫鲁。(《合集》7897)

---

① 裘锡圭：《释"蚩"》，见裘锡圭著《古文字论集》，中华书局1992年版，第11—16页。
② 子美见：《合集》12939。
③ 《合集》4015。"吴"，甲骨文作㦱，为表示人名、族名的死文字，为印刷方便，仅代之以吴。
④ 《合集》3226。
⑤ 《合集》13740。
⑥ 《合集》4997。
⑦ 《合集》5002。

衣，在此辞作祭名，问在亘举行衣祭是否会遇雨。吴其昌说"'衣'者，商代之大祀，胪列诸代先王先妣而合祭之也"①，卜辞有"自上甲衣至于多后亡尤"、"彡于祖乙衣亡巷"、"业彡岁自母辛衣"、"贞勿衣燎于河"②，所以衣祭虽然不一定都是诸代先王先妣的大合祭，也应是合祭或比较大型庄重的祭祀。殷墟甲骨文中屡见衣祭，但记祭祀地点不多，帝乙帝辛有在"天邑商公宫"进行衣祭的卜辞③，武丁则在亘举行衣祭，无疑反映亘地的重要性。

甲骨文中亘族、亘地的特殊地位与考古发掘出的垣曲商城的重要地位正相呼应，商汤灭夏以后，经略"有夏之居"，建垣曲商城作为镇守、开拓北方的据点，从而派驻重要的王族成员也是很自然的。垣曲商城建于二里岗期，同样在二里岗期出现亘字铭文的铜器，如中国国家博物馆所藏亘鬲，"形状、铜质、花纹和郑州杨庄出土的一个商代早期铜鬲非常相似"，"很有可能是在郑州附近出土"。内壁唇沿处有一"亘"字（图3—11：1），长期以来一些学者疑为伪铭，没有引起充分的注意。④然而联系金文亘或从亘的洹、宣、趄等字（图3—11：2—7），释亘是可信的。这说明"亘"族在商代早期当已经存在，而且与王朝的统治中心有密切联系。

图3—11　1亘鬲，2—6曾侯乙钟，7秦公簋⑤

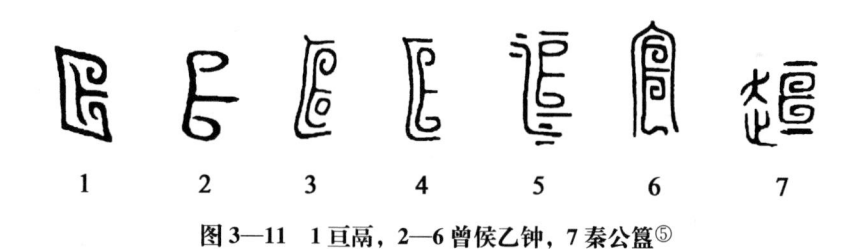

亘与商王族的密切关系，说明武丁伐亘的性质当与内部权力之争有

---

① 见于省吾主编《甲骨文诂林》，引王国维、饶宗颐、吴其昌说，中华书局1996年版，第1903—1908页。

② 《合集》22623、22914、23429、14572。

③ 《合集》36542。

④ 中国美术分类全集：《青铜器全集》第1卷，夏商1·五一，亘鬲，文物出版社1996年版；石志廉《商戍鬲》，《文物》1961年第1期。

⑤ 分别见中国社会科学院考古研究所编著《殷周金文集成》447、321.7—8、328.5—5、325.6—7、321.7—8、293.4—7、4315.1—7，中华书局1994年版。

关，不属于三年伐鬼方总斗争的一部分。集中地体现了在古代社会的兵刑不分，以兵戎相见者，不一定就是敌国，武丁征伐卜辞涉及百余方国、地名、族氏，不乏武丁王朝中的常见或重要人物，说明"九世之乱"以后，成汤建立的商王朝日益衰落，原臣服的小国纷纷叛离，就是派出镇守、开边的官吏，也逐渐成为一方侯伯，不再服从商王的统辖，武丁继位后，四出征讨，其中有一部分属于用武力迫使叛离者归附。伐亘的战事持续约半年，这与武丁在位的59年相比是相对短暂的，商代战胜异族方国往往将其首领用于献俘，如伐基方缶，而对亘方，虽有不少"隻亘"、"执亘"的卜辞，却不见杀亘以祭的迹象，反映出发展起来的地方势力与中央政权会有矛盾和斗争，尤其是中央政权衰落之时，但共同的血缘又使他们保持着千丝万缕的联系，所以尽管亘商关系错综复杂，一度反叛，但最终仍归复为商王朝支柱之一，这或与《史记·殷本纪》所说"武丁修政行德，天下咸欢"的政策有关。

（三）小结

伐𤼣、执亘卜辞也存在同版关系，主要根据有月份的卜辞，可知其进程的框架大体如表3—5：

表3—5

旬	月	日	𤼣	亘	其他	出处
甲申旬	六月	甲申卜	王贞余征𤼣。			《合集》6928
甲午旬						
甲辰旬	六月	丁未卜	王贞余𠂤隻𤼣。			《合集》6943
甲寅旬						
甲子旬		乙丑卜	余伐𤼣。			《合集》6926、6927
	七月	壬申卜		㱿贞亘戎其戋我。亘戎不我戋。		《合集》6943
		□申卜		㱿贞亘戎不隹我𢦏，其终于之。		《合集》6944
		癸酉卜		㱿贞䎽亡在亘。䎽由（咎）。		《合集》6943

续表

旬	月	日	獏	亘	其他	出处
甲戌旬		甲戌卜			贞我马及戎。弗其及戎。	《合集》6943
	八月	壬午卜		般贞亘弗其戋鼓。允其戋鼓。	兄丁岜亘。兄丁弗岜亘。乎我人先于缌。勿乎我人先于缌。	《合集》6945
甲申旬		甲申卜			争贞曰：雀翌乙酉至于缌……	《合集》6939
		乙酉卜	贞乎亩比沚伐獏。			《合集》6937
	八月	癸巳卜	戋獏	同版：戈犂亘戋。		《合集》6939
甲午旬		丁酉卜			般贞雀……	《合集》6951
		戊戌卜		宾贞戈执亘。		《合集》6951
甲辰旬		辛亥贞		雀执亘受又。		《合集》20384
	九月	癸丑卜		［雀］隻亘受［又］。		《合集》20175
甲寅旬		丁巳卜		般（反）贞犬追亘坐及。贞犬追亘亡其及。		《合集》6946
		戊午卜	争贞亩戋獏。贞［亩］弗其戋獏。			《合集》6947
		戊午卜			宾贞乎雀往于楙。勿乎雀往于楙。	《合集》6946
		戊午卜		般贞雀追亘坐隻。		《合集》6947
		己未卜		贞亘不果佳执。贞亘其果佳执。		《合集》6947（正反相接）
		癸亥卜		亘弗月雀。		《合集》20383
		癸亥卜		亘弗月征雀。亘其月征雀。		《合集》20393

续表

旬	月	日	獐	亘	其他	出处
甲子旬		甲子卜			争贞雀弗其乎王族来。雀弗其乎王族来。雀乎王族来。	《合集》6946
	九月	丁卯卜			争，乎雀䀠戍执。又同版：贞乎雀征目。	《合集》6946
		丁卯卜		雀隻亘。		《合集》20383
		庚午卜		争贞亘执。亘不其执。贞亘不其执。贞亘执。		《合集》6947
		庚午卜			王步	《合集》20393
甲戌旬						
甲申旬						
甲午旬						
甲辰旬						
甲寅旬						
甲子旬						
甲戌旬						
甲申旬						
甲午旬		己亥卜		争贞令隻执亘。令弗其隻执亘。		《合集》6952
		[己]亥卜		殻[贞]我隻𢦚亘。[贞]我[弗]其隻𢦚亘。		《合集》6949
		辛丑卜			殻贞戍不其隻。贞戍隻。	《合集》6952
		壬寅卜			殻贞乎雀衒伐亘。勿乎雀衒伐亘。	《合集》6949

续表

旬	月	日	𢀛	亘	其他	出处
	十二月	壬寅卜			争贞翌[丁]未[王]勿[步]。贞王車翌乙巳步。贞今十二月我步。贞于生一月步。	《合集》6949
	十二月	癸卯卜		㱿贞乎雀衔伐亘戈。勿乎雀衔伐亘弗其戈。		《合集》6948
甲辰旬		甲辰卜			贞翌丁未王步。	《合集》6948
		乙巳卜		争贞雀隻亘。雀弗其隻亘。		《合集》6952
		丙午卜			㱿贞翌丁未王步。翌丁未王勿步。丁未启。	《合集》6952
		辛亥卜		㱿贞雀[其]隻亘。		《合集》6952

此谱缺少十月、十一月的刻辞，而在甲子旬与甲午旬之间若补上八旬，自六月甲申（七月壬申）至十二月癸卯为 201 日，在 178—207 日的范围之内，所以六至九月和十二月对𢀛、亘的战事可能属于同一年。① 由于本框架主要是建立在有月份的卜辞上，其间有不少空旬，但如前所述，关伐𢀛、亘的卜辞很多，如伐𢀛还有：

  甲戌旬 乙亥卜 勿伐𢀛。（《英藏》604）
      丁丑卜 我伐𢀛。（《合集》6929）
      己卯卜 車㲋伐𢀛。（《合集》6934）
  甲申旬 庚寅卜 乎雀伐𢀛。（《合集》6931）
  甲午旬 癸卯卜 㞢𢀛豕我孚戈。（《合集》9507）

---

① 一般认为商代大月 30 日、小月 29 日，卜辞中记月之日不一定是该月的第一天或最后一天。

伐亘还有：

  甲子旬　甲子卜　亘隻。(《合集》7076)
  甲戌旬　辛巳卜　雀得亘我。(《合集》6959)
  甲辰旬　辛亥卜　执亘。(《合集》6904)
  　　　　辛亥卜　自今至于乙卯雀执亘。(《合集》6954)
  甲寅旬　丁巳卜　犬追亘㞢及。(《合集》6946)

再加上省略卜日干支的卜辞，可知表3—5中的空旬不一定是没有战事，但干支纪日为六十甲子循环，若无记月或同版等系联关系，排入旬谱必然有很多不确定性，就是整版甲骨上面每一条卜辞的先后次序，以今天的认识还不能准确复原，故暂缺。而可以考订月份的卜辞已经大体可以知道，伐𢧵约在六至九月前后；对亘的平定大约在七至十二月，经历半年之久。

三　敦⺅、戋周与其他小规模用兵
(一) 敦⺅

如前所述，在契刻着"戋宙"得胜的验辞和对"隻缶"反复占卜的同版有"贞呼嬴、⺅侯专祟权"，⺅或释失①，是国族名；权或以为就是见于《左传·僖公十年》晋国苹郑、苹豹之苹，为今山西境内的一个方国。② "祟"多表示施加灾咎之义，或借为杀③，这条卜辞反映武丁曾拟令"⺅侯"参与对权的军事行动。然而在同期卜辞中，⺅也曾被列为武丁的用兵对象。今见卜辞有：

---

① 参见赵平安《从失字的释读谈到商代的佚侯》，《中国社会科学院历史研究所学刊》第一集，社会科学文献出版社2000年版。对此字的释读有不同意见，前人多释先，或隶定为侁，认为是《左传》所载"商有姺邳"之姺(参见张亚初《金文考释例释》，《第三届国际古文字学研讨会论文集》，第261—288页，香港中文大学中国文化研究所、中国语言及文学系1997年版)。但甲骨文中，有作人名地名的"先"，写法有别于此字(参见罗琨《殷墟卜辞中的"先"与"失"》，《古文字研究》第二十六辑，2006年)，在此暂从赵平安说。

② 张亚初：《殷墟都城与山西方国考略》，《古文字研究》第十辑，中华书局1983年版。

③ 见李孝定《甲骨文字集释》按语，"中研院"史语所1970年版，第3000页。

1. 贞余勿乎□敦🀄㐅。(《合集》7018)

这是关于准备组织对㐅军事打击的卜辞，反映战事起于㐅不再听命于商王朝。

2. 癸丑卜，霁其克㞢㐅。(《合集》7024，图3—12)
3. 壬申卜，贞雀弗其克戋㐅。(《合集》53，图3—13)

图3—12　《合集》7024　　　　图3—13　《合集》53

4. 己卯卜，王，贞余乎🀄敦㐅，余弗🀄🀄。(《合集》7014)
5. 辛未，王令🀄伐㐅咸。(《合集》19957)
6. 庚戌卜，令比🀄伐㐅。(《合集》19773)

这是一组部署对㐅用兵的卜辞，从第2辞的王亲贞，第3、4辞的"王令"、"令"说明对㐅征伐的命令出自商王武丁，计划派遣的将领先后有霁、雀、🀄、🀄等。第2、3辞的同版残辞可以互补，可能是一骨之折或同时对同一事的连续占卜，经互补，可知先后还进行了"乙卯卜，乍🀄执霁"、"贞霁不亦来"、"□未卜，🀄众其丧"等占卜（见图3—10）。第2辞"㞢"字不识，在此用为动词，"克㞢㐅"与第3辞"克戋㐅"结构相类，均指军事行动。癸丑、壬申最少相距一旬，反映商王先后考虑派霁，还是派雀对㐅用兵更为相宜，而"霁不亦来"很可能反映霁抗命不从，所以武丁派🀄"执霁"，既抓捕。联系有关"丧众"的占卜,及同期卜辞中罗"㞢ᑉ"、"敦ᑉ"① 的内容,可见斗争形势错综复杂。第4、5辞都是指派ᑉ征伐᙭的卜辞,ᚎ字不识,该条卜辞的意思大约是调动ᑉ的武装力量去攻打᙭,而对ᑉ不作某种处置。第6辞反映曾考虑令某人协同ᑉ一起伐᙭。卜辞还见:

      7. □□禹□伐᙭受又。(《合集》7013)

可能是令某人"禹册"伐᙭的残辞,"振旅出征,必有册命",所以在征伐方国时,先要有主册命之臣禹述册命②,这应是在出征前告祭神灵典礼上的仪式,常见于对多方作战的卜辞中,伐᙭卜辞也有"禹册",说明对᙭的作战举行过郑重的出征仪式,伐᙭显然是武丁振兴王朝诸役中的一件大事。"᙭"作乱属于雀参与平定的事件,更联系同期卜辞所见一些国族时服时叛的政治形势,"伐᙭"当在武丁前期,是为振兴王朝而展开的一系列用兵之一,主将可能是ᑉ,数见"㞢᙭"、"ᑉ㞢᙭"的卜辞,还有"执᙭"③,战争当以᙭被擒而告终。

  值得注意的是甲骨文资料表明,"᙭"到商末仍是商王朝的与国,其首领人物称᙭侯,晚期或又作ᚏ,如:

      8. 辛亥卜贞᙭侯来七羌,翌甲寅ᙾ用于夫甲。十三月。(《合集》227,图3—14)

      9. 壬戌卜,争,贞乞令ᙾ田于᙭侯。十月。(《合集》10923)

      10. 辛□[贞],王□□皇田[于]ᚏ。(《合集》34239,图3—15)

第8辞表明᙭侯有义务向商王朝进献作为人牲的羌人,与之相关的是往往要受王命抓获羌人作奴隶或人牲,此外还要向商王进献占卜用的龟甲,如数见"贞᙭不其隻羌"、"᙭以五十"等卜辞和记事刻辞。④ 第9辞表明商王可以派

---

① 《合集》7026、7028。

② 参见于省吾《释禹册》,转引自于省吾主编《甲骨文字诂林》,中华书局1996年版,第3138页。

③ 《合集》5862。

④ 《合集》188、189、1779反等。

图3—14　《合集》227　　　　图3—15　《合集》34239

人到𢀳侯领地为王朝开辟耕地。第10辞是武乙文丁卜辞，占卜事类同于前一条卜辞，同期卜辞中还见有"𢀳侯"①，可见依然保持有"侯"的爵称。𢀳当为𢀳的繁体，在《甲骨文合集》分为武乙文丁卜辞中，还有"乙巳卜重𢀳令"、"乙酉令𢀳"②，依然保持早期的写法。

此外，祖庚、祖甲卜辞中有贞人𢀳③。从甲骨文看，𢀳与𢀳为一字，𢀳当为出身于𢀳族在王朝任贞人者，武乙文丁时的"𢀳"，更是该族世代供职于朝廷的代表人物。这就说明𢀳作为商与国或臣属不仅是在武丁伐𢀳之前，平定了𢀳地之乱以后，该国族重又臣服于商，继续保持与国的关系；也可能是擒拿了叛乱者之后，武丁重新任命亲信之人为𢀳侯，加强了对𢀳侯之地的控制。

(二) 戡周

振兴王朝的战争始于并且主要进行于武丁前期，但不限于武丁前期，戡周之举，研究者多认为是在武丁后期。

武丁卜辞中对于周称"周"或"周方"，占卜内容包括两个方面，一方面反映周是与国，其首领人物臣属于商，受命参与王事活动并得到商王的关

---

① 《合集补编》10419。

② 《合集》32906、32907。

③ 《合集》26697。

心；另一方面则反映出商也曾对周用兵。卜辞有"王叀周方征"、"方敦周"、"弗敦周"、"串弗戋周"、"其克戋周"①，反映商王对周有过征伐行动，周与其周边方国也有过军事冲突，由于资料太少，而且"征"并非仅用于征伐，所以这方面的情况目前知之甚少，可以确认的武丁对周用兵称"戣周"，卜辞有：

11. ……王其令……戣周，不……四月。(《合集》6823)

12. 甴令侯戣周，五月。(《合集》6821)

13. 己卯卜，允，贞令多子族比犬侯戣周叶王事，五月。(《合集》6812)

14. 贞令多子族眔犬侯戣周叶王事。
    贞令多子族以犬眔亩罚叶王事。(《合集》6813，图3—16)

15. 癸未卜，争，贞令放以多子族戣周叶王事。(《合集》6814，图3—17)

图3—16　《合集》6813　　　　图3—17　《合集》6814

16. ……以多［子族比］蒙侯戣周叶王［事］。(《合集》6817)

---

① 《合集》6657、6782、6824、6825、20508。

17. ……贞令旆比蒙侯戳周……（《合集》6816）
18. 贞叀🉂令比戳周。（《合集》6822）

戳，是甲骨文中表示征伐的动词之一，历来考证者颇多，一种比较贴切的看法是此字"即璞，于此当读为戳，戳、薄音近，故《诗》称'薄伐玁狁'"。①对于《诗·小雅·六月》"薄伐玁狁"、《出车》"薄伐西戎"之薄伐，前人多解释为"逐出之而已"、"薄之为言聊也，盖不劳余力矣"、"略震惧之也"、"薄伐则亦但问其罪，使之自服，而亦不假于兵力也"。②

从卜辞看，"戳周"确实也有类似的特点，如只有对周使用了这一征伐动词，只有在"戳周"的卜辞中，才有对派出者的阵容有如此多的斟酌。如：考虑的人选包括多子族、犬侯、蒙侯以及畗罞、放、旆、🉂等；阵容的搭配有"多子族比犬侯"、"多子族眔犬侯"、"多子族以犬眔畗罞"，还有"令放以多子族"、令某"以多子族比蒙侯"、"令旆比蒙侯"、"令🉂比某人"等；搭配形式，更有"比"或"眔"或"以"的种种考虑，在征伐卜辞中，以（或释氏）为挈，为统③；比当训为比次④；眔，同暨、及。所以如第13、14辞表明，即使是同一种组合，也还要仔细斟酌。是让多子族为前导、犬侯为后盾，还是让多子族与犬侯一道前往；抑或让多子族统领犬及畗罞人前往。众多方案的考虑、比较，以求得一个最佳方案，这在对其他地区用兵中较为少见，所以不能排除希望达到"不战而屈人之兵"的目的。而且甲骨文中的"令"，都是由"帝"或"王"发出的，只有少数由小臣、王妇等代王发令，在祀与戎的国之大事方面，更少见代王发令的情况，而"戳周"之卜，如第11、12辞，则分别为"王其令"和"畗令侯"，此外王令"戳周"，强调参与者要打着"叶王事"——勤劳王事的旗号，这也区别于一般征伐行动。

"戳周"卜辞的纪月仅见四月和五月，纪日的有己卯、癸未，最小间隔

---

① 唐兰：《殷墟文字记·释🉂》，转引自于省吾主编《甲骨文字诂林》，中华书局1996年版，第2046页。

② 《毛诗注疏》卷一七《六月》引毛传、（宋）朱子撰《诗经集传》卷四小雅、（明）梁寅撰《诗演义》卷九小雅一、明季本撰《诗说解颐正释》卷一五。

③ 胡厚宣：《商非奴隶社会论》，《甲骨文商史论丛初集》，河北教育出版社2002年版，第143页。

④ 于省吾：《释战后狩猎》，《甲骨文字释林》，中华书局1979年版，第276页。

仅三日，所以"戬周"之举可能历时不长，周在这些表示效忠商王朝军事力量威慑下，当因"震惧"而"自服"。在武丁卜辞中，有不少材料反映周是商的与国，如卜辞有：

19. 丁卯卜，贞周其虫祸。（《合集》8457）
20. 丁巳卜，㞢，贞周以嬬。（《合集》1086）
21. 癸未［卜］，宾，贞周擒犬延湿。（《合集》14755）
22. 壬戌卜，令周宓若。（《合集》4885，图3—18）
23. 甲午卜，叀周气牛多子。（《合集》3240）
24. 贞妇周。（《合集》22264）

图3—18　《合集》4885

第19辞周，或称"周方弗"、"周弗"、"周方"①，所指皆为周的首领人物，数见对他是否有祸的反复占卜，反映了商王对这一地区的关切。第20辞的"以"训为"致"，是关于周进献美女的占卜，相同性质的还有"周以巫"以及记录贡龟的甲桥刻辞"周入"等。②第21辞是关于在田猎中周能否有擒获的卜辞，湿当是麋的繁体③。第22辞"宓"训为安、宁，从卜辞文例看，用作动词时，可读为为"宓"的同源词、训为"救也"的"毖"④，卜辞还有"王令周宓㞢"⑤，都是拟令周救戒某国族使其安宁顺从的卜辞。第23辞中的"气"有求的意思，卜辞还见"令周气牛多［子］"⑥，此外还有一批如"乎周取"、"周取巫于大"、"令周往于占"等⑦乎、令周从事某项工作的卜辞。第24辞则表明商王的"多妇"中，也有周方的女子，这些都说明周是臣服于商并

---

① 《合集》590、8460、8472正甲、乙、丙。
② 《合集》5654、6649。
③ 于省吾主编《甲骨文字诂林》，中华书局1996年版，第1658页。
④ 裘锡圭：《释"柲"》，《古文字论集》，中华书局1992年版，第25页。
⑤ 《合集》4886。
⑥ 《合集》4884。
⑦ 《合集》8461、8115、4883。

受到商王重用的。

武丁卜辞中"周"的归属曾是一个悬案,《史记·周本纪》曾记载说,古公亶父时受戎狄的攻击,"去豳,渡漆沮,逾梁山,至于岐下"。古公卒,少子季历立,是为公季。公季卒,子昌立,是为西伯,正当帝辛之时。由于古公距西伯三世,武丁距帝辛七世九王,其间不乏长寿者,如《尚书·无逸》记武丁"享国五十有九年"、祖甲"享国三十有三年",古本《竹书纪年》记事有"武乙三十五年",今本《竹书纪年》有帝辛五十二年"周始伐殷",这些王年的记载虽不一定准确,但从积年看,《周本纪》所说的"古公亶父"必在武丁以后。

然而,早有研究者对此提出过质疑,认为文献所载周初史事有一个最大的错误,是把古公亶父和太王亶父混作一人,古公亶父是先周族第一位名祖,"率西水浒,至于岐下",居胥,娶姜女,依附于羌族。其后世曾迁邰,又迁周原,再迁豳。初迁周原,当为后稷时,始有"周"号。后,太王亶父复又从豳迁岐。[1] 周之族名并非始于季历之父——太王,因而卜辞中的周有可能是发祥于西陲,后来灭了商的周人先世。

考古发现和研究进一步证明了这一点,有迹象表明,关中地区的先周文化最早可能到二里头晚期至二里岗下层[2],扶风壹家堡商代遗址的发掘和研究则表明,多数学者认为属于先周文化的郑家坡遗存,兴起于殷墟第二期,渊源可追溯到殷墟第一期,由于它的兴起,迫使商文化向东退缩。殷墟第一、二期时,与商文化、刘家遗存并立关中,西与刘家遗存在扶风武功间交错,东与商文化在西安市一带相对。到了殷墟第四期,陡然繁荣,西面融汇了刘家遗存,东面将商文化完全挤出关中。[3] 还有研究者将关中地区以北村遗址为代表的商文化,划分为连续发展的三期六组,其中一期(约当二里岗下层)第1、2组和二期(约当"二里岗上层"或稍晚)第3组遗存多分布在西安以东,西安以西则以二期第4组、三期(相当殷墟一、二期,即盘庚前后至祖甲时)为主。根据目前所知,三期第5组的文化遗存见于10个地点,

---

[1] 谭戒甫:《先周族与周族的迁徙及其社会发展》,《文史》第六辑,中华书局1979年版;罗琨:《〈诗〉"至于岐下"的再思考》,《宝鸡文理学院学报》(社会科学版),2009年第3期。
[2] 宝鸡市考古工作队:《陕西武功郑家坡先周遗址发掘简报》,《文物》1984年第7期。
[3] 孙华:《关中商代诸遗址的新认识》,《考古》1992年第5期。

第6组仅见于4个地点①,这说明商代中期商王朝势力开始进一步西向发展,盘庚前后至祖甲时,达到顶峰并开始了发展的下行阶段,而武丁时正大致处于转变关头。

这就是武丁实行"戡周"策略的历史背景,是从总体形势出发,对距离商王朝腹心地区较远、勃勃兴起的周方采取有别于对其他方国的策略,化敌为友,使潜在的威胁变成可以利用的力量,帮助商王朝敕戒镇抚西方,使之安宁。武丁以后的卜辞有:

25. 戊子卜,㱿,贞王曰:余其曰多尹其令二侯上丝众蒙侯其……周。(《合集》23560)

26. 其炆于周。(《合集》30793)

27. 叀䇂令周。

叀舌令周。(《合集》32885)

第25辞为祖庚、祖甲卜辞,虽残,但约略可见与"戡周"有关,说明戡周的策略取得良好效果,而为后世商王效法,至于文丁时命王季为殷牧师、帝辛时赐西伯昌弓矢斧钺,使专征伐②,都是这一策略的继续。第26辞为廪辛康丁卜辞,是在周举行求雨之祭的占卜,可见商与周方关系的密切。第27辞为武乙文丁卜辞,与文献记载相印证,可知武丁以后,周一直服属于商。

(三) 其他小规模用兵

武丁时对外用兵相当频繁,除上述外,在卜"获亘"、"戈獸"的同版,有:

28. 戊午卜,㱿,贞戎及受。

戊午卜,㱿,贞弗其及受。

戊午卜,内,贞乎射弗羌。

其先征。

其先䇂。

---

① 参见徐天进《试论关中地区的商文化》,李伯谦编《商文化论集》下,文物出版社2003年版。

② 古本《竹书纪年》、《史记·周本纪》。

其先雀戈。

其先弗雀戈。

[贞] 雀克入卤邑。

雀弗其克入。

雀戈卤。

雀弗其戈。

雀其戈。

曰雀勿伐。

曰雀伐。

贞我戈埶。

弗其戈埶。

贞我弗其戈。（《合集》7076 正反）

这版龟甲从占卜顺序和干支看，约略可知是在连续四旬内使用的，占卜事类包括祭祀、田猎、征伐、贡纳、卜雨，关于征伐的卜辞大抵集中在其中连续的两旬内，涉及了发生在四个地点的军事行动。第二条卜辞的"弗"作否定词，卜某入侵之敌是否侵入到商王朝四土之内"受"地。第三条卜辞的"弗"作动词，写法略异，但一般仍释为弗，其含义当如《说文》、《尔雅》所谓"矫也"、"治也"①，卜是否调动射手对羌发动某种军事行动。第四至七条卜辞是选择先导的卜辞，卜问派出以谁率领的先头部队更为有利。其后卜辞是关于对另两地的战事的占卜。在武丁卜辞中，对"埶"地用兵，还见有"丁卯卜，争，贞乎雀䇂戎埶，九月"②，同版有"犬追亘"的内容，可知与"我戈埶"的时间相近。对"卤邑"用兵以及"戈祭"、"戈䇂"、"戈陟"、"征目"等③，仅见与雀有关。

在这一时期的军事斗争中，参与的臣属颇多，其中雀是一位十分活跃的将领，相关卜辞还有：

29. 癸巳卜，㱿，贞乎雀伐望□。（《合集》6983）

---

① 参见于省吾主编《甲骨文字诂林》，李孝定、饶宗颐说，中华书局 1996 年版，第 3458 页。

② 《合集》6946。

③ 《合集》1051、6980、6981、6946。

30. 壬子卜，王，令雀㦰伐屰。(《合集》6960，图 3—19)

31. 贞雀弗其隻征微。(《合集》6986)

32. 癸卯卜，贞雀宓眣亡祸。(《合集》22317)

第 29 辞"望"后一字不清，同期卜辞中，商王臣属有望溄，望乘，望□当为类似的结构，他们应属于同一族氏的若干分族，卜辞有"王叀望乘比。王勿隹望乘比。叀乘比。勿隹乘比"①的反复占卜，可知望乘可称乘，祖庚祖甲时有贞人溄，则当与望溄属于同一分族。武丁卜辞有"使人于望"，廪辛、康丁卜辞有令伯"其往望"、"在望贞"②，其地应与该族氏的居地有关。

第 30 辞"㦰"字不识，从戉从皇，或有"大伐"的意思。第 30、31 辞的征伐对象往往联属，如卜辞还有"叀犅令旋屰微"、"多犬及屰微"、"奚及屰微"③，辞中的"及"表示追及；旋，也作动词用，《说文》有"旋，周旋，旌旗之指麾也"。段注引"《左传》曰：师之耳目，在吾旗鼓，进退从之"，并在手部"麾"字下注"俗作麾"。④可见"旋"作动词时，有与征伐相关的含义。辞中的"屰微"很可能是和望乘、沚䵼一样结构的名号，"伐屰"、"隻微"可能为同一事。参与军事行动的除雀以外，可能还有犅、多犬、奚等。对屰微的战事大约以微被擒而结束，该国族又臣服于殷，当然更可能是易以可信用之人，另封微伯取代了屰微，加强了对这一地区的控制。其后多见"在微"、"往于微"、"微受年"、"炆微雨"⑤，卜辞时代包括武丁到帝乙、帝辛，其中还有一批关于微是否有祸的内容，如"微亡祸叶王事"⑥等。武丁对屰微用兵及对微是否有祸的关切，是和它重要的地理位置密切相

图 3—19　《合集》6960

---

① 《合集》6476。

② 《合集》5535、26993、35661。

③ 《合集》6855、5663、5455。

④ 许慎撰，段玉裁注：《说文解字注》，上海古籍出版社 1981 年版，第 311、610 页。

⑤ 《合集》767 反、36775、7982、9791、32290。

⑥ 《合集》5448。

关，卜辞有"舌方其戋微"，验辞更有微友角、微友唐等报告舌方出动侵扰的内容，说明微在殷都西北，加强对这一地区的直接控制，是为了进一步实现抗御游牧民入侵的战略部署。

第32辞卜雀能否安全顺利地完成敕戒镇抚𦉢的任务，与该地相关的占卜，同期卜辞还有"雀侯弗戋𦉢"、"侯其戋𦉢"①，可能也是受命于商王，祖庚祖甲卜辞有"在自𦉢"或"在𦉢"举行祭祀，以及"王其乎卫于𦉢，方出于之又戋"等卜辞，表明它还是曾遭"方"方入侵之地。②武乙、文丁卜辞有"贞于𦉢皇"、"王步，西自𦉢"③，可知其地在殷之西北境，邻接于西北游牧民活动地域，武丁以后，商王朝在那里驻军、垦田、举行祭祀，也是商王巡狩之地。

这一时期武丁除下令臣属出征外，也曾亲征，如伐戜、翱、衔诸役。卜辞有：

33. 丙子卜，永，贞王登人三千乎［戋］戜。（《合集》6990）
34. 登人三千伐翱戋。（《合集》6835，图3—20)

戜、翱都是武丁拟征三千兵力的征伐对象。第33辞的戜这个名号当与沚戜有关，卜辞曾见"王叀沚戜比伐巴方。王勿隹沚戜比"。"王惠沚戜比。勿隹戜比"④ 的反复对贞，可见沚戜可以省称为戜，居于沚地而称沚戜。其地望从"舌方其敦戜"、"舌方弗敦沚"、"沚戜告曰：土方征我东鄙，舌方犁我西鄙田"⑤ 看，位于殷之西北边陲，又有"乎雀䢃戜"、"戜其启雀"⑥，可知距雀不远，亦在晋南一带。沚戜是武丁对多方的征伐及抗御游牧族入侵斗争中的一位重要人物，武丁经常卜问"戜

图3—20 《合集》6835

---

① 《合集》6839、6840。
② 《合集》24249、24252、24279、28012。
③ 《合集》33209,《屯南》2100。
④ 《合集》6476。
⑤ 《英藏》571,《合集》6178、6057。
⑥ 《合集》6947、10863。

亡祸"、"或往来亡祸"、"或允其来"、"使人于或"①，可见商王对其人、其地的关切，或还有"伯或"之称，武乙、文丁时有"沚方"②，可见沚或不仅是武将，以后还成为一方伯长，但祖庚、祖甲时有"在沚卜"的卜辞③，可见仍与商王朝保持非常密切的联系，沚地仍为商王往来之地。如前所述，沚地首领曾参加伐𢀜，由于资料缺乏，无法断定伐𢀜与戈或孰早孰晚，也不知道是"戈或"后使其降服，还是另封他人而袭沚或之号，但可以知道武丁曾对或用兵，并使沚或之地成为商王朝中兴的支柱之一。

第34辞翻的地望不详，战争的起因、经过亦不详，卜辞仅见"余戈翻"、"伐翻"、"乎翻"、"在翻阜卜"④，翻似降服，纳入商王朝。

伐衔的卜辞比较多，战争起因是衔之来犯，卜辞有：

35. 壬□〔卜〕，内，贞衔其来征我于兹寏。（《合集》6882）
36. ……㱿……衔不我戈。（《合集》6881）

此后，商王曾多次占卜伐衔时机，留下了成套卜辞，如：

37. 辛未卜，㱿，贞王戎衔受又。（《合集》6886，图3—21）

图3—21　《合集》6886局部

---

① 《合集》6947、14755、914、3979、5531。
② 《合集》6099，《屯南》4090。
③ 《合集》24351。
④ 《合集》6836、6838、6836、24356。

38. 甲戌卜，殷，贞王戎衔受又。（《英藏》612）
39. 乙未卜，殷，贞大甲乎王敦衔。（《英藏》613）

第 37、38 辞辛未、甲戌中间相隔两日，由同一贞人连续占卜同一事项，第 37 辞契刻在牛肩胛骨的上端，并有兆序"九"，表明是同一时间连续进行的第九卜，同文卜辞还见于《合集》6883—6885，反复占卜，可见商王对此事的重视。第 39 辞更将伐衔与先王的旨意联系在一起，涉及先壬除大甲外还有大丁，这在众多的征伐卜辞中是比较少见的。关于这场战争的卜辞有上百条，时间为 11 月到次年 1 月，前后达 7 旬，大致可以排出其进程（见表 3—6）。

表 3—6

旬	月	日干支	命辞	出处
甲午旬	十一月	乙未卜	大甲乎王敦衔	《英藏》613
		［丙］申卜	大丁乎王敦衔	《合集》6887
	十一月	庚子卜	我勿戎衔	《合集》6890
甲辰旬				
甲寅旬				
甲子旬		辛未卜	王戎衔受又	《合集》6883—6886
甲戌旬		甲戌卜	王戎衔受又	《英藏》612
	十二月	乙亥卜	今十二月敦衔	《英藏》614
甲申旬				
甲午旬	一月	［丁］酉卜	我戈衔在盞	《合集》6896
	一月	己亥卜	我戈衔	《合集》6894
		辛丑卜	我戈衔于在盞	《合集》6895

从现有的资料看，伐衔以王师为主力，并取得了胜利。"戈衔"于"盞"

的卜辞较多①，如"辛丑卜，内，贞我戋衔于𡧍"（图3—22），其地亦多见于同期卜辞，如"王往省从𡧍"、"弓㠭于𡧍"、"妇井以宴先于𡧍"、"乎众人先于𡧍"、"𡧍不其受年"②，可见是商王朝的农业区及商王等人经常出入往来之地，武乙、文丁也还曾在该地卜旬及卜伐召方③，总之，如果不是通过"戋衔"取得了该地，也是"戋衔"之后该地更加安全和重要了。𡧍之地在晋南，上述卜年的卜辞是以𡧍与𦏚对贞，二则当属于同一个大的地理单元，根据卜旬卜辞，岛邦男推定二者相距三旬行程④，衔亦当在晋南。

此外，王师征伐的还有䖒屮，卜辞有：

40. 庚申卜，㱿，贞伐䖒屮戋。（《合集》6877，图3—23）

图3—22　《合集》6895　　　　图3—23　《合集》6877正

41. 贞王伐䖒屮戋。（《合集》6878、6879同文）
42. 虞屮众人得。（《合集》66）

"䖒屮"又作"虞屮"，是国族名也是人名——该族的代表人物，"虞屮"是复名，也可以用单字相称，同期卜辞有"虞获"、"虞比微"、"乎犬延族坚田于

---

① 《合集》6892、6895—6901。
② 《合集》5119、151、6344、41、9775。
③ 《合集》33025反。
④ ［日］岛邦男撰，温天河等译：《殷虚卜辞研究》，鼎文书局1975年版，第375页。

虎"、"涉狩于虎"、"乎田于芎"①，廪辛康丁时还有"戍芎"②，这些作为人名、地名的"虎"或"芎"都与这块土地及其居民有关，从而可知战争以王师得胜为结局，得到了该国族的土地和民众，也反映出武丁对周边国族的征伐，除了平定叛乱外，还有扩大土地和人口的目的。

在武丁卜辞中，还有笼统卜伐东土或西土的内容，如：

43. 贞令卓伐东土，告于祖乙、于丁。八月。　（《合集》7084，图3—24）
44. 癸丑卜，王，敦西土今日戋。（《合集》7083，图3—25）

图3—24　《合集》7084　　　　图3—25　《合集》7083

45. 三日乙酉屮来自东畫，中告日旁戎。（《合集》6665）
46. 庚子卜，争，贞，西史旨亡祸，叶。（《合集》5637）

结合以上武丁对周边国族的征伐看第43、44辞，可知伐东土主要指山东的一些地区，西土主要是晋南和关中。这些地区既有多富庶的农业区，又多是和游牧民活动的接界地带，从第45、46辞看，武丁通过军事手段，稳固了

---

① 《合集》10977、4593、9479、10949、10961。
② 《合集》26879。

对这些地区的统治，更加强了这些地区的防御能力，如派出官员监控地方动态，随时向商王朝报告，以保证商王朝的安全。第45辞的"叶"是"叶王事"的省略，"西史旨"是派驻西土的武官，卜辞是问他是否无灾无祸、勤劳王事。此外卜辞还有"令共东土人"、"东土受年"、"西土受年"。①"共人"是"聚众"，征集东土人众为王朝服役；卜年是问农作物的收成，则与商王朝的税收有关，这些同样反映出了通过对周边国族的征伐，还加强了商王朝的国力，从而为抵御畜牧族内侵奠定基础。

第三节 武丁对多方的战争

一 对夷、巴、龙、下危诸方之战

基本平定了周边小国后，为进一步扩大商王朝的版图和巩固统治，武丁又向距离较远的方国发动了进击。武丁是继修武汤之功的一位商王，也继承了这位名祖"推亡固存"的为国之道，《左传·襄公三十年》记载"仲虺之志云：乱者取之，亡者侮之，推亡固存，国之利也"，仲虺为汤左相，汤如何贯彻"推亡固存"，由于文献的缺失，已难考察，但从武丁伐多方卜辞看，选择攻伐对象以及时机、选将都十分慎重，在一定意义上，体现了这一策略。

（一）攻伐对象的选择

武丁对多方的征伐往往同时考虑若干方国，进行反复占卜、筛选，以确定最适宜的攻伐对象、战机及选派的将领。留下不少成套卜辞，即在同一时间，为同一事件，由同一贞人在若干块卜甲骨的相同部位连续占卜，形成一套同文卜辞，有时还由二位或两位以上贞人同时进行这种连续占卜，留下多套同文卜辞。这类遗存多属于武丁时的征伐卜辞，可见当时武丁对多方用兵的慎重。

对夷方、巴方、龙方、髳方、𢧢方、下危等的征伐是很典型的例子，从相关卜辞看，考虑对这六个方国的征伐主要集中在武丁某年一月至十三月前后，这期间来犯的还有土方，这固然反映商王朝边境的不安定，但也可见当时国力已开始强大，有可能选择对多方作战的战机，如卜辞有：

---

① 《合集》7308、9374、9741。

第三章　商代后期的战争(上)　173

1. 辛酉卜，争，贞王比望乘伐下𢀛。

　辛酉卜，争，贞王勿隹望乘比。

　[贞王叀]望[乘比]伐下𢀛。

　[贞勿隹望乘]比。

　王叀望乘比。

　王勿隹望乘比。

　叀乘比。

　勿隹乘比。

　贞王叀沚𢦔比伐巴方。

　贞王勿隹沚𢦔比[伐巴方]。

　王叀沚𢦔比。

　勿隹沚比。

　王叀沚𢦔比伐巴。

　王勿比沚𢦔伐。

　叀沚𢦔比。

　勿比𢦔。

　贞王叀沚𢦔比。

　王勿隹𢦔比。

　王叀沚𢦔比。

　王勿隹𢦔比。

　贞王叀夷𠂤征。

　贞王[勿隹]夷征。

　贞王叀龙方伐。

　王勿隹龙方伐。(《合集》6476，图3—26)

这一版涉及对下𢀛、巴方、夷方、龙方的征伐，卜用龟腹甲，长约30厘米，全版兆序均为"一"，只有最上部一组对贞有卜日干支和贞人，从当时占卜常规看，这应该是一组成套卜辞的第一卜，内容涉及伐下𢀛和巴方的部署及是否将夷方、龙方作为打击目标。又如《合集》6583也是反复占卜"贞王比望乘伐。王勿比望乘伐"。"王叀沚𢦔。勿隹沚𢦔"。"王叀夷征。王勿隹夷征"。"王叀龙方伐。勿隹龙方伐"。同样卜于较大的龟腹甲，兆序皆为"五"，卜辞全部省略卜日干支和贞人。但从内容看，同样为对这四个方国用兵之事，显然是与《合集》6476时间相近的另一组成套卜辞的第五卜。同版还有"自咸告至于父丁。勿自咸告。告于上甲眔咸。勿告"。应是与出征事宜相关的告祭。这些契刻在大龟腹甲上的成套卜辞，反映了在选择征伐对象和选将等方面得反复考虑。同一版卜伐四个方国的还有：

图3—26　《合集》6476

2. 辛未卜，争，贞妇好其比沚㦰伐巴方，王自东罙伐，戎陷于妇好立。

贞妇好其［比沚］㦰伐巴方，王［勿］自东罙伐，戎陷于妇好立。

贞王叀而伯龟比伐□方。
贞王勿隹而伯龟比伐□方。
贞王令妇好比侯告伐夷。
贞王勿令妇好比侯〔告伐夷〕。
贞王〔叀望乘〕比伐〔下危〕。
贞王勿〔隹望〕乘比〔伐〕下危。(《合集》6480)

卜于龟甲，通版兆序"四"，卜日与第1版相距一旬，可见伐巴方之役已有所进展，庙算的内容包括了具体的战略策略，征伐对象除巴方、夷方、下危外，因第二组对贞残，拟派而伯龟出征的是龙方还是其他地区已无法知道了。

三个方国同见一版的如：

3. 乙卯卜，㱿，贞王比望乘伐下危受有又。
乙卯卜，㱿，贞王勿比望乘伐下危，弗其受有又。
贞王比望乘。
贞王勿比望乘。
贞王叀沚㦪比伐巴。
贞王勿比沚㦪伐巴。
叀㦪比。
勿隹比㦪。
丁巳卜，㱿，贞王学众伐于髳方受有又。
丁巳卜，㱿，贞王勿学众髳方弗其受有又。(《合集》32)

使用的是龟腹甲，全版兆序"四"，是由同一位贞人在三日内连续卜问伐巴和下危的兵力部署，以及如何准备对髳方开战的事宜。对于伐巴和下危的兵力部署反复占卜的遗存较多，如：

4. 癸丑卜，亘，贞王比奚伐巴。
癸丑卜，亘，贞王叀望乘比伐下危。(正)
王勿比奚伐。
王勿比望乘伐。(反)(《合集》811)

> 5. 辛酉卜，㱿，贞今载王比望乘伐下冎受有又。
> 辛酉卜，㱿，贞今载王勿比望乘伐下冎，弗其受有又。
> 辛酉卜，㱿，贞王叀沚馘比。
> 辛酉卜，㱿，贞王勿隹沚馘比。
> 贞王比沚馘。
> 贞王勿比沚馘。（《合集》6484）

从第 4 版兆序看，这是成套卜辞的第一卜，同套五卜见于《合集》6477，这套卜辞卜用龟腹甲长约 34 厘米。第 5 版是一成套卜辞的第三卜，这套卜辞存一至五卜，见于《合集》6482—6486，均卜用长 30 厘米以上的龟腹甲，虽然刻辞上仅列"下冎"之名，但对比上述其他卜辞，可知"比沚馘"是"比沚馘伐巴"的省略句。

还有伐夷、伐巴同版；伐土方、伐下冎同版以及伐髳方、𢀛方同版的情况，如：

> 6. 庚寅卜，宾，贞今载王其步伐夷。
> 庚寅卜，宾，贞今载王勿步伐夷。
> 辛卯卜，宾，贞沚馘启巴，王勿隹之比。
> 辛卯卜，宾，贞沚馘启巴，王叀之比。五月。（《合集》6461）
> 7. ……㱿，贞今载王伐土方受［有又］。
> ……贞今载王叀下冎伐受［有又］。（《合集》6427）
> 8. 壬寅卜，争，贞今载王伐𢀛方受有又。十三月。
> □午卜，㱿，贞王伐髳方帝受我又。［一］月。（《合集》6543）

三版卜辞涉及六个方国，都是考虑对某一方国是否要进行征伐，王师投入哪一个战场更为有利。第 6 版两组占卜时间相差一日，第 7 版干支残，但两条卜辞并列，为先后相继占卜，时间不会相距很远，第 8 版也是两辞并列，第二辞残，或补为十三月，但"十"与"三"均残，仅有"一"字残笔，补为"一月"较妥，从而可推定伐𢀛方的卜辞在伐髳方之前，"□午"，可能是壬寅后四日的丙午。

这几个方国的地望尚未能确定，一般认为龙方在殷之西，近陕甘；土方在殷之西北；巴方、𢀛方在殷之西南；髳，为西夷；下冎，在殷之东南；

夷，或说在晋地。可见这时殷的国力已强大到可以四方用兵了。

（二）伐下𢀛

𢀛，陈梦家考订在今永城、宿县之间，约当苏皖交界之处①，岛邦男推测在亳南、淮阴间，并认为下𢀛与𢀛方在同一地域，却不是一地，下𢀛是比𢀛方位于更远的地方②，总之在殷之东南。

涉及武丁伐下𢀛的卜辞很多，较完整的超过60版，但占卜月、日俱全的卜辞很少，所以对其发生的时间和经过难以明确的界定，只知从谋划到实施可能历时较长，卜辞有：

  9. ……宾，贞登人伐下𢀛受有又。一月。（《合集》10094）
  10. 丙戌卜，争，贞今载王比望乘伐下𢀛我受有又。
    丙戌卜，争，贞今三月雨。（《合集》6496）
  11. 辛巳卜，宾，贞今载王比［望］乘伐下𢀛受有又。十一月。
    ……宾，贞今载奴征土方。（《合集》6413）

第9版"一月"二字略残，同版有"我受黍年，二月"，证明可将残笔补为"一月"。第10版两辞并列在牛胛骨上端，靠近骨臼的部位，干支、贞人同，当为同时占卜，因而第一辞占卜时间也在三月。第11版则占卜于十一月。在残辞中曾见"……伐下𢀛……"、"……归田。九月"。两辞并列，还有"……勿比望［乘伐下𢀛］。十月"。③可见九月前后和十月都在考虑伐下𢀛的问题，虽然无法确认这些月份是在同一年，还是跨了两年，但无论如何都反映了从谋划到实施至少历经七个多月。

第11版伐下𢀛卜辞契刻在牛甲胛骨宽大的骨面部分，旁边一条辞是关于是否要征集兵员征土方占卜，有类似同版关系的还见于《合集》6426、6427，既与"今载王叀下𢀛伐"是否受佑占卜并列的是"今载王伐土方"是否受佑的卜辞。由此可知，除了如上所述伐下𢀛是部署对多方战争的一个部分外，同版关系透露出的另一个历史信息是时值受到北方畜牧民入侵的威胁，所以是否要对东南用兵，需要慎重考虑。正因为如此，伐下𢀛出现一些

---

 ① 陈梦家：《殷虚卜辞综述》，科学出版社1956年版，第301页。

 ② ［日］岛邦男撰，温天河等译：《殷虚卜辞研究》，鼎文书局1975年版，第386页。

 ③ 《合集》6521、7547。

由若干贞人在同一时间、就同一事件进行的连续占卜。如除第 11 辞外，同一日贞人争也进行了同样的占卜，留下卜辞：

12. [辛巳]卜，争，贞今载王比望乘伐下㠱受有又。十一月。
辛巳卜，争，贞今载王勿比望乘伐下㠱，弗其受有又。(《合集》6487)

伐下㠱卜辞包括确定征伐对象、聚众、选将、告祭祖先等内容。有的还留下成套卜辞，如：

13. 丙申卜，㱿，贞今载王勿伐下㠱弗其受有又。(《合集》6513，图 3—27)
14. ……王征下㠱受有又。(《合集》6528)
15. [登人]三千伐下㠱[受]有又。(《合集》6523)

第 13 版的卜辞契刻在牛胛骨上部，下有兆序"三"，是成套卜辞的第三次占卜遗存，《合集》6514 同样在牛胛骨上部契刻有"贞今载王勿伐下㠱弗其[受有又]。五"，是成套卜辞的第五次占卜遗存，这说明在是否要对下㠱用兵的问题上，曾于同一日、由同一位贞人在若干块牛胛骨的同一部位进行过连续占卜。第 14 版卜辞则是从正面卜问，王出征下㠱是否会受到神灵的佑护，也反映了当时对于是

图 3—27　《合集》6513

否要征伐下㠱有过反复考虑。在决定用兵以后，进而要解决的是动用武装力量的问题，第 9、15 版分别卜问是否要征集兵员、是否征集三千兵员伐下㠱。而最费斟酌是选将和是否要王师亲征的问题，卜辞有：

16. 辛丑卜，宾，贞令多絴比望乘伐下㠱受有又。二月。(《合集》

6525)

  17. 辛丑卜，𡧊，贞今载乎比望乘伐下𠂤受有又。（《合集》6518＋6519）

  18. 癸酉卜，亘，［贞］王比兴方［伐］下𠂤。

    ……贞［王勿］比兴方伐下𠂤。

    甲申卜，□，贞兴方来隹咎余在祸。

    甲申卜，□，贞兴方来不隹咎余在祸。（《合集》6530）

  19. 癸丑卜，亘，贞王叀望乘比伐下𠂤。（《合集》6477）

这是伐下𠂤兵力构成的四套方案，分别为令多绊协同望乘、另调集其他人协同望乘、王师协同兴方以及王师协同望乘伐下𠂤。第 16 版为牛胛骨，同文卜辞还见于《合集》6524，均为灼卜两次以后，在牛骨上端合刻一辞，卜登人在一月，此为二月，当是决定伐下𠂤后初期的考虑。第 17 版卜辞的卜日干支与第 16 版相同，也是牛胛骨，保存较完整，长达 42.5 厘米，内容相近，有可能是同时的遗存，但不能确认。"王比兴方"卜于大龟腹甲甲桥下部，正卜的前辞在命辞相同部位的反面。又，《合集》6531 有残辞"贞王比兴方伐"，同样卜于龟腹甲，从兆序看，两版都经多次卜问，合刻为一条卜辞，可能是为同一事进行的占卜，第 18 版两组有关兴方的卜辞占卜时间相距一旬，从命辞"兴方来隹咎余在祸"看，这一方案遇某种不顺而放弃。在四套方案中，以卜"王比望乘伐下𠂤"的最多，叙述的句式各异，第 19 版作"王叀望乘比"，宾语前置，上引第 4 版与此为同文卜辞。此外如第 12 版"今载王比望乘伐下𠂤受有又"、"今载王勿比望乘伐下𠂤，弗其受有又"；第 10 版"今载王比望乘伐下𠂤我受有又"，此外还有：

  20. 贞今载王勿祥比望乘伐下𠂤，下上弗若，不我其受又。（《合集》6506）

  21. □□卜，𡧊，贞王比望乘伐下𠂤受又。

    ……贞王勿比望乘伐下𠂤不受又。（《合集》6498）

正反卜命辞句式的差异，很可能反映卜问的侧重点有所不同，还多见同文卜辞或成套卜辞，都体现了当时为这一决策进行过反复斟酌、考虑。如：

22. 庚申卜，争，贞今载王比望乘伐下𢀛受有又。(《合集》6490)

23. 辛巳卜，㱿，贞今载王比望乘伐下𢀛受[有又]。(《合集》6488)

与第22版卜辞卜日、命辞相同的还有贞人宾的占卜遗存①，两版皆契刻在牛胛骨靠近骨臼部位，皆有兆序"四"，即属于成套卜辞的第四卜，说明为此事曾同时由两位贞人各自在四版以上的牛肩胛骨上在进行的连续占卜。第23版卜辞的占卜部位同第22版，下有兆序"一"，当为成套卜辞的第一卜。皆用牛肩胛骨，卜日、命辞相同的还有贞人宾和争的占卜遗存，见第11、12版。这些同文卜辞和成套卜辞的存在，表明伐下𢀛的决策正处在考虑对多方用兵的关键时刻，事关重大，才会有这些用大型龟甲、牛肩胛骨的反复占卜。

伐下𢀛的经过不见记载，卜辞有：

24. 丁巳卜，宾，贞燎于王亥十羖②、卯十牛三羖，告其比望乘征下𢀛。(《合集》6527，图3—28)

图3—28 《合集》6527

这是王师出征告祭王亥的卜辞，看来伐下𢀛最终是以望乘为主将，王师为后盾进行的。这场战争的谋划，至少经过数月考虑，如卜登人、选将始于一月，二月考虑"令多绊比望乘伐下𢀛"，三月考虑王亲征，最后确定王"比望乘"出征，这预示出十一月"王比望乘伐下𢀛"的占卜是在一月卜"登人"以后，即伐下𢀛从谋划到实施大约历经一年的时间，可见提出了对某方用兵的计划并不一定立即付诸实施，往往经过长时间的准备，并根据形势变化加以调整。

---

① 《合集》6491。

② "十羖"之羖异于"三羖"之羖，字不识，有将两字同释为一者，为方便印刷，暂从之。

武丁伐下𢀛当以商王朝的胜利而告终，卜辞有：

25. 己酉卜，㱿，贞𢀛方其有祸。
己酉卜，㱿，贞𢀛方亡其祸。五月。(《合集》8492)
26. 贞今载登下𢀛人乎尽伐受有又。《合集》7311，图3—29)
27. □□卜，尹，贞王其田亡灾，在𢀛。(《合集》24395)
28. 癸亥贞，𢀛方以牛，其登于来甲申。(《合集》32896)
29. 庚辰王卜，在𢀛，今日步于叉亡灾。(《英藏》2562)

第25、26版为武丁卜辞，"𢀛方"指𢀛地或下𢀛的首领人物，其祸福受到商王的关心，必然属于与国，而下𢀛人也要为服役于商王朝，参与征伐活动。第27辞为祖庚祖甲卜辞，𢀛已成为田猎之地。在廪康时，曾有伐𢀛方，此后𢀛方重又附属于商。第28辞时代为武乙、文丁时期，是有关𢀛方进献牛的贡纳卜辞。第29辞表明帝乙征人方也曾途经驻扎𢀛地，从相关卜辞看，商代后期似颇重视这一地区，当与镇抚东南有关。

图3—29　《合集》7311

(三) 伐巴方

巴方地望曾有多种推测，如陈梦家认为近"而伯"之地，"而"近羌和雀，约在晋南[1]；岛邦男认为巴方就是夷方，在殷东[2]；钟柏生因沚馘在西而暂置于西方[3]；郑杰祥认为在今山西太谷一带[4]，王贵民通过释"启"，联系《括地志》"归州，巴东县东南四里归故城，楚子

---

[1] 陈梦家：《殷虚卜辞综述》，科学出版社1956年版，第284页。
[2] [日] 岛邦男撰，温天河等译：《殷虚卜辞研究》，鼎文书局1975年版，第388页。
[3] 钟柏生：《殷商卜辞地理论丛》，台北艺文印书馆1989年版，第211页。
[4] 郑杰祥：《商代地理概论》，中州古籍出版社1994年版，第322页。

熊释之始国也"。论巴、归都在大巴山一带①，鄂西靠近大巴山的长江沿岸地区是四川盆地和汉中地区的交通孔道，四川盆地三星堆遗址的发现揭示了夏商时代这一地区和中原的文化交流，中原礼制文化已在巴蜀地区扎根，并与当地传统文化融合，今在峡江地区秭归、巴东一带发现了一系列的夏商遗址，还有学者推测鄂西地区夏商时期的文化，可能是巴族遗存②，所以在以上诸种说法中，可能在殷之西南说更有道理。

伐巴方卜辞也包括聚众、选将等内容，卜辞有：

30. 贞我共人伐巴方。（《合集》6467）
31. 乙卯卜，㱿，贞王車沚䧹比伐巴。（《合集》32）
32. 癸丑卜，亘，贞王比奚伐巴方。（《合集》811）
33. 壬申卜，争，贞令妇好比沚䧹伐巴方受有又。（《合集》6479）

第31—33版卜辞反映了伐巴方考虑的三个方案：以沚䧹为大将、王师亲征；以奚为大将、王师亲征；沚䧹为大将，令妇好代王出征。从现有资料看，最后可能是选定沚䧹为前军，"王比沚䧹"出征，结束了伐巴方之战。这批卜辞多不系月，仅见：

34. 辛卯卜，宾，贞沚䧹启巴，王車之比。五月。
    辛卯卜，宾，贞沚䧹启巴，王勿佳之比。（《合集》6461）

此辞反映沚䧹出师伐巴不早于五月，辛卯是甲申旬中的一日，两日后进入下一旬仍有类似卜辞：

35. 甲午卜，宾，贞沚䧹启，王比伐巴方受有又。
    甲午卜，宾，贞沚䧹启，王勿比，弗其受［有又］。（《合集》6471）

---

① 寒峰：《甲骨文所见商代军值数则》，胡厚宣等著《甲骨探史录》，生活·读书·新知三联书店1982年版。
② 中国社会科学院考古研究所编著：《中国考古学·夏商卷》，中国社会科学出版社2003年版，第491—516页。

36. 丙申卜，㱿，贞或再［册］……［伐巴］。
　　丙申卜，㱿，贞或再册，［勿］乎比伐巴。（《合集》6468）

对于第 34、35 版卜辞中的"沚或启，王比"，于省吾解释说"前军为启"，"沚或启"即沚或为前军。并说商代征伐，往往用"方国的将领率军在前，而商王或妇好比次在后以督阵"①，然而若如此，作为方国伯长的沚或在同王师出征，且记"王比伐巴"时，沚或为先导是不言而喻的，换言之"王比沚或"已包含了沚或率军在前之意。所以"沚或启"似应相当于《诗·小雅·六月》述伐玁狁"元戎十乘，以先启行"之"以先启行"。对此《诗》郑氏笺："启突敌阵之前行"，《史记·三王世家》"虚御府之藏以赏元戎"，裴骃集解引韩婴《章句》："元戎，大戎，谓兵车也。车有大戎十乘，谓车縵轮，马被甲，衡扼之上尽有剑戟，名曰陷军之车，所以冒突先启敌家之行伍也。"启皆作动词，"沚或启"之启也可解作动词，按古籍之常训"开也、发也"，引申为启动、开道的意思。

　　再册，有两种解释，钟柏生认为是军情传递的一部分，边境地区使者将记录军情的书册送到殷都，上呈殷王为再册，殷王同意，然后兴兵征伐。②于省吾解释为称述册命，"振旅出征，必有册命，沚或为武丁时主册命之臣，故征伐方国沚或必先称述册命"③。但是从伐巴方的卜辞看，既有"沚或再册"，又有"沚或启"、"沚或伐"，可见"沚或再册"不是沚或称述册命，而是沚或接受册命，也就是宣布命将。然而无论哪种解释，"再册"都在"启"之前，而第 36 版丙申再册在 35 版甲午启后两日，所以不可能在同一旬，沚或再册当在五月丙午前的甲午旬，伐巴方的计划从确定到实施，大约是在三月的甲午旬到五月的甲午旬这七旬前后。而如果将再册解释为"册命"大将的仪式——命将，那么体现选将过程的癸丑卜"王比奚伐巴方"，则应在"再册"前的二月甲辰旬，伐巴方的准备至少历时十二旬。

　　在伐巴方的准备过程中，还有对战术的细致考虑，卜辞有：

---

① 于省吾：《甲骨文字释林·释启》，中华书局 1979 年版，第 289 页。
② 钟柏生：《卜辞所见殷代军政之一——战争启动的过程及其准备工作》，《中国文字》新第 14 期，艺文印书馆 1991 年版。
③ 于省吾：《殷契骈枝续编·释再册》，转引自《甲骨文字诂林》，中华书局 1996 年版，第 3138 页。

37. 辛未卜，争，贞妇好其比沚䤴伐巴方，王自东㴴伐，戎陷于妇好立。

贞妇好其〔比沚〕䤴伐巴方，王〔勿〕自东㴴伐，戎陷于妇好立。(《合集》6480，图3—30)

图3—30　《合集》6480

从同版关系（释文见前第2版卜辞）可知，这时需要解决的是：第一，派妇好投入伐夷方的战场，还是参加伐巴方；第二，若参加伐巴方，为了使敌人陷入妇好所布之阵，王是否要从东面发动进攻。显然这时王与妇好均未启程伐巴方战场，但对如何布阵，如何攻击已有了很具体的谋划，其前提是对战场的地形地势等已有所了解。

伐巴方的结果不详，武丁卜辞有"巴方其败"、"巴方不其败"① 的反复占卜，或许以商王朝的阶段性胜利而结束。结束时间也不详，在伐夷之战结束，七月戊寅用夷人献祭的卜辞同版，有"己卯卜，令沚或步。七月"。"癸未卜，今日令或步"。"……翌……令或步"。在另一版牛胛骨的上端并列两条卜辞，分别为"辛卯卜，㱿，贞勿令望乘先归"。"壬辰卜，㱿，贞王勿隹沚或比。九月"。② 从内容看这两版卜辞都可能与伐巴方有关，若如此，伐巴方至少延续到九月。

（四）伐龙方

龙方，或以为在山东泰安府西南，有龙乡故城③，但多认为在殷之西，陈梦家说龙方与羌方似或合或叛，两者当相近，匈奴也有崇拜龙的风习，若甲骨文龙字诠释不误，则龙方可能与匈奴有关④，但卜辞中还有"羌龙"一辞，应是与龙方同属一个大部族中不同族氏，或如《后汉书·西羌传》所说的不同"种"，则龙方可能属于羌人的方国。钟柏生由羌地、畨地推测龙方当在山西中部。⑤ 所见伐龙方的卜辞有：

38. 癸卯卜，贞㞢启龙，王比受有又。
    贞㞢启龙，王勿比。（《合集》6582）
39. 甲辰卜，叀妇妌伐龙弋。（《合集》6584）
40. ［己］酉卜，㱿，［贞］令般取龙［伯］。（《合集》6590）
41. 癸丑卜，贞畨往追龙从枼西，及。（《合集》6593）
42. 贞及龙方。（《合集》6592）

第38版"㞢启龙"，于省吾解释说与沚或启巴语例同，只是省略了主语，并列举《平津·元嘉》112"癸卯卜，贞㞢启龙先，受有又"。说"㞢启龙先，乃先㞢启龙之倒文，是说先有前军为启以伐龙方"。⑥ 第39版卜是否派妇妌

---

① 《合集》8411。

② 《合集》25，《合集补遗》2069。

③ 张秉权：《殷虚文字丙编》第1片考释，"中研院"史语所1957年版。

④ 陈梦家：《殷虚卜辞综述》，科学出版社1956年版，第283页。

⑤ 钟柏生：《殷商卜辞地理论丛》，台北艺文印书馆1989年版，第198页。

⑥ 于省吾：《甲骨文字释林·释启》，中华书局1979年版，第289页。

伐龙，还有同文反卜见于《合集》6585。第 40 版若为同时之事，则也曾考虑令师般参与伐龙方。第 41 版为成套卜辞之一卜，存二卜见于《合集》6594（图 3—31），据此可知伐龙是实由大将𠬝担任，并曾乘胜追击到朱地以西，这也预示出龙方在殷之西。

伐龙方的卜辞均不见纪月，但从上列第 1 版《合集》6476 看，卜伐龙方与下𡆥、巴方、夷方同版，应在该年三至五月前后，而从第 38—41 版看，伐龙方与伐巴方的策划相近，都通过选将确定一位大将为先导，王师作为主力出征，王妇也要率军出战。战争可能以龙方失败为结局，因为武丁卜辞中不乏龙为与国的资料，卜辞有"贞乎龙"、"贞龙其㞢祸"、"乎龙以羌"、"龙亡不若不坒羌"①，表明龙方首领有贡纳义务并服事于商王，而武丁很关心龙的祸福，末辞与"般亡不若不坒羌"并卜，"般"应指大将师般，可见这时龙在商王朝的地位。由于武乙文丁卜辞中又有"令𠬝以众伐龙弋"②，龙方形势再次动荡，透露出武丁对龙方首领的重视，并非由于战后在龙地另封亲信，而是采取了怀柔政策。

图 3—31　《合集》6594

（五）伐夷方

夷方或以为在殷东，即商末所伐之东夷③，陈梦家考订武丁时的夷方在晋地，与帝乙帝辛所伐之人方甲骨文字的写法不同，地望也不同④。

战争的起因为夷方出动侵扰，卜辞有：

43. 贞夷方不出。（《合集》6456）

---

① 《合集》4653、4656、272 反、506。
② 《合集》31972。
③ ［日］岛邦男撰，温天河等译：《殷虚卜辞研究》，鼎文书局 1975 年版，第 388 页。
④ 陈梦家：《殷虚卜辞综述》，科学出版社 1956 年版，第 285 页。

同类卜辞往往见于舌方、土方等北方畜牧族方国，据此也可以推断陈梦家之说更有道理。是否将夷方列为打击对象、出兵夷方能否取得预期战果，武丁曾有多次占卜，如：

    44. 贞王叀夷征。
        王〔勿〕隹夷。（《合集》6475）
    45. □卯卜，叀□寅征夷戋。（《合集》6464）

第44版卜辞原著录于《丙编》27，朱书，位于龟腹甲的反面，正面契刻有"王比沚馘伐巴"的卜辞，与第44辞同文的卜辞还见于《合集》6583，同版有是否伐龙方的占卜；而本节第1版和是否伐夷方并卜的还有是否伐巴方、下𠂤、龙方的占卜，唯有此版用朱书，可能反映伐夷方的紧迫性逐渐提到了日程上。第45版卜辞是卜某日出战能否取得预期战果。

伐夷方的方案提出有：

    46. 勿乎敦夷。（《合集》6463）
    47. 庚寅卜，宾，贞今载王其步伐夷。（《合集》6461）
    48. 甲午卜，卜宾，贞王叀妇好令征夷。
        乙未卜，宾，贞王叀妇好令征夷。
        今载王勿旋夷。（《合集》6459＋6465）
    49. 贞王叀侯告比征夷。六月。（《合集》6460）
    50. 贞王令妇好比侯告伐夷。（《合集》6480）

第46—50版卜辞的内容分别是呼臣属出征、王亲征或令妇好出征；再一种方案是一侯告为先导，"王比侯告"或"妇好比侯告"出征。第47辞"步伐"就是用徒兵作战[①]，商代战争或是车徒结合，或单用步兵，都与战场地形条件有关。《左传·昭公元年》载"晋中行穆子败无终及群狄于大原，重卒也。将战，魏舒曰'彼徒我车，所遇又阨，以什共车，必克。困诸阨，又克。清皆卒，自我始。'乃毁车以为行"，大胜。在伐夷方的卜辞中，明言"步伐"，再次预示出此夷方不在殷东的平原地区。

---

① 参见王贵民《商周制度考信》，台北明文书局1989年版，第217页。

伐夷之役当以商王朝取得胜利而告终，同期卜辞有：

51. 见夷。（《合集》6455）

52. 戊寅卜，贞于丁宾延夷。七月。（《合集》831，图3—32，832同文）

图3—32　《合集》831

第51辞“见夷”，“见”当读献，与伐夷方献俘有关。第52辞“延夷”是用夷人献祭，同期卜辞还有“贞于大宾延夷”、“贞于丁亥延夷”、“戊寅卜，贞弹延夷。七月”①，应是同时为同一事的占卜，以决定何时、在何地、由何人参与献俘典礼，时间是“七月”。而第47版同版有五月辛卯“沚或启巴”，第49版记有“六月”，知伐夷方之战在该年五六月间，七月结束战争。

（六）伐髳方、冉方

髳方，于省吾考订其字象人戴羊角形之帽，即《书·牧誓》所载参与武王伐纣的庸、蜀、羌、髳、微、卢、彭、濮人中的髳，亦即《诗·角弓》“如蛮如髦”之髦，郑笺：“髦，西夷别名”。② 冉方也在殷之西南，地近曾，卜辞有：

53. ……卜，㱿，贞王次于凿，迺乎卒冉［方］。（《合集》6536）

凿即曾，近些年在湖北枣阳、随县、京山一带多次发现了周代曾国铜器，联系“安州六器”之中甗铭文，曾在随县以南。③ 商王师次于曾指挥对冉方作战，攻击对象必距其不远。对两个方国战争的起因可能都源于敌对方国的侵扰，卜辞有：

---

① 《合集》830、833、25。

② 于省吾：《甲骨文字释林·释羌》，中华书局1979年版，第16—17页。

③ 参见李学勤《盘龙城与商代的南土》，《文物》1976年第2期。

54. 㠱方其再隹戎。十一月。(《合集》6532，图 3—33)

55. 贞匄𢀛方于大甲。(《合集》8417)

从第 54 辞可知十一月前后㠱方举兵反商，对𢀛方虽无类似占卜，但伐𢀛方的起因可能也与出动侵扰有关，因为对于经常扰边的舌方、土方多见类似第 55 辞的占卜，内容是有关求告祖先加害敌人的。

对这两个方国是否用兵，都经过一段时间的酝酿，如前所述，在反复考虑商王究竟是"比望乘伐下𠂤"，还是"比沚彧伐巴"时，已提出要教谕众人做伐𢀛方的准备了，直到十三月前后仍考虑伐哪一个方国的时机较为成熟。卜辞有：

图 3—33　《合集》6532

56. 己丑卜，㱿，贞今载我伐𢀛方受有又。十三月。(《合集》6550)

57. 壬寅卜，争，贞今载王伐㠱方受有又。十三月。

□午卜，㱿，贞王伐𢀛方帝受我又。[一]月。(《合集》6543)

第 56、57 辞都是贞问是否要出兵𢀛方，为此事的反复占卜还见于《合集》6547、6555、655 等，是否伐㠱方也有反复占卜，但战事可能进行得比较顺利，时间相对短，留下的卜辞也较少，除以上内容外，还有：

58. □□卜，㱿，贞今载王𧆞㠱方受有又。(《合集》6534、6535 同文)

𧆞，为巡视，或以为"谓视察敌方之动静虚实，从而征讨之"[①]，也可以是取得阶段性胜利以后，带有镇抚性的巡视。而伐𢀛方卜辞稍多，如有：

59. ……𧆞伐𢀛方……(《合集》6545)

60. 贞今[载王]比蒙侯虎伐𢀛方受有又。(《合集》6554，五卜，

---

① 于省吾主编：《甲骨文字诂林》按语，中华书局 1996 年版，第 578 页。

图 3—34)

61. 乎戠髳。(《合集》655)

第 60 辞表明准备选蒙侯虎为大将，王师为主力出征，从兆序看，该版是一组成套卜辞的第五卜。第 61 辞的"戠"也是一个表示施加武力的动词，今在卜辞中只见此字加于"髳"前，而不见用于"㐆方"，又，《合集》6539—6541、6544 是一组同文残辞，通过残辞互补，可知其卜辞为："贞今载王伐㐆方受佑。""登人五千乎旋髳……"旋，如前所述，是和征伐相关的一个动词，具体含义待考，但与"伐"有别，这意味着武丁对伐髳方和㐆方战略战术的考虑有同也有异，它反映了对不同征伐对象的区别对待。

图 3—34　《合集》6554

(七) 小结

武丁对夷、巴、龙、下㠱诸方之战前后历经一年有余，伐下㠱计划得最早，但在具体实施过程中是插入了对巴方、龙方、夷方之战，而伐下㠱从计划到实施延续约一年。伐髳方的计划也较早，却也延续半年以上，其间可能与㐆方兴兵作乱有关。可见提出了对某方用兵的计划并不一定立即付诸实施，往往经过长时间的准备，并且根据形势的变化以及用兵对象的状况灵活处置。

对于这一组征伐卜辞虽然有纪月的不多，但通过互相关联关系的梳理，仍可理出大体的时间框架，其中从二月辛丑至十三月壬寅为三十六旬又二日，各月之间的日数亦无大矛盾，当属于同一年前后的占卜遗存。伐龙方卜辞集中于甲午、甲辰、甲寅旬，由于无法确认具体位置，和其他在时间上具有不确定性的资料一道从框架中略去（见表 3—7）。

表 3—7

旬	月	卜日	命辞	出处
	一月		贞登人伐下𢀛受又。	《合集》10094
甲午旬	二月	辛丑	贞令多紲比望乘伐下𢀛受有又。	《合集》6525
甲辰旬		癸丑	贞王比奚伐𢀛方。 贞王叀望乘比伐下𢀛。	《合集》811
甲寅旬				
甲子旬				
甲戌旬				
甲申旬	三月	丙戌	贞今载王比望乘伐下𢀛我受有又。	《合集》6496
甲午旬		丙申	贞咸称册，乎比伐巴。	《合集》6471
甲辰旬				
甲寅旬				
甲子旬				
甲戌旬				
甲申旬	五月	庚寅 辛卯	贞今载王其步伐夷。 贞沚咸启巴，王叀之比。	《合集》6461
甲午旬		甲午	贞沚咸启，王比伐巴方受有又。	《合集》6471
甲辰旬	六月	辛亥	贞王叀易伯𣪊比。 贞王叀侯告比征夷。	《合集》6460
甲寅旬				
甲子旬				
甲戌旬	七月 七月 七月	戊寅 戊寅 己卯	弹延夷。 于丁宾延夷。 贞令沚咸步。	《合集》25 《合集》831 《合集》25
甲申旬				
甲午旬				
甲辰旬				
甲寅旬				
甲子旬				
甲戌旬				
甲申旬	九月 九月	辛卯 壬辰	贞勿令望乘先归。 贞王勿隹沚咸比。	《合集补遗》2069

续表

旬	月	卜日	命辞	出处
甲午旬				
甲辰旬				
甲寅旬				
甲子旬				
甲戌旬	十一月 十一月	辛巳 辛巳	贞今载王比望乘伐下危受有又。 今载王比〔望〕乘伐危受有又。 贞今载奴征土方。	《合集》6487 《合集》6413
甲申旬				
甲午旬				
甲辰旬				
甲寅旬				
甲子旬				
甲戌旬				
甲申旬	十三月	己丑	贞今载我伐擎方受有又。	《合集》6550
甲午旬	十三月	壬寅	贞今载王伐䂢方受有又。	《合集》6543
甲辰旬	一月	丙午	贞王伐擎方帝受我又。	《合集》6543

二 拓疆南土

《诗·商颂·殷武》有"挞彼殷武,奋伐荆楚,罙入其阻,裒荆之旅,有截其所,汤孙之绪",毛亨传"挞,疾意也;殷武,殷王武丁也;荆楚,荆州之楚国也;罙,深;裒,聚也"。郑氏笺"殷道衰而楚人叛,高宗挞然奋扬威武出兵伐之,冒入其险阻","克其军率而俘虏其士众"。"绪,业也","是乃汤孙太甲之等功业"。孔疏进而解释说,是"美高宗之伐与汤同也"。[①] 然而具体过程,文献早已失载,是甲骨文的发现和研究在一定程度上填补了这一空白。

就甲骨卜辞所见,武丁的南征除了上节所述外,主要有伐归、敦俑、克雩方、屠虎方。

---

① 以上引文见《毛诗注疏·商颂·殷武》。

(一) 伐归敦𠂤

归，或认为是蜀鄂交界处之夔国①，夔见于《左传》，僖公二十六年载楚人灭夔，杜氏注"夔楚同姓国，今建平秭归县"；𠂤是否和《尚书·牧誓》所载参与伐殷的八国之庸有关，待考，不过归、𠂤可能相距不很远。如前所述，中原王朝从夏代开始就曾沿长江上溯，经秭归西进，开拓通向富庶的成都平原的通道，武丁伐归应与此相关。据今所见卜辞中没有归、𠂤起兵犯商的迹象，只有伐归敦𠂤是否能受到祖先和上帝庇佑的反复占卜。伐归卜辞留存很少，今见有：

1. 庚子卜，伐归受又，八月。
   弜伐归。
   壬子卜，贞步，自亡祸。
   有祸。
   壬子卜，启日翌癸丑。
   丁酉卜，今生十月王敦𠂤受又。
   弗受又。
   己亥卜，王敦𠂤今十月受又。
   弗受又。
   己亥[卜]，□侯……微，王伐归若。(《屯南》4516)

卜于龟腹甲，龟甲下半残断，以上卜辞自上而下排列，除末辞残外，关于征伐的四组对贞余皆有兆序"五"，应该属于成套卜辞，换言之，对于伐归敦𠂤的时机进行过反复占卜。卜辞"生月"指下一个月，或用现在式与未来式结合的形式，作"今生某月"，指即将来之下月②，因此"今生十月"卜日丁酉在九月，"今十月"卜日己亥在十月。但现在不能确认末辞的"己亥卜"是在八月己亥还是十月己亥，考虑到己亥在庚子前一日，从内容看己亥伐归的前军已启动，至少已确定由侯某任前军，一般来说是在伐"归"的决心下定以后，所以末辞可以理解为十月己亥，即伐归之役从计划到启动至少经历六旬时间。

---

① 郭沫若：《殷契粹编》221、222、1180片考释。

② 陈梦家：《殷虚卜辞综述》，科学出版社1956年版，第118—119页。

此版甲骨1973年经正式发掘出土于小屯南地,《甲骨文合集》编排在第四期武乙文丁卜辞中①,通过对相关遗迹遗物的整理研究,《小屯南地甲骨》释文确认属于小屯南地早期的武丁卜辞,有地层关系可以为证。②《合集》第四期还著录了三片伐归卜辞,亦当属于武丁时期,即:

2. ……[伐]归伯……[受]㞢。(《合集》33070)

3. 壬寅卜,求其伐归,叀北𢀛用,廿示一牛,二示羊,以四戈彘。(《合集》34122,图3—35,34121同文)

第2辞称"归伯",可见当时的归已形成为不可忽视的势力,第3辞为卜祭一系列祖先神和四方之神,祈求护佑伐归的胜利。从卜日看,与上述两条伐归卜辞同在甲午旬,相距二三个干支,若不是巧合的话,这四版卜辞有可能是数旬内同一次伐归所卜。

图3—35　《合集》34122　　　　　　图3—36　《合集》20510

① 见《合集》33069。

② 见中国社会科学院考古研究所编著《小屯南地甲骨》下册,第一分册释文,中华书局1983年版,第1155页。

敦㽙的卜辞较多，关于出证日期选择的卜辞有：

4. 丁酉卜，生十月王敦㽙。(《合集》20512)
5. ……王叀乙敦㽙受又。(正)
   □卯卜，生十月［敦㽙］受又。(反)(《合集补遗》6664)
6. 己亥卜……今十月……㽙。(《合集》20519)
7. 其敦㽙。十月。(《合集》20511)
8. 辛未卜，王气一月敦㽙受屮。
   乙亥卜，生月王敦㽙受屮。
   丙子卜，王气二月敦㽙受屮。(《合集》20510，图3—36)
9. 乙未卜，贞乙巳王敦㽙受屮。十二月。(《合集》20516)

以上卜辞集中于九至十二月，这是确定是否对㽙用兵的时间，正式开战大约就在其后，卜辞见：

10. 辛未卜，王执㽙。(《合集》20522)
11. 丁卯卜，征曾㽙大戍，戊辰。(《合集》19834)

反映征㽙之战以其首领被擒而结束，在献俘大典上用于献祭祖先。

总之，伐归敦㽙大抵在武丁某年八至十二月前后，其间八月庚子至九月丁酉57日，十月己亥至十一月乙亥37日、距十二月乙未57日，卜辞当属于同一年的遗存，序列大致如表3—8。

秭归位于中原地区水路入蜀的通道上，近年这一地区多处发现含有夏商文化的古遗址，在四川广汉三星堆祭祀坑的发现，更昭示商代晚期中原与蜀地加强了交往。① 武丁伐巴方以及伐归敦㽙，当与力图掌控鄂西的一些交通要冲有关。

不仅如此，《左传·文公十年》记述"厥貉之会，麇子逃归"，其地，或说清"湖广郧阳府治郧县，古麇国"，或认为在今陕西白河县。② 甲骨文有麇

---

① 参见张永山《蜀与夏商的交往》，宋镇豪等主编《殷商文明暨纪念三星堆遗址发现七十周年国际学术讨论会论文集》，社会科学文献出版社2003年版。

② 江永：《春秋地理考实》卷二文公；顾栋高：《春秋大事表·春秋列国爵姓及存灭表》。

表 3—8

旬	月	卜日	命辞	出处
甲午旬	八月	庚子	伐归受又。	《屯南》4516
甲辰旬		壬子	步,自亡祸。	《屯南》4516
甲寅旬				
甲子旬				
甲戌旬				
甲申旬				
甲午旬	（九月）十月	丁酉	今生十月王敦佣受又。	《屯南》4516
		己亥	王敦佣今十月受又。	《屯南》4516
		己亥	□侯……㣇,王伐归若。	《屯南》4516
甲辰旬				
甲寅旬				
甲子旬		辛未	王气一月敦佣受屮。	《合集》20510
甲戌旬	（十一月）	乙亥	生月王敦佣受屮。	《合集》20510
		丙子	王气二月敦佣受屮。	《合集》20510
甲申旬				
甲午旬	十二月	乙未	贞乙巳王敦佣受屮。	《合集》20516

字,作人名,为商王臣属[①],此外,武丁时曾伐麋,麋与麇两个名号皆以鹿为识,当有一定联系,卜辞有:

12. 壬辰卜,王,贞翌癸巳我弗其征麋。(《合集》10378)
13. □丑〔卜,贞〕王㞢……麋……戈。(《合集》10380)

麋在甲骨文中多见于田猎卜辞,表示麋鹿,第12、13辞则为国族名,征伐对象。第12辞明言"征麋",第13辞之"㞢",于省吾考即今"退"字,说卜辞有"贞戍弗其㞢",言戍弗其退却,当指战争言之[②],所以辞虽残,从

---

① 《合集》4506—4602。
② 于省吾:《甲骨文字释林》"释㞢",中华书局1979年版,第57—58页。

"王弜"和"戋"等与战争有关的用语看,此卜与征伐有关。商代的麋地不详,但古麋国无论在湖北郧县还是与陕西白河县,均在汉江沿岸,两县相邻,沿山间河谷西行抵城固,上溯即可达嘉陵江上游。长期以来,在汉中地区的成固、洋县陆续出土不少商代青铜器,据统计自 1955—1990 年,两县 14 个地点出土 26 批、654 件,集中分布在湑水河及汉江两岸东西约 40 公里,南北约 10 多公里的地域内。时代多属于中商至晚商二期,少数晚到晚商三四期。这批青铜器既包括典型的商文化礼器、兵器;也有具备强烈地域特征的兵器、饰物、面具和容器;更有一批模仿中原夏商同类器,又有自己特点的器物。① 因此有研究者指出,商文化是以汉水上游地区的同期文化为中介,间接对三星堆文化中心地区产生影响的②,也就是说在武丁前后汉水流域是中原通向成都平原的重要通道,正可与武丁开拓南土的卜辞相印证。

(二) 伐虎方

武丁拓疆南土更重要的目标还是鄂北地区,近些年考古发现和研究表明,湖北商文化遗迹、遗物的发现地点,集中于两个地区,一是在汉水之东,桐柏山之南,长江之北的汉水下游东部地区,即汉东,主要包括溠水、澴水、涢水流域和滚河上游一带;二是长江三峡口之东约 100 公里的江段上,即汉西,主要有清江口和沮漳河口。大约在武丁前后,商朝曾在沮漳河口今江陵县境内设立过据点;而在汉东,商文化不但分布面大,遗址密集,而且文化面貌典型③,一些地区当为商王朝直接控制区。

考古学揭示的这一现象,正与甲骨文资料反映的历史相表里,武丁南征还曾伐虎方,卜辞有:

14. ……[贞令望罙]舆其途虎方,告于祖乙。十一月。

……[贞令望乘罙舆]其途虎方,告于丁。十一月。

……[贞令望乘罙]舆其途虎方。十一月。

---

① 中国社会科学院考古研究所编著:《中国考古学·夏商卷》,中国社会科学出版社 2003 年版,第 516—520 页。

② 李伯谦:《对三星堆文化若干问题的认识》,北京大学考古系编《考古学研究》(三),科学出版社 1997 年版。

③ 杨全喜:《湖北商文化与商代南土》,中国社会科学院考古研究所编著《中国商文化国际讨论会论文集》,中国大百科全书出版社 1998 年版。

……［贞令望乘𢀛］舉其途虎方，告于大甲。十一月。

……贞令望乘𢀛舉其途虎方。十一月。（《合集》6667，图3—37）

由于卜骨残断，前辞缺失，仅知是在一个月内的连续占卜。途，在甲骨文中除作道途之途外，作动词还可读为屠，谓杀伐①，因此，"途虎方"多认为是伐虎方的卜辞。

卜辞中的虎方当与周初金文中的虎方为一地，在鄂北地区，北宋重和元年（公元1118年）在今湖北安陆发现的一组西周铜器——"安州六器"记述了周初也曾伐虎方。从铭文研究可知，其年，周王从今随县北面的唐国出发，经过随县、京山间的曾，巡省长江中游大小邦国，沿江而上，直抵秭归的夔，在那里设置周王的行帐。武丁征伐虎方，治事南土和西周初伐虎方的地理背景基本相同。② 安州六器铭文中提到曾、夔，均见于卜辞，武丁伐归，加强了对夔地的控制，又曾驻军于㠱（曾），指挥伐卉方之役。此外，武丁伐虎方不仅以望乘为主帅，还使用了舉的武装，舉与"举"字相通，其地应在今汉东举水流域。今在举水下游发现有商周遗址，并有带铭文的青铜器出土。③ 武丁卜辞还有：

图3—37 《合集》6667

15. 乙未［卜］，□，贞立史于南，右［比我］，中比舉，左比㠱。（《合集》5504，图3—38）

16. 乙未卜，□，［贞］立史［于南］，右比我，［中］比［舉］，左比［㠱］。十二月。

---

① 于省吾：《殷契骈枝三编·释䇂》，转引自《甲骨文字诂林》，中华书局1996年版，第3138页。

② 江鸿：《盘龙城与商朝的南土》，《文物》1976年第2期。

③ 《湖北武汉市逻香炉山遗址考古发掘纪要》，《南方文物》1993年第1期。

贞勿立史于南。（《合集》5512，图3—39）

图3—38 《合集》5504　　　　**图3—39** 《合集》5512

对于"立史"有两种理解，一读为"莅事"，解为视事、治事。一读为"立史"，设置"史"官。由于卜辞中还有"东史"、"西史"、"立三大史"、"立二史"①等，第15、16版卜辞可以理解为在南土设置三大史，分别与我、奥、曾三地行政长官，亦即该族氏代表人物共同治理南土。伐虎方卜辞在十一月，第16辞"立史于南"在十二月，这或许意味着伐虎方以后，还向南土派驻中央官吏，以加强控制。

第15辞反映出武丁对伐虎方十分重视，这不是偶然的，《左传·哀公四年》有"楚人既克夷虎，乃谋北方"之说，可见武丁伐虎方，势必为拓疆南土的关键之举。商代前期政治中心位于伊洛地区，出南阳盆地达汉水流域是一条便捷的通道，而商代中期以后，都城迁往豫中、豫北，产生开辟新的通道的要求。有关发现和研究成果表明，鄂北商文化遗址较汉水两

---

① 《乙编》3730＋3950，《合集》6536、5506、5507。

岸密集，且与大别山北麓的商代遗址相呼应，河南信阳、罗山蟒张或出商代青铜器，或有大规模的遗址墓葬，其北的郾城孟庙、许昌大陆陈村、新郑望京楼也多次发现商代中晚期铜器群和墓葬，这些地点几乎可以连成一条笔直的交通线，直达郑州商城和安阳殷墟，而信阳、罗山于大别山南侧的应山、大悟之间又有天然的"义阳三关"通道。换言之，江南物资从长江通过其支流淮水（或溳水、溾水）北上，转陆路，过三关，可以直达殷都。① 这些物资中最重要的是铜，从已有的研究成果看，商代晚期铜料的来源是多渠道的，而且主要来自长江中游，江西瑞昌铜岭、湖北大冶铜绿山是当时重要的采铜中心。② 这时商代青铜文明的发展已临近巅峰，需要大量的铜铸造礼器和兵器，因此开通和保证这条"铜路"的安全通畅是武丁治事南土的主要目的之一。

（三）克雩方

雩方也属于南土邦方，见于武丁经略南土的卜辞：

17. 戊午卜，贞弜不丧在南土，凸告事。
    戊午卜，弜克贝（败）橐南邦方。
    己未卜，隹雩方其克贝（败）弜，在南。
    己未卜，贞多冒亡祸在南土。
    己未卜，贞多冒亡祸在南土。
    己未卜，□□冒亡祸在南土。
    庚申卜，贞雀亡祸南土，凸告事。
    庚申卜，贞雀亡祸南土，凸告事。
    庚申卜，贞雀亡祸，凸告事。
    辛酉卜，贞雀亡祸南土，凸告事。
    辛酉卜，贞雀亡祸南土，凸告事。
    辛酉卜，贞雀亡祸，凸告事。
    壬戌卜，贞多冒亡祸在南土，凸告事。（《合集》20576）

18. 癸亥卜，王曰叀余自征……

---

① 张永山：《武丁南征与江南铜路》，《南方文物》1994年第4期。
② 中国社会科学院考古研究所编著：《中国考古学·夏商卷》，中国社会科学出版社2003年版，第378页。

甲子卜，千受王又。
乙丑卜，示受王又。
庚午卜，贞多冒亡祸在南土。
……千其弃雩方。（《合集》19946）

这是从戊午至庚午十三日内连续进行的一系列占卜的部分内容，辞中的弓、雀是人名，派出的将领。多冒是征调来专门从事某项任务的人众。甲骨文中，冒多作动词，如甲骨文有"冒人三千乎望吾"①，转化为动名词称多冒，如"王令多冒御方"于某、"多冒舞不其雨"② 等，从事的工作包括征伐和祭祀等。凸，或解为人名③，或释为"果"④，总之，是表明武丁时在南土设有专门报告敌情者。第18版"示授王佑"、"千授王佑"，示为宗庙神主；千，诸家无释，或指祖先神以外的天神地祇。反映南土发生战事，商王朝派驻到那里的将领、军队安全受到威胁，因而武丁十分关心南土传来的战报，并且准备亲征，卜问是否能得到祖先和所有神祇的保佑，雩方是否已遭到天帝的捐弃。

从这两版卜辞看，起兵反商的南邦方大约以雩方为首，所以商王准备亲征雩方，已驻南土的将领为雀、弓，雀是武丁前期振兴王朝战争中的一员主将，已如前述。弓也是当时一个强宗大族的代表人物和重要将领，甲骨文屡见"弓入二百二十五"、"弓入"等弓入贡的记录，还有"王令弓伐✣"⑤ 等卜辞，在武丁卜辞中曾见（妇）好"眔弓"⑥ 的内容，妇好墓中更出土了"亚弓"大圆鼎和铙。⑦ 在伐雩方的卜辞中，还有：

19. 癸丑卜，雩其克夒✣。
乙卯卜，乍𠂤执雩。

---

① 《合集》6185。
② 《合集》14116、20450。
③ 李孝定：《甲骨文字集释》按语，"中研院"史语所1970年版，第2497页。
④ 李学勤：《盘龙城与商朝南土》，《文物》1972年第3期。
⑤ 《合集》9334、9341—9351。
⑥ 《合集》2714。
⑦ 中国社会科学院考古研究所编著：《殷虚妇好墓》，文物出版社1980年版，第57页。

贞雩不亦来。
□未卜，𭒠……不□。(《合集》7024)

20. 癸……雩……㠯……
□未卜，𭒠众其丧。(《合集》53)
壬申卜，贞㱿弗其克戋𢔌。

这是同时为同一事进行的连续占卜，卜辞还见"……乙卯……雩其来"、"丁巳卜，雩不……"①，可能都是卜"雩来"、"不来"的残辞。如前所述，雩原服属于商，此时却不再听命，商王派"𭒠执雩"，有关𭒠与雩的战争，卜辞还见：

21. [辛]酉卜，雩其亦敦𭒠。(《合集》7028)
22. 辛酉卜，雩弗敦𭒠。(《英藏》1813)
23. 贞雩其戋𭒠。(《合集》7025)
24. 戊□卜，雩其戋𭒠。(《合集》7026)

这些卜辞当反映𭒠对雩的战事进行得不顺利，故又卜其是否丧众。值得注意的是，以上卜辞存纪日干支者主要集中在甲寅旬前后，内容有一定关联，可能是一段时间内的连续占卜。对于弜和𭒠，或以为字形用法皆有别，不得混同②，但二者也可能有一定联系，如卜辞有"王令弜伐𢔌"，也有"余乎𭒠敦𢔌"③；从妇好墓看弜与商王族关系非同一般，而关于𭒠的卜辞则有"大甲保𭒠"、"于大甲、大乙御𭒠五牢"、"御𭒠于祖乙"、"𭒠其有祸"④ 等，更反映与商王族似有血缘关系。所以不能排除弜与𭒠属同一族氏或同一支军队的将领的可能。

对雩方战争结果不详，但残辞见有：

25. 庚午……贞雩……执。(《合集》5841)

---

① 《合集》4673、4676。
② 于省吾主编：《甲骨文字诂林》，中华书局1996年版，第2630页。
③ 《合集》19957、7014。
④ 《合集》4323、4325、4326、4331。

执，表明有所斩获，可能就是文献所说的克其军率俘虏士众以归。而伐霁方的时间，从上述第 20 版同版有"雀弗其克𢦔𢦔"看，大约在平定"𢦔"以后，雀被派往南土。

（四）小结

考古发现和研究表明，早商时期商文化发展到长江流域。中商时期，不仅湖北境内汉水以东及汉水下游地区为商文化占据，长江南岸的湘江、澧水下游，以及赣江下游的通道地带，也出现了商文化的若干据点，到中商三期（以安阳洹北商城晚期遗存为代表）前后，商文化由长江以南向北收缩。到了相当殷墟一期阶段（即武丁早期），长江流域广大地区已基本为地方性考古学文化覆盖。① 武丁为了复兴殷道，继续推进商王朝的发展，对于各种物质财富，尤其是铜及用于占卜的巨大的灵龟和牛肩胛骨的需求量成倍增加，促使武丁大力拓疆南土。

用兵对象见于甲骨文的有屮方、虎方、霁方、归、俐、糜等，主要位于鄂西的一些地区和鄂北。由于商代前期长江干流南岸的湖南岳阳铜鼓山等军事哨堡已经不得不放弃，向鄂西一些地点的用兵当与建立新的发展基点有关。向鄂北的用兵主要是开拓和稳固对南土的统治。动用的兵力，包括有王师，以及𢀛、𠂤、雀、我、奥、曾等臣属的族众及与国的武装。在充分依靠当地与国的同时，还直接派驻了官吏——史，加强了中央政权对长江中游地区控制。

武丁通过对南土的用兵，保证了长江流域丰富的自然资源——包括珍贵的铜——能以较近便的路线，安全快捷地供应商王朝，促进了生产的发展，维持了强盛的国力，而且促进了长江流域与黄河流域的沟通与交流。正因为如此，后人赞扬武丁"奋伐荆楚"的功业，说他无愧为汤孙。

第四节 抗御畜牧族内侵

世代相传商王武丁的武功很重要的一条就是伐鬼方，在传世文献中，最早见于周人留下的《易》爻辞，共有两条关于鬼方的内容，一为既济"九

---

① 中国社会科学院考古研究所编著：《中国考古学·夏商卷》，中国社会科学出版社 2003 年版，第 250、266、294 页。

三,高宗伐鬼方,三年克之";一为未济九四,"震用伐鬼方,三年有赏于大国"。两处非指一事①,后者指周人兴起于西陲后,王季伐西落鬼戎等周边畜牧—游牧民的国族,"周王季命为殷牧师"②;前者则涵盖了武丁抗御畜牧民方国入侵的一系列战争。③

一 四土以外的畜牧民多方

在中原建立中央政权夏商周三代,其主体部分是由华夏、东夷、苗蛮等古代部族融合而成的,这就是徐旭生所指出的"华夏、夷、蛮三族实为秦汉间所称的中国人的三个主要来源"④,中原民族虽然融汇了周边民族的血液,但由于生产方式、生活方式以及社会发展阶段的不同,中原和周边民族经常发生战争。周代,随着华夏族的形成,在意识形态方面很强调戎狄、华夏之别,自称华夏、诸华、诸夏,自认居于"天下之中",称"中土"、"中国",将周边民族称之为蛮夷戎狄、四夷,甚至称之为"鬼方",如《诗经·大雅·荡》借文王之口叹商纣暴虐,有"内奰于中国,覃及鬼方",毛传"鬼方,远方也"。西周将"鬼方"作为"中国"周边乃至远方异族的统称不是偶然的,崛起于西部的鬼方曾是周人的大敌,周初小盂鼎铭文记载盂受令出征"伐鬼方",两次大战共执酋三人、获馘五千有余、俘人万数以上。晚一些时候的梁伯戈铭文也有"抑鬼方蛮"的记载⑤,当然更早还有"王季伐西落鬼戎,俘二十翟王"。后者见于古本《竹书纪年》,表明战国时"鬼方"已被称为戎、翟(狄)了,它和《易·爻辞》"高宗伐鬼方"一样,都是用自己时代的语言记述历史,这在历史上很常见,文献学往往据此判定古代文献成书的年代。

在商代,用作西北畜牧族或草原民族的统称的是"羌"。《史记·殷本纪》载,商晚期"以西伯昌、九侯、鄂侯为三公",集解引"徐广曰:一作

---

① 徐中舒:《殷周之际史迹之检讨》,《中央研究院历史语言研究所集刊》第七本二分册1937年11月。

② 古本《竹书纪年》。

③ 参见罗琨《高宗伐鬼方史迹考辨》,《甲骨文与殷商史》,上海古籍出版社1983年版。

④ 徐旭生:《中国古史的传说时代》(增订本),文物出版社1985年版,第39页。

⑤ 两器见罗振玉《三代吉金文存》4.44—45、19.53;考释见唐兰《西周青铜器铭文史征》,中华书局1986年版,第169—190页。

鬼侯，邺县有九侯城"。正义引"《括地志》曰：相州滏阳县西南五十里有九侯城，亦名鬼侯城，盖殷时九侯城也"。《括地志》记载"相州安阳［县］本盘庚所都，即北蒙殷墟"①，滏阳县即今河北磁县。可见商代的鬼方是一个具体的方国，其首领人物为鬼侯，其居地接近商王朝的统治中心，可与之相印证的是武丁卜辞中也有鬼方，而且是商王朝的与国。如：

1. 己酉卜，内，［贞］鬼方易［亡］祸。五月。（《合集》8592，图3—40）
2. 王勿比鬼。（《合集》6474）
3. 小臣鬼。（《合集》5577）

第1版卜辞契刻于牛胛骨上端，附近有一至五的兆序，表明曾连续灼卜五次，合刻一条辞，同日为同一事进行占卜的还有贞人宾，在一块龟背甲上留下"己酉卜，宾，贞鬼方易亡祸。五月"②的卜辞，甲骨文常见某人是否无祸的占卜，相类的句式或称谓有"甹方#亡祸"③，甹或释周，但与甲骨文周字写法略异，不过可知这种结构的名

图3—40 《合集》8592

号代表个人，"方"后一字为私名或分族的名号。体现出武丁对鬼方代表人物是否无祸的深切关心。除了这些反复占卜外，同期还有"鬼方受业"④的卜辞，其中的"鬼方"与前"王比兴方伐下𠂤"的"兴方"一样，是指该方国的领袖人物。

第2版卜辞正揭示出武丁对鬼方代表人物祸福关心的原因，所以有"王勿比鬼"占卜，是因为有"王比鬼"出征的考虑，"王比"某出征的卜辞很多，可证"鬼方易"或"鬼"为商王臣属，其国族的武装力量是整个商王朝

---

① （唐）李泰等著，贺次君辑校：《括地志辑校》，中华书局1980年版，第82页。
② 《合集》8592。
③ 《合集》8472 正乙。
④ 《合集》21312。

军事力量的补充。与第 3 版卜辞同例的称谓有"小臣皋"、"小臣醜"①，皋是商代后期的强宗大族，往往参加征伐、祭祀等活动，武丁卜辞有关于"爵子皋"的占卜，武乙文丁卜辞中更称之为"亚皋"②；山东益都苏埠屯更发现了随葬"亚醜"铭文的铜器和大型铜钺的商代墓葬，研究者认为这是商王朝东方主要盟国之一的薄姑氏君主的墓地，"亚醜"族文化就是薄姑氏文化③。可见在商代，以族名相称的"小臣"一部分出自商王朝的贵族家族，一部分出自与国的贵族家族入质于商王朝廷，总之出身都属于在商王朝统治集团中占有一席之地的贵族。

商代的鬼方与周人大敌的鬼方可能同源共祖，却属于不同的支系，不同的分布地域，在渐进的融合过程中处于不同地位。《世本·帝系》有颛顼之后"陆终娶鬼方之妹"，表明传说时代就有一个与中原古族通婚的鬼方氏，可见这一古族与中原古族融合起点的久远，其后裔有媿姓，与中原王朝关系非常密切。在商代不仅有鬼方作为与国，武丁卜辞中还有"令射倗衛"④ 等内容，可知倗族也是商王臣属，近年在山西绛县横水发现了西周倗国墓地，通过相关铜器铭文研究，可知倗族为媿姓，其族源与晋南地区的狄人有关⑤，说明鬼方氏的裔族是很为繁盛的，并非只有一个方国。

有研究者认为武丁时鬼方原是商王朝的敌方，经过三年较量，鬼方终于被征服，后入殷为"三公"⑥。然而，第一，长期以来关于《周易》研究的研究成果早已指出"高宗伐鬼方，三年克之"的三年并非实数，仅表示多年。第二，在历史上一般认为鬼方属于畜牧民方国，近 400 字的小盂鼎铭记述了康王二十五年反击鬼方入侵的战争，盂两次大捷，不仅获俘逾万，还有大量的牛羊车马⑦可以为证。文献所载的"高宗伐鬼方"，征伐对象也是以畜牧为

---

① 《合集》5571—5573、36419。
② 见《合集》3226、33114。
③ 殷之彝：《山东益都苏埠屯墓地和"亚醜"铜器》，《考古学报》1977 年第 2 期。
④ 《合集》12、13。
⑤ 张永山：《倗国考》，《纪念陕西省考古研究所侯马工作建站 50 周年学术会议论文集》，2006 年 10 月。
⑥ 陈恩林：《先秦军事制度研究》，吉林文史出版社 1991 年版，第 36 页。
⑦ 参见军事科学院主编《中国军事通史》第一卷《夏商西周军事史》康王前后的战争，军事科学出版社 1998 年版。

主的古代民族，如《后汉书·西羌传》讲道"西羌之本，出自三苗，姜姓之别也"，"所居无常，依随水草，地少五谷，以产牧为业"，"王政修则宾服，德教失则寇乱"，"殷室中衰，诸夷皆叛。至于武丁，征西戎鬼方，三年乃克"。生活、生产方式与中原差异如此大的"方国"可能"宾服"中央王朝，但不可能成为殷王朝的重臣。从文献关于九侯的记述看，也应属于久已融入了中原民族。第三，在甲骨文中保留下的武丁战争卜辞非常丰富，征伐对象涉及的国族很多，对于殷之西北畜牧族多方侵扰、军事冲突乃至出兵征讨的卜辞更多，已如前述，然而其中却没有一条是对鬼方作战的卜辞，残辞都没有发现。有学者尝试利用音韵学证明武丁卜辞中的舌方就是"高宗伐鬼方"的"鬼方"，终因论据单薄难以取得共识，尤其是近年研究者对西周晚期或两周之际的梁伯戈铭文的考释，提出其背面文字可读为"抑鬼方蛮，[抑]攻方"，"攻方"当即甲骨文的"舌方"①，若据此，二者是出现在铜器铭文上的并列的两个方国，所以舌方不可能是鬼方。

实际上，梳理古代文献中关于鬼方的记载，早有研究者指出，它不仅指一个鬼姓方国，也常作西北以游牧为主的诸戎泛称，西汉扬雄《赵充国颂》中"遂克西戎，还师于京，鬼方宾服，罔有不庭"，仍沿袭着将西戎称之为鬼方的习惯。联系商代具体情况，"高宗伐鬼方"与"震用伐鬼方"不同，面对的敌人不是一个方国，而是殷之西、北的一系列生产生活方式有别的敌对方国。即王国维所说：

> 我国古时有一强梁之外族，其族西自汧陇环中国而北，东及太行常山间，中间或分或合，时入侵暴中国，其俗尚武力，而文化之度不及诸夏远甚，又本无文字，或虽有而不与中国同。是以中国之称也，随世异名，因地殊号……其见于商周间者，曰鬼方、曰混夷、曰獯鬻。其在宗周之季，则曰玁狁。入春秋后，则始谓之戎，继号曰狄。战国以降，又称之曰胡、曰匈奴。②

近世有学者不同意王国维的论断，提出以上所说包括了不同的族源的若干古

---

① 张永山：《梁伯戈铭文地理考》，《九洲》第三辑，商务印书馆2003年版。
② 王国维：《鬼方昆夷玁狁考》，《观堂集林》史林五。

族,并非"随世异名,因地殊号"的同一个古族①。这一质疑并非没有道理,今天我们可以结合考古学的成果梳理探索周边民族形成脉络,研究古代民族发展的历史,认识前人记载的讹误。例如,现在知道"西自汧陇环中国而北"的周边民族主要包括两大部分,一是北方草原民族,二是西戎牧羊人——古羌族。

北方草原民族后世文献或称之为匈奴、东胡等,它们的文化遗存已有大量发现,最富有特色的遗物是鄂尔多斯式青铜器,最早出现于商代早期,发祥于鄂尔多斯及其邻近地区。②《汉书·匈奴传》:"匈奴,其先夏后氏之苗裔,曰淳维。"索隐引张晏曰"淳维以殷时奔北方",也透露出匈奴先祖可以追溯到商代早期。在商代晚期遗址中曾发现有具备北方草原民族特征的青铜器,说明两种文化确有接触、交流、碰撞。近些年考古学研究成果更揭示在内蒙古中南部,存在于夏商时期的主要是朱开沟文化,发现了聚落、墓地以及包括青铜器在内的大量文化遗物,该文化晚期受到商文化的强烈影响,其下限约当晚商前段。还有迹象表明,随着朱开沟文化在鄂尔多斯地区消亡,晋陕高原兴起了李家崖文化,在晋陕之间黄河两侧,南北长300公里的狭长地带,多次发现商代青铜器,陕西清涧李家崖更发现了一座有严密防御设施的古城址③。

近些年有关北方草原民族形成研究,提出了以下几点论断。

1. 北方民族的南下与气候及环境变化密切相关。在距今4000年左右,气候总体向冷的方向发展,朱开沟文化经过一段充分发展以后,随着环境恶化,栖居地的森林草原逐渐变为荒漠草原环境,以牛羊等以草食动物为主的畜牧业日益发展,形成半农半牧经济类型的北方畜牧业文化。到了距今3500—3000年间,随着干冷气候的持续发展,朱开沟文化人群被迫南迁,反映在考古学上是朱开沟文化突然消失,而向其他地区广为传播,南下的一支在晋陕高原发展成李家崖文化,该文化的创造者过着半农半牧的

---

① 见陈梦家《殷虚卜辞综述》,科学出版社1956年版,第275页;沈长云《玁狁、鬼方、姜氏之戎不同族别考》,《人文杂志》1983年第3期。

② 田广金等:《鄂尔多斯式青铜器》,文物出版社1986年版,第185—195页。

③ 中国社会科学院考古研究所编著:《中国考古学·夏商卷》,中国社会科学出版社2003年版,第566—584页。

定居生活。①

2. 在晋中、晋北和陕西东北部黄河两岸高原山地出土的商代晚期青铜器，多为墓葬遗物，就其全貌分析，属于两个不同的文化系统，一个是以灵石旌介墓葬为代表，属于商文化的一个地域类型的分支；另一个以山西石楼、陕西绥德等地出土的青铜器为代表，是与商文化并行发展、互相影响而与商王朝处于敌对状态的方国遗存。其文化内涵中，占比重最大的是一批具有浓厚的草原文化特色器物，而同出的典型商文化青铜器，从铭文的族氏徽号及出土情况等方面考察，绝大部分都应该是掠获的战利品。②

3. 这一地区出土的大量具有鲜明地方特色的商代青铜器群，可分为四期，第一期，约当二里岗上层时期的共1群两组，出土于内蒙古朱开沟遗址；第二期，约当殷墟文化一期（盘庚—武丁早期）的共1群，出土于陕西长子县；第三期，约当殷墟文化二期（武丁晚期—祖甲）的共11群，主要分布在晋陕高原黄河两侧；第四期，约当殷墟文化三期（廪辛—文丁）的14群，共18组。这27群铜器的时代大致从二里岗上层延续到殷墟三期，有些器物或晚至殷墟四期，其中包括了以青铜礼器为主的商式器；土著文化与商文化融合产生的混合式器；充满浓郁草原气息的武器、头盔、车马器等。③

这些发现说明朱开沟文化和李家崖文化是与商王朝处于敌对状态、经济生活属于半农半牧的方国遗存。文化遗存中发现的商文化青铜器，少量的铸造年代最早可到二里岗上层，从武丁晚期至武乙文丁时期的数量逐渐增多，青铜器是可以长时间保存使用的，落入异族的时间可能同于、也可能晚于铸造的时间，所以从各期铜器的数量的比例看，这支北方民族与商王朝的矛盾大约在武丁晚期开始激化，武丁以后，矛盾并未解决，而是继续呈上升的态势。

"西戎牧羊人"主要分布在甘青地区，存在年代大约相当夏代的齐家文

---

① 参见田广金等《中国北方畜牧——游牧民族的形成与发展》，中国社会科学院考古研究所编著《中国商文化国际学术讨论会论文集》，中国大百科全书出版社1998年版，第310—322页。又同上注。

② 李伯谦：《中国青铜文化结构体系研究·从灵石旌介商墓的发现看晋陕高原青铜文化的归属》，科学出版社1998年版，第167—184页。

③ 刘军社：《陕晋蒙邻近地区商代青铜器分期分区及相关问题的探讨》，《中国开古学会第八次年会论文集》，文物出版社1996年版，第127—138页。

化,晚期已经进入了青铜时代,经济生活以农业为主,并有较发达的畜养业。存在于公元前1900—前1500年的四坝文化,农业已有相当规模,更有较发达的畜牧业。上限大约相当于商代早期的卡约文化,除农业经济外,以养羊为主的畜牧业发达,一般认为属于羌族系统。[①] 羌族的历史非常古老,可以追溯到文明初曙的炎帝时代,随着生产的发展、人口的增加,其族一部分迁徙东下,与其他古族一起融为华夏族。留在西部地区的,仍主要生活在适于农耕的地区,长期过着农业与畜养业相结合的经济生活。进入青铜时代以后,不仅为狩猎提供更有效的武器,推动了草原民族的形成,而且新的生产力标志着经营条件、管理能力达到了一个新高度,为依靠不同的自然条件,走向不同的经济轨道奠定基础,使得开拓大西北的山岭草地成为可能,古代的畜牧民从此诞生。[②] 然而,朱开沟文化的南下启示我们,进入青铜时代以后,这些古族随着自身的兴旺发达,在对外开拓生存地域的过程中,富足的中原会成为一个首要的目标,因而与中原王朝的军事冲突不断加剧。

然而,在古代的文献中,对于生产生活方式与中原不同的周边民族,往往用统称,而不细论其族源,甚至并不清楚其族源。顾颉刚曾指出:在西方"羌"与"戎"都是大名,戎是西方诸族的通称,为表示地望则曰西戎。羌自是某一族的专名,但因为他们所占的地方太大,渐渐也成了统称,例如,范晔的《后汉书·西羌传》就是把西方各族都收了进去,因此西方诸族不妨称为"西羌"、"羌戎",又因西方诸族中氐亦最大,所以往往连称"氐羌"。我们现在要作细密的分析,使得这一族不为那一族所混淆,几乎成为不可想象的事。[③] 汉代以后的文献记载仍如此,更不要说三代之时了。

在殷墟卜辞中,时时可见这强梁之外族的身影,羌是武丁时西土之外的多方主要构成部分,《说文》羊部,羌释为"西戎牧羊人也",在商代,虽然也有羌人在王朝任高级官吏,但更多的是被视为异族,常掳掠来用作奴隶和人牲。敌对方国的名号也多有与羌或羊有关,如:

[①] 中国社会科学院考古研究所编著:《中国考古学·夏商卷》,中国社会科学出版社2003年版,第535—565页。

[②] 参见俞伟超《关于"卡约文化"和"唐汪文化"的新认识》,载俞伟超《先秦两汉考古学论文集》,文物出版社1985年版;罗琨等《从我国早期畜牧民的产生看第一次社会大分工》,《历史研究》1988年第5期。

[③] 顾颉刚:《从古籍中探索我国西部民族——羌族》,《社会科学战线》1980年第1期。

4. 王叀北羌伐。(《合集》6626)

5. 乙卯卜，争，贞王［乎］伐马羌。(《合集》6624)

6. □戌卜，㱿，贞吴戋羌龙。(《合集》6630)

7. 贞［勿］伐兇方。(《合集》6555)

8. 丁酉卜，令［豖］征屰戋。(《合集》6561)

9. 舌其以绊方。(《合集》8598)

10. 丙辰卜，㱿，贞曰舌方以鬵方敦□，允……(《合集》8610)

11. 癸巳……于一月［伐］绊眔召方受业。(《合集》33019)

12. 乙丑王卜，贞今田巫九禽，余其疇遣告侯田，册馘方、羌方、绊方[①]、䌊方。余其比侯田畄戋四邦方。(《合集》36528)

第4—10辞皆为武丁卜辞。第7辞的兇方即前述之羋方，其字作人戴羊角帽之形，第8辞的屰或作屰方[②]，其字作羊角帽形，二者不是同一个方国，但都以羊角为识，当有一定联系。第11、12辞分别为武乙、文丁和帝乙、帝辛卜辞，但有一些方国已见于武丁卜辞。从这些卜辞可知：

第一，商代不仅将殷之西的异族称之为羌，第4辞的"北羌"以及"在北史有获羌"[③]等卜辞说明将活跃在殷之北异族也称之为羌。显然，甲骨文中的羌已经不仅指"西戎牧羊人"了。第4辞反映武丁曾对北羌用兵，同类卜辞还有"伐北羌戋"、"贞北羌业告曰戎"[④]，透露出伐"北羌"的战略目的，以及武丁将"北羌"之地纳入商王朝的版图后，建立了监视北方敌情据点。

第二，商代不仅有一批与"羌"有关的方国名，如羌方、马羌、羌龙、绊方等，从名号看可知属于羌人的方国，还有一些方国名称并不以羌或羊为识，却往往与羌人方国结为联盟，如以上诸辞中的舌方、召方、馘方、䌊方，当也属于羌人方国，至少是和羌人方国居地临近，生产、生活方式相近，关

[①] 方名字残，诸家多释为"羞方"，细查残存部分，当释"绊方"，参见罗琨《殷墟卜辞中的羌和羌方》,《甲骨文与殷商史》，第三辑，上海古籍出版社1991年版，第423页。

[②] 《合集》8424、8425。

[③] 《合集》914。

[④] 《合集》6626—6628、6625。

系密切的方国,此外,还有与羌人方国有间接系联关系,如第 10 辞的舋方,亦当如此。这一现象正反映出商代武丁前后,最主要的敌人是西方的羌人,他们"种类繁炽",形成很多"方国","或分或合,时入侵暴中国";而同时北方的异族也已开始构成威胁,我们无从判断其族属,但可知在卜辞中也称之为"羌"。

这些方国的入侵常见于卜旬卜辞的验辞,根据大量卜辞可知,当时的习惯不仅对重大事件要反复占卜,时局不稳的时候,一些卜问未来一旬是否平安无祸的例行占卜,也要由两个以上贞人在不同甲骨上同时进行,而且一一记下验辞,例如卜辞有:

13. 癸亥卜,□,〔贞旬亡〕祸。五月。王占曰:有祟,其有来艰。乞至七日己巳允有来艰自西。微友角告曰:舌方出鋟我示鼛田七十五人。

癸未卜,殻,〔贞旬亡〕祸。王占曰:有祟,其有来艰。乞至九日辛卯,允有来艰自北。虵妻姕告曰:土方鋟我田十人。(正反相接)

癸巳卜,殻,贞旬亡祸。王占曰:有祟其有来艰。乞至五日丁酉,允有来艰自西。沚馘告曰:土方征于我东鄙,戋二邑。舌方亦鋟我西鄙田。(《合集》6057 正、反,图 3—41)

《合集》6057 正　　　　　　《合集》6057 反

图 3—41

14. 癸巳卜，永，贞旬亡祸。[王占曰：有祟其有来艰]隹丁。五日丁酉允有[来艰]……[征]于我东鄙，[戋□邑]……（《合集》6058）

15. ……[沚]啟告曰：土方……[𢦏]我西鄙[田]……（《合集》6059）

16. 癸巳卜，□，[贞]……[来]艰，乞至……[沚]啟告曰：土[方]……舌方亦[𢦏]……（《合集》6060）

第13版是殷贞的卜旬卜辞，自五月癸亥至其后五旬内的四次占卜，问下一旬是否有祸，验辞记载，其间舌方、土方各入侵两次，到商王朝的边鄙的邑落掳掠人口、庄稼。记录中往往用一个异体的"侵"字，甲骨文作从牛的𢦏①字表示这种侵掠，商王对外用兵，表示战争行为的动词很多，却绝不用此字，可见这一用语表示在形式和规模上都区别于"征、伐、敦、戋"等军事行动。不仅如此，辛卯蚁妻妟报告土方掳掠蚁地庄稼人口，相隔五日后的丁酉，沚啟又报告土方侵入了它领地的两座邑落，而且是东、西边鄙同时受到土方和舌方的侵袭。入侵者行动迅速、机动灵活，有时是一个方国单独行动，有时是两个方国互相呼应。第14—16版是第13版末条辞的同文残辞，反映曾有两个以上贞人同时卜问未来一旬是否有祸，均由王亲占，并一一刻下验辞，如此郑重的态度，也可见这些入侵已对商王朝构成了很大威胁。

这次入侵集中在武丁某年五六月，留下较多资料的还有另一年集中于两段时间的侵袭。如：

17. 癸未卜，□，贞旬亡祸（以上正）。王占曰有祟有梦，其有来艰。七日己丑允有来艰自[西]，微戋化乎告……[舌]方征于我……（以上反）

癸丑卜，争，贞旬亡祸。三日乙卯……[三日]丁巳……（正）四日庚申，亦有来艰自北，子𡥈告曰：昔甲辰方征于蚁，俘人十又五人，戊辰方亦征，俘人十又六人。六月在□。（反）（《合集》137正、反）

---

① 甲骨文写法或作从牛、从帚、从又。

18. 癸未卜，㱿，贞旬亡［祸。王占曰：有］祟，其有来艰，乞至七日［己丑］，允有来艰自西，微戈［化］告曰：舌方征于我奠……（正）

壬辰亦有来自西，甾乎［告曰：舌方］征我奠，戋四［邑］……（反）（《合集》584）

19. □□［卜］，□，贞旬亡祸……允业来艰自西。甾告曰……戋魃、夹、方、相四邑。十三月。（正）

……来艰自微友唐，舌方征……［戋］甾示易。戊申亦业来自西，告牛家……（反）（《合集补编》1760）

20. 癸巳卜，争，［贞旬］亡祸。四日丙［申允］业来艰［自西］甾告曰：［舌］方戋……夹……（正）

……唐……舌……入于觅……戋甾……（反）（《合集》6064）

21. 癸卯卜，永，［贞］旬亡［祸］王占曰有祟，坠羑其有……四日丙午允有来艰……［长］微唐告曰舌方征……入于觅……（《合集》6065＋8236）

由于第17版六月庚申与第13版五月癸亥不可能在同一年，所以第17—21版所载为另一年方与舌方对于殷之北方和西方的侵袭，时间为六月前后和十三月前后。从第17、18版看，微戈化报告舌方侵袭后十余日，另一北地方国——方又连续两次突袭不同地点掳掠人口，展示的正是强悍的畜牧族行踪。其中第18版甾乎告"舌方征我奠戋四邑"，从契刻部位看，与癸未卜旬，微戈化报告敌情的验辞正反相接，而且是壬辰来告；第19、20版甾告曰"舌方戋魃、夹、方、相四邑"癸巳卜旬，丙申来告，而且数见同文残辞，大多与微友唐报告敌情的验辞同版，所以虽然同是舌方入侵甾地四邑，却并非一事。又如卜辞还见"五日丁未允有来［艰］……告曰舌方征于我……三邑"①，可见当时入侵掳掠数邑之事的频繁。第19—21版记载的是相隔十日的两次大规模内侵的报告，先是甾地行政长官报告舌方扫荡了自己辖区的魃、夹、方、相四邑，十日后微友唐也报告了舌方不仅扫荡了甾、示、易等地，而且攻入自己辖区的郊奠，占领了觅。这是一次震撼商王朝的入侵，至少在五块卜骨上记录了甾与

---

① 《合集》6066。

微友唐的报告。

入侵方国中，以舌方最为强大，掳掠的记录也最多，除人口、庄稼以外还有牲畜，而且数字较大，如：

22. ……辰允有［来艰］，舌方征……邑以……（《合集》6069）
23. ……日壬□……舌方征……八百。（《合集》6070）
24. ……告曰：舌方亦征，以我牛五十。（《合集》6072）

"以"多见贡纳卜辞，但在这些验辞中，和"有来艰"、"舌方征"相联系，不可能是"致送"，第24辞是掠走五十牛，第23辞"八百"也当是掳走人畜的数量。

不仅如此，这些袭扰前后发生的往往还有奴隶逃亡等事件，如：

25. 癸卯卜，㱿，贞旬亡祸。王占曰：㞢祟其㞢来艰。五日丁未允㞢来艰，㱿御［㞢］自舌圉六［人］。（《合集》6057）
26. 癸丑卜，争，贞旬亡祸。王占曰有祟有梦。甲寅允有来艰，左告曰有㞢刍自益十人有二。

癸卯卜，争，贞旬亡祸。甲辰大撷风，之夕皿乙巳，㞢［羌］五人，五月在［敦］。（据《合集》367同文互补，《合集》137正、反）

27. ［王］占曰有祟，八日庚子戈夆［羌］□人，㱿㞢囲二人。

［王］占曰有祟，其有来艰，乞至六日戊戌允有来艰，有㝱在㱠、宰在……［莽］，亦焚亩三。［十一月］。（与《合集》583残辞互补，《合集》584反）

第25版与前第13版卜辞契刻在同一版甲骨上，"舌圉"，是舌地的奴隶劳动营；第26、27版卜辞分别与前第17、18版卜辞同版。"刍"是畜牧奴隶，"羌"也往往用为畜牧奴隶，都发生了逃亡。第27版的㝱、宰在从事农业劳动，夜，分别焚烧了三座仓廪①。由此可见在舌方、土方、方频繁入侵前后，奴隶逃亡和反抗事件也频频发生，二者即使没有内在联系，也会造成内忧外患的客观形势。这些事件相对关系的时间框架，可简示如表3—9：

---

① 参见胡厚宣《甲骨文所见殷代奴隶的反压迫斗争》，《考古学报》1976年第1期。

表 3—9（1）　　　　　　　　　　某年四至七月

旬	月	日	来告	出处（合集号）
甲寅旬		甲寅	左告曰有㞢囗自益十人有二。	137
甲子旬				
甲戌旬				
甲申旬				
甲午旬				
甲辰旬	五月	甲辰	大撤风，之夕皿乙巳㞢［羌］五人，在敦。	137、367
甲寅旬	六月	庚申	自北，子嬿告曰昔甲辰方征于蚁，俘人十又五人，戊申方亦征，俘人十又六人。	137
甲子旬				
甲戌旬				
甲申旬	七月	己丑 壬辰	微戈化乎告舌方征于我奠。 自西，盂乎［告曰：舌方］征我奠，戋四［邑］。	137、584、6068 584
甲午旬		庚子	戈奉［羌］囗人，㕜㞢䵼二人。	584

表 3—9（2）　　　　　　　　　　十一至十三月

旬	月	日	来告	出处（合集号）
甲午旬	十一月	戊戌	有裏在受，宰在囗，其…㚔，亦焚卣三。	583、584
甲辰旬				
甲寅旬				
甲子旬				
甲戌旬				
甲申旬				
甲午旬	十三月	丙申	自西盂告曰舌方戋魃、夹、方、相四邑。	6063、6064 互补
甲辰旬		丙午 戊申	自西微友唐告曰舌方征我奠，入于莧，亦戋示易。 亦㞢来自西，告牛家……	6062—6064、 6065＋8236 残辞互补

表 3—9（3）　　　　　　　某年五月以后

旬	月	日	来告	出处（合集号）
甲寅旬	五月	癸亥		6057
甲子旬		己巳	微友角告曰：舌方出，𢦏我示龏田七十人五。	6057
甲戌旬				
甲申旬		辛卯	蚁妻𡥈告曰：土方𢦏我田十人。	6057
甲午旬		丁酉	沚馘告曰：土方征于我东鄙，戋二邑。舌方亦𢦏我西鄙田。	6057—6060
甲辰旬		丁未	［坒］自𠂤圉六［人］。	6057

当然，侵扰事件远非这三次，还有不少残辞无法纳入时间框架。但仅就表 3—9（1）与（2）的时间间距和同版关系表明可能在同一年；而表 3—9（1）涵盖的时间，如前所述与表 3—9（3）肯定不在同一年，但不排除是在表 3—9（3）"十三月"以后一年的可能。若果如此，这三次重大入侵前后相距不过一年有余，其中尤以殷之西的舌方、土方袭扰愈演愈烈，势必促使武丁集中人力物力发动抗御畜牧族内侵的战争。

二　对方的战争

武丁征伐卜辞中，多次出现了"方"，甲骨文中，作为方国的"方"，一是某方的省称，如卜辞有"戌叀义行用，遘羌方有戋。弜用义行，弗遘方"的对贞①，可知辞中的"方"所指为羌方。此外，表示一个来自北方的敌人，仅《合集》收录就超过 500 条。研究者多认为卜辞中的"方"就是《竹书纪年》之方夷②，但是文献中方夷的历史几乎是空白，仅知道是东夷九种之一，或曰"北海之东"有"方夷之国"③，武丁对于"方"的征伐卜辞，却揭示出了一个活力极强、活动范围很广，带有草原民族特点的古族。

前述验辞记某年五六月"有来艰自北"，子嬕报告，自甲辰至戊辰 24 日

---

① 《合集》27979。
② 见郭沫若《卜辞通纂》555 片考释。
③ 见《后汉书·东夷传》，《古微书·诗纬》。

内，方两次入侵𢦏掳掠人口。实际上掳掠目标不仅是人口，卜辞还见"戊寅卜，方至不。之日有曰：方在𠦪㐭"①，验辞记载方进入了𠦪地仓廪，当然是抢掠粮食了。在卜辞中常有相关卜问，如：

1. 贞亡来艰自方。
   贞旬亡来艰自方。
   贞旬亡祸。（《合集》6668）
2. 庚寅卜，今生一月方其亦有告。（《合集》6673）
3. 贞乙未方其征。（《合集》6681）
4. 丁巳卜，今载方其大出。四月。（《合集》6689）

第1版连续卜问是否会有来自方的灾难，未来一旬是否会有来自方的灾难，未来一旬是否无祸。第2版卜"生一月"，是问来年一月是否会有来自方的告急，因而占卜时间是在十二月或十三月。第3版问乙未日方是否会进犯，同类的句式还有"贞丁酉方其征"。② 第4版问方是否会大肆出动骚扰，这类卜辞还见有一、五、七、九、十、十三月③等，从时间看，这些频繁而具体的卜问，透露出某一阶段来自方的侵扰已成为王朝的主要威胁。还有一些卜辞涉及具体地点，如：

5. 贞方至涂，蕭。（《合集》17168）
6. 壬午卜，□，贞曰：方出于圅。允其出。十一月。（《合集》6717）
7. 辛卯卜，[贞]方其出[于]唐。（《合集》6715）
8. 贞乎往征。
   贞方允其来于沚。（《合集》6728）

陈梦家考证，记录子𡥅告急的验辞有"在敦"，敦在沁阳田猎区，𢦏与衣、曹等地相近，衣、曹也属于沁阳田猎区。方所出之地曰唐、曰圅、曰涂，唐在今安邑一带，圅疑即榆；涂，涂水，均在今榆次县，则方在沁阳之北、太行

---

① 《合集》20485。
② 《合集》6682。
③ 《合集》6711、6692、6702、6696、6700、6704、6711。

山以北的山西南部。① 然而，在卜辞中有"作大邑于唐土"②，唐在河汾之东，为古陶唐氏之地，从夏代开始，已纳入中央王朝，可见方所"出"之地并非方的"领地"，而可以理解为方出动侵扰到达、出现之地。所以第 5 辞是问方出动至涂，王朝派出的军队能否与他遭遇。第 6、7 辞问方是否已经侵扰到衁、唐。同样，第 8 版与"乎往征"共存的是"方其来于沚。方不其来"。的反复占卜，同样是问方是否会侵入商的与国——沚，是否要派人前往迎战。

从下列卜辞可见方侵扰范围极广，而不限于晋南一带：

9. 癸亥卜，王，方其敦大邑。（《合集》6783）
10. □丑卜，王，方其征于商。十月。（《合集》6677）
11. 乙酉卜，方弗戋⩗。十月。（《合集》6773）
12. □未卜，□，贞弗戋利。（《合集》6775）
13. ……方敦周。（《合集》6782）
14. 贞方敦⩗。（《合集》6784）
15. 壬辰卜，方其敦见何。（《合集》6789）
16. 戊辰卜，宾，贞方执井方。（《合集》6796）
17. □申卜，方敦雀。（《合集》6785）

以上入侵之地的地望，不少是不清楚的，但肯定不在相邻的一个范围内。约略可知的有第 9 辞的大邑，或认为是大邑商，一说在今河南商丘，一说在今沁阳附近。③ 方侵商的卜辞不止一见，还有"方敦商"④，商地有在河南商丘附近、朝歌附近、安阳等推断，总之，应属于商王朝的腹心地区，至少要靠近腹心地区。第 13 辞的周在陕西关中西部。第 16 辞的井即邢，学者多无异议，旧说从方在晋南出发，考邢在古文献中或作耿，今山西河津县有古耿

---

① 陈梦家：《殷虚卜辞综述》，科学出版社 1956 年版，第 259—264、270—272 页。
② 《英藏》1105。
③ 钟柏生：《殷商卜辞地理论丛》，台北艺文印书馆 1989 年版，第 276 页；董作宾：《卜辞中的亳与商》，《大陆杂志》六卷一期；陈梦家：《殷虚卜辞综述》，科学出版社 1956 年版，第 258 页。
④ 《合集》6781。

乡，因而定井方在河津县①，但联系近些年河北邢台地区考古发现和研究成果，可知井方当在今河北南部邢台一带②。仅商、周、井这三个地点，已可见方袭扰地域之广，加上第 11、12、14、15、17 辞中，未能判断地望的诸地点，更可见方的出动机动灵活而迅速，威胁面广。

武丁抵御方入侵的策略包括以下几个方面。

第一，启动国家机构进行应对。卜辞有：

18. 丁未卜，争，贞叀沚化亡祸。十一月。贞叀沚化其㞢祸。
    贞叀沚化戋方。沚化弗其戋。
    贞方其大即戎。
    乎御史。（《合集》151）

图 3—42　《合集》6771

---

① 陈梦家：《殷虚卜辞综述》，科学出版社 1956 年版，第 288 页。
② 孟世凯：《甲骨文中井方新考》，《邢台历史文化论丛》，河北人民出版社 1990 年版。

19. 丁未卜，争，贞甶正化受虫。丁未卜，争，贞甶正化弗其受虫。
贞方其戋我史。方弗其戋我史。
贞我史其戋方。我史弗其戋方。
往西多繇［比］王伐。（《合集》6771二卜，图3—42，9472同文三卜）

三版皆为大龟腹甲，第18版第一组对贞有兆序一至十、第二组对贞有兆序一至八，第三辞和第四辞分别有兆序一至四和一至十，第19版更有成套卜辞，可见"方其大即戎"也就是说"方"兴兵大肆内侵，已构成对商王朝的重大威胁，从而对此事进行反复占卜。从第18版可见商王关心驻北地的官吏甶正化能否抵御入侵，是否有祸。并且"乎御史"启动国家机构以应对。甲骨文御的本义为"迎"，史，大部分应解作"事"，联系卜辞常见呼某人或令某"御史"，知第18版的"御史"不是官名，而表示命令官员入朝"迎接事务"，即接受任命。[①] 换言之，当北境安全受到威胁时，武丁立即考虑委派中央官吏前往。第19版与18版的干支、贞人同，但不能断定是同一日的占卜，从卜辞内容看，这一版包括对付北方和西方之敌二事，反面有两条占辞。辞中的"我史"是中央派出的官吏，如同"立史于南"[②] 一样，在北境也设立了史官，很可能就是甶正化。卜辞表达了武丁对北史的关切，希望它不致受方的伤害而能战胜方的内侵。

第二，告祭祖先。卜辞有：

20. 乙巳卜，争，贞告方出于祖乙、大乙。（《合集》651）
21. 己酉卜，宾，贞虫来告方征于寻，禘夕告于丁。（《合集》6672）

在"国之大事在祀与戎"的时代，遭到敌人入侵，也要告祭祖先，以求得神灵的庇佑，这也是为军事打击做准备。

第三，组织力量监视敌人动向。卜辞有：

---

① 王贵民：《说卯史》，胡厚宣等著《甲骨探史录》，生活·读书·新知三联书店1982年版，第303—339页。

② 《合集》5512。

22. 辛巳卜，㞢，贞乎见方。六月。
    辛巳卜，㞢，贞勿乎见［方］。（《合集》6740）
23. 丁未卜，囗，贞令立见方。一月。（《合集》6742）
24. 丁巳卜，匿其见方，弗冓。（《合集》20413）
25. 丙辰卜，戎其见方。二月。（《合集》20417）

仅看第22版，"见方"有可能是名词，但联系第23—25辞，"见"当为动词，卜辞有"登人"若干望某方或呼令见某方，可知征伐卜辞中的"见"不是指个人的监视行为，而是有组织监视敌人动向的部署。第24、25辞同版均有何时"方其征"，或"方其征"于何地的卜辞，更可见对于是否要派出监视敌人动向的人员、派何人以及派出的人是否能顺利完成任务，例如，是否不至于和敌人发生遭遇战等，都有缜密考虑。

第四，聚众、选将，准备伐方。如卜辞有：

26. 囗亥卜，争，贞王循伐方……
    贞王循伐方，受有又。（《合集》6733正、反）
27. 贞方戋登人。（《合集》6746）
28. 癸卯［卜］，囗，贞令囗戜方，亡囗。（《合集》6745）
29. 丁巳卜，王，贞四卜乎比征方，允获。（《合集》20451）
30. 己亥卜，王，祟方我。（《合集》20466）

第26辞是准备王亲征，第27辞是准备征集兵员，聚众出证，第28、29辞卜选将，命令方国军队配合出征。伐、戜、征、祟是表示不同形式的征伐动词，其中第30辞的祟是杀伐的意思，"我"读为宜[1]，卜杀伐入侵者的战机是否成熟。看来在出征前期准备中，对于战机和战略战术都有所考虑。伐方也有一批选将的卜辞，如：

31. 戊戌卜，殻，贞戍得方㘝戋。（《合集》6764、6765）
32. 癸亥卜，王，隹䎃其征方。（《合集》6752）
33. 辛丑卜，扶，令盄祟方。（《屯南》604）

---

[1] 裘锡圭：《释"求"》，《古文字研究》第十五辑，中华书局1986年版。下同。

34. 丁酉卜，王，令戎𡴀方。(《合集》20469)

第31辞𢻳可解释为"我"的繁体，如第30辞当读为"宜"，是问戎能否抓住打击入侵者的适宜战机，第32—34辞卜选另三名将领。其中的匚可能与第24辞的匚为同一个人，匚、戎和其他一些将领屡见于战争进程中的占卜，应是对方战争的实际参加者。

第五，实施军事打击。卜辞有：

35. 壬寅卜，匚于□征方，戋。二月。(《合集》20444)
36. ……令匚追方。(《合集》20461)
37. 戊申[卜]，匚弗及方……三月。(《合集》20456)
38. 癸丑卜，王，贞戎其及方。(《合集》20457)
39. 戊戌卜扶缶中行征方，九日丙午𦎫……(《怀特》1504)
40. 壬寅卜，扶，缶比，方允执。四日丙午𦎫方，不获。
    癸卯卜，王，缶𦵚征戎执，弗其□印。三日丙[午]𦎫方，不获。十二月。(《合集》20449)
41. □酉卜，□，贞𢎥𡆥𠚔获征方。(《合集》6749)
42. 己亥卜，𢎥𢦏方。(《合集》20443)
43. 辛卯卜，王，贞𢎥其𢦏方。(《合集》20442)

这些是对战争进程的卜问，涉及了实际参战的四位将领。第35—37辞是关于匚出征、追击入侵之敌的卜辞，二月壬寅与三月戊申中间相隔五日，当为抵御同一次入侵的连续占卜。第38、40版都有名词"戎"，但含义不同，第38辞和前第25、34辞的戎相同，为人名，且为同一个人，也是参与了监视方的动向和追击入侵之方的一位将领。第40版之戎不是人名族名，从"征戎"，"𦎫方"看，戎即方，是"敌寇"的意思，问缶出征敌寇是否能抓到俘虏，验辞记三日后与方遭遇，没有抓到俘虏。第39、40两版为戊戌至癸卯六日内的三次占卜，验辞表明所卜为同一事，即缶率军出征，十二月丙午与入侵者发生遭遇战，没有斩获敌人。第41—43辞卜第四位将领对方的征讨能否有斩获，能否达到预期的目的。当然，投入对方战争的并不仅限于以上几位将领，卜辞还见"令虎追方"、"我𢦏方"①，武丁征伐卜辞中，蒙侯虎和"我"都是十分活跃的将领。虎为人名无疑，"我𢦏方"之"我"也应是人名族名。

以上是方犯境后的几次战役，此外还有一批"御方"的卜辞，如：

44. 己卯卜，王令御方。(《合集》20451)
45. ……登马以御方。(《合集》6759，图3—43)
46. □寅卜，宾，贞令多马羌御方。(《合集》6761)
47. 壬午卜，㱿，贞王令多𡧀御方于……
    壬午卜，㱿，[贞]乎御方于商。(《合集》20450)
48. □巳卜，王，贞于中商乎[御]方。(《合集》20453)

图3—43　《合集》6759

征伐卜辞中的"御"往往解作"防御"，然而前人往往引《说文》彳部"御，使马也"，《广雅·释诂一》有御，"使也"，是此字本义。今人则考御之本义为迎迓，御伐是迎击②，无论如何都含有积极进攻性的意思。而从甲骨文看，御也常和带有进攻性的用语征、伐相关联，如有"御伐"③一辞，上第44辞"令御方"与第29辞"乎比征方"同版，卜日相距二旬又三日，联系在古文献中，御往往训为治也、制也、进也④，可知甲骨文中的"御方"，所指不是防御战斗，而是一种进攻战斗，甚至可能是在战争取得一定胜利的前提下，一种进一步扩大战果手段。⑤ 第44辞表明在部署征方以

---

① 《合集》20463反、6757。
② 分别见于省吾主编《甲骨文字诂林》姚孝遂按语，中华书局1996年版，第406页；罗振玉《增订殷虚书契考释》中第70页，丁卯(1927年)二月东方学会印；王贵民《说迵史》，胡厚宣等著《甲骨探史录》，生活·读书·新知三联书店1982年版。
③ 《续存》下66。
④ 参见《书·泰誓上》"越我御事"传；《史记·范雎蔡泽列传》"弊御于诸侯"索隐；《广雅·释诂二》；《左传·襄公二十六年》"朱也当御"注。
⑤ 参见夏含夷《释"御方"》，《古文字研究》第九辑，中华书局1984年版，第100页。

后，还考虑御方的战役。第45—47版第一辞反映了当时拟征集军用马匹和令多马羌、多冒投入御方；第47版第二辞和第48版是准备集结兵力在商、中商御方。有关方侵入商的占卜除上述第10辞外，还见"方征商"、"方敦商"①，这些进一步表明方威胁到了商王朝的腹心地区。

第六，采取镇抚的手段。卜辞有：

49. □午卜，𠭯，贞令载王循方，帝授受［我佑］。(《合集》6737)
50. 丙子卜，宾，贞其大出。七月。
　　贞方不大出。
　　癸未卜，宾，贞令鸣罙方。八月。
　　贞勿令方归。(《合集》6768，6769同文图3—44)

这透露出在军事打击取得一定成效的前提下，商王朝对"方"还采取了怀柔的手段，第49辞及"贞王勿循方。贞王循方"②的反复占卜，说明武丁拟亲自带兵巡狩这股敌人的出没之地。第50版的罙在辞中训暨，为至、到的意思。这版两组卜辞相距七日，很可能反映出七月丙子前后有方出动侵扰的迹象，武丁拟派鸣出使方人驻地，争取用非暴力的手段促使其退回原来的居地。

在同期卜辞中，除有"令方归"外，还有"令方至"，如：

51. 戊申卜，扶，余令［方］至不。(《合集》20477)
52. 丁亥卜，扶，方至。

图3—44　《合集》6769

---

① 《合集》20440、6781。
② 《合集》6734—6739。

丁亥卜，扶，余令曰：方其至。(《合集》20478)

"方至"，如上所述，表示方侵入到商王朝的四方四土，进行掳掠或发生遭遇战，但商王"令方至"则应反映战争的结果方表示了臣服，这样商王才可能对方下令。但武丁以后，几乎各王的卜辞中都有与方发生军事冲突的内容，尤其是廪辛、康丁以后，方重又构成威胁，与商王朝的战事再起。

总之，从以上武丁对方的战争看，方的侵扰频繁，但规模似不大，从已知记录看，每次俘人不过十余。最突出的特点是行动快速灵活，可以长驱直入商王朝腹心地区。商王朝除了征集马匹、调动多马羌进行"御方"之战外，"追方"的卜辞也比较多，授命或准备授命的臣属有匚、虎、戎等，卜辞还有"步今日追方"、"受其追方"等[①]，屡有遭遇战，但是少见俘获，却留下"冓方，不获"的记录，从而都暗示出这支敌人带有草原民族的特色。

值得注意的是，一些考古学发现和研究成果认为，进入铜器时代以后，我国北方地区畜牧—游牧民族的产生发展是和气候变化相关联的，由于寒冷期在我国西部到来较早，齐家文化结束后开始分化出卡约文化等半农半牧文化，在扩展生存空间的过程中，一部分人进入鄂尔多斯，融入朱开沟文化，促使后者发展到了鼎盛阶段。此后，由于干冷气候的到来，农业经济衰退，随着鄂尔多斯的生态环境逐步接近典型的草原景观，朱开沟文化晚期初步形成半农半牧的经济格局。到了距今3500—3000年间，随着干冷气候的持续发展，朱开沟文化人群南迁，形成李家崖文化，过着半农半牧的定居生活，为了夺取生存空间和资源，不断侵扰农业民族，与商王朝屡屡发生军事冲突。[②]

考古学不同文化冲突、碰撞的过程，也是交流融合的过程，李家崖文化的发现证实商代后期中原文化与北方草原文化的碰撞、融合的存在。尽管从甲骨文看，武丁时期方的频繁侵扰正相当于朱开沟文化人群南迁开拓生存新空间的时期，李家崖文化的存在与方的威胁连续存在于其后诸王，并于康丁、武乙、文丁再次战争升级在时间上也是一致的，但由于资料的缺乏，目

---

① 《合集》20460、28014。
② 参见田广金等《中国北方畜牧—游牧民族的形成与发展》，中国社会科学院考古研究所编著《中国商文化国际学术讨论会论文集》，中国大百科全书出版社1998年版，第310—322页。

前仍难以将考古发现与甲骨文所载的具体方国联系起来。总之，殷墟卜辞中的"方"与朱开沟文化、李家崖文化的关系很值得注意，但有待更多的考古发现与研究成果公布，才能作进一步探讨。

三 对土方的战争

土方位于殷之西北，前述武丁卜辞的验辞载"㞢来艰自北。㚔妻妌告曰：土方䧹我田十人"、"㞢来艰自西。沚馘告曰：土方征于我东鄙，𢦏二邑。吾方亦䧹我西鄙田"① 可以为证，然而对于土方的具体位置各家定点不同，陈梦家说土方疑即杜，史称唐杜之杜、豕韦氏之后，㚔在沁阳之北，土方在沚之东，当在㚔之西。② 岛邦男不同意此说，定在山西北部，殷之西北，钟柏生定在陕西中部略东。③

对土方的战争起于土方的袭扰，除前文所述验辞外，卜辞还有：

1. ……〔土〕方出。(《合集》6381)
2. 甲子卜，王，贞土方其敦□。(《合集》20392)

两辞都是关于土方是否会出动掳掠及是否会侵袭某地的占卜，很多卜辞和验辞表明，土方袭扰的同时，不仅吾方也在频繁出动，还正当武丁部署伐下危之战，如卜辞有：

3. □□〔卜〕，㱿，贞今载王伐土方受〔㞢又〕。
……贞今载王叀下危伐受〔㞢又〕。(《合集》6426、6427同文)
4. □□〔卜〕，宾，贞今载㚔征土方。
辛巳卜，宾，贞今载王比〔望〕乘伐〔下〕危受㞢又。十一月。

(《合集》6413)

"王叀下危伐"，用"叀"将宾语前置，即王伐下危。"㚔征土方"的㚔指㚔人，

---

① 《合集》6057正、反。
② 陈梦家：《殷虚卜辞综述》，科学出版社1956年版，第272页。
③ 〔日〕岛邦男撰，温天河等译：《殷虚卜辞研究》，鼎文书局1975年版，第385页；钟柏生：《殷商卜辞地理论丛》，台北艺文印书馆1989年版，第213页。

卜辞称出征前的征集兵员为"奴人"或"登人"。第3、4两版的两条卜辞，都并列契刻在牛胛骨宽阔的骨面部分，从当时卜骨的习惯用法看，即使不是连续占卜，时间也相距不远，反映出在决策伐下危部署的关键时刻，与土方的矛盾加剧，是否要聚众出征土方的问题已经提到了日程上来，在这种情况下，对土方的侵袭首先采取何种策略需要慎重考虑、反复斟酌。反映在同期卜辞中，是有一批关于王"循土方"、"循伐土方"、"伐土方"、"征土方"的占卜，如：

    5. 庚申卜，㱿，贞今载王循土方，［受］有佑。
       庚申卜，㱿，贞伐土方受［有又］。(《合集》6398)
    6. 庚申卜，㱿，贞今载王循伐土方。
       庚申卜，［㱿］，贞今载［王］循……(《合集》6399)
    7. 戊午卜，㱿，贞今载王征土方。王占曰：甲申其㞢设，吉。其隹甲戌㞢设于东，□隹［壬］戌㞢设……(《合集》6441)

第5、6版，均用牛骨，契刻部位、字体、干支、贞人相同，应该是同时的占卜遗存，可知对待土方的问题，曾考虑过循、循伐和伐三个方案。伐，是用武力征服，循伐和循的含义也有所不同的。多数学者认为循可读为巡，如李孝定说甲骨文"循"可解为从彳盾省声，训为巡视，循伐是以兵威抚循之，单言循某方，则行巡视之义。① 然而从甲骨文看，在循某方的卜辞中，"循"的对象大多与商王朝发生过军事冲突，所以"循"应相当于后世的巡狩，如《史记·封禅书》所载汉武帝封禅泰山前"北巡朔方，勒兵十余万"，虽然不是直接加诸武力，却以武力为后盾，威慑曾处于敌对状态的方国。循伐应是准备两手，威慑不成则加以挞伐。关于是否要"伐土方"或"征土方"也经过反复占卜②，如第7辞卜是否可以出征土方，占辞中的"有设"之设指自然界显示的兆象，于省吾考甲骨文设字有两个含义，其一即自然界设施的兆象，当时人们认为，自然界的兆象，甚至鸟鸣，都有吉凶的证验，而此类兆象是上帝有意为之③，所以占辞是说戊午后两旬又七日之甲申将有

---

① 李孝定：《甲骨文字集释》，"中研院"史语所1970年版，第567页。
② 如《合集》6426—6449。
③ 于省吾：《甲骨文字释林·释设》，中华书局1979年版，第103—106页。

上天垂象，吉。验辞记旬又七日甲戌果然有兆象显示于东方，六旬有五日壬戌又显示出了某种兆象。

从相关卜辞看，武丁对土方最终还是采取了直接用兵的方案，这当然首先是根据当时形势作出的决策，但也经过了告祭祖先和占问神谕，卜辞有：

  8. 癸巳卜，争，贞告土方于上甲。四月。(《合集》6385)
  9. 贞告土方于唐。(《合集》6387)
  10. 丁亥卜，争，贞我受土方〔又〕。(《合集》8480)
  11. 贞我弗其受土方〔又〕。十一月。(《合集》8484)

第8辞的上甲即上甲微，商人国家的缔造者，商人的第一位先公近祖；第9辞的唐，即商汤大乙，是商王朝的缔造者，第一位先王，都是商人有文治武功的著名祖先，决策对土方的战争或战争过程出现新问题都要对他们举行告祭，所以屡见向他们举行告祭内容的卜辞。第10、11辞，也数见同文卜辞，近人解释"受某方又"，意即在与敌对方国作战受鬼神保佑①，因此当主要为决策时的占卜，若得吉兆，则意味着征伐行动符合神意，得到神灵的支持。

在军事上的准备首先是征集兵员准备征伐，卜辞有：

  12. ……登人三千乎伐土方。(《合集》6407)
  13. 丁酉卜，㱿，贞今载王叺人五千征土方受㞢又。三月。(《合集》6409，图3—45)
  14. 辛巳卜，争，贞今载王叺人乎帚好伐土方受㞢又。五月。(《合集》6412)
  15. ……㱿，〔贞今〕载王〔伐〕土方，受㞢又。十二月。(《合集》6430)
  16. ……戊申王勿□妇好伐土方……(《英藏》152)

图 3—45　《合集》6409

---

① 裘锡圭：《释"求"》，《古文字研究》第十五辑，中华书局1986年版。

17. 己巳卜，争，贞比伐土方……（《合集》18926）

第12—14辞是关于征集兵员的卜辞，征集人数拟三千或五千，在甲骨文中一次征集三千的卜辞较多，伐土方一次拟征五千，属于动员兵力规模较大的。第15—17辞卜是王亲伐，还是妇好率王师出征，抑或以臣属为主将，王师为后盾，看来至少有三个方案。从而也有一系列选将和兵力配置的卜辞：

18. ……今［载王］比沚［�］伐土方受又。四月。（《合集》6420）
19. □戌卜，争，［贞］令三族［比］沚𢧛［伐］土［方］受［又］。（《合集》6438）
20. □□［卜］，□，贞沚𢧛称册，王比伐土方［受］屮［又］。
    □□［卜］，［殻］，贞沚𢧛称册，王勿𥄗比。五月。（《合集》6401）
21. □戌［卜］，殻，贞［沚］𢧛称册曹土［方］，王比……（《合集》6405）
22. □□［卜］，□，贞沚𢧛寻称……土方，我受［屮又］。（《合集》6406）

第18、19辞卜问是否以沚𢧛为主将，王亲率大军或以王师中精锐的三族族众组成的军队比同出征，以为后盾。对于第20版的第二条卜辞的𥄗，张政烺说它含有目不明、视不审谛之义，轻易、怠慢之义等，"勿𥄗"作为一个词就会有认真、注意、重视、严肃对待等意思。解释该条卜辞说土方是殷之敌国，沚𢧛是殷之将军，《左传》昭公二十八年"则善而从之曰比"，王"勿𥄗比"是说王认真挑选。还举《合集》10171"贞乎寻册"、"贞勿𥄗乎寻册"的对贞，说"乎是呼召，王呼等于命令，'寻'义迎接，册是典册，'勿𥄗'说明重视"。① 据此这组对贞可以理解为卜问是命人迎接典册，还是必须郑重地命人迎接典册。从卜辞文例看，第20版的两条卜辞"王比"、"王勿𥄗比"也是相类的一组对贞，卜问举行册命沚𢧛的仪式以后，王比同沚𢧛伐土方，还是必须十分慎重地考虑比同沚𢧛出征土方之事，反映了对这场战争的重

---

① 张政烺：《殷契"𥄗"字说》，《张政烺文史论集》，中华书局2004年版，第657—663页。

视。第 21 辞的晋或释砍杀，或释册告①，无论如何，均与伐土方命将仪式有关。第 22 版卜辞可能也是"沚馘称册"的残辞，如上所述，卜辞有"寻册"，一说寻可解释为"迎"，此外，在甲骨文中，"寻"多用为祭名，由于第 22 辞已残，难得确解，只可推测与命将沚馘出征土方有关。

征伐土方的过程留下的卜辞较少，仅见有：

23. 贞〔今载〕王罙伐土方，受〔㞢又〕。（《合集》6425）
24. □□〔卜，㱿〕，贞土方还……伐，受〔㞢又〕。（《合集》6454）
25. 贞土方〔不〕败。（《合集》8490）
26. 甲寅卜，贞戍其获征土方。一月。（《合集》6452）
27. 贞弗其擒土方。（《合集》6450）

第 23 辞"罙伐"之"罙"，有研究者提出其甲骨文字形像以手探取状，应为"探"之本字，在卜辞中与"伐"组词，义为袭击②，这是开战以后，有关某个战役的占卜。第 24 辞卜土方败退，如何组织新的进攻。第 25 辞卜土方是否就此失败。第 26、27 辞是关于能否擒获俘虏的占卜，从而可知战争最后以土方的失败而告终，而且最后阶段是王师和戍的军队起了决定性作用。有关土方的卜辞还见：

28. 壬辰卜，㱿，贞今载王循土方受㞢〔又〕。

癸巳卜，㱿，贞今载王循土方受㞢〔又〕。

辛丑卜，争，贞曰吾方凡皇于土□，其敦⻊。允其敦，四月。（《合集》6354，图 3—46）

图 3—46 《合集》6354

---

① 分别见于省吾《甲骨文字释林·释晋》，中华书局 1979 年版，第 172—174 页；何琳仪等《启卣启尊铭文考释》，《古文字研究》第九辑，中华书局 1984 年版，第 373—389 页。

② 刘钊：《卜辞所见殷代的军事活动》，《古文字研究》第十六辑，中华书局 1989 年版。

在这一版卜辞中，第一条卜辞与二条卜辞的干支相邻，与第三条卜辞的干支相距一旬，很可能就是一旬内的占卜遗存。辞中的"凡皇"或释徘徊①，在此则是舌方出没于土方之地，并攻入了某个地点，此事引起商王朝的关注，联系武丁关于准备巡狩土方的占卜，很可能反映土方失败以后，服属了商王朝。

武丁伐土方的战争从酝酿到实施可能经历了较长时间，如上所述，土方出动骚扰告祭祖先见于四月；卜"受土方又"见于十一月；登人卜辞见于三月、五月外，有的残辞与七月、十一月的其他卜辞同版，可见登人的实施不限于三至五月前后。卜王伐土方见于十二月、王比沚戓伐见于四月、沚戓称册见于五月，戍获征土方见于一月。其中月、日俱全的有四条，即第8辞四月癸巳、第13辞三月丁酉、第14辞五月辛巳、第26辞一月甲寅，由于四月癸巳上距三月丁酉五旬有六日，下距五月辛巳四旬又八日，显然不能属于同一年，第26辞一月甲寅，则要进入第三个年头了。

武丁对土方的战争解除了土方对边境的袭扰，但是到了武乙文丁时，战争又起，小屯南地甲骨有：

29. 弜戠彡，其令伐土方。（《屯南》1015）
30. 己酉卜，王亡眚擒土方。（《屯南》994）
31. ［己］丑贞……王寻告土方于五示，在衣，十月卜。
    甲子贞，王比沚戓。
    弜比。（《屯南》2564）

第29、30辞为武乙卜辞，不仅再次征伐土方，而且第30辞"亡眚"同于第20辞的"勿眚"，强调要很认真地对待擒土方的问题。第31辞为文丁卜辞，再次为伐土方告祭五示祖先，并准备由王亲率大军比同沚戓一起出征。

四 对舌方的战争

舌方位于殷之西北，具体方位不清。郭沫若《卜辞通纂》第513片考释认为"子嬕告曰昔甲辰方征于蚁，俘人十又五人。五日戊申亦征，俘人十又六人"之方乃土方。联系该书第431片"蚁妻妟告曰：土方牧我田十人"

---

① 拱辰：《释"吕方方皇于土"》，《文史哲》1955年第5期。

等"有来艰"的验辞，推断土方在殷之西北或正北，舌方在殷之西北，"土方之距殷京约有十二三日之路程，每日行程平均以八十里计，已在千里上下，则土方之地望盖在今山西北部，而舌方或更在河套附近也。要之，卜辞中习见之土方与舌方必为猃狁之部落无疑"。对此，胡厚宣指出，其说"误在以方为舌方，辞多臆测，亦难信也"，而从舌方侵扰之地看来，"其活动区域，约在今陕北之地"。① 岛邦男也认为大约在陕西北部或河套②。陈梦家则提出在今垣曲与安邑之间的中条山区③。

从考古和甲骨文研究成果看，武丁时河套地区还是北方民族文化分布地区，而舌方似与羌人方国的关系更为密切，一些研究者提出李家崖文化属于鬼方文化的推断，或认为舌方活动地域可定在山陕接界中间偏南。④ 但是据考古学研究成果，李家崖文化的年代为晚商时期，部分遗存也可能延续到西周。⑤ 其上限虽然可达武丁之时，但其繁荣则在武丁以后，而舌方在武丁以后基本不见于卜辞。换言之，与山陕黄河两岸这支具有独特地方风格文化的兴盛在时间上相应的是土方、舌方淡出历史舞台，所以李家崖文化属于舌方遗存或舌方活动于山陕接界中段说尚难论定。就目前资料看，舌方活动地区在晋西南及相邻的陕西一些地区的推断或许较接近史实。

如前所述，武丁时在西北畜牧民的多方中，土方和方的侵扰规模较小，舌方最为强大，一次掠走人畜甚至达"八百"，此外卜辞还有：

图3—47　《合集》8610

1. 丙辰卜，㱿，贞曰舌方以𢀛方

---

① 胡厚宣：《甲骨学商史论丛初集·殷代舌方考》，河北教育出版社2002年版，第161—162页。
② ［日］岛邦男撰，温天河等译：《殷虚卜辞研究》，鼎文书局1975年版，第384页。
③ 陈梦家：《殷虚卜辞综述》，科学出版社1956年版，第273页。
④ 如钟柏生即执此看法，见《殷商卜辞地理论丛》，台北艺文印书馆1989年版，第191页。
⑤ 中国社会科学院考古研究所编著：《中国考古学·夏商卷》，中国社会科学出版社2003年版，第566—584页。

敦吕，允……（《合集》8610，图3—47）

    2. 舌［方］其以絴方。（《合集》8598）

    3. 舌［方］以□方敦……其……（《合集》8611）

辞中的"以"是挈领的意思，可见在对抗商王朝的军事行动中往往居于主导地位，而且舌方侵入的地区也远比其他敌对方国多，卜辞有：

    4. 乙丑卜，殷，贞曰：舌方其至于彔土，其业……（《合集》6128、6129、6130）

    5. 舌方其至于峀。（《合集》6132）

    6. 贞舌方弗罙西土。

    ［贞］舌［方］其罙西土。（《合集》6357）

    7. 贞舌方弗敦沚。（《合集》6180）

    8. 丁巳卜，韦，贞舌方其敦㦰，十月。（《英藏》571）

    9. 甲戌卜，㱿，［贞］舌方其［敦］占㮅。（《合集》8529）

    10. 舌方其戋微。（《合集》6366）

    11. 己巳卜，殷，贞舌方弗允戋戉，十月。（《合集》6370、6371）

    12. ［贞］舌［方］其戋不。（《合集》6363）

    13. 戊寅卜，宾，贞今㠱舌其［征］缰。（《合集》6352）

第4、5辞卜舌方侵入某地，第4辞存二、三、四卜的成套卜辞，可见商王对此事的重视。第5辞同版有"贞使人于沚"，知商王拟派人到西土沚地探明情况。第6辞动词用罙，据考有袭击之意已如前述。第7—13辞出现敦、戋、征等表示军事行动的动词，反映舌方的掳掠侵扰已升级为战争。其中第5、7、8、10辞的峀、沚㦰、微常见报告舌方入侵的敌情，他们既是有守土之责的中央官吏，又多是一方侯伯。微或释兇，见于"来告"验辞的有微友角、微友唐、微戋化，皆属于同一族氏，同期卜辞屡见"舌戋""微戋"的连续占卜，还有"贞［舌］方其［受］微又"。① 可能"微"与舌方已发生了较多的军事冲突。第11辞戉是武丁时的一员大将，陈梦家说武丁时的戉当

---

① 《合集》6365—6368。

即康丁时的"[西]戉方"和乙辛时的"西戉"①，其地当也在殷之西。第12辞的"不"，见于武丁伐基方缶的同版②，为今山西境内的小国，武丁曾派兵平定其乱，遂归顺于商，故此时舌方戈"不"引起武丁的关注。第13辞的缌，或释为戀，为殷都之西的地名③，其后成为羌人的"四邦方"之一。值得注意的是第12和第7版卜辞的同版分别有"贞乎伐不左"、"登人乎伐"，意味着舌方入侵的升级使得武丁对舌方的战争成为不可避免。

舌方频频入侵之时，正当伐土方的关键时刻，卜辞有：

14. 乙卯卜，争，贞沚𢦔称册王比伐土方受虫又。
壬子卜，㱿，贞舌方出不隹我虫乍祸。五月。
壬子卜，㱿，贞舌方出隹我虫乍祸。（《合集》6087）

《英藏》545与此版卜辞同文，三条卜辞并列契刻于牛肩胛骨骨面宽阔部分，"乙卯卜"居中，两条"壬子卜"在两侧，契刻部位指示出两次占卜相距不可能是三日，而是五旬又八日，而靠近肩胛骨边缘处的相间刻辞，有"贞王勿比沚𢦔"也可以为证，这就说明伐土方进入命将出征阶段时，对舌方的战争尚未提上日程，只是密切关注其动向，武丁在迫使土方和方降服后，才集中力量对付舌方的侵袭。

武丁时舌方构成了商王朝的主要威胁，反映在卜辞中，有相当一批关于"舌方征"、"舌方出"、"舌方其出"、"舌方亦出"、"舌方允出"、"舌方来"，进行占卜的贞人有㱿、殻、宾、箙、争、亘等。④ 这类卜辞有的只是关心舌方出动是否会造成损失，还有一些则是出兵准备阶段的卜辞，如：

15. 丁未卜，亘，贞舌方出隹我祸。一月。（《合集》6091）
16. 贞舌方出，不隹嚣我才祸。（《合集》6088）
17. □午卜，□，贞舌［方其］亦出。十月。（《合集》6117）

---

① 陈梦家：《殷虚卜辞综述》，科学出版社1956年版，第310页。

② 《合集》6834。

③ 张秉权：《殷虚文字丙编》考释，"中研院"史语所1957年版，转引自于省吾主编《甲骨文字诂林》，中华书局1996年版，第3007页。

④ 《合集》6079—6081、6083—6127。

18. 己未卜，宾，贞舌方其亦征。十一月。（《合集》6073）
19. 贞舌方❒出。（《合集》6100）
20. 贞舌方出隹黄尹耂我。（《合集》6083）

第 15、16 辞卜问舌方出动是否会带来灾祸。第 17、18 辞"亦"假为夜①，意思是舌方是否会夜间突袭，在有关舌方出动的卜辞中，卜其是否夜出的占有相当比例，反映舌方骚扰常采取夜袭的手段。第 19 辞❒字不识，当表示某种出动方式。第 20 辞黄尹属于旧老臣，卜舌方出动是否为黄尹降下的惩罚。以上占卜多在尚未用兵而对敌方保持戒备之时，以下卜辞则多在为军事打击做准备的阶段：

21. 乙巳卜，宾，贞甾乎告舌方其出，允其□。
    贞□允出。
    贞使人于甾。
    吴。
    𠂤般。（《合集》6079＋5536，《合补》1830，《合集》6078 同文）
22. 壬子卜，宾，贞舌方出，王雈。五月。（《合集》6096）
23. 贞王曰甾，舌方其出不溑。
    贞王勿曰甾。（《合集》6080、6081 残辞互补）
24. 贞舌[方]出[王]勿飨，十一月。
    王飨。（《合集》6095）
25. 己卯卜，㱿，贞舌方出王自征，下上若我。（《合集》6098）

第 21 版为一组相间刻辞，前两辞为一组对贞，参见同类卜辞，缺失之字当补为"允其[出]"、"[不]允出"，意思是甾报告边境地区不安宁，舌方是否果然出动了。第三辞反映武丁拟派人到甾地了解确实情况，末两辞是一组人名，可能与选派使甾的人员有关。第 22 辞"王雈"之雈，当读为观②，反映王拟亲自视察敌情。第 23 版卜辞的甾有别于第 21 版，是作为动词，指甾

---

① 胡厚宣：《甲骨学商史论丛初集·殷代舌方考》，河北教育出版社 2002 年版，第 174 页。
② 同上书，第 181 页。

伐；㵲，有凶咎之意①，卜问王应下令出兵阻止舌方的出动造成祸患，还是不要下令出兵。第 24 辞为一组对贞，辞中的飨当读为"矛头所向"的"向"，如《荀子·成相篇》"武王怒，师牧野，纣卒易乡"，唐杨倞注"乡，读为向"，"易乡，回也。谓前徒倒戈攻于后"。卜舌方犯境，商王是否要亲征。第 25 辞卜问王出征，是否能得到神灵的庇护。这些都不仅仅卜舌方出动，而侧重于商王朝的对策。

在古代社会，对于入侵者的应对是在两个层面上进行，一是祈求神灵保佑，一是用政治、军事手段解决矛盾。

在祈求神灵保佑方面，卜辞习见"告舌方"和"勾舌方"，告祭对象主要有上甲、报乙、示壬、唐、大甲、大丁、祖乙、黄尹、河②，以先公先王旧臣为主。求勾的对象主要有河、岳、王亥、令、受令、好妣③，包括自然神和先公远祖，令、受令、好妣等含义不明。其数量之多、范围之广都超过对待其他方国的入侵。如卜辞有：

26. 贞于大甲告舌方出。（《合集》6142）
27. 壬午卜，亘，贞告舌方于上甲。（《合集》6131）
28. 贞沚聝称册，告于大甲。（《合集》6134）
29. 贞于河告舌方。（《合集》6133）
30. 贞舌方衡，勿告于祖乙。
    贞告舌方于祖乙。（《合集》6349）
31. 己卯卜，争，贞于令勾舌方。八月。（《合集》6156）

第 26 辞为舌方出动侵扰而告祭大甲，第 28 辞为沚聝称册告祭大甲，第 30 辞"衡"即今"还"字，为舌方在遭到打击后，退回自己的居地，卜是否告祭祖乙。第 27 辞同版有"舌方其至于甾"，第 29 辞同版有"贞王比沚聝"，可见不仅在战争准备阶段的各个环节都要对神灵举行告祭，战争进展过程中的关键环节也要举行告祭。勾舌方的占卜和祭仪或可能就是在战争过程中进行。

---

① 于省吾主编：《甲骨文字诂林》引赵诚说及姚孝遂按语，中华书局 1996 年版，第 2970 页。

② 分别见《合集》6133—6137、6131、6132、6138—6140、6141—6144、6139、6145、6146—6147、6133 等。

③ 分别见《合集》6152、6156、6157、6155、6153 等。

使用政治军事手段，第一是弄清敌情，"知己知彼，百战不殆"的军事思想虽然形成于春秋战国，但它的根系却很长。舌方作为一个强悍的畜牧民的方国，其内侵显示了灵活机动、出没无常的特点，因而武丁非常重视对敌情的侦察，除了以上所述商王拟"使人"到舌方侵扰的地区查明情况或亲自巡视观察外，卜辞有：

32. 贞舌方不隹业［闻］。（《合集》6150）
33. 贞舌方亡闻。
    贞登人五千乎见舌方。（《合集》6167）
34. 贞共人乎见舌……（《合集》6193）
35. 贞［登］人乎［望］舌方。（《合集》6181）
36. 庚寅卜，㱿，贞勿冒人三千乎望舌［方］。（《合集》6185，图3—48）
37. 甲寅［卜］，㱿，贞［勿］首执多羌乎［望］舌。（《合集》550）
38. 贞勿乎㕚望舌方。（《合集》6192）
39. 取目于咸乎望舌。（《合集》6188）
40. 贞乎目舌方。（《合集》6194、619）

图3—48　《合集》6185

第32和第33版第一辞均卜舌方是否"有闻"，还有一些"其有闻。贞舌方亡闻"①的反复占卜，透露出希望了解舌方行踪的强烈愿望，而"舌方亡闻"与"登人五千乎见舌"同版，反映商王朝并非仅仅消极问卜，等待舌方暴露其行踪，而是积极的部署监视、侦察舌方动态。第34—36辞中的登人、共人、冒人都是征集人众，具体形式或有所区别。第37辞"执"则是带有强制性用语，表明"多羌"的非自由人身份。第34—40辞"见舌方"、"望舌方"、"目舌方"都是侦察敌情，据考"见"是逼近侦察；"望"字是一个人

---

① 《合集》6167。

登高瞭望的象形,是窥望、监视的意思;"目"的含义与见、望近似①,除了对舌方外,对其他方国用兵极少见这类占卜。而且从以上"登人五千"、"眉人三千"见舌方、望舌方看,充分显示了在这场战争中,商王为掌握敌情曾经动员了大量人力。除了征集商王直接统辖的军队侦察敌情外,武丁还要求驻守边境的侯伯或地方行政长官严密注视和及时报告舌方动态,如第38、39辞的昌、或都是靠近边境的地点,一为卜问是否让昌地行政长官负责监视敌情,一为卜问是否在或设立监视敌情的据点。而从以上有关"舌方出"的第4—13、15—19辞,以及相关验辞看,商王希望由此了解舌方出动的规律,如什么情况下出动,什么时间出动(是否夜出),侵掠了哪些地方,造成什么后果等。

第二,决定军事打击手段,卜辞有:

  41. 己酉卜,□,贞王征舌方,下上若[受]我又,二月。
    贞勿征舌方,下上弗若不我其受[又]。(《合集》6322)
  42. 癸丑卜,㱿,贞勿隹王征舌方,下上弗若不我其受又。
    [贞]勿隹王征舌方,下上弗[若不]我其[受又]。(《合集》6316)
  43. ……[勿]眉征舌方。(《合集》6327反)
  44. 贞勿乎征舌方。
    贞乎征方。
    允戈。(《合集》6310)
  45. 癸酉卜,宾,贞王伐舌方受业又,六月。(《合集补编》1769)
  46. 乙巳卜,争,贞叀王往伐舌方,受业[又]。(《合集》6214)
  47. 辛亥卜,争,贞勿隹王往伐舌方,弗其[受]业[又]。(《合集》6219)
  48. 辛亥卜,㱿,贞勿隹王往伐舌方。
    贞勿隹王往伐舌方,下上弗若,不我其受又。(《合集》6220)

关于是否征伐舌方使用军事打击的手段卜辞数量很多,常见成套卜辞,反映决策是经过反复认真考虑的。第41辞是一组对贞,问要不要征舌方,如何做才能得到所有上下神祇的保佑,第42辞是从反面卜不征舌方是否不会得

---

① 参见刘钊《卜辞所见殷代军事活动》,《古文字研究》第16辑,1989年。

到上下神祇的保佑,这组占卜存成套卜辞的四—六卜。还有七日后的"庚申卜,㱿,贞王勿征舌方,下上弗若不我其受又"的成套卜辞,存一、二、三、五卜。① 第 43 辞张政烺解释为舌方是殷之强敌,征舌是国之大事,所以表示要格外认真地去做②,同样内容的卜辞还有"[勿]𢆶隹王征舌"③。第 44 辞为一组相间刻辞,同文卜辞多见④,尤其值得注意的是数版"贞乎征舌方"与"允𢦏"的相间刻辞,这种连续的占卜遗存似乎意味着武丁出征的决心是建立在必胜准备的基础上。第 45—48 辞皆分别为不同的成套卜辞之一,第 45 辞存一、二卜⑤;第 46 辞为第六卜,存同套残辞,而且在一日为同一事还有由贞人㱿进行的连续占卜遗存⑥;第 47 辞为第三卜,第 48 辞为第一卜,都是在乙巳由争、㱿两位贞人连续占卜后六日,再由两贞人为同一事进行的连续占卜的遗存。保存至今的甲骨文仅是一些"残章断简",但凭这些残缺资料已可见武丁对舌方战争采取的慎重态度。

第三,聚众,在决策出兵后,开始征召兵员,伐舌方也有一批"登人"的卜辞。据不完全统计,"登人三千伐舌方"超过 15 条,这虽不是验辞,不能由此计算连续征召的总人数,但如此多的反复占卜是对其他方国用兵所不见的。如:

49. 壬辰卜,㱿,贞勿𢆶登人……舌方……(《合集》6170)

50. 贞登人三千乎伐舌方受㞢又。(《合集》6168)

51. 庚子卜,宾,贞勿登人三千乎[伐]舌方,弗[其]受㞢又。(《合集》6169)

52. 丁卯卜,㱿,贞翌辛未令伐舌方受[㞢又]。

癸巳卜,㱿,贞𢆶人乎伐舌方受㞢又。

丙午卜,㱿,贞登人三千乎[伐舌方受㞢又](《合集》6172—6174 同文互补)

---

① 《合集》6315—6321。

② 张政烺:《殷契"𢆶"字说》,《张政烺文史论集》,中华书局 2004 年版。

③ 《合集》6326。

④ 如《合集》6305—6312。

⑤ 《合集补编》1769 一卜、2768 二卜。

⑥ 见《合集》6215,又 6316 为同文㱿贞。

53. 戊辰卜，宾，贞登人乎往伐舌方。（《合集》6177）

第49辞如前第37、43辞，也用了"勿首"一语，表示了对"登人"聚众的郑重态度。第50、51辞表明，对于"登人"伐舌方能否得到神灵保佑，也要从正反两个方面进行反复占卜。第52版的三条卜辞从契刻部位可见其先后，其中丁卯距癸巳二十七日，癸巳距丙午十四日，可见在确定了对舌方用兵之后，才考虑是否要"奴人"出征，进而再考虑一次征集多少人。第53辞"乎往伐"与第50—52辞"乎伐"用语稍有不同，在时间上，可能更接近出征。

第四，选将，对舌方用兵也曾有王亲征、呼令臣属出征、王比臣属出征等几种方案，王亲征的卜辞如前第44—47辞，王亲征与呼令臣属出征往往并卜，可见是同时考虑、全面权衡，如：

54. 贞叀王往伐舌。
　　贞叀垦乎［伐］舌。（《合集》6211）
55. 贞叀王往伐舌。
　　贞叀启乎伐舌。
　　贞叀自般乎伐。
　　贞叀子娄乎伐。（《合集》6209）
56. 贞叀王往伐舌。
　　贞勿隹王往伐舌。
　　贞乎多臣伐舌方。（《合集》614—617同文）

第54—56辞均为相间刻辞，前两版卜辞表明，与"王往伐舌"同时考虑的还有是否派臣属出征，候选者有垦、启、自般、子娄等。后一组则是以"乎多臣"与"王往伐"并卜，此外，也有一批王比沚馘及乎多臣比沚馘伐舌方的卜辞，如：

57. ……沚馘称册督舌［方］……王比下上若受……（《合集》6160）
58. 贞沚馘称册王比伐舌方受［虫又］。（《合集》6164＋8624）
59. 贞叀多臣乎比沚馘。
　　王比。

贞王勿比𢦏。(《合集》619)

第57、58两辞都是沚𢦏受命为主将，卜王是否比同沚𢦏伐舌方，同期卜辞数见第57辞的同文残辞①，可见经过反复占卜。第59版是一组相间刻辞，虽然没有"伐舌方"的字样，然而联系第56—58辞，兼考虑到多臣参与征伐的卜辞，仅见伐舌方，所以这也应是伐舌方卜辞，这组连续占卜意思是要不要王亲率大军比同沚𢦏，还是仅以王的禁卫部队多臣比同沚𢦏出征。可见是王亲征，还是选将出征，以及选哪位将领都有反复周详的考虑。

第五，征伐方略，对舌方的征伐使用了多种战争动词，体现了多种方略的考虑，如除了用征、伐外，还有：

60. 丁巳卜，亘，贞征。王占曰：征。
    庚申卜，争，贞乎伐舌受又，一月。
    壬戌卜，㱿，贞气令我史步伐舌方受又。
    气令我史步。勿令我史步。(《合集补遗》1804)

61. [辛]丑卜，㱿，贞舌方其来，王勿逆伐。(《合集》6197—6200，一至四卜)

62. [辛]未卜，㱿，[贞]王勿逆伐舌[方]，下上弗若我其受又。六月。
    [壬]申卜，㱿，[贞]于河匄舌方。(《合集》6203、6204，成套卜辞)

63. 贞叀舌方敢伐戈。(《合集》6343)

64. 贞叀舌方乎御……(《合集》6158)

65. 己丑卜，㱿，贞令戍来，日戍罙伐舌方。七月。(《英藏》1179，《合集》6379同文二卜)

66. ……㱿，贞舌方衝率伐不，王告于祖乙其正匄又。七月。
    ……㱿，贞舌方衝率伐不，王其正告于祖乙匄又。(《合集》6347)

67. 丙子卜，㞢，贞乎戝舌。
    贞勿乎戝舌方。(《合集》6303)

68. 丁卯卜，争，贞翌辛未其敦舌方受㞢又。(《合集》6337、6338

---

① 《合集》6160—6163、6165、6166。

同文)

69. 戊戌卜，㱿，貞乎畓舌方。(《合集補編》1765)
70. 己酉卜，永，貞我戈舌方，九月。(《英藏》78)
71. 貞乎戔舌方。(《合集》6335)

第 60 版第三辭"步伐"，可以理解為使用步兵，但第四辭的一組對貞"令我史步"之步，當為出征之義，卜是否動用"我史"這支武裝力量。值得注意的是，此版前三條卜辭契刻部位基本可定其先後，卜日分別在丁巳、庚申、壬戌，同在一旬，相鄰者相距不過二三日，屬於短時期內的連續占卜，其占卜內容可見在決定伐舌方之時，已考慮征伐方略了。第 61、62 辭中的"逆伐"為迎擊，兩辭皆為成套占卜的遺存。第 63 辭歔，可釋索①，索在古文獻中多用為"盡也"，或解作"散也"、"獨也"、"絞也"、"合為索"②，"索伐"當指某種手段或為達到某種目的的征伐。第 64 辭"御"也表示一種"迎擊"，但當與"逆伐"有所區別。第 65 辭戉是武丁時的大將，其地曾受舌方侵掠，卜辭反映商王擬令他來王庭面授襲擊舌方的方略。第 66 辭卜舌方退卻，返回居地，王是否要率師進擊，數見同文卜辭，並有成套占卜，如《合集》6344、6345，前者為同文三卜，後者為四卜(見圖 3—49)。第 67—71 辭的"戲"、"敦"、"畓"、

图 3—49 《合集》6345

"戈"、"戔"都是征伐卜辭中常見的表示攻擊動詞，而具體含義有所差別，分別含有殺伐、截伐、追擊、迫近等含義，體現了不同的打擊手段、目的和策略，可見在伐舌方的戰爭中，對於戰略戰術曾有細緻的考慮。

---

① 于省吾主編:《甲骨文字詁林》姚孝遂按語，中華書局 1996 年版，第 3223 頁。
② 見《尚書·牧誓》、《禮記·檀弓》、《廣雅·釋詁》、《淮南子·主術》、《楚辭·惜誓》等文獻中相關文字的注疏。

第六，作战指挥和军队，对舌方的战争是商王亲自指挥的，主将为沚䧒，卜辞有：

72. 贞䧒启，王其执舌方……（《合集》6332）

可见王与沚䧒都是亲临前线的。参战的臣属除以上与选将有关的第53、54、59辞涉及的臬、吕、自般、子䫿、我史，可能参与了伐舌方的战争外，还有一些将领见于征伐过程的卜辞，如：

73. ［戊］子卜，宾，贞臬气步伐舌方，受业又。十二月。（《合集》6292）

74. 癸酉卜，贞今月臬戋舌方。（《合集》6293）

75. 辛丑卜，宾，贞叀雪令以戈人伐舌方戋。十三月。（《合集补编》1845）

76. 贞甫弗其菁舌方。（《合集》6196）

77. 己酉卜，㱿，贞我及舌方。（《合集》6340）

78. 癸丑卜，殸，贞奚及舌方，四月。（《英藏》566）

第73、74辞是臬参与在伐舌方的卜辞。武丁征伐卜辞中，多见臬的行踪，如就"勿令臬伐舌，弗其受业又"一事，今存丁未殸贞的成套卜辞的第一、二卜，还有同一日宾贞的成套卜辞中的两版，可知为此事同时由两位贞人进行了连续占卜[①]，其中殸贞的同套同版还有次日留下的"戊申卜，殸，贞勿隹王往"，可见同一时期曾反复权衡是由王亲征，还是派臬出征，这与上述第54辞反映的情况相同，而从第71、74辞看，后来王与臬都投入了伐舌方的战场。第74—78辞分别问臬在一月内是否能达到"戋舌方"的目的，羽带领戈人伐舌方的战斗是否能达到这种预期目的，卜能否按计划与舌方进行遭遇战，我和奚是否能追及败走的舌方军队。这些卜辞揭示臬、羽、甫、我、奚都是实际参与伐舌方的将领。

在以上这些可能参战和确实参战的将领中，吕、臬都有称子吕，子臬之称，与子妻同为多子族中的重要人物，自般是王师的高级将领，沚䧒、舌、

---

① 《合集》6294—6296。

戊、皋、甫、我等包括一方侯伯、强宗大族的代表人物，或兼任地方行政长官，可见对舌方的战争动员了商王直辖的军队和地方侯伯的军队。从王亲征及令多子族将领出征的卜辞看，王师必以王族和多子族族众构成的军队为核心，并通过"登人"，在全商王国范围内征集军队，不仅如此，伐舌方还投入了由多臣、多寨构成的禁卫部队。如卜辞有：

79. 丁未卜，争，贞勿令皋以众伐舌。（《合集》26、27）
80. 乙巳卜，争，贞乎多臣伐舌方受屮又。（《合集补编》1828）
81. 癸酉卜，争，贞乎多寨伐舌［方］……（《合集》542）
82. 辛酉卜，争，贞勿乎以多寨伐舌弗其受屮又。
    贞勿执多寨乎望舌方，其橐。（《合集》547、548，图3—50）

第79辞是关于令皋率领其族众出征的卜辞，第80—82辞关于组织多臣、多寨投入战场的卜辞。值得注意的是对多臣与对其他臣属一样用"乎"，对多寨除用"乎"外，还和众一样用"以"，此外还使用了表示强制性行为的"执"字，反映多寨的身份有所不同，"乎"、"以"的多寨当属于编入禁卫部队者，"执多寨乎望舌方"，可能意

图3—50　《合集》548

味着商王拟将未编入禁卫军的非自由人组织起来去侦察敌情。伐舌方的商王直辖的军队如此构成，可以推测将领们也要将族众乃至家族中的非自由人编入军队出征舌方。

武丁伐舌方的战争以商王朝的胜利告终，除以上"及舌方"、"执舌方"的卜辞外，还有一批擒获舌方俘虏的卜辞：

83. 贞我弗其获征舌。（《合集》6329）
84. 贞我弗其执舌方。（《合集》6334）
85. 壬子［卜］，□，贞执舌。（《合集》6331）
86. 乙丑卜，殻，贞于保舌方执。（《合集》6330）

87. 乙酉卜，争，贞往复从臬执舌方。二月。①（《合集》6333）
88. 丁酉卜，出，贞毕擒舌方。（《合集》24145）

第83辞是关于伐舌方是否有斩获的卜辞，第84—87辞中的舌、舌方主要是指其首领性人物，这不是验辞，仅透露出有其首领被擒的可能性，而且看来曾经颇费周折，第85—87辞的占卜干支为壬子、乙丑、乙酉，最短间距是三旬又四日，其中至少相距十日的两次占卜反映曾拟在"保"执舌方，不成，又纵兵于臬地，拟执舌方。第88辞为"出贞"，它属于祖庚时的贞人集团，从而可知直至武丁祖庚之际仍有"擒舌方"之卜，可能此前并为达到擒获其首领的目的，不过此后似不见舌方踪迹。

据今所见，武丁卜辞还有：

89. 丁酉卜，亘，贞舌叶王事。
　　贞王曰舌来。（以上正）

图3—51　《合集》5445

---

① 《合集》释文作"十二月"，董作宾《殷历谱》作"一月"，胡厚宣《殷代舌方考》作"□月"，字似作"二月"或"一月"。

[王]占曰：吉，其曰舌[来]。（反，《合集》5445，图3—51）

舌为舌族或舌地的代表人物，卜其是否来王来献、是否勤劳王事，表明舌曾经臣服于商。而武丁祖庚之际仍有"擒舌方"之卜，预示出这条卜辞应是武丁伐舌方以前的遗存。《后汉书·西羌传》载，西羌诸部"王政修则宾服，德教失则寇乱"，"后桀之乱，畎夷入居邠岐之间。成汤既兴，伐而攘之，及殷室中衰，诸夷皆叛，至于武丁征西羌鬼方，三年乃克"。虽然由于史料的缺佚，汉人对商代很多历史事件的详情已不可知，但对四夷时服时叛中原王朝这种总体形势的记载是符合史实的。

至于"三年乃克"之三年，并非实数，而是表示历时很长，仅就伐舌方而言，验辞中记录了舌方不止一年的入侵，其中"戋魅、夹、方、相四邑"和伐舌方时雪"以戈人伐舌方戋"都在"十三月"，从武丁对西北畜牧民战争的全局看，应不在同一年，根据三年一闰、五年两闰的规律，两个十三月就要相距两三年。又如关于"舌方出"、"舌方征"的卜辞有一月、五月、十月、十一月；关于是否征伐舌方的卜辞有二月、六月；关于征伐方略的卜辞有一月、六月、七月、九月、十二月；关于舌方败退、追击擒拿舌方的卜辞有二月、四月、七月。由于历时相当长，卜辞很多，验辞少，尤其是战争的过程、结果都不见验辞，难以窥见这场战争的全貌，建立时间框架难免带有较多的主观成分。《殷历谱》曾作过排谱的试尝，根据记月和干支，将部分舌方入寇及伐舌方卜辞排入二十九年至三十二年的武丁日谱中，认为舌方自武丁二十九年三月开始连续出兵，商王令雪以戈人之师伐之，三十年春夏之交，舌方再出兵，商王于七、八、九三月的三十八日之内，登人之命七下，总数两万三千人亲自统率迎击，此后更命旱、戉、史、多臣、多宰屡屡出征。三十二年一月献俘，七月令戉深入舌方之境"罙伐"，九至十二月结束战争，舌方、土方福祐，恕其罪罚，封舌方、土方之君。① 对此一家之言，学者们多有不同看法，如胡厚宣就曾提出由于资料不足，伐舌方的排谱是不可取的②。

附：有月、日的伐舌方卜辞（见表3—10）（"序号"为文中征引卜辞的

---

① 见董作宾《殷历谱》下编卷九"日谱"，董氏释"罙"，认为可能是搜索之"搜"，"搜伐舌方"表明已经深入其境。

② 参见胡厚宣《甲骨文商史论丛初集·殷代舌方考》"一二征伐之时期"。

序号）：

表 3—10

序号	月	卜日	内容	
15	一月	丁未卜	薛贞舌方出隹我祸。	《合集》6091
	一月	戊辰卜	般贞翌辛未令伐舌方受屮又。	《合集》540
60	一月	庚申卜	争贞乎伐舌受又。	《合集补编》1804
41	二月	己酉卜	贞王征舌方，下上若［受］我又。	《合集》6322
87	二月	乙酉卜	争贞往复从臬执舌方。	《合集》6333
	四月	辛丑卜	争贞曰：舌方凡皇于土其敦。允其敦。	《英藏》543
77	四月	癸丑卜	般贞奂及舌方。	《英藏》566
14	五月	壬子卜	般贞舌方出不隹我屮乍祸。	《合集》6087
	五月		……贞舌方出王自飨受又。	《英藏》543
22	五月	壬子卜	宾贞舌方出王崔。	《合集》6096
	五月		……舌方受有又。	《合集》8519
	五月		贞乎伐舌方受屮又。	《合集》6233
62	六月	辛未卜	般贞王勿逆伐舌［方］，下上弗若……	《合集》6203
45	六月	癸酉卜	宾贞王伐舌方受屮又。	《合集补编》1769
65	七月	己丑卜	般贞令戍来日戍罙伐舌方。	《英藏》1179
66	七月	乙酉卜	般贞舌方衒率伐不，王告于祖乙……	《合集》6347
31	八月	己卯卜	争贞于令匄舌方。	《合集》6156
70	九月	己酉卜	永贞我戋舌方。	《英藏》78
8	十月	丁巳卜	韦贞舌方其敦戌。	《英藏》571
11	十月	己巳卜	般贞舌方弗允戋戍。	《合集》6370
17	十月	□午卜	贞舌［方其］亦出。	《合集》6117
18	十一月	己未卜	送贞舌方其亦征。	《合集》6073
24	十一月		贞舌［方］出［王］勿飨。	《合集》6095
73	十二月	戊子卜	宾贞皋乞步伐舌方受屮又。	《合集》6292
75	十三月	辛丑卜	宾贞叀雪令以戈人伐舌方戋。	《合集补编》1845

五　小结

武丁抗御西北畜牧民入侵的战争的对象包括西部羌人诸部和北方草原民族的先世，前者以舌方为代表，后者以"方"为代表的可能性很大，入侵的加剧与气候变化导致北方民族向南迁徙有关,也与商王朝国力中衰,对周边民族凝集力锐减有密切关系。而侵袭造成的内忧外患对商王朝的统治构成很大威胁,所以武丁要中兴,抗御入侵的战争是不可避免的。

从卜辞可知,土方入侵使武丁不得不考虑拟聚众征伐之时,正值南伐下𢀛的关键时刻,而五月壬子卜"舌方出隹我𡌦乍祸",后三日又卜"沚𢦏称册,王比伐土方"[①],不仅说明伐土方时,舌方往往乘机出动骚扰,也说明武丁抵御畜牧民内侵采取了先弱后强、各个击破的策略,首先对土方和方用兵,各个击破不仅减少内侵之敌,而且可将先行平定的土方等地作为显示武力、镇抚北土的基地。

武丁对舌方、土方、方等的战争基本上解除了来自西北畜牧族的威胁。考古发现证明,商周之际以朱开沟文化为重要源头之一的北方草原青铜文化日益北向传播,直达叶尼塞河中游[②],这或与"武丁伐鬼方"的胜利,迫使部分北方游牧族远遁有关。当然,此后殷文化也和留在长城沿线的北方草原文化加强了联系,富有特色的北方草原青铜器在殷墟也有发现。武丁抗御西北游牧民,尤其是强悍的北方草原民族内侵,对商王朝的巩固和发展有重大意义。战争的胜利使商王朝解除了边患,扩大了疆域,在战争与和平发展交替进行的过程中,增进了各民族间的交往与融合,中原王朝的发展日益兴盛,武丁从而被尊为"高宗",庙号被冠以"武"字,以纪念他的赫赫武功。

---

① 《合集》6087。

② 参见乌恩《朱开沟文化的发现及其意义》,《中国考古学论丛》,科学出版社1995年版。

第四章

商代后期的战争(下)

第一节 廪辛康丁前后对羌人的战争

一 殷代的羌和羌方

羌是参与创造中华民族古老文明的古族，它不仅是今天羌族的祖先，也是古华夏族的构成部分。文献记载"西羌之本，出自三苗，姜姓之别也"[①]，羌是指西戎牧羊人，甲骨金文"羌"字写法都是以头顶饰一对羊角的人来表示，"姜"则写作头顶饰一对羊角的女人，在古文字中从人、从女的字是相通的，两个字的含义相同。姜姓的炎帝族是华夏集团的核心成分之一，周人始祖后稷的母族就是姜姓，夏人姒姓，也与姜姓之族有关，"禹兴于西羌"[②]的传说，更暗示出夏人可能和羌人同祖。一部分进入中原，融为华夏族的，仅保存了他们源于"西戎牧羊人"的姜姓，而留在西戎，保持畜牧民习俗的，继续称之为"羌"。

历史上羌人曾长期处于军事民主制时代，《后汉书·西羌传》载，西羌诸种"不立君臣，无相长一，强则分种为酋豪，弱则为人附落，更相抄暴，以力为雄。杀人偿死，无他禁令。其兵长在山谷，短于平地，不能持久，而果于触突，以战死为吉利，病终为不祥"。"戎本无君长，夏后氏末及商周之际，或从侯伯征伐有功，天子爵之，以为藩服"，从甲骨文可知，商代就有在王朝任职的羌人和臣服于商的羌人方国。卜辞有：

---

① 《后汉书·西羌传》。
② 《史记·六国年表》。

1. □□卜，宾，贞羌舟启，王𠂤。(《合集》7345，图4—1)
2. ……称［册］酉□，羌□比……(《合集》7421)
3. 甲辰贞，羌𢦔不卥。其卥。(《合集》22134，图4—2，22135)

图4—1　《合集》7345　　　　　　图4—2　《合集》22134

4. 戊寅羌刍示三屯。㱃。(《合集》5177 白)
5. 己丑羌立示四屯。岳。(《合集》6385 白)
6. 癸巳羌宫示二屯。㱃。(《合集》7380 白)
7. 戊戌羌伇示七屯。㱃。(《合集》7383 白)

第1版卜辞问出征是否以羌舟作先导的前军将领，同版有"冒三千人伐"。"羌舟启，王𠂤"句式同于常见的"沚𢦔启，王比"，都是关于前军与王师如何部署配合的卜辞。第2版卜辞句式同于"沚彧称册晋土,王比"①,占卜是否命羌某比同某主帅出征,且羌某之羌写作󰀀,与羌舟之羌略异,当是另一出身羌族的将领。第3版卜辞的"卤"多认为当是"列"字的初文,在此借为表示灾害的"孽"或假为"死"②,此辞表明羌某的生死灾咎得到商王关注,这不是偶然的,在甲骨文中"斝"不仅是人名还是地名,同期卜辞有"贞󰀀以斝󰀀。󰀀弗其以斝󰀀"的反复占卜,意思是问󰀀是否送来斝地子民,以充任商王朝从事畜养业的人员,或谓畜牧奴隶。联系"羌斝"之称,不仅可知斝为长于畜养业的羌人聚居之地,还可以知道羌斝之称谓当略同于春秋时的"戎子驹支",驹支为戎子名③,而商代国族代表人物之名往往也是国族名、地名,所以羌斝当为臣服于商的羌人国族的首领。在商王朝廷中还有一些地位较为低下的供职者,如第4—7辞为骨臼刻辞,记录羌叵、羌立、羌宫、羌徙检视卜用甲骨的数量,参与此类事务者,多见宫中的多妇、小臣,还有一些以卜辞习见的邑、立、阜等强宗大族名号相称者,以同样名号相称的人往往参与商王朝对外征伐等大事,而这些具体负责参与卜用甲骨管理事务者不可能是该族的代表人物,应是入质商王左右供职的弟子,从而可知,这些从事与占卜相关的羌人,当为商王的近侍。

当然,有更多卜辞反映由于经济形态、生活方式不同,商王朝将羌人视为异族,大量用为人祭的牺牲以及奴隶。卜辞有:

8. 贞踵[来]羌用自成、大丁、[大]甲、大庚、下乙。(《合集》231)

9. 辛亥卜,旅,贞又来羌,其用,在四月。(《合集》22539)

10. 己巳卜,彭,贞御于河,羌三十人,在十月又二卜。(《合集》26907)

11. 辛酉卜,其用󰀀以羌于父丁。(《合集》32020)

12. 乙丑卜,贞王其又于文武帝升,□以羌其五人正,王受有又。(《合集》35356)

---

① 《合集》6405。

② 见于省吾主编《甲骨文字诂林》引于省吾、饶宗颐、李孝定说,中华书局1996年版,第2876—2877页。

③ 见《左传·襄公四年》。

13. 甲辰卜，邈，贞今三月光乎来。王占曰：其乎来，乞至隹乙。旬业二日乙卯允业来自光，以羌刍五十。(《合集》94)

以上第 8—12 版卜辞分别为武丁、祖庚祖甲、廪辛康丁、武乙文丁、帝乙帝辛时代的卜辞，大量用羌人祭祀祖先是贯穿有商一代的习俗。第 13 辞反映商王十分关心"光"是否按时来朝，验辞记载十二日后光果然将五十名羌人畜牧奴隶送到王廷。卜辞的性质决定了甲骨文不可能有很多有关生产奴隶的记载，但还透露出将羌人用为奴隶的史实。

这些用为人牲或奴隶的羌人来源为属国的进献、战争的俘虏，以及专门以掠掳人口为目的的军事行动。如：

14. 贞龙方以羌，自上甲王用至于下乙，若。(《合集》271)
15. □辰卜，踵获羌。
    □辰卜，踵获征羌。(《合集》191，图 4—3)
16. 乙巳卜，宾，贞鬼获羌。一月。
    乙巳卜，宾，贞鬼不其获羌。(《合集》203)

图 4—3　《合集》191　　　　图 4—4　《英藏》150

第 14 辞龙方为臣服于商的方国，向王朝进献羌人是臣服者的职贡之一。第 15 辞"获征羌"表明是在征伐中俘获的羌人俘虏，值得注意的是此版以"获羌"与"获征羌"对贞，意味着两种不同的表述在内涵上是有区别的。第 16 辞也是一组对贞，从正反两个方面卜问是否有获羌，这种句式的反复卜问较为常见，涉及人员包括亘、戉、自、光、子效臣、犖、龟、鬼、溲、登、先等多人[1]，更兼《英国所藏甲骨》第150片"登妇好三千登旅万乎伐［方］"（见图4—4），由《库方》以摹本形式著录时，将残存一角的"方"字误摹成"羌"字的一角，因而有研究者认为武丁时羌方是商王朝的大敌，商王朝曾"倾国之师"进行征伐，这实为误解。

仔细考察这些"获羌"卜辞大多数不是对羌方战争的遗存，如卜辞有：

17. 丙寅卜，子效臣田获羌。（《合集》195乙）
18. 己卯卜，争，贞今载令龟田，从戠至于瀧获羌。王占曰：艰。（《合集》199）
19. 丙申卜，宾，贞龟获羌其至于鬲。
    贞龟获［羌不至］于鬲。（《合集》201）
20. 丁未卜，贞令戉、光㞢获羌刍五十。
    丁未卜，不征戎，翌庚戌。
    丁未卜，其征戎，翌庚戌。
    丁未卜，田于西。
    ［丁］未［卜］，贞其田东。
    庚戌卜，往田东。
    庚戌卜，贞从羌田于西亡祸。
    庚戌卜，往田于东。
    庚戌卜，贞余令从羌田亡祸。（《合集》22043）

第17辞问子效臣田狩是否能擒获羌人。第18辞卜命令某人到某地田狩是否能擒获到羌人。第19辞卜某人去擒获羌人是否到了某地。第17、18辞表明"获羌"常采取田狩的形式。第18、19辞表明这种"获羌"的行动，至少有一部分是商王下令指使的，因而掌握派出人员的行踪。第20辞包括两日的占卜，丁未卜辞有三项内容：一是命令戉、光去擒获五十名畜牧奴隶；二是卜问三日后的庚戌是否要派人往戎地，即处于敌对状态的异族人居地；三是卜问去西方还是去东方田狩。三日后庚戌卜辞有两组对贞，反复贞问是去东方田狩，还是去西方羌人之地田狩，以及派某人田狩可保无祸。辞中的

---

[1] 《合集》167—206。

"从",或可据《广雅》,《玉篇》解为"就"①。这进一步反映出当出现需要的时候,商王朝往往将掠掳人口与军事训练相结合起来,派人突入四土以外的方国领地擒获异族,作为人祭的牺牲或劳动奴隶,并在行动前对于派何人、去何处等要作周密的考虑。

这当然属于一种军事行动,但不属于对羌方的战争,因为在甲骨文中羌并非专指羌方或羌方的臣民,而往往用为泛称,如卜辞有:

21. 畓得方我获羌。(《英藏》624 反)
23. 乙未卜,贞豙获鲨,十二月。允获十六,以羌六。(《合集》258,图4—5)

第21辞"得"从贝从寸,"得方"为方国名,这条卜辞反映出当时攻伐"得方"所获的俘虏也称之为"羌";第23辞"鲨"也是国族名,卜问豙是否能擒获鲨族之人,验辞记载擒获十六人,向商王进献六羌。这充分说明无论征伐还是习战阵,擒获到的畜牧民俘虏或人口往往泛称为"羌",而不论其种号。此外,武丁时对很多方国进行过许多大大小小的战争,用于杀祭的俘虏不在少数,研究者指出祭祀坑中人骨种系成分,"为蒙古人种主干下的类似现代北亚、东亚和南亚的种系成分,体质上的这种多种成分可以解释殷人同四邻的方国部落征战时虏获了不同方向来的异族俘虏"②。但是在卜辞中,对这些用为人祭的俘虏除少数称"夷""执"

图4—5 《合集》258

外,绝大多数均称之为"羌",无论同哪个方国作战,迎接军队带回的俘虏一律称"逆羌",说明甲骨文中"羌"有广义、狭义两种用法。

武丁时也曾伐过羌方,战争可能起于羌方的入侵,如卜辞有:

---

① 徐復主编:《广雅诂林》,江苏古籍出版社1998年版,第193—194页。
② 韩康信等:《殷代人种问题考察》,《历史研究》1980年第2期。

24. 甲辰卜，王，羌弗戋朕史。二月。（《合集》6599）
25. 丙辰卜，㱿，贞御羌于河。（《合集》6616）
26. 戊午卜，㱿，贞勿乎御羌于九🔲，弗其获。（《合集》6614、6615，图4—6）

第24辞表明羌方攻击了中央王朝派出的官吏——史；第25、26辞"御羌"于某的句式，或解为以羌为牲，于某举行御祭，然而第26辞的"弗其获"则揭示出这不是祭祀卜辞，而是征伐卜辞，反映商王部署在某段黄河以及在名"九🔲"之地迎击入侵的羌方的武装力量。

伐羌也曾考虑"登人"、选将：

图4—6　《合集》6615

27. 贞〔登〕人乎㦰伐羌。
    勿登人乎伐羌。（《合集》6619）
28. 癸卯卜，宾，贞叀甫乎，令沚㦰羌方。七月。（《合集》6623）
29. 壬辰卜，争，贞我伐羌。（《合集》6620）
30. 乙巳卜，〔贞〕🔲罙雀伐羌，祸。（《合集》20399）
31. 叀王伐羌。
    叀雀伐羌。（《合集》20403）
32. 贞射伐羌。（《合集》6618）

第27辞卜问是否征集兵员呼㦰率领出征羌方；第28辞卜问是否呼甫去命令沚制裁羌方，㦰字结构与沚㦰之㦰有相近之处，均有戈，其下一从耳，一从冒，相类结构之名号还有沚或，当都属于有关联的一个大族，这说明武丁首先是准备指令殷之西、邻近羌方的国族出兵伐羌。第29、30辞说明武丁还考虑调动我、🔲、雀的军队伐羌，如前所述，这三个国族都曾投入过开拓南土的作战。第31、32辞则说明还曾考虑王亲征，拟调王师的射手部队伐羌。可见部署对羌方作战也有一个战争逐步升级的过程。此外，卜辞还有：

33. 王往狱羌。（《合集》6617）

34. 贞㞢于祖乙告。
　　贞求戉于祖乙。
　　戉㞢蔑羌。
　　［戉亡其］蔑［羌］。① (《合集》6610)
35. ……弗其菁羌。(《合集》6600)

第33、34版卜辞中的㦵、蔑字，甲骨文分别为人举戈和用戈伐人之形，均表示一种杀伐，用字不同，含义亦当有别，应与征伐方略考虑有关。第34版为一组相间刻辞，表明拟命戉以某种策略伐羌，并准备祭祀祖乙，以求保佑。第35辞是在征伐过程中的占卜，问某人是否会与敌人遭遇。

武丁伐羌方的卜辞不多，从内容看，也得不出羌方是武丁用兵重点的结论。武丁征伐卜辞极多，经常卜问是否有敌方前来骚扰、进犯，这种侵扰是否会造成灾难性后果，这种灾难是哪一位祖先降下的警示，该向谁举行求告的祭典。在这类卜辞及记载敌方出动的验辞中极少见，甚至不见"羌方"或"羌"，意味着武丁时羌方不是经常的、重大的威胁。关于战争准备和部署的卜辞，伐羌方也远不及伐舌方、土方、巴方等，更不见成套卜辞及征伐过程中对祖先告祭的内容。所以从武丁征伐卜辞的全面考察，可知伐羌方仅是对西北边境外数十个方国、地点作战的一个组成部分，尚不是用兵重点。

此外，武丁还对另一些羌人方国进行过征伐，如前所述的髳方，还有北羌、马羌、羌龙、绊方②等，迫使他们降服或退走，巩固和加强了国防，对防御西北畜牧民的入侵起了重要作用，使得祖庚祖甲时边境比较安定，战争较少。而到了廪辛康丁时，羌方崛起，成为商代晚期的主要敌人之一。

二　廪辛、康丁对羌方的战争

廪辛时，西北畜牧民的一些方国开始强大，社会又处于"以力为雄"的发展阶段，经常侵扰商王朝的边境，掠夺粮食、财富，而商王朝则不断掳掠其人口，因此矛盾和斗争日益尖锐。在廪辛康丁卜辞中出现的方国有羌方、绊方、亻方、馘方、缴方等，但在征伐卜辞中，羌方出现的频率远远超过其他方国，说明羌方已经成了商王朝用兵的重点。在廪辛卜辞中已出现有：

---

① 据《合集》6611补。

② 《合集》6626、6624、6630、1118。

1. 于父甲求伐羌方。(《合集》27983)
2. 鬭羌方克，鬭㞢。(《甲编》2002，图4—7)

第1辞卜问是否要向父甲——祖甲祈求保佑对羌方的战争能取得胜利。第2辞"鬭"是和征伐相关的动词，据考鬭与闌音近可通假，而《说文》释"闌，鬭，联结闌纷相牵也，从鬥，燓声"。亦即"遇也"，鬭还可假借为"鬥"，乃对战之义。① 克，本义为"肩任"，引申为任也、胜也、能也②，卜辞多用为引申义，此辞的意思是与羌方开战能否克敌制胜，能否有所斩获，这表明廪辛时已揭开了战争的序幕。但是更多伐羌方的卜辞在字体上具有康丁时期的特点，甚至在武乙的卜辞

图4—7　《甲编》2002

中仍偶见伐羌方的内容③，可见战争延续了相当长的一段时间。

与武丁时期相比，这时最大的特点是卜辞中少见甚至不见选将及登人聚众的卜辞，而多见派戍与军行完成战斗任务，可见军队组织有了进一步发展。当然，这时对羌方的战争多用"戍"，还反映这场战争带有一定的防御性质，这种性质还体现在军事行动的用语和部署上，如较少用征、伐，而多见"往"、"御"、"菁"、"舌"等表示派出、迎战、遭遇、追击等用语，同时有一系列征伐方略、军队调遣等考虑。如卜辞有：

3. ……〔方〕其大出。
　　于溄帝乎御羌方于之，伐。
　　其乎戍御羌方于义沮，伐羌方不丧众。
　　戍其归，乎觜，王弗每。

---

① 钟柏生：《释"鬭"》，《第二届国际中国古文字学研讨会论文集》(香港中文大学)问学社有限公司1993年。《说文》三下鬥部鬭释"闌也，从鬥，賓省声"。
② 参见李孝定《甲骨文字集释》，"中研院"史语所1970年版，第2343页。
③ 《屯南》2907。

戍其徉毋归,于之若,戈羌方。(《合集》27972)
4. 徉伐羌方,于之𡴆,戈,不雉[众]。(《屯南》3038)
5. 其令戍畬羌方于敦、于利,征又啚,戈羌方。(《合集》27974)

第 3 版是一组闻报羌方出动侵扰后的连续占卜,卜问羌方是否会大肆出动,在何处集结兵力、迎击敌人可保证既能消灭敌人,又能保存自己;用何种策略可以顺利地战胜敌人。第 1 辞的前半部残,参见以下几条可补为"羌方其大出";第 2 辞的浮为地名,学者或读为"于浮帝,乎……"认为在浮举行帝祭,然而在征伐卜辞中虽然常见"帝授佑",但少见举行帝祭,故当读为"于浮,帝乎……"可理解为按照上天的旨意,在浮迎击入侵的羌方之敌,可以有效地杀伤敌人;第 3 辞卜问呼戍在义沮迎击,是否可以既重创敌人又能保存自己;第 4 辞卜问如果将戍军调回,另调遣"觿"出征,是否会造成使王后悔的局势;第 5 辞的徉,或释为避、或释为迟,解作"徐行"①,总之在此辞中都是表示让军队暂避敌人之锋芒的意思,问暂避其锋芒而不必回师,在那里是否可以顺利地战胜敌人。第 4 版可能也是类似这种避敌锋芒策略的卜辞,因为与上一辞比较,"徉毋归"与"徉伐羌方";"于之𡴆,戈"与"于之若,戈羌方"结构分别相近,只是第 4 版卜辞省略了主语,且在语义上徉当释为"迟"与前一条辞释"避"略异。不过在甲骨文中,还有"令徉以王族"、"令徉以子族"②,文中的徉也可以解作人名,所以也不能排除这是令"徉"伐羌方的卜辞。第 5 版是关于令戍追击敌人的部署,故称"畬羌方",着重于考虑选择有利地形布阵,因而涉及了地名,卜问"于敦"抑或"于利"出击某地,能够克敌制胜。从以上三版卜辞可见此时对征伐方略有细密的考虑。关于布阵的卜辞还有:

6. ……叀入,戍辟立于[大乙,自]之畬羌方,不[雉人]。
……戍辟立于寻,自之畬羌方,不雉人。(《合集》26895)
7. 叀商方步,立于大乙,戈羌方。(《合集》27982)

第 6、7 两版卜辞中的立即"位",指阵位,第 6 版卜问戍辟的阵位是布于大

---

① 参见于省吾主编《甲骨文字诂林》,中华书局 1996 年版,第 2281—2282 页。
② 《合集》14912、14923。

乙神位处还是布于寻，由于卜辞中寻多用作祭名，所以有研究者认为这是准备把部队布置在神主所在或举行献俘祭奠的处所，然而在甲骨文中，"寻"也见有作地名的，如"王其步自寻亡灾"①，此辞中的寻理解为地名似更贴切一些；第7版卜辞是拟征调"商方"的武装力量出征，卜问是否将阵位设在大乙神位处有利于作战。可见这次对羌方的作战军事行动曾经非常郑重地奉了成汤的庙主。

廪康时对羌方的作战主要调遣了戍卒组织，如卜辞有：

8. □丑卜，戍甾羌方……（《合集》27977）

9. [乎]戍往羌方不，允又戈。
 叀戍𦬸往，又戈。
 叀戍中往，又戈。（《合集》27975，图4—8）

10. ……及羌，戍𦬸弗戈。（《合集》27987）

第8辞是关于调遣戍对羌方作战的卜辞。第9辞连续卜问令戍前往伐羌方，是否能给敌人以重创；令"戍中"去是否可以达到预期目的，还是派"戍𦬸"去更好。在甲骨文中，𦬸与中都是族氏名，也有研究者释𦬸为先，认为戍中、戍先，还有见于同期卜辞中的戍延，是戍的三组织，可能是行军职务的分类，军队以右、中、左为列，是并行的布局，以便互相配合，戍作先、中、延，是首尾相接的直列，行军较为方便，但可能不是常设之称，而且是廪辛、康丁时才有的职衔。② 第10辞"戍𦬸"为伐羌的另一支戍卒武装，卜问这支戍卒追击羌人武装，是否可能完不成任务。

图4—8 《合集》27975

---

① 《合集》24399，又33157也有"步自寻"。
② 参见许进雄《明义士收藏甲骨文集》（以下简称《安明》）2106、2107片考释，加拿大皇家博物馆1992年版。

对戍族组织的调遣主要以军行为单位,与武丁卜辞中的选将相类,廪康伐羌方战争中,对派遣哪一支军行常有反复的占卜,如:

11. ……戍叀齒行……
    叀亩行用,戋羌□。(《合集》27978)
12. 戍叀义行用,遘羌方,又戋。
    弜用义行,弗遘方。(《合集》27979)
13. 贞斐行用,戋,不雉众。(《合集》26887)
14. 贞弜用斐[行],叀沁行用,戋羌人于之,不雉人。(《合集》26896)

第11—14辞中的齒、亩、义、斐、沁均为族名,也指由该族组成的军行,这些卜辞反映当时曾经一一贞问,派遣哪一支军行能够克敌制胜。

以上第4、6、13、14辞,有关部署军队的内容中,常见"雉众"、"雉人",对此有两种见解:一说为"夷伤众人",如第13版卜辞意思是派某行出戍,能否达到消灭敌人的目的,而军行中的众人不致遭到伤亡。但是也有研究者注意到,从占辞看,无论"雉众"与否,都可能有"吉"的结果,可知"雉众"本身不含吉凶之义,它不属于师行吉凶的占卜用语,而且从文辞上分析,"雉众"不是发自敌方而是发自己方的行动,所以第二种见解认为,其含义为部别编理人众,即陈列兵员。① 这是有道理的,因而第4、6辞可以理解为用某种策略或在某地部署兵力,可以达到"罕戋"羌方的目的,不需要增派人众;第13、14辞可以理解为派某行出戍,足以完成战斗任务,而不需要增派人众,追加兵员。廪辛、康丁卜辞中少见选将,而多是选派"戍某"或"某行",这反映军队已有相对固定的编制,同时又常见"易人"、"雉人",则是根据实战需要,机动灵活地编理人众,达到加强卫戍力量的目的。尤其是对西北畜牧民族的战争,如《后汉书·西羌传》所载羌人"其兵长在山谷,短于平地",其人"性坚刚勇猛",非常顽强,即使败走,也会很快重新集结、卷土重来,给商王朝造成极大威胁,以致单靠戍守部队已不能有效地保卫国防,往往要征调增援部队。在甲骨文中,表示增派兵员称"易",卜辞有:

---

① 王贵民:《申论契文"雉众"为陈师说》,《文物研究》1986年第1期。

15. 其御羌方易人，羌方異……（《合集》27973）
16. 弜易裏人，方不出于之。
    弜易涂人，方不出于之。
    王其乎卫于奌，方出于之，又戋。（《合集》28012）

第15、16版卜辞中的易，是一个会意字，作从一器皿向另一器皿注水的形象，据考本义为变易①，亦即"赐"字的繁体，对受者则有增益之义。第15辞是关于"御羌"占卜，残缺的部分，有研究者补为"异其大出"，其义为卜问是否要增益抗御羌方的军队，羌方是否会出我不意地大出骚扰。② 第16版的三条卜辞是针对敌方出动进行军事部署的连续占卜，辞中的"方"是敌方的泛称，但是第一，这两版"易"人卜辞不仅事类相同，字体也很相近，占卜时间应相距不远；第二，从以上第12版卜辞以"遘羌方"与"弗遘方"对贞来看，在这时征伐羌方的卜辞中，羌方有时简化为方，所以第16版亦应为伐羌方的卜辞，其内容反映了对羌方出动方位的分析，以及派出何地民众增援、在什么地方派武官守卫最为有利等考虑。

廩康伐羌方也是一面实施军事打击，一面求告祖先的庇护，出征时要带祖先的庙主，战争进行过程中要有祭祀，战争结束后更要举行向祖先神灵献俘的典礼，卜辞有：

17. 王其求羌方𢦏，王……（《合集》27984）
18. 王其用羌方□，王受又。（《屯南》567）
19. 羌方囟其用，王受有又。
    弜用。
    其用羌方〔囟〕于宗，王受有又。
    弜用。（《合集》28093）
20. □亥卜，羌二方伯其用于祖丁、父甲。（《合集》26925）

第17辞是关于祈求祖先神灵帮助擒获敌军首领的卜辞。第18—20辞卜于伐

---

① 参见唐兰《两周青铜器铭文分代史征》，中华书局1986年版，第71页。
② 许进雄：《安明》2113片考释。

羌方战争胜利以后，表明两位羌方首领被擒，商人用于杀祭祖先，其中第18辞属于小屯南地发掘出土的甲骨遗存，参证共存遗迹遗物的分期及该版卜辞文字特点，发掘整理者指出为康丁卜辞，缺失之字当补为"囚"或"伯"，是关于用羌方伯的头颅献祭，使神灵降福佑于商王的卜辞。第19版卜辞是连续贞问是否要用羌方伯的头颅献祭；是否要用来献祭于宗庙。第20辞卜问是否要将两位羌方伯杀祭祖丁、父甲，即武丁、祖甲。这些选择献俘祭祀对象的卜辞标志出康丁时对羌方的战争已取得阶段性胜利。同期卜辞还有：

21. 王叀次令五族戍羌。
　　弜令次，其每。（《合集》28053）
22. ……王其田叀羌，弗每。（《屯南》3025）

第21辞的次为人名，王拟令他率五族族众戍守羌方，可见羌方伯被擒杀以后，羌方土地被划入商王朝的版图。第22辞是关于商王在羌地田猎卜辞，也证明羌地部分被殷王朝占有，而这种田猎活动当类似后世的巡狩，包含用兵力镇抚的用意。

但是羌方并未如同舌方、土方那样被伐灭或远遁，廪康以后的卜辞还见有：

23. 癸卯贞，妻在□，羌方弗戋。
　　□□贞，利在井，羌方弗戋。
　　（《屯南》2907）
24. 乙丑王卜贞，今田巫九备，余乍障遣告侯田、册馭方、羌方、羞方、繐方。余其比侯田甾戋四邦方。（《合集》36528反，图4—9）

第23辞为小屯南地出土的武乙卜辞，说明武乙时和羌方的军事冲突并未完全结束，第24辞为帝乙帝辛卜辞，全辞文字均缺刻横画，由于甲骨文羞字从羊从又，作🔣；绎字从羊从系，作🔣，卜辞中数见绎方，且与馭方、繐方

图4—9　《合集》36528反局部

等并列，而关于"羞"曾见"乎取羞刍"①，当为四土之内的地名，除此版外，尚未见"羞方"之名。所以辞中的"羞方"应是绊方的误刻或缺笔，这条卜辞说明至商末，羌方还与敱方、绊方、缰方结成"四邦方"与殷王朝为敌，商王准备动员侯田大军，并以王师为后盾，出征这四个方国。

三 对其他方国的战争

除羌方外，廪辛、康丁时其他羌人方国也日益崛起，或分或合，起兵犯商，所以这时卜辞出现了"多方"，并且加强了军队的教练，如卜辞有：

1. 癸巳卜，其乎成……
丁酉卜，其乎以多方屯小臣。
其教戍。
亚立，其于右利。
弗利。
其于左利。（《合集》28008）

此版为一组相间刻辞，原载于《殷契粹编》，考释曾将第二条卜辞误读为"其乎以多方小子小臣其教戍"，解作"殷时邻国多遣子弟游学于殷"②，从而引起学界重视，后来随着对甲骨卜辞释读经验的积累，更对照原骨并重作了新拓，才订正上述误释，胡厚宣提出这实为"呼唤使用多方的屯小臣以祭祀"的占卜，屯，"或为异族奴隶之名"。③ 第一条卜辞下部残，"戍"下一残字似为人名地名。第二条辞为四日后所卜，呼某人将"多方屯小臣"送到王廷，省略了"呼"的对象，即受命者，这两条卜辞可能为同一事所卜，内容是关于令成某将擒获的"多方"俘虏送到商都。第三至六条卜辞是关于"教戍"——教练戍卒的内容，利是顺利、吉利的意思，卜问军事长官——亚教战，将阵位设在哪个方位较为有利。

如前所述，羌人方国结盟与商王朝对抗的现象在武丁时已经存在，廪辛康丁时，敱方、绊方、缰方、兹方等更结成比较密切的关系。卜辞有：

---

① 《合集》111。
② 郭沫若：《殷契粹编》1162 片考释，科学出版社 2002 年版，第 647—648 页。
③ 参见胡厚宣《中国奴隶社会的人殉和人祭》下，《文物》1974 年第 8 期。

2. 叀可白❀乎□絴方、叡方、繐方。
   弜❀乎。（《合集》27990，图4—10）
3. 兹方❀虘方乍戎。（《合集》27997）

第2版第一条辞"乎"下一字结构不清，但可见从攴，作动词，应表示打击之义。"乎"上之❀字不识，由于同版可视为连续占卜的卜辞有"弜叠乎，王其每"，叠在卜辞中曾用为人名①，但是❀字在此版中似不会作为人名，因为联系第3版卜辞，该字不可能既作可伯私名，又作兹方伯私名。卜辞曾见"贞祖丁❀父乙［耆王］。［贞祖丁弗］❀父乙］耆王"。"南庚❀父乙耆王。贞南庚弗❀父乙耆王"。文句结构同于第3版卜辞，这个甲骨文字似有"连同"的意思。卜辞还见"叀❀令取［射］"、"乎雀❀戎執"②，"❀令"、"❀戎"的结构与第2版"❀乎"相同，这个甲骨文字在文句中作为副词，与动词结合，似有加重语气或有"连续"的意思。所以第2版卜辞可以理解为卜问是否要强制可伯进攻絴方、叡方、繐方，在此，"呼"就是"令"的意思，"❀令"可以理解为下达"死命令"，而絴方等三方并称，反映三者可能已有了联盟关系。第3版卜辞的虘方即叡方，意思是卜问虘方等两个方国是否联合起兵反商。

图4—10　《合集》27990

据今所见，廪辛、康丁卜辞中，反映出当时曾经发生过对絴方、𠂤方等方国的征伐。

（一）伐絴方

絴方原也是商王朝四土之外时服时叛的一个小国，在武丁卜辞中，既有"絴叶朕事"的卜辞和"絴入五"等记事刻辞③，表明其代表人物曾为商王臣

---

① 《合集》9002、21116、37386、37387。

② 《合集》5758、6946。

③ 《合集》5497。

属；又有"□□［卜］，扶，王执绊"、"丁卯卜，□，贞奚绊伯囚，用于丁"①，表明武丁时曾征伐过绊，并擒杀了其领袖，而"舌□其［以］绊方"②的卜辞，意味着绊方还参与了舌方对抗商王朝的军事行动，由于"扶"是自组贞人，而自组的时代要稍早一些，反映对绊方的战争开始得较早，在解决舌方问题以前，先行解决了绊方的问题。宾组卜辞中还有"贞弗其专入［绊］"、"癸巳卜，宾，贞令众人肆入绊方皇田"③，表明武丁伐绊方不仅用其领袖头颅祭祀祖先，还派人进入绊方，并且令众人开辟那里的耕地。武丁以后，如上第 2 版卜辞所示，绊方又与叡方、绳方结成联盟，于是战争又起，卜辞有：

4. ……绊方其用，王受［又］。（《合集》27976）
5. 今［秋］叀告戍绊。（《合集》27986）
6. 癸巳□，于一月［伐］绊眔召方受又。（《合集》33019）
7. □□贞，王令多［尹于］绊皇田。（《合集》33213，图 4—11）

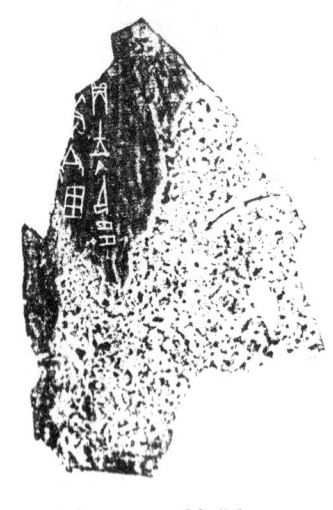

图 4—11　《合集》33213

第 4、5 辞为廪辛、康丁卜辞，由于资料的缺乏，对绊方战争过程已不得而知，但第 4 辞是卜问用俘获的绊方首领献祭，王是否将受到神灵的保佑，可见廪辛、康丁时对绊方开战，擒杀其首领。第 5 版卜辞则表明商王朝占据了绊方的部分土地，派去了戍守的武装力量。然而绊方一直存在着，第 6、7 辞为武乙、文丁卜辞，是时，绊方和召方联合反商，与商王朝的战争再起，而且战后商王再次派人去绊方垦田。在一些著作中，往往将第 7 辞误释为"贞王令多羌垦田"，实际上垦的前一字非为羌，而是绊方之"绊"，据这个时代卜辞文例分析，多、绊之间尚缺二

---

① 《合集》20373、1118。
② 《合集》5498。
③ 《合集》20373、1118、8597、6。

字，应补为"尹于"①，所以这条卜辞记载了武乙伐绛方以后，效法武丁，继续在绛方进行带有屯戍性质的开垦。而到帝乙、帝辛时，绛方又成为反商的"四邦方"之一。

商王朝屡在绛方垦田，可见其地适于农耕，由于考古学揭示殷墟第二期以后，商文化在关中分布范围缩小，退缩到西安以东，大约到了殷墟第四期，商文化逐渐被以周人为主体的考古学文化所代替②，所以绛方之地或在晋南。

（二）伐馘方、繐方

馘方也应是距离商王朝四土较近，时服时叛的一个方国，武丁卜辞中有"伐馘"、"戋馘"和"在虘"③，廪康卜辞曾见"小臣馘"④，可知曾臣服于商，后来如上第3版卜辞所见，馘方联合兹方起兵反商，同版，从契刻部位看时间间隔不久，还有一组卜辞，作"戍及虘方。弗及"。表明对馘方的战争由此而起。伐馘方的卜辞还有：

8. 戍弗及馘方。
   戍及馘方戋。
   戍甲伐戋馘方袚。
   弗戋。
   戍及袚于又襄。（《合集》27995，图4—12）
9. 叀斀用舟流于之，戋馘方不雉众。
   戍姚畚馘方，戍。（《合集》27996）
10. ……廌戋馘方不雉众。（《屯南》3655）
11. 叀又□漕戋馘方……戍。（《屯南》3637）

图4—12　《合集》27995

---

① 参见昆仑《殷墟卜辞有用关于农业生产的记载吗？》，《甲骨文与殷商史》。
② 孙华：《关中商代诸遗址的新认识》，《考古》1992年第5期。
③ 见《合集》7011、7012、7908、7910。
④ 《合集》27889。

从第 8—11 版卜辞可知，商王曾派遣戍甲、戍蚩等伐、咠、戋覹方，即按计划不仅要对入侵者给以打击，对于退走的敌人还要继续追击，达到给敌人以重创的目的。因而反复占卜戍是否能追及覹方并且戍守住占领的土地。第 8 辞的"校"可能是覹方首领的私名，卜问戍甲能否打败覹方校，是否能够在襄地追及覹方校。襄见于廪康对羌方战争的第 6 辞，作"弜昜襄人，方不出于之"，可知襄地为羌人方国入侵的通道。从第 9 版卜辞还可知伐覹方除了调用戍卒组织外，参与的将领还有歔，而且使用了舟船调动军队与覹方作战，此外，第 9、10 版卜辞表明和伐羌方一样，伐覹方的卜辞也有是否"雉众"的考虑。第 10、11 版卜辞为小屯南地发掘出土，时代为康丁，此当为伐覹方的时间。在武乙文丁的卜辞中，尚未见有关覹方的占卜，可能康丁以后，覹方曾一度衰落或遁走，直至帝乙、帝辛时才又崛起。

此外，在廪辛、康丁卜辞中还有：

  12. 贞王其寻胤方白督于之，若。（《合集》28087，图 4—13）
  13. ……卢伯澡其征，乎乡。（《合集》28095）

第 12 版卜辞中的督字在甲骨文中有两种用法，一为祭名，如武乙卜辞有"督大示莽龙"；二为地名，如"王其射督白狐"、"叀督焚，亡灾，擒"[1]。在此版卜辞中，督作祭名或胤方伯的私名均可通，反映了胤方白被擒，并作为告执献俘祭典牺牲的史实。第 13 版卜辞中的征也是祭名，与此版相关的同期卜辞还有"甲戌卜，翌日乙王其寻卢伯澡"、"□卢方伯澡……王派"[2]，都是将卢方伯澡作为人祭牺牲的卜辞。甲骨文卢、胤和覹的构成都从虍，同为廪辛、康丁时期的征伐对象，三个方国或有一定联系。

图 4—13 《合集》28087

  缯方，武丁时四土之内有地名穗，在卜亘是否侵伐鼓的同版，有"呼我人先于缯"；在卜戈是否擒获亘的同版，有"贞曰雀翌日乙酉至于缯"，还有

---

[1] 《屯南》4233、85、4490。

[2] 《合集》27041，《屯南》667。

"戊寅卜，宾，贞今秋舌其［征］纔"①，知其地在殷之西北，近舌方。同期记事刻辞或卜辞还有"在纔"、"入纔"、"出于纔"以及"贞纔受年"②，可知纔在商王朝的四土之内并为王的出入往来之地。在小屯南地出土的康丁卜辞中有纔方，当距纔地不远。如：

14. ……攻启纔方，其乎伐，其每，［不］凿戈。（《屯南》2613）

第14辞已残，但与上述第2版卜辞乎"可伯"伐纔方、绊方一样，显然与征伐有关，可见康丁时曾发动过对纔方的战争，但卜辞所见不多，或许时间不长、规模不大。到了武乙、文丁时，卜辞中又多见"在纔"、"于纔"，如：

15. 壬申卜，御召于纔。（《合集》33030）
16. 丙申卜，脊甾尸……在纔，若。（《合集》33040）
17. 于纔次。（《合集》33100）
18. □午贞，王步自斐［于］纔。（《屯南》182）

这些都反映出纔又成为驻守西北的门户和对西北用兵的师次之地。但到了帝乙帝辛之时，纔方又崛起，成为对抗商王朝的四邦方之一。

（三）伐疒方

这是廪辛、康丁时，另一场规模较大的战争。卜辞曾见：

19. 丁未卜，睍，贞疒方替雀新家，今秋王其比。（《合集》28001）

此辞中的替可训杀，雀在甲骨文中主要有作动词和名词的不同用法，卜辞有"隹母庚耆子安。隹雀耆子安"③的对贞，可见作名词时，含义之一是代表能够降灾祸或福佑的人神，因而在卜辞中也作祭祀对象，如卜辞有"御子喾于母雀"、"翌乙亥皋征受雀又"、"丁丑贞，其竝御自雀"④，所以推断其为人神，

---

① 《合集》6939、6945、6352。
② 《合集》7682、8173、8178、9776。
③ 《合集》454。
④ 《合集》3227、7627、32892。

不仅因为与母庚对贞，往往用御祭，更因为第 19 辞提到他有"新家"，在卜辞中，祖神的藏主之所有"家"之称。① 这条卜辞表明𢀛方入侵，毁坏了放置萑神主的"新家"，因而商王准备在秋天调集臣属军队，配合王亲征。

在廪康卜辞中有关于杀祭𢀛方首领的内容：

20. ……用𢀛方囚于妣庚，王窒。（《合集》28092）
21. □□卜，狄，［贞］𢀛方美□曾于［之，若］。（《合集》28088）

第 20 辞卜问是否要用𢀛方首领头颅祭祀妣庚，妣庚当为示壬、祖辛、羌甲、祖丁、小乙法定配偶中的一个。第 21 辞表明𢀛方首领私名为"美"，这启示我们有一组关于𢀛伯美的卜辞，可能也与这场战争有关：

22. ……𢀛伯美，于之及［伐］望……（《合集》28091）
23. 自贮其乎取美御［史］。
　　王于𢕨，使人于美，于之，及伐，望，王受又。
　　𢕨取美，御史于之，及伐，望，王受又。隹用。
　　王其比，望称册，光及伐望，王弗每，又戋。（《合集》28089）
24. □取美，御史于之，及伐，望，王受又。隹用。（《合集》28090）

有研究则认为，第 23、24 辞反映了望地大反的史实②，然而综合考察第 22—24 辞可知，第一，第 22 版卜辞的"𢀛伯美"即第 23 版的"美"；第二，"及伐望"之望不是人名、地名，因为为同一事的连续占卜中有"望称册"，无论称册如何解释，占卜之时的"望"是商王臣属且为执事者，不可能同时又是征伐对象，所以，此处当读为"及伐，望"，"望"当与"望吾方"之望同解；第三，第 24 辞为第 23 版的同文残辞，可知对此事进行了多次占卜。而联系同期卜辞考察，可知第 23 版第一条的"御史"，同于方大肆入侵时的"乎御史"③之"御史"，只不过"乎御史"省略了乎何人、接受何使命，而在第 23 辞中明确乎"自贮"——一个有军职的人，执行"取美"的命令。

---

① 参见陈梦家《殷虚卜辞综述》，科学出版社 1956 年版，第 468—473 页。
② 钟柏生：《殷商卜辞地理论丛》，台北艺文印书馆 1989 年版，第 220 页。
③ 《合集》151。

第 2、3 条的㝵相当伐羌方卜辞中的"戍其㝵"、"㝵伐羌方"① 的㝵，含有"避"或"缓"的意思。因此，这一版的四条卜辞可以理解为当与𢀛方矛盾激化后，商王考虑过的几个应对方案，究竟是派武装人员强制将美送往商王行政事场所问罪；还是先派人到美，即𢀛方的政治中心，首先尝试用政治的手段解决矛盾，待到必须使用军事征伐的手段，即战争爆发时，负责观察、掌控敌人的动态。是暂缓"取美"，派官吏"于之"，之，或为地名，待到用兵时负责观察敌情；还是以王师为后盾，册命"望"为主将，"光"负责侦察敌情。从第 23、24 两条"㝵取美，御史于之，及伐，望，王受又"的卜辞都系有"隹用"二字，可能最后采取了这一策略，取得战争的胜利。

帝乙、帝辛时的小臣䲠牛骨刻辞曾记某次对𢀛方及其同盟者战争的结局：

25. □小臣䲠从伐。擒𢀛美，人二十人四，而千五百七十，𩂐百……丙，車二丙（两），盾百八十三，函五十，矢……（侑）白麇于大［乙］。用鞸白印……祖乙，用美于祖丁。僅甘京。易……（《合集》36481，图 4—14）

这版记事刻辞背面为干支表，从而可知全文约 150—200 字，内容是记王出征某方，小臣䲠随从，擒获𢀛美等方伯数人，又俘某方国二十四人、面具一千五百七十，另一方国的百余人、若干马及车两辆、盾牌一百八十三、铠甲五十、箭若干。最后将俘虏的方伯分别祭祀大乙、祖乙、祖丁等先王。② 在廪辛及以后的卜辞中还有：

图 4—14 《合集》36481

26. 于䣿䇂其祝于𢀛方莫。

---

① 《合集》27972、《屯南》3038。
② 胡厚宣：《中国奴隶社会的人殉和人祭》（下篇），《文物》1974 年 8 期。

弜祝。(《合集》27999)
27. 癸亥贞，𢀛方以牛其登，于来甲申。(《合集》32896)
28. 丁未贞，王令卯爯𢀛方。(《合集》32897)
29. 庚辰贞，令乘［望］爯𢀛方。(《合集》32899)

第 26 版卜辞为廪辛、康丁卜辞，卜问是否在𢀛方郊甸举行祭祀，可见𢀛方部分土地已纳入商王朝版图。第 27—29 版同为武乙、文丁卜辞卜辞，第 27 辞是关于用𢀛方进贡的牛献祭的占卜，数见同类占卜，如《合集》33191 即为同文卜辞；第 28、29 辞是关于派人"爯𢀛方"之事，辞中的卯为人名，乘望当即望乘，由于没有迹象表明武乙、文丁曾对𢀛方用兵，所以辞中的"爯"当用为道途之义，表示此时𢀛方与中央王朝的关系比较密切。

廪辛康丁除了对以上方国进行过征伐外，小屯南地发掘出土的康丁卜辞还有：

30. 癸亥卜，王其敦邦方，叀戊午，王受有又，戈，在凡。(《屯南》2279)
31. 戊辰戍征敄方。(《屯南》2651，图 4—15)

第 30 版"邦方"或以为是一个方国的专名，但也可能是指结成联盟的绊方、馘方、穗方，尚有待更多资料的验证。第 31 版卜辞《小屯南地甲骨·释文》作"戊辰［卜］，戍执征敄方，不往"。"……往"，但从图版看，全版似存三条辞，释读为"戊辰戍征敄方"，"执不往"，"往"可能更恰当一些。这版卜辞表明康丁曾拟征伐敄方，详情已不得而知，但同期以及帝乙、帝辛卜辞中多见"田敄"，如

图 4—15　《屯南》2651

32. 王其田敄至于目北，亡戈。(《合集》29293)
33. □□卜，在敄贞……曆。在十……(《合集》36438)
34. □戍［卜］，贞［王］迭于洗，［往］来亡灾。
　　□□卜，贞［王迭］于敄，［往来］亡灾。(《合集》37637)
35. 辛丑王卜，贞田䚇，［往］来亡［灾。王］占曰：［吉］。

  壬寅王卜，贞田𣩴，往来亡灾。王占曰：吉。
  戊申王卜，贞田𢆶，往来亡灾。王占曰：吉。
  辛亥王卜，贞田丧，往来亡灾。王占曰：吉。
  壬子王卜，贞田𢾭，往来亡灾。王占曰：吉。（《合集》37661）

第 32 版为廪辛、康丁卜辞，可知𢾭地已成商王的田猎之地[1]，其地近"目"，在武丁振兴王朝的诸战中，如伐亘卜辞的同版，曾见"乎雀征目"。[2] 第33—35 版为帝乙、帝辛卜辞，第 33 版是属于"今夕自不𢼸"一类的卜辞，表明当时𢾭曾为商王师次之地。第 34、35 版均为田猎或以田猎习战阵的卜辞，可知𢾭地距浇、𣩴、𢆶、丧等地应不远。

四　小结

  廪辛康丁两王在位的时间不很长，据《夏商周断代工程 1996—2000 年阶段成果报告》，祖庚至康丁四王在位时间为 44 年，关于这一时期的历史，文献记载极少，尤其是廪康时期几乎近于空白。今本《竹书纪年》有"祖甲征西戎，冬，王返自西戎"，对此，雷学淇《竹书纪年义证》注"未详"，而王国维《今本竹书纪年疏证》在此条下引"原注：祖甲西征，得一丹山。按此《大荒北经》注引《竹书》。'祖甲'原著作'和甲'"。[3] 今见《山海经·大荒北经》"有始州之国，有丹山"，郭璞注"此山纯出丹朱也。竹书曰'和甲西征，得一丹山'。今所在亦有丹山，丹出土穴中"。[4] 王国维改"和甲"为"祖甲"，不知根据何在，而且从殷墟卜辞看，祖庚、祖甲时除了方或有来犯外，仅偶见"自西有来艰"[5]，尚未见有"西征"的证据。而卜辞反映廪康时期对外征伐相对较多，征伐过的方国有羌方、绋方、䫇方，纟忽方、𢾭方、𠂤方，除了𠂤方在殷之东南外，多属于殷之西北的羌人方国。

  这一现象正可与考古发现的一些现象相印证，1986 年陕西扶风壹家堡遗

---

[1] 同类卜辞还见《合集》27905、29293、29294 等。
[2] 见《合集》6946。
[3] 见方诗铭等《古本竹书纪年辑证》附录，上海古籍出版社 1981 年版，第 226 页。
[4] 转引自袁珂校注《山海经校注》，上海古籍出版社 1980 年版，第 424 页。
[5] 《合集》24146。

址的发掘，为商代后期关中地区诸考古学文化研究提供了新资料。研究成果表明壹家堡遗址一期相当于盘庚、小辛、小乙之时，文化性质属于商文化的范畴；二期相当武丁时，下限不晚过祖庚，文化内涵中商文化因素减少，地方文化因素大增，研究者认为文化性质当属于郑家坡遗存；三期相当祖甲至康丁前后，这一时期的文化面貌发生很大变化，商文化因素已经消失，也不再属于"郑家坡遗存"，而是属于一种在关中西部有广泛分布的另一种文化，可定名"刘家村遗存"；四期下限在帝乙之时或稍晚，属于先周文化。综观这些不同文化的兴衰、进退，可知在商王朝早期，二里岗期的商文化已经分布到泾河以东，并影响到关中中部偏西的扶风岐山一带。盘庚迁殷以后，关中中部地方文化崛起，武丁以后，商文化分布的西界退至西安以东。而就在"郑家坡遗存"形成前后，关中西部以宝鸡为中心的考古学文化兴起，它吸收了陕北、河套地区的某考古学文化的因素，承接了关中地区文化因素，形成"刘家村遗存"，廪辛、康丁时一度强大，造成扶风武功一带"郑家坡遗存"突然中断。[①] 在考古学界，较多学者趋向认为"郑家坡遗存"属于先周文化，"刘家村遗存"或称"刘家文化"属于羌人文化，所以武丁时"郑家坡遗存"的兴盛，正与其"戮周"政策相呼应，而廪辛、康丁时"刘家文化"的一度强大，则应该就是廪辛、康丁伐羌方及其他羌人方国的历史背景。

第二节 武乙、文丁对西北方国的征伐

一 武乙前后对方的战争

（一）历史背景

武丁时曾对方用兵，相关资料预示出"方"可能属于一个新崛起于殷之北的方国，或与考古学上的李家崖文化有一定关联。如前所述，半个多世纪以来，在陕西东北部、山西西北和西部地区、内蒙古河套地区出土大量具有鲜明地方特色的商代青铜器，时代大致从二里岗上层延续到殷墟三期，有些器物或晚至殷墟四期，出土的数量是随着时代递增，愈晚愈多。其内涵则反

[①] 孙华：《陕西扶风壹家堡遗址分析——兼论晚商时期关中地区诸考古学文化的关系》，北京大学考古系编《考古学研究》（二），北京大学出版社 1994 年版。

映出一支北方民族南渐并与商文化碰撞、交流、融合的某些印迹。①

在多次发现这类遗存的晋陕高原，在陕西清涧李家崖还发现一座防卫严密的古城址，据《简报》，李家崖古城址位于清涧县高杰乡李家崖村西，东距黄河4.5公里，无定河在李家崖村西蜿蜒流过，河道深而狭窄。古城南、西、北三面环水，东、西筑有城墙，南北是利用深至百米的无定河河道的悬崖峭壁为防御屏障，东城墙是城内通往外部的唯一出口。古城平面为不规则的长方形，东城墙包括早期城墙和晚期加固城墙，早期城墙使用一段时间以后，又紧贴其外侧修建了加固城墙。目前尚不能确知早、晚城墙的修建年代，只知道遗址出土器物有的同于殷墟二期，有的具有殷墟三期以后的特点，因而上限为殷墟二期，下限不晚于西周中期。在古城内东部的一个土丘的西侧，有一座规模较大、布局严谨的院落式建筑AF1，总体布局长方形，占地总面积105.82平方米，院内三座房子呈品字形分布，大门内左右两侧各一座，并列对称。院落中后部一座，可能属于宗庙性质的建筑。AF1的使用年代不十分明确，只知道叠压在第5文化层下、第7文化层上，属于第6层，第7层大致相当殷墟二期，第5层大致相当殷墟三期，下限可能会更晚一些②，两期的绝对年代分别为武丁后期至祖庚祖甲时期和廪辛至文丁时期。③ 由于已公布的材料没有说明第6层究竟应该与第5层还是第7层属于同一时期，只能推测AF1使用时间在祖甲、廪辛前后，然而联系古城的时代以及这一地区相当于殷墟三、四期的文化遗存的发现，可知在武丁以后李家崖文化继续发展繁荣，防守严密之古城的修建与使用，正暗示了与商王朝甚至和周边方国都处于敌对关系中。

由于清涧李家崖遗址出土了类似骷髅人像的图形和类似甲骨文𢀛字的陶文，因此学术界有一种意见认为李家崖文化是鬼方文化④，但是武丁卜辞有"乙巳卜，宾，贞𢀛获羌。一月"，"乙巳卜，宾，贞𢀛不其获羌"；"贞𢀛获

---

① 参见刘军社《陕晋蒙邻近地区商代青铜器分期分区及相关问题的探讨》，《中国考古学会第八次年会论文集》，文物出版社1996年版。

② 张映文、吕智荣：《陕西清涧县李家崖古城址发掘简报》，《考古与文物》1988年第1期；吕智荣：《李家崖古城AF1建筑遗址初探》，《周秦文化研究》编委会编《周秦文化研究》，陕西人民出版社1998年版。

③ 参见中国社会科学院考古研究所编著《中国考古学·夏商卷》，中国社会科学出版社2003年版，第294页。

④ 吕智荣：《陕西清涧李家崖古城址陶文考释》，《文博》1987年第3期。

羌","贞□不其获羌"的反复占卜①，从兆序看，正反卜都进行了多次，其人显然是商王的臣属，曾受王命出动掠掳羌人。如果依据陶文将李家崖古城址与武丁卜辞中的□族乃至鬼方相联系，如何全面认识李家崖文化和商文化的关系，是一个需要深入探索的问题，尤其是武丁以后李家崖古城和李家崖文化继续发展繁荣，卜辞中却不再出现□族及鬼方的名号，这一现象需要有合理的解释。

目前，从甲骨文仅可以知道，在殷之西北，往往与商王朝处于敌对关系的古族中，自武丁始，几乎累世商王都用兵的对象除了某些羌人方国外，还有"方"。

(二) 庚甲至廪康时期对方的战争

祖庚、祖甲时期对外战争较少，较常见的是关于是否"有来艰"的占卜，和武丁时期不同的是很少卜"来艰自西"，而较多的是卜问是否有来自"方"的侵袭，如：

1. 壬午卜，出，贞今日亡来艰自方。(《合集》24149)
2. 贞其又来艰自方。
   ……其在兹有艰。二月。(《合集》24150)
3. 午□□来艰自方。(《合集》24151)
4. 辛亥卜，兄，贞[今]日亡来艰自[方]。(《合集》24153)

这说明当时来自西方羌人方国的威胁减少，来自方的侵扰虽然减轻，却依然存在，所以也曾小规模的对方用兵：

5. 丁巳卜，□，贞叀王□翼方。(《合集》24157)
6. 贞射午戋方。
   贞射□戋方。(《合集》24156)

第5辞的翼字作以双手奉册之形，如前所述，表示出事前命将仪式，卜辞还多见"工翼"一辞，或释"工典"，于省吾考工应读作贡，翼即今典字，典犹册也，贡册犹言献册告册也②，翼可借为典，在此辞中"典方"当即"誓

---

① 见《合集》203。
② 于省吾：《殷契骈枝续编·释工典》，转引自《甲骨文字诂林》，中华书局1996年版，第2971页。

方"，酋有杀伐的意思，所以它表明商王拟对方用兵。第 6 辞反映商王要用射手部队对付方，卜问用哪一支射手队伍能够战胜敌人。

廪辛康丁时，随着方的强大，侵扰也加剧了，例如侯家庄大龟七版中有一整版卜辞都是关于方的占卜：

> 7. 壬戌卜，贞不遘方。
> 壬戌卜，狄，贞其遘方。
> 壬戌卜，狄，贞有出方，其以来奠。
> 壬戌卜，狄，贞叙勿以来。
> 壬戌卜，狄，贞叀马亚乎执。
> 壬戌卜，狄，贞叀戌乎执。
> 壬戌卜，狄，贞及方。
> 壬戌卜，狄，贞弗及。
> 壬戌卜，狄，贞其又来方，亚旅其㗊，王受有又。
> 壬戌卜，狄，贞弗受有又。
> 壬戌卜，狄，贞亚旅□㗊。
> 壬戌卜，贞亚旅比，受于方。
> 壬戌卜，狄，贞亚旅其陟，邐入。
> 壬戌卜，狄，贞其㐫入。（《合集》28011，《甲》2913，图 4—16）

侯家庄大龟七版原著录于《甲编》3913—3919，出土于 1934 年安阳小屯第九次发掘的一个"复穴"——半穴居的建筑中，发掘出的地下部分近圆形，东西径 5 米，南北径 4.5 米，上下的通道在西壁，有台阶和斜坡。卜甲就出在东北隅最下层的硬黄淤土中，六块基本完整的龟腹甲，有文字的正面朝下，有钻凿的背面朝上，其上还叠压半块截锯整齐的龟背甲，董作宾曾推测七版卜甲"叠在一起，存于复穴中，也许那时是要带回宫庭（小屯）而又被忘却了"。[①] 这表明七版龟甲是使用时间相对集中的一组遗存，对此，占卜日期和内容也可以提供进一步证明，就占卜时日看，这七版的关

[①] 董作宾：《甲骨学六十年》，见刘梦溪主编《中国现代学术经典·董作宾卷》，河北教育出版社 1996 年版，第 169—183 页；又，参见中国社会科学院考古研究所编著《殷墟的发现与研究》，1994 年版，第 150—151 页。

系如表 4—1 所示：

图 4—16　《合集》28011

表 4—1

序号	六十干支及其序数	《甲编》片号					
		3917	3915	3918	3914	3913	3916	3919
1	36 己亥	己亥						
2	37 庚子	庚子						
3	38 辛丑	辛丑						
4	39 壬寅	壬寅						

续表

序号	六十干支及其序数	《甲编》片号						
		3917	3915	3918	3914	3913	3916	3919
5	40 癸卯	癸卯	癸卯					
6	41 甲辰	甲辰	甲辰					
7	42 乙巳	乙巳						
8	43 丙午	丙午						
9	44 丁未	丁未						
10	45 戊申	戊申						
11	46 己酉	己酉						
12	47 庚戌	庚戌						
13	48 辛亥	辛亥						
14	49 壬子	壬子			壬子			
15	50 癸丑	癸丑						
16	51 甲寅	甲寅						
17	52 乙卯	乙卯						
18	53 丙辰	丙辰	丙辰					
19	54 丁巳	丁巳						
20	55 戊午	戊午		戊午	戊午			
21	56 己未	己未						
22	57 庚申	庚申		庚申				
23	58 辛酉	辛酉		辛酉				
24	59 壬戌	壬戌			壬戌		壬戌	
25	60 癸亥	癸亥			癸亥			
26	01 甲子	甲子	甲子					
27	02 乙丑				乙丑			
28	03 丙寅							
29	04 丁卯							
30	05 戊辰							
31	06 己巳				己巳			
32	07 庚午				庚午			

续表

序号	六十干支及其序数	《甲编》片号						
		3917	3915	3918	3914	3913	3916	3919
33	08 辛未			辛未				
34	09 壬申				壬申			
35	10 癸酉						癸酉	
36	11 甲戌							
37	12 乙亥						乙亥	
38	13 丙子							
39	14 丁丑						丁丑	丁丑
40	15 戊寅				戊寅			
41	16 己卯							
42	17 庚辰							
43	18 辛巳							
44	19 壬午							
45	20 癸未							
46	21 甲申				甲申			

显然占卜时间有重叠，而内容也有关联，其中《甲》3917是从己亥至甲子连续26日的卜夕卜辞，其余五版94条卜辞除3条因同版有田猎祀河，而涉及求年于河外，大多与田猎有关，排起日程，大龟七版很可能就是商王某次田狩，从己亥至甲申前后46日内的占卜遗存。本文所列举的第7版卜辞，即《甲》3913卜于第24日，此前的第20日戊午有三版占卜，包括卜"今夕亡祸"、"王其往来亡灾"以及一组卜祭："贞隻兕于大乙隻示"，"贞隻兕大丁隻示"，"隻兕于大甲隻示"等，《甲编考释》解释"隻兕"之"隻"是"隻"字的简化，卜问的是猎获的大兕究竟用于祭祀大乙、大丁还是大甲；第22日庚申有两版占卜，一为卜夕，一为占卜田猎的地点和时间，"贞王叀麦麋逐"。"贞王勿利南麋"。"王叀斿麋"。"贞叀辛田"。"贞叀壬田"。

两日后，即第24日壬戌有三版占卜，一为卜旬，一为卜祭，还有一整版龟甲的占卜是从"贞不遘方"，"贞其遘方"开始的，所以会有这一占卜，必然是遇到了可能遭遇入侵之敌的危险，或得到方出动侵扰的报告。同一日的其余六组对贞，反映了商王关于应对措施的考虑。包括：第一，方出动目的何在，是否要出战，是否要追击。第二，是派管理兵马的马亚，还是派戍率队出征。第三，对于来犯之"方"，亚旊去抵御是否能够带来福音，抑或亚旊比同其他人出征更为有利。对于亚旊是否要让他乘遝以入，遝，指传车[1]，应是要他尽快来接受王命的意思。

从第 25 日癸亥以后的卜辞看，或是已经部署好了对来犯之方的打击，或是来犯的威胁并不大，总之没有影响商王继续准备田猎，如第 26 日甲子卜田猎和相关祭祀："王其田亡灾"、"王昇（翌）其田亡灾"、"王勿巳田"；第 27 日乙丑卜"王其田衣入亡灾"；第 31 日己巳连续卜"王其田"是否有灾、是否会遇雨，以及日期选择辛日、壬日、乙日中的哪一日最为吉利。其后的连续数日都是类似的田猎卜辞，但是从第 35 日癸酉开始，卜辞中以田猎习战阵的气氛渐浓，如癸酉卜"贞王其田于襄"并祭于河，"贞其祝，允罕。乙王其征襄兕"。第 37 日乙亥卜"贞其涉兕□汕。贞不涉"。汕前一字不识，或释为"西"，待考。《甲编考释》称"疑汕水某段之分名"，卜问是否要涉水到"□汕"猎兕。第 39 日丁丑在有"乙亥卜"的龟甲上，继续卜"贞其用兹卜，昇（翌）其涉兕同。贞不同涉"。"贞惠马亚涉兕。贞惠众涉兕"。意思为是否同马亚诸官共涉汕猎兕；是令马亚，还是令众涉汕猎兕。同一日在另一块龟背甲上，用一整版进行一系列占卜，包括王是否能亲手捕获到用于祭祀的猎物；在盂地田猎，如何布阵位——"南汕立。贞乎北汕立"；是否要祭祀；是否会遇雨；具体时间选择哪一天；王如何前往；能否有擒获，等等。"南汕"等语，《甲编考释》解释为汕水的南段或北段布置田猎之处，还有研究者解释为占问在水的南岸或北岸布阵[2]。这一组占卜从事类上进一步证明大龟七版是同时的遗存。

综合考察大龟七版可知，无论派亚旊伐方的计划是否付诸执行，都反映了这时的"方"是商王朝不可小视的重大威胁，商王朝的应急反应非常迅速。不仅如此，反映这时侵扰加剧的还有在小屯南地发掘出土的卜辞：

8. 方其征于门。

---

[1] 于省吾：《甲骨文字释林·释遝》，中华书局 1979 年版，第 277—280 页。

[2] 寒峰：《甲骨文所见商代军事数则》，胡厚宣等著《甲骨探史录》，生活·读书·新知三联书店 1982 年版。

方不征于门。

□其征［于］勞。（《屯南》591）

9. 方不其出于新……戍。（《屯南》1341）

10. 方出至于兹□。不至。（《屯南》4025）

11. 方其至于戍师。

弜呼衛，其每。

其乎戍徣衛，弗每。

弜呼戍衛，其每。（《屯南》728）

12. 甲子卜，［叺］以王族宄方在罢亡灾。

方来降。

不降。

方不往自罢。

其往。（《屯南》2301）

这五版卜辞小屯南地甲骨释文均定为康丁卜辞，第 8—11 辞反映这时方曾多处进犯，甚至直接挑战"戍师"，造成边地局势紧张，商王反复考虑是否要派遣戍徣去加强守卫，若不调遣军队、不派遣"戍"的武装会不会有灾祸。第 12 辞的宄作动词，饶宗颐考《说文》宄，姦也，读若轨。《左传》"纳民于轨物"，轨训法，故宄反训为治①，因此，此辞反映王拟派叺挈王族于某地治理御方有关之事。

13. 王其令𨻻归，弗每。

其乎戍御方及。

戍弗及方。（《合集》28013）

14. 不菁方。（《合集》28017）

15. ……受其追方，叀……（《合集》28014）

16. 及方。

弗及。（《合集》28015）

这一时期对方的侵扰，似以防卫为主，主要是迎击拦截入侵之敌，是否要

---

① 饶宗颐：《殷代贞卜人物通考》，香港大学出版社 1959 年版，第 834 页。

"追方"、"及方",往往要反复占卜何种举策更为有利,这可能与当时首要任务是解除羌方威胁有关。

(三)武乙、文丁对方的征伐

武乙、文丁时,方人继续出动侵扰,由于廪辛、康丁对羌方等羌人方国战争的胜利,使武乙又可能将兵力投入对方的作战,卜辞有:

17. 方其〔出〕……(《合集》33046)
18. □寅卜,方其至于𩫖……(《合集》33045)

可见,这时方仍经常出动,继续挑战商王朝的边方军队,商王朝则采取了进一步的应对措施:

19. 癸酉贞,方大出,立史于北土。(《合集》33049,图4—17)
20. 庚辰贞,方来即事于犬征。
    庚辰贞,至河,𡉚其戎鄉方。
    (《屯南》1009)
21. 辛亥卜,北方其出。
    弜禹众,不出。(《合集》32030)
22. ……方出从北土,弗戋北土……
    □□贞,又来告……从北土,其
燎告〔于祖〕乙、父丁……(《合集》33050)

图4—17 《合集》33049

第19辞是问方大肆出动,是否要向北土派出中央官吏。第20辞反映方来犯,考虑要派犬征负责相关军务,很可能是拟派犬征任北史,同一日的另一条卜辞的鄉即向,卜𡉚至河,将用兵的矛头直指入侵之"方",值得注意的是此时𡉚必在河东,而清涧李家崖古城址正在河西。第21辞也应该是关于方出动的占卜,从卜辞可知,方若出动,就要"禹众",禹是举的意思,即调动众人编制的军队。第22辞的从,据《广雅·释诂》,当训"就也",在征伐卜辞中可以理解为"纵横奔驰",表明有来报方入侵北土,这意味着已在北土布下监视方动态的情报人员,而立即考虑告祭祖先,则是准备出兵了。"立史"、"即史"、"禹众"、"燎告"为用战争手段解决方的侵袭所作的

一系列部署,与廪康时期有明显的不同。同样是告祭祖先的卜辞还有:

23. 己亥卜,告方于父丁。(《合集》32678)
24. 乙□[贞],方出……于大甲、祖[乙]……羊。
    乙巳贞,于父乙告牛。(《合集》33054)
25. 戊申卜,告方于河。(《屯南》2678)
26. 甲申,于河告方来。(《合集》33052)

第22、23辞均有父丁,指康丁,为武乙卜辞,第20、25辞小屯南地甲骨释文也定为武乙卜辞;而第24辞有父乙,指武乙,为文丁卜辞,可见武乙、文丁均有关于方的卜辞,以上方之入侵,并非一时之事。

这一时期的卜辞还有一个特点,存在"御方"的卜辞,但相对较少,而关于方是否出动或告方出卜辞的占卜同日,往往同时占卜军事部署,反映已充分做好用武力反击的准备,是否要迎击入侵之敌已不在话下,而考虑的是用哪一套方案反击的问题:

27. 丁丑卜,御方。(《合集》33260)
28. 辛未[卜]……方其象。允象。
    不象。
    辛未卜,亚𠭯菁戎。(《合集》33114,图4—18)
29. 弜害方。
    癸未卜,方从寻。
    弜从。(《合集》33061)

图4—18 《合集》33114

第27辞是关于是否要迎击来犯之方的卜辞。第28辞"象"字在卜辞中作动词,表示敌方的行为,其结构从夂,从豕,"夂"《说文》有"从后至也,向人两胫,后又致之者",从甲骨文可知,是由人的足形——止演化而成的,基本意思是运动、行走,其下一鬃毛直竖的豕形,《说文》有豪,从辛从豕,释为"豕怒毛竖",或许就是此字的讹变,所以这个会意字本义很可能表示一个突奔难制的豕,引申为成语"豕突",以喻一个强悍畜牧族难以阻挡的入侵行动。在贞问方是否奔突来犯的同日,还问亚㠱所率的大军是否与敌人正面遭遇,可见对敌方的军事行动已经开始了。第 29 辞是卜方的军队是否入侵了寻地,是否要圉伐方,"寻"当处于方进入商王朝四土的通道上,而且是商王经常往来之地,武丁卜辞有"有来告方征于寻"[①],庚甲卜辞有"贞王其步自寻亡灾"、廪康卜辞有"在寻卫"、乙辛卜辞有"在寻贞王旬亡祸"。此外,武文卜辞还有"步自寻于□",商王在寻地的活动,无论是征伐,抑或巡狩,大都与"方"有关。

同类卜辞还有:

30. 丙[子]……今日[步]㠱。
    于翌日丁丑步㠱。
    丙子卜,其告方来,于丁一牛。(《合集》33055)
31. 庚寅卜,叀𫝀□我,用若。
    叀沚或启我,用若。
    ……[告]方于丁。(《合集》33056)
32. 庚寅卜,叀𫝀启我。
    叀沚或启我,用若。
    壬辰于大示告方。(《屯南》63)
33. 于大示告方。(《合集》33053)
34. 癸未贞,王令……
    弜𫝀方。
    癸未贞,王令㠱𫝀方。兹用。
    癸未贞,王令子畫𫝀。
    甲申卜,于大示告方来。
    壬辰……令……
    弜令。(《屯南》243)

第 30、31 辞为告祭庙号为丁的先王,第 32—34 辞均为于大示告方。其中第

---

① 《合集》6672、24399、28060、33157。

30 辞与命㠯为伐方的将领有关，第 31、32 辞的"我"虽然也可解为地名，但其地望不清，而从全辞看，是读为"宜"较通达，反映了反复卜问前军的人选究竟是舌，还是沚或更为相宜。第 34 辞也涉及选将，卜某次战役究竟是派㠯，还是子画为将。

武丁时期对方作战的卜辞，使用了舌、征、伐等表示主动进攻的用语，除以上所引述的以外，还有：

35. 癸未貞王令［子］畫舌方。（《合集》33059）
36. □丑貞吳令□告方。
    ……令㠯比𠂤舌方。（《合集》33060）
37. 乙亥貞，𢦔弜𢦔方。
    弜征方才□。（《合集》32935）
38. 庚戌，犬征允伐方。（《合集》33033）
39. 辛巳卜，叀生月伐方……八月。（《合集》33057）
40. 己丑次［及］方。
    弗及方。（《合集》33062）
41. 弗及方，允及。（《合集》33063）

第 35、36 辞仍是卜舌伐方将领的人选或兵力配置，第 37 辞的𢦔字不识，从对贞看是与"征"有区别又有联系的一种军事手段，从字形看也可能是上述第 7 版𢦔字的省体。第 38、39 辞是关于伐方的卜辞，第 40、41 是关于是否"及方"的卜辞，值得注意的是第 40 辞的次是师次的意思，甲骨文"次"的写法为师旅之师下加一横，表示师旅止舍的行为，是动词①，因而辞中的"及"不会表示"追及"，应是卜问是否移师到靠近方出之地驻扎，这也是和廪康时代的不同之处。此外，有关方的卜辞还有：

42. 弗𢦔方。（《合集》33064）
43. □酉貞，竹𢦔方。（《屯南》2915）

---

① 见姚孝遂《古文字的符号问题》，转引自《甲骨文字诂林》，中华书局 1996 年版，第 3042—3043 页。

两辞中的❍字不识，作动词用，甲骨文有❍字，是"执"的省体，此字是否是其异构，待考。

以上关于方的卜辞包括了武乙、文丁两王的遗存，但以武乙卜辞占绝大多数，其中小屯南地出土甲骨均为武乙时的遗存。其过程已不得而知，只知道动员了很大力量，涉及的军队和将领有：❍自、犬征、❍（亚❍）、舌、沚或、子畫、吴、❍、❍等，这种情况不仅是此前对方的用兵所不能比，在商晚期对外战争中也是不多见的。武乙对方的战争是以胜利而告终的，卜辞有：

44. 癸酉贞，乙亥酒伐［自］……
　　癸未贞，叀乙酉征方。
　　癸未贞，于木月征方。（《合集》32243）
45. 癸酉贞，［今］日□［岁］于□丁。
　　癸未贞，叀乙酉征方。
　　癸未贞，于木月征方。（《屯南》171）

两版均为卜祭先王，关于第45版卜辞小屯南地甲骨释文定为武乙卜辞，第44版卜辞字体、文例特征与之相同，又有部分同文，必为同时遗存。辞中的征字是祭名，而且是使用人祭，如武丁卜辞有"弹征夷"、"于丁宾征夷"，廪康卜辞有"有来执自❍，今日其征于祖丁"①，执是指战争俘虏，将战俘"征于祖丁"，应与战后告执献俘的典礼有关。"征夷"是用夷人献祭，所以"征方"的卜辞透露出武乙曾以俘虏的方人甚至包括其首领人物杀祭先王，这两组卜辞记录了癸酉曾卜是否用伐祭或岁祭祭祀先王，一旬后再卜以方的俘虏献祭的时间，究竟是两日后的乙酉，还是"木月"，即下一个月。②

武乙伐方取得了胜利，但是方并未完全降服，如上所述文丁卜辞还有关于方占卜，甚至帝乙、帝辛时方还偶有入侵，卜辞曾见：

46. ［甲］□［卜］，贞方来入邑，今夕弗屠王自。（《合集》36443，图4—19）

---

① 《合集》25、631、27302。

② 见裘锡圭《释"木月""林月"》，《古文字研究》第二十辑，中华书局2000年版。

甲骨文壸据考与"震"音同义通，有警、惊、骚动的意思，《诗经·大雅·长武》叙述周宣王率大军伐徐，"如雷如霆，徐方震惊"，使徐方惊惧警动不已。卜辞常见"今夕不壸"一类的占卜，意思是商王及臣众、军旅今夕是否有警[①]，所以第46版卜方是否会入侵，警动王师，但是与康丁前后相比，方的力量已被削弱，对商王朝不再构成重大威胁。

二　武乙文丁对召方的战争

召方，在甲骨文中或写作刀方[②]，是殷西之方国，但具体地点尚有不同看法。陈梦家释为黎方，认为在今山西壶关，古有黎亭，其地即商纣为蒐之黎、西伯所戡之黎。壶关之黎与殷都——今安阳小屯隔太行山东西相望，因而黎方反商，频频出击，对商王朝构成很大威胁，使得武文时期要动员很大的力量伐黎方。岛邦男则认为召方当在殷之西南召城附近[③]，即今陕西扶风雍城一带。而根据卜辞地名的相对位置，其地近绊方、纆方，应属于羌人的方国。卜辞有：

图4—19　《合集》36443

1. 癸巳□，于一月〔伐〕绊眔召方受又。（《合集》33019）

这说明召方与绊方相距不远，存在过联盟关系一起犯商，只有这样商王朝才会对两个方国同时用兵，由于资料不足，也可能绊方曾受廪辛、康丁打击，这时力量尚不强，武乙文丁伐绊方的经过不清，而对召方的战争却迁延不少时日，是当时的一场大战。

如同武丁对舌方、土方的占卜一样，武乙多有关于召方是否出动骚扰的卜辞：

---

① 屈万里：《自不壸解》，转引自《甲骨文字诂林》，中华书局1996年版，第1130—1131页。
② 陈梦家：《殷虚卜辞综述》，科学出版社1956年版，第287页。下同。
③ 〔日〕岛邦男撰、温天河等译：《殷虚卜辞研究》，鼎文书局1975年版，第401页。

2. 癸卯卜，刀方其出。

不出。(《合集》33033①，图4—20)

3. 甲辰卜，召方来，隹其🝤。(《合集》33014)②

4. 己酉卜，召方来，告于父丁。(《合集》33015、33016)

5. 己酉卜，召方……于□告。(《合集》33181)

第2版卜辞同版还有"庚戌，犬征允伐方"，两辞相距7日，可见这正是对北方的敌人"方"作战的关键时刻，召方的动态不能不引起商王的密切关注。第3辞末字不识，联系第4、5辞，"召方来"要向先王告祭，祈求庇佑，此字当不是表示友好往来的褒义词。与此同时商王朝积极准备用军事手段迎击入侵的召方武装，卜辞有：

6. 壬申卜，御召于繼。(《合集》33030)

7. 丙子贞，令众御召方，执。(《合集》31978)

第6辞是关于迎击召方地点的占卜，如果伐召方的卜辞主要属于武乙时期，时间相对集中，这一应对措施的制定还是很迅速的，因为壬申与第4、5辞卜向先王告祭的己酉最短间隔为两旬又四日，已确定了迎击召方地点，联系第7辞，又四日已准备调动了众人编组的军队，卜问是否有斩获。此辞的同文卜辞见于《屯南》38，或以为辞中的"执"为名词，指召方的俘虏，若作此解，御当为祭名，但从不见"令众"御祭的事例，所以这还是调集族众武

图4—20　《合集》33033

---

① 同文卜辞见《合集》33032。
② 同文卜辞见《屯南》267，武乙卜辞。

装迎击召方的卜辞,执,解为动词,意思是否能有所擒获。

和对其他方国的战争一样,在抗击入侵的同时,还考虑以王师出击,如:

8. 王弜征召方。(《合集》33021)
9. 贞王征召方受又。(《合集》33022)
10. 于辛巳王征召方。(《合集》33023、33024)
11. 丁未贞,王征召方……才𥃩卜。九月。(《合集》33025反)
12. 辛亥贞,[王]……[征召]
    癸丑贞,王征召方受又。
    乙卯贞,王征召……
    丙辰贞,王征召方受又。
    其征。(《屯南》4103)

这些都是准备出征召方的卜辞,值得注意的是小屯南地出土的第12版,释文定为文丁卜辞,这意味着文丁时仍有伐召方的考虑,但是伐召方的大部分卜辞还是属于武乙卜辞。

伐召方也不只动用王师,卜辞有:

13. 丙午贞,叀王征刀[方]。
    丙午贞,令⿱屮屮𠧧,以雀启。
    弗以。(《合集》33034)
14. 庚戌卜,叀疾令𠧧。
    庚戌卜,叀王自征刀方。
    王弜征令。
    辛亥贞,王征刀方。
    王弜。(《合集》33035、33036同文残辞)
15. 乙巳贞,令⿱屮屮𠧧刀方。
    己巳卜,及刀方。
    弗及。(《合集》33037)

从这三版卜辞可知在准备王"自征"的同时,也考虑另一种方案,即王不亲征，而是令将领出征，第13版第二辞是令🝱出征，并考虑是否带领萑作为前军。第14版第一辞卜是否令疾出征。这两辞虽然没有明确是舌刀方，但这两版都是相间刻辞，与"王征刀方"又有相同的卜日干支，带有对贞的性质，应都属于征刀方的遗存，第15辞则明确令🝱参与伐刀方。值得注意的是乙巳、丙午、庚戌、辛亥均在甲辰旬，内容都是有关伐刀方的部署，与乙巳相距二旬又五日的己巳，则有关于派出的军队是否追及刀方的卜问，显然伐刀方的战争已经启动。若按卜日排列，可见其启动的脉络（见表4—2）：

表4—2

旬	日	命辞	卜辞序号
甲午旬	癸卯卜	刀方其出。不出。	2
甲辰旬	乙巳贞	令🝱舌刀方。	15
	丙午贞	叀王征刀［方］。令🝱，以萑启。弗以。	13
	庚戌卜	叀王自征刀方。叀疾令🝱。	14
甲寅旬			
甲子旬	己巳卜	及刀方。弗及。	15

以上第13—15辞征伐对象——召方之召的写法皆省口，作刀，卜日比较集中，可能只是整个伐召方某个阶段的一个战役，从卜辞看，征伐召方的将领除🝱以外还有沚或：

16. 贞王［比］沚或典［伐］召方受又。（《合集》33020）

17. 丁卯贞，王比沚□伐召方受□，在祖乙宗卜，五月。兹见。（《屯南》81）

18. 癸酉贞，王比沚或伐［召］方受又，在［大］□宗。（《合集》33058）

第17辞缺字当补为沚"或"和受"又"，第18辞当补为在"大乙宗"，伐召方"庙算"在大乙、祖乙藏主之所进行，可见是一件十分重要的大事。在这组卜辞中，《屯南》81释文也将卜辞定为文丁卜辞，不过即使是小屯南地出土的武乙卜辞中，也有"王比沚或"的内容，所以并不影响武乙伐召方以沚或为主将、王师为后盾的推断。

伐召方也曾登人组建军队，同时还动用了岊、般等贵族的族军，卜辞有：

19. ……王登……［往］伐召受又。（《合集》33018）
20. 叀般以众……召方受又。（《合集》31987）
21. 壬戌贞，𢆶以众甾伐召方受又。（《屯南》1099）
22. 辛未卜，［𢆶］以［众］甾□召……。（《屯南》570）
23. 辛未卜，𢆶以［众］甾。（《屯南》935）
24. 丁亥贞，王令𢆶众甾伐召方受又。（《合集》31974、31975）
25. 己丑贞，王令𢆶以众甾伐召方受又。（《合集》31973）
26. 辛卯贞，𢆶以众甾伐召方受又。（《合集》31977）
27. 甲辰贞，［𢆶］以众甾伐召方受又。（《合集》31976）

第19辞是"登人"往伐召方的残辞。第20辞是关于命令般率领族众伐召方的卜辞。第21—27辞是关于命令𢆶率领其族众伐召方的卜辞，第22辞同版还有辛未前一日两条卜辞"庚午卜，今日令沚或。庚午贞，王□令或归"。令沚或归及令𢆶甾伐的连续占卜，反映了战场形势有了变化，而且反复占卜是否令𢆶以众出征，尤其是第24—26辞集中在是五天以内，可见事态的迫切。除了般众、𢆶众外，还调动了王族、三族的族军：

28. 丙子卜，今日其希召方，执。
    庚辰卜，令王族比甾。
    弜追召方。（《屯南》190）
29. 己亥贞，令王族追召方，及于□。（《合集》33017）
30. 己亥历贞，三族王其令追召方，及于𠂤。（《合集》32815）

第28、29辞的"王族"和第30辞的"三族"都直接受王调遣，这些族军应属于王朝军队的核心成分。第28版第一辞还见于《合集》33026，说明是一个比较重大的决策，曾经反复多次占卜，其中的希或释祟，即武丁卜辞中常见"有祟，其又来艰"之祟，在此用为动词；执，在此版甲骨文作省体𡚦，或释"幸"。此辞，《小屯南地甲骨》释文读为"祟召方幸"，引《卜辞通纂》"祟义同杀"，解释说"殆以为召方之俘作人牲"，认为是杀召方俘虏。但是联系同版看，四日后庚辰卜是否令王族参与追击敌人，可见在辞中的"希"

是表示一种军事行动的用语，意思是用这种方式或策略打击召方，能否行之有效、是否能擒其首领。四日后庚辰再卜是否令王族参与追击，抑或不要追召方，可见"希召方"的军事行动已取得胜利，敌人被迫退却。两旬后己亥再卜，令王族还是三族的族军追召方及至某地再战，所以这一组卜辞也反映了战争某一阶段的进程。

商王朝对召方的战争，表示军事行动的用语除上述的征、伐、希、舌、追等外，还有敦，如：

31. 庚申卜，于丁卯敦召方受又。（《合集》33029，图4—21）
32. 庚申贞，于丙寅敦召方受又。在□□。
□丁卯敦召方受又。（《屯南》1099）
33. 庚午贞，辛未敦召方，易日。允易日，弗及召方。（《合集》33028）

敦，有迫近的意思，可见商王朝对召方的战争采取主动出击，迫近歼敌的战略。而对每一次战役，在何地布阵，何时出击也有多方面的考虑，如第31—33例卜日相隔一旬，对于出击的时间就有丙寅、丁卯、辛未三种考虑，而且第31辞和第32版第二辞的命辞同文，反映出对每一种方案都要进行反复的斟酌。这再次说明通过征伐卜辞的梳理，可以部分窥见历史的脉络以至最高军事领导者的思路，但卜辞终究不是战争的实录。

古代的战争往往以斩获数量，尤其是擒获敌方 **图4—21 《合集》33029** 首领为胜利的标志，伐召更是在各个阶段的战斗中都强调斩获，以上第7、28辞"御召方"、"希召方"都卜问是否有"执"，又如：

34. 弗执召［方］……（《合集》33031）
35. 丁亥卜，ㄓ人珏乎𢦏召，执。才四月卜。
贞弜ㄓ人珏。（《合集》33201）

第34辞"召方"当指召方领袖人物，卜问是否能擒获。35辞中的𢦏，或认为是梦之省①，于省吾释为鬱，考证说其字从林从夲，下像一人俯伏于地，即伏之本字，上像人正立践踏其脊梁，"被踩躏者肢体的折磨，心情的抑郁是不言而喻的，梦乃鬱之本字。其从林，当是在野外林中"②。然而，放在卜辞文句中观察，此字更可能是表示林地战斗的一种擒拿手段，将这个从林从人或从林、从人、从伏的字理解为在林地将敌人围困并制服应较为妥帖。所以第35辞正卜为使⿰人珏传达制服召方的某一策略，能否有所擒获；反卜为不用⿰人珏如何，这组卜辞反映了征伐过程中存在有军情传递系统。

从以上卜辞看，经过多次战斗，武乙对召方的征伐取得了阶段性的胜利，可能文丁时也曾继续对召方用兵，尽管帝乙帝辛时羌人方国仍有"四邦方"与商王朝为敌，但帝乙帝辛时能够大规模的对夷方用兵，说明了武乙文丁基本解除了来自西方的威胁。

伐召方的卜辞虽然比较多，但是系月的很少，仅有九月、五月、四月各一条，见于以上所引第11、17、35辞。从小屯南地发现的甲骨看，有可能包括两个王的卜辞，而目前对武乙、文丁卜辞分期问题尚未能很好的解决，要想整体复原伐召方过程是有困难的。但仍有一些学者作了不少尝试，李学勤曾根据五版甲骨排出武乙亲征召方的途程③，这五版甲骨是：

36. 癸巳贞旬亡祸。
    癸卯贞旬亡祸。在癸旬。
    癸丑贞旬亡祸。在𠁁。
    癸亥贞旬亡祸。在繐旬。
    ［癸酉贞］旬［亡］祸。［在］飠旬。（《合集》33145）
37. 癸丑贞今夕亡祸。
    己未贞今夕亡祸。
    庚申卜，贞今夕亡祸。
    辛酉贞今夕亡祸。
    壬戌贞今夕亡祸。（以上正）

---

① 于省吾主编：《甲骨文字诂林》鬱字按语，中华书局1996年版，第1394页。
② 于省吾：《甲骨文字释林·释梦》，中华书局1979年版，第306—308页。
③ 李学勤：《殷代地理简论》，科学出版社1959年版，第84—85页。以下"途程表"本文稍作变异。

丁未贞王正召方……在𩫖卜。九月。

……自𩫖于……（以上反）（《合集》33025 正反）

38. 丙辰贞王步于𦐂。

□□〔贞〕王步于䌛。（《合集》33148）

39. 乙巳贞〔王〕在𩫖。

于䌛𠂤。（《合集》33100）

40. 丁巳贞王步自𦐂于䌛，若。

壬戌贞乙丑王步自䌛。

乙丑贞王步自䌛于斐。（《合集》33147）

所经过的地点为矢、𩫖、䌛、斐、食，联系"御召于䌛"的卜辞，可知武乙至䌛即接近了召方。将这五版卜辞按占卜时间排列，可得伐召方途程（见表4—3）：

表 4—3

旬	日	命辞	出处	引文序号
甲申旬	癸巳贞。	旬亡祸。	《合集》33145	36
甲午旬	癸卯贞	旬亡祸。在矢旬。	《合集》33145	36
甲辰旬	乙巳贞	〔王〕在𩫖。	《合集》33100	39
	丁未贞	王征召方……在𩫖卜。九月。	《合集》33025	37
	癸丑贞	今夕亡祸。	《合集》33025	37
	癸丑贞	旬亡祸。在𩫖。	《合集》33145	36
		……自𩫖于……	《合集》33025	37
甲寅旬	丙辰贞	王步于𦐂。	《合集》33148	38
	丁巳贞	王步自𦐂于䌛若。	《合集》33147	40
		于䌛𠂤。	《合集》33100	39
	己未贞	今夕亡祸。	《合集》33025	37
	庚申卜	今夕亡祸。	《合集》33025	37
	辛酉贞	今夕亡祸。	《合集》33025	37
	壬戌贞	今夕亡祸。	《合集》33025	37
	壬戌贞	乙丑王步自䌛。	《合集》33147	40
	癸亥贞	旬亡祸。在䌛。	《合集》33145	36
甲子旬	乙丑贞	王步自䌛于斐。	《合集》33147	40
	〔癸酉贞〕	旬〔亡〕祸。〔在〕食旬。	《合集》33145	36

据此表武乙当在九月前后亲征召方。而第17辞五月丁卯卜王比沚或伐召方的同版,还有"□午贞王步自裵于缗",缗原当属缗方之地,商王朝在那里驻有"缗师",裵地有裵行,曾参与出戍羌方,两地应都距召方不很远,为镇守西土重要地点,所以商王伐召方多次往返缗、裵之间。

许进雄曾排武乙伐召方日程,利用卜辞的系联关系,将第55版164条卜辞排入自四月的第十四日至十月第五日六个多月的日程中,讨论了伐召方的经过、路程,有关将领等问题,尤其提出武乙伐召方可能是针对周人的外围削翦手段的思考很值得注意,当然也有一些问题,包括个别卜辞的解读、一些卜辞的分期、定性——是否属于伐召方的遗存等,还需要进一步的研究、讨论,但这种探索无疑是有意义的。以下仅抽取其"日程表"中明确有"召方"的资料,改制成表格形式,以见其框架①,其中著录于《小屯南地甲骨》的卜辞,释文有明确分期属于不同王世、并非同一次伐召方遗存者,则附注分期于后,以备进一步研究(见表4—4)。

表4—4

月	日	命辞	出处(附《屯南》释文分期)	
四月	丁亥卜	叀人珏乎郙召,执。在四月卜。	《合集》33201	1
五月	甲辰卜	召方来隹其㠱。	《合集》33014、《屯南》267(武乙)	2
	己酉卜	召方……于□告。	《合集》33181	4
	庚申贞	于丙寅敦召方受又。在□□。	《屯南》1099(武乙)	6
		贞□丁卯敦召方受又。	《屯南》1099(武乙)	6
	庚申卜	于丁卯敦召方受又。	《合集》33029	5
	壬戌贞	燮以众舌伐召方受又。	《屯南》1099(武乙)	6
	甲子贞	王比沚或。在才月。	《合集》33107	7
	丁卯贞	王比沚或□伐召方受□,在祖乙宗卜,五月。	《屯南》81、82(正反)(文丁)	9
	庚午卜	今日令沚或。	《屯南》935(武乙)	8
	庚午贞	辛未敦召方,易日。允易日,弗及召方。	《合集》33028、33027	11
	辛未卜	燮以[众]舌□召……	《屯南》935、570同文互补	8
	辛未贞	王比沚或伐召方……	《屯南》81、2634(文丁)	9

① 许进雄:《修订武乙征召方日程》,《古文字研究》第二十辑,中华书局2000年版。

续表

月	日	命辞	出处（附《屯南》释文分期）	
	壬申卜	御召于總。	《合集》33030	12
六月	癸酉贞	王比沚或伐［召］方受又。在□。	《合集》33058	13
	乙亥贞	叀令郭以众甾，执，受又。乎多尹往甾。	《合集》33981	14
	丙子卜	今日其希召方，执。	《合集》33026、《屯南》190（武文）	15
	丙子贞	令众御召方，执。	《合集》31978、《屯南》38（武乙）	16
	丁丑贞	王令叀以众甾伐召受又。	《合集》31973	17
	丁丑贞	王比沚或伐……（正）	《屯南》81、82（文丁）	9
	庚辰卜	令王族比甾。弜追召方。	《屯南》190（武乙—文丁）	15
	□午贞	王步自斐于總。	《屯南》82、2635（文丁）	9
	丁亥贞	王令叀众甾伐召方受又。	《合集》31974、31975	20
	己丑贞	［王］比沚或，在兹不见。	《合集》33105、《屯南》4183（武乙）	22
	辛卯贞	叀以众甾伐召方受又。	《合集》31977	26
	庚寅贞	王令叀以众甾受又。	《合集》31979、31980	23
	己亥	三族王其令追召方，及于㠱。	《合集》32815	27
	己亥贞	令王族追召方，及于□。	《合集》33017	28
七月	甲辰贞	［叀］以众甾伐召方受又。	《合集》31976	32
八月				
九月	丁未贞	王征召方…在蓑卜。九月。	《合集》33025	52
	辛亥贞	［王］……［征召］	《屯南》4103（文丁）	53
	癸丑贞	王征召方受又。	《屯南》4103（文丁）	53
	乙卯贞	王征召……	《屯南》4103（文丁）	53
	丙辰贞	王征召方受又。	《屯南》4103（文丁）	53
		王弜正召方。	《合集》33021	53

注：末栏序号为许文所引卜辞图版号。

三 小结

武乙、文丁两世二王在位时间共计46年[①]，其间主要进行了对方和召方

---

① 据《夏商周断代工程1996—2000年阶段成果报告》（简本），世界图书出版公司2000年版。

的战争，主要将领均为㠱和沚或，此外卜辞还见"竝㲋伐䒞方受又"①等，当还有一些其他的小规模的战争。

商代后期的殷墟甲骨中，有很多关于"方"的占卜，值得注意的是武丁时期方侵扰正相当于朱开沟文化人群南迁开拓生存新空间以后，或延至李家崖古城初建之时；古城的加固和延续使用、石楼—绥德青铜器群所代表的青铜文化的发展，正与"方"的威胁持续存在，并与康丁、武乙、文丁时的战争升级在时间上也是一致的；甚至石楼—绥德类型青铜文化中还有少量帝乙帝辛时的商文化青铜器，也与帝乙、帝辛时偶见"方"来入侵的卜辞暗合，这些都说明殷墟卜辞中的"方"方很可能与李家崖文化有关。而武乙、文丁通过对方的用兵，则扼制了北方民族南渐的势头。

对召方用兵，是在廪辛、康丁伐羌方的基础上，进一步解除了西方羌人方国的威胁。据古本《竹书纪年》记载，武乙、文丁时周人势力日渐强大，相继伐西落鬼戎、燕京之戎、余无之戎、始呼之戎、翳徒之戎，也削弱了西方畜牧民的势力，武乙文丁继续对周采取怀柔政策，"武乙三十四年，周王季来朝，武乙赐地三十里，玉十瑴，马八疋"，文丁时"周王季命为殷牧师"②，基本保证了西北境的安宁，为其后帝乙、帝辛伐人方创造了条件。

在商代的诸王中，除商王朝的创建者称"武汤"，中兴之主高宗武丁王号或庙号中冠以武字外，在卜辞中武乙又称武或武祖乙，文丁又称文武或文武丁，帝乙则称文武帝或文武帝乙，都是与他们的主要政绩与对外用兵的武功密切相关。

第三节　帝乙帝辛时期的战争

乙辛时期，更大规模地对外用兵，最主要的战争是对夷方和盂方的征伐。夷方或称人方，为东夷方国，东夷分布于济水、泗水、淮水流域，大致相当于今苏、鲁、皖的一些地区。《后汉书·东夷列传》记述夷人"天性柔顺，易以道御，至有君子、不死之国焉。夷有九种……"反映这里具有古老文明，但没有形成一个统一的政治实体。东夷与中原的关系相当密切，在商

---

① 《合集》33042、33043。

② 分别见《太平御览》卷八皇王部；《后汉书·西羌传》注引《纪年》曰。

代,"至于仲丁,蓝夷作寇。自是或服或叛,三百余年。武乙衰蔽,东夷寖盛,遂分迁淮、岱,渐居中土"。从甲骨文资料可知武丁中兴,曾四方用兵,用相当大的力量解决西北畜牧族内侵,投入东方的兵力有限。康丁、武乙、文丁继续对西北多方用兵,而随着东夷日益强大,与商王朝的冲突日多,到了帝乙、帝辛时遂将用兵重点转向夷方,曾多次伐夷方。

一 对夷方战争的起因及概况

(一) 战争起因

文献记载帝辛曾伐夷方,并由此而丧国,即所谓"纣克东夷,而陨其身"[1],作为统治者的一个重要的历史教训,在古代文献中多有记载,如:

> 楚子示诸侯侈。椒举曰:夫六王、二公之事,皆所以示诸侯礼也,诸侯所由用命也。夏桀为仍之会,有缗叛之。商纣为黎之蒐,东夷叛之。周幽为大室之盟,戎狄叛之。皆所以示诸侯汰也,诸侯所由弃命也。今君以汰,无乃不济乎。王弗听。子产见左师曰:吾不患楚矣。汰而愎谏,不过十年。(《左传·昭公四年》)
>
> 奚谓行僻,昔者楚灵王为申之会,宋太子后至,执而囚之,狎徐君,拘齐庆封。中射士谏曰:合诸侯不可无礼,此存亡之机也。昔者桀为有戎之会,而有缗叛之;纣为黎丘之蒐,而戎狄叛之;由无礼也。君其图之。(《韩非子·十过》)
>
> 商夷服象,为虐于东夷。(《吕氏春秋·仲夏纪·古乐》)

徐文靖认为左昭四年传所述三代史事,即《竹书纪年》所载"夏帝癸十一年会诸侯于仍,有缗氏逃归,遂灭有缗。商帝辛四年大蒐于黎,周幽王十年春王及诸侯盟于太室"[2],似无异说。据此,当为帝辛四年时,出于炫耀武力、扩大统治地域的目的曾用兵夷方。

而甲骨文所见稍有不同,随着对流散民间甲骨资料收集工作的重视,安阳市博物馆研究人员陆续公布了一些新资料,其中有一片伐夷方的卜辞,为:

---

[1] 《左传·昭公十一年》。

[2] 徐文靖:《管城硕记》卷一一昭四年传按语。

1. 己未王卜，贞禽……或，冀东侯，晋……甾戋夷方，亡……①

李学勤根据相类的卜辞补全为："己未王卜，贞禽［巫九禽，夷方伐东］或（国），冀东侯，晋［夷方，余其比多侯］甾戋夷方，亡［𡆥在𠃴］。"解释说"禽巫九禽"是卜法习语；或，读国；冀，即再册，以册命告诸侯；晋某方，是指宣告某方罪责；甾读𢦒、戋读践，皆有战胜杀伤之义；亡𡆥在𠃴，征伐卜辞习语，系不逢灾害之义。并且提出根据帝辛祀谱研究，此辞为九祀三四月间，于九月侯喜大军出征夷方之前，所以伐夷方的原因是夷方侵扰了商的东土。②此版并非孤证，李学勤还提出，《合集》36182 可与即将出版的《殷墟甲骨辑佚》690 缀合，卜日干支为"丁巳"，即己未的前两日，内容也包括"夷方率伐东国"，"冀东国，晋夷方"，宣布"［余］其比多侯"出征。又，《合集补编》11256 也与此同文③，这些反复的占卜，透露出帝辛时与夷方矛盾的尖锐化。

不仅如此，康丁、武乙、文丁卜辞中，都有一些伐夷方的内容。正与《后汉书·东夷列传》所载武乙以后，"东夷浸盛"，"渐居中土"相合，如小屯南地发掘出土的甲骨卜辞有：

2. 王族其敦夷方邑𠱽，右左其𦥑。
弜𦥑，其酬𠱽，于之若。
右旅□雉众。（《屯南》2064）

3. 甲辰卜，在𦎧牧征微又……邑□。在潏。
弗每。
癸酉卜，戍伐，右牧𢀜微夷方，戍有戋。
［右戍有］戋。
中戍有戋。
左戍有戋。
亡戋。

---

① 焦智勤：《殷墟甲骨拾遗·续二》054 片，《殷都学刊》，安阳甲骨学会论文专辑 2004 年版。
② 李学勤：《论新出现的一片征人方卜辞》，《殷都学刊》2005 年第 1 期。
③ 李学勤：《帝辛征夷方卜辞的扩大》，《中国史研究》2008 年第 1 期。

右戍不雉众。

中戍不雉众。

左戍不雉众。(《屯南》2320)

4. 乙卯卜,贞王其征夷方,亡戈。(《屯南》2370)

5. ……[王]其征夷[方]。(《屯南》2038)

第 2、3 版为康丁卜辞,第 4 版为康丁—武乙卜辞,第 5 版为武乙卜辞,说明商王朝用武力解决与夷方的矛盾早已开始,只不过这时动用的还只是商王直接统辖的军队,到了帝乙、帝辛时,战争进一步升级,遂以册命告诸侯,宣布夷方罪责,准备动员举国之师出征夷方了。

从相关资料看,乙辛伐夷方的战争不止一次,两种起因当兼而有之,一方面是随着一些夷人方国的强大,北上谋求发展,侵袭商之东土;另一方面是帝乙、帝辛为了重现武汤、武丁四方征伐的武功乘机对夷方大肆用兵。

(二) 概况

关于商末伐夷方的资料,文献记载极为简略,是随着甲骨金文的发现和研究,才对这场战争有了较为具体的了解,梳理这些资料首先揭示伐夷方确非一次,据今所见资料比较丰富的是甲骨文中十祀伐夷方,此外还有伐夷方䚷、夷方无敄等较为零星的资料。

第一,十祀征夷方。

甲骨文资料较多,相关卜辞有:

6. [乙]亥王[卜,贞]自今春至[于]翌,夷方不大出。王占曰:吉,在二月,遘祖乙彡,隹九祀。(《合集》37852,图4—22)

此第 6 辞是帝辛九祀二月的占卜,近年李学勤撰文指出还有一版卜辞为同年,同一事类,即《合集》37854 和 37857,两版当为一骨之折,但相连处有损,不密合,补合其文为"其隹今九祀征,戈。王占曰:引吉"。"弗

图4—22 《合集》37852

伐。""其隹十祀又□酒征［受］有［又］，不薔伐。王占曰：吉"。"弗伐"。①

也是九祀的卜辞，内容与考虑出征时日，选择战机有关。

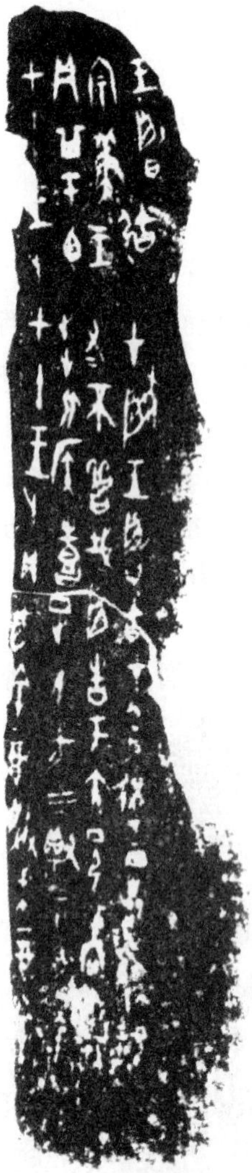

7. 甲午王卜，贞祁余酒朕祭酉，余步比侯喜征夷方，上下㬎示受余有又，不薔伐，囚告于大邑商，［亡𡿧］在畎。王占曰：吉。在九月。遘上甲𠭁，隹十祀。

甲午王卜，贞其于西宗奏示。王占曰：弘吉。（《合集》36482，图4—23）

8. 甲午王卜，贞祁余酒［朕祭酉］，余步比侯喜征夷方……（《合集》36483）

9. ……［贞］禽巫九禼，祁余酒朕祭……伐夷方，上下于㬎示受余有又…于大邑商，亡𡿧在畎。（《合集》36507）

第7—9辞内容相近，均为十祀九月伐夷方出师前的占卜。

10. 癸亥卜，黄，贞王旬亡畎。在九月，征夷方，在雇彝。

［癸□卜］，黄，［贞王旬亡］畎。［在□月，征］夷［方］……（《合集》36487）

11. 癸亥王卜，［贞旬亡］畎。在九月，王征夷方，在雇。（《合集》36485）

12. 癸酉王卜，贞［旬］亡畎。在十［月］，征夷方，［在］勶。（《合集》36504）

13. 甲午卜，在冒贞……从东，叀今日弗每……在十月。兹御。王征……隹十祀。

……叀乙弗［每］……亡灾。（《合集》37856）

14. 癸巳…旬亡畎在十月…［王征］夷方…

图4—23　《合集》36482

---

① 参见李学勤《帝辛征夷方卜辞的扩大》，《中国史研究》2008年第1期。

癸卯王卜，贞旬亡㞢。在十月又一，王征夷方在商。

癸丑王卜，贞旬亡㞢。在十月又一，王征夷方在亳。

癸亥王卜，贞旬亡㞢。在十月又一，王征夷方在雀□。

癸酉王卜，在□贞旬亡㞢。[在]十月又二，王征夷方。（《合集》41753）

15. 癸亥卜，泳，贞王旬亡㞢。在雀，王征夷方。

癸未［卜］…贞王［旬亡］㞢。征［夷方］。

□□卜，在…鄙𠭯，小臣……旬亡［㞢］…［王］来征［夷方］。（《合集》36490）

第10—15版卜辞都是伐夷方进军途中的占卜，大部分是对于一旬内是否有祸的例行卜辞，每版大都记有"征夷方"及月，或还有年，第15版虽无年月，但它的第一条卜辞与第14版的第四条卜辞为同时同地的占卜，第二条卜辞为隔一旬的癸未卜辞，未记地点，第三条卜辞当为再隔一旬的癸卯卜辞，已记有"王来征夷方"，标志着战争已经结束，商王踏上了归途。"王征夷方"与"王来征夷方"同见一版的还有：

16. 癸未王卜，贞旬亡㞢。在十月又二，［隹］征夷方，在舊。

癸巳王卜，贞旬亡㞢。在十月又二，隹征夷方，在□。

癸卯王卜，贞旬亡㞢。在正月，王来征夷方，在攸侯喜𠭯。

癸丑王卜，贞旬亡㞢。在正月，王来征夷方。

癸亥王卜，贞旬亡㞢。在二月，王来征夷方，在攸。

癸酉王卜，贞旬亡㞢。在二月，王来征夷方。

癸未王卜，贞旬亡㞢。在二月，王来征夷方，在䌁。

癸巳王卜，贞旬亡㞢。在二月，王来征夷方，在意雷商孝。

□□［王］卜，贞……在三［月］……来征夷……在□。

（《合集补编》11232）

17. 丙□［王］卜，在淮，贞……步［于］……

庚寅王卜，在濔𠭯，贞甴林方亡灾。

壬辰王卜，在濔，贞其至于鮨萑且甲𠭯，往来亡灾。

甲午王卜，在濔𠭯，贞今日步于糴亡灾。在十月二，隹十祀彡。

丁□［王卜］，在□𠭯，［贞］今日……比……往来亡灾。在正月。

己亥王卜，在茊𠅤，贞今日步于渗亡灾。(《英藏》2563)

18. 丙戌［卜］，［在］淮，［贞王］□于□，［亡灾］。

庚寅卜，在濼𠅤，贞𠂤林方亡灾。

壬辰卜，在濼，贞王其至于䣛萑亡灾。

甲午卜，在濼𠅤，贞今日王步于𤛴亡灾。(《合集》36968)

19. 癸［未卜，黄，贞］王［旬亡𡆥］。［在十月］又［二］，隹［征夷方］。

癸巳卜，黄，贞王旬亡𡆥。在十月又二，隹征夷方，在濼。

癸卯卜，黄，贞王旬亡𡆥。在正月，王来征夷方，在攸侯喜鄙永。

［癸丑卜，黄，贞王旬亡］𡆥。在正月，王来夷方，在攸。(《合集》36484)

20. 癸巳［卜］，［在］濼𠅤，［贞］王旬……

癸□［卜］，［在］攸，□，［贞王］旬［亡𡆥。王来］征［夷方］。

癸酉卜，在攸，泳，贞王旬亡𡆥。王来征夷方。(《合集》36494)

第 16、17、19 版都有记月，或还有记年，第 18 版虽无年月，但显然与第 17 版的前四条卜辞为同时的遗存。第 20 版第一、二条卜辞当分别与第 19 版第二、四辞为同日占卜，由于使用的分别为牛骨和龟甲，占卜契刻部位的不同，第 19 版保存下的是连续四旬的卜旬卜辞，第 20 版癸巳、癸丑、癸酉三旬卜旬卜辞，每两旬间相隔一旬当卜在另一侧的相对部位，已残损不存。"王来征夷方"的卜辞除去不记年月地点，不能确知在日谱中位置的外，也有一些记有时间地点的：

21. 丙午卜，在攸，贞王其乎在𢀥牧𢓊执冑夷方𦫼，焚伯楸，弗每。在正月，隹来征夷方。

弗执。

辛亥卜，在攸，贞大左族有擒。

不擒。(《合集》36492＋36969＋《合集补编》11309，图4—24)①

22. 癸卯卜，贞王旬亡畎。在五月。在曹[𣌰]，隹王来征夷方。

癸丑卜，贞王旬亡畎。在五月。在曹𣌰。《合集》36495

23. 乙巳卜，在…王田□，亡……兕廿又……[王]来征人[方]。

丙午卜，在商，贞今日步于乐亡灾。

己酉卜，在乐，贞今日王步于䨝亡灾。

[庚]戌卜，在䨝，贞今日王步于䯽亡灾。(《合集》36501)

24. 癸巳卜，在意雷孝商邑，派，贞王旬亡畎，隹来征夷方。

癸丑卜，在𣌰，派，贞王旬亡畎。

癸酉卜，在云奠芳邑，派，贞王旬亡畎，隹来征夷方。

癸巳卜，派，贞王旬亡畎。

癸□卜，派，[贞王]旬亡[畎]。(《英藏》2525)

第21、22版有月日，在时间上可以与第19、20版相接。第23版丙午在商，商是出征途中所经之地，从时序看，"在商"位于"在濒𣌰"之前四旬又七日，与伐夷方的战场有一定的距离。而"王来征夷方"的卜辞，从正月癸卯到五月癸丑有三个丙午，第14旬正月丙午见于第21版，王在攸。第26旬五月丙午见于第23版，在该旬的前后，均师次于曹，所以这一版丙午前后的四条卜辞当卜于第20旬的三月丙午。第20版癸巳以下各条当卜于"王来征夷方"的第一个癸巳（即第18旬末的二月癸巳），因为第二个癸巳（即第24旬末的四月癸巳）后的五月癸丑，王师

图4—24 《合集》36492＋36969＋《合集补编》11309

---

① 见李学勤《帝辛征夷方卜辞的扩大》新缀合附图，《中国史研究》2008年第1期。

次于曹，见于第 18 版，不可能同时在孟。

以上卜辞几乎每版都有"佳王征夷方"或"佳王来征夷方"，为伐夷方的卜辞，又都可排入十至十一祀日谱中，可以判定为同一次伐夷方的卜辞。从这些卜辞可知，自九祀二月前后，夷方开始大肆出动侵扰，十祀九月甲午商王卜比同攸侯喜大军出征夷方是否受佑，并郑重告祭大邑商，得吉兆，当不久即出师，沿途卜旬、卜夕，留下征程的足迹。至次年正月，开始记"王来征夷方"，标志着此次征夷方的主要目的已达到，但从第 21 辞看，正月还有一些零星的战斗，据今所见，五月陳于曹以后，完全结束了此次出征。

第二，十祀之外的征夷方卜辞。

乙辛时期的卜辞还有一些无法排入十祀征夷方的资料，如：

25. ［癸］亥王卜，贞旬亡畎。王［占曰：吉。在□］月。甲子酒妹工典其［㞢］……曹陳，王征夷［方］。(《合集》36489)

26. 癸巳卜，贞王旬亡畎。在二月。在齐陳，佳王来征夷方。

癸卯卜，［贞王］旬［亡畎］……(《合集》36493，图 4—25)

图 4—25　《合集》36493

第 25 辞为征夷方卜辞，记月残，但师次地点明确为"曹"，然而从十祀九月甲午卜出师，至十一祀正月癸卯记"王来征夷方"，其间有两个癸亥，第一个九月癸亥，见于第 10、11 辞，记有"在九月征夷方，在雇"；第二个十一月癸亥见于第 14、15 辞，记有"在十月又一王征夷方，在雀□"，和第 25 辞相比，干支相同，师次地点不同，不可能是同时的遗存。第 26 辞为征夷方归程所卜，记二月癸巳师次于齐，而十祀征夷方归程中，二月癸巳在意雷孝商邑，见于第 16、24 辞，所以也不可能是十祀征夷方的遗存。岛邦男曾列举以上两版，和其他六版卜辞，构成帝辛八年征夷方的历程①，能否成为定论，有待更多的资料和更进一步的探索。

第三，十五祀王来征夷方，见于小臣艅尊铭文：

> 丁巳王省夔𠂤，王易小臣艅夔贝。佳王来征夷方，佳王十祀又五彡日。（《商周金文集成》② 5990，图4—26）

此器出土于山东寿张梁山下，为梁山七器之一。此外，薛尚功《历代钟鼎彝器款识法帖》著录有商代铜器"己戌命彝"铭文，末属"在九月佳王十祀劦日五，佳来东"，董作宾认为"佳来东"犹言佳来征夷方，此器亦记征夷方事，"十祀劦日五"即十五祀劦日，定为帝辛十五年。③ 此次征夷方与以上第25、26版卜辞伐夷方是否为一事，由于资料太少无法判断。

图4—26　《集成》5990

第四，伐夷方䨻，见于甲骨金文，上海博物馆于20世纪后半叶征集到一批未经著录的甲骨，其中有一片伐夷方的材料为④：

27. ……〔比〕多侯甾伐夷方白……夷方白䨻〔率〕……

在《三代吉金文存》著录的传世铜器铭文，也有两件记述对夷方䨻的征伐：

> 小子𠭯卣盖铭：乙巳子令小子𠭯先以人于堇，子光赏𠭯贝二朋，子曰贝佳丁蔑女曆，𠭯用作母辛彝。在十月月佳子曰令望夷方䨻。

---

① [日]岛邦男撰，温天河等译：《殷虚卜辞研究》，鼎文书局1975年版，第398—399页。
② 中国社会科学院考古研究所编著：《殷周金文集成》，中华书局1994年版，以下简称《集成》。
③ 董作宾：《殷历谱》下编卷二祀谱三帝辛祀谱，中国书店影印"中研院"史语所专刊本，第32页。
④ 沈之瑜：《介绍一片伐人方的卜辞》，《考古》1974年第4期。

器铭：龚母辛。(《三代》13.42.4，《集成》5417，图 4—27)

小子□簋铭：癸巳□赏小子□十朋，在上鲁□佳□令伐夷方蠚，□贝用作父丁尊彝。在十月四。龚。(《三代》8.33.2，《集成》4138)

簋铭的作器者之名残，《三代》定名文父丁簋，《集成》释文补作小子"蠚"，订名"小子蠚簋"，显然有误，因为蠚实为征伐对象的夷方首领之名。联系卣铭，两器铭文所载时间分别为十月乙巳"望夷方蠚"、十四月癸巳"伐夷方蠚"当为同一事，前者是作为先遣，带领人于董侦察夷方蠚，后者是参与出征，时间不同、任务不同，但两器作者均自称"小子"，族氏徽号相同，因而不排除两器为同一人做的可能。

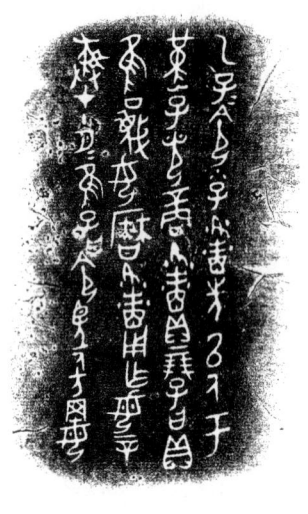

图 4—27　《集成》5417

由于此次伐夷方之年有十四月，与十祀伐夷方不是一事。簋铭记小子某在上鲁受命，其地多见于乙辛卜辞且多与二十祀有关，卜辞有：

28. 庚寅王卜，在𩫖，贞余其次在兹上鲁，今䆃其敦，其乎澍示于商正，余受有又。王占曰：吉。(《合集》36522)

研究者指出黄组卜辞记有廿祀的多与王在上鲁一事有关，第 28 辞的敦当读为屯，意思是王师次于上鲁之𩫖地，决定停驻在该地直到秋天，命澍告知留守商都的众臣。① 然而卜辞中的敦多用作征伐动词，此辞的解释还有一种可能，即"今秋"拟对某地发动敦伐，卜问是否能受佑。而此次用兵是否和伐夷方蠚有关，值得注意。不过从有记月的"在上鲁"卜辞看，均可自排入王二十祀五月至二十一祀二月，如：

29. 癸未王卜，贞旬亡𡆥。在九月。在上鲁，王廿司。
癸巳王卜，贞旬亡𡆥。在九月。在［上］鲁。

---

① 李学勤：《论商王廿祀在上鲁》，《夏商周年代学札记》，辽宁大学出版社 1999 年版，第 55—61 页。

[癸卯王]卜，[贞旬亡]㕚。[在]□月。[在上𠭯]。（《合集》37863）

30. 癸巳卜，在上，贞王旬亡㕚。在九月。

　　癸卯卜，在上𠭯，贞王旬亡㕚。在十月。

　　癸丑卜，在上𠭯，贞王旬亡㕚。在十月。

　　癸亥卜，在上𠭯，贞王旬亡㕚。在十月。

　　癸酉卜，在上𠭯，贞王旬亡㕚。在十月一。

　　癸未卜，在上𠭯，贞王旬亡㕚。在十月一又一。

　　癸巳卜，在上𠭯，贞王旬亡㕚。在十月又一。（《合集》36846）

31. 癸卯[卜]，在上𠭯，贞王[旬]亡[㕚]。在十[月又二]。

　　癸亥[卜，在]上𠭯，[贞]王旬[亡㕚]。在十[月]又[二]。

　　癸未卜，在[上]𠭯，贞王旬亡㕚。在正月。

　　癸卯卜，在𠭯，永，贞王旬亡㕚。在二月。（《合集》36848）

其中，第30版表明该年十月至少包括了自癸卯至癸亥的21天，换言之，十月有乙巳，与小子𤇯卣铭文所记十月"乙巳子令小子𤇯先以人于堇"有可能在一年，但第31版中十二月与正月相接，这组卜辞所在的二十祀似无十四月，而《三代》著录的伐夷方卣明确记有十四月，在商代，虽然征伐以及人员调遣之令皆出自商王，下达伐夷方之令也与上𠭯有关，但这组"在上𠭯"的卜旬卜辞似与本节所述"伐夷方卣"不是同一年的事。

第五，伐夷方无敄，见于作册般甗铭文：

王宜夷方无敄，咸，王赏作册般贝用作父丁彝。来册。（《集成》944，图4—28）

图4—28　《集成》944

记载某次伐夷方取得胜利，擒获其首领无敄用于献祭，当为伐夷方卣之外的另一次伐夷方之事。传世铜器中曾见无敄鼎、无敄簋[①]，铭文分别为"无敄

---

① 《集成》2432、3664。

用乍父甲宝尊彝。冀"、"无㪤乍父乙宝尊彝"。看来虽有"夷方无㪤"之称，实际已经商化，可能因为商代兵刑不分，故有"王宜夷方无㪤"之举。由于作为族氏徽号的冀，曾较为集中地出土于山东，无㪤为山东夷人方国首领是有可能的。

此外，甲骨文人头刻辞有"夷方伯……祖乙伐"，是以某被擒的夷方伯杀祭祖乙的遗存，祖乙疑为武乙[①]，或以为就是夷方无㪤的头骨，为十祀伐夷方所获[②]，由于商末曾多次伐夷方，而十祀伐夷方以夷方无㪤献祭未见文字资料，这一推断尚有待进一步证明。

二 十祀伐夷方研究

（一）时间地点的探讨

关于伐夷方的时间和地点，长期以来存在不同看法，除了资料过少无法判断外，对于十祀征夷方的时间有帝乙十祀和帝辛十祀两说，地点主要有淮水和山东两说。

就时间而言，李学勤《殷代地理简论》曾作"帝乙十祀征人方路程"，而董作宾《殷历谱》、岛邦男《殷虚卜辞研究》等均将这批卜辞排在帝辛十祀。近年断代工程通过周祭祀谱的研究，以及六件联系清楚的青铜器铭文，排出帝辛元祀至十一祀祀谱，在历法上符合阴阳合历的原则，而上述十祀伐夷方的框架，可以纳入据此推排的帝辛十至十一祀历谱中，为十祀征夷方卜辞为帝辛时期遗存增加了论据。此外还有研究者根据今本《纪年》，推排了公元前1099—前1082年间的帝辛四年、十年、十五年、二十一年四次征夷方的历日。[③] 岛邦男则提出小臣艅尊、小子𫗦卣、作册般甗所载伐夷方可能是帝乙时物，但还需要更多的新资料作进一步探讨。

就地点而言，学者们曾作长期反复的探索，因为如以上所引卜辞，征程或回程途径的地点有淮和齐，1932年董作宾发表《甲骨文断代研究例》提出伐夷方所至之地可以考知者皆在山东，如齐在山东临淄；雇在山东范县东南；攸即条之省，疑即鸣条，当在山东定陶附近；瀌疑是鬲水合文，古鬲国故城在今山东德县北。后在《殷历谱》接受郭沫若等意见，将征夷方终点排

---

① 胡厚宣：《中国奴隶社会的人殉和人祭》（下篇），《文物》1974年第8期。
② 李学勤：《殷代地理简论》，科学出版社1959年版，第60页。
③ 黄历鸿等：《殷王帝辛四征夷方考释》，《殷都学刊》2000年第1期。

在淮水之南,说如后世所称东夷与淮夷,实为许多小国,林方其一也。澅,郭沫若氏以为即古灉字,"今安徽霍山县东北三十里有灉城即其地",地在淮南其说可从。① 后,丁骕在纪念董作宾的论文《重订帝辛征人方日谱》中提出,古今地名不同根据历代地志由古推今,应不困难;由今推古,便无根据。殷时地理更为困难,因为当时河北南部近河一带,山东东部湖泊一带;淮河下游江苏东部,或为海滨,或为沼泽沮洳之地,加之大河后来移徙,原来许多地方一扫而空,帝辛之时一些地名究竟为后世何地很难知道。因而对帝辛十祀征夷方日谱提出三个方案,一个根据董谱稍改,仍将夷方设在淮水流域,还有夷方在山东的两个方案。②

1933年郭沫若作《卜辞通纂》,在考释中,对于伐夷方中的齐、雇地望的看法同于董作宾,提出攸、澅皆在今安徽,认为伐夷方途经之地有"在齐䣙",则夷方当东夷,征夷方所至之地有在淮河流域者,则殷代之夷方乃合山东之鸟夷与淮夷而言,并且认为十祀伐夷方卜辞与般甗、小臣艅尊铭文所载为同时之事。③

1956年陈梦家《殷虚卜辞综述》认为晚殷金文所伐的人方④,即卜辞的人方,但二者的年和"祀季"都不合,不是同时之事。卜辞征人方之役至淮水而伐人方、林方,则此等邦方属于淮夷之一,当无可疑。西周金文所记淮夷、南淮夷、南夷、东夷皆指淮泗一带诸夷,"淮夷"与"东夷"分别恐不甚大,"东夷"指其在东土,淮夷谓其在淮水之上。⑤ 近二十年曾有陈秉新作《殷墟征人方卜辞地名汇释》,在梳理各家之说的基础上作进一步探索,认为伐人方卜辞的很多地名都在睢水两岸或睢涢之间,颇可佐证陈说。⑥

---

① 董作宾:《甲骨文断代研究例》,刘梦溪主编《中国现代学术经典·董作宾卷》,河北教育出版社1996年版,第69—70页;《殷历谱》下编卷九·日谱三·帝辛日谱。

② 丁骕:《重订帝辛征人方日谱》,《董作宾先生逝世十四周年纪念刊》,台北艺文印书馆1989年版,第16—36页。

③ 郭沫若:《卜辞通纂》,第569—574片考释,《郭沫若全集》考古编第二卷,科学出版社1982年版。

④ 即"夷方",文献所载商末所征之东夷,在甲骨文和一些金文中写作"人",因此有"人方"和"夷方"两种隶定。

⑤ 陈梦家:《殷虚卜辞综述》,科学出版社1956年版,第304—305页。

⑥ 陈秉新:《殷墟征人方卜辞地名汇释》,《文物研究》总第五辑,1987年。

1959年李学勤在《殷代地理简论》中提出,十祀伐人方返程经过舊、㳄、淮、灉、𤅠、渗等地,地名多从水,应在陕西渭水地沟区域。后在考虑修订前书过程中也感到商代过于古远,后世地名相同或相似的又多,单纯互相比附,即使找到一串共同地名,终究是有些危险。另外甲骨文中也会有异地同名的,过去使用的联系方法颇有流弊。要真正确定甲骨文地名的方位,还有赖于寻找考古学证据。1997年在《重论夷方》一文中,联系山东地区出土的商周青铜器考察夷方地望,如征夷方卜辞地名中有剩,据山东兖州李宫村出土商代晚期"剩册父癸"卣、"剩父癸"爵可将剩地定在兖州。又,山东新泰出土过杞国铜器、益都苏埠屯发现了亚醜氏的大墓、小臣艅尊出土于兖州西北之梁山、作册般为来氏,古莱国在今山东黄县,提出这些与甲骨金文中伐夷方相关的地点、人物遗存在山东出土,足以表明夷方的地理位置。后,又通过对一新发现的伐人方卜辞的考释,提出人方被商朝征伐的理由,是侵扰了商的东国,也就是东土,人方居于商朝的东方,在这里得到终极的证明。①执同样观点的还有王恩田《人方位置与征人方新证》,也列举在山东发现剩、杞等商代铜器以及泰安道朗龙门口水库出土的春秋商丘叔簠,认为攸、攸侯喜鄙永在滕县及其附近,商在泰安,人方也在滕县附近。②

对于帝辛十祀所伐夷方地理位置的不同看法,与对卜辞地名的考订密切相关,丁骕、李学勤正确地指出了在商代历史地理研究中,传统研究方法的局限性,因而愈来愈多的学者关注起相关的考古发现和研究成果,这无疑是一大进步。然而利用考古学成果,也要遵循考古学的原则,辨清地层关系,还要把个别的古代遗物放在共存的遗迹遗物中考察,才能比较准确地把握它所承载的历史信息。剩器出土于兖州,无疑证实这件器物与这块土地存在联系,但社会现象是纷繁复杂的,它不能直接证明兖州为商代剩氏原居地。《左传·定公四年》记载:

> 昔武王克商,成王定之,选建明德,以藩屏周……分鲁公以大路、

---

① 李学勤:《殷代地理简论》,科学出版社1959年版,第41—60页;李学勤:《走出疑古时代》增订本第六篇"续见新知"四"重论夷方",辽宁大学出版社1997年版,第331—337页;李学勤:《论新出现的一片征人方卜辞》,《殷都学刊》2005年第1期。

② 王恩田:《人方位置与征人方新证》,张永山主编《胡厚宣先生纪念文集》,科学出版社1998年版。

大旂，夏后氏之璜，封父之繁弱，殷民六族，条氏、徐氏、萧氏、索氏、长勺氏、尾勺氏，使帅其宗氏，辑其分族，将其类丑，以法则周公，用即命于周。是以职事于鲁……因商奄之民，命以伯禽，而封于少皞之虚。

1973 年山东兖州县城以西 20 公里嵫山区李宫村农民挖地时，发现了铜卣、爵、觚、刀、陶鬲、甗各一，两件铜器铭文中有剻字，为殷末周初之物。它出土于一处商周时期的古遗址上，由于出土器物处已被破坏，未发现墓葬迹象。发现和研究者指出器物出土之地正在西周初年鲁国封地之内，作器者所属的剻氏是随伯禽东来时被安置在这里的殷民六族之一。如果他们早就居住在此，就没有被赐与伯禽的可能，只能如居于奄的人们那样，是有待征服的对象。①

这一推论是正确的，首先，曲阜鲁国故城的发掘，揭示自周初至战国中期，城内有甲乙两组各具特征的墓葬同时存在，说明城内住着不同的族，从其特征看，分别为殷遗民和周人②，证实了《左传》以殷民六族分鲁公的记载。其次，对于"使帅其宗氏，辑其分族，将其类丑，以法则周公"，孔颖达疏：使六族之长各自帅其当宗同氏。辑，合也，合其所分枝。属，族属也，将其族类人众，以法则周公，令其移家居鲁。用就受周公之命，是以使之共职事于鲁，以昭周公之明德也。可见不是授伯禽以殷民六族之地，而是使殷民六族"移家居鲁"。兖州剻器判定为殷末周初的遗物，而不能确认出土于殷代遗址或墓葬，也与文献记载相合，因为商代的铜器完全可以被"职事于鲁"殷遗民上层带到鲁地，继续使用。所以兖州剻器的发现，只能说明殷民六族之一的索氏确实分给了伯禽，而不能证明商代的剻地就在兖州。

同样，小臣艅尊虽然出土于山东寿张梁山下，但也不能直接证明帝辛十祀伐夷方的战场就在山东。首先，小臣艅尊是梁山七器之一，这组铜器为道光年间出土，除小臣艅尊外，还有大保簋，记成王伐录子聑，降征令于太保召公奭，召公以事功受赏领有余土；大保方鼎二，为成王初年器；伯宪鼎、伯宪盉，铭文"白宪作召伯父辛宝狻彝"；大史友甗，铭文"大史友作召公宝狻彝"，均为康王时器。研究者认为大保所受之余土，或即前述小臣艅尊所

---

① 郭克煜等：《索氏器的发现及其重要意义》，《文物》1990 年第 7 期。
② 山东文物考古所等编：《曲阜鲁国故城》，齐鲁书社 1982 年版，第 214 页。

记之艅土，传世亚艅及艅器所见者为十余器，《山东金文集存》收录八件，贝冢茂树认为梁山应是殷末小臣余的封地。又，从器物的组合情况及年代推测，这批铜器可能是西周早期的窖藏①。这就是说小臣艅尊并非出土于商代地层中，至少不能证明它出土于商代地层，因而不能排除它是被带到梁山的可能，即使王赏大保之"余土"是小臣艅的封地，也不能论定大保后人铜器出土之地一定就是艅地。第二，从艅器出土地看，虽不排除其地在山东的可能，但是即使艅地在山东，小臣艅尊铭也只能说明山东地区的方国参与了伐夷方，要证实夷方在山东也还需要更多的证据。相类的还有山东新泰出土过杞国铜器，也不是出土于商代地层中的商代铜器，杞国的数次迁徙在文献中可以找到痕迹②，要论定商代的杞在新泰还需要更进一步的考古发现。

当然，伐夷方确有山东的国族参与，如醜，《合集》36824有"其大出。吉"。"醜其遷，至于攸，若。王占曰：大吉"。"其禋于之，若"。卜辞占卜敌方是否将大肆出动侵袭，是否令醜乘传车迅速赶到攸地组织反击，是否暂避其锋芒，静观其变。从十祀伐夷方的卜辞看，攸是防御夷方入侵的前沿基地，所以这是一组与关于抗击夷方有关的卜辞，近年李学勤撰文提出此版应与《合集》37852，即九祀二月乙亥"夷方不大出"的卜辞（本节第6版卜辞）为一骨之折，这就为此版卜辞与抗击夷方有关再次提供了证明。醜属于东方的与国，1965年和1986年对山东青州市苏埠屯商代墓地进行发掘，出土了"亚醜"铭文的铜器，这批墓葬年代包括了殷墟三期和四期，M1、M7、M8等均随葬有"亚醜"铭记的青铜器。据统计，加上传世品所见"亚醜"铜器15类56器。可知该族的很多文化因素——从器物特征到埋葬制度，和安阳晚期文化几乎完全相同。③尤其值得注意的是墓中随葬兵器较多，有四条墓道的M1殉人48，随葬的一批铜锋刃器，包括大型铜钺2。这种亚字形大墓的规格相当高，墓主应为方国伯长一级的人物，如有学者认为应是当时强大的东夷国族——薄姑氏君长之墓。有一条墓道的M8无殉人，却随葬钺、矛、戈、刀、镞等青铜兵器235件；没有墓道的土坑竖穴墓M7，仍

---

① 陈寿：《大保簋的复出和大保诸器》，《考古与文物》1980年第4期。下同。
② 张广志：《"东杞"、"西杞"说》，王尹成主编《齐文化与新泰》，中国文联出版社2000年版，第1—8页。
③ 中国社会科学院考古研究所编著：《中国考古学·夏商卷》，中国社会科学出版社2003年版，第313—315页；殷之彝：《山东益都苏埠屯墓地和"亚醜"铜器》，《考古学报》1977年第2期。

随葬了铜戈 7。这些墓葬的时代均在殷墟三期以后，苏埠屯迄今未发现早于殷墟三期的墓葬。① 意味着廪辛时始将"亚醜"封于今山东青州苏埠屯，装备有较强大的武装力量，作为商王朝镇抚东方的基地。

又如羍（或释"举"），上述小子𠷎卣等铭文记有作器者族徽"羍"（举），表明这一古族参与了伐夷方𢀛。研究者指出山东集中出土举族铜器的地点有三处，一是长清小屯（又称兴复河），一是潍县，一是费县，时代均属殷代晚期，可知商代晚期举族或其中一支当在山东。②

还有参与伐夷方无敄的来氏，上述作册般甗的铭文记载，伐夷方无敄后，来氏之作册般受到赏赐，据相关联的铜器铭文研究，作册般的活动地域涉及桓台、博兴一带，古莱国即今山东黄县，莱国人士在西周初也参加过伐东夷，事见旅鼎铭。③ 但是这些史料只能说明山东地区的国族参与了伐夷方，与卜辞中关于夷方侵伐东国，商王通告东方侯伯，协同王师出征可相印证，但它却不能直接证明所伐之夷方就在山东。例如史密簋铭文记载，西周中期南淮夷沿淮水支流沂水北上，"广伐东国"，给齐国造成很大威胁，周王派师俗、史密东征，协调诸侯国军队抵抗并围歼入侵之敌。④ 这说明中原东土受到侵犯，并需要动员东土与国抗击，然而敌人可能在中原之东，也可能在东南，正如武丁卜辞中的"有来艰自西"，有时是指来自西北方的入侵一样。

商代晚期数次伐夷方，其中小规模用兵，如伐夷方无敄，可能是针对山东地区的夷人方国，但是如同十祀这样的大规模用兵指向山东地区的可能性不大。因为就山东地区而言，商代考古已取得丰富的成果，如研究者指出二里岗上层期商文化进入海岱地区的腹地，殷墟文化期，商王朝势力在海岱区北部已直达胶莱平原的东部；在海岱区的南部，沿泰沂山地南侧的残丘地带向东推进到临沂地区、江苏淮北地区，直到黄海之滨。其中鲁中南地区，遗

---

① 山东省博物馆：《山东益都苏埠屯第一号奴隶殉葬墓》，《文物》1972 年第 8 期；《青州市苏埠屯商代墓发掘报告》，《海岱考古》第 1 辑 1989 年。

② 王恩田：《人方位置于征人方新证》，张永山主编《胡厚宣先生纪念文集》，科学出版社 1998 年版。

③ 李学勤：《走出疑古时代》增订本第六篇"续见新知"四"重论夷方"，辽宁大学出版社 1997 年版，第 331—337 页。旅鼎铭见《集成》2728。

④ 参见张永山《史密簋铭与周史研究》，《尽心集——张政烺先生八十庆寿论文集》，中国社会科学出版社 1996 年版。

址分布相当密集。商式青铜器与商王畿基本相同，出土数量和出土地点的密度都比鲁北地区大，是海岱地区商化程度最高的地区。鲁北地区，以潍淄流域为中心，包括惠民地区在内，商代晚期遗址分布相当密集，仅寿光一地就达 40 处。鲁东南商时期文化遗存则发现不多，胶东半岛在商代中晚期，出现"珍珠门类型"文化，是由岳石文化发展来的，商文化影响微乎其微。①还有研究者指出，商文化东渐呈波浪式扩展的方式，二里岗上层、殷墟一期、殷墟三期是几条时间分界线，而商文化占居主导地位是通过夷人文化商化实现的，其间不排除武力征伐，但文化面貌的改变是通过和平的融合方式完成的。在亲商的夷人分布区，上层与中原商王朝统治者往来密切，接触频繁，商化有一定主动性，因而商化步伐较快，程度较深。下层夷人是通过本地上层人物间接被动地接受商文化影响，因而商化速度慢，保留着较多的夷人土著文化因素。②

值得注意的是山东地区商文化因素的稳步推进以及"商化"的特点和时间分界线，都预示出商末所伐之"夷方"不当在滕县附近，在这商文化遗址密集分布的地区，可能发生国族之间的军事冲突，但不会发展到需要商王以倾国之师出征的地步。从考古学看，商末东土之东的异族是胶东半岛的"珍珠门类型"文化的创造者，但这一文化的创造者是否曾西进大肆侵扰商之东土，还有待证明。

而从商代晚期东进发展形势看，矛头正指向江苏淮北地区。在安徽淮河流域夏商时期一直存在着一支与中原文化既有联系又有区别的地方文化类型，在夏代江淮地区存在斗鸡台文化，早商文化第三期时该地区被商文化所占据，斗鸡台文化逐渐融入商文化中，形成具有特色的早商和中商的大城墩类型。③ 目前对这一地区商代时期历史的认识不及山东地区明晰具体，但已经知道安徽淮河流域夏商时期文化遗址和遗物十分丰富，遍及整个流域地区，遗址密集，文化层一般堆积较厚，甚至可达 5 米以上，含山县下棚河流经的 4 公里地段上，分布着小城子、大城墩、孙家岗等 4 座夏商时期遗址，

---

① 高广仁：《海岱地区的商代文化遗存》，《考古学报》2000 年第 2 期。
② 栾丰实：《商时期鲁北地区的夷人遗存》，《三代文明研究》，科学出版社 1999 年版，第 270 页。
③ 中国社会科学院考古研究所编著：《中国考古学·夏商卷》，中国社会科学出版社 2003 年版，第 440、461 页。

面积均在1万平方米以上,这在其他地区是不多见的。其中含山大城墩、孙家岗以及六安众德寺、肥东大陈头等都是晚商阶段的遗址,相关文化遗存表明社会生产力已达到较高的水平,青铜冶铸业已进入比较兴盛的阶段,还有卜骨、卜甲、陶文,乃至铜器铭文等,反映了文明发展的程度,研究者认为可以把这一地区的古代文化视为淮夷文化的代表。[①]

商王朝对这一地区的控制显然不及山东地区,随着地域文化的发展壮大,淮夷沿着商人自豫东南下拓展的路线北上也是很自然的,而沿着这条路线大肆出动,遭到侵扰的首先是商王朝的东土,商王也必然首先要动员东土的方国参与伐夷方的战争,所以帝辛十祀征夷方战场在淮水流域说,可能更符合当时的历史大势。

(二) 伐夷方的征程

对于十祀伐夷方征程,已有不少学者进行了研究,不断地对前人的成果进行检验、补充、修订。从上述记有年月或王征夷方、王来征夷方的卜辞已构成帝乙十祀征夷方征程的框架,还有一些卜辞从时间地点的系联看,可以纳入这一框架,一般认为应是同时的遗存。如:

32. 己酉卜,在吉,贞王今夕亡㐭。
辛亥卜,贞王今夕亡㐭。在吉。
乙酉卜,在䎽,贞王今夕亡㐭。
丁亥卜,在噩,贞王今夕亡㐭。
己丑卜,在乐,贞王今夕亡㐭。
辛卯卜,在罞,贞王今夕亡㐭。
癸巳卜,在罞,贞王今夕亡㐭。
乙未卜,在罞,[贞]王今夕亡㐭。
□□卜,在□,贞王[今夕]亡㐭。
□□[卜],在□,[贞]王[今夕亡]㐭。
□□卜,在商,[贞王]今夕亡[㐭]。(《合集》36553)

这是一版卜夕卜辞,乙酉及其下的一组集中在甲申、甲午两旬,存隔日占卜的部分,王所在地甲午前后在罞,末三辞从契刻部位和占卜规律看,丁酉、

---

① 杨立新:《安徽淮河流域夏商时期古代文化》,《文物研究》总第5辑,1989年版。

己亥、辛丑，则辛丑在商。从以上列举第 13、14 版看，王十祀十月甲午在冒、癸卯在商，所以这组卜辞正当为征夷方出师的第 7 旬。己酉、辛亥卜夕卜辞无论是占卜时间还是契刻部位，都表明为另一组，由于第 14 版王癸卯在商、癸丑在亳，卜辞又有在商至于亳的内容，其间的己酉、辛亥当在商或亳，所以将这一组排在第 2 旬九月己酉、辛亥，可能较为恰当。

  33. □□王卜，在商，贞今日于亳亡灾。
    甲寅王卜，在亳，贞今日□［于］鳴亡灾。
    乙卯王卜，在鳴，贞今日步于歔亡灾。
    丁巳王卜，在歔，贞今日步于嬊亡灾。
    己未王卜，在嬊，贞其选，从鬲西，往……亡灾。
    庚申王卜，在嬊，贞其奉□亡灾，征……从……（《合集》36567 等新拼①）
  34. 辛酉王卜，在嬊，贞今日步于［雀］亡灾。
    □亥王卜，在雀，贞步于产亡灾。（《合集》36961）
  35. 甲子……在［产］……亡灾。［在］十［月又二］。
    己巳王卜，在产，贞今日步于攸亡灾。在十月又二。（《合集》36825）

第 33 版《合集》原拼合有误，后经多位学者指出，进行了重新拼合。第 1、2 辞原著录于《后》上 9.12，第 3 辞著录于《前》2.9.6，据此新拼合，从契刻部位看，第 1、2 辞的卜日当间隔一日，或可补为壬子，这与第 14 版显示的第八旬十一月癸丑在亳正好衔接。第 6 辞与第 34 版在时间和空间上也可以衔接，看来在嬊地停留 4 日。第 34、35 版从时间和地点看为连续占卜，第 34 版第二辞当补为"癸亥"，与第 14、15 版显示的第 9 旬末十一月癸亥在雀相合。

  36. 己卯卜，在□，贞王其𠭯［□亡］灾。
    辛巳卜。

---

  ① 为孙亚冰新拼合，自下而上四片分别为《合集》36567 上半（36555 重见）、36567 下半、《合集补编》11115、《合集》36830。

癸未卜，在舊，貞王步于减亡灾。

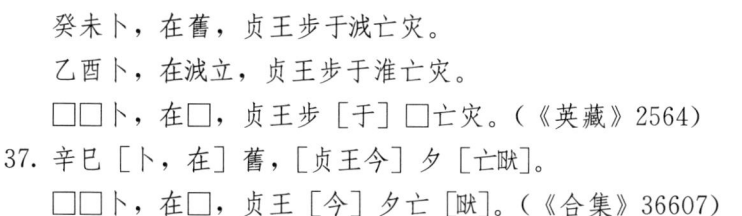

乙酉卜，在减立，貞王步于淮亡灾。

□□卜，在□，貞王步〔于〕□亡灾。(《英藏》2564)

37. 辛巳〔卜，在〕舊，〔貞王今〕夕〔亡畎〕。

□□卜，在□，貞王〔今〕夕亡〔畎〕。(《合集》36607)

第36版为甲戌、甲申旬的卜辞，第5辞卜日干支或可补为"丁亥"，而从第4辞可知乙酉拟"步于淮"，与前第17、18版丙戌在淮相合，而且这三版卜辞都反映至淮以后，不曾停留、继续进军态势。第37版与第36版时间地点大致相似，可能是同时的遗存。

38. 庚子王卜，在渉𠦪，今日步于澋。获狐十又二。

辛丑王卜，在澋𠦪，今日步于癸亡灾。（《前编》2.17.3＋2.17.5)

39. 壬寅王卜，在癸𠦪，貞今日步于永亡灾。

癸卯王卜，在永𠦪，貞今日步于。

乙巳王卜，在溫𠦪，貞今日步于攸亡灾。

己未王卜，在，貞田元往来亡灾。

丁丑王卜，在攸，貞今日迖，从攸東亡灾。

丁丑王〔卜〕，貞今日步于截亡灾。在……

庚辰王卜，在广，貞今日步于叉亡灾。

辛巳王卜，在叉，貞今日步于泚亡灾。(《英藏》2562)

40. 庚辰〔卜〕，〔在〕广，貞〔王步〕于叉亡灾。

辛巳卜，在叉，貞王步于□亡灾。

〔壬午卜〕，在□，貞王步〔于〕相〔亡〕灾。(《合集》36901)

第38、39版在时间、地点方面都可以系联，前第17版有己亥貞"步于渉"，第38版则为庚子"在渉𠦪"，又，记有"王来征夷方"的第16版有癸卯"在攸侯喜𠦪"，第19版有癸卯"在攸侯喜鄙永"，而第39版则有壬寅貞"步于永"和癸卯"在永𠦪"，可知第38、39版也是伐夷方的遗存，卜于第13旬十一祀正月以后，一直延续到第17旬。第40版前两辞与39版末两辞卜日和内容相同，当同为十祀伐夷方回师途中的占卜。

41. 丙戌卜，□卜遝，贞今［日］王步于□亡灾。

　　庚寅卜，在㚔，贞王步于杞亡灾。

　　壬辰卜，在杞，贞今日王步于意亡灾。

　　癸巳卜，在意，贞王送雷，往来亡灾。于㠱北。

　　甲午卜，在意，贞王步于斠亡灾。（《合集》36751）

42. 己酉［王卜］，［在］乐，［贞今日步］于嚣［亡灾］。

　　庚戌王卜，在嚣，贞今日步于䜴亡灾。

　　辛亥王卜，在䜴，贞今日步于𠂤亡灾。

　　□□王卜，在𠂤，贞今日步于□［亡］灾。（《英藏》2565）

第 41 版记癸巳在意，拟迓雷，甲午仍在意，拟"步于斠"，与前第 16、24 版所记癸巳在意雷孝商邑相合，当为第 18 旬十一祀二月癸巳前后的遗存。第 42 版卜于甲辰旬，其中第 1、2 辞同于前第 23 版己酉、庚戌的卜辞，第四辞卜日当补为"壬子"，虽有"步于某"的贞问，但不一定实施，所以与第 24 版癸丑在𠂤贞并不矛盾，而且连续两日均在同一地占卜，可以看做相合，即这一版卜辞也可纳入帝辛十祀伐夷方的框架内。

由此可以排出帝辛十祀伐夷方的征程（见表 4—5）：

表 4—5

旬	年月	日	命辞摘要	引文序号及出处
1 甲午旬	十祀九月	甲午	甲午王卜，余步比侯喜征夷方。	7《合集》36482
2 甲辰旬		己酉	己酉卜，在吉贞。	32《合集》36553
		辛亥	辛亥卜贞，在吉。	32《合集》36553
3 甲寅旬	九月	癸亥	癸亥卜黄贞，征夷方在雇彝。在九月。	10《合集》36487
			癸亥王卜，王征夷方在雇。	11《合集》36485
4 甲子旬	十月	癸酉	癸酉王卜，在十月征夷方，在勤。	12《合集》36504
5 甲戌旬		癸未	癸未卜，征夷方。	15《合集》36490
6 甲申旬		乙酉	乙酉卜，在䜴贞。	32《合集》36553
		丁亥	丁亥卜，在嚣贞。	32《合集》36553
		己丑	己丑卜，在乐贞。	32《合集》36553

续表

旬	年月	日	命辞摘要	引文序号及出处
		辛卯	辛卯卜,在𣄰贞。	32《合集》36553
		癸巳	癸巳卜,在𣄰贞。	32《合集》36553
	十月		癸巳,在十月,王征夷方。	10《合集》41753
7 甲午旬	十祀十月	甲午	甲午卜,在𣄰贞,从东,在十月,王征夷方隹十祀。	13《合集》37856
		乙未	乙未卜,在𣄰,[贞]王今夕亡㘅。	32《合集》36553
		丁酉	□□卜,在□,贞王[今夕]亡㘅。	32《合集》36553
		己亥	□□卜,在□,[贞]王[今夕亡]㘅。	32《合集》36553
		辛丑	□□卜,在商,[贞王]今夕亡㘅。	32《合集》36553
	十一月	癸卯	癸卯王卜,在十月又一,王征夷方,在商。	14《合集》41753
8 甲辰旬		壬子	□□王卜,在商,贞今日□于亳。	33《合集》36567 新
	十一月	癸丑	癸丑王卜,在十月又一,王征夷方,在亳。	14《合集》41753
9 甲寅旬		甲寅	甲寅王卜,在亳,贞今日□[于]鸿。	33《合集》36567 新
		乙卯	乙卯王卜,在鸿,贞今日……于𩁹。	33《合集》36567 新
		丁巳	丁巳王卜,在𩁹,贞今日步于䕒。	33《合集》36567 新
		己未	己未王卜,在䕒,贞其迍,从𦎫西。	33《合集》36567 新
		庚申	庚申王卜,在䕒,贞其𩪘。	33《合集》36567 新
		辛酉	辛酉王卜,在䕒,贞今日步于[雀]。	34《合集》36961
		癸亥	癸亥卜永贞,在雀,王征夷方。	15《合集》36490
			癸亥王卜,在十月又一,王征夷方,在雀。	10《合集》41753
			□亥王卜,在雀,贞步于𠂤。	34《合集》36961
10 甲子旬	十二月	甲子	甲子,在𠂤,在十月又二。	35《合集》36825
	十二月	己巳	己巳王卜,在𠂤贞,今日步于攸,在十月又二。	35《合集》36825
	十二月	癸酉	癸酉王卜,[在]十月又二,王征夷方。	14《合集》41753
11 甲戌旬		己卯	己卯卜,在□贞,王其舌。	36《英藏》2564
		辛巳	辛巳卜在舊贞。	37《合集》36607
			辛巳卜。	36《英藏》2564
	十二月	癸未	癸未王卜,在十月又二,王征夷方,在舊。	16《合补》11232
	十二月		癸未卜黄贞,在十月又二,隹征夷方。	19《合集》36484
			癸未卜,征夷方。	15《合集》36490

续表

旬	年月	日	命辞摘要	引文序号及出处
			癸未卜，在舊，贞王步于洇。	36《英藏》2564
12甲申旬	十二月	乙酉	乙酉卜，在洇立，贞王步于淮。	36《英藏》2564
		丙戌	丙戌卜，在淮，贞王……于□。	18《合集》36968
			丙□王卜，在淮，贞……步［于□］。	17《英藏》2563
		丁亥	□□卜，在□，贞王步于□。	36《英藏》2564
		庚寅	庚寅卜，在濚𠂤，贞𠦪林方。	18《合集》36968
			庚寅王卜，在濚𠂤，贞𠦪林方。	17《英藏》2563
		壬辰	壬辰卜，在濚，贞王其至于鼶蘁。	18《合集》36968
			壬辰王卜，在濚，贞其至于鼶蘁且甲𠂤。	17《英藏》2563
	十二月	癸巳	癸巳王卜，在十月又二，隹征夷方，在濚。	16《合补》11232
	十二月		癸巳卜黄贞，在十月又二，隹征夷方，在濚。	19《合集》36484
			癸巳卜在濚𠂤。	19《合集》36494
13甲午旬		甲午	甲午卜，在濚𠂤，贞今日王步于糧。	18《合集》36968
	十祀十二月		甲午王卜，在濚𠂤，贞今日步于糧，在十月二，隹十祀。	17《英藏》2563
	十一祀正月	丁酉	丁□王卜，在□𠂤，在正月。	17《英藏》2563
		己亥	己亥王卜，在苞𠂤，贞今日步于溇。	17《英藏》2563
		庚子	庚子王卜，在溇𠂤，今日步于溪。	38《前》2.17.3＋2.17.5
		辛丑	辛丑王卜，在溪𠂤，今日步于癸。	38《前》2.17.3＋2.17.5
		壬寅	壬寅王卜，在癸𠂤，贞今日步于永。	39《英藏》2562
	正月	癸卯	癸卯王卜，在正月，王来征夷方，在攸侯喜𠂤。	16《合补》11232
			癸卯卜黄贞，在正月，王来征夷方，在攸侯喜鄙永。	19《合集》36484
			□□卜，在……鄙𠂤，王来征夷方。	15《合集》36490
			癸卯王卜，在永𠂤，贞今日步于。	39《英藏》2562
14甲辰旬		乙巳	乙巳王卜，在溫𠂤，贞今日步于攸。	39《英藏》2562
		丙午	丙午卜，在攸，贞执胄夷方𤉲，在正月，隹来征……	21《合集》36492等新缀

第四章 商代后期的战争(下) 323

续表

旬	年月	日	命辞摘要	引文序号及出处
		辛亥	辛亥卜，才攸，贞大左族⾉擒。	21《合集》36492等新缀
		癸丑	癸丑卜黄贞，在正月，王来夷方，在攸。	19《合集》36484
			癸□卜，在攸，王来征夷方。	20《合集》36494
			癸丑王卜，在正月，王来征夷方。	16《合补》11232
15甲寅旬		己未	己未王卜，在□贞田元。	39《英藏》2562
	二月	癸亥	癸亥王卜，在二月，王来征夷方，在攸。	16《合补》11232
16甲子旬			癸酉卜，在攸，永贞，王来征夷方。	20《合集》36494
	二月		癸酉王卜，在二月，王来征夷方。	16《合补》11232
17甲戌旬		丁丑	丁丑王卜，在攸，贞今日迗，从攸东。	39《英藏》2562
			丁丑王卜，贞今日步于截。	39《英藏》2562
		庚辰	庚辰王卜，在庐，贞今日步于叉。	39《英藏》2562
			庚辰卜，在庐，贞王步于叉。	40《合集》36901
		辛巳	辛巳王卜，在叉，贞今日步于沚。	39《英藏》2562
			辛巳卜，才叉，贞王步于□。	40《合集》36901
		壬午	壬午卜，在□贞王步于相。	40《合集》36901
	二月	癸未	癸未王卜，在二月，王来征夷方，在嬘。	16《合补》11232
18甲申旬		丙戌	丙戌卜，□卜（在）亘，贞今日王步于□。	41《合集》36751
		庚寅	庚寅卜，在婍，贞王步于杞。	41《合集》36751
		壬辰	壬辰卜，在杞，贞今日王步于意。	41《合集》36751
		癸巳	癸巳卜，在意，贞王迗雷，于自北。	41《合集》36751
			癸巳卜，在意雷孝商邑，永贞，佳来征夷方。	24《英藏》2525
	二月		癸巳王卜，在二月，王来征夷方，在意雷商孝。	16《合补》11232
19甲午旬		甲午	甲午卜，在意，贞王步于剢。	41《合集》36751
	三月	癸卯	□□王卜，在三月，来征夷，在□。	16《合补》11232
20甲辰旬		乙巳	乙巳卜，王田□，王来征夷方。	23《合集》36501
		丙午	丙午卜，在商，贞今日步于乐。	23《合集》36501
		己酉	己酉卜，在乐，贞今日步于䭵。	23《合集》36501
			己酉王卜，在乐，贞今日步于䭵。	42《英藏》2565
		庚戌	［庚］戌卜，在䭵，贞今日王步于䍒。	23《合集》36501

续表

旬	年月	日	命辞摘要	引文序号及出处
			庚戌王卜，在噩，贞今日步于𠦪。	42《英藏》2565
		辛亥	辛亥王卜，在𠦪，贞今日步于𣂰。	42《英藏》2565
		壬子	□□王卜，在𣂰，贞今日步于□。	42《英藏》2565
		癸丑	癸丑卜，在𣂰，永贞。	24《英藏》2525
21甲寅旬				
22甲子旬		癸酉	癸酉卜，在云奠芳邑，永贞隹来征夷方。	24《英藏》2525
23甲戌旬				
24甲申旬		癸巳	癸巳卜，永贞。	24《英藏》2525
25甲午旬	五月	癸卯	癸卯卜，在五月，在曹𠂤，隹王来征夷方。	22《合集》36495
26甲辰旬	五月	癸丑	癸丑卜，在五月，在曹𠂤。	22《合集》36495

从这批资料可知帝辛十年九月已准备好与攸侯喜大军共征夷方之役，出征前在大邑商举行了告祭祖先的大典。大邑商指以国都为中心的王畿之地，古本《竹书纪年》记载"纣时稍大其邑南距朝歌，北距邯郸及沙丘，皆为离宫别馆"，其西则包括沁阳田猎区，沁水以东是商夷早期活动的主要地区之一，沁水以西原系夏夷势力范围，后为商王朝的王畿之地[①]，尤其是商代晚期，与安阳、淇县（朝歌）连成一片的沁阳田猎区也属于大邑商的范围内，大规模征伐的出师与振旅起止点都在这里。

卜告大邑商以后，第3旬末，即九月癸亥达雇，其地多认为即扈，在河南原武县西北[②]。第4旬末，十月癸酉至勍，其地在黄河之南，郑州附近。第5旬所行之地不详，第6旬经𠦪、噩、乐至臿，一路东进。第7旬的十一月辛丑已经到达商。第8旬末，癸丑到达亳。自商动身的时间已缺失，如前所述，从行款看，可将其日期补作"壬子"，在商约当停留一旬，后自商至亳，癸丑已在亳。第9旬途经之地为亳、鸣、䢵、嬶、雀等地，多为一日的

---

① 参见刘绪《论卫怀地区的夏商文化》，《纪念北京大学考古专业三十周年论文集》，文物出版社1990年版。

② 参见陈梦家《殷虚卜辞综述》，科学出版社1956年版，第305—306页。

路程。商为商丘①，这是商代晚期镇抚东南的基地，停留近一旬，当与接战前的准备有关。与之相距一日路程的亳当即近于曹的北亳②，也就是春秋宋景公所说的"薄，宗邑也"，即始祖宗庙所在地。距今商丘北40余里，正一日路程，商王在商停留一旬，继续南下之前，折向北亳逗留一日，很可能与祭祀之事有关。鳴，当即鸿口③，在今河南睢阳县东，商丘、虞城二县间，也与一日路程相合。歷或疑读为厉，厉为商至春秋时的方国，在河南鹿邑东，今在鹿邑县东5公里的太清宫已发现一座西周初年的大型贵族墓葬——长子口墓，埋葬习俗、器物形态保留了浓厚的商代作风，又有明显的地方特征，墓主当为殷遗民，在商为高级贵族，在周为一地封君。鹿邑县属豫东，地处淮河流域，是商、夷之间的接界地区，又是商末征夷方的必经之地，发掘报告认为长子口墓葬埋在这里应与这些史实有联系。④ 商王到达和离开歷的时间不详，只知道乙卯在鳴，拟前往歷，六日后辛酉已在嬘，拟当日步于雀。第9旬末，十一月癸亥已在雀，拟前往疒，疒即疒方之地，廪辛、康丁时伐疒方，擒杀其领袖，将其地并入商王朝版图，故伐夷方途中得以师次于疒。五日后，第10旬的十二月己巳，准备自疒启程至攸，前往攸侯喜领地，一般认为其地在永城、宿县间，疒也当距其不远，靠近河南、安徽接界地区。第11旬开始准备与敌人接战，至舊，停留三日继续进军，第12旬甲申前后自舊至波，再至淮，三日后十二月庚寅师次于瀟，部署了对于淮夷方国林方的征伐。波或以为为今日浍水⑤，舊当距其不远，淮，多认为即淮水。第13旬初，十祀十二月甲午准备离开瀟，至辉、苞、涉、溴、炎、永，正月癸卯到达攸侯喜鄙永，始记"王来征夷方"，即征夷方归来的意思，这是在出征夷方的第13旬末。

从正月癸卯次于永至二月丁丑日自攸至攸东，商王在攸侯之地攸、永停

---

① 参见陈秉新《殷墟征夷方卜辞地名汇释》，《文物研究》总第5辑，1989年版，第64—81页。

② 参见罗琨《"汤始居亳"再探讨》，宋镇豪等主编《殷商文明暨纪念三星堆遗址发现七十周年国际学术研讨会论文集》，社会科学文献出版社2003年版。

③ 参见张永山《卜辞诸亳小议》，《夏商文明研究》，中州古籍出版社1995年版。

④ 陈秉新：《殷墟征夷方卜辞地名汇释》，《文物研究》总第5辑，1989年；河南文物考古所、周口市文化局编：《鹿邑太清宫长子口墓》"结语"，中州古籍出版社2000年版，第199—214页。

⑤ 陈梦家：《殷虚卜辞综述》，科学出版社1956年版，第306—307页。

留三旬又四日，其举行大规模田猎活动，这也是古代战争的惯例，在大战胜利之后，通过蒐狩显示威武、震慑敌人，并借此深入搜索残敌，因而有关于是否"执胄夷方𢽤"，是否"大左族有擒"的卜问。而且这种大蒐不限于一次、一地，除正月辛亥卜外，九日后己未又田狩于元，其地当距攸不远。

第17旬开始踏上归程，丁丑以后始经𢦏、广、叉、沚等地，旬末至𡎚。𢦏，或认为指《汉书·地理志》的楚国甾丘，故城在今宿县东北六十里；叉，为郴县，在永城西三十公里，今浍水北；沚，在永城北。𡎚，在夏邑。[①] 第18、19旬经㛸、杞、意、雷、剌等地，第20旬丙午到达商，故以上大抵是永城至商丘间的地名，沿途仍有田狩，当与保障军队供给有一定关系。到商后未曾停留，经乐、噩、䉛等西北行，癸丑到孟，这些地点多是第6旬出师所经之路。22旬末行至云奠芳邑，25旬末师次于曹。后者是沁阳田猎区的一个重要地点，已见商王在那里田狩卜辞不下二百条，它不仅是商王练兵习战之地，帝乙、帝辛还常在那里作二三旬的居留、祭祀或举行战胜后的献俘大典，此外还见有，"在曹贞，今日王入大邑商"，可见它还是大邑商的一个入口[②]，所以商王到达该地已完成整个伐夷方的征程，此后卜旬等卜辞再不记"王来征夷方"了。

总计帝辛十祀伐夷方历时250日，往返所费时日约略相等，陈梦家总结来回路线可分为五段：第一段自大邑商至雇，是从太行山南麓沿沁水南岸至沁水入古代黄河处，回程在云渡河，当与去程之雇相近。第二段自雇至商，或自商回云，往来皆经䉛（䉛）、噩、乐等地。第三段自商至𡎚或自𡎚回商，往程经过亳，回程绕行杞、齐等地，来回皆当沿睢水两岸。第四段自𡎚至攸或由攸回𡎚，回程很明显的沿睢水两岸。第五段是自攸沿浍水南下渡淮，伐林方，回程则是绕行若干河流，显示王朝武力，才又回到攸。对此五段往返路线，大致与沁、睢、浍等河流同为东南方向的移动。古人建邑与陈师多近河岸，而沿河斜行可避免多次穿渡河流，所经之处都是平原，因而是比较适宜的行军路线。其中，第二段至商时，因这是王师进击夷方的一个基地，稍事停留休整，并至成汤早期所居的北亳举行了宗教仪式。第四段至攸与侯喜大军汇合后，王师投入伐夷方之战。

[①] 陈梦家：《殷虚卜辞综述》，科学出版社1956年版，第307页。

[②] 李学勤：《殷代地理简论》，科学出版社1959年版，第18—23页。

三 伐盂方、二邦方、三邦方、四邦方

(一) 伐盂方

商末，除了伐夷方、林方外，大规模的对外用兵还有伐盂方之举。盂方见于武丁卜辞，有"丙子卜，㱿，贞令盂方归。贞勿令归，七月"①。表明当时曾服属于商，商末盂方强大起来，聚众内侵，边地告急，卜辞有：

> 1. 乙巳王贞，启乎祝曰：盂方共[人]，其出伐𢦏自高，其令东逌[于]高，弗每，不𧈪戋。王占曰：吉。(《合集》36518，图4—29)

从这条卜辞可知，祝报告盂方聚集兵力出动侵伐商境，商王制定援兵从东进军，会合于"高"地出击的策略。逌当读作"会"，同于金文，并与《说文》会之古文结构一致。② 𧈪，为𦣞字异构，研究者指出，不𧈪表示一种加强的肯定语气，"不𧈪"当为不犹豫之意，"不𧈪戋"表示确定前往征伐③，因此这条卜辞反映了商王朝对盂方要坚决给以打击的决心。占卜结果得吉兆，战争当由此开始。伐盂方的卜辞不多，但看来有相当大的规模，卜辞主要有：

> 2. 甲戌王卜，贞禽巫九[黾]𢦏盂方率伐西或，冀西田，曹盂[方]，妥余一人，余其比多田，甾征盂方，又自上下于𣪘[示]……(《合集补编》11242，图4—30)

图4—29　《合集》36518

> 3. 𢦏盂……曹盂[方]……田，甾征……弜征。(《合集》36512)

---

① 《合集》8473。
② 见容庚《金文编》卷二逌字注，中华书局影印1985年版，第95页。
③ 姚孝遂、肖丁：《小屯南地甲骨考释》，中华书局1985年版，第100—101页。

4. ……贞禽巫九禽,㞢……于㲅示,余其鹵征……余受有又。不㞢[戋]……(《合集》36515)

5. 乙丑王[卜,贞]……伐西或……余其比……[上下㲅]示,余受[有又]。(《合集》36532)

6. ……余一人……田鹵征盂方,自上下于㲅示……(《合集》36514)

图 4—30　《合补》11242

第 2 版卜辞反映盂方侵伐商境,商王准备通告西土多田,加以挞伐,王比同多田征盂方,希望能得到神灵保佑。第 3—6 版卜辞当为第 2 版的同文卜辞,从第 3、5 版卜辞有"弜征"或"征"为对贞看,是否出征尚在决策阶段。从保存了占卜干支的第 5、2 两版卜辞看,这组卜辞最短相距一旬,可见伐盂方的决策,以及动员的兵力等是经过反复考虑的。

7. 丁卯王卜,贞禽巫九禽,余其比多田于多白征盂方白炎,叀衣翌日步亡尤。自上下于㲅示余受有又,不㞢戋,[囚]告于兹大邑商,亡㞢在畎。[王占曰]:引吉。在十月。遘大丁翌。(《合集》36511)

8. ……征盂……上下于㲅……余又……戋,囚……邑商……(《合补》11240)

9. ……[禽]巫九[禽],[秄余]酒朕[𥏛],[余其]比多田于[多白,征]盂方白[炎]。[自上下]㲅示……(《合集》36521)

10. ……其征盂方,叀□……受又,不㞢戋。[王]占曰:吉。在十月,王[九祀]。(《合补》11241)

11. □戌王卜,贞禽巫九禽,[余其]比多田于多白征盂方……[不㞢]戋,囚告于兹大[邑商]……(《合集》36513)

12. □寅王卜,贞禽……多白征盂方……(《合集》36510)

第 7 辞是卜问王比同多田、多伯征盂方,选择出征的日期是否恰当,是否能得到神灵的保佑,并在此大邑商举行告祭。第 8—12 辞内容相近,都是为同一事进行的连续占卜，其中第 10 辞记有年月，"在十月，王［九祀］"祀字缺佚，九字残，有研究者认为伐盂方始于八祀，但从残存部分看不可补为"八"，而补为"九"无大疑义，"在十月"则同于第 7 辞，由此可知这组占卜的时间是王九祀十月，亦即约略为伐盂方的时间。伐盂方的经过不详，只知战争的结束是在次年，卜辞有：

13. ［癸未王卜］，在□，贞旬亡㞢。［王占曰］：弘吉。在三月。甲申祭小甲、［彡大甲］。隹王来征盂方白炎。（《合集》36509）

14. ［癸］未卜，在澫，［贞］旬亡㞢。在三月。［甲申］彡大甲。隹……（《合集》35532）

15. ……旬亡㞢……祭羌甲……盂方。（《合集》36520）

16. ［癸卯王］卜，贞旬亡㞢。王占曰：弘［吉］。［在□月］。甲辰翌祖甲。王来征盂方白［炎］。（《合集》36516）

17. ……于算麓获白兕覃于……在［九月］，隹［王十］祀彡日，王来征盂方伯［炎］。（《甲编》3939）

第 13、14 辞均为三月，逢祭小甲、彡大甲前一日所卜，是同时的遗存，研究者多根据残辞互补的原则，补其残缺，如陈梦家《殷虚卜辞综述》、李学勤《殷代地理简论》均将第 13 辞的地点也补作"在澫"，或还根据周祭制度补全第 15、16 辞月和日干支。① 第 17 辞为牛头刻辞，为伐盂方战事结束，回师途中大规模蒐狩得异兽献祭的记事刻辞，记月不清，纪年残，或释为"九祀"、"二月"。此牛头刻辞为 1929 年 12 月发掘出土，董作宾曾作《获白麟解》，记述它与"乙亥王田于羌……在九月隹王……"的鹿头刻辞同时出土，二骨"相去不过数尺"②，而对照鹿头刻辞的"九"字写法，第 17 辞当可释为"九月"，契刻"王十"二字之处，骨纵向残断一半，王字左半犹存三横，下一字左半无任何契刻痕迹，故知必为"十"（甲骨文写作"｜"）字，此外，通过周祭祀谱的复原，也可证"王来征盂方"的这组卜辞应在十

---

① 陈梦家：《殷虚卜辞综述》，科学出版社 1956 年版，第 310 页；李学勤：《殷代地理简论》，科学出版社 1959 年版，第 93 页。

② 转引自郭沫若《卜辞通纂》578 片释文，鹿头刻辞著录于《甲》3941，与牛头刻辞一道重见于《卜辞通纂》577、578。

祀三至九月①，因此可以认定伐盂方的战争大体从九祀十月到十祀九月，历时一年。

对于伐盂方的时间地点历来有不同看法。一是对年、月的断定，今已随着甲骨文资料的缀合、梳理、著录工作的进展，逐渐获得较准确的认识。二是伐盂方之年究竟是帝乙还是帝辛的九至十年，较多学者认为可能是帝辛，但是从帝辛伐夷方日谱可知，帝辛十祀整个九月都在准备征夷方，并踏上了征途，很难插入"王来征盂方"在"羍麓获白兕"的时间，从十祀伐夷方日谱推排九祀月日，与九祀伐盂方月日也难相合。据此，伐盂方当在帝乙之时。

对于盂方的地望，曾有东方和西方两说，如岛邦男认为殷东之地为商王田猎区，盂为其东北限，盂方是以盂为中心的地方，因而是在殷都的东北。②陈梦家《殷虚卜辞综述》认为作为商代后期田猎区的盂在今河南沁阳西北。但没有给出盂方的地望，因为商末伐盂方来归经㵄，其为水名，即沁水，与"涉㵄"同版的地名有在沁阳附近的"敦"，预示盂方当在殷西，然而盂方聚众出伐𠂤自之，据《合集》36821卜旬卜辞（详下），与"齐"相隔两旬，"齐𠂤在商丘附近，似𠂤亦在商丘不远之地"，这一矛盾给盂方地望的判定带来困难。钟柏生认为，作为田猎区的盂地在河北濮阳东南，而盂方"出伐𠂤自高"之𠂤不是地名，"用为动词，较为恰当"，高之地望在今山西晋城东北，所以盂方在殷之西，即周之邢国。③

总之，东方说主要根据第1版卜辞，以𠂤为地名、族氏名，盂方"其出伐𠂤自高"意思是为出动侵伐𠂤自所在的"高"地。卜辞有：

18. 癸巳王［卜］，贞旬亡［畎］。在𠂤𠂤。
　　癸卯王卜，贞旬亡畎。在□𠂤。
　　癸丑王卜，贞旬亡畎。［在］齐𠂤（《合集》36821）

此版中的𠂤与齐皆为商王师次之地，在两地师次的时间相距两旬，必不很远。郭沫若认为齐在临淄附近，𠂤必在临淄之西，安阳之东，参证《左传》地名，

---

① 常玉芝：《商代周祭制度》，中国社会科学出版社1987年版，第254—255页。
② ［日］岛邦男撰，温天河等译：《殷虚卜辞研究》，鼎文书局1975年版，第371、410页。
③ 钟柏生：《殷商卜辞地理论丛》，台北艺文印书馆1989年版，第80—81页。

当在河南睢县，盂方在其附近，为殷东方之国。① 还有研究者认为报告此事的"祝"是武王灭商后封黄帝之后于铸的所在地，古铸城在今山东肥城县南、宁阳县西北②，从而判断盂方是东夷之国。

但此说难以成为定论，首先 ⺽ 自之 ⺽ 可以理解为族氏名，而" ⺽ 自"在"高"说明某族之师，是可以受商王调遣执行某项任务的，不一定在东方的 ⺽ 地。况且李学勤在《论一片新出现的征人方卜辞》一文中，考订第 2 版卜辞的 ⺽ 字当释为"禺"，在卜辞中多读作"遇"，训为"逢"。③ 也就是说在甲骨文中 ⺽ 字并非只作名词，还有其他词性，第 3、4 版卜辞是第 2 版的同文残辞， ⺽ 字读法无疑相同，第 1 版卜辞之 ⺽ 固然可以理解为地名，但也可以理解为盂方出动侵扰，遭遇师次于高地的军队。不仅如此，李文还联系金文和其他甲骨卜辞，论"率伐西或"之"或"过去释为"戈"之不当，实应释"或"读为"国"，对照盂方"率伐西或，典西田，酉盂［方］"的文例，新发现的征人方卜辞（即前述伐夷方的第 1 版卜辞）可补作"［夷方伐东］或，典东侯，酉［夷方］"，卜辞中夷方侵伐了殷之东土，盂方侵伐了殷之西土，正表明二则不在同一方位。此说是有道理的。不仅如此，第 17 版牛头刻辞，即九月王来伐盂方获白兕的刻辞与九月"王田羌"所获鹿头刻辞同出，也预示出盂方可能近羌地，甚至可能属于羌人的方国。所以盂方为西方之国的证据，要更充分一些。

（二）对二邦方、三邦方、四邦方的征伐

乙辛时期还有一些方国结成联盟对抗商王朝，卜辞中称之为"二邦方"、"三邦方"、"四邦方"，商王朝也曾对它们进行了多次征伐：

图 4—31　《遗续二》056

19. □酉王卜，在喜……安□妫，王占……

大吉，在九月，王来征二邦方。（《遗续二》④ 056，图 4—31）

20. ……于二邦方。（《合集》36243）

---

① 郭沫若：《卜辞通纂》582 片考释，科学出版社 1982 年版。
② 郑杰祥：《商代地理简论》，中州古籍出版社 1994 年版，第 175 页。
③ 李学勤：《论一片新出现的征人方卜辞》，《殷都学刊》2005 年第 1 期。下同。
④ 见焦智勤《殷墟甲骨拾遗·续二》，《殷都学刊》，安阳甲骨学会论文专辑 2004 年版。

21. □子卜，在□，［贞］……于渦往来……王来征［三］邦方……（《合集》36531）

22. 己酉王卜，贞余征三邦［方］，惠𤔲令邑，弗每，不……亡……在大邑商。王占曰：大吉，在九月遘上甲□五牛。

惠𢿑令。（《合集》36530，图4—32）

23. 乙丑王卜，贞禽巫九禽，余祚障遣告侯、田，册𢿑方、羌方、绊方、缱方。余其比侯、田，甾戋四邦方。（《合集》36528反）

24. 乙卯王卜，在麋𬳰，贞余其敦𢿑，惠十月戊申戋。王占曰吉，在八月。（《英藏》2523）

目前没有资料显示"二邦方"、"三邦方"所包含的具体方国。第19、20版卜辞涉及"二邦方"，第21、22版涉及"三邦方"，第21版卜辞"三"字不清，李学勤《殷代地理简论》作"二"，并将"在□"补作"在盯"，认为盯近于𣀈，征二邦方之事与故宫博物院所藏㳂方鼎有关①，据此，二邦方或许是东夷方国。从第19和22版卜辞看，伐二邦方来归在九月，出征三邦方也在九月，应不是一年之事。第23版关于征四邦方的卜辞，契刻在牛胛骨的背面，正面有癸巳、癸卯、［癸］丑卜的三条卜旬卜辞，其中癸巳卜后记"在九月"，背面卜辞卜于"乙丑"，与癸巳相距33日，应已进入十月。从四邦方包括的方国名看，显然是西方的羌人方国联盟，伐四邦方和伐盂方一样动员了侯田的兵力，应是较大规模的用兵。𢿑方为四邦方之一，第24版卜辞敦𢿑或与伐四邦方有关，其卜日为八月乙卯，预计十月将取得胜利，可见这场战争也延续了相当的时日。

总之，这组卜辞表明，为解决"二邦方"、"三邦方"、"四邦方"的联合

图4—32 《合集》36530

---

① 李学勤：《殷代地理简论》，科学出版社1959年版，第94页。

反商，帝乙帝辛也进行了多次的对外征伐。

四 小结

帝乙、帝辛在位共 56 年[①]，期间分别对西方的羌人方国和东南的夷人方国进行了长时间的战争。

西方，首先是盂方侵伐商王朝西方与国，帝乙以保卫与国的名义发动了对盂方的讨伐，其后又对四邦方也动员了"多侯、多田（甸）"的军队进行讨伐。其目的显然与加强对晋南地区的掌控有关，自武乙之时，周人日渐崛起、强大，占有了关中地区以后，更将向晋南扩展，早在文丁时，就有周王季伐晋南诸戎，后来，更有西伯戡黎之举，占领晋南要道，东出太行，可以直取殷都。因此从商王朝势力被迫一步一步退出关中之时开始，经略晋南、加强掌控，就成为商王朝国防建设之要务。这也是商末动员了"多侯、多田（甸）"的军队，西逾太行出征盂方、四邦方等的历史背景。

南渡淮水伐夷方、林方是商代末年另一场重要的战争，随着安徽淮河流域商代文化的繁荣发展，与中原文化日益在交流和碰撞中融合，其中也包括由于各种利益冲突引发的战争，甚至直到西周，与淮夷的战争长期成为王朝的心腹之患。在商代，如卜辞所示，战争的起于夷方侵伐东方与国，商王以册命通告东土侯田，然后出动大军加以讨伐。例如，帝辛十祀伐夷方是在攸侯喜大军配合下进行的，卜辞不仅有"余步比侯喜征夷方"，还有"在攸侯喜𬎿"、"在攸侯喜鄙永"的记录，此外，更有东土方国的参与，从整个战争的准备阶段，到具体战役的先遣、侦察和参战，都有他们参加。

商王朝的外服君长包括有侯、甸、男、卫、邦伯，邦伯与商王朝的关系往往比较疏远，有的时服时叛，不免处于战争状态，所以外服中最重要的是侯、甸，他们受王命被派驻在外，负有封疆警卫之责，而且有较强的武力，所以商王与多侯、多甸一起出征可以说是动员了倾国之师。

帝乙、帝辛时期的战争，如伐盂方、伐夷方和林方，商王在征途的时间都不下一年，加之多次对夷人方国的战争，以及出征"二邦方"、"三邦方"、"四邦方"、𢀛方等，可知商末的数十年间战事频仍，必然对社会经济的发展以及人民的生活带来负面影响，这些战争虽然大都取得了胜利，达到预期的目的，却也种下了商王朝灭亡的种子，从而给后人留下了"纣之百克，而卒

[①] 据《夏商周断代工程 1996—2000 年阶段成果报告》（简本），世界图书公司 2000 年版。

无后"① 的历史教训。

第四节　牧野之战与商王朝的覆灭

一　力量对比的变化

周方原为臣服于商王朝的一个方国，因而一直自称"小邦"，而尊商王朝为"大邦"或"大商"。② 实际上，商代晚期随着廪辛、康丁、武乙、文丁对羌方、召方的连续征伐，削弱了羌人的势力；帝乙、帝辛之时，更要在太行以西和淮水以南两线作战，无暇顾及周方，抓住了历史契机，周人已经迅速地发展起来。

（一）太王始开王业

《诗经·大雅·緜·序》有"文王之兴本由大王也"，小邦周与大国商力量对比的变化始于周公亶父，即太王。

如前所述，先周族第一位留下名字的先祖是古公亶父，从"陶复陶穴，未有家室"，到"止于岐下"③，娶姜女，定居周原。周人著名的直系祖先是后稷，亦为姬姜通婚的后裔，《诗经·大雅·生民》称"厥初生民，实为姜嫄"，"载生载育，实为后稷"。后稷约当帝尧之时，曾居邰，《括地志》载在雍州武功县西南，经多次迁徙，其间公刘迁豳，《诗经·大雅·公刘》说"迺场迺疆，迺积迺仓，迺裹糇粮，于橐于囊"，"弓矢斯张，干戈戚扬，爰方启行"，颂扬公刘带领族人致力于开垦土地，发展农业，储备足够的粮食，于是带着粮食和各种武器，全副武装动身迁豳，去开拓新的生存空间。在豳地开拓疆土"既溥既长。既景迺冈，相其阴阳，观其流泉，其军三单；度其隰原，彻田为粮"，在扩大聚落、耕地，发展生产的同时，实行寓兵于农的军事组织，更"于豳斯馆，涉渭为乱，取厉取锻"，取材用，大建宗庙、宫室。④ 豳在今陕西旬邑、彬县一带，唐代以后改为"邠"，清代的邠州治即在今彬县，《大清一统志》引述唐代文献，记其风俗"土宜殖物，人务稼穑"，

---

① 《左传·宣公十二年》。

② 如《尚书·大诰》"兴我小邦周"；《顾命》"皇天改大邦商之命"、《诗经·大雅·大明》"燮伐大商"。

③ 《诗经·大雅·緜》。

④ 参见王先谦《诗三家义集疏》，中华书局1987年版，第901—902页。

"尚播种、畜牧","尚勇力、习战备"①,可见豳地比较丰饶,农牧皆宜,又属于古戎狄之地,周人在这里既积极发挥作为农业民族的特长,又受到畜牧民文化"尚勇力"的影响,为后来的发展奠定基础。正像《史记·周本纪》所言,"公刘虽在戎狄之间,复修后稷之业,务耕种,行地宜,自漆、沮渡渭,取材用,行者有资,居者有畜积,民赖其庆。百姓怀之,多徙而保归焉。周道之兴自此始"。

到了商代晚期,居于豳地的先周族不断遭到畜牧民部落的攻击,又迁回周原,《庄子·让王》记述:

> 太王亶父居邠,狄人攻之。事之以皮帛而不受,事之以犬马而不受,事之以珠玉而不受,狄人之所求者土地也。太王亶父曰:"与人之兄居而杀其弟,与人之父居而杀其子,吾不忍也,子皆勉居矣……"因杖箠而去之。民相连而从之,遂成国于岐山之下。

《淮南子·道应训》的文字大体相同,又《泰族训》作"太王亶父处邠,狄人攻之,杖策而去。百姓携幼扶老,负釜甑,逾梁山,而国乎岐"。《史记·周本纪》作:

> 古公亶父复修后稷、公刘之业,积德行义,国人皆戴之。熏育戎狄攻之,欲得财物,予之。已复攻,欲得地与民。民皆怒,欲战。古公曰:有民立君,将以利之。今戎狄所为攻战,以吾地与民。民之在我,与其在彼,何异。民欲以我故战,杀人父子而君之,予不忍为。乃与私属遂去豳,度漆沮,逾梁山,止于岐下。豳人举国扶老携弱,尽复归古公于岐下。及他旁国闻古公仁,亦多归之。

二者对于戎狄攻之的缘由记载稍有不同,从《庄子》、《淮南子》强调"所求者土地"看,或与廪辛、康丁连续对西北畜牧民方国作战的历史大背景有关,因为根据今本《纪年》,自"邠迁于岐周"是在武乙即位之初,由于商王朝的胜利,迫使畜牧民退却开辟新的生存空间,从而把矛头指向"在戎狄之间"的先周族,而经济生活以农业为主的先周族则乘机回到富庶的周原。

---

① 《大清一统志》卷一九四邠州。

又，《周本纪》的"古公亶父"，《庄子》等称"太王亶父"，今本《纪年》称"周公亶父"，徐文靖《竹书统笺》按"自组绀以上皆曰邠侯，至亶父迁于岐周，始命为公，故曰周公亶父也"。并引《诗》"郑笺曰：古公据文王本其祖也，诸侯之臣称君曰公"。说"亶父，名也。古公，犹言先公也"[①]。《周本纪》正义引"《礼记大传》云：牧之野武王成大事而退，追王太王亶父、王季历、文王昌"，故此"古公亶父"不是"陶复陶穴，未有家室"的先周族第一位著名祖先，而是《庄子·让王》成玄英疏所谓"亶父，王季之父，文王之祖也"[②]，即太王。

周人灭商的准备是始于太王的，《诗经·鲁颂·閟宫》有"后稷之孙，实维太王。居岐之阳，实始翦商"。《周颂·天作》则称"天作高山，大王荒之。彼作矣，文王康之"。为此目的，太王首先争取商王朝对其地位的承认，据今本《纪年》，武乙元年下的记事有"邠迁于岐周"，"命周公亶父，赐以岐邑"，雷学淇《竹书纪年义证》解释说："亶父之先本为邠侯，王因古公迁岐，民归如市，知公为贤君，故加锡命，使为诸公，且即以岐邑赐之。"其中，商王赐以岐邑说虽出于正统观念，但"古公迁岐，民归如市"，这一基本史实见于多种记载，有一定的可信性，在当时也会造成相当的政治影响，从而迫使武乙承认这一政治实体的地位。与此同时，太王还加强与中原及周边方国的联系，《史记·周本纪》载：

> 古公有长子曰太伯，次曰虞仲。太姜生少子季历，季历娶太任，皆贤妇人，生昌，有圣瑞。古公曰：我世当有兴者，其在昌乎。长子太伯、虞仲知古公欲立季历以传昌，乃二人亡如荆蛮，文身断髪，以让季历。

从这一段记载可知，第一，古公之配偶为太姜，通过联姻与姜姓之族建立密切关系。近年考古发现和研究表明，大约在武乙、文丁时，先周文化"郑家坡遗存"陡然崛起，东面将商文化排斥出关中，融合了属于姜戎文化的"刘家村遗存"，很快发展到了整个关中地区，形成周文化。[③] 姬姜联姻与这种文

[①] 徐文靖撰：《管城硕记》卷八，诗三。
[②] 郭庆藩辑：《庄子集释》，中华书局1961年版，第967页。
[③] 参见孙华《陕西扶风壹家堡遗址分析》，《考古学研究》（二），北京大学出版社1994年版。

化的融合的现象是互为表里的。

第二，为季历迎娶太任，太任是挚国任姓之女，《诗经·大雅·大明》云"挚仲氏任，自彼殷商，来嫁于周，曰嫔于京"。郑氏笺"挚国中女曰大任，从殷商之畿内嫁为妇于周之京，配王季"。王先谦《诗三家义集疏》引"《国语·周语》'挚畴之国也由太任'，韦注：'挚、畴二国，任姓奚仲、仲虺之后，太任之家。'《路史》'今蔡之平舆有挚亭'。按：平舆故城在今河南省汝宁府城（即现今汝南）东，是挚实殷畿内国，故云'自彼殷商'"。①

第三，太伯、虞仲"亡如荆蛮""以让季歷"的故事在历史上流传极广，"荆蛮"在先秦文献中一般指位于鄂西的楚，《左传·庄公十年》"秋九月荆败蔡师于莘"。杜注："荆，楚本号，后改为楚。"《春秋左传要义》称"荆楚一本二名，故以为国号亦得二名，终庄公之世，经皆书荆，僖之元年乃书楚人伐郑，盖于尔时始改为楚，以后常称楚"②。亦称"荆楚"、"荆蛮"，如《诗·商颂·殷武》所谓"挞彼殷武，奋伐荆楚"。《左传·昭公二十六年》王子朝奔楚，使告于诸侯，称"兹不穀震荡播越，窜在荆蛮"。亦称"荆楚"。《史记·楚世家》载成王之时"封熊绎于楚蛮"，"居丹阳"，《集解》："徐广曰：在南郡枝江县。"《正义》："颍容（云）《传例》云：楚居丹阳，今枝江县故城是也；《括地志》云：归州巴东县东南四里归故城，楚子熊绎之始国也。又，熊绎墓在归州秭归县；《舆地志》云秭归县东有丹阳城，周迴八里，熊绎始封也。"枝江、秭归地处长江中上游，在今湖北省长江边上。所以太伯、虞仲"亡如荆蛮"，很可能是顺汉江而下，进入鄂西地区。

这一地区在夏代是中原文化影响所及之地，到了商代，曾进一步纳入了商王朝的南土，如前所述，武丁伐归就是在这一地区作战。考古学的成果看，在江汉平原南部的广大地区，当二里头下层偏晚至上层偏晚之时，存在一支以湖北江陵荆南寺遗址为代表的考古学文化，其分布东可见于湖南岳阳铜鼓山，最西近于峡区，北及汉水两岸，南可渗透到湖南澧县一带，正包含文献所谓的荆蛮之地。该文化的主体为早商时期中原某支商人南下与土著人杂居的产物，从不同遗址包含文化因素的比例看，其中荆南寺是以土著人为

---

① 王先谦：《诗三家义集疏》，中华书局1987年版，第829页。
② （宋）魏了翁：《春秋左传要义》卷一〇，三《楚始称荆僖元年后称楚》，四库全书本。

主的居民点，铜鼓山是以南下商人为主的聚落。① 商代后期，商文化开始在南方大范围退缩，与此同时土著文化迅速发展。②

这种态势与陕西地区有某些相似之处，商末，太王、王季、文王在经略西土的同时，与南土楚的关系也相当密切，楚之先世鬻熊有"子事文王"或为"文王之师"之说③；在文王前后的周原甲骨中，也有"曰今秋楚子来告"等内容。④ 这些都意味着太伯、虞仲"亡如荆蛮"的主要目的是联络南土诸族，为灭商和新朝开拓南土创造条件，徐中舒早已提出"余疑太伯、仲雍之在吴，即周人经营南土之始，亦即太王翦商之开端"⑤，这是有道理的，只不过太伯、仲雍所至不当为吴地（今江苏苏州北）⑥，如杨宽所说，当太王时周的势力绝不可能到达吴国，必待周公东征以后，周的支族才有可能封到吴国，吴国是虞的分支，宜侯夨簋所载康王时虞侯夨分封到宜，当即吴国始祖。⑦ 太伯、仲雍所至是在鄂西长江流域的古代的荆蛮之地，后来参与武王伐纣的庸、蜀、彭、濮等⑧多居国于蜀鄂交界处，也指示出太伯、虞仲"亡如荆蛮"实为太王"翦商"的部署之一。

（二）王季拓土开疆

《周本纪》记载："古公卒，季历立，是为公季。公季修古公遗道，笃行仁义，诸侯顺之。"古本《纪年》有武乙"三十四年，周王季历来朝，武乙赐地三十里，玉十瑴，马八疋"。⑨ 季历继续实行交好商王朝和其他诸侯之策略的同时，还进一步拓土开疆，以便从人力、物力方面壮大周方国。

季历首先把矛头指向相邻的毕程氏之国，今本《纪年》有：

---

① 何驽：《荆南寺遗址夏商时期遗存分析》，北京大学考古系编《考古学研究》（二），北京大学出版社1994年版。

② 参见湖北省文物考古研究所《五十年来湖北省文物考古工作》，《新中国考古五十年》，文物出版社1999年版，第282页。

③ 《史记·楚世家》。

④ 曹玮：《周原甲骨文》H11：83，世界图书公司2002年版。

⑤ 徐中舒：《殷周之际史迹之检讨》，《中研院史语所集刊》第七本第二分册，1936年。

⑥ 见《史记·周本纪》"亡如荆蛮"正义。

⑦ 杨宽：《西周史》，上海人民出版社1999年版，第62—63页。

⑧ 见《尚书·牧誓》。

⑨ 《太平御览》卷八三皇王部。

武乙二十四年，周师伐程，战于毕，克之。

徐文靖《竹书统笺》按"穆王时左史戎夫记曰：昔有毕程氏，损禄尊爵，群臣貌匮，比而庆民，毕程氏以亡。周师伐程战于毕，盖即为毕程也。《地理志》扶风安陵县，师古曰阚骃以为周之程邑也，《书叙》'惟王季宅程'，《史记》正义引《周书》惟'王季宅郢'，郢即程也。郢故城在雍州咸阳县东二十里。战于毕，毕陌在程西北"。其中所谓"左史戎夫记曰"见于《逸周书·史记解》。雷学淇《竹书纪年义证》也说"今程在陕西咸阳县东二十里，安陵城即是。毕在咸阳城北五里，其原甚广，跨渭南北"，并引"《元和郡县志》曰咸阳乃毕原也"等记载，"合诸说考之，是毕原延袤甚广，而程则近毕之国名也"。

在古代文献中相关记载很多，可知今本《纪年》此条是有根据的。如《诗经·大雅·皇矣》"度其鲜原"，孔颖达疏"《周书》称文王在程作程寤、程典。皇甫谧云：文王徙宅于程，盖谓此也"。《逸周书·大匡解》也有"维周王宅程。三年遭天之大荒"；《孟子·离娄》有"文王生于岐周，卒于毕郢"；《吕氏春秋·审应览·具备》有"武王尝穷于毕裎矣"，前人考订毕程、毕郢、毕裎皆同，毕者，程地之大名，程者毕中之小号，毕程之称犹如岐周[1]，《括地志》雍州咸阳县有"安陵故城在雍州咸阳县东二十一里，周之程邑也"[2]，通过考古调查，有研究者认为其地就在今咸阳市东北韩家湾乡白庙村。[3]

季历伐程略如商汤伐葛。汤为灭夏做舆论准备，在拔除三蘖之前，以葛伯不祀更杀害助耕者的名义加以挞伐；季历则是以毕程氏群臣"庆民"为由，吊民伐罪。商汤伐葛的主要是收获了政治资本，而季历伐程，首先是进一步扩大了周方直辖的领土，从岐山、扶风东向推进到西安地区。当然另一方面的政治影响也不可小视，据今本《纪年》，季历克毕程氏显示了实力，又"来朝"交好，表示臣服于商之后，才受武乙封赏的。

在武乙文丁对西北方国连续征讨的同时，季历也多次出兵戎狄，古本

---

[1] 见焦循《孟子正义》，中华书局1987年版，第538—540页。

[2] （唐）李泰等著，贺次君辑校：《括地志辑校》，中国古代地理总志丛刊，中华书局1980年版，第18页。

[3] 李毓芳：《西汉帝陵的考察》，《考古与文物》1989年第3期。

《纪年》有：

> 武乙三十五年，周王季历伐西落鬼戎，俘二十翟王。
> 文丁二年，周公季历伐燕京之戎，败绩。
> 文丁四年，周公季历伐余无之戎，克之。周王季命为殷牧师。
> 文丁七年，周人伐始呼之戎，克之。
> 文丁十一年，周人伐翳徒之戎，获其三大夫。

季历伐西落鬼戎，当即《周易·未济》爻辞所谓"震用伐鬼方，三年有赏于大国"，徐中舒早已指出，后者反映了小邦周对戎狄战争的胜利震惊了商王朝①，方诗铭等《古本竹书纪年辑证》案语中也说"周人称殷为'大国'，自称'小邦'。因此，'有赏于大国'即有赏于殷，非指高宗武丁伐鬼方，其事甚明"。"此役因鬼方入犯，周人大举出击，历时三年，始获胜利，报捷于殷，复得殷王之赐。《未济》爻辞所述史实当如此，与《纪年》同，且可互证"。②西落鬼戎当指殷之西北的畜牧民诸部，商人泛称为羌，周人曾泛称为鬼方③，其活动地域，王国维认为在汧陇之间或更在其西④，而对周人造成威胁的主要是活动在泾水上游、汧陇和陇东葫芦河流域的畜牧民，他们可以从西、北两路南下，直抵周原。

在大胜"西落鬼戎"，基本解除了东向开拓的后顾之忧后，季历再伐燕京之戎、余无之戎、始呼之戎、翳徒之戎。徐文靖考订燕京之戎活动在今山西太原地区，说《淮南子》"汾出燕京"，高诱曰：燕京山在太原汾阳县。《水经注》曰：湿水径阴馆县故城西，又东北流，左会桑干水，耆老云其水潜承太原汾阳北燕京山之天池，燕京亦管涔之异名也。《郡县志》天池在岚州静乐县北，燕京山上，周回八里，阳旱不耗，阴霖不溢，燕京之戎盖居此山也。还提出余无之戎当即是余吾及无皋二戎，考订分别在山西纯留县西北

---

① 徐中舒：《殷周之际史迹之检讨》，《中研院史语所集刊》第七本第二分册，1936年。
② 见方诗铭等《古本竹书纪年辑证》，上海古籍出版社1981年版，第33—36页。
③ 参见罗琨《"高宗伐鬼方"史迹考辨》，胡厚宣主编《甲骨文与殷商史》，上海古籍出版社1983年版。
④ 王国维：《鬼方昆夷猃狁考》，《观堂集林》卷十三。

和壶关县城东南。① 始呼之戎、翳徒之戎活动地域不详。

季历对诸戎战争的胜利，首先是为了扫清自身继续发展的障碍，同时也策应了武乙、文丁对西北敌方的战争，不能不引起商王朝的重视，被命为殷牧师，成为一方诸侯之长，标志着季历继续太王遗志，将"翦商"大业推进到一个新阶段。然而周方的日益强大，且向晋南的发展不能不使商王朝感受到了威胁，从而设法除掉季历，《晋书·束皙传》记汲冢竹书《纪年》十三篇，载"文丁杀季历"。

（三）文王"三分天下有其二"

《史记·周本纪》记载："公季卒，子昌立，是为西伯。西伯曰文王，遵后稷、公刘之业，则古公、公季之法，笃仁、敬老、慈少，礼下贤者，日中不暇食以待士，士以此多归之。伯夷、叔齐在孤竹，闻西伯善养老，盍往归之。太颠、闳夭、散宜生、鬻子、辛甲大夫之徒皆往归之。"古本《竹书纪年》还有"帝乙处殷，二年，周人伐商"，透露出西伯昌即位之初，曾为父报仇起兵反商，但这时周方的力量还无法与商王朝抗衡，"伐商"不可能取得成效，受挫后的西伯昌重新检讨对内对外政策，致力于扭转力量对比，直到"三分天下有其二，以服事殷"。②

为此，西伯昌首先继承后稷、公刘以农业为基础的方针，《史记·货殖列传》有"关中自汧、雍以东至河、华，膏壤沃野千里，自虞夏之贡以为上田"，居于适宜农耕之地，大力发展农业生产，这就为国力的增强和其后灭商的战争准备了物质条件。第二，继续以古公、公季之法为准则，倡导"笃仁、敬老、慈少"的社会风气，提高自身威望，对内争取百姓拥护，上下同心；对外交好大国和其他周边小国，同时大力吸引人才，赢得贤士归周。

在古代社会，有"婚姻，祸福之阶也。由之利内则福，利外则取祸"之说③，文王仍以联姻作为交好殷商及其他方国的策略之一。《诗经·大雅·大明》云："文王嘉止，大邦有子。大邦有子，俔天之妹，文定厥祥，亲迎于渭。造舟为梁，不显其光。""有命自天，命此文王。于周于京，缵女维莘。长子维行，笃生武王。保佑命尔，燮伐大商。"前一节记述文王非常隆重地迎娶了大邦的"俔天之妹"，联系《周易》爻辞泰六五有"帝乙归妹"，可知

---

① 徐文靖：《竹书纪年统笺》卷六文丁。
② 《论语·泰伯》。
③ 《国语·周语中》。

文王通过与商王族联姻，交好"大邦商"。① 而从归妹六五"帝乙归妹，其君之袂不如其娣之袂良"，联系《公羊传·庄公十九年》所谓"诸侯娶一国，则二国往媵之"的古俗，可知这种联姻，交好的还不仅是一个商王族。后一节说天帝降命文王，和有莘国的长女成就了婚姻，太姒的德行与文王等齐，生育了讨伐大商的武王。其中"缵女为莘"，毛传："缵，继也。莘，太姒国也"，可见文王的法定配偶中，还有有莘氏之女，有莘姒姓，故称太姒。②

通过修德行善树立威信，在诸侯中影响很大，由此争取到诸侯支持的典型事例是平息虞芮之争，《史记·周本纪》有："西伯阴行善，诸侯皆来决平。于是虞、芮之人有狱不能决，乃如周。入界，耕者皆让畔，民俗皆让长。虞、芮之人未见西伯，皆惭，相谓曰：吾所争，周人所耻，何往为，祇取辱耳。遂还，俱让而去。诸侯闻之，曰西伯盖受命之君。"这个故事亦见《诗经·大雅·緜》："虞芮质厥成，文王蹶厥生。"说虞芮之君相与争田，久而不平，相与朝周，见礼让之风，二国之君感愧而归，解怨结盟，天下闻之而归者四十余国。③ 据考故虞城在陕州平陆县东北五十里，虞山之上古虞国，芮城在陕州芮城县西二十里古芮国，闲原在平陆县西六十五里，即虞芮争田让为闲田之所④，虞芮之地正处在晋陕豫三省的接界地区的军事要道上，它们成为周方坚定的与国，为周人东向发展和进入晋南、晋中提供了方便。

大力吸引人才的策略也取得积极成效，文王时已赢得不少贤士，《国语·晋语》说文王"及其即位也，询于八虞，而咨于二虢，度于闳夭而谋于南宫，诹于蔡、原而访于辛、尹，重之以周、召、毕、荣，亿宁百神，而柔和万民"。其中辅佐西伯昌的有八位虞官，是伯达、伯适、仲突、仲忽、叔夜、叔夏、季随、季䯄。闳夭、南宫适为贤臣，蔡、原指蔡公、原公，辛、尹指辛甲、尹佚，还有周文公、召康公、毕公、荣公等。文王为政，咨于大臣，顺而行之，百神皆安，万民得宁。《诗经·大雅·文王》也有"思皇多士，生此王国。王国克生，维周之桢；济济多士，文王以宁"的颂词，反映当时文王周围会萃了众多贤士，恭谨勤勉，皆为治国的骨干，使得文王之国

---

① 参见顾颉刚《周易卦爻辞中的故事·帝乙归妹的故事》，《古史辨》三，上海古籍出版社1982年版。

② 参见高亨《周易古经今注》，中华书局1984年版，第194—195页。

③ 见《毛诗注疏》引毛传。

④ （宋）王应麟撰：《诗地理考》卷四虞芮，文渊阁四库全书本。

上下同心、昌盛安宁。一些贤士后来还成了武王灭商的重要谋臣和骨干,《左传·襄公二十八年》有"武王有乱臣十人",杜预注:乱,治也。孔颖达疏:以武王自言,我有治理政事者十人,郑玄《论语》注云,十人谓文母、周公、太公、召公、毕公、荣公、太颠、闳夭、散宜生、南宫适。他们是武王得以完成灭商大业、建立西周王朝的重要保证,尤其是姜太公,后世有"天下三分其二歸周者,太公之謀計居多"的评价。①

《史记·周本纪》载,西伯昌积善累德、争取民心引起崇侯虎警觉,提醒殷纣"将不利于帝。帝纣乃囚西伯于羑里"。正是周之贤臣闳夭等"求有莘氏美女,骊戎之文马,有熊九驷,他奇怪物,因殷嬖臣费仲而献之纣"。不仅使文王脱险,还"赐之弓矢斧钺,使西伯得征伐"。更获得"潛西伯者,崇侯虎"的情报,这些对于进一步扫清伐纣障碍起了很大作用。但西伯并未急于报复崇侯虎,而是乘机发动政治攻势,"献洛西之地,以请纣去炮烙之刑",进一步树立自己为天下人请命的形象,取得"诸侯多叛纣而往归西伯。西伯兹大,纣由是稍失权重"②,力量对比已经有了变化。

在经济、政治方面做了充分准备的基础上,文王充分利用商王朝赐予的得专征伐大权,开始了一系列的军事行动,如《周本纪》所说:"明年,伐犬戎。明年,伐密须。明年,败耆国。""明年,伐邘。明年,伐崇侯虎。而作丰邑,自岐下而徙都丰。"

为了东向与商王朝争锋,首先要安定后方,解除畜牧民部落对西北边境的威胁,因而先行对犬戎用兵,如《后汉书·西羌传》载"及文王为西伯,西有昆夷之患,北有猃狁之难,遂攘戎狄而戍之,莫不宾服,乃率西戎,征殷之叛国以事纣";《诗经·大雅·緜》作"柞棫拔矣,行道兑矣,混夷駾矣,维其喙矣。"混夷即犬戎,意思是要扫清道路畅通无阻,就要除尽柞树和棫朴等灌木,削弱混夷的实力,迫使他们败退奔突。

密须为姞姓之国③,《汉书·地理志》八下安定郡阴密县下,记"《诗》密人国有器安亭,师古曰即《诗·大雅》所云:密人不恭,敢距大邦者"。其地即今泾水上游的甘肃灵台县,古代是西方戎族进入关中的通道,占据并扼守其地于周方至关重要。《大雅·皇矣》有"密人不恭,敢距大邦,侵阮

---

① 《史记·齐太公世家》。

② 《史记·殷本纪》。

③ 《史记·周本纪》集解。

徂共。王赫斯怒，爰整其旅，以按徂旅。以笃于周祜，以对于天下"。记述了这场战争的经过，密须侵凌周边小国——今甘肃泾川县境的阮与共，文王赫然震怒，抓住战机整军出征，周师在"旅"地遏制了密军，保卫了周边地区的安宁，从此周方的威名进一步显扬天下，赢得更多小国的拥护。在周师的震慑下，"密须之民自缚其主而与文王"①。这场战役的胜利对于周方有很大意义，《国语·周语上》曾载西周时，恭王灭姬姓的密康公之国的史事，可能灭密须以后即改封同姓，近世甘肃灵台白草坡西周墓的发掘，还揭示灭商以后，还将归顺的殷人贵族封迁于该地②，这些都证明密须之地关乎宗周的防御，对周人的东向开拓有不可忽视的重要意义。不仅如此，《皇矣》于下文继续讲述，还兵周京以后，"度其鲜原，居岐之阳，在渭之将。万邦之方，下民之王"。密须之民缚主降周，反映了文王已经"德盛而威行，可以迁居定天下"，于是宅程③，如前所述，程地在今咸阳市东北，"宅程"则是将政治中心东移，向着武王伐纣的目标推进一步。

此后，西伯开始挥师东进，首先越过黄河用兵耆国。近世《尚书》研究成果表明《史记》所谓"败耆国"，与《尚书·西伯戡黎》所指为一事，在古文献中耆或写作饥、阢、阭等，这是周文王东向略地关系最重大的一役，也是对殷周势力消长最有影响的一次关键性事件。黎在今山西长治市东南壶关境内，距离殷墟安阳小屯仅二三百里，"败耆国"直接威胁到殷都，因而《西伯戡黎》有"西伯既戡黎，祖伊恐，奔告于王"的记述。④

接着伐邘，邘即甲骨文中的盂，据考《左传·隐公十一年》有周王取于郑、邬、刘、蒍、邘之田的邘，亦即《定公八年》"刘子伐盂"之盂，可证邘原作盂。《水经·沁水注》涉及邘城、古邘国引"京相璠曰今野王西北三十里，有邘城、邘台是也"，在今河南沁阳县西北，是位于黄河北岸的商王田猎区⑤。《孟子·滕文公下》引古《太誓》曰"我武惟扬，侵于之疆，则取

---

① 《吕氏春秋·用民篇》。
② 甘肃省博物馆文物队：《甘肃灵台白草坡西周墓》，《考古学报》1977 年第 2 期。
③ 参见《毛诗注疏·大雅·皇矣》"度其鲜原"郑氏笺；马瑞辰：《毛诗传笺通释》中华书局 1989 年版，第 850—852 页。
④ 刘起釪：《周文王的向东略地》，载《古史续辨》，中国社会科学出版社 1991 年版，第 501—513 页。
⑤ 陈梦家：《殷虚卜辞综述》，科学出版社 1956 年版，第 260 页。

于残，杀伐用张，于汤有光"。历来注疏多认为"我武惟扬"之武是人名，讲的是武王之事①，近世另一种解读认为"侵于之疆"的于是地名，讲的是文王伐邘，大军如鹰之飞扬，突入邘境，取于残贼，杀伐之功要比商汤伐桀更为显赫，从而表明伐邘是文王用兵最辉煌的一次。②

西伯戡黎、伐邘的胜利在战略上控制了南起怀州（沁阳）、北达潞州的羊肠坂道，阻断商王朝腹心地区与晋南及西土与国联系的一条重要通道，还使得王畿西部的天然屏障失去了作用。然后西伯将矛头指向商王朝统治的一个重要支柱，即以崇侯虎为代表的崇国。

对于战争经过，《说苑·指武》有："文王欲伐崇，先宣言曰：余闻崇侯虎蔑侮父兄，不敬长老，听狱不中，分财不均，百姓力尽不得衣食，余将来征之，唯为民。乃伐崇，令毋杀人、毋坏室、毋填井、毋伐树木、毋动六畜，有不如令者死无赦，崇人闻之因请降。"反映西伯首先采取政治攻势，以吊民伐罪的名义出师，并以严明的纪律约束军队，以争取民众，分化瓦解敌人。战争进行得相当激烈，《皇矣》有：

> 帝谓文王："询尔仇方，同尔兄弟，以尔钩援，与尔临冲，以伐崇墉。"临冲闲闲，崇墉言言。执讯连连，攸馘安安。是类是禡，是致是附，四方以无侮。临冲茀茀，崇墉仡仡。是伐是肆，是绝是忽。四方以无拂。

这一段的意思是说上帝垂训文王，要征询同姓和与国的意见，联合行动，要用钩梯、临车、冲车等器械，猛攻崇城。以下是讲战争经过，值得注意的是"临冲闲闲，崇墉言言"、"临冲茀茀，崇墉仡仡"前后两次提到沉重的冲车和崇国高大的城垣，联系《左传·僖公十九年》所谓"文王闻崇德乱而伐之，军三旬而不降。退修教而复伐之，因垒而降"。可能周师首战虽然连连取得胜利，既有生擒的俘虏，又有杀敌割耳者来献功，但是崇国坚持抵抗，拒不投降。于是周师再次举行师祭，调整政策，一方面如《说苑》所载，约束军队，安抚崇国人民；另一方面再次发动强攻，终于伐灭崇国。③ 从"因

---

① 《孟子注疏》卷六上（汉）赵岐注。
② 章炳麟：《古文尚书拾遗定本》、刘起釪：《周文王的向东略地》。
③ 参见（清）马瑞辰《毛诗传笺通释》，中华书局1989年版，第853—856页。

垒而降"看，可能还采取新的战术，古代攻城法曾有"于城外起土为山，乘城而上，古谓之土山，今谓之垒道。用生牛皮作小屋，并四面蒙之，屋中置运土人，以防攻击者，土山即《孙子》所谓距闉也"①。伐崇或采取了类似办法破城。

灭崇使周方进一步铲除了东进灭商的障碍，此后将政治中心在东移一步，迁往丰，准备伐商。可能正因为如此，《战国策·秦策》记述，苏秦曾将文王伐崇与武王伐纣、汤伐有夏、禹伐共工、舜伐三苗、尧伐驩兜等历史上关键性的战役相提并论。

崇国的地望存在不同看法，传统观点多认为在陕西户县东，如《史记·周本纪》正义引皇甫谧曰"崇国盖在丰镐之间"，集解引徐广曰"丰在京兆鄠县东"，鄠县即今户县。近世则有人提出河南嵩县说和山西襄汾说等②，如刘起釪引证王念孙《读书杂志》，考订"崇"就是后代的"嵩"，或写作崧，亦即现在河南登封附近的嵩山一带地，并且提出取得这一胜利以后，周师就能以压倒优势虎视殷都，同时，开拓了以崇国为中心今河南中部和西部的广大地区。③ 近年上海博物馆公布了新入藏的楚简《容成氏》，也涉及了这一段历史，说：由于殷纣为炮烙之刑，又沉湎于酒，"于是乎九邦叛之，丰、镐（镐）、郍（舟）、䜌（石）、于、鹿、耆、宗（崇）、畬须是（密须氏）"，殷纣释文王于夏台，委派他处理九邦之事，文王出兵，"七邦来服，丰、镐不服"，文王"三鼓而进之，三鼓而退之，曰''一人为亡道，百姓亓何辜'。丰镐之民闻之，乃降文王"。④ 有研究者提出简文所谓文王平九邦，是过去记载不多的，关于九邦，虽然在古书中并非毫无记载，但九国并举，全列其名，为前所未见。从简文可知丰、镐是实力较强的国家，得此二国之地，周人的势力才有周原一带推进到今咸阳、西安。而丰与崇并举，否定了在崇的故地作丰邑之说，为崇地嵩县说提供了旁证。提示出周人灭商分三步走：第一步，以今宝鸡地区为核心，以其南部和西部与国（如牧誓八国）为依托，

---

① （唐）杜佑：《通典》卷一六〇"攻城战具附"。
② 陈昌远：《"崇伯"与文王伐崇地望研究》，《河南大学学报》1992年第1期。
③ 刘起釪：《周文王的向东略地》载《古史续辨》，中国社会科学出版社1991年版，第501—513页。
④ 马承源主编：《上海博物馆藏战国楚竹书》（二），容成氏释文，上海古籍出版社2002年版，第285—288页。

北征犬戎、密须，东征丰镐，占领整个关中。第二步，征舟（河南新郑）、石（不详）、于（河南沁阳）、鹿、崇（皆在河南嵩县一带）、耆（山西长治），夺取商王朝占领的夏人故地。第三步，在对商王畿形成合围之势的基础上，发起牧野之战。①

此说就牧野之战前夕的大势而言是有道理的，不过认为崇与丰并举可否定崇在户县东之说论据似有不足，《周本纪》的原文记述文王伐密、败耆、伐邘、崇，而后作丰邑，迁都，即只说灭崇后作丰邑，并没有说在崇的故地作丰邑，所以不能排除丰、镐与崇都是距离户县不远的三个方国的可能性。而且1985—1989年在西安东郊21公里处的灞河北岸老牛坡发掘出一处商代遗址，其性质堪为商王朝开拓、驻守西土的方国重镇，其地理位置正在先周岐邑之东，是周人东向翦商必经之地，丰镐遗址就在老牛坡遗址以西约50公里处，这一发现证明了距离丰、镐不远，确有一个重要的商王朝与国，因此一些研究者认为老牛坡商代文化的族属和国别当即为崇，周原11号窖穴22号卜甲所刻的"虫白"，亦即指其代表人物——崇伯②。

老牛坡的发现和研究为崇在户县以东说提供了佐证，从发掘报告可知，第一，该遗址的商文化遗存存在时间大体涵盖郑州二里冈、安阳殷墟前后相继的两个历史阶段。文化面貌具有两重性，一是主要因素来自郑州安阳商文化，体现了极大的一致性；二是诸多方面呈现自己特点，尤其到了后期，随着自身发展和与周边地区文化的交流，表现出了一些新内容和地方特色。第二，商代晚期，即商文化第四期时发展到鼎盛阶段，而且有严整的布局，如Ⅰ区有冶铜作坊，已发现的炼渣堆积达长18米、厚2米，还有铜范、铜器；Ⅲ区有一处独立的宗族墓地，已发现的6座中型殉人木椁墓略呈西北—东南向并排在一条直线上，位于墓地最北边，即上位，小型墓多在墓地之南，居于下位；Ⅳ区有大面积建筑遗存。从已发掘的三期遗存看，有大型夯土基址、房屋、灰坑等。第三，从碳十四测定的年代看，遗址大致毁于商亡前夕，最值得注意的是不仅遗址遭到严重破坏，墓葬，尤其是中型木椁墓均遭早期的严重盗掘，无一幸免，人架全部扰乱，墓主遗骸或被彻底扬弃，随葬

---

① 李零：《三代考古的历史断想》，《中国学术》第14辑。
② 见刘士莪编著西北大学田野发掘报告《老牛坡》，陕西人民出版社2001年版，第357—361页；徐锡台编著《周原甲骨文综述》，三秦出版社1987年版，第128页；曹伟编著《周原甲骨文》H11：22，世界图书公司2002年，第21页。

品几乎无存，反映曾遭一场"灭国绝嗣"的浩劫。这些现象说明该遗址最初曾为商王朝西进军事据点，到了商代晚期，已成长为具有一定独立性的重要与国，其地望、衰亡时间以及破坏情况正与文献所载文王伐崇相呼应。

总之，武王即位以前，周人已尽取"于天下三分之一"的关中[①]，复夺夏地，可谓占有天下三分之二，尽管不是"尽夺"，但一些战略要地的占领，已在一定程度上切断了商王畿与主要与国的联系，至此，"大邦商"地广人众的优势已丧失殆尽。

二 牧野决战

（一）年代研究与武王进军路线

牧野决战是中国上古史的一件大事，商王朝由此灭亡，西周王朝建立，从此将中华礼乐文明推向巅峰。中华民族是一个很重视历史的民族，在古代的典籍中，往往见有关朝代兴亡历史的教训世代相传，其中涉及牧野之战的记述很多，就发生的年代而言，包括有年、月、日及有关天象、气象等资料。但是今天所见多是经过长期的口耳相传以后才整理写定的，又会在传抄、翻刻的过程中出现了某些讹误，形成异说。加之商周历法不明，纪日用干支，六十甲子循环；记年仅系王年，三代积年多为约数。有关天象的记述虽不少，然而究竟是当时的记录，还是后来的推算不清；多种天象是一时并见，还是陆续显现也难确认。

正因为有很多不确定的因素，所以文献记载愈多，研究者见仁见智选择的余地愈大，结论也愈加纷繁，长期以来中外学者对于牧野之战年代的推断至少有44种意见，最早为公元前1130年，最晚为公元前1018年，早晚相差112年。[②] 前人的研究方法主要是根据古代历法进行推算，近人则多更据文献记载加以推算，并证之以金文、甲骨文。如《汉书·律历志》援引《世经》根据《三统历》的推算：

《三统》，上元至伐纣之岁，十四万二千一百九岁，岁在鹑火张十三度。文王受命九年而崩，再期，在大祥而伐纣，故《书序》曰："惟十

[①] 《史记·货殖列传》。

[②] 夏商周断代工程专家组：《夏商周断代工程1996—2000年阶段成果报告》（简本），世界图书公司。下同。

有一年，武王伐纣，(作)《太誓》。"八百诸侯会。还归二年，乃遂伐纣克殷，以箕子归，十三年也。故《书序》曰："武王克殷，以箕子归，作《洪范》。"《洪范》篇曰："惟十有三祀，王访于箕子。"自文王受命而至此十三年，岁亦在鹑火，故传曰："岁在鹑火，则我有周之分野也。"师初发，以殷十一月戊子，日在析木箕七度，故传曰："日在析木。"是夕也，月在房五度。房为天驷，故传曰："月在天驷。"后三日得周正月辛卯朔，合辰在斗前一度，斗柄也，故传曰："辰在斗柄。"明日壬辰，晨星始见。癸巳武王始发，丙午还师，戊午度于孟津。孟津去周九百里，师行三十里，故三十一日而度。明日己未冬至，晨星与婺女伏，历建星及牵牛，至于婺女天鼋之首，故传曰："星在天鼋。"《周书·武成》篇："惟一月壬辰，旁死霸，若翌日癸巳，武王乃朝步自周，于征伐纣。"序曰："一月戊午，师度于孟津。"至庚申，二月朔日也。四日癸亥，至牧野，夜陈，甲子昧爽而合矣。故《外传》曰："王以二月癸亥夜陈。"《武成》篇曰："粤若来三月，既死霸，粤五日甲子，咸刘商王纣。"是岁也，闰数余十八，正大寒中，在周二月己丑晦。明日闰月庚寅朔。三月二日庚申惊蛰。四月己丑死霸。死霸，朔也。生霸，望也。是月甲辰望，乙巳，旁之。故《武成》篇曰："惟四月既旁生霸，粤六日庚戌，武王燎于周朝。翌日辛亥，祀于天位。粤五日乙卯，乃以庶国祀馘于周朝。"

这一段记述了根据古历推算的伐纣年代、牧野之战的经过及天象历日，原文接下还有见于文献的文王、武王、周公、成王、康王乃至春秋战国诸王的年代，由此约略可见前人研究伐纣之年的方法。根据《世经》的推算和记载，近人换算出牧野之战的年代为公元前1122年，并用金文和文献加以证明[1]。

根据《汉书》，伐纣大军于文王受命十三年十一月戊子师初发，癸巳武王始发，丙午还师，戊午渡于孟津，二月四日癸亥，至牧野，夜阵，甲子昧爽牧野之战。然而《史记·周本纪》却记载文王受命七年而崩，九年，武王观兵盟津，十一年十二月戊午，师渡盟津，二月甲子昧爽陈师牧野。有研究者提出十

---

[1] 吴其昌：《殷纣之际年历推证》，北京师范大学国学研究所编《武王克商之年研究》，北京师范大学出版社1997年版，第15—40页。

三年之说不可信，并根据文献记载证以《利簋》铭文，推算牧野之战的"甲子朝""在殷正二月，亦即公元前 1070 年初，儒略日是 1330631"。①

还有研究者根据今本《纪年》记商末帝辛时"五星聚于房"、《逸周书·小开》"丙子拜望"为文王时的一次月全食、《国语·周语》关于"武王伐纣，岁在鹑火"等天象的记载，推算灭商战争最关键的"甲子日"为公元前 1046 年 3 月 20 日。②

夏商周断代工程开展以后，在前人研究的基础上，系统收集和梳理了文献所载夏商西周三代王年和积年的记载，对一些文献进行了可信性的论证，着重组织了历史学、考古学、古文字学、天文学以及碳十四测年技术等多学科、跨学科的研究，首先通过沣西发掘和研究印证文献记载，找到一处相当于文王迁丰前后的遗存，对于地层中采集的系列含碳样品作了碳十四年代测定，得出牧野之战年代范围的两组数据为公元前 1050—前 1010 年、公元前 1050—前 995 年，将年代范围从 112 年缩小到 40—55 年。同时，对公元前 1046 年说提出多方面的论据，认为它不仅符合天文推算，与金文历谱衔接较好，与《尚书·召诰》、《洛诰》、古文《武成》历日、《国语·周语》也能相容，应为牧野之战的首选之年。此外还认为 44 种说法中公元前 1027 年、公元前 1044 年也有较大的可能性，但主要问题在于难与金文历谱整合。

对于牧野之战的年代、天象及武王进军路线的文献记载主要有：

1.《逸周书·世俘》：惟一月丙（壬）辰旁死魄，若翼日癸巳，王乃步自于周，征伐商王纣。越若来二月既死魄，越五日甲子，朝至接于商……

本条记载中，丙辰在癸巳前 37 日，其"翼日"为丁巳，明显有传写讹误。而《汉书》引《武成》作"惟一月壬辰，旁死霸，若翌日癸巳，武王乃朝步自周"，丙辰当为壬辰之误，各家多据《汉书》改。

2.《国语·周语》：昔武王伐殷，岁在鹑火，月在天驷，日在析木之津，辰在斗柄，星在天鼋。星与日辰之位，皆在北维。

3.《荀子·儒效篇》：武王之诛纣也，行之日以兵忌，东面而迎太岁，至汜而汜，至怀而坏，至共头而山隧……朝食于戚，暮宿于百泉，厌旦于牧

---

① 张政烺：《武王克殷之年》，北京师范大学国学研究所编《武王克商之年研究》，北京师范大学出版社 1997 年版，第 284—286 页。

② [美] 班大为：《天命的宇宙——政治背景》，北京师范大学国学研究所编《武王克商之年研究》，北京师范大学出版社 1997 年版，第 416—429 页。

之野，鼓之而纣卒易乡，遂乘殷人而诛纣。

4.《尚书大传》：惟丙午，王逮师，前师乃鼓譟躁，师乃慆，前歌后舞，假于上下，咸曰孜孜无怠。

5.《史记·周本纪》：九年武王上祭于毕。东观兵，至于盟津……是时，诸侯不期而会盟津者八百诸侯。诸侯皆曰"纣可伐矣"。武王曰"女未知天命，未可也"。乃还师归……十一年十二月戊午，师毕度盟津，诸侯咸会……二月甲子昧爽，武王朝至于商郊牧野，乃誓……诸侯兵会者车四千乘，陈师牧野。

本条记载文王受命七年死、九年武王观兵、十一年伐纣，不少学者认为较近实①，但从戊午到甲子共7日，从"十二月戊午"到"二月甲子"至少66日，大军渡孟津（即"盟津"）后，不可能作如此长时间的停留，在古文字中用"才"为"在"，与"十"形近，容易混淆，十二月戊午当为"在二月戊午"之误。②

6.《汉书·律历志》：师初发，以殷十一月戊子，日在析木箕七度……是夕也，月在房五度。房为天驷……后三日得周正月辛卯朔，合辰在斗前一度，斗柄也……明日壬辰，晨星始见。

7.《韩诗外传》：武王伐纣，到于邢丘，轭折为三，天雨三日不休……修武勒兵于宁，更名邢丘曰怀，宁曰修武，行克纣于牧野。

若将牧野之战的年代定位于文王受命十一年，即公元前1046年，可知武王进军的日程和路线为：

九年（约当公元前1048年），武王观兵孟津，八百诸侯不期而会（见上引文献5《周本纪》）。此外《楚辞·天问》也有"会朝争盟何践吾期，苍鸟群飞孰使萃之"，意思是诸侯争赴武王伐纣之盟，然后如期而至，与武王之师赳期云集，威武鹰扬，是谁使之这样集聚起来的呢③，反映武王正式出兵以前，确曾同与国诸侯盟会。而选址于孟津，第一是有可能性，如前所述文王伐邘，控制了黄河北岸的沁阳地区，再伐崇，占领了黄河南岸的洛阳地

---

① 刘起釪：《牧野之战的年月问题》即主此说，见《古史续辨》，中国社会科学出版社1991年版，第267—288页。

② 见罗琨《从〈世俘〉探索武王伐商日谱》，1993年周秦文化学术讨论会论文集《周秦文化研究》，山西人民出版社1998年版。

③ 林庚：《天问论笺》，人民文学出版社1983年版，第65—66页。

区，在洛阳以西的孟津与诸侯盟会是有可能的；第二是有必要性，由于孟津重要的战略地位以及作为盟军会合之处，也有必要先行实地考察。联系商汤伐桀，正值商大旱"汤犹发师，以信伊尹之盟"①，可见古代重大军事行动中，盟誓的必要性和重要意义。

《周本纪》记载，孟津观兵后，"居二年"，纣昏乱暴虐滋甚，"杀王子比干，囚箕子。太师疵、少师彊抱其乐器而犇周"，于是武王遍告诸侯，以东伐纣。十一年二月戊午师毕渡孟津，出师当在此前，即《汉书·律历志》所谓"师初发，以殷十一月戊子"（见6），戊子与戊午最小间隔是三旬，而从"殷十一月"至"二月"约需九旬。张培瑜《三千五百年历日天象·合朔满月表》② 公元前1047年10月16日，十一月望正为戊子。就天象而言，可与《国语》（见2）相合，其中武王伐纣"岁在鹑火"的记载较多，如《三国志》之《魏书·文帝纪》注引《献帝传》、《隋书·崔仲方传》、《唐书·历志》、《帝王世纪》等都有引述，根据天文学家对岁星天象的推算，公元前1071—前1020年间共有6次，其中包括公元前1047年7月—公元前1046年8月。换言之，从十一月师初发到二月甲子克商，岁星正当其位，或曰正当周之分野。有研究者认为，西周人还没有二十八宿和十二次的知识，"岁在鹑火"的记载不可信，但是古代对于天象的认识有一个漫长的积累过程，尤其是十二次中的大火、鹑火等不仅是次名，也是星宿名，古代对这些星宿观测和记述的历史非常久远，在殷墟甲骨文中也可找到其踪迹③，所以有不少学者都将它作为重要前提之一。对于"月在天驷，日在析木之津，辰在斗柄，星在天鼋"的记载，虽然天文学成果认为此四种天象不可能同时发生，但通过测算，某些天象在"师初发"至灭商前后是存在的。

十一年一月壬辰旁死魄，次日癸巳王自宗周出发（见1）。时当公元前1047年12月20日，农历一月二十日。14日后丙午，王逮师（见4）。师初发为十一月戊子，先于一月癸巳武王出发六旬又五日，这不是没有道理的，杨向奎曾仔细地研究了从丰镐过崤函、渡黄河至朝歌的进军路线，还作了实

---

① 《吕氏春秋·慎大览·慎大》。
② 张培瑜：《三千五百年历日天象·合朔满月表》，大象出版社1997年版。下同。
③ 参见罗琨《甲骨文"闵"字探析——兼说卜辞中的"鹑火"》，《古文字研究》第二十五辑，中华书局2004年版；《利簋"岁鼎"析疑》，《夏商周断代工程简报》第144—145期，2004年4月30日—5月30日。

第四章　商代后期的战争（下）　353

地考察，提出历史上所谓"崤函之固"的地理形势，至今仍是沟壑纵横、绝岸壁立、险峻异常。《读史方舆纪要》曾有"自函谷至斯（潼）高出云表，幽谷密邃、深木茂木、白日成昏……"的描述。在"三千年前，挟带重兵而渡险关，按常规行程绝不可能，地方是'车不能方轨'，而当时的主要武器已是战车"，欲以重车度险途，唯有"筚路蓝缕以启山林"，绝不可能有师行三十里的行军速度，因此武王伐商必以崤函尾部的洛邑为基地①，这就是大军必然要提前出发的原因。值得注意的是《尚书·召诰》有"惟二月既望，越六日乙未，王朝步自周，则至于丰，惟太保先周公相宅。越若来三月，惟丙午朏，越三日戊申，太保朝至于洛，卜宅"。记载周公卜居，自丰至洛行十四日，恰同于武王自周"逮师"的时间，为大军以洛为基地提供了旁证。

二月癸卯朔，丙午为四日，时当公元前1046年1月2日，王抵洛，"前师乃鼓鼗躁，师乃慆，前歌后舞，假于上下"（见4），应是类似《牧誓》"不愆于六步、七步乃止齐焉"、"不愆于四伐、五伐、六伐、七伐乃止齐焉"的战阵演习和誓师的仪式。② 戊午，师毕渡盟津（见5）。二月既死魄，越五日甲子，朝至接于商（见1），《汉书》还有"四日癸亥，至牧野，夜陈"。前疑十二月戊午为在二月之误，此二月正有戊午，为十六日。《书序》有"惟十又一年，武王伐纣，一月戊午师渡孟津，作《太誓》三篇"，其中"一月戊午"或为"二月戊午"之误，或有殷历、周历的换算问题，据此还可知在孟津会同盟军也举行了誓师。戊午上距王抵洛十三天，毕渡孟津，在时间上没有矛盾；下距癸亥五日，孟津至牧野约二三百里距离，虽然道路较好，但文献记载曾遭恶劣天气，看来是一路急行军至牧野，连夜布阵，至甲子黎明发起进攻。

牧野之战的时间在二月甲子，文献记载相当多，1976年陕西临潼零口出土周初利簋铭文也有"武王征商，隹甲子朝，岁鼎，克闻夙有商"，记录甲子日岁星当其位之时，传来克商捷报③，甲子之日历史上有二月初说，如《汉书·律历志》有"四日癸亥，至牧野"，而据牧野之战公元前1046年说，二月四日是王逮洛师之日，甲子至牧野则在二月下旬，此差异的产生尚待

---

① 杨向奎：《宗周社会与礼乐文明》，人民出版社1992年版，第60—75页。

② 参见刘起釪《牧誓是一篇战争舞蹈的誓词》，《古史续辨》，中国社会科学出版社1991年版，第289—302页。

③ 参见张政烺《利簋释文》，《考古》1978年第1期。

辩证。

武王行军路线所经地点有汜、怀、宁、共头、戚、百泉至牧野（见3、7），《淮南子·兵略训》也有类似记载，说"武王伐纣。东面而迎岁，至汜而水，至共头而坠，彗星出而授殷人其柄，当战之时，十日乱于上，风雨击于中"。汜，水名，据考其地在成皋之间。怀，近河地名①，在今河南武陟西南。共在今河南辉县，百泉在河南辉县北十里，戚亦当在其附近，宁在河南获嘉②，可见渡过孟津以后，一路向东北行，直达今淇县以南，即商郊牧野。

从十一月戊子师初发到二月癸亥至牧野夜阵，历九旬有六日，若从武王自宗周启程算起，历三旬有一日，古文献对于这一段历史的记述，两次使用月相作为时间的坐标。文王受命十一年"一月壬辰旁死霸"、"二月既死魄，越五日甲子"。一月癸酉朔，壬辰为二十日，既死霸为下弦月，旁死霸指接近而尚未达到弦月状态，在二十日是合理的。二月癸卯朔，甲子为二十二日，前推五日既死霸为十八日庚申，近是。就以上资料看，牧野之战的年代为公元前1046年是可取的，甲子，时当公历1月20日。

(二) 作战经过与商朝覆灭

对于牧野决战，周方做了充分准备，《史记·周本纪》记载，九年观兵孟津，武王先祭于毕，祭祀对象，或谓文王，或谓主兵的毕星③，然后：

> 为文王木主，载以车，中军。武王自称太子发，言奉文王以伐，不敢自专。乃告司马、司徒、司空、诸节："齐栗，信哉。予无知，以先祖有德臣，小子受先功，毕立赏罚，以定其功。"遂兴师。师尚父号曰："总尔众庶，与尔舟楫，后至者斩。"武王渡河，中流，白鱼跃入王舟中，武王俯取以祭……

可见"观兵"实为军事演习。载文王木主，或称"载尸而行"，如：

> 武王伐纣，载尸而行。（《淮南子·齐俗训》）
> 兴卒聚兵，与纣相攻。文王病死，载尸以行。太子发代将，号为武

---

① 王先谦：《荀子集解·儒效篇》，中华书局1988年版，第134—135页。
② 杨宽：《西周史》，上海人民出版社1999年版，第91页。
③ 《史记·周本纪》集解。

王，战于牧野……（《史记·龟策列传》）

武王继之，载尸以行，破商擒纣，遂成王业。（《盐铁论·复古篇》）

"载尸"或以为就是木主，但是《天问》还有"武发杀殷何所悒，载尸集战何所急"，闻一多引朱熹说"言武王载文王之柩于军中以会战"①，无论如何，"观兵"或曰"盟会"孟津，武王为政治动员涂上强烈的感情色彩。出发前举行了誓师典礼，武王发表了誓言，师尚父公布了军法，强调掌管舟师的官员和士兵，保证按时渡河。至盟津，以武王为首举行了渡河演习。

正因为如此，十一年戊午孟津会师，大军能够迅速、顺利地渡过黄河。武王作《太誓》，宣告殷纣罪状，《周本纪》载，武王告于众庶：

今殷王纣乃用其妇人之言，自绝于天，毁坏其三正，离逷其王父母弟，乃断弃其先祖之乐，乃为淫声，用变乱正声，怡说妇人。故今予发维共行天罚。勉哉夫子，不可再，不可三。

然后大军出发，五日后癸亥到商郊牧野，连夜布阵，次日甲子昧爽，武王作《牧誓》，再次誓师，"王左杖黄钺，右秉白旄，以麾"，对全体参战人员再次宣布殷纣的罪状，强调商纣"暴虐于百姓，以奸宄于商邑"，因而伐纣是"行天之罚"，提出要求：

尚桓桓，如虎如貔，如熊如罴，于商郊弗迓克奔，以役西土。勖哉夫子，尔所弗勖，其于尔躬有戮。

要求全体人员勇猛投入战斗，但不要迎杀纣师来奔的投降人员，要让他们服役于周人的军队。② 并宣布对不努力作战者的刑罚。

誓师后，陈师牧野，准备战斗。

牧野之战，双方都动员了大量兵力，《周本纪》记载"诸侯兵会者车四千乘，陈师牧野，帝纣闻武王来，亦发兵七十万人距武王"，学者们多认为发兵七十万之说不实，或许为十七万之误，不过纣军也应有相当的数量，

---

① 闻一多：《天问疏证》，生活·读书·新知三联书店1980年版，第108—109页。
② 参见孙星衍《尚书今古文注疏》，中华书局1986年版，第282—290页。

《诗经·大雅·大明》有"殷商之旅,其会如林",记述商周调动大军,军旗如繁盛的林木,飘扬在牧野。而武王在《牧誓》中说"我友邦君冢、司徒、司马、司空、亚旅、师氏、千夫长、百夫长,及庸、蜀、羌、髳、微、卢、彭、濮人,称尔戈,比尔干,立尔矛,予其誓"。可见周军及盟军数量也很多,除"兵会者车四千乘"的记载外,《周本纪》载武王"率戎车三百乘,虎贲三千人,甲士四万五千人,以东伐纣"。《孟子·尽心》也有"武王之伐殷也,革车三百两,虎贲三千人",此外《战国策》、《吕氏春秋》亦见类似记载。

甲子朝的牧野决战,是以师尚父为主将进行的,师尚父即吕尚,名望,本姓姜氏,重要谋臣,史载"言吕尚所以事周虽异,然要之为文、武师"①,据《周本纪》牧野之战:

> 武王使师尚父与百夫致师,以大卒驰帝纣师。纣师虽众,皆无战之心,心欲武王亟入。纣师皆倒兵以战,以开武王。武王驰之,纣兵皆崩畔纣。纣走,反入登于鹿台之上,蒙衣其殊玉,自燔于火而死。

集解引郑玄曰:致师者,致其必战之志也。古者将战,先使勇力之士犯敌焉。可知吕尚先率领精锐挑战敌阵,首先在气势上压倒纣师,武王再率大军掩杀过去,不给纣军喘息之机,以求速战速决。《诗经·大雅·大明》有"牧野洋洋,檀车煌煌,驷骤彭彭。维师尚父,时维鹰扬。凉彼武王,肆伐大商,会朝清明"。赞颂吕尚的英武和功绩,记述在广阔的牧野,坚固的檀木战车、耀眼的兵器、铠甲,雄健的骏马,吕尚辅佐武王,督率大军勇猛奋发,如鹰隼飞扬,勇猛迅速地取得了最后胜利。经过一天的激战,甲子夕商纣见大势已去,返回鹿台自焚而死。《逸周书·世俘》有:

> 商王纣于商郊,时甲子夕,商王纣取天智玉琰及庶玉环身以自焚,凡厥有庶玉四千。告焚。五日,武王乃俾千人求之……

作为商王朝代表人物的帝辛自焚,意味着以武王为首盟军取得了决定性的胜利,为了防止殷纣势力的重新集结,武王开始进一步清剿商王朝势力的战

---

① 《史记·齐太公世家》。

斗，同时宣布革故鼎新。这在《逸周书·世俘》中有较详细的记载：

> 越若来二月既死魄，越五日甲子，朝至接于商，则咸刘商王纣，执共恶臣百人。
> 太公望命御方，来丁卯，望至，告以馘俘。
> 戊辰，王遂祭，循自祀文王。时日，王立政。

其中"共恶臣"当为"大亚臣"之误，指商王朝高级官吏，应是甲子取胜后，再令太公望"御方"，抓住战机、重新部署兵力，向两翼和纵深方向推进，迎击援军、追剿残敌，巩固和扩大战果。第四日丁卯太公望回报大捷，标志大局已定。第五日戊辰武王始祭祀文王、立政。联系《周本纪》记载，还可知商纣死后，武王至其死所，斩纣及嬖妾二女之首，后来回宗周后，连同百名高官一起献祭周庙。"立政"则包括宣布"膺更大命，革殷，受天明命"。同时进行封赏、处理善后事宜，罢兵西归。《世俘》还记载"王立政"的同时，还有军事部署：

> 吕他命伐越戏方，壬申，至，告以馘俘。
> 侯来命伐靡集于陈，辛巳，至，告以馘俘。
> 甲申，百弇以虎贲誓，命伐卫，告以馘俘。
> 庚子，陈本命伐磨；百韦命伐宣方、新荒命伐蜀。
> 乙巳，陈本、新荒、磨、蜀至，告禽霍侯、俘艾侯、佚侯小臣四十有六，禽御八百有三十两，告以馘、俘。百韦至，告以禽宣方，禽御三十两，告以馘、俘。百韦命伐厉，告以馘、俘。

可见从商郊牧野到西归途中，连续部署兵力伐商属国，并听取了战况报告。如戊辰遣将伐越戏方和靡，四日壬申，受命伐越戏方的吕他至，告捷。十日辛巳，受命伐靡，追击至陈的侯来获胜返回，告捷。十三日甲申，早已踏上回师之途的武王再向殷王畿发兵，号令伯弇率精锐的虎贲之士伐卫，这是在商纣自焚的二十日以后，原统治中心仍集结着根深蒂固的旧王朝势力，其武装力量当包括纣之王都守卫。但终被武王的虎贲三千所伐灭。二十九日庚子，再向商王长久经略的晋南发兵，伐磨、蜀、宣方。四月四日乙巳，先是奉命伐磨、蜀的陈本、新荒带领及已归顺的两国君长至，报告擒霍侯及逃亡的纣党臣僚数十人、车八百辆，还有一批馘、俘。然后奉命伐宣方的伯韦到达，报告擒宣方君长、获车三十辆及一批馘、俘。同日，再命伯韦出征伐厉，亦战胜，获一批馘、俘。五日后，四月九日庚戌，武王回到宗周。这期间受命出征的大将有吕他、侯来、伯弇、伯韦、陈本、新荒，讨伐的方国与地区有越戏方、靡、卫、磨、宣方、蜀、厉等，可见诛纣后的政治形势不容武王有丝毫的懈怠。

此后对商属国的征讨仍在进行中，《世俘》有"武王遂征四方，凡憝国九十有九国……凡服国六百五十有二"。

《世俘》还有几段文字：

> 维四月乙未日，武王成辟，四方通殷命有国。
> 辛亥，荐俘殷王鼎……壬子，王服衮衣，矢琰，格庙。龠人造，王秉黄钺正邦君。癸丑，荐殷俘王士百人……甲寅，谒我殷于牧野……乙卯，龠人奏《崇禹生开》三钟终，王定。
> 维四月既旁生魄，越六日庚戌，武王朝至燎于周庙……若翼日辛亥，祀于位，用龠于天位。越五日乙卯，武王乃以庶祀馘于国周庙……

记述了回宗周以后，告庙献俘，并向各国通告周王朝的建立[①]，商王朝近六百年的统治就此结束。

三 纣之百克，而卒无后

由于牧野之战的失败，帝辛身死国灭，单从军事行动看，周人的胜利是因为进行了缜密的筹划，且不论太王、王季、文王数代的经略，就武王而言，从孟津观兵到牧野誓师，把不断的政治动员和实战准备密切地结合起来；在牧野之战中，把争取俘虏的政策和先胜夺人的战术结合起来，从而达到最大限度的壮大自己，瓦解敌人的目的。在师渡孟津之后，就以极迅速的行动，连续作战把握主动权，一鼓作气推翻商王朝。

然而，商王朝的覆灭也是有深刻内因的。有商一代在五百多年的统治中，不断致力于扩大中央王朝的疆土，早中期曾迅速向西、向南发展，以后

---

① 详见罗琨《从〈世俘〉探索武王伐商日谱》，1993年周秦文化学术讨论会论文集《周秦文化研究》，山西人民出版社1998年版。

随着王朝势力的中衰和四方地方文化的崛起，政治疆域曾大大收缩。武丁中兴，四方征讨力图扭转这一局势，取得一定效果，祖庚、祖甲时稍作休养生息，自廪辛、康丁开始战争又多了起来，当然有一些是被迫应战，但总的说来统治者的武功受到越来越大的推崇和重视。例如，盘庚迁殷以前的九世 19 王中，仅商王朝的缔造者太乙号武王、武汤、武唐①，而盘庚以后八世 12 王中，就有六位商王庙号冠以武字，如小乙称武父乙②，武丁、武乙外，文丁则称文武、文武帝、文武丁，帝乙又称文武帝乙。③帝辛更在历史上留下了"纣之百克，而卒无后"④的教训，对武功的重视自不待言，只不过因身死国灭，"天下之恶"集于一身，没有王陵也没有庙号了。

对外战争的胜利，扩大了商王朝的版图，以帝乙、帝辛伐东夷而言，达到了强化对东方控制的目的。美国哈佛大学福格艺术博物馆藏晚商玉戈有"在林田馀聚"的名号，表示名馀聚者，是驻于林地的"田"，同一时期的金文有"林聚乍父辛宝尊彝，亚馀"，应属于同一人的遗物。⑤馀聚又称林聚，反映了伐林方后，将官吏派往林地垦田驻守为甸，加强了对该地区的控制。又如鲁西南地区的考古发掘和研究成果也表明，在商代早期成汤开创的强盛局面上升阶段，商王朝势力进入鲁西南，使当地东夷的岳石文化迅速被二里岗上层商文化取代，文化面貌与豫东商文化面貌基本一致。稍后，绝对年代约当仲丁至盘庚之时，文化面虽然还保持典型商文化风格，但其内涵已蕴藏了某些新的因素，此后地方特色日益增强。物质文化面貌的变化相对比较缓慢，所以作为区别于典型商文化风格的地方特色显现，已标示出商王朝对这一地区政治统治已松弛。而到了商代末期，约当帝乙、帝辛之时，鲁西南地区典型商文化的因素又有所增加⑥，这显然与鲁西南是商末大规模伐夷方的后方基地有关。

商代晚期，战争的胜利和疆域的扩大，对四方的影响增强，将我国古代灿烂的青铜文明持续地推向发展的高峰。但这正如恩格斯说的，"由于文明

---

① 《诗经·商颂·玄鸟》、《长发》；《合集》27151。
② 封口盉铭，见《殷墟的发现与研究》，科学出版社 1994 年版，第 64 页。
③ 《合集》36166、35356、35355；郊其卣铭。
④ 《左传·宣公十二年》。
⑤ 裘锡圭：《甲骨卜辞中所见田、牧、卫等职官的研究》，《文史》第 19 辑。
⑥ 宋豫秦：《论鲁西南地区的商文化》，《华夏考古》1988 年第 1 期。

时代的基础是一个阶级对另一个阶级的剥削,所以它的全部发展都是在经常的矛盾中进行的。生产的每一进步,同时也就是被压迫阶级即大多数人的生活状况的一个退步。对一些人是好事的,对另一些人必然是坏事,一个阶级的任何新的解放,必然是对另一个阶级的新的压迫"。"它几乎把一切权利赋予一个阶级,另方面却几乎把一切义务推给另一个阶级。"[1] 商代也是这样,郑州商城发现了大面积的夯土台基,高大的基址、坚硬的夯土层、考究平整的居住面显示了高超的建筑水平与国家财力的富足,与城外劳动者狭小简陋而潮湿的半地下居室形成鲜明的对照。不仅如此,宫殿区附近壕沟中填埋了大批遗有锯痕的人头骨,通过医学上和营养、病理学上的检查分析,可知这些人的基本特征之一是新陈代谢中贫血和摄铁量不足,以及长时间营养不良形成的牙釉质发育不全,反映了"在其一生时间中的沉重负担"。而在这废料坑附近,有墓穴的死者虽有较好的健康水准,头盖骨未见骨质疏松的渗水现象,但部分牙釉质发育不全指示出"短期中身体所受的沉重负担"[2]。所以在商代后期,随着对外征伐频频告捷、疆域不断扩大,大批俘虏转化成奴隶投入生产领域,使商代文明和文化发展日新月异,商王朝统治上升到繁荣顶点时,也埋下灭亡的种子。

一方面,帝乙、帝辛伐盂方、夷方,长年劳师远征对当时基础的经济部门——农业生产影响很大,同时统治阶级酗酒之风愈演愈烈,消耗掉大量粮食,更使矛盾进一步尖锐化。"民以食为天",粮食的不足必然引起社会的动荡,《尚书·微子》讲到商末形势曾有:

> 我祖底遂陈于上,我用沉酗于酒,用乱败厥德于下。殷罔不小大,好草窃奸宄,卿士师师非度,凡有罪辜,乃罔恒获。小民方兴,相为敌雠。今殷其沦丧,若涉大水,其无津涯。殷遂丧,越至于今……今殷民乃攘窃神祇之牺牷牲,用以容,将食无灾……

其中说到商汤的功绩陈于上世,纣却沉酗于酒,败乱汤德,如《诗经·大雅·荡》所说"既愆尔止,靡明靡晦。式号式呼,俾昼作夜",昼夜饮酒作乐,而不视政事。在上的帝辛是这样,下面的群臣官吏,也多不再遵守法

---

[1] 恩格斯:《家庭、私有制和国家的起源》。
[2] [美]诺尔曼·C. 沙利文:《关于郑州商代人类遗骨的初步研究》,《文博》1993年第3期。

度，小民各起一方，屡相攻夺。整个商王朝典法沦丧，就像淹没在无边的大水中，看不到出路。"国之大事，在祀与戎"，商王不视政事，一味享乐，轻慢鬼神，"不肯事上帝，弃厥先神祇不祀"①，殷民也不再顾忌神祇是否会降灾，为了果腹，甚至去偷窃祭神的牺牲，这在古代社会是一桩大罪，而在商末却习以为常了。

另一方面，战争的胜利使统治者更加自以为是，《史记·殷本纪》记载：

> 帝纣资辨捷疾，闻见甚敏；材力过人，手格猛兽；知足以距谏，言足以饰非；矜人臣以能，高天下以声，以为皆出己之下。

在对待西方周人崛起的问题上，充分暴露了这一点，商末对外关系的重心移向东南，镇抚西北并非不需要，但帝辛完全抛弃武丁对周方的两手政策，甚至当西伯灭耆，开始建立对商王畿地区包围圈的时候，《殷本纪》记载，祖伊惊恐奔告，问"今王其奈何"，纣却毫不在意，回答"我生不有命在天乎"，"小邦周"能够迅速发展成"三分天下有其二"，显然与帝辛的自矜、无限放大自己、错误估计形势有关。以致牧野之战帝辛也毫无准备，兵临城下才发兵拒敌，生死存亡之际，"纣师虽众，皆无战之心"，与周师再从洛至牧野的二十天内，三次誓师鼓舞士气，形成鲜明对比。

战争的胜利还使统治者更加肆无忌惮，《史记·殷本纪》记载帝辛：

> 好酒淫乐，嬖于妇人，爱妲己，妲己之言是从。于是使师涓作新淫声，北里之舞，靡靡之乐。厚赋税以实鹿台之钱，而盈巨桥之粟。益收狗马奇物，充牣宫室。益广沙丘苑台，多取野兽蜚鸟置其中。慢于鬼神。大聚乐戏于沙丘，以酒为池，县肉为林，使男女倮相逐其间，为长夜之饮。

随着大量财富源源流入商都，不断刺激统治者的贪欲，据记载，"甲子夕，商王纣取天智玉琰及庶玉环身以自焚，凡厥有庶玉四千。告焚。五日，武王乃俾千人求之，四千庶玉则销，天智玉五不销……凡武王俘商，得旧宝玉万

---

① 《墨子·天志中》引《太誓》。

四千，佩玉亿有八千。"① 仅武王伐商所获，已可见商纣聚敛的旧宝玉及佩玉数量之大，穷极奢侈和聚敛无度，不仅加剧了与被征服地区的矛盾，也使国内社会矛盾进一步激化。

与此同时，还有大规模建造宫室苑台，古本《竹书纪年》记载："自盘庚徙殷，至纣之灭，七百七十三年，更不徙都。纣时稍大其邑，南距朝歌，北距邯郸及沙丘，皆为离宫别馆。"晏子也说"殷之衰也，其王纣作为倾宫灵台，卑狭者有罪，高大者有赏，是以身及焉"②。这些建筑工程大量占用民力，同样要影响农业生产，《管子》中，不止一篇总结夏商灭亡的历史教训。如：

> 昔者桀纣是也，诛贤忠，近谗贼之士而贵妇人，好杀而不勇，好富而忘贫。驰猎无穷，鼓乐无厌，瑶台玉铺不足处，驰车千驷不足乘，材女乐三千人，钟石丝竹之音不绝。百姓罢乏，君子无死，卒莫有人，人有反心，遇周武王，遂为周氏之禽。（《七臣七主》）

> 纣之为主也，劳民力，夺民财，危民死，冤暴之令，加于百姓。憯毒之使，施于天下。故大臣不亲，小民疾怨，天下叛之而愿为文王臣者，纣自取之也。故曰纣之失也。（《形势解》）

在这种情况下，统治集团内部矛盾不断加深，帝辛的骄奢淫逸，劳民力，夺民财，不仅使民心丧失殆尽，肆意妄为更引起诸侯的不满及大臣中有识之士的忧虑。与西伯极力召纳贤士的做法相反，帝辛拒谏饰非，一方面重用佞臣，如：

> 用费中为政，费中善谀，好利，殷人弗亲。纣又用恶来。恶来善毁谗，诸侯以此益疏。（《史记·殷本纪》）

> 殷之衰也，有费仲、恶来，足走千里，手裂兕虎，任之以力，凌轹天下，威戮无罪，崇尚勇力，不顾义理，是以桀纣以灭。（《晏子春秋·内篇谏上》）

---

① 见顾颉刚《〈逸周书·世俘篇〉校注、写定与评论》的写定本，《文史》第二辑，中华书局1963年版。

② 《晏子春秋·内篇谏下》。

看来帝辛重用费仲、恶来，还在于"人以群分，物以类聚"，他们都因才力过人而崇尚武力、不顾义理。相传殷纣重用的佞臣还有雷开，《楚辞·天问》有"比干何逆而抑沈之，雷开阿顺而赐封之"。另一方面对进谏者则用重刑，如：

> （殷）以西伯昌、九侯、鄂侯为三公。九侯有好女，入之纣。九侯女不熹淫，纣怒，杀之，而醢九。侯鄂侯争之强，辨之疾，并脯鄂侯。西伯昌闻之，窃叹。崇侯虎知之，以告纣，纣囚西伯羑里。（《史记·殷本纪》）
>
> 昔者纣为无道，杀梅伯而醢之，杀鬼侯而脯之，以礼诸侯于庙。（《吕氏春秋·行论》）

这些暴行并不能真正起到震慑作用，只能激起与国进一步的离心离德。所以在酒池肉林、顷宫灵台强大富足的表象下，隐藏着"如蜩如螗，如沸如羹"[1]的社会动荡与危机。

帝辛自恃才力过人，从拒谏饰非发展成忠言逆耳、谗人幸进，终于导致统治集团内部的分崩离析：

> 纣愈淫乱不止。微子数谏不听，乃与太师、少师谋，遂去。比干曰：为人臣者不得不以死争。乃强谏纣。纣怒曰：吾闻圣人心有七窍。剖比干，观其心。箕子惧，乃详狂为奴，纣又囚之。殷之太师、少师乃持其祭乐器奔周。（《殷本纪》）
>
> 殷内史向挚，见纣之愈乱迷惑也，于是载其图法，出亡之周。武王大说，以告诸侯曰：商王大乱，沈于酒德，辟远箕子，爱近姑与息，妲己为政，赏罚无方，不用法式，杀三不辜，民大不服，守法之臣，出奔周国。（《吕氏春秋·先识览·先识》）

微子、箕子、比干是孔子所说的殷之"三仁"[2]，皆为商之王族，"三仁"的

---

[1] 《诗经·大雅·荡》。
[2] 《论语·微子》。

图4—33 武王伐纣示意图

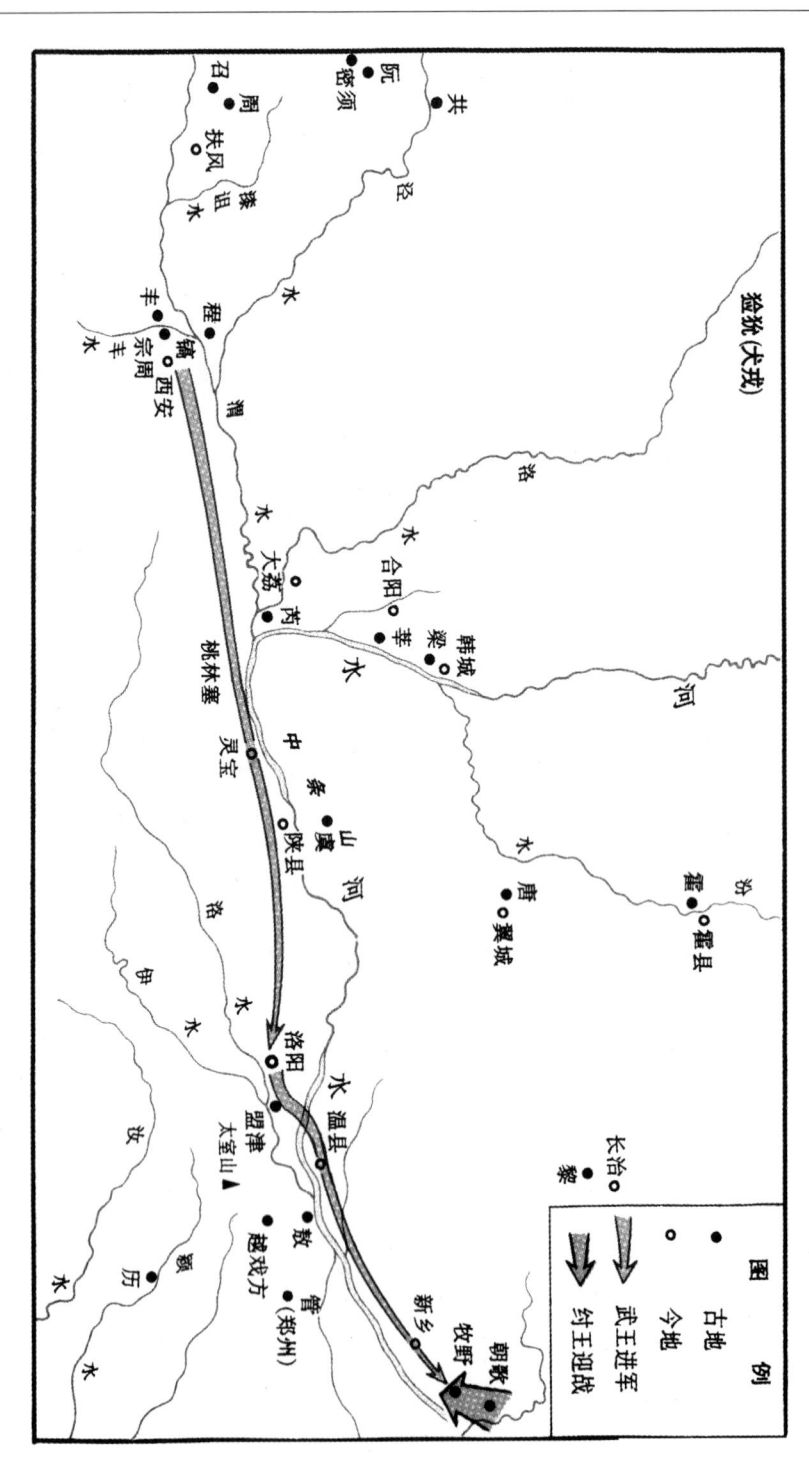

下场，使有识之士对商纣彻底失望，太师、少师、内史等掌握祭器和天文历象的高官出奔于周，重演了夏太史令终古"出其图法"，"出奔如商"① 的一幕，所以历史上常将桀纣并提，孟子说："桀纣之失天下也，失其民也，失其民者，失其心也。"② 正因为如此，牧野一战尽管帝辛还有大批军队，但在武王联军凌厉的攻势面前，已不堪一击了。《韩诗外传》总结说：

纣之为主，戮无辜，劳民力，冤酷之令，加于百姓，憯凄之恶，施于大臣。群下不信，百姓疾怨，故天下叛而愿为文王臣，纣自取之也。夫贵为天子，富有天下，及周师至而令不行乎左右，悲夫。

四 小结

牧野之战是我国早期战争史上最大的战役之一，也是上古以少胜多、速战速决的突出战例。在今年代学研究的基础上，根据张培瑜《三千五百年历日天象·合朔满月表》，采用牧野之战为公元前 1046 年说，可拟"武王伐纣日谱"如下，其中用阿拉伯数码表示阳历年月日，用汉字数码表示文王受命十年十一月至十一年四月阴历月日。

武王伐纣日谱

公元前 1047 年

10 月 1 日	十一月癸酉朔。
10 月 16 日	戊子望 师初发。
10 月 31 日	十二月癸卯朔。
11 月 30 日	一月癸酉朔。
12 月 14 日	丁亥望。
12 月 19 日	壬辰（二十日）旁死霸。
12 月 20 日	癸巳（二十一日）王步自周，征伐商王纣。
12 月 30 日	二月癸卯朔。

公元前 1046 年

1 月 2 日	丙午（四日）王逮洛师、誓师。

---

① 《吕氏春秋·先识览·先识》。

② 《孟子·离娄上》。

1月13日	丁巳望。
1月14日	戊午（十六日）师毕渡盟津、诸侯咸会。
1月16日	庚申（十八日）既死霸。
1月19日	癸亥（二十一日）至牧野，夜阵。
1月20日	甲子（二十二日）朝与纣军战于牧野。太公望受命御方。夕，纣自焚。
1月23日	丁卯（二十五日）大公望至，告以馘、俘。
1月24日	戊辰（二十六日）追祀文王，武王立政。命吕他伐越戏方，侯来伐靡。使千人求玉。
1月27日	辛未（二十九日）王在阑师。
1月28日	三月壬申朔。吕他至，告以馘、俘。
2月6日	辛巳（十日）侯来至，告以馘、俘。
2月9日	甲申（十三日）命伯弇率虎贲伐卫。
2月25日	庚子（二十九日）命陈本伐磨、伯韦伐宣方、新荒伐蜀。
2月27日	四月壬寅朔。
3月2日	乙巳（四日）既旁生霸。陈本、新荒至，告捷。伯韦至，告捷。命伯韦伐厉。
3月7日	庚戌（九日）武王朝至宗周。用俘，燎于周庙。
3月8日	辛亥（十日）荐俘殷王鼎，告天宗上帝。格庙，祭周先世，告殷罪。正国伯。
3月9日	壬子（十一日）格庙，正邦君。
3月10日	癸丑（十二日）荐俘殷王士百人。
3月11日	甲寅（十三日）谒伐殷于牧野。
3月12日	乙卯（十四日）以庶国馘祀于周庙。
3月16日	己未（十八日）武王成辟四方，通殷命有国。

第五章

商代的军事制度

先秦时期社会政治生活的基本特色是"国之大事，在祀与戎"①，商代军事活动也在国家政治生活中占有重要地位。和夏代一样，商代实行兵民合一的民军制，不同的是王室侯伯等奴隶主贵族扈从军或武装的"家众"已发展成为真正的近卫军。商代仍然兵刑不分，对不肯臣服的方国出兵征讨如同对罪犯施刑一样，不需任何借口，所以只要国力允许，商王经常四方征讨。在此过程中，商代的国家机器有了进一步发展。以商王为首，由王室贵族和大小族邑之长等构成的各级官吏设官分职已较完备，派出建立军事据点的武官，逐渐演化成侯、甸、男、卫等诸侯，连同臣服方国的伯长，构成国家政治体制另一重要部分。随着政治体制的逐渐健全，军制也进一步完备了。

第一节 军事领导体制和武装力量构成

一 军事领导体制
（一）商王朝的政治结构
军事领导体制是由国家政治制度决定的，《尚书·酒诰》记述"自成汤咸至于帝乙……越在外服：侯、甸、男、卫、邦伯，越在内服：百僚、庶尹、惟亚、惟服、宗工，越百姓、里居（君）"，表明商代已经有了内外服制的雏形，对此，有很多研究者对商王朝的社会组织和政治结构进行了很多探讨。

商汤灭夏是在争取、联合了夏王朝与国的基础上进行的，所以商王朝建

---

① 《左传·成公十三年》。

立以后，周边仍有很多方国，有的是服属者、同盟者甚至有血缘亲属关系，也有的所处地域或联系较为疏远，于商王朝的关系叛服不定。为了肃清旧王朝及反叛者的残余势力，巩固新朝的边防以及获得社会经济持续发展的资源，累世商王曾不断派遣宗亲贵族举族前往新扩张的地区、交通要冲、服属侯伯领地的边鄙以及商王朝的边境地区，建立军事据点、垦田、放牧或为王斥侯[1]，派出的这些武装移民促进了商文化和周边地区文化的交流和融合，随着时间的推移，派出的官吏田、牧、任、卫等也在吸收融合当地文化的过程中，发展壮大起来，一些成为具有相对独立性的一方侯伯，他们与周边服属方国的伯长共同构成"外服"。外服虽然有一定的独立性，但必须在政治上遵奉中央王朝的宗主地位，按规定负担职贡，军事上听从商王调遣，保卫中央王朝的安全。

内服设立百官，建立宗族与政权紧密结合的官僚体系。商代存在和周代相似的宗族组织，商王将死去的父王称为帝，如"隹王帝□不若"、"□□王卜曰：兹下□若兹□于王帝□□"[2]，胡厚宣提出"祖庚祖甲时称王帝，指的是他已死的生父武丁，廪辛康丁时称王帝，指的是他已死的生父祖甲"[3]，裘锡圭认为这个"帝"是与"嫡"关系密切的亲属词，在商代语言中，和表示直系的"帝"这个词相对的词是"介"，如武丁卜辞有"三介父"，指武丁生父小乙之兄阳甲、盘庚、小辛，是武丁的旁系父辈，故称"介"，"帝"、"介"含义与后来的"嫡"、"庶"很相近[4]，王贵民也认为在商王世系中，已区分了直系和旁系，神主有"大示"、"小示"之别，宗庙有"大宗"、"小宗"之分，诸子有大子、中子和"小王"的区别性称谓，开始有了嫡庶的概念。[5] 与此相应的是形成一整套宗法制度，宗族的宗子掌握族权，父子相继，直系大宗与旁系小宗之间为统属关系。卜辞有"丁酉卜，王族爰多子族立于舌"[6]。王族是商王直系大宗，与之并列的多子族指从王族中分衍出的多个小宗，《说文》释"爰，引也"，可见在上述卜辞中，王族对多子族是处于主导

---

[1] 参见裘锡圭《甲骨卜辞中所见的田、牧、卫等职官的研究》，《文史》第十九辑。

[2] 《合集》24978、24980。

[3] 胡厚宣：《殷卜辞中的上帝和王帝》下，《历史研究》1959年第10期。

[4] 裘锡圭：《关于商代的宗族组织与贵族和平民两个阶级的初步研究》，《文史》第十七辑。

[5] 王贵民：《试论商代的社会和政治结构》，《中州学刊》1986年第4期。

[6] 《合集》34133。

地位的。不仅王族有大小宗，卜辞有"贞乎黄多子出牛㞢于黄尹"①，说明非王室宗亲贵族的黄族，即伊尹之后裔，也有宗子和多子之分。因此卜辞中常见"三族"、"五族"，如"贞三族王其令追召方"、"王惠次令五族戍羌方"②，这些受王命出征的"三族"、"五族"应是从同一宗族分衍出的分族，他们不一定是王室宗亲，但商王都可以对他们族为单位加以调遣。在伐夷方䰙的小子𠭯卣盖铭有"乙巳，子令小子𠭯先以人于堇"，器铭中有族氏徽号"𡨄"③，子是𡨄族中的一个宗子，小子则是小宗之长，同样体现出子与小子的领属关系。

商王朝宗法制度渗透到整个政治体制中，内服中"宗工"，是管理王族的宗人之官；百姓、里君是包括贵族家族成员及其族长，即卜辞中的多生和担任乡里之长的族尹。卜辞曾见"叀王飨受又"和"[叀]多子飨"对贞，又有"叀多生飨"和"叀多子"的对贞④，飨，在甲骨文中表示飨祭或宴飨，所以能和王、多子一样有这类占卜的"多生"必属于贵族，而"多生"是按血缘的纽带组织在父系大家族中的，大家族中包括贵族家族和一般的平民家族——即众，贵族家族中直系年长者任族长即族尹，掌握族权，旁系和其他成员构成"多生"。这种社会组织的内部已经分裂为两个对立的阶级，早已抛弃了血族成员同生共死的古老团结，只不过形式上保存了氏族组织的血缘纽带，聚族而居，并且构成了基层的行政单位，在殷墟发现了多处族墓地，卜辞中还有一些关于"某族尹"的卜辞，如卜辞有"乎束尹㞢擒"、"令羽罙鸣以束尹比㐰罓协事"、"令郭以㞢族尹韦㞢友"、"册尹归"⑤，可以推测商代基层政权机构乡里之长——里君应是由族尹担任的，卜辞还有"亚以众人步"、"皋以众畐"、"郭以众田"、"贞皋令郭以众畐"等⑥，表明出征等事由族长带领族众进行。

卜辞中还有"尹"、"多尹"、"多君"，如"令尹乍大田"、"其令多尹乍

---

① 《合集》3255。
② 《合集》32815、28053。
③ 《三代》13.42.4。
④ 《合集》27644、27650。
⑤ 《合集》5618、5452、5622、21659。
⑥ 《合集》35、31973—31977、31970、31981。

王寑"、"乎多尹往舌"、"叀多尹飨"、"不于多尹祸"①，可见多尹的职责包括农业耕垦、建筑工程、对外征伐等各个方面，他们能够参与飨礼或祭祀，个人祸福也受到商王的关注。卜辞还见"贞王曰：余其曰多尹其令二侯上丝罙蒙侯其征□□□周"②，反映多尹可以代王向侯发布命令，在官僚体系中的地位显然比冠以族名的族尹高。金文中，可见小宗之长称大宗宗子为"子"，又称"君"③，所以卜辞中的多君必然是商人统治族的一些大宗宗子，卜辞有"贞多君弗言，余其业于庚，匀"、"王卜曰：余告多君曰朕卜业祟"、"余告[多]君曰朕卜吉"④，表明多君在王朝卜筮休咎上有被商王咨询及发言权，属于辅政大臣之下的高级政务官员⑤，他们和多尹一起都属于《酒诰》内服"百僚庶尹"一级的官吏。

总之，从王朝的多君、多尹到基层的族尹，都是各宗族的首领、贵族担任，宗族的宗子掌握族权，又是各级行政单位的官吏，这样宗族组织就和政权组织紧密地结合起来了。按照宗法制度，大宗宗子有对整个宗族的支配权，商王是"王帝"直系大宗的宗子，所以也是天下的大宗，服属的方国侯伯，虽然有一定的独立性，但必须承认商王的宗主地位，服从商王的命令。

（二）军事统御领导权

与商代政权结构相应的军事领导体制主要表现为商王统擅军权，宗室贵族任高级军职，族邑之长是各级地方武装的首领。同时，王朝对封国、封邑有垂直领属的军权，各级编制单位有严密的隶属关系。⑥

商王是军队的最高统帅，他直接决定军事行动，亲自或指派将领主持兵员征集、战斗动员和率军出征。如：

1. 丁酉卜，㱿，贞今载王共人五千征土方，受业又。三月。（《合集》6409）

2. 己卯卜，㱿，贞舌方出王自征，下上若我［其受又］。（《合集》

---

① 《合集》9472、2980、31981、27894、5612。
② 《合集》23560。
③ 参见裘锡圭《关于商代的宗族组织与贵族和平民两个阶级的初步研究》，《文史》第十七辑。
④ 《合集》23560、24132、24135、24137。
⑤ 参见王贵民《商朝管制及其历史特点》，《历史研究》1986年第4期。
⑥ 王贵民：《商周制度考信》，台北明文书局1989年版。

6098）

3. 贞舌方出王自缒受业又。五月。（《英藏》543）

4. 贞叀王往伐。（《合集》7582）

5. 甲申卜，王，贞余征𤉡。六月。（《合集》6928）

6. 贞登人叀王自望戎。（《合集》7218）

第1版卜辞为王拟亲自主持征集兵员出征土方，第3辞缒当读为向，"王自缒"是王将亲自挥戈指向来犯之敌的意思，所以第2—5版都是关于王亲征卜辞，第6辞"望戎"是侦察、监视敌情，从卜辞可知，在这一环节，王的作用也不仅是决策，而且有时还要亲自参加。

殷墟卜辞中"王征"、"王自征"、"王伐"的占卜很多，但在大规模的军事行动中，商王则往往比同其他将领或侯伯作战，卜辞有：

7. □巳卜，㱿，贞王比侯告。（《合集》3339）

8. 癸亥卜，王，贞余比侯专。八月。（《合集》3346）

贞今［载王］比蒙侯虎伐𢀛方受有又。（《合集》6553）

9. 辛巳卜，㱿，贞王比易伯𤔮。（《合集》3380）

10. 贞王惠而伯龟比伐□方。（《合集》6480）

11. ［贞］王比兴方伐下危。（《合集》6530）

12. 癸丑卜，亘，贞王比奚伐巴［方］。（《合集》811）

13. 丙戌卜，争，贞今者王比望乘伐下危，我受业［又］。（《合集》6496）

14. 辛卯卜，宾，贞沚馘启巴，王叀之比。五月。（《合集》6461）

15. 庚戌卜，王其比犬师，叀辛亡戈。（《英藏》2326，《合集》41529，图5—1）

图5—1 《合集》41529

16. 贞王［比］沚馘𢦔［伐］召方，受又。（《合集》33020）

17. 甲午王卜，贞䣊余酒［朕𢦏酉］，余步比侯喜征夷方……（《合

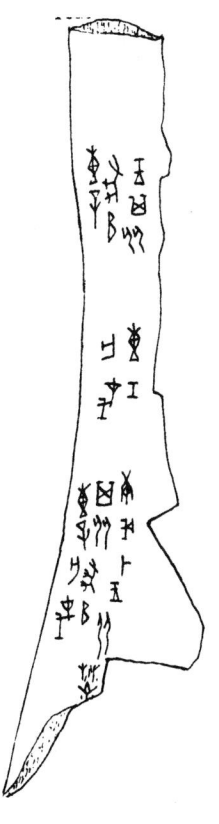

集》36483)

以上第 7—14 版为武丁卜辞，第 15—17 版分别是廪辛康丁、武乙文丁和帝辛卜辞，其中侯告、侯专、侯喜、蒙侯虎以及易伯䍩、而伯龟、兴方（伯）都属于外服侯伯，奚、望乘、沚𢦏、沚或、犬为重要的军事将领。第 14 版卜辞中的"启"为前军，王师比同侯伯或大将的军队出征时，往往以侯伯或大将为前军，王师做后盾。

从商末的几场比较重大的战事看，当中央王朝遭到入侵或商王感到需要对敌用兵的时候，则遣告相关方位的侯伯，带领军队配合王师作战，如伐四邦方、盂方的卜辞有：

18. 乙丑王卜，贞禽巫九禽，余祚障遣告侯、田，册𢦏方、羌方、𦎫方、繐方。余其比侯、田，叀戋四邦方。《合集》36528)

19. 甲戌王卜，贞禽巫九 [𪓌] 𢦏盂方率伐西或，㚅西田，𢊬盂[方]，妥余一人，余其比多田，叀征盂方，又自上下于㱿 [示]……《合集补编》11242)

20. 丁卯王卜，贞禽巫禽九，余其比多田于多伯征盂方伯炎，叀衣翌日步亡尤。自上下于㱿示余受有又，不昏戋，[田] 告于兹大邑商，亡𡧉在畎。《合集》36511)

从第 18—20 版卜辞看，王遣告并被要求参与出征的对象包括侯、田、多田、多伯，这种"遣告"采取了"𢊬"的方式。在征伐卜辞中，常见某再册𢊬某方，如"[沚]𢦏再册，𢊬土 [方，王] 比"①，再册是指命将仪式，据考甲骨文"再"当释为"举"，"再册"即举册接受册命，卜辞曾见"侯告再𢊬"②，册写作𢊬，正形象地表现出商代的册命之礼③，𢊬在甲骨文中常作用牲之法，有杀伐的意思，因此"𢊬西田，𢊬盂方"意思是册命西部边境地带的多田，出征盂方。在这类动用侯伯兵力出征的卜辞中，均称王"比"某侯

---

① 《合集》6405。
② 《合集》7414。
③ 齐文心：《释读"沚𢦏再册"相关卜辞》，《2004 年安阳殷商文明国际学术研讨会论文集》，社会科学文献出版社 2004 年版。

伯或多田、多伯，如上述第 7—11 和第 18—20 版卜辞，有研究者通过分析甲骨文字形入手，提出过去将"比"释为"从"是不确的，联系古文献，考订"比"是亲密联合的意思，从字面看用"比"系联起来的王和侯伯，应为对等的地位。① 这些考订是有道理的，然而，参与出征的侯、多田、多伯要接受商王册命的史实，充分体现出在亲密联合的表象下，实质上是一种领属关系，就像宗法制度，是在亲密的血亲关系的表象下，实行严峻的社会分层，侯、伯、田在自己的领地内是大宗的宗子，有相当的独立性，但面对商王，却处于小宗的地位，受令参与具体军事征伐中，可以说第 7—11 和第 18—20 版卜辞的侯伯与第 12—16 版卜辞"王比"的臣属奚、望乘、沚䖒、沚或地位是对等的，当然，卜辞曾见"伯䖒巽执"②，这说明第一，可能沚䖒也有"伯"的爵称，不过从大量征伐卜辞看，武丁时他在中央王朝应有一定的军职，是高级臣属之一。第二，这也证明了方伯要受命于商王执行抓捕任务。外服侯伯在军事上必须接受商王的命令和调遣，否则就会受到挞伐，这是商王统擅军权的一个重要体现，尽管这些侯伯有的并非商王所"封"，只是表示服属的与国。

指派臣属出征的情况也很多，如前所述，在卜辞中武丁伐下危有"令多絴比望乘"；伐巴方有"令妇好比沚䖒"；征基方调用了雀人和子商；伐獛曾呼雀、呼多子、呼亶比沚；征夷曾考虑令妇好或"令妇好比侯告"；伐龙方曾卜是否"乎妇妌"、"乎自般"出征；伐舌方除了令沚䖒为主将外，还有呼多臣乎比沚䖒、令皋、令我史、令羽以戈人出征的占卜③。武乙伐召方也有"令皋以众甾伐"、"令王族比甾"、"三族王其令追召方"④ 等卜辞。其中妇好、妇妌是参与征战的王妇；子商、多子族是商王同姓贵族，皋也有"子皋"之称⑤；自般是武丁时的高级军事将领；我史、多絴、多臣是中央官吏或内臣；望乘、沚䖒、侯告、甾、雀、亶、羽、戈或是侯伯，或是臣属、族邑之长，可见商王不仅命令畿内臣属出征，也经常命令与国的侯伯、边地族邑之

---

① 林沄：《甲骨文中的商代方国联盟》，《古文字研究》第六辑，中华书局 1982 年版。

② 《合集》5946。

③ 《合集》6524、6479、6573、6931，《英藏》601，《合集》6937、6459＋6465、6480、6585、6587、6297、619，《合集补遗》1804、1845 等。

④ 《合集》31973，《屯南》190，《合集》32815。

⑤ 《合集》3226。

长率领自己的族军或属地的武装力量出征。同时，商王还呼将领转达出征命令，如"叀甫乎令沚毫羌方"①，意思是呼甫向沚方伯长传达商王令他制裁羌方的命令。以上卜辞都反映了商王不仅对王畿内的军队有直接的统辖权，而且对封国、封邑的军职及臣服的方国伯长，在军权方面也有垂直领属关系。

（三）军事行政官吏

在商代高层官僚系统中，基本上是文武不分职，但从军事行政系统看，商王之下有师、亚、史等主要司掌日常军事行政事务，其下属基本上属于专职军事行政官吏。师，在殷墟卜辞中有三种用法：第一是泛指军队，如：

21. 甲戌贞，今夕自亡畎。《合集》34715）
22. 丁巳卜，贞今夕自亡祸，宁。《合集》36461）
23. 丙午卜，贞自于𠭯次。十二月。《合集》5813）
24. 癸丑卜，㱿，贞往卫亡祸。《合集》7888）
25. 方其至于戌自。《屯南》728）
26. ……来告，大方出伐我自。叀马小臣令……《合集》27882，图5—2）

自即师，第21、22辞卜问军队是否不会受到敌情的惊扰，第23、24辞卜问军队驻于某地或去执行守卫任务是否无祸，第25、26辞"戌师"、"我师"皆指戌守部队。此外还有地方诸师：

27. □午卜，宾，贞乎涉吴自。《合集》5811）
28. 丙戌卜，贞𠂤在𢆶，不水。（《合集》5810）
29. 己卯卜，□，贞畜自次［于］祭，自……《合集》5814）
30. 癸巳卜，宾，贞令伐□𦎫自。《合集》6051）
31. 戊子卜，令㕞往雀自。《合集》8006）
32. □□［卜］，㱿，贞王往于庶自。（《合集》

图5—2 《合集》27882

---

① 《合集》6623。

8219)

33. 癸巳……𥎦𠂤在□。(《合集》13517)

34. ……来自㚔𠂤。(《合集》24317)

35. 甲申贞，令卯往允𠷎𠂤。(《屯南》3418)

36. 其比犬𠂤亡戈，王永。(《合集》32983)

37. □寅卜，方其至于𠂤……(《合集》33045，图5—3)

第27—33辞为武丁卜辞，第34辞为庚甲卜辞，第35—37版卜辞为武文卜辞。这些吴师、舌师、雀师、犬师等为四土之内族邑之长或侯伯统率的军队编制，如吴、舌、雀是常见于征伐卜辞的强宗大族的代表人物，犬可能与犬侯有关。从以上卜辞可知，商王这些地方诸师也有直接的统属关系。

第二，是指军队的编制，如：

38. [癸]亥卜，争，贞旬亡祸。王占曰：有祟。旬壬申中𠂤蠅。四月。(《合集》5807)

39. □□卜，[殻]，贞□乎𠂤见㞢(右)𠂤。(《合集》5806)

40. 贞殷䖒归于㞢(右)𠂤。(《合集》1253)

图 5—3 《合集》33045

这三版卜辞是武丁卜辞，其中第38辞为卜旬卜辞，验辞记一旬后"中师"遭遇某种不利，第39、40辞"㞢𠂤"研究者多认为即"右师"，此中师、右师都属于王师，卜辞曾见：

41. 丁酉贞，王乍三𠂤右、中、左。(《合集》33006，图5—4)

此为廪康卜辞，但从第38—40辞看，三师的编制武丁时已经存在了，有研究者提出第41辞之"乍"不当解作"建立"，而当训为"起"，或表示"征发"①，

---

① 沈长云：《殷契"王作三师"解》，《史学集刊》1990年第4期。

廩康征发三师当与伐羌方有关。

第三，师还指高级军职，如《尚书·盘庚》中"邦伯"之下的"师长"，卜辞中有自般、自冎、自贮等：

42. 戊寅卜，㱿，贞勿乎自般比自冎。(《合集》6185)

43. 贞自冎其业祸。(《合集》3438)

44. 乙未卜，宾，贞自贮入赤琱，其㽙，不棘。吉。(《合集》28195)

图5—4　《合集》33006

第42版卜辞的自般在武丁卜辞中多见，商王往往呼令他伐某或行某事，并有他是否勤劳王事、是否有祸的占卜。① 般即盘，一说即甘盘②，《尚书·君奭》列举自汤以下诸王的贤臣，其中有"在武丁时，则有若甘盘"的记述。第43版卜辞的自冎见于武丁之时，又称伯冎、冎，如卜辞有"伯冎弗㦰桉"、"冎弗敦桉"③，经常参与对外征伐，并常往来于领地与王廷，曾见有"冎其戎罘占"、"伯冎允其及角"、"[白] 冎入"、"冎其来"等占卜事类。④ 第44版为廩康卜辞，是关于"自贮"入贡骏马的占卜。

此外，一些研究者还提出沚戜也有师职，但在卜辞中不见"自戜"，只有"伯戜"⑤，卜辞曾见"贞𢦔比戜又（右）文，协王事，以"、"贞𢦔弗其协王[事]"的对贞⑥（图5—5：《合集》4834），𠂤即甲骨文作表示师次的次字，与甲骨文表示师旅的𠂤（自）仅一笔之差，可能是著录书拓本不够清晰而引起的误读。值得注意的是在卜辞中，师都有参与征战的经历，有的师某又称

---

① 《合集》6209、5566、6587、5468、4226。
② 参见董作宾《甲骨文研究断代例》,《董作宾先生全集》甲编第二册，台北艺文印书馆1977年版。
③ 《合集》6845、6847。
④ 《合集》6848、20532、3422,《英藏》1785。
⑤ 《合集》5945。
⑥ 《合集》946、4834。

伯某，这表明师原是商王军队的高级军职，以后也将它授予臣服的方伯，如周王季曾被命为殷牧师①，而且不仅周王季最终被文丁所杀，武丁卜辞中也有"我伐舌"、"伐舌戋"②，就是中央王朝对外服侯伯挞伐的一个实例。

除自殷、自舌、自贮等外，右师、中师等的首长也称师。如第39版卜辞"乎师往见右师"中的"师"和"右师"均指人，即该级编制的代表人物，联系第40版卜辞"归于右师"，研究者认为反映出右师的地位可能相当高，且有一定的寮署所在。这类高级师职当即《尚书·盘庚》所谓的"师长"，由于征伐卜辞中，参与具体征战活动的师职没有宗亲贵族和侯伯为多，推测它们的职责主要在管理武装。③

图5—5　《合集》4834

亚，也是高级军职。西周初周公曾作《酒诰》，其中提到殷内服长官中有"惟亚、惟服"；《牧誓》中则"亚、旅"并提。《逸周书·世俘》记述武王灭商，回师宗周举行大规模祭祀，射杀"纣矢恶臣百人"献祭，裘锡圭考订"矢恶臣"实为"大亚臣"④，可见商代"亚"为高级官吏。陈梦家更列举武丁卜辞有"亚旞保王亡不若"、"翌辛［未］，亚乞以众人舌丁录，乎保我"⑤，提出卜辞中的"亚"可以"保王"、"保我"，可想见其关系。⑥

亚在卜辞中也有多种用法，如"其作亚宗"、"乍多亚"、"其祝，王入于多亚"⑦，"亚"指宗庙藏主之所，"亚宗"之亚为"副"或"第二"的意思。武丁卜辞有"亚受年"、武乙卜辞有"其令亚侯帚（归）"⑧，知商代"亚"除作职官名外，也作地名、族氏名。卜辞中关于"亚"的占卜较多，至少有一

---

① 古本《竹书纪年》。

② 《合集》6853、6854。

③ 王贵民：《商周制度考信》，台北明文书局1989年版，第226页。

④ 裘锡圭：《古文字论集·释"勿""发"》，中华书局1992年版。

⑤ 《库方》1028，《前》7.3.1（《合集》43）。

⑥ 陈梦家：《殷虚卜辞综述》，科学出版社1956年版，第509—510页。

⑦ 《合集》30295、21705、30296。

⑧ 《合集》9788，《屯南》502。

部分是指担任这一职官的人,如:

45. 丁未卜,贞叀亚以众人步。二月。(《合集》35)
46. 己亥卜,才兇,贞王[令]亚其比蚁伯伐□方,不曽戋。才十月有□。(《合集》36346)
47. 癸巳卜,毃,[贞]亚往田,[往]来亡[灾]。(《合集》27929)
48. ……亚立史。(《合集》5683)

第45、46版是有关征伐的占卜,分别为武丁和乙辛卜辞,第47版是关于田猎的占卜,为廪康卜辞。担任亚职,常有此类占卜,如"亚皋以众涉于𠂤,若"、"亚皋以人狩"①。关于"比"某出征,以及田猎"往来无灾"的占卜事类,多见于王,第46辞表明"亚"受王命也可以"比"侯伯出征,能否"无灾"也受到关注,同类卜辞还有"贞亚其往宫,往来亡灾"、"亚亡不若"、"亚亡祸"② 等。第48版"立史",陈梦家认为当指其立使或莅事与侯伯,通过梳理卜辞可知,"立史"者,除王以外,还有皋、雀等都是亚,"立史"对象都是侯伯,还有"共众人立史"于某的占卜,召集众人同往③,可见是商代重大的政事。以上皆可见"亚"属于高级辅臣,参与祀与戎的国之大事,除以上有关征伐事类外,卜辞还见"贞翌庚申告亚其入于丁一牛"、"告亚皋往于丁一牛"④,是有关祭祀的。

卜辞中有"多亚"和"亚某",知同时受此军职者不只一两个人:

49. 庚辰卜,令多亚䢦犬。(《合集》5677)
50. 贞翌庚[寅]亚征左。(《合集》5681)
51. 乙巳卜,贞于翌丙告𠃬于亚雀。(《合集》22092)
52. 乙巳卜,何,贞亚旁以羌其御用。(《合集》26953)
53. 壬戌卜,狄,贞亚旘其陟,𨘥入。(《合集》28011)
54. 辛未卜,亚皋菁戎。(《合集》33114)

---

① 《合集》31983,《屯南》961。
② 《合集》27930、5690、5692。
③ 陈梦家:《殷虚卜辞综述》,科学出版社1956年版,第510页。
④ 《合集》5685,《屯南》2378。

第 49 版是关于"多亚"的占卜,辞中的"多亚"指人无疑,类似的卜辞还有"其多亚若"①。第 50、51 版关于"亚征"、"亚雀"的占卜为于武丁卜辞;第 52、53 版关于"亚旁"、"亚旐"的占卜为廪康卜辞,第 53 版属于侯家庄大龟七版之一,亚旐的活动见于廪康对方的斗争;第 54 版为于武文卜辞。在武丁卜辞中,雀和皋大量参与了商王朝的祭祀和军事行动,尤其在振兴王朝各个战场上,雀的出现极为频繁;在前述武乙文丁伐方和召方的卜辞中,则屡见皋或亚皋的称谓,此外还有"亚皋以人舌"、"亚皋亡祸"、"于大示亚皋舌告"②等卜辞,可知他们受亚之职绝非偶然,雀和皋应是宗室贵族的代表人物,而亚旁则为旁方的伯长,故知此职也授予臣服的侯伯。

卜辞所见"亚某"之名有限,在商代金文中,还有不少加"亚"字形的族氏徽号和"亚某"铭文,如 1982—1992 年中国社会科学院考古所在安阳郭家庄西南发掘出 191 座商代墓葬及陪葬坑,当为一处聚族而葬的族墓地。其中一座保存完整的长方形竖穴墓 M160,随葬 44 件青铜礼乐器中,33 件有"亚址"的铭文,5 件有"亚胡址"(其中 2 件作"亚胡止")铭文,还有三件铜铙,甬下部均有"中"字,鼓内壁均有"亚胡止",报告认为"亚址"铭文数量最多,而且一些重要器物均铸此铭,"亚址"就是 M160 的墓主。该墓为长方形竖穴墓,长 4 米有余,宽 3 米上下,是一座中型墓,一棺一椁,椁板髹漆数层,漆皮厚达 1 厘米,并覆盖有丝织物。墓中殉人 4、殉犬 3,随葬铜、玉、石、陶、骨、象牙、竹、漆器共 353 件。最引人注意的是除了全套礼器外,随葬了大量武器,报告指出墓中青铜器共 291 件,重达 253 公斤,其中兵器 232 件,包括青铜钺 3 件、卷头大刀一对、铜戈 119 件、铜矛 95 件、铜镞 9 堆 906 枚、弓形器 1 件、镈 1 件。在仪仗器中,还有玉钺 1 件、玉戚 1 件、玉戈 5 件。在这座墓西南还有墓主的 4 座陪葬坑,M146 为一车二马,同出车器、马饰,还有铜戈 1 件、铜镞 1 件、骨管、蚌环等。M147 亦为一车二马,遗物中除车器、马饰等外,有铜弓形器 1 件、铜戈 2 件、铜镞 12 件。M148 为二羊一人,同出铜軶首 2 件、铜镳 2 件、铜泡 97 件、蚌环 1 件。③

---

① 《合集》5678。

② 《屯南》340、1051、580,《合集》32273。

③ 中国社会科学院考古研究所编著:《安阳殷墟郭家庄商代墓葬——1982—1992 年考古发掘报告》,中国大百科全书出版社 1998 年版。下同。

考古发掘显示，出土有"亚"字铭文铜器墓葬的墓主身份地位有高、有低，不完全相同，这是因为在商代作为职官的"亚"不仅授予畿内强宗大族的宗子，也授予方国伯长，则两者的墓葬显示出各自总体的身份地位，显然要有很大差异；再者，"亚"不仅是官职名，还是族氏名，所以用铭以"亚"字铜器随葬者，虽为高官之后，本人却不一定身居高官之位。然而报告关于郭家庄 M160 墓主当即"亚址"的推断是有道理的，该墓主很可能是一位有高级军职的"多亚"之一，一般认为，铜钺是军权的象征，该墓不仅随葬铜钺3件，一件大钺饰乳钉纹、几何云纹，通长33.2厘米、刃宽28厘米，重3.6公斤。一对中型铜钺内上部饰饕餮纹，钺身饰目字形花瓣纹、几何云纹，通长约23厘米、刃宽15厘米，重0.6公斤上下。[①] 报告指出随葬大钺的重量、大小，在殷墟地区仅次于妇好墓，随葬觚、爵的多寡也与墓主身份息息相关，该墓随葬觚、角10套，在殷墟地区也仅次于妇好墓。

M160墓虽不大，埋葬一主四从，但大量的各种随葬品以及陪葬坑，反映了他的社会地位和占有的大量社会财富，三件铜钺和一件玉钺是他握有军权的标志，大量的铜戈、矛、镞等可见其麾下有一支数量不小的武装。墓葬年代为殷墟三期偏晚阶段，即康丁、武乙、文丁时期，武乙时活跃在战场上也有一位名号与"止"相关的大将"沚戓"，不知与这个族氏是否有关。

与郭家庄 M160 地位相当的还有花园庄东地 M54，在小屯村南宫殿宗庙区的防御沟之内，也发现40余座中小型商墓，其中最大的1座M54米，长5米，宽3米多，殉人15件，殉犬15件。随葬青铜器265件（未计铜镞、铜泡），重324公斤，其中礼器40件，包括9套觚、爵；兵器161件，包括通长40厘米以上的大型铜钺1件，通长20余厘米的中型铜钺4件，矛78件、戈73件、卷头大刀3件，此外还有铜镞881枚。200余件玉器中还有铜内玉援戈、铜骰玉援矛及戚、钺等玉兵25件。车马器中包括铜策2件、弓形器6件。也有3件铜铙。在随葬的青铜礼器、乐、兵器中，总计近半数有"亚长"铭文。墓葬年代不晚于殷墟二期晚段，相当祖庚祖甲时期。墓主男性，35岁左右，经鉴定骨上有多次遭钝器击伤或利刃砍伤的伤痕，其中左侧股骨的一锐器伤痕，从部位看，当时可能伤及股动脉而致命。[②] 此墓与

---

① 报告记大钺尺寸在"随葬器物"和"墓主身份"两节中稍有不同，本文所引均采自"随葬器物"的记述。

② 中国社会科学院考古研究所编著：《安阳殷墟花园庄东地商代墓葬》，科学出版社2007年版。

M160 为探讨商代晚期"多亚"在商王朝官僚系统中的位置提供了重要的实证。

在论及"亚"时，陈梦家曾提出，在金文和文献中，亚、服（箙）并称，武丁卜辞中亦有"多箙"。① 但是"多箙"多为残辞，全辞有"贞勿共多箙"②，可知"多箙"的地位不高。此外武丁时有作为族名、人名、地名的箙，如"箙受年"、箙"囚凡出疾"，以及箙、韦等人"在泷"的验辞。③ 因而对于商代的"服"和甲骨文的"多箙"问题，尚待考。

亚的下属，有具体负责战车和射手的"马亚"、"射亚"：

55. 贞其令马亚射麋。（《合集》26899）
56. ……迺乎归卫射亚。（《合集》27941）

第 55 辞为马亚参与田猎的卜辞，这是战车部队实战训练的主要途径。第 56 辞的意思是乎射亚归，以接受新的守卫任务。马亚也有多人，故称"多马亚"。卜辞有：

57. 甲辰卜，贞乞令吴以多马亚省，在南□。（《合集》564）
58. 乙亥卜，贞令多马亚伲、菁、魃省陕廪，至于蒙侯从□水从舞侯。九月。
　　贞勿省在南廪。（《合集》5708）
59. 贞多马亚其出祸。（《合集》5710）

第 57 辞从行款看最后当缺一字，而同期卜辞常见"省在南廪"，其中也包括"令吴省在南廪"④，联系第 58 辞与"勿省在南廪"连续占卜的是令多马亚省陕廪，所以第 57 辞可能也是令多马亚省南廪的占卜，由此可见巡查保卫仓廪应是马亚的一项职责。第 58 辞伲、菁、魃皆为马亚，命令他们一道执行命令，故统称多马亚，有研究者认为"多马亚"指多马与多亚，然而卜辞见有：

---

① 陈梦家：《殷虚卜辞综述》，科学出版社 1956 年版，第 511 页。
② 《合集》5802—5804。
③ 《合集》3902、13884、3755。
④ 见《合集》5708、9636—9641。

60. 壬戌卜，狄，贞叀马亚乎执。

   壬戌卜，狄，贞叀戍乎执。(《合集》28011)

61. 贞叀马亚涉兕。

   贞叀众涉兕。(《合集》30439)

第 60、61 辞分别为西北冈大龟七版中两版上的对贞卜辞，原著录于《甲编》3913、3916，廪辛康丁卜辞，前者是因"方"人入犯，商王考虑派何种武装进行抵御，后者卜涉水猎兕，如何部署兵力，从马亚分别与"戍"和"众"对贞看，马亚是一个专有名词，不是指马和亚，也不是高级军职。有研究者认为车战时代战车是军队的主力，在商代"马"可代指战车，进而代指武装，司掌战车的"马亚"，后来演化成"司马"，但直到西周前期司马始终在"师"职下，协助师职管理军队，征战决定权在王，统率征战活动的是师职和其他贵族大臣①。而从卜辞看，商代的马亚只是执行具体战斗命令的中级军职。

马亚属下有"多马"，如：

62. □□卜，宾，贞令𢀛以多马［卫］𢀛。(《合集》5712)

63. 癸巳卜，宾，贞多马𢀛戎。(《合集》5715)

从第 58 辞可知武丁时𢀛为马亚，所以同期的第 62 辞中，𢀛率领多马执行守卫任务证实多马为马亚的下属，类似的卜辞还有"贞令𢀛以㞢友马卫……"② 马亚执行守卫任务可以带领"多马"或多马之一的"㞢友马"等，当为视形势而定。第 63 辞为多马参与征伐的卜辞，此外卜辞常见"多马从戎"、"我马及戎"、"乎多马逐鹿"、"惠多马乎射"③，可见是基层的战斗组织，值得注意的是卜辞还有"令多马"、"多马亡祸"④，结合其他有关马、多马的卜辞，可

---

① 王贵民：《就殷墟甲骨文所见试说"司马"职名的起源》，《甲骨文与殷商史》，上海古籍出版社 1983 年版。

② 《合集》8964。

③ 《合集》5716、6943、5775、27942。

④ 《合集》5719、5722。

知他们虽是马亚的下属，但调动多马的决策乃至命令都出自商王，他们的安危也直接受到商王的关心。

卜辞中还有马小臣、戍马、族马等，如卜辞有：

64. ……来告大方出伐我𠂤，叀马小臣令……（《合集》27882）

65. 丙寅卜，惠马小臣……
叀戍马冒乎，允王受有又。
王其乎，允受有又。（《合集》27881，图 5—6）

66. 叀［戍］喜令，又戋。
叀戍马乎眔往。（《合集》27966）

67. 叀族马令往。（《合集》5728）

68. 叀三族马令。
叀一族令。
眔令三族。
乙酉卜，于丁令马。（《合集》34136）

第 64 辞反映敌方出动，王朝军队安全受到威胁，令马小臣传达或执行某项应对措施，第 65 辞亦残，具体内容不得而知，不过卜辞有"惠小臣令众黍"[①]，小臣为王之近臣，代达王的命令是不言而喻的，但不仅如此，第 65 辞马小臣与戍马并卜，戍马是掌作战部队战车的职官，马小臣或为直属商王的战车掌管者。第 66 辞卜问令戍喜带领其戍卒上战场是否就能达到预期目的，还是要呼戍马一道前往。第 67、68 辞的族马当为族军中掌战车的职官，反复占卜是同时调动三族的战车，还是仅调其中一族的战车组织，从这版最后一条卜辞"于丁令马"看，"族马"亦称"马"，换言之戍马、族马皆包括在"多马"

图 5—6　《合集》27881

[①] 《合集》12、13。

之内。

掌管射手的统领"射亚"下属有多射、戍射等，如：

69. 贞翌己卯令多射。二月。（《合集》46）
70. ［贞］叀戍射，在□。（《合集》24220）
71. 叀王射。（《合集》28813）

有关多射的卜辞较多，除第69辞外，还有"勿令多射"、"令䍌罞多射"、"令多射罞𢦏"、"𢦏以多射先陟"、"多射往𠙴亡祸"、"翌乙亥易多射燕"、"［乎］多射共人于皿"、"多射不矢众［人］"等①，大多是多射受令参与武装行动的卜辞，而从王赐宴多射及乎多射登人，可见射手的地位是比较高的。第70、71辞的戍射、王射都应属于多射，此外与射事有关的官员，有的也与族氏或私名连称，如：

72. 贞令射𠂤归。（《合集》5749）
73. 己丑卜，宾，贞令射倗卫。一月。（《合集》13）
74. 贞令射甾于微。（《英藏》528）
75. 贞射午戋方。
    贞射𢀛戋方。（《合集》24156）

其中第74版卜辞的"射甾"见于武丁卜辞和武文卜辞，出现的次数远高于其他"射某"②，往往卜问是否为王廷输送作为人牲的羌人，可见参与武装行动比较多，射甾与卜辞中屡见的大将甾不一定是同一个人，但一定属于同一个族氏。第73辞的"射倗"当出身晋南大族，今在山西绛县横水发现了两座西周铜器墓，墓主为倗伯及其夫人。第74辞是关于调遣"射甾"的卜辞，第75版卜辞见于祖庚祖甲至廪辛康丁是对"方"方的用兵，卜问用哪一支射手队伍出征敌方可以达到预期目的。这些都表明"射某"是属于多射一级的军职，直接受王命参与出征或守土。

① 《合集》5733、5736、5735、5738、33000、5745、5742、69。
② 见《合集》277、5751、32022、32886等。

商王因武事派驻在外的武官为史①,常担任征伐之事,武丁时有"东史"、"西史",后又"立大史于西奠"、"立三大史"于南,此外还有"戍史",指派往戍守之地的史官。任命史官是很隆重的一件大事,事前要举行占卜,问是否要立史于某地或立某史,确定后,在立史时要征集众人举行盛典和祭祀,而且从卜辞可知能够任命史官,即"立史"的有王、亚、雀、臯。如前所述,雀和臯都以宗室贵族身份而有亚的职称,所以只有王和某些任高级军职——亚的人才有权"立史",可见史是地位较高的担任国家边地戍卫的武官。

此外,参与征伐之事的还有犬人之官,即犬、多犬。② 见于卜辞的有犬延、犬中、犬辰等,犬为田狩之官,但也有参与"伐刀方"、"以新射"及进献俘获的羌人等活动的卜辞。

二 武装力量构成

在商代,与雏形的内外服制相适应的是存在王朝的中央军和地方的方国军两个部分,又由于其官僚体系实行宗族与政权紧密的结合,即作为地缘组织的基层行政单位还保留有血缘组织躯壳,动用的武装力量既有按师、旅、行编制的军队,又有族军。就武装力量的构成而言,大抵可分为两类:第一类是常备的守卫部队,第二类是"兵民合一"而以"族军"为骨干的正式作战的武装。臣服于商王朝的方伯、诸侯军队的构成,也有大抵相似的组成,有带专职武装性质的禁卫军和亦兵亦民的民军。方国的军队不仅要维护方国的统治,还要听从商王调遣,成为商王朝武装力量的组成部分。

(一)守卫部队

守卫部队的核心,最早是从王的扈从军演化来的,也就是后来的"禁卫军"。王宫守卫部队的构成包括王的近侍"多臣"、"多寮",臣最早的基本含义是指非自由人,在殷墟卜辞中有追捕其逃亡或用作人牲的事例③,如"州

---

① 参见胡厚宣《殷代的史为武官说》,《全国商史学术讨论文集》,《殷都学刊》1985年增刊。
② 参见陈梦家《殷虚卜辞综述》,科出版社1956年版,第514页;屈万里《殷虚文字甲编考释》,第402片考释。
③ 参见胡厚宣《甲骨文所见殷代奴隶的反压迫斗争》,《考古学报》1976年第1期;罗琨《商代的人祭与相关问题》,《甲骨探实录》,生活·读书·新知三联书店1982年版。

臣有亡自◻，得"、"多臣亡羌其执"、"用龐小臣卅、小妾卅于妇"①，却也有一些显示出拥有一定的权力与地位，如拥有强宗大族族氏的小臣皋、小臣中、小臣鬼、小臣妥、小臣醜②，有冠以职名的小耤臣、小众人臣、小多马羌臣。③ 寏，或释仆，地位更低一些，但臣、寏都有参与对外征伐的卜辞，如前述伐缶有"翌乙丑多臣戋缶"、"毋其戋缶"的对贞，可见多臣的武装曾被派往伐缶的战场，伐舌方也有"乎多臣"、"乎多寏"出征的占卜，又如卜辞有：

1. 己丑卜，殻。
   贞叀多臣乎比沚㦰。
   王比。
   贞王勿比㦰。（《合集》619）
2. 叀小臣穑令乎比，王受又。
   弜令。
   叀◻令。
   弜令。（《合集》27888）

第1版卜辞以"多臣乎比沚㦰"与"王比"沚㦰并卜，第2版卜辞以令小臣穑与令◻并卜，可见此辞中的多臣和小臣地位较高，且是参与武事的，两版卜辞分别为武丁和廪辛康丁时代遗存，虽然第2版是否指出征不很明确，但前述廪辛康丁伐广方时引述的小臣穑牛骨刻辞，所记即为小臣穑随王出征之事，又同期卜辞还有"小臣嗇又来告"④，当与被派出了解敌情有关。臣、寏不仅受王命参与战事或随王出征，而且被编成常备的武装力量，前述马小臣表明存在一支由商王近侍执掌的有骑乘装备的武装，此外和"多马"、"马小臣"结构相类的还有"多马羌"、"小多马羌臣"，如：

3. 丁亥卜，宾，贞叀溴乎小多马羌臣。十月。（《合集》5717）

---

① 《合集》849、627、629。
② 《合集》5571、5574、5577、5578、36419。
③ 《合集》5603、5597、5717。
④ 《合集》27886。

4. 贞令多马羌。
   　贞勿令多马羌。(《合集》6763)

多马羌可能是商王朝中由羌人组成的一支常备武装,犹如西周王的禁卫军也包括部分夷人,多马羌由小多马羌臣掌管,也表明这支常备武装带有商王禁卫军的性质。

有研究者认为以非自由人充任国家机构中的武装力量是难以理解的,实际上这是早期国家制度的孑遗,恩格斯《家庭、私有制和国家的起源》谈到雅典国家起源时,曾指出"国家的本质是和人民大众分立的公共权力",警察和国家一样的古老,在雅典它是由奴隶组成的,因为"这种警察的职务,在自由的雅典人看来是非常卑贱的,以致他们宁愿叫武装的奴隶逮捕自己,而自己却不肯去干这种丢脸的事。这仍是旧的氏族思想。国家是不能没有警察的,不过国家还很年轻,还为享有充分的道义上的威望,足以使那种必然被旧氏族成员视为卑贱的行业受到尊重"。张政烺在《妇好略说》讲到殷代社会,也说"殷代属于阶级社会初期,统治者的历史使命是摧毁和廓清氏族社会的风俗和传统,氏族成员狃于习惯很难为力,许多新兴事物只好交奴隶去做,于是原始的奴隶(臣)便逐渐变成了原始的官吏(臣)"①,这是很有道理的,虽然现在看来商代后期已经超越了阶级社会初期,但传统观念和习俗会长久地凝结在制度和习惯中。

不仅如此,这支以守卫王宫为主的常备武装虽然有非自由人、羌人充任,却并非全部有非自由人构成,那些有族氏的"小臣某",多为世家子弟,应是这支武装的骨干,有研究者考订,这种守卫部队在西周就是虎贲——虎臣,属于军事系统,文献中的虎士相当金文中的虎臣,虎贲为其长,在金文和文献中师氏在虎臣之上,虎贲之职或相当于师氏之一。② 而在商代,这支王宫守卫部队之长为"寝",其职在亚之下。

商代作为守卫武装还有"卫",在甲骨文中,"卫"字有多种含义,如"贞卫于妣己于妣庚"、"贞于黄尹卫"③,当与"御"相类,是为祭名,更多的是作为动词,表示防卫、保卫,如"自往卫亡祸"、"令射佣卫"、"其乎北

---

① 张政烺:《妇好略说》,《考古》1983年第6期。

② 王贵民:《商周制度考信》,台北明文书局1989年版,第211—212页。

③ 《合集》916、3482。

御史卫"、"弜令戍干卫"① 等；再一种含义是表示职官，如"多犬卫"、"多马卫"、"多射卫"等，但有研究者认为多犬、多马、多射应与卫分读，均为武官，或认为射等为武官之职，卫乃护卫之义②，卜辞多见王呼或令多犬卫等。在这些辞"多犬卫"等是否是一个词存有歧义，如前述"令冓以多马卫𢦏"中"多马卫"虽连属，却不是一个词，但卜辞还有：

5. □戌［卜］，永，贞令［旨］以多犬卫比多鼍羊从㕣。（《合集》5666）

6. 庚戌卜，㕚，贞令多马卫从𦎫。（《合集》5711）

7. 令郭以多射卫示，乎弋。六月。（《合集》5746，图5—7）

图5—7 《合集》5746

第5辞卫字后的"比"表示比同，第6辞卫字后的"从"与第5辞的"从"相同，释"就"，或可读作"纵"，第7辞卫字后的"示"，也表示一种行为动作，在甲骨文中，此字常见于骨臼或甲桥的记事刻辞，前人多指出示、寘字通，寘、置古同用③，末字"弋"，表示弋猎，所以这三条卜辞都与田猎或军事训练有关，不是有关防卫活动的占卜，其中的"多犬卫"、"多马卫"、"多射卫"不仅应该连读，而且是一个词。

多马卫、多射卫、多犬卫等守卫部队包括对王宫和王畿的守卫，卜辞有：

8. 甲寅卜，永，贞卫以寏率用。
贞卫以寏勿率用
贞卫以寏率用。（《合集》555正反）

---

① 《合集》7888、13、27897、28059。

② 陈梦家：《殷虚卜辞综述》，科学出版社1956年版，第508—512页；屈万里：《殷虚文字甲编考释》，"中研院"史语所1961年版，第169页。

③ 孙海波：《诚斋考释》，转引自于省吾主编《甲骨文字诂林》，中华书局1996年版，第1046页。

这组卜辞占用了整个一版小龟，正反卜均经反复灼卜，率用，可解作"悉用或皆用"①，同期曾有"五百隶用的"反复占卜，可能与祭祀有关，此版之隶用于何事尚难断定，但无论如何王宫的部分禁卫是由隶中选拔的，多以第 8 辞中挈领隶之卫当属于王宫守卫。

多马卫、多射卫、多犬卫的日常职责可能偏重于王都守卫，属于精锐的行使武装警察职能的军队。还有研究者指出，卜辞中数见"在某（地名）卫"，是商王派驻在商都以外保卫商王国的武官。② 如卜辞有：

  9. 丁亥卜，才𣊰卫酒元䭫龏酱又奏方剋，今秋王其史……《合集》28009)
  10. □巳卜，才寻卫……《合集》28060)
  11. □亥贞，才㝬卫来。《合集》32937，图 5—8)
  12. ……其取才演卫凡于雝，王弗每。《屯南》1008)

第 9 版卜辞与征伐有关，第 11 版表明派驻在外的"卫"，往往要回王都述职或接受指令，第 12 版卜辞"凡"即盘游之盘，故与田猎有关。这些"在某卫"是在其宗氏的率领下，辑其分族，将其类丑，举族前往的，而且有一支比较强势的族军，以胜任保卫王畿的任务。

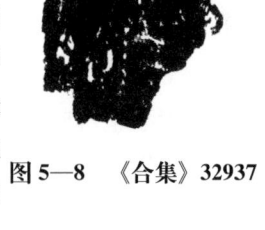

图 5—8 　《合集》32937

（二）正式作战的武装

守卫部队往往也要参与出征，但商代还有正式作战的武装，是出征前临时按族邑征调的，王室贵族的族军是其骨干，编成师、旅、行等作战部别出征或戍守，族邑之长担任相应的各级统领。当某些武装行动动用兵力较少

---

① 金祥恒：《释率》，《中国文字》第五卷，转引自《甲骨文字诂林》，中华书局 1996 年版，第 3183—3184 页。
② 裘锡圭：《甲骨卜辞中所见"田""牧""卫"等职官的研究》，《文史》第十九辑。

时，仅征调王族、多子族或三族、五族的族军。王室贵族的武装，即族军也包括两部分，一是以贵族子弟为核心，包括一些臣仆构成的扈从军；二是平时务农或从事其他生产，战时应征的族众。

正式作战武装的征集在卜辞中称为"登人"、"共人"、"冒人"，如：

　　13. 贞[登]人乎𢦏伐羌。
　　　　勿登人乎伐羌。(《合集》6619)
　　14. 辛巳卜，争，贞今者王共人乎帚好伐土方受㞢又。五月。(《合集》6412)
　　15. 庚寅卜，㱿，贞勿冒人三千乎望吾[方]。(《合集》6185)

在第13—15版卜辞中的"登人"、"共人"、"冒人"都是聚众的意思，但在具体用法和含义方面，可能有些许差别，如"登"除用于登人外，还有"登射"、"登马"以备征伐需要，"登羊"、"牛"用于祭祀①。"共"除了共人，还有"贞共马乎戜"、"乎共牛"、"乎共羊"②，以及"共王臣"、"共多簸"、"共奠臣"、"共雀人乎宅雀"③，而且在前述商末伐盂方，列举的第1版卜辞有"盂方共人，其出伐𠂤自高"④，这些资料似表明"登"侧重于自上而下的征集，"共"侧重于在下面的聚合，有时甚至含有进献的意思。"冒"字从目，当与其本义有关，在甲骨文中有"多冒"，如"多冒舞不其从雨"、"王令多冒御方"⑤，指某种身份或职务的人，往往参与求雨之祭和出征。还作人名、地名，如武丁甲桥刻辞有"冒入□"，卜辞有"乎鸣比戈使冒"，乙辛卜夕卜辞有"才冒贞"表明该地与商王朝的关系愈加密切⑥。作为动词除了"冒人"外，还有"冒三百射"、"冒牛百"⑦，与"登"、"共"用法大抵相近，细微的差别尚不清。

---

① 《合集》5760、5759、8959，《怀特》904。
② 《屯南》4489，《合集》8938、8950。
③ 《合集》5566、5802、635、8720。
④ 《合集》36518。
⑤ 《合集》14116、20450。
⑥ 《合集》9294、1110、36553。
⑦ 《合集》5777、9041。

在商代，由于商王是军队的最高统帅，他直接决定军事行动，所以只有商王有权下令征集兵员，即如第 14 版卜辞所谓"王共人"，但王也授令其他人代王行此事，如：

16. 甲申卜，殼，贞乎帚好先共人于庞。(《合集》7283)
17. ……[乎]多射共人于皿。(《合集》5742)
18. 丁未，贞王令㠱共众伐，才河西沚。(《屯南》4489)

辞中的妇好是王妇、㠱是王室贵族，当时的重臣，多射为武官。所见"共人"之地除第 16—18 辞中的庞、皿、沚外，还有：

19. 贞令才北工共人。(《合集》7294)
20. 令共东土人。(《合集》7308)
21. 贞乎共才㗊人。(《合集》8070)
22. 贞今者登下𢀖[人]，乎尽伐受业又。(《合集》7311)

又，在残辞中还见"共人于帛"[①] 等，虽然一些地点具体方位不清，但从第 19、20 辞"北工"、"东土"看，可知地域很广泛，值得注意的是武丁时多见伐下𢀖的卜辞，还有"贞登人伐下𢀖受业又"[②]，同期又有"登下𢀖人"，可见包括被征服纳入商王朝四土的地区，都有义务给商王提供兵员。

征集的兵员，是主要作战部队，如上第 13、14 版卜辞，武丁时几乎规模较大的战争都有"登人"、"共人"出征的卜辞，此外还有如上第 15 辞征集人众侦察敌情的情况也有数见，如：

23. 贞舌方亡闻。
    贞登人五千乎见舌方。(《合集》6167)
24. 贞[登]人叀王自望戎。(《合集》7218)

一次征集的人数往往是三千、五千或千人，一次征集五千人的征伐对

---

① 《屯南》2909。

② 《合集》10094。

象，除第 23 版对舌方的作战的卜辞外，还有前所列举的"王共人五千征土方"①以及伐屮方：

25. 贞今者王伐屮方，[登]人五千乎[ᆹ]。（《合集》6540）

然而最常见的是一次征集三千最为常见，除伐舌方外，还有：

26. 登人三千伐🐚戋。（《合集》6835）
27. 己未卜，㱿，贞王登三千人乎伐🐚方戋。（《合集》6639）
28. 丙子卜，永，贞王登人三千乎□[戋]㦰。（《合集》6990）
29. ……登人三千乎伐土方。（《合集》6407）

一次登千人的卜辞较少，所见有"□寅卜，宾，贞登千……"、"己巳卜，㱿，贞登千乎见"②，还有一些是不记人数的，如上第 14 版，还有：

30. 贞共人乎伐🐚。
    勿乎伐🐚。（《合集》248）
31. 贞我共人伐巴方。（《合集》6467）
32. ……宾，贞登人伐下𠂤，受㞢又。[一月]。（《合集》10094）

"登人"以后，还要编理成出征的军旅，卜辞有：

33. 辛巳卜，□，贞登（🐚）帚好三千，登（🐚）旅万，乎伐方，受[㞢又]。（《英藏》150，图 4—4）

第 33 版卜辞前一个"登"字甲骨文写法同于常见的"登人"之登，"登帚好三千"可能是征集妇好之族的三千人，也可能是征集为妇好统领的三千人，而且很可能是妇好统领的三千女兵，女兵乃至女子充任禁卫军在早期国家存在过，其孑遗在古代社会保存了很久。后一个"登旅"之"登"字从豆、从

---

① 《合集》6409。

② 《合集》7330、7337。

共，写法同于常见的表示登尝之祭的"登"字，同文残辞还见于《合集》5822，作"……三千，臮旅……受……"表明"登旅"之登的确不同于登人之登，《左传·隐公五年》："鸟兽之肉不登于俎，皮革齿牙骨角毛羽不登于器。"孔颖达疏："登，训为升。服虔以上登为升，下登为成，二登不容异训。"然而在甲骨文中，后世皆隶定为"登"者，恰有两种写法，"登旅"之登正可解释为"成"。辞中的征伐对象过去根据《库方二氏藏甲骨卜辞》的摹本，前人多释为"羌"，《英国所藏甲骨集》拓本的发表，证实当做"伐方"，其所指很可能是土方，所以这版卜辞是关于征召为妇好统领的三千武装，同时组成编定万人之军旅出征土方①。

（三）关于"族军"

在一些征伐卜辞中，有时也见有以族为单位的军事调动或部署，如：

34. 己亥贞，令王族追召方，及于□。（《合集》33017）
35. 庚辰卜，令王族比䖑。（《屯南》2064）
36. 王族其敦夷方邑舊，右、左其[字]。（《屯南》2064）
37. 庚辰卜，争，贞乎王族先。（《合集》14919）
38. □□卜，㱿，〔贞〕乎子族先。（《合集》14922）
39. 丁酉卜，王族爰多子族立于舌。（《合集》34133，图5—9）

第34、35版都是武乙文丁伐召方的卜辞，因第35版同版卜辞也有"今日希召方，执"、"弜追召方"的占卜。第36版意思是以王师为中坚主攻夷方的舊邑，左、右两旅作为两翼配合包抄。②第37、38辞的"乎"某某"先"，在卜辞中往往与征伐有关，表

图5—9　《合集》34133

---

① 参见罗琨《试析登妇好三千》，吴荣曾主编《尽心集——张政烺先生八十庆寿论文集》，中国社会科学出版社1996年版；又，《孙武吴宫教战考——兼说十三篇作者问题》，《孙子与吴文化研究》上卷，中央文献出版社2006年版。

② 参见李学勤《商代夷方的名号和地望》，《中国史研究》2006年第4期。

示作先行、先导；"立"在卜辞中往往表示阵位，所以这三版很可能都与兵力部署有关。这些卜辞中的"王族"、"子族"、"多子族"指的是王室贵族的族军。

直到西周春秋这种族军都是师旅的中坚力量，《左传·成公十六年》记晋楚之战，决战前，"苗贲皇言于晋侯曰：'楚之良，在其中军王族而已。请分良以击其左右，而三军萃于王卒，必大败之。'公筮之。史曰：'吉，其卦遇复。曰……'公从之。"临战，"步毅御晋厉公，栾鍼为右……栾、范以其族夹公行"。有研究者认为《盠彝》"用嗣六师王行"之"行"不是指春秋步兵之意，也不是指具体行列，而特指六军中的王族军行。"栾、范以其族夹公行"的"公行"与金文"王行"同类，指的都是部队，而栾、范两族的族军护卫着国君的族军，都是战役中的作战部队①，可见春秋时，楚之王族、晋之公族的族军均为精锐部队，编入中军。以族军出征，还见于西周金文，如：

> 唯王令明公遣三族伐东国。(《明公簋》，《殷周金文集成》7.4029)
> 王令毛公以邦冢君、徒驭、戏人伐东国痛戎。咸，王令吴伯曰：以乃师左比毛公，王令吕伯曰：以乃师右比毛父。遣令曰：以乃族从父征，徂城卫父身。(《班簋》，《殷周金文集成》8.4341)

二器分别为西周早、中期遗存，西周晚期的《毛公鼎》也有"命女缵嗣公族"，"以乃族干吾王身"(《殷周全文集成》5.2841)等，表明各级大贵族都有自己的族军。商代同样如此，如卜辞有：

> 40. □戌卜，争，[贞]令三族[比]沚咸[伐]土[方]受又。(《合集》6438)
> 41. 己亥历贞，三族王其令追召方，及于㡀。(《合集》32815)
> 42. 癸巳卜，王其令五族戍甶……伐，戋。(《合集》28054)
> 43. 辛亥卜，才攸，贞大左族有擒。(《合集》37518)

第40版卜辞的"三族"其所指不清。而在武乙文丁伐召方的战争中，曾卜

---

① 王贵民：《商周制度考信》，台北明文书局1989年版，第214页。

"般以众"、"皋以众"伐召方①，可知曾计划让般、皋率领其族众组成的族军参与伐召方，第 34 版卜辞又有"令王族追召方"的占卜，所以，第 41 版卜辞的"三族"有可能指般、皋、王族。第 42 版的"五族"可能是指屮、带、凸、逐、何五族，因为同期卜辞有：

  44. 戍屮弗雉王众。
    戍带弗雉王众。
    戍凸弗雉王众。
    戍逐弗雉王众。
    戍何弗雉王众。
    五族其雉王众。（《合集》26879）

这说明廪辛康丁及其后的戍守部队也是按族抽调编制的，这五族显然不属于王室贵族，特别值得注意的是戍屮之族，很可能与武丁时曾伐灭的虎屮有关，其地曾被纳入四土，成为商王出入往来之地，如卜辞有：

  45. 庚申卜，㱿，贞伐虎屮戈。（《合集》6877）
  46. 贞王伐虎屮［戈］。（《合集》6878）
  47. 贞虎屮众人得。（《合集》66，图 5—10）
  48. 贞叀王自往虎［屮］。（《合集》8207）

图 5—10 《合集》66

此外同期卜辞还有"立史于屮"、"乎田于屮"②，有研究者认为辞中的"屮"即"虎屮"之省③，这很可能是正确的，据此也可推断武丁伐虎屮取得了胜利，该族邑降服了商王朝，其族众成为商王朝的臣民，这就是"虎屮众人得"的含义，商王在那里派驻了官吏，并有举行田猎练兵的占卜，相关卜辞显示了商王对其地、其族的重视，这或许与其地理位置比较重要有关。由于

---

① 《合集》31987、31977。
② 《合集》5511、10961。
③ 杨升南：《殷墟卜辞中"众"的身份考》，《甲骨文与殷商史》第三辑，上海古籍出版社 1991 年版。

商王朝的政治统治采取了以宗族组织和政权组织紧密地结合的形式，被征服地区拒绝降服的上层贵族统治者，或许会遭到如《国语·周语》所说"亡其氏姓"、"绝后无主"的命运，而并无氏姓的广大村社组织成员族居形式会依然存在，征服者即使得不到原来上层贵族的支持，也很容易从基层村社贵族中找到新的合作者，在古代社会，军事组织与村社组织又是互相统一的，这是商王能够在四土之内——包括新征服地区"登人"、"共人"，并且能构成以族为单位的戍守武装的基础。

对于族军与以师旅为编制的正式作战部队的关系目前存在不同看法，一种意见认为从春秋的"中军王族"，一直上溯到商代的族军都只是宗族或家族的武装，而不是三代军队的一部分；另一种意见认为族军与师旅这两种军事组织形式有区别又有联系，在中国奴隶社会，军事组织与村社组织是互相统一的，农村公社组织中族居形式的存在、血缘关系的存在都对军事制度有强大的约束作用。① 还有研究者论述在一定的时间和范围内，族军有其独立性，但族军统一于国家军事系统，是由同一专制的政权结构决定的，王朝的武装来源于地方，而地方即由各级大小封国、族邑所结集，后者已有的族军正是现成的征集对象，不需要另组一套。在当时的实际情况下，地缘也是由各个族邑所组成。除族军外，另外再按地缘组织一套军事系统显然是不可能的。② 更有研究者论随着征集制的发展，将全军分为右中左三大队制度化，同时任户计民以预定军籍，纳入所属编队及各级军官之下，以便征集作战。按十进制编队是根据阵法需要形成的军队组织形式，它的实质性纽带仍然是族，族军不是独立于军队组织以外的特殊武装。③ 总之，两种不同看法的后一种意见是很有道理的，不过，单独调动的地方族军如般众，臿众，以及王族、子族与大规模作战时从相应族邑通过"登人"、"共人"征调编成的师旅还应有一定区别，前者应是其中的精锐，在数量上少于相应族邑所能征调的人数，而作为核心的、带有常备性质的武装人员占一定比例；后者的数量大，带有常备性质的武装人员所占比例相应缩小，所以要以前者为中坚。

---

① 陈恩林：《先秦军事制度研究》，吉林文史出版社1991年版，第31页。
② 王贵民：《商周制度考信》，台北明文书局1989年版，第215页。
③ 林沄：《商代兵制管窥》，《吉林大学社会科学学报》1990年第1期。

第二节 兵种、编制与兵役制度

一 兵种

商代的兵种主要有徒兵和车兵,或用徒兵单独作战,或以车徒配合,徒兵和车兵虽然都是主要兵种,但在数量和作用方面并非出于对等的地位。此外,还有一定数量的骑乘和舟兵。

(一) 徒兵

这是商代的主要兵种,甲骨文中有"步"字作ᶁ,是较早释出的甲骨文字之一,但对其含义长期有不同看法,在《殷虚书契考释》初版本中就有"曰步,《说文解字》:步,行也,从止、少相背。按:步象前进时左右足一前一后形"①,故知其本义为步行。在卜辞中有时步字与征伐动词相连,如:

1. 庚寅卜,宾,贞今者王其步伐夷。(《合集》6461)
2. [戊]子卜,宾,贞辜乞步伐舌方,受业又。十二月。(《合集》6292)
3. 己亥卜,重四月令豪步[伐]苎。(《合集》6563)
4. 戊戌卜,扶,步,今日追方。三月。(《合集》20460)
5. 重商方步,立于大乙,戋羌方。(《合集》27982)
6. 余步比侯喜伐夷方。(《合集》36482)

于省吾曾将其中第1、2、5、6版卜辞中的"步"释为乘辇,提出夷、舌方、羌方等都不在殷的近郊,相距都有千百里之遥,商王不可能徒步远征,因此步为步辇②,胡厚宣认为步伐者,不驾车,不骑马,以步卒征伐之③。由于卜辞曾见"丁未卜,贞重亚以众人步。二月"(图5—11:《合集》35)④,亚为武官,众人也有参与征伐的占卜,可见该辞应与征伐有关,而众人不可能皆乘步辇,所以卜辞与征伐相关的"步"释为"步卒征伐"更为恰当。此

---

① 罗振玉:《殷虚书契考释三种》,中华书局 2006 年版,第 216 页。
② 于省吾:《商代的交通工具和驲传制度》,《东北人大人文科学学报》1955 年第 2 期。
③ 胡厚宣:《殷代舌方考》,《甲骨文商史论丛初集》,河北教育出版社 2002 年版,第 189 页。
④ 《合集》35。

外，卜辞还有：

7. ……贞燎告众步于丁。(《合集》39)

8. 癸午贞，告婁其步祖乙。
甲午贞，于□告□其步。
甲午贞，于父丁告婁其步。
弜告婁其步。(《屯南》866)

图5—11 《合集》35

研究者多认为辞中的"步"为祭名，但是从武丁征伐卜辞看，出征往往要举行告祭，尤其是从第8版卜辞的反卜看，这是一组为"婁其步"举行告祭的卜辞，第7版卜辞同例，是为"众步"举行告祭，辞中的"步"皆可释成以步卒出征。第8版为武乙卜辞，第一条卜曰"癸午"显然有误字，《小屯南地甲骨释文》提出当为"甲午"，但它前一条占卜为"癸巳贞，王令婁，生月"。所以也可能是"癸巳"之误。有同期卜辞有"辛亥贞，生月令[皋]步"①，同版有次日卜"壬子卜，刚禹受又"、"壬子卜，束尹禹受又"，显然与征伐有关，也为第8版的"步"指征伐而非祭祀提供了旁证。

从第1—4版卜辞可知武丁伐夷、舌方、呂和方，都使用了徒兵，在伐归敦侕的战争中使用的也是徒兵，如卜辞有：

9. 丁酉卜，今生十月王敦侕受又。
弜受又。
己亥卜，王敦侕，今十月受又。
弜受又。
己亥□，侯□启，王伐归若。
庚子卜，伐归受又。八月。
弜伐归。

---

① 《屯南》599。

　　　　壬子卜，贞步自亡祸。
　　　　业祸。(《屯南》4516)

这是一版中有"步自亡祸"一辞，由于以上第 3 版卜辞有"令豢步［伐］
苎"，同期卜辞又有"步，豢伐苎"①，所卜为同一事，可见"步豢伐"即"豢
步伐"，所以"步自亡祸"即"自步亡祸"，在关于伐归敦㚔的反复占卜的十
余日后，再强调自步伐是否无祸，可证出伐归主要使用的是徒兵。第 5、6 版
卜辞显示廪辛康丁时的伐羌方、帝乙帝辛时的伐夷方主要使用的也是徒兵。

　　率领徒兵出征的除上述辞例中的王、皋、豢、妻等外，还有"我史"，如
卜辞见：

　　10. 庚申卜，争，贞乎伐吾受业又。五月。
　　　　壬戌卜，㱿，贞气令我史步伐吾方受［业又］。
　　　　气令我史。(《殷墟古器物图录》13)

从以上的征伐对象看，使用徒兵作战当与地形条件及兵力强弱有关，再就是
伐夷方等大规模的长距离远征，这表明商代的军队还是以徒兵为主，徒兵经
常独立作战，与西周春秋时车战占主导地位是不同的。

　　在商代徒兵既用于一定规模的作战，也用于作先遣部队。例如卜辞有：

　　11. 己丑，［贞］子效先戈，在尤。一月。
　　　　癸巳，贞子效先步，在尤。一月。(《合集》32782)
　　12. 甲申卜，令以示先步。
　　　　弜先，兹王步。(《屯南》29)

第 11 版卜辞卜是否以子效为步伐的先遣。第 12 版是武乙文丁卜辞，其中的
兹，即系，于省吾引述孙诒让、罗振玉的考订，并进一步指出前人注"系，
属也"，甲骨文祀典称兹为旧所不解，其实兹谓欲交接鬼神而以品物为系属
也。② 因此这版卜辞的意思是出征时所奉祖先的灵位是由先遣护送，还是和

---

① 《合集》20400。

② 于省吾：《甲骨文字释林·释兹》，中华书局 1979 年版。

王师同行,"兹王步"之步是否可以解为"步辇"值得考虑。

(二) 车兵

在商代遗存中多次发现了战车,据统计殷墟发掘以来已发现 40 多辆车子,其中部分带有武器,如小屯乙七基址 5 个车坑出 6 辆车,西北冈王陵东区出土 5—6 辆车。M1001 墓道东南随葬 1 辆车,可以确知为武丁时期的遗存,在族墓地,第三期开始出现车马坑,以后逐渐增多,例如 1953 年在安阳大司空村发掘的车马坑 M175,有一车二马一人,随葬兵器包括石戈 1、磨制光滑,尖残断;铜斨 1,上部为方銎,刃端薄,不甚整齐,似经使用所磨;还有铜镞 22、骨矢 10、弓形器 2[①]。安阳郭家庄发现的车马坑 M147,有一车二马,车厢中有弓形器 1 件、铜戈 2 件、铜镞 12 件,时代为殷墟文化三期晚段。这些发现是商代后期确有战车的实证。

不过,在田野发掘中,可以确认为战车的数量不多,据统计在已发现的 40 辆车中,保存完整、未经扰动、车厢内放了兵器,属于战车的有 10 辆,可以确认的武丁时的战车只有 1 辆,推测从廪辛、康丁或康丁、武乙以后战车的数量才可能达到百辆以上。不仅如此,商代的乘车、田猎用车和战车没有明显区别,没有制作专为作战使用的战车,而且从出土实物看质量、灵活性、平稳性均不如周代。就武器而言,尚未形成适于车战的成组合的兵器,在已发现的马车中,约三分之一出有兵器,已形成较固定的组合,但明显缺乏用于格斗的长兵器,用于杀伤敌人的有效手段只有弓箭,因此只能得出当时战车兵并不发达的结论。更兼甲骨文中仅有一条记用车作战,甚至有研究者认为其中的"车"字是人名,并非指车战,记车战内容的卜辞太少,同样反映直到商代后期,车战在战争中未能起到重要作用。商代早期或整个商代都是以步兵为主,战车主要用于指挥、通信、运输等方面,到殷墟时战车兵才被较多的利用[②],但整体看还是处于次要地位,因而不能看做是主要兵种。

提出不能过高的估计商代车兵的规模和作用是有道理的,从历史的长河看,战争的出现远早于战车,在很长的历史阶段作战都是用徒兵或以徒兵为主。然而,在商代随着战车的使用,车兵代表了一种新的战斗力,得到了重

---

① 马得志等:《一九五三年安阳大司空村发掘报告》,《考古学报》第九册,1955 年。

② 见杨泓《商代的兵器与战术》,中国社会科学院考古研究所编著《中国商文化国际学术讨论会论文集》,中国大百科全书出版社 1998 年版;刘一曼《略论商代后期军队的武器装备与兵种》,《商承祚教授百年诞辰纪念文集》,文物出版社 2003 年版。

视并获得不断的发展，正是在这个意义上，可以说车兵是商代重要兵种之一。

已发现的商代战车虽不多，而且在已发现的商车中占比例不大，但是考虑到已发现的车马坑大多经盗掘或被晚期遗迹破坏，据统计保存基本完整的不过十余座[1]，而且如研究者指出当时乘车、田猎用车和战车没有明显区别，正便于必要时将乘车改用于战斗。在郭家庄商代墓地，属于殷墟文化第四期初的第一组陪葬车马坑中的M52，没有随葬武器，车厢的栏杆、木板髹漆并施彩绘，还有织物痕迹，是一辆比较讲究的乘车，说明商代晚期某些高级贵族已有了比较豪华的乘车。然而，属于殷墟文化三期晚段、集中出土"亚址"铭文的M160，陪葬的车马坑M146、147，都随葬了铜戈、铜镞，属于战车，但前者车厢内，靠前阑及近车门处都发现漆皮痕迹，黑地施红、白花纹，同样髹漆并施彩绘，此外还有蚌环5件；后者车厢南壁内侧有3排蚌环及织物痕迹，表明车厢内也曾挂有织物，并缝缀蚌环作为装饰[2]，这似表明商王以下的强宗大族是先有战车，而后才有专门的乘车。所以，商代乘车与战车的比例实际上要高于田野考古展示的数字。

甲骨文中用于车战的记载，的确仅见前述武丁某年十二月前后戋宙之役，壬子卜准备开始对宙的战争，次日再行占卜，问是否能在癸巳至丁巳五日内进行，商王亲占说丁巳出兵，不能达到重创敌人的目的，到下一旬甲子出兵，才能达到预期目的。根据验辞，甲子的前一日癸亥发动了进攻，"车弗戋"，未能取胜，次日再战，大捷。[3] 虽然因甲骨文中的"车"也用作人名地名，不能排除此辞的"车"为伐宙将领可能，但由于相关占卜至少在五版甲骨上作过多次的正反对贞，用的都是"王敦"或"我戋"，可见伐宙是动用王师的一个战役，卜辞也缺乏命将的记录，尽管出击的前五日曾有"我其乎龠宙戋"和"我龠宙戋"的对贞，透露出武丁曾有调集其他兵力的打算，但直到战斗胜利的次日，仍作"我"弗其戋宙的占卜，看来并未调集其他兵力，所以验辞中的"车"所指为战车的可能性更大，可以认为这是商代使用车战的重要记载，只是规模不详。

---

[1] 刘一曼：《殷墟车子遗迹与殷代甲骨金文中的车字》，《中原文物》2000年第2期。

[2] 中国社会科学院考古研究所编著：《安阳郭家庄商代墓葬》(1982—1992年发掘报告)，中国大百科全书出版社1998年版。

[3] 《合集》6829—6834。

在甲骨文中，记录车战的刻辞确实很少，但记载步伐的刻辞也不多，在十几万片甲骨中，可以确认的也不过十数版，而且在武丁时尚有一则记载车战的验辞，到了战车数量得到进一步发展的康丁以后，用车作战的卜辞甚至一条未见，这说明由于甲骨刻辞性质的限制，很难用统计来量化商代车兵的重要的程度。不过至迟在武丁时期已将车兵投入战争，在甲骨文中还可以找到旁证，这就是卜辞的验辞中有田猎用车的记录，而古代社会田狩是习战阵的手段，卜辞有：

13. 癸巳卜，㱿，贞旬亡祸。王占曰：乃兹亦业祟，若偁。甲午王往逐兕，小臣叶🚗马硪🚗王🚗，子央亦坠。《合集》10405 正，图 5—12）

图 5—12 《合集》10405 正

14. [癸]亥卜，㱿，貞旬亡禍。王占[曰㞢祟。五日]丁卯王狩敝，叶䭴馬[□，叶]陟才車，㠯馬亦[□，㠯]亦㞢㞢。（《合集》584）

15. ……王往虢……允亡災……雔馬……京……（《合集》11450）

第13版卜旬卜辞的验辞记载当王追猎犀牛之时，小臣叶所驾之车车轴断裂，马颠覆了王车，子央亦从车上跌落。第14版为一版残辞，由于同文残辞还有"[旬]亡祸。王占曰：㞢祟……敝叶䭴……[车]，㠯马……亦㞢㞢"、"㠯马"、"日丁卯……叶䭴马"、"[才]車……㞢㞢"①，郭沫若根据这五版同文卜辞中的三版补成全辞②，大体可从，验辞记载王于敝地狩猎，叶所驾之车车軨断裂，"马"下阙一字，郭沫若"必系颠蹐字"之说是有道理的，"叶陟才車"应与"子央亦坠"含义相近，文中的"坠"甲骨文作从阜从倒立的人，陟作从从阜从侧立的人下加足趾，都是自上坠下的意思。"㠯马亦□"应是省略了䭴字，同样是车损伤马颠仆，㠯受到伤害。第15版卜辞在龟腹甲上半的中部，存四行残辞皆右行，必为同一条卜辞及其验辞，记录了另一次类似的事故。表示车毁之字，见于著录的还有《合集》11453、11454等，这一方面反映了商代的车子质量和结构还有缺陷，另一方面也反映了对车的使用和重视。

不过，对以上三版卜辞也有不同的解释，有研究者将辞中的"䭴马"或"車马"，均释为"车马"，提出"'小臣叶车马'是言小臣协理车马的行进，这里是'车马'连言并相配置为'王车'的基本单元"，"战车是以'车马'配置的基本单元组成"，"㠯马"是指"一人和一匹马，正是马兵的基本战斗单元——单骑"③，然而，"䭴马"或"車马"，在诸家释文中，䭴或車虽常用"车"字代替，但从第13、14辞可知，在甲骨文中二者的写法、含义与使用是有严格区分的，后者作車、田，用一条直线表示完好的軨或轴，前者则用两条不相接的线条，表示断作两截的軨或轴。两辞中的相关部分可以有两种读法，一种是"小臣叶䭴，马礒"颠覆"王田"、"叶䭴，马□"，表示已损毁的车字与马字不连读，分别显示两者的状态；另一种是将"䭴马"

---

① 《合集》11446—11449。
② 郭沫若：《殷契余论·残辞互足二例》，《郭沫若全集》第一卷，科学出版社1982年版。
③ 王宇信：《甲骨文"马"、"射"的再考察——兼驳"马"、"射"与战车相配置》，《第三届国际中国古文字学研讨会论文集》，香港中文大学1997年10月。

视为一个词，联系上下文，应属偏正结构，特指"𫐓断（或轴断）之车的马"。据今所见甲骨文例中似尚未见有属于并列结构的"车马"一词，所以将卜辞中的"车马"、"人"马作为区分车、骑标准的论断还有待进一步斟酌。

总之，就目前资料来看，第 13 版人物有王、子央、"小臣叶"，后者可能是王车的驭者，也可能是另一田猎车的驭者；第 14 版人物有王、㲋、皋，涉及三辆车，可见用车田猎，演习内容中包括了数车的配合，说明车战也会用车组冲锋陷阵，这和宫殿驱车坑的考古发现可相印证。

体现了商代车兵受到重视并不断获得发展，首先在于不仅王陵区、宫殿区有成组的车马坑，在殷墟后期各个族墓地也都有发现，如安阳西北郊的郭家庄已发掘 191 座商代墓葬，有两组 4 座车马坑已如上述。在大司空村 1953—1954 年殷代墓葬 166 座，车马坑 1 座，以后又陆续有所发现，总计在这片墓地已发现车马坑 4 座，M175、292 随葬成组合的兵器，M755、757 均遭数次盗掘，破坏严重。在刘家庄北地殷代墓葬群，1986 年开始发掘，1992 年清理 5 座车马坑。在殷墟西区的族墓地有 8 个墓区，其中 4 个墓区都发掘出了车马坑。如第三墓区的甲字形大墓 M698，墓道中一车马坑，一车二马一人，破坏严重。第六墓区南部车马坑 M7，一车、二马、一人，没有弓形器和武器。后，在距其不远，孝民屯南五六百米处清理两座车马坑，M1，一车、二马、一人；M2 一车、二马，均遭部分破坏，未见武器，各出弓形器 1 件。第七墓区 M93 的殉葬坑包括车马坑 M43、151，均一车、二马，前者有称组合的武器：矢箙、铜镞 10 件，弓形器 1 件，铜戈 2 件，还有锤、刀、凿、马鞭柄；后者已遭破坏。马坑 M150，埋二马及各种马饰。第八墓区也发现一车马坑 M1613 一车、二马[①]。

第二，不仅殷墟有车马坑，殷墟以外也有，在陕西西安老牛坡第四期商文化遗存中有 38 座墓葬，还有马坑 1 座，埋 2 马，车马坑 1 座，一车二马，没有武器。[②] 在山东滕州市前掌大商代方国贵族墓地，分南北两区，南区墓

---

① 中国社会科学院考古研究所编著：《殷墟的发现与研究》，科学出版社 1994 年版；《1969—1977 年殷墟西区墓葬发掘报告》，《考古学报》1979 年第 1 期；《安阳新发现的殷代车马坑》，《考古》1972 年第 4 期；《安阳殷墟孝民屯的两座车马坑》，《考古》1977 年第 1 期；《殷墟西区发现一座车马坑》，《考古》1984 年第 6 期。

② 刘士莪编著：《老牛坡》，陕西人民出版社 2001 年版。

地估计有 80 多座墓，已发掘数十座墓和 5 座车马坑，如 4 号车马坑埋有一车二马一人，还有铜戈 1 件、弓形器 1 件和铜镞①，属于战车。

第三，不仅商王朝有车马，在与周边地区作战中，还很重视对敌人车马的俘获，前述小臣墙牛骨刻辞，其中记有俘获𢀛方及其同盟者马若干"丙"，"车二丙"②，可见商代晚期，在战场上使用车马，有一定的普遍性。卜辞还有：

16. ……羌。王占曰……㞢二日癸酉……羌𢦏……十丙㞢……（《合集》1097）

17. ……癸未……方于……羌𢦏一……马廿丙㞢……一月在臭卜。（《合集》1098）

第 16、17 版均为残辞，但可以知道所记为于西北羌人某方战争的卜辞和验辞，第 17 辞"有廿丙㞢□"，第 16 辞的"十丙㞢□"当亦指马。商代车的单位是"丙"，陈梦家说车马单位丙，可能和《诗》的"乘"相同，但几匹马构成一乘，尚待考订。金文马的单位是匹，而金文两字系两个并立的丙，所以甲骨文的"丙"可能是单数。③ 考古发掘已经证实，商代是两马挽一车，不仅车马坑为一车二马，马坑也往往一坑二马，马同样以丙为单位，可能意味着商代的役马主要用于挽车。

在甲骨文中，对战车的重视还反映在对驾车马匹的选择，同样是两两相并，如卜辞有：

18. 戊午卜，才㳄，贞王其㞢大兕，叀駁罙𩡩亡灾，擒。
叀駉罙𩢦子亡灾。
叀左马罙𩢧亡灾。
叀騋罙小𩡩亡灾。
叀駞罙𩡩亡灾。
叀并䮞亡灾。（《合集》37514）

---

① 中国社会科学院考古研究所山东队：《山东滕州市前掌大商周墓地 1998 年发掘简报》，《考古》2000 年第 7 期。

② 《合集》36481，见图 4—15。

③ 陈梦家：《殷虚卜辞综述》，科学出版社 1956 年版，第 94 页。

这是帝乙帝辛时的卜辞，卜王出猎大兕，用那一对马驾车可保无灾且有所擒获，该组卜辞涉及"駃"、"騽"等九种名目的马，可以六种组合驾驭王车。这不是孤证，同期卜辞还有"叀䮑眔㹱用。叀駧眔大骍亡灾"、"叀㕢用。叀小骍用"、"叀駧用亡灾"，就是祖庚祖甲的田猎卜辞中也已经有了"贞其剢又马"、"贞其剢左马"的对贞。① 这虽然表明当时的车还不够完善，往往会发生事故，但也可见对驾车之马的训练和准备相当充足。

（三）射手组织

在冷兵器时代，弓箭在战争中起着重要作用，在安阳殷墟西区1969—1977年发掘的939座殷墓中，800座墓有随葬品，170座墓随葬了兵器，其中51座墓中共出铜镞438、石骨蚌镞44枚。如若此数字有一定代表意义的话，商代军队中的射手大约可占30%。商代各兵种都要配备射手，例如，考古发掘出土配备成套武器的车上总要有矢或矢箙，骑乘亦如此，在甲骨卜辞中也有"令马即射"、"叀马乎射"、"叀多马乎射"②，可见射与车马、骑乘存在密切联系。此外，还会单独调遣射手组织参与战斗。如：

19. 贞射伐羌。（《合集》6618）
20. 戊寅贞，多射往甾亡祸。（《合集》33000）
21. 贞多射不矢众［人］。（《合集》69）
22. 癸未卜，王曰贞又兕才行，其左射获。（《合集》24391）

第19、20版都是派射手组织出征的卜辞，类似的情况还有"贞射午戋方"、"贞射𢦏戋方"以及"贞令射佣卫"等③。第21版"矢众"即"雉众"，表明射手组织也有一定的编制，也需要根据战场上双方力量对比，考虑是否编理人众，加强实力。第22版是有关军行在田狩中习战的卜辞，猎兕"其左射获"，似表明不仅军行配有射手，并且也有右中左的编制。"射午"、"射佣"等属于多射一级的军职已如前述，这一称谓结构同于"戍屰"、"戍带"，后者属于以族为单位构成的基层作战组织，由该族统领及其族众构成，"射

---

① 《合集》36985、36986、37515、24506。

② 《合集》32995、《英藏》2294、《合集》27942。

③ 《合集》24156、13。

午"、"射佣"也应分别由午、佣等族射手组成的一个基层作战单位。有时大批射手集中执行任务，则在高级将领的统率下，如卜辞有：

23. □子卜，令𢀛以多射若。(《英藏》2421)
24. [𢀛] 以三百射。
    贞勿令𢀛以三百射。(《合集》5769)
25. 乙酉卜，争，贞今夕令ㄓ以多射先陟自……(《合集》5738)
26. 辛未卜，贞令㠱以射从𢀛方我。(《合集》5766，图5—13)

第23—26版卜辞中的"以"是率领、带领的意思，辞中的𢀛、ㄓ等均为武丁时的高将领，卜问令他们率领射手执行某项任务能否顺利，是否适宜。

商王朝军队中的射也是征发来的，即卜辞中的"登射"、"冒射"、"取射"、"来射"，"以射"，如：

27. 登射三百。
    勿登射三百。(《合集》698)
28. 丙午卜，永，贞登射百，令冀……(《合集》5760)
29. 贞冒三百射乎……(《合集》5777)
30. 乎取射。(《合集》5756)
31. [癸] 未卜，王，乎雀 [来] 射。(《合集》5794)
32. 癸丑卜，争，贞吴以射。(《合集》5761)

图5—13 《合集》5766

第27—29版的用"登"、"冒"，都是关于征集、征召射手的卜辞；第30版用"取"，是王朝向地方索取，同类卜辞还有"贞㠱取射"[①]；第31、32版用"来"、"以"，是地方向王朝输送，这一组卜辞表明向中央王朝输送射手是地方的重要义务，与第31版同卜日干支的还有一组"癸未卜，雀不其来射"、"癸未卜，今一月雀亡其至"[②] 的连续占卜，反映了对于及时补充足够的射手

---

① 《合集》5759。

② 《合集》5793。

的迫切性。而征召到射手以后对"新射"还要有专门的训练,即"册(贯)多新射"、"令皋庠三百射"①。

射手组织的编制也分有若干级,从第27、28版卜辞看,一次"登射"或"百射"、或"三百射",教练、派出执行任务的最高数字是"三百射",卜辞还见：

33. 戊辰卜,内,贞吅旁射。
勿吅旁射。
贞吅旁射三百。
勿吅旁射三百。(《合集》5776)

同期卜辞中有"旁方","旁射"当为从该地或该族征调来的射手,这版卜辞是否要动用"旁射",是否要动用"三百"旁射。这可能表明一个射手组织的最高数字是三百射手,而从一地就可集中三百射手,当时射手总量还是相当多的。

(四) 关于骑乘和舟兵的讨论

商代除步卒和战车甲士外,还可能有骑乘,这在考古发掘和甲骨卜辞两方面都提示了一些线索。

通过殷墟发掘,在宫殿宗庙区的乙7基址前出土一座的人马合葬墓M164,埋有人1、马1、犬2。随葬武器工具有：弓形器1件,全长275厘米,重622克；矢5件,双翼窄而短,铤长而粗大,此外还有1矢,通体圆柱形,唯中部细,两端粗大,尖端圆形,铤特别长,有相当重量,全长80多厘米,重24.1克；弯戈1件,制作精工,刃部锋利,全长271厘米,重236.5克；环首刀1件,全长275、刃宽24厘米、重132.5克；砺1件,黑色砂岩,有孔可穿带；策1件,全长57.5厘米,金叶包杆,玉本玉末。还有一批马饰、陶器等。报告指出值得注意的是此墓1人1马2犬,有陶器,有别于车坑。马饰着重于保护、装饰马头,缺少车器。武器较车上的甲士所配备的要轻,策的形式也不同。② 因此研究者认为此墓或许包括有战马猎犬,

---

① 《合集》5786、5771。
② 石璋如：《小屯第一本·殷墟墓葬之二·中组墓葬》,"中研院"史语所1972年版。

墓主是骑士，若此推测不误，中国骑射当并非始于赵武灵王，殷代已经有了。① 这一发现引起了学者们的重视，有研究者指出，王陵区也有数十座埋马的祭祀坑，有的马架旁有镳或羁饰，可能是战马的遗骸，类似马坑在殷墟西区郭家庄也偶有发现，如西区 M53 随葬戈、镞外，还有铜镳；后冈 M33 随葬青铜礼器、兵器外，还有铜马衔 1 件，这两座墓的墓主可能是骑兵或骑兵的低级军官。郭家庄北 M6 出土青铜礼器 17 件、小型钺 1 件、大刀 1 件、戈 1 件、镞 12 件，还有铜镳 4 件，可能是骑兵首领。② 这些发现对于研究商代骑乘状况和发展程度有重要意义，当然是否已经形成一套供骑乘用的装备，还需要更多的比较研究。

在田猎卜辞中曾见是否以"马其先"的占卜，有可能涉及骑乘，在殷墟卜辞中还有：

34. ……登马以御方。(《合集》5759)
35. □巳卜，□，贞〔龟〕以三十马，允其执羌。
    贞龟三十马，弗其执羌。(正)
    王占曰：隹丁执，吉。(反)(《合集》500)

第 34 版卜辞是武丁对"方"作战过程中的占卜，辞中指明征调马匹是为了迎战这支北方民族的入侵，那么其中是否包括供骑乘之用的马匹，值得注意。第 35 版卜辞正反贞部位均有一至八的兆序，可知经反复占卜，背面又有王亲占，透露出武丁此次派人"执羌"的迫切性，因此，其中的"马"是否有可能是骑乘，也值得考虑。目前对于辞中的"马"有不同解释，一说马为官名，或为担任捕捉一类职务的专人，言其行动迅速如马，故以马称；或解释说这是一组用骑乘追捕逃亡奴隶的卜辞；还有研究者认为据此解释则表明当时已有骑兵，不过不排除另一种可能，即考古发掘的马坑及甲骨文关于

---

① 石璋如：《殷墟最近之重要发现附论小屯地层》，《中国考古学报》第二册，"中研究"史语所 1947 年版。

② 刘一曼：《略论商代后期军队的武器装备与兵种》，《商承祚教授百年诞辰纪念文集》，文物出版社 2003 年版。

征集马匹的记述,原是用来装备战车的。①

　　受到殷墟发掘的启发,于省吾联系甲骨文中有"先马"、"马其先,王兑从"的文例,将其解释为骑马的在前面引路,王在后面急速从之,殷代已开统治者出行,前呼后拥之先河,推定殷代单骑和骑射已经盛行了。② 在此基础上,还有研究者集中了与征伐田猎相关的"马"的卜辞,认为除了"车马"连言者外,"登马"、"共马"之马,以及族马、多马、多马羌、多马卫、多马亚所指皆为"人"马——骑手、马队及其首领。进一步提出马队是商王朝军队中的一支特种部队③,武丁时已有关于商王启动左、右、中三队各一百人马队的占卜。这条卜辞是:

　　　　36. 丙申卜,贞𢦏马左、右、中人三百。六月。(《合集》5825,图5—14)

这也是不少学者都曾引述或解释过,而存在不同看法的一版卜辞,𢦏多释为肇,比较传统的看法认为此辞表示校马和训练三百车的驭者,一马代指一车。或释为"戎马"指架战车的马,左、右、中人分别指车左执弓者、车右执矛者和御者,左、右、中人三百,正是百辆战车上的人数。④ 另一种看法释𢦏为肇,训"启"、训"开","肇马"即启动骑兵

图5—14　《合集》5825

之义⑤,此说有一定道理,张政烺《古代中国的十进位氏族组织》引《邺中

---

① 分别见胡厚宣《甲骨文所见殷代奴隶的反抗斗争》,《考古学报》1976年第1期;杨升南《略论商代的军队》,胡厚宣主编《甲骨探史录》,生活·读书·新知三联书店1982年版;刘一曼《略论商代后期军队的武器装备与兵种》,《商承祚教授百年诞辰纪念文集》,文物出版社2003年版。
② 于省吾:《殷代交通工具与驲传制度》,《东北人大人文科学学报》1955年第2期。
③ 王宇信:《甲骨文"马"、"射"的再考察——兼驳"马"、"射"与战车相配置》,《第三届国际中国古文字学研讨会论文集》,香港中文大学1997年10月。
④ 王贵民:《商周制度考信》,台北明文书局1989年版,第222页;杨升南:《略论商代的军队》,胡厚宣主编《甲骨探史录》,生活·读书·新知三联书店1982年版。
⑤ 刘钊:《卜辞所见殷代军事活动》,《古文字研究》第十六辑,转引自于省吾主编《甲骨文字诂林》肇,姚孝遂按语亦同意此说,中华书局1996年版,第2312—2314页。

片羽》的一片卜辞为"勿吁多马人三百。六月"①，证明"吁马"不是一个词，只是"马"释骑兵或马队缺乏根据。武丁时有百辆战车的推断，已多有考古学者质疑；武丁时单骑和骑射已经盛行，能够一次启动三百骑兵的观点，目前还难以得到考古学的支持。这使我们不得不再度审视一个传统看法，即对第35版卜辞中"马"的第一种解释：在历史上"马"曾指一种职司，"言其行动迅速如马，故以马称"。

20世纪不少研究甲骨的学者倾向于马为官名之说，如陈梦家《殷虚卜辞综述》讲述武官一节，就认为马、亚都是官名，卜辞中马受令参与征伐与涉猎，很可能是马师，后世司马之官或从此出。王贵民《商周制度考信》认为这一见解很重要，论述"马"这一名称还不都是官名，但"司马"从马而来则是可以肯定的。在商代马指战车，进而指称武装，而司掌这"马"的在甲骨文中就是"马亚"，到了车战时代，战车是军队的主力，由"马"形成"司马"职名。问题在于商代还处于使用战车的早期阶段，尚未进入战车时代，是否有可能以马指称武装。

从历史的长河看，这是有可能的，《史记·五帝本纪》记载传说黄帝"教熊罴貔貅䝙虎，以与炎帝战于阪泉之野"，就是用猛兽之名命名武装力量，其目的如张守节正义所说"用威敌也"。而相传商人在其传说时代，畜养业就比较发达，使用畜力较早，虽然不知道养马的起点，但在殷墟甲骨文中，无论是商王的卜辞还是非王卜辞，都有很多涉及马的占卜，从而可知，至迟在商代后期对马已经非常重视了，马的名目之多，是任何一种家畜无法相比的。②而且商代虽然还没有进入战车时代，没有"司马"一职，但战车已经出现并代表了一种新的战斗力，用"马"代指武装的观念形成的条件已经具备。因而对卜辞中的"马"要作具体分析，在不同的卜辞中，有的指骑乘，如"先马"；有的是官名或职司，如"马亚"、"多马卫"；有的如第21版卜辞的"吁马"连言可以解释为启动武装力量，"左、右、中人三百"，正是三个军行，或一个大行的兵力。

总之，商代是否有骑射是国内外商史学界长期讨论的问题，考古发掘和甲骨卜辞预示出，商代已有骑乘之习，某些徒兵官长当已有骑乘，马可能还用于特种警察。可见赵武灵王并非骑兵始祖，"胡服骑射"的军事改革，其

---

① 见《张政烺文史论集》，中华书局2004年版，第279页。
② 参见刘一曼、曹定云《殷墟花东H3卜辞中的马》，《殷都学刊》2004年第1期。

贡献是推动了骑兵的迅速崛起，不过联系春秋时骑兵虽已开始向独立兵种过渡，但数量还不多，通常和兵车混合编制的史实①，启示我们商代骑射盛行、马队已成独立兵种之说难以成立，需要全面、历史地考察商代相关资料，才能正确估计当时骑乘的发展程度，这还是一个有待深入探讨的问题。

此外，有研究者提出商代还有舟兵，以舟为装备的水上作战或负责水上运输的军队。② 如前所述，康丁伐敠方的卜辞中曾有关于动用舟船的内容，如：

37. 叀𢽳用舟流于之，伐敠方不雉众。(《合集》27996，图 5—15)

38. 叀壬出舟。
    叀癸出舟。
    □□出舟。(《屯南》4547)

第 22 版是关于派散舟船调动军队与敠方作战的占卜，第 23 版为小屯南地出土的康丁卜辞，占卜启动舟船的日期，不知是否与这次作战有关。卜辞还见：

39. 庚午卜，叀大史析舟。
    叀小史析舟。
    叀吴令析舟。
    叀介③令。
    叀戈令。(《合集》32834，图 5—16)

40. 庚[午卜]，其□□析[舟叀]大[史]。
    叀小史。

图 5—15　《合集》27996

---

① 参见军事科学院主编《中国军事通史·战国军事史》，军事科学出版社 1998 年版，第 74—75 页。

② 宋镇豪：《商代军事制度研究》，《陕西博物馆馆刊》第二辑，三秦出版社 1995 年版。

③ 该甲骨文字不识，暂代以形近之现代汉字。

庚午卜，王令吴。
叀介令。
叀戈令。
叀皋令。(《合集》32835)

这两组武乙文丁卜辞见于两版牛胛骨，是同一日为同一事进行的反复占卜，于省吾解释"析舟"即解舟，解缆以行船①，占卜的目的是为解决负责"解舟"的人选，划定范围包括大史、小史、吴、介、戈、皋，在商代，史是武官，吴等也是常出现在战场上的人物，所以这两版与用舟有关的卜辞很可能也与征伐有关，从反复的占卜和涉及人物之广，可见其慎重程度不亚于选将。

甲骨卜辞透露出商代战争利用了舟船，以舟船为运载手段应可以论定，尤其是考古发现盘龙城等遗址与古铜矿冶遗址有水系相连，可推测商代存在舟船航运，甚至舟船还可能有一定的武装保卫，但这并不意味着商代有水上作战的能力。近年有学者对甲骨文中的"舟"进行了梳理，是很有意义的，但是提出《合集》11467"方其荡于东"反映敌对方国以"舟师"来犯，《合集》655"古取舟"是商王遣将以"舟师"抵御，《合集》7345"羌舟启"是亚羌率领舟船队出征，作水上战争的先头部队②，这些解释的论据尚且不足，有待进一步证明。所以如何正确估计商代战争用舟状况，是否形成独立兵种，是否属于常备兵团，是否有舟师，都还有待更多新资料的发现和进一步的研究。

图 5—16　《合集》32834

---

① 于省吾：《甲骨文字释林·释析舟》，中华书局 1979 年版，第 283—285 页。
② 杨升南：《甲骨文"舟"字及商代水上交通工具》，《殷都学刊》2006 年第 4 期。

二 编制

(一) 军队编制

商代战争以徒兵为主，军事组织是与村社组织相结合的，张政烺在《古代中国的十进制氏族组织》一文，引述《逸周书·大聚》："发令以国为邑，以邑为乡，以乡为闾，祸灾相恤，资丧比服。五户为伍，以首为长。十夫为什，以年为长。合闾立教，以威为长。合旅同亲，以敬为长。饮食相约，兴弹相庸。耦耕具耘，男女有婚，坟墓相连，民乃有亲。六畜有群，室屋既完，民乃归之"，说"合旅同亲"前人校释"旅当为族，百家也"，因而它反映了十进制氏族组织下一个百人团体村社生活。这种十进制的氏族组织是社会发展的自然产物，最初的出现是积无穷岁月慢慢形成的，待到社会分层出现以后，这种组织的效能和经验被认识总结，开始被人为地有步骤有计划地加以推广和巩固。① 与之相应的是军事组织的各级单位基本编成是按十进位累进的，《尚书·牧誓》记武王带领联军到达商郊牧野，召唤参战者听誓词，"王曰：嗟，我有邦冢君、御事、司徒、司马、司空、亚旅、师氏、千夫长、百夫长，及庸、蜀、羌、髳、微、卢、彭、濮人，称尔戈，比尔干，立尔矛，予其誓。"提到的人员，在国家一级的官吏下，千夫长、百夫长是军队中层和基层的军官。

在殷墟卜辞中，也可以看到这种十进位的军事组织的痕迹，如前所述，武丁卜辞显示规模较大的战争，正式作战的部队是通过"登人"、"共人"从各地征召来的，然后编成出征的师旅行，一次征集的人数最多五千，常见三千，偶见四千和一千，都是"百"的倍数，预示商代基本军事组织"行"为百人编制，相当《牧誓》中"百夫长"率领的队伍。所以以一次聚众三千为最多，是因为军队的战斗编成往往为左中右三分制。在廪辛康丁及其以后的卜辞中，少见"登人"，而多见调动"戍"出征，反映了"兵农合一"制度的进一步完善引起的变化。

商代作为军队编制的"师"，在武丁卜辞见有中师和右师，廪辛康丁卜辞见有启动右中左三师的卜辞②，这些都是王师。卜辞中还屡见与族名连署

---

① 参见张政烺《古代中国的十进制氏族组织》,《历史教学》第 2 卷第 3、4、6 期，1951 年 9—12 月。

② 《合集》5807、5806、33006。

的"师"字,如武丁卜辞中的吴师、𠂤师、舌师、𦎫师、雀师、严师、癸师等①,祖庚祖甲卜辞中的㒸师②,武乙文丁卜辞中的𧆞师、犬师、𠂤师③,其中的"师"字可以理解为泛指军队,但也可能成建制的地方武装亦可称"师"。商代一个师的兵力有多少,不少研究者进行过探讨,多认为万人为师,也有研究者提出目前讨论商代"作三师"之师的额定人数尚缺乏可靠依据,联系《左传·成公二年》关于晋齐鞌之战的记述,显示晋国每军尚无定额,很可能在较早时期"师"只有一种组织框架,统帅是相对固定的,或者其他军务官也是相对固定的,而每师员额并不固定,根据实际需要和兵员情况可以伸缩④,可备一说,尤其是联系卜辞的地方诸师,显然属于统帅、骨干相对固定,人数不可能与王师相比,如果说这种地方武装也可称为"师",正说明早期的"师"员额尚无定制。

殷墟卜辞中还有"旅",《周礼·地官·大司徒》有"大军旅,大田役,以旗致万民",《夏官·大司马》有"中春,教振旅,司马以旗致民,平列陈,如战之陈"。贾公彦疏"以旗者,立旗期民于其下也"。立旗聚众,是一个很古老的风习,前人多认为"旗期声同,明用旗兼取期众之义","征众庶,预刻集日,至日竖旗,期民于其下"⑤,甲骨文旅字作𣃨,正是人集于旗下之形,用法也有二,第一种表示军旅,如振旅、逆旅,卜辞有:

1. 丁丑王卜,贞其振旅,徣𫝼[于]盂,往来亡灾。王占曰:吉。在……(《合集》36426)
2. 庚辰王卜,才□贞今日其逆旅,以执于东单,亡灾。(《合集》36475)

第1版卜辞是关于以田猎习振旅的占卜,《左传·隐公五年》"三年而治兵,入而振旅",杜预注"出曰治兵,始治其事,入曰振旅,治兵礼毕,整众而还,振,整也,旅,众也"。甲骨文振旅之振,作𣃨,是个会意字,正有整而

---

① 《合集》5811、5810、5814、6051、8006、8219、13517。
② 《合集》24317。
③ 《屯南》3418,《合集》32983、33045。
④ 林沄:《商代兵制管窥》,《林沄学术文集》,中国大百科全书出版社1998年版。
⑤ 孙诒让:《周礼正义》,中华书局1987年版,第768—769页。

还的意思，辞中的旅亦当为集合名词"众也"。第 2 版卜辞是关于王亲迎凯旋军旅，以及举行"告执"祭典的卜辞。《左传·僖公二十八年》记城濮之战，有"振旅，恺以入于晋。献俘、授馘"等，在商代，则有王亲迎献祭祖先的战俘之俗，即"逆羌"、"逆执"①，此辞卜"逆旅"并在"东单"举行献俘告执典礼，同样是这一习俗的反映，其中的旅指军旅。"旅"的这一用法还有见于前述《英藏》150"贞登（登）帚好三千，登（登）旅万，乎伐卭"等卜辞。

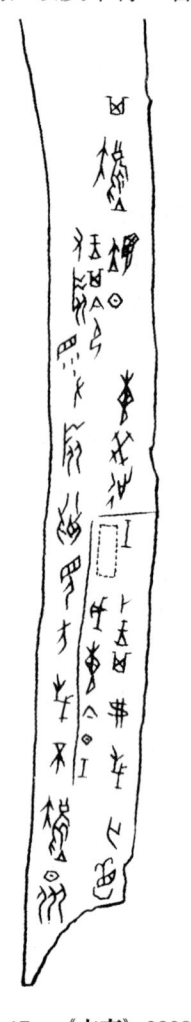

第二种用法表示一定编制的军队，也有左、中、右之分，如：

3. 庚寅贞，敦缶于昌戋，右旅在□，一月。（《合集补编》6625）

4. 右旅[不]雉众。（《屯南》2064）

5. 王其令右旅眔左旅，函见方，不雉众。（《屯南》2328，图 5—17·摹本）

6. 王其以众合右旅[眔左]旅函于舊，戋。（《屯南》2350）

7. 丁亥卜，才□，贞右旅□左其函……（《合集》36425）

图 5—17　《屯南》2328 摹本

第 3 版是武丁伐缶的卜辞，从内容看似为仅调用了"右旅"出征，第 4—6 版是康丁卜辞，第 7 版是乙辛卜辞，辞中的"右旅"、"左旅"之旅，应指军队的编制。"雉众"一辞前人多有考证，近世学者多从于省吾将雉"训为伤亡"②之说，后，王贵民在前人研究的基础上，梳理了相关资料，指出从文字本身看，雉字和他所从的矢、夷三者，在古籍中都有陈列、部署、编理之义。而且在卜辞中，"雉众"不含灾

---

① 《合集》32035、32185。

② 于省吾：《甲骨文字释林·释雉》，中华书局 1979 年版。

祸之义，纯粹是发自己方的行动，与敌方无关，是陈师之义。因此"雉众"应解释为"部别编理人众"即陈列兵员①。这是很有道理的，于省吾主编《甲骨文字诂林》的姚孝遂按语亦主此说。在卜辞中曾见"戍䇂弗雉王众。戍带弗雉王众。戍丹弗雉王众。戍逐弗雉王众。戍何弗雉王众。五族其雉王众。戍䇂其雉王众"②的连续占卜，一一卜问派遣䇂、带、丹、逐、何五支戍卒，是否还要"雉王众"，五族并非王族，可见"陈列、部署、编理"的对象是"王众"，而不是已编入"某戍"的众人，这就启示我们，"雉众"占卜含有部署武装力量、加强阵容的意思，"雉王众"表明有时要抽调王室宗族的族众作为精锐和骨干，配合军队出征。所以第4辞是问"右旅"原有编制是否可以胜任战斗任务，第5辞是问王令右旅和左旅出征凤方，是否可以不用再部署人众了吧。所以，关于"雉众"的卜辞表明商代除了一般师旅编制以外，实战时还根据实际需要调整战斗编成。第6辞问王率领众人会合右旅、左旅进攻旧地，是否就可以达到出征的预期目的。第7版是关于右旅进攻敌人左翼的占卜，可见所谓左旅、右旅，就处在战阵的左右两翼。

商代的"旅"除了左旅、右旅外，还应有中旅，亦即王旅，上第6版卜辞"王其以众合右旅〔眔左〕旅"，其中"王以众"，必然是王族之众，王室贵族的族众本身组织也纳入师旅的框架中，构成卜辞中的"王旅"。如：

8. □□卜，王旅……钆……（《合集》5823）

第8版虽为残辞，但从卜辞文例看，"王旅"连读是可能的。卜辞中的"王旅"不多，可能与王亲率的部队可用"王"或"王以众"取代有关。此外卜辞还见：

9. 丁巳卜，王在雋旅允伐。在壴。（《合集》33087，图5—18）

辞中，占卜之地为"在壴"，必为王之所在，所以命辞不能读为王在某地"旅允伐"，而应将"雋旅"连读，这似意味着除王旅外，还有地方之旅，即地方之师也有旅一级的编制。

---

① 王贵民：《申论契文"雉众"为阵师说》，《文物研究》1986年第1期。
② 《合集》26879。

关于商代旅的编制有千人和三千人的推测，如提出一次登人以三千最为常见，三千人符合右中左三旅的组织形式，所以千人为旅的可能性很大；或认为三千人为旅，三个旅即左、中、右旅合成为一师，即九千徒兵，加上战车甲士号称一万，可能即"登旅万"的由来。① 然而，参证周代，《毛诗注疏·小雅·采芑》"陈师鞠旅"，（汉）郑氏笺有周"二千五百人为师，五百人为旅，此言将战之日，陈列其师旅，誓告之也"。《国语·齐语·管仲对桓公以霸术》记载，管仲"作内政而寄军令"，"五家为轨，故五人为伍，轨长帅之；十轨为里，故五十人为小戎，里有司帅之；四里为连，故二百人为卒，连长帅之；十连为乡，故二千人为旅，乡良人帅之；五乡一帅，故万人为一军，五乡之帅帅之。"（吴）韦昭注"万人为军，齐制也。周则万二千五百人为军"。看来一个师或旅人数在历史上是有变化的，它与寓兵与农的乡遂制度不断完善相关，商代一个旅包含人数的确定，还有待更多史料的发现。

旅以下的编制是大行和行。甲骨文中常见的基层作战单位是"行"，如廪康伐羌方卜用过蘁行、宙行、义行、裴行、沁行②，卜辞还见"畐行"、"永行"③ 等，"行"前一字都是族邑名，也指以该名号相称的族邑之长，所以某行即为某族邑之长统领的军行。在实战中，为了便于互相配合，往往以三个军行分左、中、右组合编队，所以卜辞中的"行"还常与表示方位的用语相连，如：

图5—18　《合集》33087

10. 贞勿乎征复右行从洒。（《英藏》834）

---

① 分别见肖楠《试论卜辞中的师和旅》，《古文字研究》第六辑，中华书局1981年版；王贵民《商周制度考信》，台北明文书局1989年版，第222页。

② 《合集》27978、27979、26887、26896。

③ 《合集》20447、23671。

11. 叀旂用东行，王受又。
    叀𗨢比上行左旂，王受又。
    叀𗨢右旂，王受又。(《补编》10387)
12. 戊戌卜，扶，缶中行征方，九日丙午菁……(《补编》6783)

在第 10—12 版卜辞中出现右行、东行、上行、中行，还有左旂、右旂，有研究者认为第 10 版"右行"后的"迺"或可读"西"，东行、上行、中行是三个阵行的某一行列，所谓左旂、右旂是指其军行的军旗徽帜。商人尚左，"上行左旂"里的上行应是左行，同版的"东行"应是右行。① 第 11 版的旂在甲骨文中多用作人名，然而，在此版三条连续占卜的第一条卜辞中的旂或可释作人名，意思是用旂率领的东行，是否有利，但第二三条卜辞应是一组对贞，"叀𗨢右旂"应是"叀𗨢比上行右旂"的省略句，所以据"上行左旂"判断上行应是左行，证据有所不足，而"左旂"、"右旂"对贞，可见此辞中的"旂"不是人名，解释为"军旗"是有道理的。王襄、商承祚曾有"旂疑旐"之说②，《左传·僖公二十八年》记载城濮之战，"晋中军风于泽，亡大旆之左旃"，杨伯峻《春秋左转注》引刘书年《经说》云："大旆之左旃，前军之左旆也。"并且指出前人以大旆为旗名，因生种种误解。旃，用大赤色帛，不加画饰之大旗，《周礼·司常》"通帛为旃"是也。这启示我们"上行左旂"可能是指作为前军的军行"左旂"，而"左旂"、"右旂"则是指以军旗为代表的左右两支队伍，这组对贞的意思是卜问令𗨢协同前军的哪一支武装出征更为有利。第 12 版问是否令缶统领中行出征。总之，军行在实战中的编制，往往以左、中、右行相配合，进，便于包抄，退，可互相支援，所以三行的组合编制也是常用的战斗单位。

殷墟卜辞中还有"大行"，如：

13. ……其御。
    勿御。
    辛酉卜，叀大行用。(《补编》9632)

---

① 寒峰：《甲骨文所见商代军制数则》，胡厚宣等著《甲骨探史录》，生活·读书·新知三联书店 1982 年版。

② 见于省吾主编《甲骨文字释林》，中华书局 1996 年版，第 3059 页。

御，是表示某种军事行动的动词，常有人解为防御、抵御，实际上是一种积极性的军事行动，或谓迎击，或谓一场战争已经结束后进行的扫荡式征伐[①]，作为一种在战斗取得突破性胜利以后，继续向纵深发展、扩大战果的军事行动，常与擒获俘虏相结合，如卜辞数见"御，弗其擒"[②]，因而要派大行出动。已知卜辞中的"大行"虽然所见不多，但商代甲骨金文中见有"大左族"、"大右"、"大中"的族名，如：

14. 辛亥卜，在攸，贞大左族有擒。(《合集》37518)

15. 丙辰卜，在□，贞惠大右先……饮美牺利，不雉众。(《合集》35346，图5—19)

第14版卜辞是卜问战场上的大左族是否能有擒获，第15版卜辞关于派大行中的右行出动为先导的卜辞。"大中"的徽号见于殷墟西区第六墓区的M1080，铜觚圈足内铭文"祖己大中"，爵鋬内铭文"◇大中"，该墓早已被盗，存铜觚、爵、戈各1件，陶觚、爵、盘、罐、簋、尊各1件。"大中"当为墓主的"氏"。当一个羽翼丰满了的大家族从宗族中分裂出来后，担任大行中左、中、右行的族长可以以官为氏，将军行之名做自己的家族徽号，遂有"大左族"、"大中族"、"大右族"。这些族名印证了大行也有右、中、左之分。行和大行都是作战和戍守经常派出的军事单位。

图5—19 《合集》35346

多数学者认为"行"作为战斗的基层单位是百人团体，大行或为千人团体，"登人三千"是出动三个大行。[③] 但也不能排除另一种可能，即合右、

[①] 夏含夷：《释"御方"》，《古文字研究》第9辑，中华书局1984年版。

[②] 《合集》6614、6615。

[③] 参见寒峰《甲骨文所见商代军制数则》，《甲骨探史录》，生活·读书·新知三联书店1982年版。

中、左三行的三百人团体是卜辞中的"大行",右、中、左三个大行基本武装力量九百人,则与"千人为旅的可能性很大"的推测相合。

(二)战车组合

已发现的战车上多有成套的武器:弓矢、戈、刀,还有御者用的策,显然是射、御等甲士 3 人的装备。此 3 人只是车兵的一部分,据《孟子·尽心》,"武王之伐纣也,革车三百乘,虎贲三千人",说明围绕战车组建的车兵(甲士)还有一部分在车下,此外还要配备部分徒兵,甚至还有一些杂役人员。在战斗编成中,以车徒配合,并在人数上给予合理配置,以便最大限度发挥战车的作用。《周礼·地官·小司徒》"任地事而令贡赋",郑玄注解释井牧出军赋之法,引古军礼之遗文《司马法》,"三百家,革车一乘,士十人,徒二十人"①,一般来说西周时,甲士 10 人,3 人主车,在车上,7 人在车之左右,步卒 15 人在车后,均为战斗人员,余 5 人为厮养守车,属于后勤人员。到了春秋时,随着战争的频繁、步兵的发展、民众服兵役的扩大,以"三十人一乘"的西周旧制逐渐被打破,逐步形成为每乘 75 人的制度,即甲士 3 人,步卒 72 人②。在商代,殷墟遗址的一些族墓地也有车马坑的发现,透露出"三百家个车一乘"的史影,又由于当时也是以步卒为主,车徒配合中的徒兵比例也应较大。

关于商代军队车徒配合的编制,曾有学者根据地下发掘进行过探索③,如安阳殷墟第 13 次发掘,在乙 7 基地南发现密集的丛葬坑,通过整理研究,报告将其分为北、中、南三组,认为很可能代表一个以车队为中心的军事组织。其中北组中部是 5 个车马坑。报告称之为"车墓",说其中共埋 7 车、15 人、14 马。五车为正车或重车,车舆清楚,器材重大,装饰华丽,二车为轻车或副车。五墓的分布和组合恰似一车形,中部三墓各一车二马,纵列似车辀,东北、西北两个形制较大的墓各二车四马并列,如二车轮。这可能代表当时车阵的情形,车队的进攻呈楔状前进。面南的车墓西侧为车右,28 墓埋 125 名骨骼强健的壮年人,视其地位共分四级:第一级 1 人,全躯俯

---

① 参见(清)孙诒让撰《周礼正义》,中华书局 1987 年版,第 786—810 页。

② 参见军事科学院主编《中国军事通史》第二卷·黄朴民著《春秋军事史》,军事科学出版社 1998 年版,第 78—79 页。

③ 见石璋如《小屯第一本·遗址的发现与发掘丙编·殷墟墓葬》之《北组墓葬》、之二《中组墓葬》、之三《南组墓葬附北组墓补遗》,"中研院"史语所 1970、1972、1973 年版。

身，头有额带，骨有红色；第二级4人，断头俯身，头有额带，骨有红色；第三级20人，断头俯身，骨有红色；第四级100人，断头俯身。车墓南，一排五座五人墓，25人皆断头俯身，骨有红色。以上150人为配合车兵的徒兵。车前25人为前拒，全躯有额带者位于西南隅最前列，是他们的统领。车墓东为车左，8墓34人，为年龄不同、姿势不同的全躯葬，包括跪墓、童墓、单人仰身殉狗墓、羊坑，器墓等，可能属于军佐人员，包括厩养、樵汲、饮食、服饰、祭祀人员。

中组墓排列密集有规律，南北成行，存79墓393人，若将残毁的墓复原，总人数约600人。从布局看，这批丛葬墓共12行，除西部第1行二座外，余11行形成一个方阵，由右、中、左三队合成，右队三列，左队三列，中队五列。而每队都可细分成右、中、左三部分，如保存较好的右队三行分别存59、54（残毁1墓）、42（残毁2墓）人，若复原，三行人数当更接近。中队五列，中行82人，右两行之和也是82人，左两行残毁严重已无法统计。左队也残毁较大，从保存较好的部分看与右队情况相似。报告认为这种侧三中五、中队强大的阵容，有利于中队随时支援左右二队，并似含有右中左及以三五相配合、运用的观念。这11列人骨均俯身断头，部分骨有红色或还有额带。而西部第1行其一为人马合葬墓：1人、1马、2犬，还有弓矢、戈、刀、砺石、马策、马饰等，应为方阵徒兵的统领，近旁一墓跪葬1人，壮年、全躯，可能是马夫。

南组墓葬1座M232，有棺椁，墓主1人，随葬8人，容器10件、兵器9件，包括铜戈7件、石戈2件。

近年殷墟考古研究的进展对原报告的推断提出了一些修正，如现在知道这一片丛葬坑不是一次或短时间内连续祭祀留下的遗存。南组M232时代属于殷墟一期偏早阶段，是附近宫殿宗庙建成以前埋入的，墓主可能是殷王室成员或贵族。中组墓葬时代属于殷墟二期，其地为宗庙区最早出现的祭祀场地，从打破关系看，有早晚之别，至少是两次或两次以上的祭祀遗存，不能代表以车队为中心的一个军事组织，但五座车马坑是同时埋入的，可能是一次祭祖献车的遗留。中组墓排列有序，大都南北成行，第一行人马合葬墓中埋葬的人有可能代表了这批人牲的"首领"。但在这片祭祀坑中，有几座东西向的坑要晚于南北向的坑，可知这批人牲的杀祭至少在两次或两次以上，而且中组诸坑晚于北组较早的坑，有可能这片祭祀场地是继北组之后形成的，虽然沿用的时间的下限尚且不清①，但这三组墓葬不属于一个整体，不能代表一个以车队为中心的军事组织是比较清楚了，由此作出的车徒配合人数比例和徒兵每列组织的人数的推断，则需要新的证据。

根据北组祭祖献车遗存，有研究者推测当时的战车组织可能以 5 车为一小队，令车居中，作"品"字形锲状行进。并根据在西北冈王陵殉葬坑的战车以 25 辆为一组②之说，推测高一级的军事编制单位当为 25 车。但是也有研究者指出，这种推测缺乏实证，小屯北组墓葬 5 个车马坑均为拆车葬，至少埋有 6 辆车。西北冈王陵区的车坑长 5.8 米、宽 3 米，不可能容下 25 辆拆开的车子，通过对发掘资料的进一步整理研究，可以判定坑内为 5—6 辆车。③ 是否有 25 车的编队目前还无从证明，但车阵由 5 辆正车和若干副车构成之说仍是值得注意的，不仅两组车坑的车子总数均在 6 辆上下，而且从卜辞看，商王主持的大型田狩也是数辆战车一起出动，在族墓地陪葬的车马坑，如郭家庄 M160、172，殷墟西区 M93 都是随葬了两座车马坑，是否与战车组合中包括正车、副车制相关，值得注意。

(三) 关于"戍启"的探讨

商代的军队除了师、旅、大行、行的编制体系以外，甲骨文中还常见有"戍"，并有"戍启"，戍与师、旅、行一般编制的关系值得探讨。

戍，研究者或称"戍守武装"，《说文》释"戍，守边也，从人执戈"。在文献中戍多作守边，防守解，在廪辛康丁伐羌方的卜辞中，有"令五族戍羌"④，戍已有了"守边"义，负担起若干戍卫性的任务。但是在甲骨文戍字作𢦦，是一个由人和武器构成的会意字，从大量卜辞看，商代的"戍"主要用其本意，表示一支武装队伍，即军队，其来源主要也是受王征召被派往需要的地方执行战斗任务。但是可能已有了相对稳定的组织和一定的服役期，商代的"戍"在武丁时已经存在，廪辛康丁时获得较大的发展，应是后代戍守武装的前身。

---

① 中国社会科学院考古研究所编著：《殷墟的发现与研究》，科学出版社 1994 年版，第 62—63 页。

② 参见胡厚宣《殷墟发掘》，上海学习生活出版社 1995 年版。

③ 刘一曼：《略论商代后期军队的武器装备与兵种》，《商承祚教授百年诞辰纪念文集》，文物出版社 2003 年版。

④ 《合集》28053。

首先，很多卜辞反映"戍"是征集来参加战斗的，如：

16. 王其冒戍舌……（《合集》28026）
17. 叀戍冒罕。
    叀王以戍冒罕。（《合集》27968）
18. 叀戍中往又戋。
    叀戍󰀀往又戋。（《合集》27975）
19. ……及羌，戍󰀀弗戋。（《合集》27987）
20. 戍弗及䧊方。
    戍及䧊方，戋。
    戍甲伐，戋䧊方，校。（《合集》27995）
21. 叀戍带又戋。（《合集》28036）
22. 戍否其遘戎。（《合集》28038）
23. 戍禹其菁戎。（《合集》28044）

在甲骨文中，与"登人"、"共人"语义接近的还有"冒人"，所以第16版卜辞的"冒"有征召意，反映商王拟调集戍参与出征。第17版罕是捕获的意思，从同版卜辞看该版指田猎习战，而且是在王的亲自率领下。第18—20版卜辞是将戍派出征伐羌方、䧊方的卜辞。在廪辛康丁对羌方战争的卜辞中，还有"其乎戍御羌方于义沮"①，御，指迎击入侵，可见戍的武装活跃在整个战争过程。第21—23版的戋、菁戎也都是与征伐相关的用语。这几版卜辞充分说明商代戍的职责首先不是"守边"，而是执行军队的战斗任务。

当然，戍也被派遣参与守卫性的任务：

24. 弜令戍干衛，其……（《合集》28059）
25. 戍衛不雉众。
    戍亡戋。
    叀否又戋。
    [叀]雋又戋。（《合集》26888）

---

① 《合集》27972。

第 24 版卜辞的"戍干"结构同于"戍带"、"戍禺",指一支戍卒的统领及其下属的武装,所以"卫"必作动词用,是防守、护卫的意思,第 25 版"戍衛"之"衛"也当同解。其中的"杏"、"隽"皆为"戍某"之省,因为第 22 版有"戍杏",卜辞还见"戍隽弗雉王众"①,所以该版卜辞的意思是令"戍"去执行某项守卫任务是否可以不再"雉众";戍卫部队是否不会遭到大规模的夷伤;戍杏的部队是否会遭到损失;戍隽的部队是否会遭到损失。

第二,戍的组织是以族为单位编成的,第 16—25 辞的戍𦣞、戍中、戍𢦏、戍𢦏、戍甲、戍带、戍杏、戍禺、戍干、戍隽等,既是每支戍卒统领的名号,"戍"后一字又是构成该支戍卒的族名,卜辞中所见"戍某"较多,如还有:

26. 戍辟□步,戈。(《合集》28034)
27. 叀戍得令。(《合集》28094)
28. 丁酉卜,宾,贞叀戍枽令比慶王。
　　贞叀戍征令比慶王。(《合集》6)

第 26、27 版为廪辛康丁卜辞,其中的"戍辟"、"戍得"与以上"戍中"、"戍干"等皆为廪辛康丁时代的基层戍官,其中戍辟也参加了伐羌方的战争。第 28 版为武丁卜辞,"戍枽"、"戍征"的含义同于"戍辟"、"戍得","慶王"当指服属小国的君长,占卜内容是王当选择那一位戍卒统领比同"慶王"出征。由此可见"戍某"虽大量见于康丁前后的卜辞中,但这种戍的组织在武丁时已经有了,并承担对外征伐的战斗任务,这预示出"戍"可能是从王的戍卫武装中发展起来的。

第三,戍的编制有师、行,同样有军阵三分法,"戍"作为一支武装力量还包括"戍马"、"戍

图 5—20　《屯南》728

---

① 《合集》26883。

射"，卜辞有：

  29. 方其至于戍𦥑。
    弜乎衛，其每。
    王其乎戍征衛，弗每。
    弜乎戍衛，其每。(《屯南》728，图5—20)
  30. 戍叀义行用，遘羌方，又戋。
    弜用义行，弗遘方。(《合集》27979)

第29版卜辞"戍𦥑"，说明戍的组织同样分若干级，戍师当为最高一级。第30版卜辞"戍惠义行用"，当即"戍用义行"，则戍的编制中也有"行"。

  在小屯南地发掘出土的康丁卜辞中还有：

  31. 甲辰卜，才𩵌牧征启又……邑……在盧。
    弜每。
    癸酉卜，戍伐，右牧𨒅启人方，戍又戋。
    [右戍又]戋。
    中戍又戋。
    左戍又戋。
    亡戋。
    右戍不雉众。
    中戍不雉众。
    左戍不雉众。(《屯南》2320，图5—21)

这版卜辞的内容是关于调遣"戍"出征，拟以"才𩵌牧征"或"右牧𨒅"为前军，卜问左戍、中戍、右戍能否获得战果，是否可以不需要"雉众"，从而可知戍同样有右、中、左三分阵，而且与被派往王畿以外的职官"牧"的武装协同作战。又，卜辞还见：

  32. 叀戍乎射，毕。(《合集》27970)
  33. ……戍射。(《屯南》4355)
  34. 叀戍射又正。(《合集》28080)

图 5—21 《屯南》2320

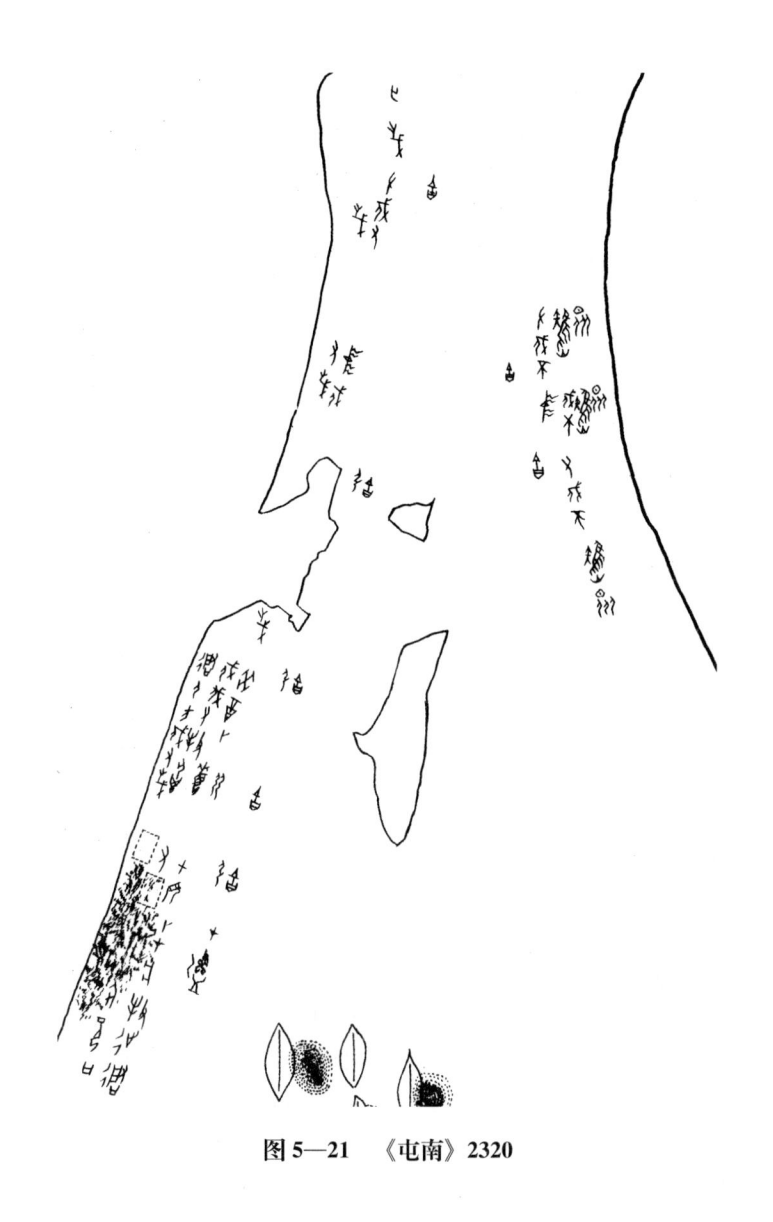

35. [贞]叀戌射,才□。(《合集》24220)
36. 叀[戌]喜令又戋。
    叀戌马乎眔往。(《合集》27966)

第 32 版卜辞可以有两种读法,作戌呼射或王呼戌射,但无论如何都反映出戍的编制中有射手，即第 33—35 版卜辞中的"戍射"，这三版卜辞分别属于武乙、廪辛康丁以及祖庚祖甲时代，可见戍的组织是持续存在的。第 36 版的两条卜辞应属于为同一事的连续占卜，"乎罙往"有可能是拟令"戍马"与"戍喜"协同作战，这意味着在实战中，戍的组织可根据需要有形式不一的战斗编成。与战斗编成相关的内容还有"雉众"、"雉人"，除以上第 25、31 等版卜辞外，又如：

37. □丑卜，五族戍弗雉王［众］。
　　戍屮弗雉王众。
　　戍带弗雉王众。
　　戍凸弗雉王众。
　　戍逐弗雉王众。
　　戍何弗雉王众。
　　五族其雉王众。
　　戍屮其雉王众。
　　戍带其雉王众。
　　戍［凸其雉王众］。
　　戍逐其雉王众。（《合集补编》8982＋屯南 4200）
38. 戍辟立于寻，自之臿羌方，不雉人。（《合集》26895）

第 37 版卜辞反复占卜屮、带等五族的戍卒武装是否要"雉王众"，第 38 版卜问戍辟伐羌方，所布阵位是否不须再"雉人"，都表明"戍某"有固定编制，在实战中，敌我双方力量对比"编理人众"，实施战斗编成。

　　总之，戍与师旅的组织体系有很多相似之处，值得注意的第 19 辞有戍𠂤，上述军队编制中见有师，正反映了师旅编制与"戍"的关联，尤其是基层组织"戍某"与"某行"均与族名相称，而且有"戍用某行"的卜辞，所以在这一级基层人员很可能就是重合的。

　　当然，二者也有不同，从文字构成看，甲骨文师作"𠂤"，孙海波说：自之本意为小阜，古者都邑必宾附丘陵，都邑为王者之居，军旅所守，故自有师意，更引申而有众意，古言某邑或言某师以此也①，所以师有驻守意；甲

---

① 转引自于省吾主编《甲骨文字释林》，中华书局 1996 年版，第 3037 页。

骨文旅作人列于旗下,有聚众的意思。而戍作人与武器的组合,与实战结合得更为紧密了,而且在甲骨文中,军事训练在武丁时称"学众",廪康时称为"教戍"[①],不见"教"或"学"与"师"、"旅"之字相连,这进一步表明商代晚期"戍"的组织与战斗编成关系更为密切,以至军事训练也是以戍的组织为单位进行的。

戍与师旅的另一个区别在于武丁时的师旅要先"登人"、"共人",再部别编理,组建成旅,而征调戍,仅用"冒",如第16辞称"冒戍",卜辞还有"惠戍马冒乎允王受有又"[②],这表明戍可能已有了相对固定的编制,可以直接调用。此外,卜辞还有:

39. 王其乎戍舞盂,又雨。
    虫万舞盂田,又雨。(《合集》28180)
40. 虫万乎舞,又大雨。
    虫戍乎舞,又大[雨]。(《合集》30028)

"舞"是祈雨之祭,《周礼·春官·司巫》有"司巫掌群巫之政令。若国大旱,则率群巫而舞雩"。而商代则由更大规模的祈雨之祭,"万"或认为是司乐舞的职官[③],此外,古代祭祀宗庙山川有"万舞",《诗经·邶风·简兮》有"简兮简兮,方将万舞",《韩诗》解释"万,大舞也",多认为"万者舞之总名,干戚与羽龠皆是大舞",执干戚为武舞,执羽龠为文舞[④],"乎戍"当亦参与武舞,而以"乎戍舞"与"乎万舞"对贞,说明戍可以召之即来参与大规模的祭祀,似意味着在一定意义上,"戍"已带有常备军的性质,即戍卒是按照一定时间编制在军队中,定期轮换。

总之,在商代军队中,戍师的前身可能是王宫的一种戍卫组织,带有常备武装的性质,便于临战组成机动灵活的战斗编成,殷墟前期也曾被派出参与对外征伐,殷墟后期随着任户计民,预定军籍制度的逐步形成,愈来愈少地实施先登人再编理成师旅的做法,可攻可守,与实战结合更为紧密的戍的

---

① 《合集》28008。
② 《合集》27881。
③ 于省吾主编:《甲骨文字诂林》姚孝遂按语,中华书局1996年版,第3146页。
④ 参见(清)王先谦《诗三家义集疏》,中华书局1987年版,第185—186页。

组织迅速发展为戍师,成为商代晚期由商王亲自掌控的军队中的一支重要力量。

三 兵役制度

商代也实行兵民合一的民军制,兵员征召于农业劳动者,即《尚书·商书》和甲骨文中的众、众人或人,也就是考古发掘出族墓地中的平民。但是,目前在学术界还有一种观点,对作为军队主体的"众"的身份有不同看法,有学者从商代是奴隶社会出发,认为社会生产的主要承担者"众"是奴隶;或认为"众"是奴隶,也是商代社会生产的主要承担者,他们参与对外征伐,但没有真正战士资格,这关系到对于商代兵员基本成分问题。

实际上在《尚书·商书》中,"众"的身份是比较明确的,如《汤誓》:"今尔有众,汝曰:我后不恤我众,舍我穑事而割正夏。予惟闻汝众言,夏氏有罪,予畏上帝,不敢不正。"其中的"众"在前人注疏中有两种说法,一说指亳邑之民,一说指夏邑之民,(宋)夏僎撰《尚书详解》评论说《尚书注疏》二孔释有众之言为"我君夏桀不忧念我众人","详味此解,既迂回缴绕难晓,必据此说则文意重叠,汤之誓恐不如此"。(宋)林之奇《尚书全解》"参酌苏氏、王氏二家之说,而折中之,其说可从,少颖谓此亳邑之民,安于无事而惮伐桀之劳……"如今《汤誓》中的"众"是指参与誓师的伐纣军队,亦即商族及其同盟者的族众,已为多数学者所认同,而正因为当时兵员成分主要是农业劳动者,誓词中才要申明丢弃农业生产去伐夏的必要性。关于"众"的身份,《盘庚》三篇中多次谈到"先王"与"众"之"乃祖乃父"的关系,如《盘庚上》是迁殷以后,对反对迁都的官员说"古我先后,暨乃祖乃父,胥及逸勤",《盘庚中》是在迁殷以前对民众作的动员讲话,说"古我先后,既劳乃祖乃父,汝共作我畜民。汝有戕则在乃心,我先后绥乃祖乃父,乃祖乃父乃断弃汝,不救乃死。""既劳乃祖乃父",(汉)孔氏传"劳之共治人",顾颉刚、刘起釪《尚书校释译论》的《今译》作"我们的先王既然使用了你们的先祖先父,那你们当然都是我畜养下的臣民。倘若你们有了毒害的念头,我们的先王一定会知道,他便要撤除你们的先祖先父在上天侍奉先王的职役,你们的先祖先父受了你们的牵累,就要弃绝你们,不救你们的死罪了"。这段讲话充分体现出商代宗法社会的特点,表明商代的"众"地位最低的也是平民。

有学者引述顾颉刚、刘起釪《尚书》研究中,关于《盘庚》全文的

"众"是指"众多的意义",认为《盘庚》三篇中的"众"与卜辞中的"众"词性不同,考察卜辞中众的身份,应以卜辞为据。然而《尚书校释译论》关于"众"字词性推断的前提为商代是奴隶社会、众是奴隶,作者说:"郭沫若根据甲骨文及金文释众为奴隶。按郭氏之说有开创之功,给解释古代社会指出了途径,但其说也不是无可讨论之处……所以在复杂的社会生活中发展着的语言,不是可以简单化地给他划定意义的,如果说因为商代是奴隶社会,用来指社会下层的'众'、'民'等字以作为指奴隶较妥,那么在《盘庚》中的'众'、'民'两字显然不符合这一用法。"在分析了三篇的讲话对象后,说"那么《盘庚》全文的'众'不可能是指奴隶,它只能是在'众多'的意义上使用"①,所以,引述此论断讨论"众"是奴隶问题难免有循环论证之嫌。

至于甲骨文中的众,有研究者提出众主要是由被商王朝灭亡之国的民众转化而来的,隶属于各大奴隶主,与《左传》中的"类醜"相当。他们是农业、手工业生产的主要承担者,他们从事生产劳作时是在商王设立的专门官吏监督下,集体地进行的,完全处于被奴役的地位。众只参加了部分的对外征伐,但不是主要的承担者,没有编在以师旅为单位的正规军事组织中,没有真正的战士资格。②然而,这些推断是可以讨论的。

第一,将被征服地区人民全部转化为奴隶的观点,在过去先秦史研究理论探讨中,曾是很有代表性的一种观点,不过在结合具体历史事件的研究中,史料的证据较为匮乏,扩大土地和人民,是商王朝通过对外征伐的主要目的之一,但采取怎样的统治形式是和商代整个社会结构、政治结构密切相关的,如上节所述,武丁时有一组伐虘艿的卜辞,还有关于"贞虘艿众人得"的占卜③,"虘艿众人"在结构上同于卜辞习见的"王众"、"殷众"、"皋众"、"竝众"等,均指某族的族众,如果将"众"释为奴隶,则当释为"某族的奴隶",所以是否能将卜辞"虘艿众人得"作虘艿沦为"商王朝的众人"的解释尚待斟酌。

第二,如果"众"相当于《左传·定公四年》所述条氏、徐氏等"殷民

---

① 顾颉刚、刘起釪:《尚书校释译论》,中华书局 2005 年版,第 961—962 页。
② 杨升南:《殷墟卜辞中"众"的身份考》,王宇信主编《甲骨文与殷商史》第三辑,上海古籍出版社 1991 年版。
③ 《合集》66。

六族"中的"类醜",当分别附属于各族的"宗氏"和"分族"中,而他们作为"农业、手工业生产的主要承担者"却又是"在商王是设立的专门官吏监督下,集体地进行"生产活动,这一现象似较费解。所以,对于"乎众人出糜"、"庸以众田"、"令众人□入绎方裒田"① 等卜辞,解释为平民负担的师田行役,要较解释为奴隶的集体劳动更为贴切,张政烺《卜辞"裒田"及其相关诸问题》一文,曾分析相关卜辞,论证殷代众人在师田行役种种负担上,和《周礼·族师》的记载一致②,其论是有道理的。

第三,在卜辞中可见伐舌方、犁方、羌方、召方等多次对外用兵中,都明言令某"以众"或令某族之众出征,众作为社会生产的主要承担者,还须参与对外征伐,即服兵役应是没有疑义的。问题在于研究者提出"王其以众合右旅〔眔左〕旅舌于旧"是卜问"是否将众会合在左右旅中",认为"旅是军队的编制单位,在战争中卜问是否要编制军中的'众',必然是没有事先编于正规军队中"。就卜辞而言,这一解释值得商榷,"合"在卜辞中多用作表示会合、聚合没有疑义③,孙诒让曾论"合当读为会,《说文》会部会古文作㭏,此盖从古文省"④。殷墟征伐卜辞中还有一个与"会"意义相近的字"遄",见于帝乙帝辛卜辞,记孟方"伐𠂤自高",商王卜问是否令援军"东遄〔于〕高"⑤,所以"合右旅〔眔左〕旅"意思是会同右旅和左旅。又,"王以众"舌,同于"亚以众人步"、"亚乞以众人舌"、"王令𨸏以众舌"、"𨸏令郭以众舌"⑥ 等,属于战前的庙算,涉及的出征人员为以其指挥官为首的成建制的武装力量,所以"王以众"应指王率领的由王族族众组成的武装力量,当即中旅,亦王旅,不当存在拆分编入左右旅中的问题,此辞与"雉王众"卜辞性质有别,解释为由王亲率军队会同右旅和左旅发动进攻要更恰当一些。

不仅如此,与兵役制度密切相关的是军事训练,《论语·子路》有"子曰:以不教民战,是谓弃之"。是说不可以用未经过训练的人民去作战,甲

---

① 《合集》15、31970、6。

② 张政烺:《卜辞"裒田"及其相关诸问题》,《考古学报》1973年第1期。

③ 见于省吾主编《甲骨文字诂林》,中华书局1996年版,第730—731页。

④ 见周法高主编《金文诂林》七,香港中文大学1975年版,第3386页。

⑤ 《合集》36518。

⑥ 《合集》35、43、31979、31981。

骨文中有"教戍"、"庠射"、"学马",是训练部队,教练车马、射手的意思,此外,卜辞还有"王学众伐髳方"①,古代教与学为一字,"学众"即教练众人,为出征做准备,王要亲自教练的是众人,由此也可见众是军队的基本成分。

总之,在商代"众"是社会生产的主要承担者是没有疑义的,而进入文明、出现国家以后,大多数承担社会生产的劳动者是处于被剥削、被压迫的地位也是没有疑义的,他们要负担繁重的师田行役,不过在卜辞中对众的差遣用"呼"、"令",与对师般、雀、三族、五族下令时的用语相同,而对非自由人——如仆出征有时用呼,甚至用带强制性的"执",却绝不用令。又如卜辞中的"众"常见参与农事和征战,却没有用作人祭牺牲的内容,这些都说明"众"作为平民其社会地位与非自由人是有所区别的。

目前在学术界不少研究者认为众不是奴隶,因为在古代社会,生产力还很低的情况下,作为社会生产的主要承担者必然在社会人口中占很大比例,但商代考古至今尚未发现大量"在专门官吏监督下"、"集体劳动"的奴隶的遗存,却愈来愈多地发现了自由民的族墓地,如在殷墟西区,1969—1977年共发掘出939座殷代墓葬和5座车马坑,其中47座有棺椁,710座仅有棺,水侵被扰或未见棺木痕229座,已知少数死者是以席为葬具的。确知无随葬品的87座因被盗、被扰情况不明的52座,确知有随葬品的800座,其中508座墓随葬陶爵,67座墓随葬铜(铅)觚、爵,据此,随葬礼器的墓约占墓葬总数的61%;160座墓随葬铜(铅)兵器,还有10座墓随葬了石戈、骨镞,总计约占墓葬总数的18%,死者皆为男性,有的还同时随葬农业、手工业工具,反映他们既是生产者又是战士。有18座墓有殉葬人,约占总墓数的2%,339座墓有殉犬,约占27%。可见埋葬其中的人们绝大部分拥有一定的生活资料和社会地位。这片墓地墓葬分片集中,分为8个墓区,墓区之间有明显的界限,墓向、葬式、陶器组合和其他随葬品都存在一定差别,如随葬铜礼器的墓在第八墓区95%的墓葬随葬陶礼器,19%的墓随葬随葬铜礼器,34%的墓随葬铜兵器,56.6%的墓随葬有贝,仅2%的墓没有随葬品。而这五个百分比在第三墓区,分别为60%、10%、15%、41%、17%;在第一墓区分别占62%,不及1%、11%、27%、21%,反映了不同墓区的成员政治经济地位有所不同。发掘报告还提出,各个墓区可能属于宗氏一级的组

---

① 《合集》32。

织，每个墓区中的墓群可能属于分族。在安阳大司空村，1953—1954年共发掘清理了166座殷墓，其中48座墓随葬铜（铅）器，约占29%；29座随葬青铜（铅）兵器，还有8座墓随葬石、骨制的戈或镞，总计出兵器的墓约占墓葬总数的22%。① 如果考虑到殷墟西区不少于5%的墓葬因遭破坏，随葬品情况不明，可以推测有军籍者在自由民中所占比例或可达到20%，其中在社会政治经济地位较高的宗族或贵族家族中，有更多成员充当甲士服兵役，所占比例要更高一些。

随着商代考古的发展，族墓地有了愈来愈多的发现，证实了商代兵役的主要承担者也是主要的农业生产者，他们聚族而居，聚族而葬，平时务农，农闲利用田猎活动习战，需要军队的时候，由商王下令征集或调集，军队组织与族的组织基本一致，但也有一个逐渐完善的发展过程。武丁时多见"登人"、"共人"，根据战事需要在一定地区或一定范围内征集兵员，再编成师、旅、大行、行等。但是涉及征调王族、多子族、三族、五族的武装，少见用"登"或"共"一类的用语，而是直接呼、令其出征，或命某族的族尹"以众"出征。这可能意味着武丁时在王畿已开始实行任户计民，预定军籍的校理登记人口制度，一旦有事，殷民可以很快按族抽调。而王畿之外，则是由王亲自或指派代理人通过地方行政长官征集兵员。祖庚祖甲以后，少见"登人"，多见直接调动以族名相称的"某行"投入战斗，反映军队组织与族的组织有了进一步结合。稍晚，更习见直接调动"戍某"或"戍用某行"执行战斗任务，可能反映了任户计民，预定军籍的校理登记人口制度已向更大的范围推广了。

兵役制度的这一发展变化，涉及关于商代常备军的讨论，一种意见认为有固定的军事编制，以贵族为骨干，有一些较长时间在军服役的人员，就是具有了常备军的性质，尤其是兵员有了固定的军籍，有了等及隶属关系，就是"军政定于郊，卒伍定于里"，所谓"人有所立之军，军有所统之将"的制度，事实上这应是当时的常备军队。卜辞有"乎师往见右师"，说明"右师"有自己的驻地，还有"韦师寮"，是指守卫部队的军职寮署②。还有研究者说"中师"、"右师"，及"王乍三师"的"师"是作为军队建制单位出现

---

① 参见《1969—1977年殷墟西区墓葬发掘报告》，《考古学报》1979年第1期；马得志等《一九五三年大司空村发掘报告》，《考古学报》1955年第九册。

② 王贵民：《商周制度考信》，台北明文书局1989年版，第242—243页。

的，它标志着商代的武装力量由临时性的征召制进入了常备性的固定军籍制[①]。而另一种意见认为"王作三师"不足以证明商代晚期已建立了常备军以代替征集制，"作三师"不是建立职业性的常备军，正如春秋时晋国"作三军"、"作五军"并不是建立职业性的常备军一样，对于"作三师"较为合理的解释可以从两方面考虑：第一，是将全军分为右中左三大队格局制度化；第二，是任户计民以预定军籍制度发展完善过程中的某种措施。因为当战争已经发展到一次要动员上万人，如果平时没有组织工作，没有集队训练，临时征集的兵员虽多也难以有效指挥而发挥军事威力[②]，此外，如前所述对于"作三师"还有一种解释，即启动三师。所以，以"中师"、"右师"的出现作为常备军取代征集制的标志，证据似嫌薄弱，关于商代以师旅编制的主要作战部队是否属于常备军队的问题还有待进一步研讨。

不过，商代已经有了常备性的职业军人是多数学者的共识，如从王的扈从军演化来的王宫守卫、行使武装警察职能的多马卫、多犬卫、多射卫都应是常备武装。军队中的射手、车马、骑乘，都属于技术"兵种"，需要专门训练，也不可能临战征集，其人员都要有一定的服役期。一些军事指挥官，应已成为职业军官，一些军事管理后勤人员，可能已具备常备军人的性质。

---

① 杨升南：《略论商代的军队》，胡厚宣主编《甲骨探史录》，生活·读书·新知三联书店1982年版。

② 林沄：《商代兵制管窥》，《吉林大学社会科学学报》1990年第5期。

第六章

商代的军事装备与国防

商代在较发达的农业、畜养业的基础上，创造了高度发达的青铜文明。当时的铜料多取自江南，在开采地冶炼、铸成铜锭后运往殷都。为了保证有足够的铜料供应，商王朝用武力开拓并着意保卫通往江南矿区的铜路。在王都则有大规模的铸铜作坊，从各个作坊主要铸造的器类看，彼此间有一定的分工。商代已有了锡青铜、铅青铜及铜锡铅型的三元合金，根据工具、用具、武器的用途不同，使用不同成分的合金。铸造用范铸法，浑铸与分铸同时并用，戈、刀等武器用合范法或内膜法，已发现的镞范，一次可铸镞9—11枚。[①]

在商代，尽管青铜工具还不能取代木、石、蚌制的农业工具，但统治阶级已用青铜武器武装起来了，兵器制造业为王室、贵族垄断，由都、邑集中管理经营。商代前期，西自陕西岐山，东到山东济南，北从河北藁城，南到湖北黄陂、安徽肥西，都发现了专门制造的青铜武器。商代后期，青铜武器发现的地点更为广泛密集[②]，数量也成倍增加。此外还多次出土了铁刃铜钺，对铁的金属性能开始有了认识，并尝试用于武器的制造。[③] 当然，在随葬青铜兵器墓葬日益增多的同时，也出现了一批专为随葬制作的明器，不少戈矛体质轻薄、制作粗糙，无法实用，表明青铜兵器相当普及却仍然很珍贵。

以迅速发展的尖端技术为依托，商代的武器装备与国防较前取得显著的发展进步。

[①] 中国社会科学院考古研究所编著：《殷墟的发现与研究》，科学出版社1994年版，第255—321页。

[②] 北京大学历史系考古专业商周组编著：《殷周考古》，文物出版社1979年版。

[③] 河北省文物研究所编：《藁城台西商代遗址》，文物出版社1985年版，第167—169页。

第一节　武器装备与战车

冷兵器时代的武器装备大抵可以分为格斗兵器、远射武器、护体装备，从种类和形制看，商代较夏代、商代晚期较早期都有很大发展。

一　格斗武器

格斗武器种类有戈、矛、刀、戚、钺等，进攻性格斗兵器以戈、矛为主，护体短兵器主要是短刀。这些兵器大多由青铜铸成，并装以木质的柲，有的木柲下端还有青铜附件——镈，以銎承柲，下端作矛形、凿形、爪形、锥形。（图6—1，《殷墟发现与研究》第317页图一七七）

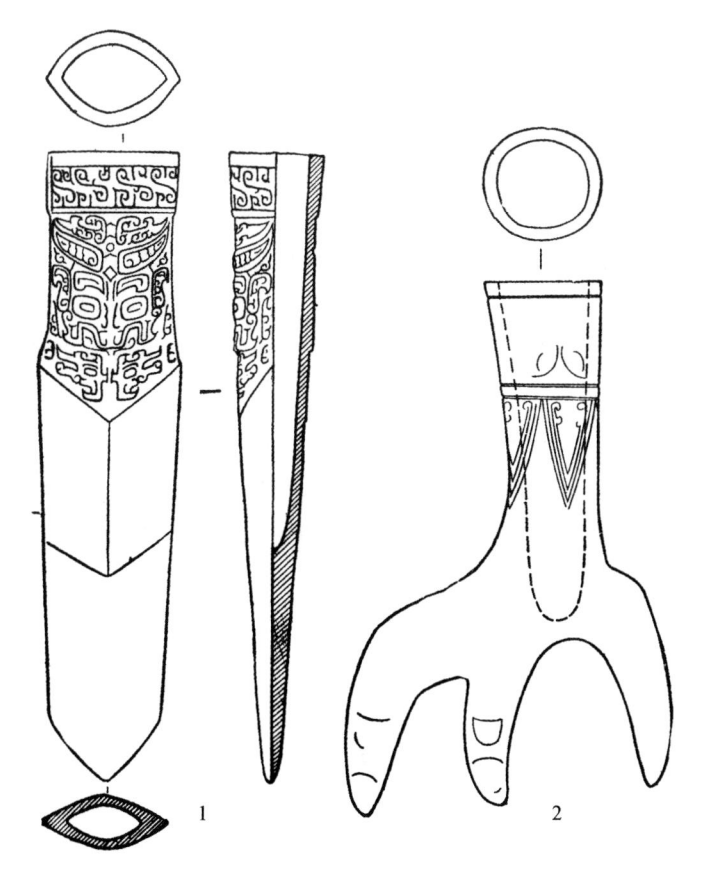

图6—1　殷代格斗武器

(一) 戈

铜戈是三代最重要的进攻性格斗兵器,作为一种横装在柲侧、有锐尖的双刃刀,可用于啄击和钩杀。商代的铜戈是在夏代同类兵器的基础上发展起来的。

在河南偃师二里头遗址,采集到一件二里头文化三期的铜戈,直内方穿,援、内分界线不显,全形近似镰刀,只是上下缘都有刃,前锋聚成锐利的尖锋,保有这种兵器的原始形态。而另一件墓葬出土的同期铜戈,直援、曲内、无阑,援、内区分明显,援中起脊,上下刃锋利,内上有圆穿,通长32.5厘米。制作甚精,穿、援之间有4厘米宽的安柲痕迹。同出青铜礼器、兵器,包括玉钺、玉戈、石磬等①,从墓葬规格看,随葬的戈很可能代表了当时武器制作的尖端技术。

到了商代,铜戈的数量增多,日益成为最常见的格斗兵器,在商代前期的军事据点盘龙城遗址,已发掘出的38座墓葬,11座墓随葬了戈、矛、镞等青铜武器,这11座墓中都有铜戈,共出17件,平均每墓1.5件。② 到了商代后期,戈,尤其是铜戈是最常见的格斗兵器,如妇好墓出土了91件铜戈;西北冈1004号大墓的劫余之物中,有69件铜戈分三排放置南墓道北段与墓坑间。③ 更晚一些的殷墟郭家庄M160随葬了119件铜戈,在同一片族墓地墓葬表列出的187座墓中,43座随葬了铜兵器,除M160以外,还有37座墓出土了71件铜戈,平均每墓近2件。④ 在殷墟西区的族墓地,揭露出的939座墓中有160座随葬了铜(铅)兵器,其中113座墓出土233件铜戈,平均每墓超过2件,而且出土的铜戈总数占格斗兵器的五分之四以上。⑤

---

① 参见中国社会科学院考古研究所二里头工作队《偃师二里头遗址新发现的铜器和玉器》,《考古》1976年第4期;杨泓《商代的兵器与战车》,《中国商文化国际学术讨论会论文集》,中国大百科全书出版社1998年版。

② 见湖北文物考古所编著《盘龙城——1963—1994年考古发掘报告》墓葬表,文物出版社2001年版。

③ 中国社会科学院考古研究所编著:《殷虚妇好墓》,文物出版社1980年版,第105页;梁思永、高去寻:《侯家庄第五本·1004号大墓》,"中研院"史语所1970年版。

④ 中国社会科学院考古研究所编著:《安阳殷墟郭家庄商代墓葬》,中国大百科全书出版社1998年版,第159—190页。

⑤ 中国社会科学院考古研究所安阳队:《1969—1977年殷墟西区墓葬发掘报告》,据墓葬表统计,《考古学报》1979年第1期。

1958—1961年在小屯西地、苗圃北地等发掘的27座有随葬物器的墓中，21座墓出土了铜（铅）戈[1]。这些都说明当时青铜兵器已经相当普遍了，而在铜兵器中又以戈最为常见。

根据安柲方式，商代的戈可分为无銎和有銎两大类，无銎戈又可分为直内、曲内和有胡带穿戈；有銎戈也可分为有銎直内、有銎曲内和有銎有胡三种[2]。和夏代相比，商代戈最主要的改进，是在援、内之间做出了阑，安柄时可起加固作用。在商代前期（二里岗期），铜戈形体较瘦长，直内和曲内戈均有明显的上下阑，此外还有装柄于銎内的戈。在河北藁城台西遗址，这三种形制的铜戈共出土9件，以直内式最常见；在盘龙城商代遗址和墓葬中共出土26件铜戈，包括直内戈12件、曲内戈4件，还有残戈10件[3]（图6—2：藁城台西直内戈M103：1，曲内戈C：9，有銎戈M38：3，《藁城台西商代遗址》第133页，图八零—1、7、3）。商代后期（殷墟期）铜戈的数量大大增加，据统计仅在安阳殷墟的墓葬出土，不下710余件，《殷墟的发现与研究》一书从类型学的角度分成五型12式，如A型为直内戈，其Ⅰ式窄长援，长方形内，有上下阑，内中部或援末一穿；Ⅱ式援稍短于Ⅰ式，略呈三角形，长方形内，有上下阑，或还有侧阑，内中部一穿，两式均长23厘米左右。B型为曲内戈，其Ⅰ式窄长援，磬折形曲内，内部有穿，长28—44厘米。D型为銎内戈，其Ⅰ式援部呈舌状，长方形銎内，长20.6厘米。在殷墟一期，这四种形制的戈曾共存于安阳59武官M1中。属于殷墟二期偏晚阶段的花东M54随葬的73件戈中，长条三角形援的銎内戈占一半以上，M54：246扁圆形木柲残长12.3厘米，穿过銎腔部分略细，紧贴銎部有一横向木钉，以防使用时戈头滑脱。銎腔下部较宽、粗，戈援后端下部包在其中。木柲外缠有多道极细的丝线[4]。殷墟二、三期圆首或歧冠式的曲内戈较常见；殷墟四期则流行有胡带穿戈。如CⅠ式，三角长条形援，短胡一穿或二穿，

---

[1] 中国社会科学院考古研究所编著：《殷墟发掘报告（1958—1961年）》，文物出版社1987年版。

[2] 中国社会科学院考古研究所编著：《中国考古学·夏商卷》，中国社会科学出版社2003年版，第395—397页。

[3] 河北省文物研究所编：《藁城台西商代遗址》，文物出版社1985年版，第133—135页；湖北文物考古所编著：《盘龙城——1963—1994年考古发掘报告》，文物出版社2001年版，第512页。

[4] 中国社会科学院考古研究所编著：《安阳殷墟花园庄东地商代墓葬》，科学出版社2007年版，第150页。

长方形内，长 22—25 厘米；CⅡ式，形似 CI 式，但胡较长，有三或四穿，上 22—28 厘米。还有带銎有胡戈，如 DⅢ式，长条三角形援，短胡一穿，长方形銎内，内窄长，长 21—22 厘米上下[①]（图 6—3：商代后期的戈　有上下阑的直内戈，M692：14《学报》79：1，第 88 页图六四—8；曲内戈 YM232，《殷墟的发现与研究》第 309 页图 170—3，又鸟首式曲内歧冠 M18：40，同上，第 309 页图 170—5；銎内戈，M54：246，《安阳殷墟花园庄东地商代墓葬》第 150 页图一一五—1；有胡带穿戈，中胡四穿 M698：01《学报》79：1，第 91 页图六六—3；短胡銎内戈 M698：01《学报》79：1，第 91 页图六六—2）。

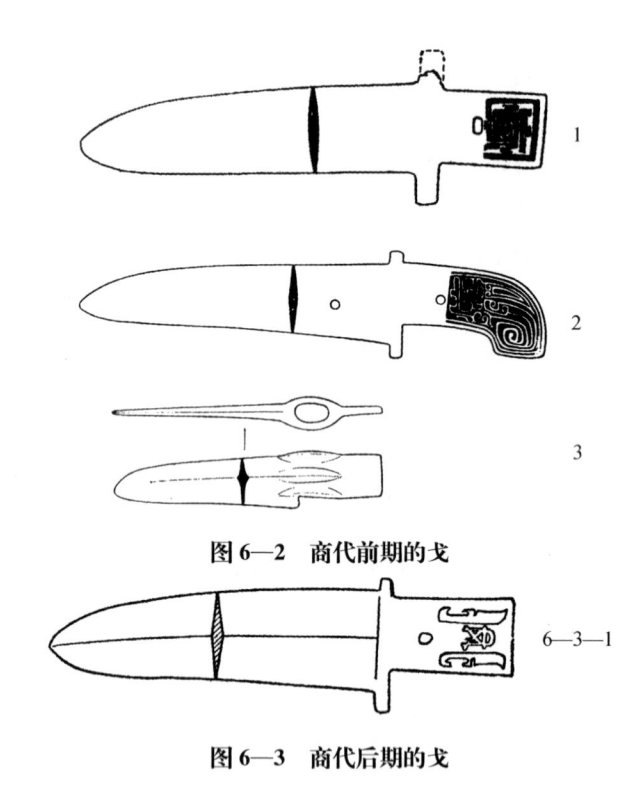

图 6—2　商代前期的戈

图 6—3　商代后期的戈

---

① 中国社会科学院考古研究所编著：《殷墟的发现与研究》，科学出版社 1994 年版，第 308—311 页；中国社会科学院考古研究所安阳队：《安阳武官村北的一座殷墓》，《考古》1979 年第 3 期；中国社会科学院考古研究所安阳队：《1969—1977 年殷墟西区墓葬发掘报告》，《考古学报》1979 年第 1 期。

参见沈融《论早期青铜戈的使用法》，《考古》1992 年第 1 期。

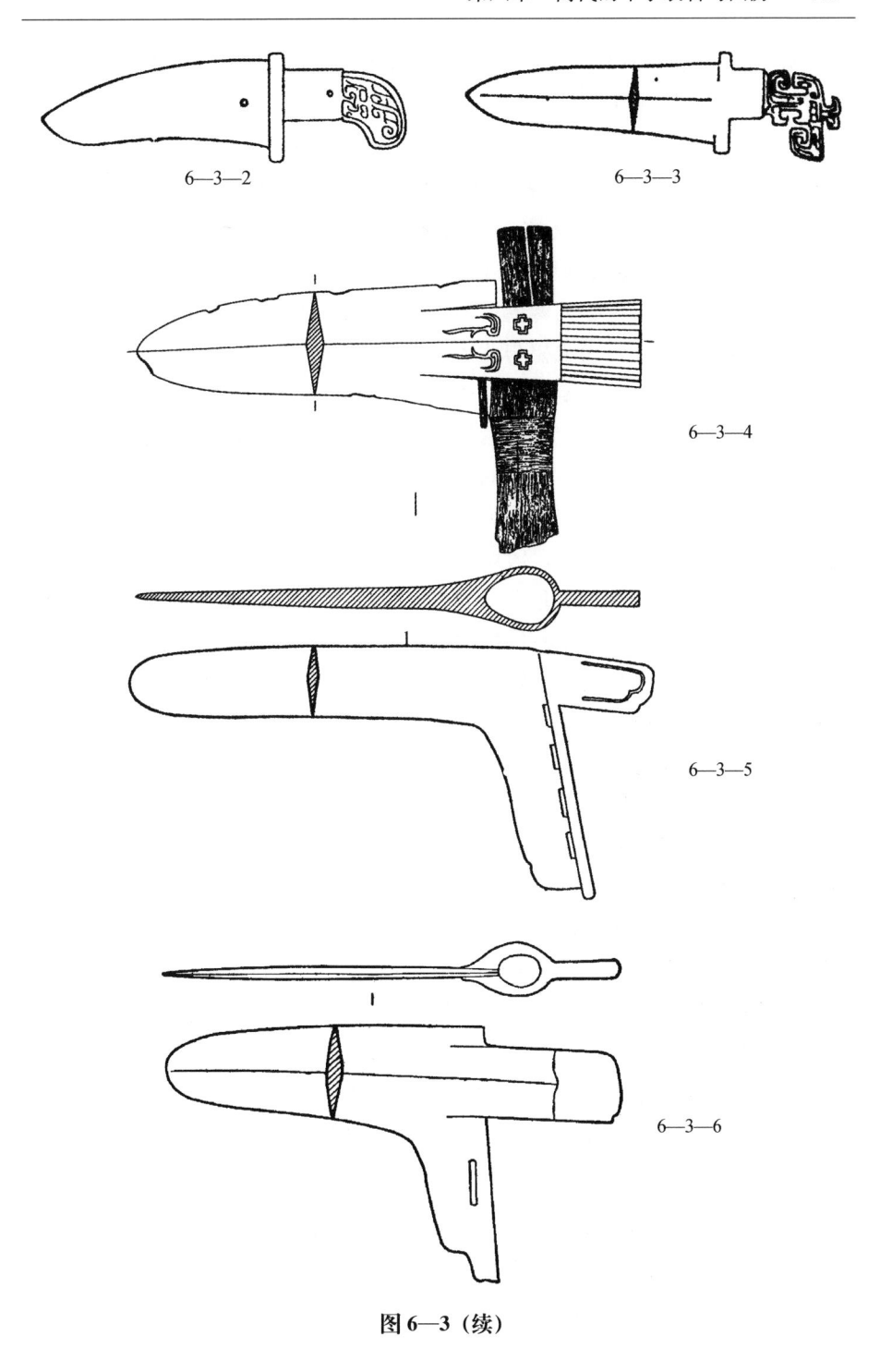

第六章　商代的军事装备与国防　441

6—3—2

6—3—3

6—3—4

6—3—5

6—3—6

图 6—3（续）

从总体上看，商代前期铜戈承夏制形体瘦长，援的上下缘对称，内稍长，但出现了明显的上下阑。商代后期的戈整个形体显得短宽一些，援的上下缘多不对称，上缘为前低后高的弧形，下缘较平直，内缩短，有上下阑，随后更演化出有胡带穿戈，戈柲与戈援下缘的夹角由大致为直角演化为钝角，如殷墟西区 M698 车马坑盗坑出土的直内中胡四穿戈这一夹角达 102 度①。这些演化与实战要求密切相关，例如，研究者指出在步战的条件下用戈，啄击最为有效，由于人臂的关节结构和武器的工作原理，决定了啄击动作迅猛、啄刺阻力小，而戈柲与戈援大致成直角相交，可以保证前锋以最佳角度击中目标。为此首先要解决戈体与戈柲牢固结合的问题，有上下阑或还有侧阑戈的出现，初步稳定了与柄的结合，不过还不能有效地防止后陷。此后进行了很多尝试，作了一系列的改进，如以銎受柲的銎内戈，结合的牢固程度有所改进，进一步完善了作为"啄兵"的功能，这种形制的戈出现在商代中期，但殷墟一期还很少，殷墟二、三期开始广为流行，到了殷墟四期又被有銎有胡戈、直内有胡戈取代。这时因为商代后期随着战车部队的发展，对武器提出新的要求，战车有较快的速度，又在颠簸中行进，从而决定了战车使用格斗兵器的机会极为短暂，刺兵与啄兵都难以准确命中，而借助车错毂时车速产生的动能，挥戈，利用下刃勾杀，则可以有效地发挥杀伤力。于是形制全新的有胡有穿戈应运而生。这种戈是按勾兵要求制作的，第一，它的援部上仰，与阑成钝角相交，能减小下刃受到的阻力，加大切入深度。第二，下刃以较大的弧度过渡为胡，援、胡连为一体，砍伐、勾割功能空前增强。第三，安柲方法突出克服倾斜，杜绝脱柲现象。它以直内和榫孔式戈柲相容，而且设胡加穿，应用了杠杆原理，以结合点下移增强戈体抗倾斜能力，同时增加了结合体的数量，使戈体和戈柲牢固结合，以满足车用勾兵的要求②。

由于戈柲易朽，这一时期整体保存完好的戈发现极少，仅见安阳西北冈 1004 号大墓銎内戈的戈体和戈柲还连在一起，柲长 1 米，插在銎内，上端露出约 1.5 厘米，断面椭圆形，长径 3 厘米，下端有一圆球形突起。殷墟西区 355 号墓一直内戈也保存有残柲，长约 60 厘米，经约 3.5 厘米，上端有一木节，

---

① 杨泓：《商代的兵器与战车》，《中国商文化国际学术讨论会论文集》，中国大百科全书出版社 1998 年；中国社会科学院考古研究所安阳队：《1969—1977 年殷墟西区墓葬发掘报告》，《考古学报》1979 年第 1 期。

② 参见沈融《论早期青铜戈的使用法》，《考古》1992 年第 1 期。

节下有孔，戈体内部前半段缠以麻线，连同上下阑全插在孔内。所见的实物除上述的外，1962年发掘大司空村M21中胡二穿戈的戈柲均长1米，藁城台西M7的銎内戈和戈矛联装戟柲长分别为87厘米和64厘米，联系铜器铭文中人执戈的族徽，一般认为这一时期戈柲的长度大约1米①，还有研究者联系商代以后戈柲保存良好的出土标本，戈柲多在120—145厘米上下，认为自商至东周，戈一直是近距离格斗——主要是步战格斗时才能发挥威力的武器。②然而殷墟后期铜器墓和车马坑都出土过有胡带穿戈，如殷墟西区M3车马坑，埋一车二马，车箱底部有矢箙1件、铜镞10件、弓形器1件、铜戈2件。据报告，该车马坑是殷墟四期M93的殉葬坑之一，该墓系第七墓区带墓道的甲字形大墓，有腰坑、殉人，已被盗，仍存铜戈9件、矛5件、镞13件以及骨镞、蚌镞，还有石磬、车马器等③，说明在商代晚期铜戈也用于装备战车。

已发现的商代兵器中，除大量的铜戈外，还有铅戈和玉石戈。铅戈是明器，替代实战的铜戈用于随葬；玉戈主要作为礼器，如玉援铜内戈制作精致、锋利，用作仪仗是身份地位的象征，然而这一礼俗也折射出戈在取得政权和保卫政权中的作用。石戈是实用的格斗兵器，但不装备主要作战人员，如1953—1954年在安阳大司空村北区墓葬群发掘出的车马坑（墓176）有一车二马和一俯身葬人架，在舆及其附近有兵器石戈1件、斨1件以及铜镞、骨矢、弓形器等，石戈灰白色，磨制光滑，锋刃尖锐已断残。在小屯宫殿宗庙区大规模祭祀遗存的车马坑中，也见以石戈或短刀作为御者护身武器，甲士则配备铜戈和弓矢。④

商代还有一种援部呈三角形的戈，或称戚或戣，它的援部较短，正面宽大，呈宽三角形或舌形，适于以上下侧刃与前锋结合，用作劈、啄。不过，这种兵器在正式考古发掘中发现的数量不多。研究者认为它与商代常见的长条三角形援戈不属于同一个系统，可能是由另一青铜文化传入商文化中的，

---

① 杨锡璋：《关于商代青铜戈矛的一些问题》，《考古与文物》1986年第3期。

② 杨泓：《商代的兵器与战车》，《中国商文化国际学术讨论会论文集》，中国大百科全书出版社1998年版。

③ 中国社会科学院考古研究所安阳队：《1969—1977年殷墟西区墓葬发掘报告》，《考古学报》1979年第1期。

④ 参见马得志等《一九五三年安阳大司空村发掘报告》，《考古学报》第九册，1955年；石璋如：《小屯第一本·北组墓葬》，"中研院"史语所1970年版。

起源地应在汉中①。也有研究者将这类戈分成两型，一型对称三角缘戈，多见于汉中关中一带，可能直接源于当地史前某种磨制石器；另一型不对称三角缘戈，当为文化交流融合的产物。②据今所见，从河北藁城台西、湖北黄陂盘龙城商代前期遗址到河南安阳殷墟小屯遗址都发现有这种兵器，数量不多，在商文化中始终没有得到发展，如藁城台西墓葬出土铜戈共 10 件，其中援部呈三角形的戈 1 件；盘龙城发现的青铜兵器共 123 件，其中戈 26 件、戬 3 件；安阳殷墟西区 1969—1977 年发掘的 939 座墓葬中，166 座随葬青铜（铅）兵器，包括戈 224 件，戬仅有 6 件③，所占比例愈来愈小（图 6—4：殷墟出土的青铜戬，《殷墟的发现与研究》第 311 页图—七一）。

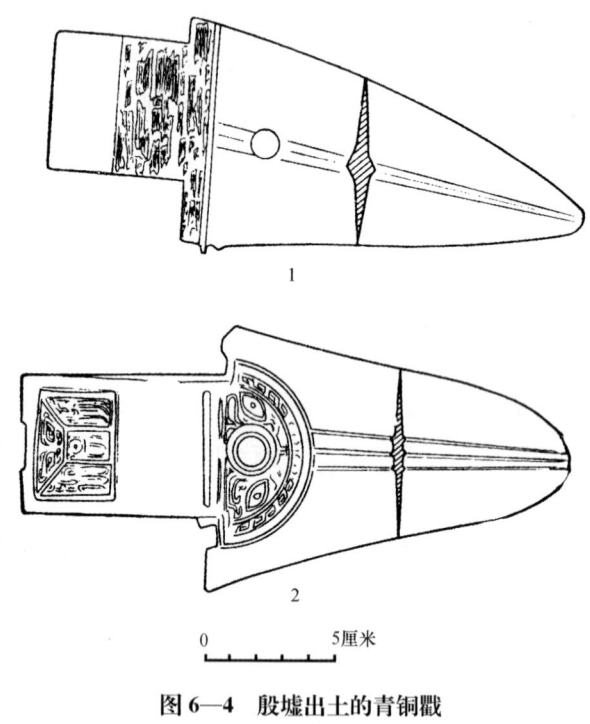

图 6—4　殷墟出土的青铜戬

① 杨锡璋：《关于商代青铜戈矛的一些问题》，《考古与文物》1986 年第 3 期。
② 沈融：《论早期青铜戈的使用法》，《考古》1992 年第 1 期。
③ 河北文物研究所：《藁城台西商代遗址》，文物出版社 1985 年版，第 134 页；湖北文物考古研究所编著：《盘龙城——1963—1994 年考古发掘报告》，文物出版社 2001 年版，第 512 页；中国社会科学院考古研究所安阳队：《1969—1977 年殷墟西区墓葬发掘报告》，《考古学报》1979 年第 1 期。

(二) 矛、戟

作为刺兵的矛是步卒的主要武器之一，木、石矛产生于遥远的史前时代，在商王朝的边远地区往往还有石矛出土，在中心地区则使用铜矛。不过铜矛在商代早中期所见还不多，已发现的最早的铜矛出土于长江北岸的湖北黄陂盘龙城，稍晚，即二里岗期向殷墟期过渡阶段的铜矛还见于安阳三家庄和藁城台西，矛头多做柳叶形。

商代晚期矛的数量大增，据 1995 年出版的《殷墟的发现与研究》一书统计，殷墟出土约 900 余件，出土较为集中，侯家庄西北冈 1004 号大墓，随葬了 731 件，绝大部分放在南墓道最北端，靠近墓道的墓室南部还有 360 个未经装柄的铜矛头，十个一捆，矛尖朝下。妇好墓随葬青铜兵器 134 件，玉兵 54 件，仅有玉矛 2 件、玉矛形器 1 件，不见铜矛。而时代相近，集中出土"亚长"铭文铜器的花园庄东地 M54 随葬了戈 73、矛 78 件；时代稍晚，集中出土"亚址"铭文铜器的郭家庄 M160 随葬了戈 119、矛 97 件。此外，在郭家庄发现的约近 200 座殷墓中，有 18 件矛，分出于 8 座墓。殷墟西区发现的近千座殷墓中，有 70 件矛，分出于 39 座墓。对于商代后期的铜矛，《殷墟的发现与研究》一书从类型学的角度将其分为五式，(图 6—5：商代后期的矛，1，Ⅲ式；2、3，Ⅱ式；4，Ⅰ式；5，Ⅴ式；6，Ⅳ式。《殷墟的发现与研究》第 313 页)，常见的主要有三种即Ⅱ式叶呈三角形，长骹通叶尖，近銎处有对称的半圆形环或三角形环。这种矛见于殷墟二期的灰坑及二期偏晚的西北冈 M1004 号大墓；Ⅳ式宽长叶，呈凹腰形，叶末或有对称小孔，多出于殷墟中小型墓，殷墟三、四期墓中都有发现；Ⅴ式短叶长骹，有脊，盛行于殷墟四期。总的看来，矛的发展演化过程有两个倾向，一是矛叶由窄变宽，由短而长，骹侧由无环发展为出现半环，进而又与叶合为一体；二是矛叶加宽，叶、骹分界明显，但骹侧不曾出现半环。[①]

在殷墟中小墓葬出土的铜矛中，也有相当一部分属于专为随葬所作的明器，1953—1954 年安阳大司空村发掘了 166 座殷墓，在 48 座随葬铜器的墓中，33 座共出兵器 83 件，其中 8 座墓出铜矛 23 件，仅 M304 随葬的一件为实用器，属于上述Ⅳ式，通长 24.2，骹长 13.1，下叶长 11.4，叶最宽 6.8

[①] 参见中国社会科学院考古研究所编著《殷墟的发现与研究》，科学出版社 1994 年版，第 313—314 页；中国社会科学院考古研究所编著：《中国考古学·夏商卷》，中国社会科学出版社 2003 年版，第 397—398 页。

厘米。又，M312 随葬 10 件明器矛銎端都有涂朱的腐朽木质痕迹，柄长约 1.4 米。研究者指出，矛虽较商戈略长，但仍比人的身高略低，其性能依然属于近距格斗的兵器。①

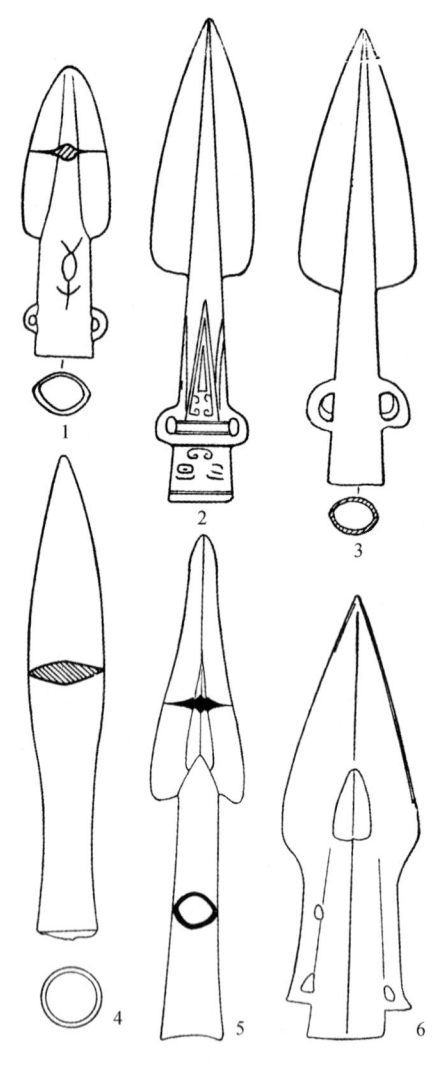

图 6—5 商代近距格斗兵器

---

① 马得志等：《一九五三年安阳大司空村发掘报告》，《考古学报》第九册 1955 年；杨泓：《商代的兵器与战车》，《中国商文化国际学术讨论会论文集》，中国大百科全书出版社 1998 年版。

在商代铜矛来源的探索中，有学者认为它是在东欧铜矛的影响下产生的，是图尔宾—赛伊姆文化中常见的青铜矛通过欧亚大陆草原地带传入黄河流域的。但是通过对商代铜矛资料较全面的梳理，研究者指出这一观点的论据是不足的，第一，从形制上看，东欧和商代的矛无论是矛叶、茎还是骹的基本特点都是有区别的；第二，从文化交流的路线看，在临近北方草原地区的商王朝北疆，如晋中、陕北的一些地区，已发现一批富有草原民族特色的武器，如铃首剑、环首刀、銎状斧等，其中却没有铜矛，表明铜矛虽然常见于西伯利亚青铜文化，却没有传播到中国长城地带；第三，从存在年代看，盘龙城的三件青铜矛分别出土于李家嘴 M2 和楼子湾 M3，属于盘龙城四期和五期，相当于二里岗上层一期偏晚阶段，绝对年代也很早。尤其是盘龙城的铜矛显示出了与南方青铜文化——吴城文化的联系，而且在相当于殷墟早期的吴城二期文化也发现有制作精致、带有浓厚地方色彩的青铜矛，与时代相近的殷墟 E16 坑出土铜矛有相似之处，不仅反映两地有文化交流，还意味着吴城文化在制作铜矛方面当已有一定的历史。总之，有理由推断商文化中的铜矛是在我国南方青铜文化影响下产生的。而这种新式武器的传入，因其使用方法不同于戈、钺，对商王朝军队的组成方式、战斗队形和战斗方法等会产生一定影响[①]。

戟流行于周代，但在河北藁城台西遗址的商代墓葬中，出土一件用木柲连装的戈矛合体，铜矛身叶形，中脊起棱与骹相通。骹圆筒形，上细下粗，长 12.8 厘米；铜戈为直内式，内上一圆穿，长 21 厘米，连装之木柲长 85 厘米，虽朽断，但矛骹内和戈内均存朽木或木痕，锈痕也严丝合缝。组装方法是戈的内部插入凿有长方形凹槽的木柲内，木柲顶端插入矛的骹内，然后用五股细绳自内的圆穿至阑的上下齿之间缚成人字形（图 6—6：藁城墓葬中戈矛合体的兵器，《藁城台西商代遗址》第 124 页图 73—12）。墓主系一

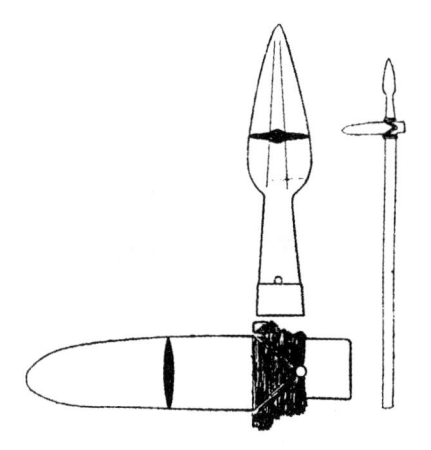

图 6—6　藁城墓葬中戈矛合体的兵器

---

① 杨锡璋：《关于商代青铜戈矛的一些问题》，《考古与文物》1986 年第 3 期。

22—23 岁的男性，随葬品 13 件，以铜石兵器、工具为主，有铜戈、刀、镞和石钺、玉斧等。① 这件武器既可用于直刺、又可用于啄击，应是出于增强兵器效能的一种尝试，亦即后来青铜戟的雏形。在古兵器中，戟属于枝兵，即两件或两件以上兵器的组合，为防御性的长兵器②，但这件兵器显然还属于近距离的进攻型的格斗兵器。此外，江西新干大洋洲商墓出土勾戟一件，三角形长援，长方形内，长胡，二穿，向上延伸的戟刺反卷成钩状，援两面中部有宽血槽，内中一穿，通长 27.5、援长 20 厘米。同出兵器有戈、矛、钺、刀、镞等 273 件。③

（三）斧、钺

石斧是最早的砍劈武器，其后演化成钺、戚、斨等，商代皆用铜制。但在实战中用的砍劈武器所见不多，钺主要做军权的象征或刑杀的武器，还有玉石钺、戚，更是多用为仪仗器。

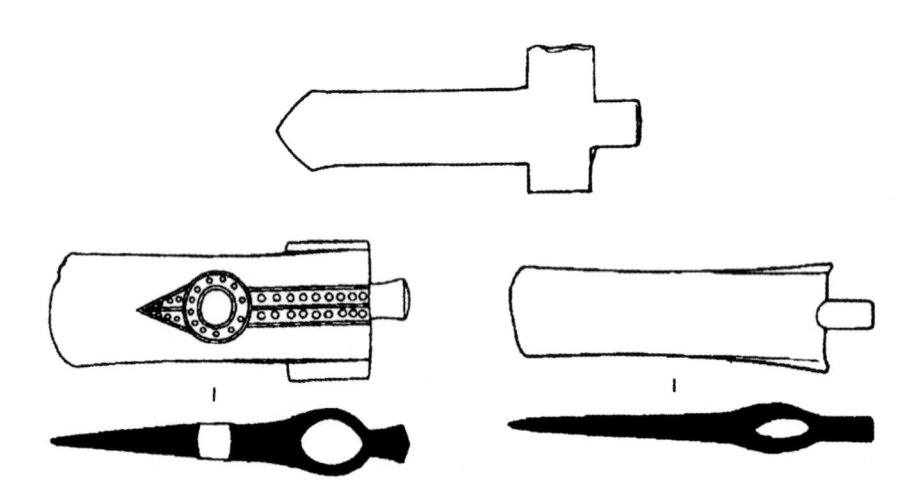

图 6—7　商代銎斧

斧，或称銎斧（图 6—7：銎斧，《中国考古学·夏商卷》第 400 页），由于《诗经·大雅·公刘》有"弓矢斯张，干戈戚扬，爰方启行"，毛传"戚，

---

① 河北省文物考古研究所：《藁城台西商代遗址》，文物出版社 1985 年版，第 134、149 页。
② 郭德维：《戈戟之再辨》，《考古》1984 年第 12 期。
③ 江西省文物考古研究所、江西省新干县博物馆：《江西新干大洋洲商墓发掘简报》，《文物》1991 年第 10 期。

斧也"，因此研究者将这类武器命名为戚。这类武器器身长方形，顶部有銎，刃部多弧形，发现的不多，均为实用器。如在安阳大司空村出土 2 件，1953 年发掘的 M24 出土的斧，柄端有长銎，銎两端均长出斧身，刃部两侧斜收成尖刃，通长 17.3、宽 3.5、厚 1.1 厘米。1980 年发掘的 M539 出土的 1 件，斧身中部有孔，通长 14.5、宽 4.5 厘米。① 在陕西西安老牛坡一座商代小型殉人墓中，也随葬一件铜戚，通长 16.6、宽 4 厘米。② 此外，山西保德林遮峪一座殷代晚期墓葬中出土 2 件，通长分别为 16.8 厘米和 17.1 厘米，同出的有青铜礼器、兵器、车马器等。③

由于这类銎斧（戚）往往与具有北方青铜文化特色的武器同出，如保德的殷墓共出三件铜兵器，为铃首剑 1 件、銎斧 2 件；大司空村 M539 与銎斧同出则有环首刀 1 件，《发掘简报》指出这两件兵器的形制、纹饰与殷墟常见的青铜兵器迥异，而与 1976 年辽宁兴城征集到的一批铜兵器中的銎斧和三钉环首刀相似，因而可能是由北方草原地区传入的。

钺，早在夏王朝建立以前的龙山文化时代，已盛行用玉石钺作为权力的象征，二里头文化中出土有石钺、玉钺和铜钺，数量不多，铜钺仅一件，长方体，体薄而平，顶部残，似为器体折断的痕迹，推测当有内，残长 13.5 厘米、刃宽 7.6 厘米。钺身近肩部饰带状网纹一周，下有圆孔，较明显地保留了脱胎于龙山时代扁平有孔石斧的特征，又与商代的铜钺一脉相承。④ 到了商代前期，已出现具有成熟形态的青铜钺，如相当于二里岗上层一期的盘龙城四期墓葬中出土 3 件青铜钺，楼子湾 PLWM4 的一件器身长方形，中有圆孔，通长 17.2、刃宽 8.8 厘米，内长 4.3 厘米，肩下二穿；李家嘴 PLZM2 出土两件，较小的一件，仍略呈长方形，通长 24.4、刃宽 13.3 厘米⑤，在商

---

① 马得志等：《一九五三年安阳大司空村发掘报告》，《考古学报》第九册，1955 年；中国社会科学院考古研究所安阳队：《1980 年安阳大司空村 M539 发掘简报》，《考古》1992 年第 6 期。

② 刘士莪编著：《老牛坡》，陕西人民出版社 2001 年版，第 289 页。

③ 吴振录：《保德县新发现的殷代青铜器》，《文物》1972 年第 4 期。

④ 郭妍利：《二里头文化兵器初论》，杜金鹏等主编《二里头遗址与二里头文化研究》，科学出版社 2006 年版；中国社会科学院考古研究所二里头工作队：《河南偃师市二里头遗址发现一件青铜钺》，《考古》2002 年第 11 期。

⑤ 湖北文物考古研究所编著：《盘龙城——1963—1994 年考古发掘报告》，文物出版社 2001 年版，第 444、370、177 页。

代中期以后青铜钺进一步流行起来。商周时代，青铜钺仍为军事统帅权的象征，如《史记·殷本纪》有"汤自把钺，以伐昆吾，遂伐桀"。又，纣赐西伯"弓矢斧钺，使得征伐"。西周虢季子白盘铭文也有"赐用钺，用征蛮方"。

据统计，截至20世纪80年代，发掘出土的商代青铜钺有三十余件，种类繁多，依器形特征大致可分为有銎式、有阑式、无阑式三种。有銎式主要见于晋西北，内部有是銎，柄纳于銎内，是一种带有北方地区民族特色的青铜器，与受长城以北草原地区青铜文化影响有关；有阑式仅流行于殷墟早期，这两种青铜钺数量都不多，最多见的是无阑式，其内部无阑，肩部往往有孔或侧阑，器身则有梯形、方斧形、长斧形、亚腰形、舌形五种，其中舌形、方斧形和亚腰形主要流行于二里岗期和殷墟早期，梯形和长斧形主要流行于殷墟晚期。研究者还将墓葬出土的青铜钺按其大小分为三类[①]。

1. 通长30厘米以上的为大型铜钺，数量很少，器形厚重精美。如河南安阳殷墟妇好墓随葬的两件大型铜钺，通长39.3厘米和39.5厘米，刃宽37.3厘米和38.5厘米，分别重8.5公斤和9公斤。一件钺身两面靠肩处饰两虎扑人头的纹样，以雷纹为地，人头在两虎口之间，虎张大口，作欲吞噬状；另一件肩下两面均饰一头两身的龙纹，亦以雷纹为地，龙纹下还有三角形纹，两器均有铭"妇好"二字，此外还有"亚启"铭的中小型铜钺两件[②]（图6—8：妇好大铜钺，《殷虚妇好墓》第106页线图66，彩版），妇好墓在殷墟虽仅为土坑竖穴墓，却随葬有大量礼器和兵器，是拥有兵权的武丁法定配偶之一。山东益都苏埠屯M1是有四个墓道的大型墓葬，规格仅次于殷墟王陵，墓主属于方伯一类的人物，随葬的两件铜钺分别为通长31.8厘米和32.7厘米，刃宽35.8厘米和34.5厘米，钺身透雕，作张口怒目的人面形，其一两面各有两个铭文，为"亚醜"的合文（图6—9：亚醜大钺，《中国青铜器全集》4：182彩版）[③]；盘龙城李M2为中型墓，墓主为镇守南土的高级贵族，随葬大量青铜武器，随葬大型和中型铜钺各一件，大钺

---

① 杨锡璋等：《商代的青铜钺》，《中国考古学研究——夏鼐先生考古五十年纪念论文集》，文物出版社1986年版。

② 中国社会科学院考古研究所编著：《殷虚妇好墓》，文物出版社1980年版，第105页。

③ 山东省博物馆：《山东益都第一号奴隶殉葬墓》，《文物》1972年第8期。

通长 41.4、刃宽 26.7 厘米，重 3.85 公斤，器身中部一大圆孔，肩下及两侧饰夔纹①。(图 6—10—1：盘龙城 M2 大钺，《盘龙城》第 178 页)殷墟还有两座高级武官的墓葬，也随葬有大型铜钺，郭家庄 M160 出铜钺 3 件，最大的一件为长方形内，身近斧形，平肩、弧刃，饰圆圈纹、大三角纹填几何云纹，通长 33.2、刃宽 28 厘米，重 3.6 公斤。(图 6—10—2：《安阳殷西郭家庄商代墓葬》第 106 页图 82—3) 花园庄东地 M54 出铜钺 7 件，最大的一件通长 40.5、刃宽 29.8 厘米，重 5.96 公斤，器身饰饕餮纹、龙纹、夔纹，内两面均有"亚长"铭文。(图 6—10—3：《安阳殷墟花园庄东地商代墓葬》第 137 页图一零三—2)此外江西新干大洋洲商墓出土 6 件铜钺，2 大 4 小，一对大型铜钺宽身、弧刃，长方形窄内，中有一穿，钺身中部一长方形镂孔，上下有三角形利齿，环饰燕尾纹带，肩下及两侧饰带状目雷纹。标本 333 长 35.2、刃宽 34.8 厘米②(图 6—10—4：大洋洲商墓大型铜钺，《文物》1991 年第 10 期图一二—1)。

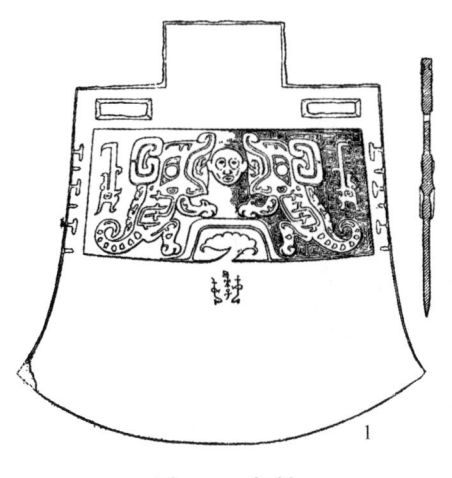

图 6—8　铜钺

图 6—9　亚醜大钺

---

①　湖北文物考古研究所编著：《盘龙城——1963—1994 年考古发掘报告》，文物出版社 2001 年版，第 177 页。

②　江西省文物考古研究所、江西省新干县博物馆：《江西新干大洋洲商墓发掘简报》，《文物》1991 年第 10 期。

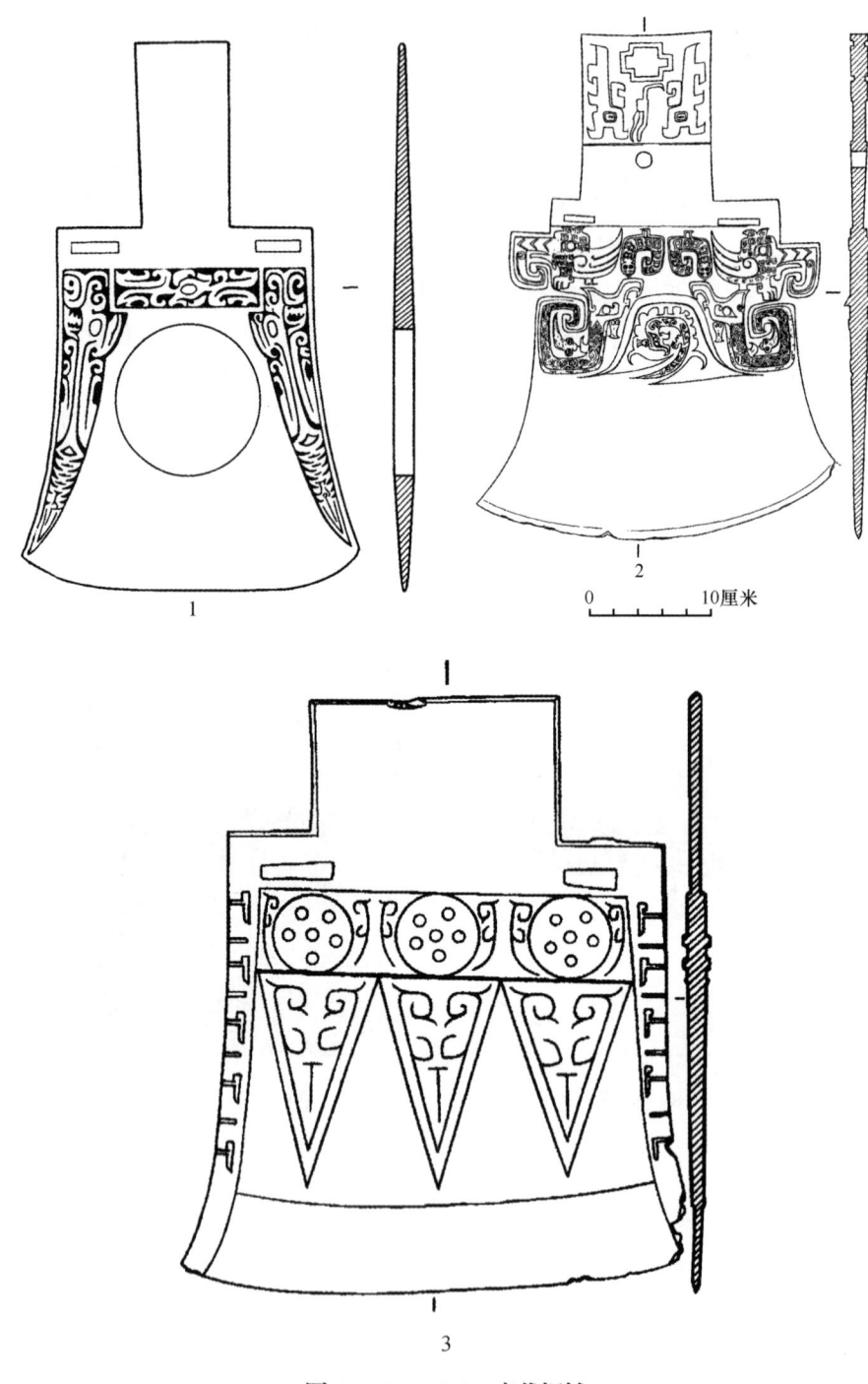

图 6—10—1.2.3　商代铜钺

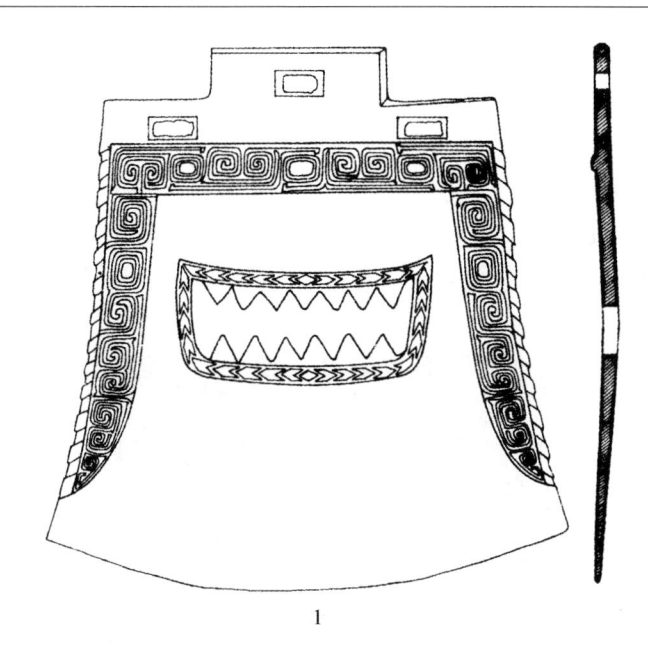

图6—10—4 大洋洲商墓大型铜钺

2. 器身20—27厘米为中型铜钺，一般较为厚重精美。一部分与大型青铜钺同出，除妇好墓和盘龙城李M2出土的3件外，殷墟郭家庄M160出土一对通长22.9—23厘米，刃宽16厘米，重0.62—0.585公斤；花园庄东地M54出铜钺出土6件，通长20.3—21.2、刃宽12—19厘米，重0.66—0.75公斤。还有一些不与大型铜钺共出，如河北藁城台西商代遗址出土一件，长26.4、刃宽21.5厘米，饰兽面纹，中部有镂空的巨口及一对锋利的獠牙（图6—11：藁城台西中型铜钺，《藁城台西商代遗址》彩版四）。与此钺形制大小约略相近的，有安阳大司空村南地86ASNM25出土的一件。[①] 在安阳殷墟墓葬多次出土中型铜钺，这些墓的共同点是规模较大，多有棺有椁，有殉人殉牲，还有成套的青铜礼器、数量较多的青铜武器。如殷墟西区M1713，经过髹漆的棺椁铺满朱砂，有殉人3、殉犬1，随葬品近200件，包括戈、矛各30件，卷头刀一对，马头刀1和两件通长20厘米上下的铜钺，饰倒三

---

① 河北文物研究所：《藁城台西商代遗址》，文物出版社1985年版，第122页；中国社会科学院考古研究所安阳队：《1986年安阳大司空村南地的两座殷墓》，《考古》1989年第7期。

角纹。① 又如安阳大司空村东南的 M663，有棺椁，殉人 4、殉犬 1，随葬品 64 件，包括青铜器 44 件，其中戈 11 件、矛 7 件、镞 7 件，还有钺、刀、弓形器各一件，钺长 24.7、刃宽 16.2 厘米，中 0.95 公斤，肩下有三个铜泡，各镶嵌八块绿松石，其下饰倒三角纹②。（图 6—12：M633 中型铜钺，《考古》1988 年第 10 期）这些中型铜钺的出土情况，表明其拥有者不仅是地位较高的中等贵族，也是拥有较大的兵权。

图 6—11　藁城台西中型铜钺

3. 器身 20 厘米以下的为小型铜钺，器形比较轻薄，数量相对较多。除了见于殷墟、盘龙城、郑州外，还见于山西灵石、河南罗山、辉县等地，出土单位明确的都是中小型墓，部分有棺椁，有的有殉人殉牲，多有一定数量的礼器和武器，墓主应是拥有一定军事权力、地位较低的贵族。

---

① 中国社会科学院考古研究所安阳队：《安阳殷墟西区一七一三号墓的发掘》，《考古》1986 年第 8 期。

② 中国社会科学院考古研究所安阳队：《安阳大司空村东南的一座殷墓》，《考古》1988 年第 10 期。

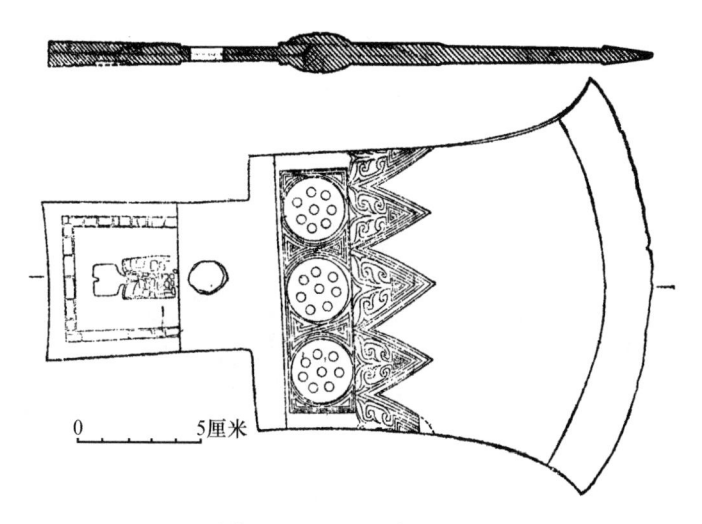

图 6—12　M633 中型铜钺

20 世纪 90 年代以来，不断有新的发现和新资料的发表，进一步印证了以上分析，即青铜钺虽然大部分可做格斗武器，已发现的铜钺也见有刃部损伤，但在商代更主要的是作军权的象征，墓中随葬青铜钺的数量和大小，与墓主的军事统帅权的大小密切相关。尤其是一些大型铜钺，型体厚重，纹饰繁缛，不便用于实战，主要用作仪仗器。

（四）刀、剑

商代的青铜刀种类多，用途广泛，但其中一部分大型的属于砍劈武器，一些中型的可作为防身短兵器。通过对殷墟出土的 130 余件青铜刀的梳理，研究者曾将其分成九大类，分析其用途、探讨其渊源，指出其中的卷头刀、直柄刀属于武器，而且这两类武器的大部分，即卷头刀和直柄刀中的脊背刀，不仅是武器，还是"明贵贱、辨等级"的礼器，其余大多数青铜刀用作生产工具和生活用具。[①]

商代的大型卷头刀，略呈长条形，一侧直刃，端顶上卷成弧刃，不仅可增强杀伤力，还有利于刀与柲的牢固结合。据载在侯家庄西北岗 M1355 曾出过 9 件，伴出被斩首的人骨架多具[②]。还有在金文族氏徽号中，也有作人

[①] 刘一曼：《殷墟的青铜刀》，《考古》1993 年第 2 期。

[②] 郭宝钧：《殷周的青铜武器》，《考古》1961 年第 2 期，转引自陈志达《殷墟武器概述》，《庆祝苏秉琦考古五十五年论文集》，文物出版社 1989 年版。

执卷头刀的形象，其结构与人执戈者形象的徽号结构相类（图6—13；《三代》6—16，5—3），说明这种刀与戈功能相近，所以研究者认为这类大刀作为武器没有疑义，只是出土不多，主要见于殷墟后期，不是商代军队的标准装备。

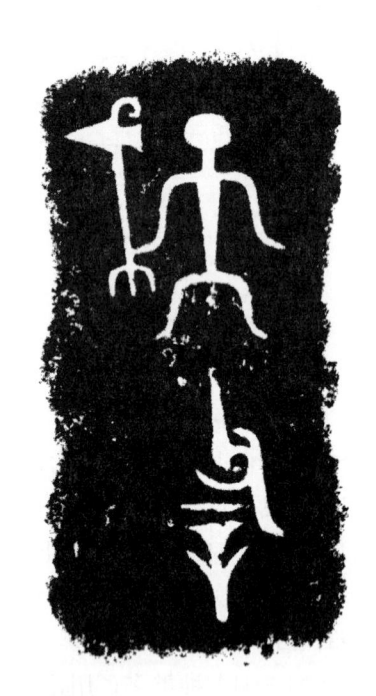

图6—13　金文氏族徽号

根据安装木柲方式的不同，研究者多将卷头刀分为两式：Ⅰ式略似以内纳柲的无銎戈，刀脊较薄，有的还有长方形穿或短柄，以便夹在柲中用绳索捆绑。这类卷头刀最早见于陕西西安老牛坡遗址，1972年在老牛坡村西北出土一批商代文物，包括铜斝、爵、钺、削、刀、镞、锛、斧、钁等13件铜器和2件陶器。到通长40、宽3.1厘米，平刃，刀尖上卷，背有长方形2穿，时代相当二里岗期或殷墟文化第一期①，（图6—14—1：《老牛坡》第419页附图六—3）类似的铜刀还见于1982年淳化县官庄乡赵家庄箭杆梁墓

---

① 保全：《西安老牛坡出土商代早期文物》，《考古与文物》1981年第2期。

葬出土的商后期遗存中。① 这种卷头刀在殷墟出现要稍晚一些，花园庄东地 M54 随葬了 3 件，刀身较长，前锋弯卷，薄刃平直，背有三穿，刀身两面沿背部有一条夔纹带，通长 44.2—44.5 厘米，刀身宽 6.2—6.4 厘米，重 0.9—1 公斤。（图 6—14—2：《花园庄东地商代墓葬》第 155 页图——八）郭

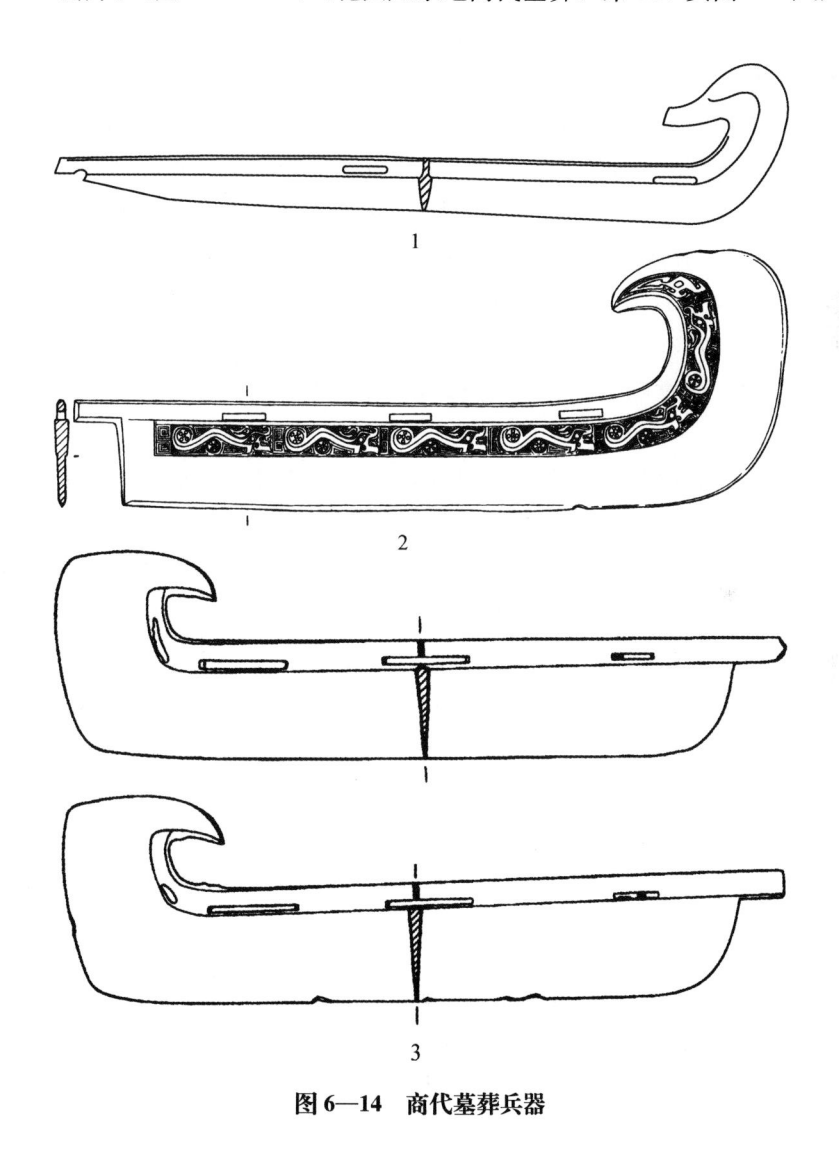

图 6—14　商代墓葬兵器

---

① 刘士莪编著：《老牛坡》，陕西人民出版社 2001 年版，第 417—423 页。

家庄 M160 随葬卷头大刀 2 件,有短柄,背部四穿,有的未穿透,可见铸成后尚未装柲使用。通长 33 和 32.8 厘米,重 0.35 和 0.356 公斤①。(图 6—14—3:《安阳殷墟郭家庄商代墓葬》第 107 页图 83)同类形式的卷头刀还见于安阳郭庄北 M6、戚家庄 M269 等墓中②。Ⅱ式略似有銎戈的安柲方式,如殷墟西区 M1713 出土大刀一对,刀背近首处有一个套管、中部及下部有管形銎以安柲,通长 30 厘米以上,刀头宽 11.8 厘米。底部宽 8.5 厘米③(图 6—15:《殷墟的发现与研究》第 314 页图 174)。

这两种形制的卷头刀出土的墓葬均有棺椁、有殉人或殉牲,有成组的青铜礼器和较多的青铜兵器,尤其值得注意的是凡随葬 2 件卷头刀的墓葬,如郭家庄 M160、戚家庄 M269,均有青铜钺 2 件或 3 件同出;随葬 3 件卷头刀的花园庄东地 M54 更有青铜钺 7 件同出;而随葬一件卷头刀的郭庄北 M6 只出一件青铜钺,不仅墓室较前 3 座墓小,同出的青铜礼器、兵器数量、质量也不及前者。这意味着卷头刀也和青铜钺一样,是墓主政治地位的标志之一④。

直柄刀在数量上多于卷头刀,形制大小也多有不同,研究者认为长度在 10 余厘米的小型刀,可供日常生活之用,长度在 20 厘米以上的可用作屠刀、厨刀,有的可做武器。如殷墟武官 M1 铜戈与铜刀一起放在墓主头端,刀尖稍残,残长 22.2、柄长 6.8 厘米;河北藁城商代遗址发现 5 件铜刀,已公布资料的 3 件,通长 28.6—44.1 厘米,背有菱形花纹,出于该墓地随葬品较多的 5 座墓葬,其中 3 座与同出兵器有青铜钺等,1 座同出青铜戟、1 座同出青铜戈、矛,如 M22 棺内墓主肩部两侧分别放置铜钺与铜刀,刀尖平直细长,长 33.2 厘米,从放置位置看,这两件直柄刀的功能与戈、钺相近。还有一种大型直柄刀,刀背有一条镂空的脊棱,故又称脊背刀,殷墟妇好墓随葬 4 件大型脊背刀,可复原的一件通长约 45.7 厘米、柄长 7.6 厘米,重

---

① 中国社会科学院考古研究所编著:《安阳殷墟郭家庄商代墓葬》,中国大百科全书出版社 1998 年版。

② 安阳市文物工作队:《河南安阳郭庄北发现一座殷墓》,《考古》1991 年第 10 期;安阳市文物工作队:《殷墟戚家庄东 269 号墓》,《考古学报》1991 年第 3 期。

③ 中国社会科学院考古研究所安阳队:《安阳殷墟西区一七一三号墓的发掘》,《考古》1986 年第 8 期。

④ 参见刘一曼《殷墟的青铜刀》,《考古》1993 年第 2 期。

图 6—15 殷墟西区 M1713 出土大刀

0.725 公斤，这种脊背刀仅见于少数高级贵族和王室成员墓葬，从出土情况看，也应是一种礼器（图 6—16：直柄刀，武官 M1：9，见《考古》1979 年第 3 期第 225 页图二—1；藁城 M22，见《藁城台西》第 124 页图七三—10。脊背刀，小屯 M5，《殷虚妇好墓》图版六五—1）。

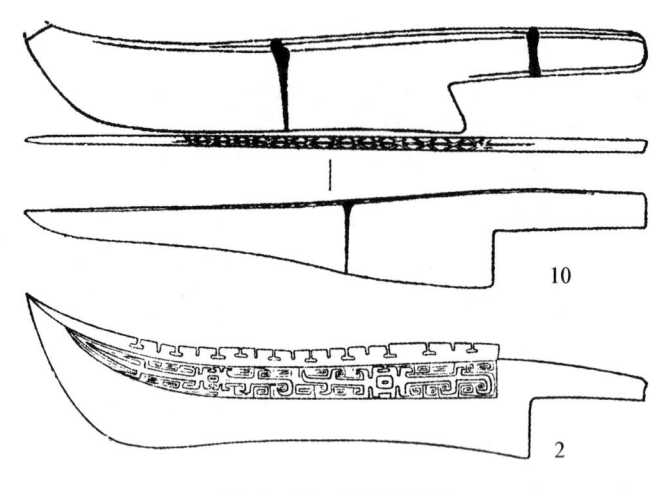

图 6—16　大型脊背刀

此外，在山西义牒墓葬曾出一种三銎刀，全长 28.5，刃宽 3.5 厘米，背部有三銎，銎内存木柄约 35 厘米，同出觚 3 件、爵 1 件、戈 1 件、镞 2 件、锛 1 件、凿 1 件等。同类型三銎刀在陕西绥德后兰家沟也有发现，后者长 27、宽 3.3 厘米①，1971 年在山西保德林遮峪发现的一批商代晚期青铜器中，还有一铃首剑，通体一侧微曲由身、茎、首三部组成，全长 32 厘米，身长 20、最宽处 4.5 厘米。剑首呈扁圆形，有镂孔，内置铜丸②。而 1982 年在山东沂水发现的商代遗存中，也有一件短剑，通长 29.4 厘米，剑刃锋利，有脊，两侧有血槽③（图 6—17：铃首剑，《文物》1972 年第 4 期图版六—5）。

图 6—17　商代短剑

---

① 石楼县人民文化馆：《山西石楼义牒发现商代铜器》，《考古》1972 年第 4 期；《陕西出土青铜器》一图 97，文物出版社 1979 年版，图版说明第 15 页。
② 吴振录：《保德县新发现的殷代青铜器》，《文物》1972 年第 4 期。
③ 马玺伦等：《山东沂水发现商代青铜器》，《文物》1989 年第 11 期。

在文献记载中，古代兵器中还有殳，如"弓矢御、殳矛守、戈戟助"，"伯也执殳，为王前驱"①，知殳是一种用于格斗的短兵器。有人认为这是前端有棱的长木棍，为商代步卒的主要武器，但未能得到考古学证明。近年西周铜殳的发现和研究成果表明，殳是由史前"多头石斧"、"环形石器"演化成的一种球形多齿锤状器，中有圆銎贯通，是周文化的要素之一②，商代是否使用这种武器，尚不得而知。

二 远射武器

商代的抛射兵器仍然主要是弓矢，但随着青铜冶铸业的进步，获得迅速发展，在常规武器中占有重要地位。

（一）弓矢

由于保存的原因，三千多年前商代弓的实物至今不曾获得，但是甲骨文中有"弓"字，作ᑛ、ᑭ，研究者引证后一个"弓"字，指出，从甲骨文字形观察，已将"弓体中段把手的'弣'部表现得很明确，已呈现出中国古代复合弓形体方面的特点，这样的弓当把弦解去时，弓体就向反向回曲，呈现圆弧的形状，不使用时采取这种弛弓的状态，可以保持良好的弹力"。并且根据相关遗迹推测复原，当时的弓张弦时差不多与成人等高，长约160厘米。这种弓是适合战车使用的远射兵器③，单骑或步卒的弓可能要稍小一些。所谓复合弓就是弓体是用多片木或竹材，重叠制成的，以保证其良好弹性，原始复合弓产生于原始社会晚期，20世纪前半叶还游猎于额尔古纳河畔的鄂温克人还会制作早期阶段的复合弓，弓体用黑桦木、落叶松木黏合而成，桦木带有韧性，作为里层，两层木胎之间夹以鹿、犴的筋，用细鳞鱼皮熬胶将其粘牢，使之不易折断④，商代的弓肯定要进步得多，卜辞中的"弓"往往作人名、族氏名或与其族善制弓有关。

商代的青铜镞已经有很多发现，据《殷墟的发现与研究》统计，仅殷墟出土约有980枚，可分五种形式：Ⅰ式短脊，本与关近平，两翼较宽，圆柱形铤；Ⅱ式长脊，本短于关，两翼有的较宽，有的较窄，圆柱形铤。Ⅲ式脊

---

① 《司马法·定爵》；《诗经·魏风·伯兮》。
② 参见沈融《中国古代的殳》，《文物》1990年第2期。
③ 杨泓：《中国古兵器论丛·弓和弩》，文物出版社1985年版。
④ 秋浦等：《鄂温克人的原始社会形态》，中华书局1962年版，第12页。

与铤相连，两翼较宽。Ⅳ式有脊有铤，无翼。Ⅴ式箭脊中空，两翼较宽，无铤①（图6—18—1：殷墟出土铜镞《殷墟的发现与研究》第315页图175）。商代前期铜镞的出土要少得多，在陕西西安老牛坡遗址，在相当商代早期偏晚阶段的老牛坡商文化第二期遗存中，发现有镞范一块，上有五枚铜镞的型腔，呈扇形分布，镞形有两翼，后锋平齐，中部起脊，有铤。还有铜镞两枚，镞身平面三角形，中部起脊，两翼短小，前锋尖锐，圆柱状铤。（图6—18—2、—3：西安老牛坡遗址出土的镞范和铜镞，《老牛坡》第91页图六五—1，4）。在湖北黄陂盘龙城商代城址外的遗址群，相当二里头文化三期遗存中，只发现1件铜镞，无翼，锋钝圆，中部起脊，短铤作扁圆状。相当二里头文化四期遗存中，发现2件铜镞，翼呈叶状，很窄，脊、铤均作两棱扁圆状。相当二里岗上层一期偏晚的遗存中，出土有翼镞10件，形制很接近在老牛坡发现的铜镞。② 从这些发现可知，商代中期以后，开始愈来愈多地使用铜镞，而且镞的形制也不断改进，主要表现为两翼夹角逐渐增大，翼末倒刺日趋尖锐，沿着两翼的侧刃呈现出明显的血槽。这样的镞射入人体不仅能扩大受创面，而且难以拔出，从而增强了杀伤力。③

从殷墟族墓地随葬的铜镞可知，商代后期最常见的铜镞是上述Ⅰ、Ⅱ两式，即短脊双翼式和长脊双翼式，殷墟西区墓葬出土的438件铜镞中，短脊双翼式180件，约占41%，长脊双翼式235件，约占54%。在花园庄东地M54随葬的881件铜镞中，18件属于长脊长铤双翼镞，通长8.6—9.4厘米上下；862枚为短铤双翼式，通长6—7厘米上下。在河北藁城台西遗址，出土铜镞54件，还有一支完整的箭，镞的形制基本同于短铤双翼式，杆虽腐朽，痕迹犹存，从纤维看，似藤制，箭全长85厘米，铤插入箭杆顶端的凹槽内，发掘报告还指出，括部的羽，因不易保存，没有发现痕迹，但根据文献记载和遗址所出陶文的"矢"，可以推知这种箭原来也应该是有羽的，陶文箭长8.5厘米，羽长2厘米，与《考工记·矢人》所载箭"五分其长，而羽其一"，约略相近，可见文献记载并非没有根据。镞与杆的安装，据台西的

---

① 中国社会科学院考古研究所编著：《殷墟的发现与研究》，科学出版社1994年版，第314—315页。

② 刘士莪编著：《老牛坡》，陕西人民出版社2001年版；湖北文物考古研究所编著：《盘龙城——1963—1994年考古发掘报告》，文物出版社2001年版。

③ 参见杨泓《弓和弩》，《中国古兵器论丛》，文物出版社1985年版。

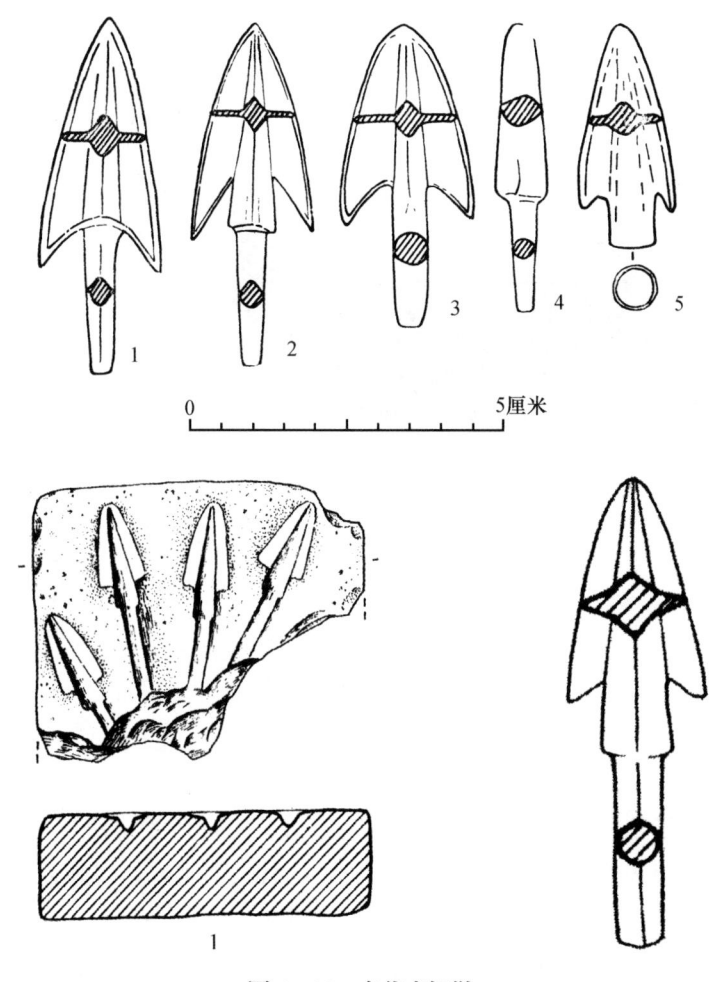

图 6—18　商代青铜镞

相关遗存，至少有三种方法：本末附铤的，一般为铤插入杆顶端的凹槽内，铤部还用麻类植物纤维裹缠，以保证接合牢固；脊下有骹者，多为箭杆插入骹内，但骹内都没有发现麻类痕迹；还有一种长脊双翼式镞，中脊断面菱形本为圆銎形，铤附于脊末圆銎之中，从残存的箭杆看，杆既插入铤部，又纳于镞末圆銎之中，这种接装方法是较前两种要更进步一些[①]（图6—19：完整的箭及组装细部，《台西商代遗址》第82页图五三—19；陶文第91页图

---

① 河北省文物研究所：《藁城台西商代遗址》，文物出版社1985年版，第81—83页。

11   19

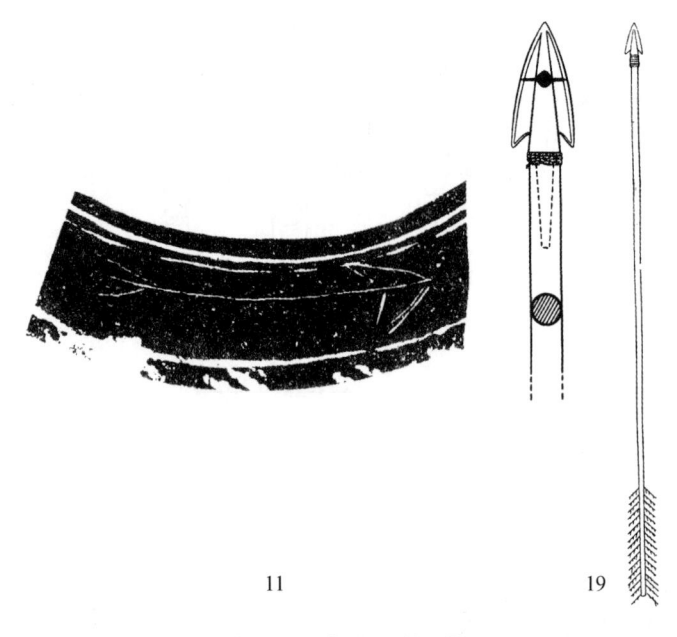

图 6—19　长脊双翼式镞

五七—11）。

　　携出时箭往往成组放在竹木或革制的矢箙中，在殷墟西区车马坑 M43 车厢底部，出矢箙 1 件，箙圆筒形，平底，似皮革制成，残长 56 厘米、直径 7 厘米、厚 0.5 厘米，内箭镞 10 枚，镞锋向下，紧贴箙底，铤上有绳纹痕迹，箭杆已朽，其捆绑方式是将杆端劈开，插入箭挺，再用细绳绑住。① 殷墟妇好墓随葬铜镞 37 件又两束，每束 10 枚，由上往下分成四层，研究者认为原来可能也是放在圆筒形的箙中，还联系小屯 C 区 M20 车马坑也存在箭镞 10 枚放在一起的现象，提出殷人装备的弓箭中将 10 支箭作为一个基准的计数单位看来是不会错的。② 不过也有例外，有研究者提出小屯西地 M239 出土的一束镞共 15 枚，插在木制（？）矢箙中，分两排，分别为 7 枚

---

① 中国社会科学院考古研究所安阳队：《1969—1977 年殷墟西区墓葬发掘报告》，《考古学报》1979 年第 1 期。

② 杨泓：《弓和弩》，《中国古兵器论丛》，文物出版社 1985 年版。

和 8 枚[①]，又，殷墟郭家庄 M160 随葬的 900 余件铜镞有一部分也是成组堆放的，最少一组为 8 枚，其余皆为 8 的倍数，报告提出这是一个值得注意的现象，其堆放情况如 M160：154 为 8 枚，M160：147 为 24 枚，M160：344 为 40 枚，M160：149 为 56 枚，M160：346 为 64 枚，M160：347 为 136 枚，M160：348 为 160 枚。[②]

商代后期虽已大量使用铜镞，但作为消耗性的武器还有相当一部分为骨、石制作的，据不完全统计，殷墟出土的石镞约 40 多枚、骨镞 20400 枚，如王陵 1001 大墓出骨镞 6583 枚，1003 大墓出土骨镞达 5621 枚[③]。而在商代前期，骨镞更占大宗，不仅因为当时制骨手工业发达，加工较容易，而且在商代前期还大量使用人骨做原料，在郑州商城城郊，已发现一批按一定布局建立起的手工业作坊遗址，北城墙外有一处以制作骨簪和骨镞为主的制骨作坊遗址，在一处竖井形的窖穴中，出土了上千件骨簪和骨镞的成品、半成品以及带有锯痕的骨料和废料，骨料经鉴定，半数以上是人的肋骨和肢骨。[④]

商代在战场上铜镞和骨、石镞是配合使用的，如在殷墟西区墓地，有 12 座墓随葬骨镞 32 件，此外还有石镞 11 件、蚌镞 1 件，大约占全部箭镞的 9%，虽占比例不大，在一些墓中却是和铜镞同出的，如第三墓区的 M701 随葬铜镞 183 件、石镞 1 件；第六墓区的 M153 随葬铜镞 1 件、骨镞 3 件；第七墓区的 M907 随葬铜镞 1 件、石镞 10 件，还有 M93 随葬铜镞 13 件、骨镞 6 件、蚌镞 1 件；第八墓区的 M1125 随葬铜镞 3 件、骨镞 3 件。在王都以外的地区，石镞、骨镞要更多一些，如西安老牛坡遗址相当于殷墟时期的第三、四期商文化遗存中，共出土青铜镞 8 件、石镞 4 件、骨镞 58 件、角镞 29 件[⑤]，青铜以外材质的镞在其中占据 90% 以上。

骨镞不仅数量大，而且形制多种多样，有凸棱形、三棱形、圆柱形短

---

① 见陈志达《殷墟武器概述》，《庆祝苏秉琦考古五十五年论文集》，文物出版社 1989 年版。

② 中国社会科学院考古研究所编著：《安阳殷墟郭家庄商代墓葬》，中国大百科全书出版社 1998 年版，第 72—76 页。

③ 陈志达：《殷墟武器概述》，《庆祝苏秉琦考古五十五年论文集》，文物出版社 1989 年版；梁思永、高去寻：《侯家庄第二本·1001 大墓》，《侯家庄第四本·1003 大墓》，"中研院"史语所 1962、1967 年版。

④ 《郑州商代遗址的发掘》，《考古学报》1957 年第 1 期。

⑤ 刘士莪编著：《老牛坡》，陕西人民出版社 2001 年版。

铤、双翼有铤形等，少数可能还与某些取得毛皮为目的的射猎有关，如花园庄东地 M54 随葬铜镞 881 枚以外，还有骨镞 43 枚（215—217），前端均平齐，可分两型，A 型 41 枚，前锋圆钝，有脊无翼，截面圆弧三角形，关部不明显，本与铤分界不清，标本三件通长 7.6—11.6 厘米。B 型 2 枚，圆锥状，前端平齐打磨光滑，后端粗糙，以便于绑缚在箭杆，两枚分别为长 5.5 厘米和残长 3.87 厘米，前端最大径为 1.39 厘米和 1.57 厘米，后端最大径为 0.37 厘米和 0.65 厘米[①]。这种特异的形制显然与特殊的需要有关。此外，铜镞中也有少数前锋圆钝、有铤无翼，用途可能与此类骨镞相似。

随着弓矢的进步和铜镞铸造的发展，弓矢在武器中的地位日益重要，有研究者根据截至 1998 年殷墟发掘出的七八千座殷墓中，保存完整的 197 座随葬兵器墓，统计了兵器组合情况，总计有十二种组合：

表 6—1　　　　　　　　　　兵器组合情况

组合种类	墓葬数	铜镞数
1　钺、戈、镞	3	分别为 57、1、4 枚，总计 62 枚
2　钺、戈、镞、矛（銎斧）	4	分别为 22、50、7、2 枚，总计 81 枚
3　钺、戈、镞、矛、大刀	1	906 枚
4　钺、戈、矛、大刀	2	0
5　钺、戈、镞、大刀	1	12 枚
6　戈、矛、镞	11	最多一墓 10 枚，余为 1—4 枚，总计 32 枚
7　戈、镞	10	每墓 1—14 枚不等，总计 52 枚
8　矛、镞	3	分别为 15、1、1 枚，总计 17 枚
9　戈、矛	23	0
10　矛	8	0
11　戈	114	0
12　镞	17	每墓 1—9 枚不等

除了第 4、9、10、11 外，其余八种组合 50 座墓中包含有镞，占 197 座墓的 25% 强，可见其使用的广泛性，尤其是前五种含钺组合的 11 座墓中，有 4

[①] 中国社会科学院考古研究所编著：《安阳殷墟花园庄东地商代墓葬》，科学出版社 2007 年版，第 215—217 页。

种 9 座墓随葬青铜镞 1061 枚，一些墓随葬镞的数量还比较大，可见大多数拥有军权者，都用弓箭武装起来了。

（二）弓形器研究

在商代墓葬和车马坑中，与兵器同出的还有弓形器，对于它的用途过去有多种推测，认为弓形器是用于弛弓部件的说法得到较多学者的信同。但也有学者对于它是弓上的附件提出质疑，而后，研究者结合民族学和考古学论证了这是御者系瞥用的"挂缰钩"，早期骑者也曾使用，在驾车或骑马时紧缚于御者或骑者的腰前，虽然否定了"弓形器"与弓的关系，却将商代车骑的研究向前推进了一大步。

据《殷墟的发现与研究》，殷墟发现的弓形器约有 20 多件，一般形状是"弓"身呈扁圆形，略拱起，两端成连弧形的臂，臂端的造型大致有圆铃形、马头形、蛇头形等三种，妇好墓随葬了 6 件，最大的一件臂端作铃形，弓身两侧各铸一龙，全长 40.4 厘米，重 0.65 公斤。（图 6—20：妇好墓出土弓形器，《殷墟的发现与研究》第 318 页图一七八）关于弓形器的用途，石璋如根据弓形器往往与镞、皮盔等伴出，认为弓形器是弓中心部位的弣，弛的时候弣在外面，张的时候，弣在内里。① 唐兰认为若张弓矢在静止的时候，如《乡射仪》里的有司"左执弣，右执弦，而授弓"，弓背里侧缚有"弓形器"尚无大碍，但张弓的目的是发射，而且弓是要拉满的，长达 20 多厘米的弓形器若在弓背内侧，必然影响拉弓，更无法拉满。因此他提出弓形器就是"番生簋"、"毛公鼎"铭文中的"金簟弼"，弼即今弼字，也是柲的本字，是辅正弓弩器具，商代的弓矢制作复杂的复合弓，一般有三个部分，容易变形，弛弓时将弼缚于弓体内侧以防弓体损伤保持其良好弹性。并且认为"举凡出土情况，目验实物，文字的形音义训，文献记载，铜器铭刻，器物实用，随葬品等，无一不吻合。因此我们敢于断定一般所谓青铜弓形器，实即《诗经》'簟茀鱼服'的簟茀，番生簋、毛公鼎铭中的金簟弼和《仪礼》的柲。这一问题大致可以解决了吧。"②

但此说依然难成定论，例如，在侯家庄西北冈 M1001 大墓残存的遗迹中，有一批殉葬的武装侍从、妃嫔婢妾、管理仪仗者等近侍的小墓，其中东

---

① 参见中国社会科学院考古研究所编著《殷墟的发现与研究》，科学出版社 1994 年版，第 317—318 页。

② 唐兰：《弓形器（铜弓柲）用途考》，《考古》1973 年第 3 期。

列殉葬坑为马坑7件，埋马15匹以上；人坑22件，共埋68人，每坑人数不等，最多的一坑7人，1人仰身头戴皮盔，一人手持铜管，5人腰间有弓形器。① 若弓形器的用途在于弛弓收藏之用，何以挂在战士的腰间或同临战时所用的武器一起放在战车上，而且弓形器全长仅20—40余厘米，何以能使1米多长的弓得到妥善保护。仅就出土情况看，殷墟戚家庄东269号墓，属于上述青铜兵器的第四种组合：钺、戈、矛、大刀。墓中没有铜镞，也没有骨石镞，没有弓矢随葬，却有弓形器1件，弓身呈长条椭圆形，弓臂弧度较大，臂端作圆铃形，内含弹丸，长35.8、高9.1厘米，整体厚实，重0.6公斤②。还有孝民屯南的两座车马坑，M1，一车、二马、一人；M2，一车、二马、未见武器，却各出弓形器1。③ 所以也有研究者对唐说提出质疑④。

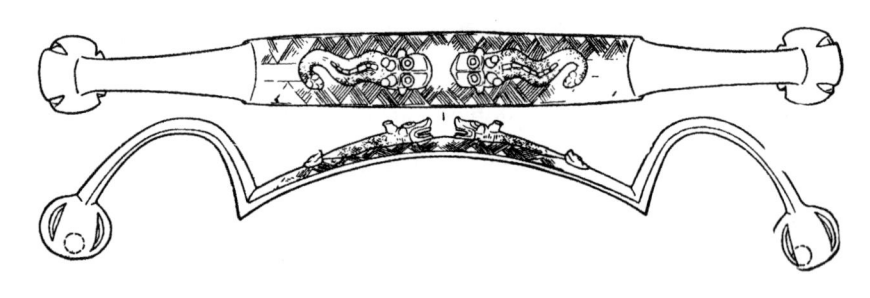

图6—20 妇好墓出土弓形器

1980—1988年，林沄综合中蒙苏考古资料，连续著文就弓形器的研究进行了不断深入的新探讨，他提出从出土情况看，弓形器往往出土在车马坑或人马共存的祭祀坑中，多位于人骨腰际，而且和往往与铜质或玉质的马鞭柄同出，总计十余例，应是系在御者腰带正前方的附件，参证现代蒙古骑手的习惯，可知弓形器是古代骑马者和驾车者用来绊挂马缰而解放双手的工具，其功用一是双手送缰后可防缰绳甩荡缠绊，且便于收回手中；二是在双手松缰时也不至于对马缰完全失去控制。把弓形器理解为挂缰钩，不仅可以解释为何位于腰带正前方，而且挂缰后这种弓形器受前方拉力而使有纹饰的一面

---

① 梁思永、高去寻：《侯家庄第二本·1001号大墓》，"中研院"史语所出版社1962年版。
② 安阳市文物工作队：《殷墟戚家庄东269号墓》，《考古学报》1991年第3期。
③ 中国科学院考古研究所安阳队：《安阳殷墟孝民屯的两座车马坑》，《考古》1977年第1期。
④ 孙机：《商周的"弓形器"》，《中国古舆服论丛》（增订本），文物出版社2001年版。

转向前方，弓形器的纹饰也得到了合理的解释。（图6—21：挂缰钩用法示意图，《林沄学术文集》第357页图四）弓形器最先诞生与邻近殷墟文化的北方地区，饰以非商文化传统的铃首和马首，殷墟文化二期，即相当武丁时在殷墟出现，很快形成自己的特点，例如用饕餮纹、蝉纹，器身普遍做成梭形，双臂弯度逐渐加大等。[①]

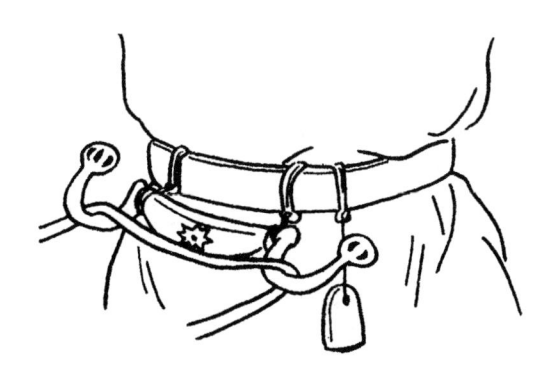

图6—21 弓形器使用示意图

这一观点提出以后，引起了学界的重视，一些学者参与讨论并加以补充，如孙机认为林沄之说精当无误，指出我国商周古车的车箱有大小两种，小车箱宽仅1米，投入战斗时若御者双手执缰绳即辔，车上只一名乘员可以使用武器，若此人伤亡，则车及御者将完全陷于被动，当时似应有某种对应措施。在西方，古战车上有时仅一名乘员，既要驾车，又要战斗，遂将辔系在腰间，以便腾出双手使用武器，不过这种方法辔拴得太死，不够灵活。将弓形器缚在御者腰前，即可通过两条曲臂挂住辔绳，通过弓形器驾车；又可根据需要随时将辔解下，重新用手操纵。从弓形器的造型、尺寸和牢固程度看，也完全适合这一用途，与考古发掘所揭露的情况，也有相合之处。并且结合文献进行了探讨，论证弓形器应是《诗经·小雅·采薇》"象弭鱼服"之弭，亦即《左传·僖公二十三年》晋公子重耳所谓"左执鞭弭，右属櫜鞬"的弭[②]。

"弓形器"用为挂缰钩，亦即文献中与鞭并提的"弭"，而在考古发掘

[①] 林沄：《关于青铜弓形器的若干问题》、《商文化铜器与北方地区青铜器关系之再研究》、《再论挂缰钩》，载于《林沄学术文集》，中国大百科全书出版社1998年版。

[②] 孙机：《商周的"弓形器"》，《中国古舆服论丛》（增订本），文物出版社2001年版。

中，弓形器正往往与御马的策共存，因而这一观点的论据更为充分，杨泓总结商代的兵器和战车的发现和研究成果，援引了以上两位学者的论断，说近年来的研究表明，弓形器可能为御者系辔用的彝，早期骑者也曾使用，在驾车或骑马时紧缚于御者或骑者的腰间，因此"弓形器"并非兵器。①

三 防护装具

甲胄等防护装具产生于原始社会晚期，主要用藤、竹、皮革等制作，进入文明社会以后随着战争的增多，护体装备也获得不断的发展，商代甲胄等的使用相当普遍，著名的小臣𰻞牛骨刻辞曾记某次对𢀖方及其同盟者战争除俘虏敌酋、人众外，还有"（马）……丙，車二丙（两），盾百八十三，函五十，矢……"② 等车马及武器装备。盾，甲骨文作虎士执盾的象形，姚孝遂论"此为'盾'之初形无疑"③，函，姚孝遂考订《说文》解函字不确，至吴大澂《说文古籀补》始据金文解释作"器中容物谓之函"，王国维进而详加深论，并通其形、音、义三者之关系，说无可易。函在甲骨卜辞中，多用为地名，仅在小臣𰻞刻辞中，用函作"函甲"之意，"广雅·释器"、"函，铠也"；《考工记》"函人为甲"；《孟子》"函人"、"矢人"相对为言，均同此义④，所以，此记事刻辞记战利品中包括有盾牌183件、铠甲50件。既然是作战利品，或可用于装备商军，但不知形制结构如何。

在殷墟的大墓中，曾见以成批的青铜胄、皮盾，以及皮甲随葬，如殷墟西北冈1004号大墓墓道及附近一块未经盗扰的填土中，最上层是铜器和玉石器，第二层是360个铜矛，第三层是370个铜戈压在100多件铜盔上，第四层则是车饰、皮甲和盾。⑤ 在商王朝的四土和周边地区也有防护装具出土，反映商代随着青铜武器的发展，护体装备也不断进步，在殷都以外的地区，也发现了各具特色的青铜胄。

（一）甲胄

殷墟西北冈1004号大墓发现了重叠的一堆皮甲，至少两件以上，上饰

---

① 参见杨泓《商代的兵器与战车》，《中国商文化国际学术讨论会论文集》，中国大百科全书出版社1998年版。
② 《合集》36481。胡厚宣释文"函"写作"圅"。
③ 见于省吾主编《甲骨文字诂林》，1693 盾姚孝遂按语，中华书局1996年版，第1635页。
④ 见于省吾主编《甲骨文字诂林》，2563 函姚孝遂按语，中华书局1996年版，第2560页。
⑤ 中国社会科学院考古研究所编著：《殷墟的发现与研究》，科学出版社1994年版，第106页。

黑、红、白、黄四色相间的卷须纹、菱带纹，皮甲最大直径 40 厘米左右，是一种整片的皮甲，为已知最早的皮甲实物。（图 6—22：M1004 发现的皮甲痕迹，《殷墟的发现与研究》第 413 页图二七五）这种皮甲穿用不便，更难以护卫肩臂及腰腹等经常活动的部位，为了增强防护效能逐渐进行了两项改革，一是皮甲的部分部位是用缀连起的革片制成，便于活动，二是用多层皮革制甲，表面髹漆，使之更为坚固，研究者认为这两项改革在殷墟前期已经完成。[①] 此外河北藁城台西商代遗址的墓葬中，与铁刃铜钺及铜戈、矛同出一墓的有直径 10 厘米甲袍 12 件，上有对称的穿，置于墓主身侧，报告认为

图 6—22　殷墟出土皮甲纹饰

---

①　参见梁思永、高去寻《侯家庄第五本·1004 大墓》，"中研究"史语所出版社 1970 年版；杨泓《中国古代甲胄的新发现和有关问题》，《中国古兵器论丛》，文物出版社 1985 年版。

可能贯穿在一起附在皮甲外作护身用的。北京平谷商代墓葬中也有类似铜泡出土①，可能当时皮甲的使用已较普遍。

胄，即铜盔在王陵中也曾集中出土，如1004大墓中发现的不少于141件，其全形似今日头盔，正面下方开一长方形缺口，以露出面部。中部有高起的脊棱，顶上有插羽缨的细铜管，前额部位有威武的兽面纹，如牛角兽面、羊卷角兽面、双卷角兽面。两旁及后壁下延以护住颈项，也铸有圆葵纹及蟠兽，有的相当精致。这批头盔上发现铸的字或符号共16种47个，其中不乏见于殷墟卜辞的族氏名。据复原的实物测定，标本R15338全高26厘米，宽20.6厘米，残重2620克②，虽然笨重却有较强的防护力（图6—23：M1004出土的胄，《殷墟的发现与研究》第316页图一七六）。

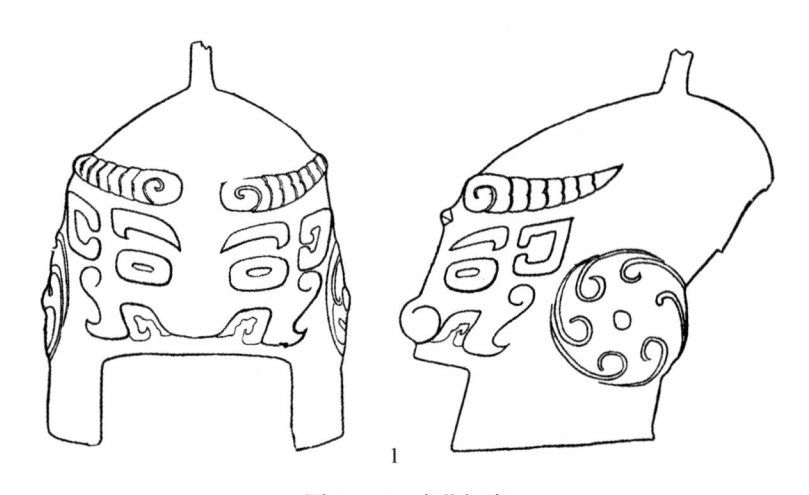

图6—23　商代铜胄

殷墟以外也多次发现青铜胄的实物，在新干大洋洲商墓出土的253件兵器中，包括有胄1件，作圆顶帽形，正面下方一长方形开口，两侧及后部略有下伸，中部起一纵向高脊棱，正面饰浮雕饰兽面纹。顶部一圆管用以安装缨饰。胄面光滑，高18.7、径18.6—21厘米③。在山东滕州前掌大商周墓

---

① 《藁城台西商代遗址》，文物出版社1985年版，第134页。
② 陈志达：《殷墟武器概述》，《庆祝苏秉琦考古五十五年论文集》，文物出版社1989年版。
③ 江西省文物考古研究所、江西省新干县博物馆：《江西新干大洋洲商墓发掘简报》，《文物》1991年第10期。

地出土45件胄，分别出于4座墓葬和一座车马坑。1994年发掘的M11是随葬品相当丰富的一座土坑竖穴墓，有棺椁、殉人，较多的青铜礼器和兵器，除戈、矛、刀、镞、弓形器、鞭策外，还有铜胄13件，其中10件集中置于北侧二层台上，和青铜礼器、武器等放置在一起。商代晚期的胄是由青铜和皮革复合制成，正面是兽面形铜牌，两侧有铜护耳，内侧常见黑褐色附着物，铸件边缘处皆有穿孔，个别还保留有缝缀用线的痕迹，可见是缝缀在盔形的皮胎上。同一墓地西周早期的胄，青铜顶件包括额、顶、颈，连体铸成，左右有青铜护耳，还有牙质饰片，均缝缀在皮质盔体上，有的皮革表面还遗留髹漆痕迹。①（图6—24：M211商代晚期铜胄，《滕州前掌大墓地》第324页）曾有研究者认为滕州商墓出土的青铜胄结构与殷墟的有别，是以青铜和皮革合制，看来不是一般战士的装备②，但是通过对前掌大墓地出土铜胄复原研究，尤其是兽面形铜牌是复合胄构件的认知，如报告所指出的将有助于对其他商代遗址类似铜牌功用的判断，因此这批丰富考古资料的发现必将进一步推动商代军事装备的研究。此外山西柳林高红商代晚期的一座墓葬

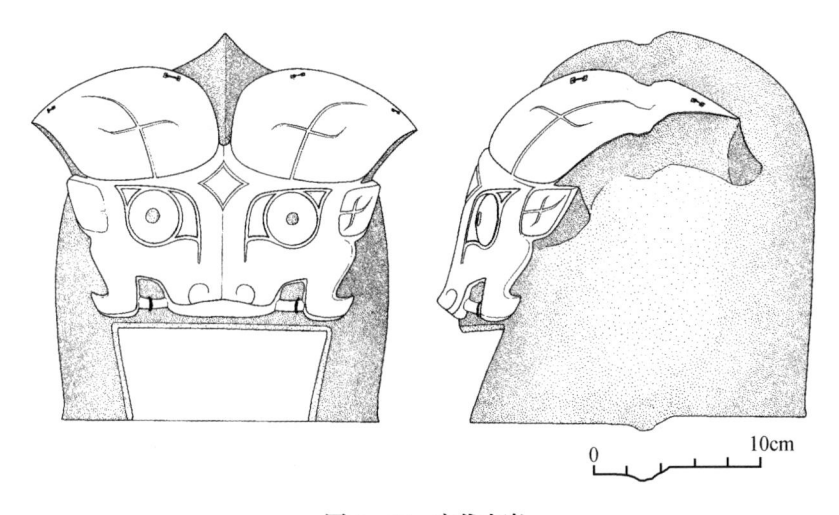

图6—24　商代皮胄

① 中国社会科学院考古研究所编著：《滕州前掌大墓地》，文物出版社2005年版，第322、598—610页。

② 杨泓：《商代的兵器与战车》，中国社会科学院考古研究所编著《中国商文化国际学术讨论会论文集》，中国大百科全书出版社1998年版。

中也出土过一件青铜胄，出土部位在死者头部，高 19.5 厘米、盔口长 23、宽 18.5 厘米，顶钮高 1.5 厘米、宽 2.6 厘米，盔口前后都系半圆状，高 6、宽 13 厘米，两侧护耳宽 18 厘米，下部各有 6 个方穿。盔口沿边起棱，重 1350 克。同出的铜器还有铃首剑、铜矛、小型铜钺、铜斧等[①]，胄的形制也和殷墟有所不同，其他武器更带有北方民族文化的特色。

（二）干盾

安阳侯家庄西北冈 M1003 大墓的二层台上发现的干盾遗痕，报告记述遗

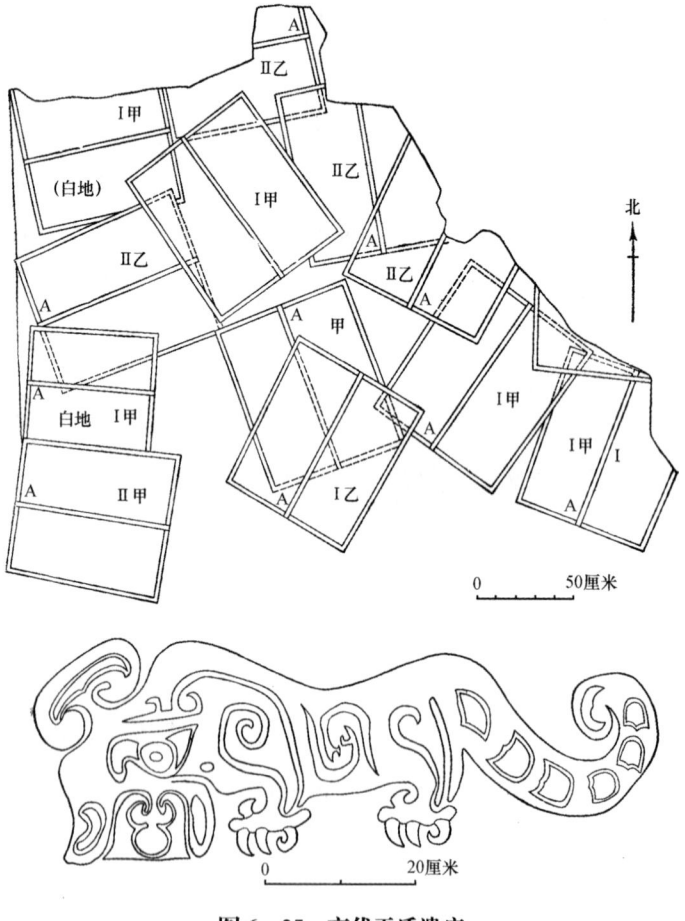

图 6—25　商代干盾遗痕

---

① 杨绍舜：《山西柳林县高红发现商代铜器》，《考古》1981 年第 3 期。

迹最大一片的分布范围南北长 11.7、东西宽 1—4.5 米,放置不整齐,虽只一层,边角部分却有重叠至三层的,原物全部腐化。印痕为梯形薄片形,四周前后两面镶有宽 2—2.5 厘米的木(?)框,另有一条与边框同宽的木(?)片将梯形平分为两半,木框和中条两边每隔 4—4.5 厘米扎有一根粗约 0.2—0.4 厘米的"箍子",梯形薄片是三夹层,两棕色层间夹一层白色灰土结构,可能是皮革朽灰,棕色层是油漆类物质,箍子可能是皮绳或植物纤维编制的绳子。据遗痕,干盾大小分三种,最小的高 68 厘米、上宽 59 厘米、下宽 61.4 厘米,最大的高 98 厘米、上宽 74.5 厘米、下宽 77.5 厘米,多数高 84、上宽 69—74、下宽 77 厘米。两面都有颜色,甲面是双侧视立虎纹,饰黄、黑、白彩,乙面在红底的中心部位绘一对同心圆,或绘一黄色圆圈,外加黑框。其中两面盾上各嵌一铜镞,是随盾带到墓中的。[①](图 6—25:干盾分布情况,《殷墟的发现与研究》第 411 页图二七二)类似的遗存也见于 M1002 大墓,报告记述置器面残存面积东南角约 11.26 平方米、西南角约 10.83 平方米、西北角约 15.18 平方米、东北角约 12.8 平方米,几乎全被一种遗迹占满,放置时横时竖,或歪或正,虽只一层,边角部分时有重叠相压,与 1003 墓中所出干盾类同样的防御兵器结构、大小全同。[②]反映出干盾的使用很普遍,物资储备也很多。

小屯宫殿区乙组基址 M167 坑穴夯土中还发现一组戈、盾,报告记述在弓的下面出现了一条弯弯的弧状木痕,好像一张立置的弓弩,沿着木痕向下挖去,则为一个靠在北壁的干盾,盾作梯形,盾架由三根竖木、两根横木构成,相接处似用绳捆扎,以中间竖木为界,将皮革或木板做的盾面分为两个成方形框,各绘一只侧立的虎,虎纹红色,地深棕色。盾高 84 厘米、上宽 65 厘米,下宽 70 厘米[③],其形正与早期古文字的盾形相符,还可见"画盾"并非创始于周代。[④]金文的族氏徽号中还有人手握戈、盾的图像,可知盾是与戈配合使用的。(图 6—26:M267 出土的盾与戈,《殷墟的发现与研究》第 412 页图二七四;金文族徽)。

---

① 梁思永、高去寻:《侯家庄第四本·1003 大墓》,"中研院"史语所出版社 1967 年版。
② 石璋如、高去寻:《侯家庄第二本·1002 大墓》,"中研院"史语所出版社 1965 年版。
③ 中国社会科学院考古研究所编著:《殷墟的发现与研究》,科学出版社 1994 年版,第 411—412 页。
④ 于省吾:《释盾》,《古文字研究》1980 年第 3 辑。

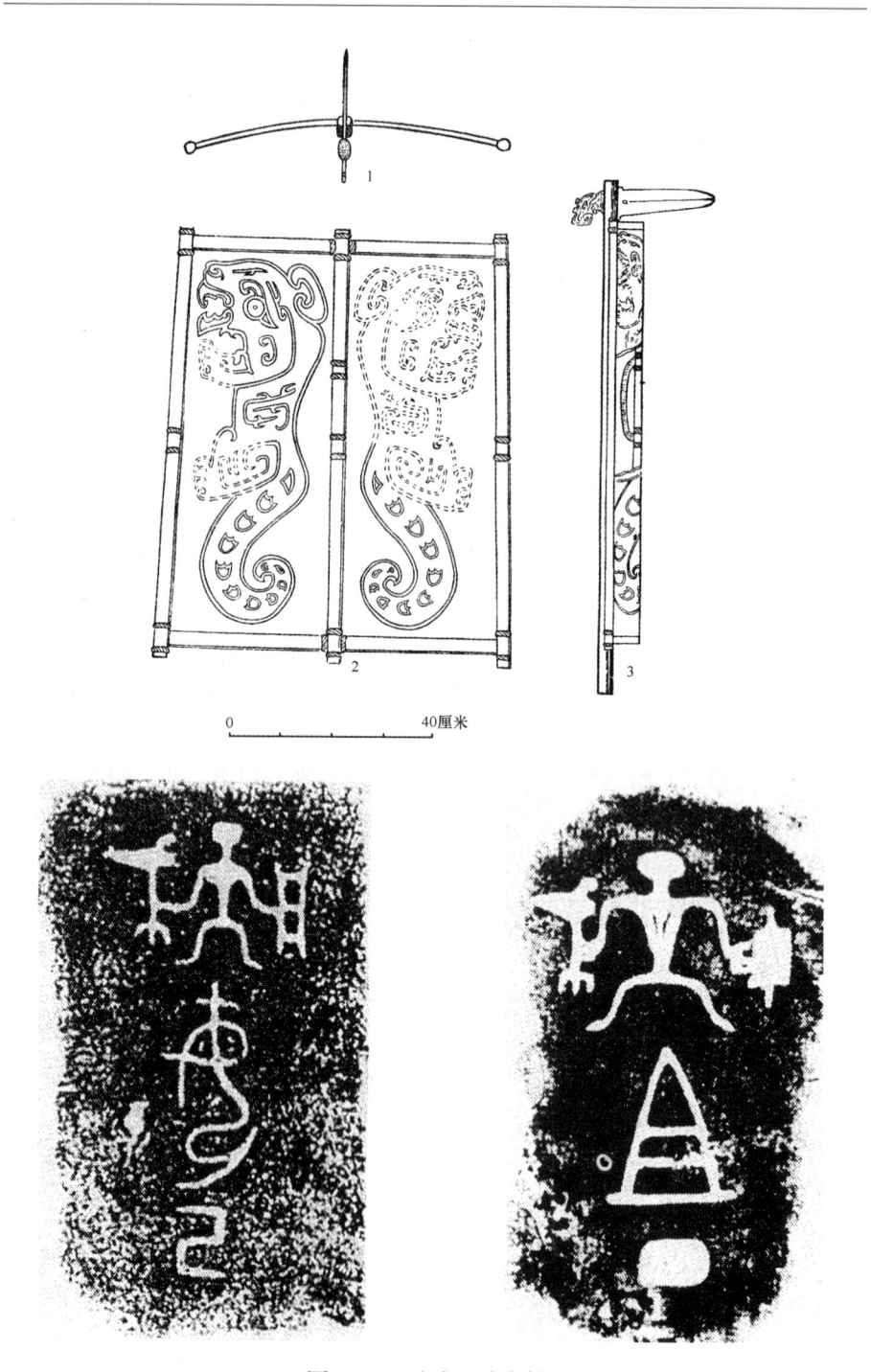

图 6—26　金文氏族徽号

商代的盾在殷都以外的地区也有发现，山东滕县前掌大遗址已发掘出一批商周时期的贵族墓地，1995 年在清理的 M11 二层台南侧有一红黑漆相间的椭圆形器物，似为盾，也可能是仪仗牌饰，共有 10 件，4 件保存完好。[①] 1998 年发掘的 M119 随葬品 230 余件，南侧二层台上摆放了皮质和木质彩绘漆盾牌各一块，简报认为其时代已到了西周早期。[②]

商代干盾大小不同是因为使用对象不同，形体较小的属于步盾，用于步卒；形制较大的装备战车。有研究者认为古代车战，甲士一般需双手操执长柄兵器或远射兵器作战，无多余的手执盾，因此盾是放置在战车上，主要防护下半身，从已出土的实例看，商代战车的舆，进深在 74—83 厘米之间，与盾的宽度相仿，将盾插在车舆两侧，甲士在舆中活动作战，下半身始终可以得到有效的保护。约从商末开始为了加强防护效能，除了在皮革上髹漆外，还在盾面上嵌缀青铜饰件，或为甲泡，或为人面、兽面，这一改进在周代获得很大发展。[③]

商代防护装具的迅速发展是与青铜兵器成为军队主要装备相联系的，随着武器的改进，抗御更为锋利的铜兵器的防护设备性能也不断改进，除加强了人体防护外，还萌芽了对战马的防护。如河南安阳郭家庄商代族墓地中，M52 车马坑埋的两匹马马额中部各有一大圆铜泡，北马的大铜泡上残存着布纹痕迹，铜泡正面球状突起，背有双横梁，为当卢之雏形，直径 7.2 厘米。马的络头由一百多枚海贝组成。在 M52 以南约 0.58 米，与之并列的车马坑 M58 残存一马，马络头由穿四小孔的长方形骨片组成，马额中部有一大蚌环做当卢，其下为骨片组成的鼻带，鼻带下端为一中型蚌环，中型蚌环左右为骨片组成的颔带，马嘴两旁有两个方形的铜镳，右耳旁有一小蚌环。马的两颊有用骨片组成的颊带。在 M52 西北约 3 米的 M51 马坑，两匹马的马头上有用铜泡等组成的络头，其眉带、鼻带、颔带由小铜泡缀成，马额中部有一个做当卢用的大铜泡，两颊及嘴边各有一件小兽面形铜饰片，鼻梁上有长兽面形铜片。报告在结语中着重指出，这两座车马坑和一座马坑中的车马饰各

[①] 中国社会科学院考古研究所专稿：《滕州前掌大遗址有重要发现》，《中国文物报》1995 年 1 月 8 日。

[②] 中国社会科学院考古研究所山东队：《山东滕州市前掌大商周墓地 1998 年发掘简报》，《考古》2000 年第 7 期。

[③] 参见成东《先秦时期的盾》，《考古》1989 年第 1 期。

有特点，各不相同，但是由其所处的层位、方向、坑位排列等推测，是同时埋入做陪葬用的。① 马饰的不同，当与车马用途不同有关，但商代的马多有丰富的马饰是当时普遍的现象，如在滕县前掌大遗址，1998—1999 年清理了两座保存较好的车马坑，1 号（M131）车马坑的马头上装饰有海贝、圆形铜泡等饰品，当卢贴有金箔，2 号（M132）车马坑马头装饰为蝶形和圆形铜泡连缀而成，当卢为牛头形。车马坑时代稍晚，大约为周初，但马具附件大体与商代基本相同②（图 6—27：M132 勒与颈带复原示意图，《滕州前掌大墓地》第 645 页图四）。

在殷墟西区的殷墓中，也常见类似的马饰，如 M689，墓道中有车马坑一座，殉坑一车二马一人，马的骨架上遍布大小铜泡，排列有序。又 M216 墓主随葬青铜礼器和武器，应是一名武官，二层台上殉埋一人一马，墓中还出了御马器：镳、衔及马身上的铜制兽面饰、方形饰、长方形饰、鼻形饰、小兽面饰、牛头形饰、方形穿鼻器等，共 80 件，铜泡 108 个。③ 这些马身上的铜饰，有些并不仅仅是为了装饰，而是逐步成为实用的防护器具。

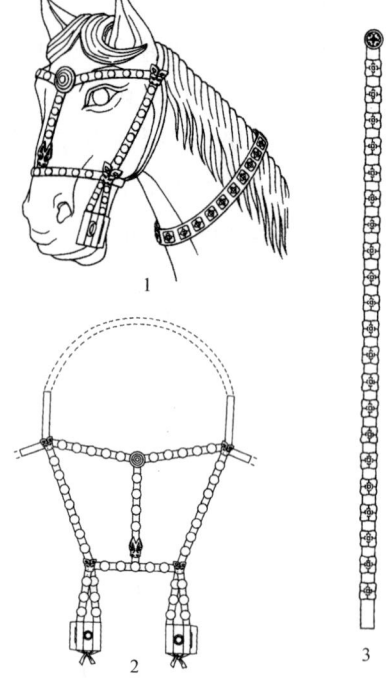

图 6—27 商代马具示意图

四 战车

（一）战车的发现

商代战车遗存今已发现数十辆，但都是商代晚期的，当时有用车马陪葬或献祭的习俗，因而在墓内、墓外或祭祀场地留下车马坑。考古发掘出的车

---

① 中国社会科学院考古研究所安阳队：《安阳郭家庄西南的殷代车马坑》，《考古》1988 年第 10 期。
② 贾笑冰：《滕州前掌大商墓发掘获新成果》，《中国文物报》1999 年 3 月 14 日；中国社会科学院考古研究所编：《滕州前掌大墓地》，文物出版社 2005 年版。
③ 中国社会科学院考古研究所安阳队：《1969—1977 年殷墟西区墓葬发掘报告》，《考古学报》1979 年第 1 期。

马坑曾见于山东滕州前掌大、陕西县老牛坡，但最多的还是在河南安阳殷墟，据统计在小屯东北地、西北冈王陵区、后冈、大司空村、孝民屯东南、郭家庄、刘家庄北地、梅园庄东南等8个地点，已发现37座车马坑。车马坑大都是成组排列的，同组车马坑距离多为一至数米，车马坑的方向、深度、坑内马架、人架的头向，填土中陶片等的时代大致相同的应是同时的遗存。小屯村北发现的车马坑是五座一组，还有两座一组的已经发现了10组。每座车马坑多是埋有1车2马，已发现13座；还有2车4马、2车2马各1座，有的还有殉人或兵器[①]，这些发现为我们了解商代的战车提供了实证。

在小屯村北C区乙七基址南的一片祭祀坑中，有一组"车墓"，为五座车马坑，是一次献祭的遗存（图6—28；五座车马坑的排列，《商文化论集》上第371页图一），其中M20保存较为完整，M45全毁，M204、M202、M40遭不同程度的损毁，研究者通过对遗迹遗物细致的观察研究，参考其他车的结构用考古试验法反复试验，对这组"车墓"及车子结构进行了复原，提出殷代军事组织"重中、尚右"的论断[②]。

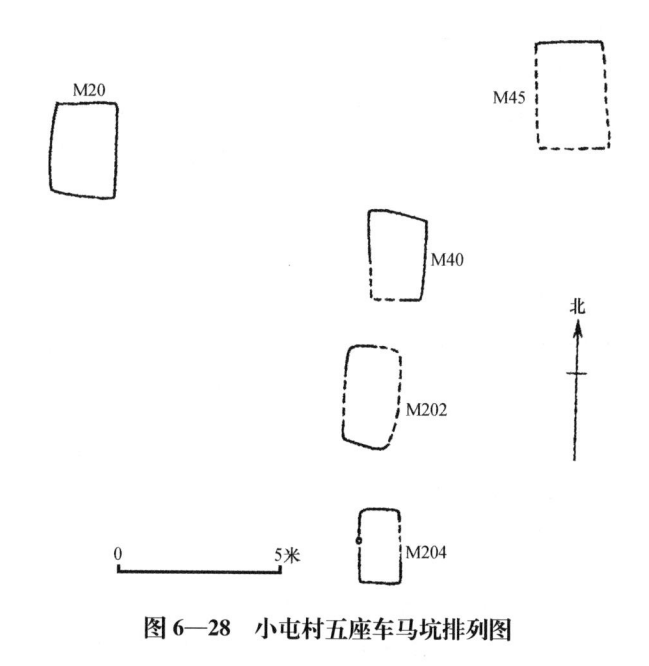

图6—28 小屯村五座车马坑排列图

---

① 刘一曼：《殷墟车子遗迹及甲骨金文中的车字》，《中原文物》2000年第2期。
② 石璋如：《殷车复原说明》，"中研院"史语所集刊第五十八本第二分册，1987年。

更多的车是作为陪葬品而保存下来的,一种是出于墓室或墓道中,如西北冈1003号大墓南墓道底面有一鲸鱼右肩胛骨和一乘战车的舆,前者正搭在车舆后面,还有一组是一鲸鱼肋骨和一乘战车的舆,报告说鲸骨、车舆的配置颇堪玩味,或者二鲸骨就是由这两乘战车拖到墓中的。① 在殷墟西区第三墓区一座甲字形大墓M698,墓道北端埋有1车2马1人,南端近墓室处又殉一马。②

另一种更为常见的情况是出于附葬在墓葬附近的车马坑,而车马坑则散见于各个族墓地。小屯村以西的白家坟西地和孝民屯南地一带是殷代重要的墓葬区,始于殷墟文化二期,已发表的近千座墓葬分为8个墓区,属于第六墓区的车马坑有1972年发现的孝民屯南地车马坑M7,东西向,1车2马1人。在这座车马坑以南还发现过两座车马坑,孝民屯南M1,东西向,1车2马1人;M2,南北向,1车2马,随葬弓形器1。这两座车马坑与M7相距不远,附近还探出大型长方形竖穴墓一座③。第七墓区车马坑有M43,1车2马,随葬矢簇、弓形器、铜戈等;车马坑M151遭破坏,还有马坑M150,埋2马,均为M93的殉葬坑。

小屯村西南梅园庄墓葬群属于新发现的一处殷代墓地,1986—1987年发掘殷墓111座,均属小型墓,随葬品以陶器为主,共出土铜器63件,随葬兵器的墓较少,有6座墓随葬铜戈6、矛2,还有4座墓随葬了铜镞。在这片墓地也发现两座车马坑M40,埋有2车2马2人;M41,1车2马1人,随葬弓形器、铜镞、铜策柄、铜刀、铜锛等④。

小屯村南的刘家庄北地墓葬群也属于新发现的一处殷代墓地,刘家庄村南、村北共发现殷墓230多座,年代自殷墟二期至四期,1992年清理了5座车马坑⑤。

---

① 梁思永、高去寻:《侯家庄第四本·1003号大墓》,"中研院"史语所1967年版。
② 中国社会科学院考古研究所安阳队:《1969—1977年殷墟西区墓葬发掘报告》,《考古学报》1979年第1期。
③ 中国社会科学院考古研究所安阳队:《安阳新发现的殷代车马坑》,《考古》1972年第4期;中国社会科学院考古研究所安阳队:《安阳殷墟孝民屯的两座车马坑》,《考古》1977年第1期。
④ 中国社会科学院考古研究所安阳队:《1987年秋安阳梅园庄南地殷墓的发掘》,《考古》1991年第2期;中国社会科学院考古研究所安阳队:《安阳梅园庄东南的殷代车马坑》,《考古》1998年第10期。
⑤ 中国社会科学院考古研究所编著:《殷墟的发现与研究》,科学出版社1994年版,第46、475页。

小屯村东南的郭家庄已发掘了殷墓及其陪葬坑191座，其中一组车马坑M146、147，均1车2马，后者车厢中还有弓形器、铜戈、铜镞等。又，马坑M143，埋2马3人；羊坑M148，埋2羊1人均为M160的陪葬坑，时代为殷墟文化第三期后段。还有一组车马坑M52、58，前者1车2马2人，后者已遭破坏。又，马坑M51，埋2马1人，均为M172的陪葬坑，时代为殷墟文化第四期初。①

小屯村东南洹河南岸的高楼庄后冈遗址自1931年被发现以来，进行过多次发掘，已发掘出两条墓道的中字形大墓5座，一条墓道的甲字形大墓1座，还发现有大批小墓，墓葬分布也具有殷墟西区墓葬群那样分区集中掩埋的特点，墓葬年代自殷墟文化第一期至第四期均有发现，而以三四期较多，推测是殷王室成员及其家族的墓地。其中1933年发掘的中字形大墓虽已被盗掘一空，但南墓道中仍残留有车饰。另一座中字形大墓1991年发掘的M9、M12盗余随葬品中除青铜兵器，还分别有马饰15件和60件。此外，1971年发掘还清理出71M32的陪葬马坑M3，埋2马2人。②

小屯村东北洹河北岸的大司空村也发现有殷代墓葬群，1935—1936年曾发掘出一批殷墓，1983—1985年又相继发掘殷墓约900座，分布同样是分区和成组的，时代始于殷墟文化一期，而以三四期为主。已发现的车马坑有M175、292等，这两座车马坑均为1车2马1人，并随葬有武器和工具。③

在殷都以外，山东滕州前掌大商周墓地，共发掘5座车马坑和4座马坑，车马坑均为1车2马1人，整车埋葬，车舆内多置兵器，M41车舆正中还有伞盖的痕迹④。在陕西西安老牛坡遗址第四期商代文化遗存中，清理出38座商墓和马坑、车马坑各一座，前者埋2马，后者埋1车2马。⑤

---

① 中国社会科学院考古研究所编著：《安阳殷墟郭家庄商代墓葬》（1982—1992年发掘报告），中国大百科全书出版社1998年版。

② 中国社会科学院考古研究所编著：《殷墟的发现与研究》，科学出版社1994年版，第46、129—132页；中国社会科学院考古研究所安阳队：《1991年安阳后冈殷墓的发掘》，《考古》1993年第10期；中国社会科学院考古研究所安阳队：《1971年安阳后冈发掘简报》，《考古》1972年第3期。

③ 马得志等：《一九五三年安阳大司空村发掘报告》，《考古学报》第九册，1955年；杨宝成：《殷代车子的发现与复原》，《考古》1984年第6期。

④ 中国社会科学院考古研究所编著：《滕州前掌大墓地》，文物出版社2005年版，第124—134页。

⑤ 刘士莪编著：《老牛坡》，陕西人民出版社2001年版，第236—272页。

王畿内外各个族墓地往往有车马坑发现，不仅反映了当时车马使用的范围，而且可见当时构成战车组织的车马甲士也由各大族征调。

(二) 殷代战车的复原

从田野考古发掘出商代车子的遗迹以后，研究者就开始了车子复原研究，随着更多车马坑的发现，从地层中剥剔出车子遗痕技术的提高，商代的车制也逐渐明晰起来。

殷代的车分战车和乘车，但结构基本相同，车的主要部分都是木制的，大司空村M175车马坑发掘出以后，报告作了车子的复原，其基本形制为双轮、一轴、一辀（辕）、一舆（车厢）四部分构成。两轮轨宽2.15、轮径1.46米，辐数18根，辐长0.54米。轴横贯两轮之中，长3米，两端有是一龙形纹、蕉叶纹、盘龙纹的铜兽。辀在车前正中，与轴相交成"十"字形，通长约2.8米，辀尾稍伸出车厢。舆在两轮中间，两侧各距轮0.6米，在轴、辀之上有一宽0.94、长0.75米的长方形土槽，当是舆底"四轸"木的遗痕，车厢的周栏已无法从灰痕中看出。相关遗痕显示轴在最下，辀压于轴上，而舆又压在辀上。①

随着更多车马坑的发现和完整车子的剔剥，一方面反映商代车子各部构成的尺寸不固定，如孝民屯南地M1车的轮径仅1.22米，轨距则2.4米、轴长3.1米；殷墟西区第三墓区M698墓中的车轮径1.40—1.56米，轨距2.4米、轴长2.98米。一般认为就多数看，轮径约1.40米，轨宽2.20米上下，轴长约3米，辐条多为18根，偶见简报有22根和26根之说，有研究者认为从殷周的车看，时代愈晚，辐条数目愈多，西周的车辐数多为18—22辐，殷代的车辐以18辐最为可信②。还有研究者提出殷代的车等于弓箭手的发射台，高则有利，可以看得远，因此轮径较大，当超过1.40米③。

另一方面对车子细部也有了更多了解。例如车轮，在大司空村发掘报告中，复原说车轮外框"輞的断面为0.06米的满圆形木条，显然是由一根或数段揉曲相接而成"，而后，发掘者进一步补订说"根据此后殷墟出土的车子遗迹来看，车轮的輞是由数片曲形木板拼合而成"，并对其结构作了细致

---

① 马得志等：《一九五三年安阳大司空村发掘报告》，《考古学报》第九册，1955年。
② 张长寿、张孝光：《殷周车制略说》，《中国考古学研究》，文物出版社1986年版。
③ 石璋如：《殷车复原说明》，"中研院"史语所集刊第五十八本第二分册，1987年。

的描述。① 车轮中心部位是车毂,毂的中部凿出一圈榫眼以装辐,毂内大孔用以贯轴,研究者指出毂上承车厢的重量,又受到车辐转动时的张力,还要抵抗车轴的摩擦,是吃力很重的部件,一般由坚硬的圆木制作,更兼车厢直接靠毂支撑,毂愈长支撑面愈大,所以商周的车都是长毂,但长毂在车子倾斜时受到轴的扭压,力矩较大,毂口易开裂,西周时毂的两端装有金属帽——铜䡇②,以起加固作用,殷墟西区 M701 出土两件"套管",和西周车马坑出土铜䡇相同,所以铜䡇的出现,大约始于殷墟晚期。

殷代车轴的两端,大都套有铜軎,车軎长 14 厘米以上,属于长軎形,用木辖挡住车轮,小屯 M20、殷墟西区 M43、孝民屯 M2 分别发现有长方形、兽形、兽面形铜辖套,套在木辖上,用木楔固定,以后发展成西周的铜辖。

车辕(辀)与轴相交于舆底,稍露出车舆之外的辀尾是登车搭脚之处,易于损伤,已发现的商代车子已在辀尾加套铜踵,既是装饰,更是保护。车辕出舆前即逐渐上曲,另一端与衡相接。根据殷墟西区 M7 和 M1613 车子遗痕的实测,车衡分别高出辕 40 厘米和 20 厘米,发掘者认为这说明衡不直接缚在辕上,二者可能用皮带和绳索相连③。孙机《中国古代独辀马车的结构》一文则认为辀衡之间所以出现距离,或是因为商辀多用较粗大的圆木揉成,在埋藏中受压而收缩反翘、严重变形所致。1613 号车马坑的辀出土时甚至呈向下坍塌状,可证。若辀、衡不直接相连,当中牵挂绳索,车的前部会失去稳定的支点,行车时会上下剧烈颠簸,因而此说恐与实用要求不相符合。1995 年梅园庄车马坑 M40 两车和 M41 两车出土,显示辕木距衡不远时才向上弯曲,弯折角度为 108°—110°,辕过衡后,贴于衡之外侧,辕头与衡木等高④。这为商代的车子衡与辕垂直相交,用革带绑缚连接提供了实证。

关于车衡,过去认为周代才有曲衡的车,石璋如在小屯北乙七基址车马坑复原研究中,曾根据三角形饰(文中称"叶形饰")的出土位置和实验判定其为衡端饰,提出它的作用一来可保护衡端,二来是杀人的利器;兼考轭

---

① 杨宝成:《殷代车子的发现与复原》,《考古》1984 年第 6 期。
② 孙机:《中国古代独辀马车的结构》,《文物》1985 年第 8 期。
③ 中国社会科学院考古研究所编著:《殷墟的发现与研究》,科学出版社 1994 年版,第 143 页。
④ 中国社会科学院考古研究所安阳队:《安阳梅园庄东南的殷代车马坑》,《考古》1998 年第 10 期。

与衡是固定在一起的,出土时轭首与衡端不在一条直线上,表明衡必有一个曲度,更参证金文"车"字将 M40 复原为曲衡。由于这组祭祀坑属于拆车葬,曾有学者认为缺乏整车的实证而提出质疑。① 1987 年在郭家庄 M52 第一次清理出一辆曲衡马车,1995 年再次在梅园庄东南 M41 清理出第二辆曲衡车,车衡长度均在 2 米以上,发掘研究者重新检查过去发掘资料,发现直衡车车衡绝大多数在 1.1—1.4 米之间,还有一些未能清出车衡但保存尚好的车马坑中,衡末铜饰距离在 1.7 米以上的还有数例,可能也属于曲衡,联系甲骨文"车"字,表示出曲衡者多于直衡,推测曲衡车在当时较为常见。②(图 6—29:M41 平面及车子后视、侧视、前视图,《考古》1998 年第 10 期

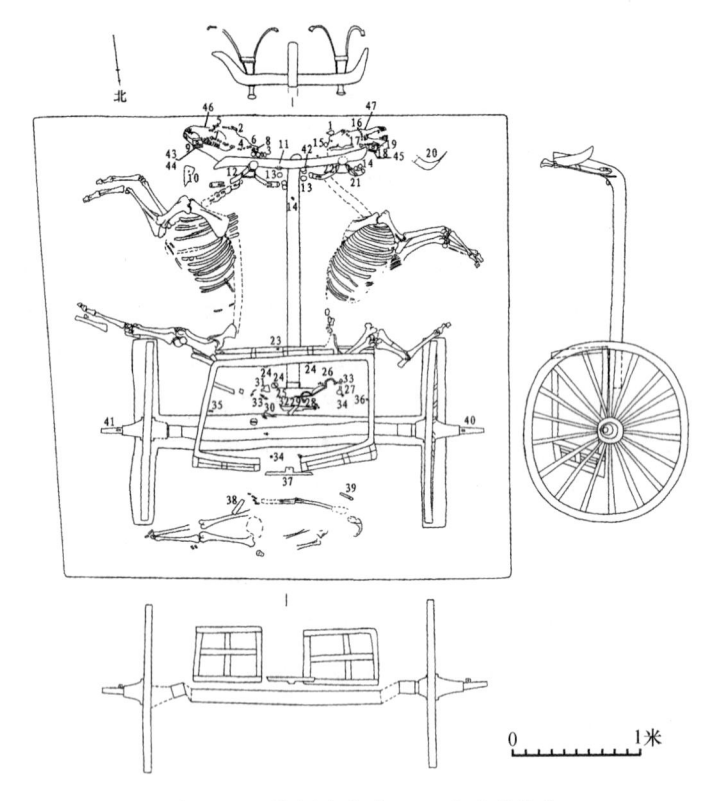

图 6—29　梅园庄东南 M41 出土曲衡车

---

① 石璋如:《殷车复原说明》,"中研院"史语所集刊第五十八本第二分册,1987 年。
② 刘一曼:《殷墟车子遗迹及甲骨金文中的车字》,《中原文物》2000 年第 2 期。

第 56 页图九）郭家庄 M52 的车马器中也有三角形饰，略呈等腰锐角三角形，底边稍有弧度，正面有突起的双夔龙纹。背面光平，下部有拱形鼻，出土时紧贴衡的末端，下面有朽木痕，印证了石璋如关于"叶形饰"（即三角形饰）为衡端饰的推断。①（图 6—30：M52 的三角型饰及车子平面及后视、侧视、前视图,《考古》1998 年第 10 期第 885 页图一）

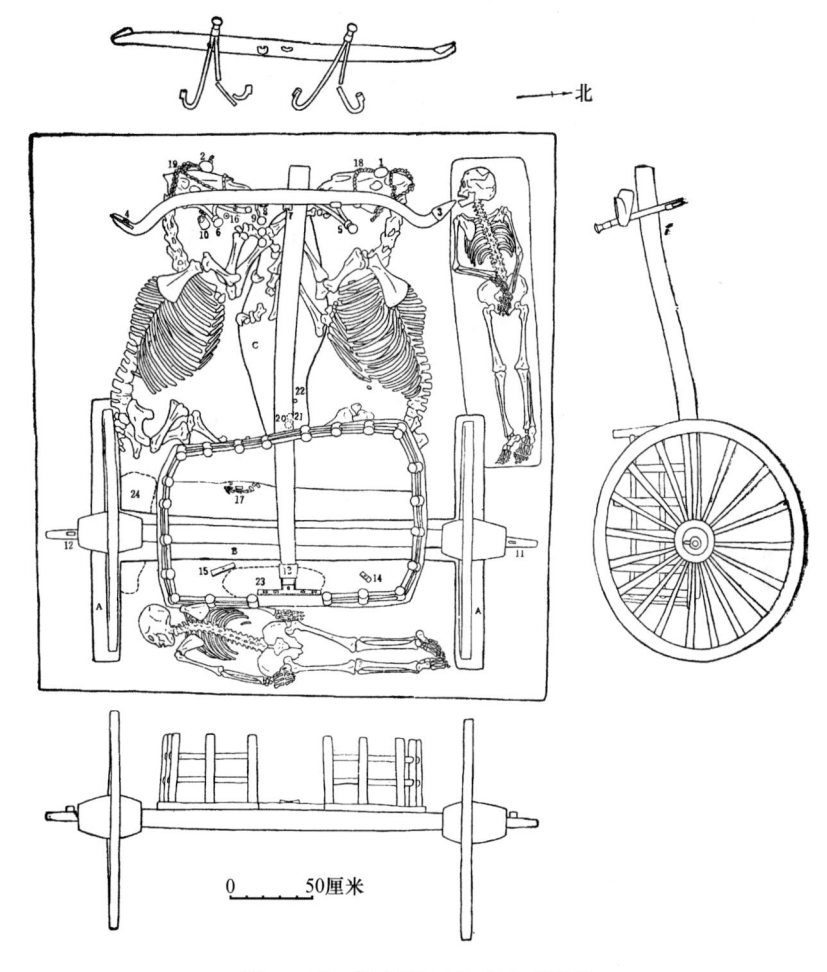

图 6—30 郭家庄 M52 出土车马器

---

① 中国社会科学院考古研究所安阳队：《安阳郭家庄西南的殷代车马坑》,《考古》1988 年第 10 期。

关于车舆，石璋如根据小屯北乙七基址前一组"车墓"的相关遗迹，复原为平面椭圆形、周边由荆或竹编成的车舆。在实验中，还发现必有伏兔才能解决舆盘的左右在轴上空悬着不能落实的问题，当时可能无伏兔之名而应有伏兔之实，因而在复原中加上了相关构件。① "伏兔"是古代车制中，置于轴上、垫在左右车轸之下的砧木，可保证车舆能平稳地放在辕、轴之上，但由于殷车尚未发现过伏兔，也有研究者提出质疑。② 1992年刘家庄北地车马坑M339发掘出的车厢的平面就是圆角长方形，没有发现立柱和栏杆的痕迹，与常见的长方形车厢不同③，证明了石璋如对车厢的复原不是没有根据的。关于伏兔也有所发现，1995年梅园庄东南车马坑发掘简报的结论指出，过去发现的殷代车子，均无轴饰与伏兔，这次在M41车毂之内侧与车厢之间的轴上，发现了漆饰的轴饰，从而把轴饰出现的时间从西周提前到殷代后期，西周的轴饰是铜的，作用是固定伏兔和保护车毂，M41的轴饰是木制的，由于车厢下葬时发生过移动，轴有折损，伏兔情况不清，但轴饰的出现，透露出可能已出现伏兔的信息。此外，学者们普遍认为西周才出现车轵，而今已在刘家庄北地和梅园庄东南相继清理出了车轵，梅园庄M40车马坑中，轵的遗痕清晰完整，报告指出该车舆身近似梯形，长1.34—1.46米，宽0.94—0.82米，车厢内距前阑0.1—0.13米处有一车轵，长约1.45、直径0.05米，高出前阑，车轵横跨车厢，两端贴着东西二辀向下弯折，在车厢外侧残存有轵木痕迹0.25—0.4米，前阑中部有一圆木柱，直径0.06、通高0.34米，高出前阑0.18米，向下与前阑第二排横杆相交，从车轵中部还伸出一横木，与立柱垂直相交，作用是支撑轵，不过这根高出车厢的立柱为首次发现，用途尚不明④。

总之，通过近80年的考古发掘和对商代车制及复原研究，对商代晚期战车的形制、结构已有了大体的了解，其构成包括独辕、双轮、一轴、一舆、一衡，车辕（辀）后端压在舆底，辕尾伸出舆后，前端横置车衡，衡有直衡、曲衡两种，后者的衡长大于前者，在2米以上，衡端加青铜三角形饰，锐尖向外。西周曲衡车的车衡曲长约2.5米上下，衡的两端高高翘起，

---

① 石璋如：《殷车复原说明》，"中研院"史语所集刊第五十八本第二分册，1987年。
② 张长寿、张孝光：《说伏兔与画輻》，《考古》1980年第4期。
③ 中国社会科学院考古研究所编著：《殷墟的发现与研究》，科学出版社1994年版，第475页。
④ 中国社会科学院考古研究所安阳队：《安阳梅园庄东南的殷代车马坑》，《考古》1998年第10期。

末端各插一支铜矛①，看来殷代的曲衡车及三角形饰已开先河。衡上缚人字形轭用以架马，轭为两根圆木制成，外裹铜饰。轮径较大，辐条多为 18 根，殷墟晚期车毂两端可能开始出现起加固作用的"套管"，即西周车器铜軧的前身。车轴大致是长约 3 米，中间较粗的圆木，两边渐细，两端套有铜𫓶并使用铜或木制车辖。车厢（舆）广约 1.00—1.50 米，进深约 0.75—1.00 米上下，高约 0.45 米，偶见用荆或竹篾编成椭圆形舆围，但多数为长方形或梯形的木质车厢，有的还有车轼，车门开在后部正中，不过作为一个战车组织可能会根据需要设定车门方位。至于车舆与辕、轴的结合，各家的复原或将相关部件挖槽嵌入，或用伏兔，现在看来都是有可能的，可以推断当时已经解决了将车厢平稳放在辕轴之上的问题，此外，在一些关键部位已装上起加固作用的青铜车器。

滕州前掌大遗址的车马坑资料比较丰富，报告对其中 M41 马车进行了初步复原，绘制了立体复原示意图（图 6—31：M41 马车立体复原示意图，《滕州前掌大墓地》第 635 页），虽然对于 M41 坑的时代，报告判定为西周早期早段，但也有研究者认为定在商代末期更为合适②，无论如何，为了解商周之际山东地区马车大体形态提供了直观的研究成果。

图 6—31　滕州前掌大遗址马车复原示意图

---

① 张长寿、张孝光：《殷周车制略说》，《中国考古学研究》，文物出版社 1986 年版。

② 分别见中国社会科学院考古研究所编著《滕州前掌大墓地》"车马坑登记表"及"前掌大墓地马车的复原研究"，文物出版社 2005 年版，第 564、618 页。

从商代晚期车马坑的发现和研究成果，可见从殷墟二期至三四期，即武丁至康武文前后，随着青铜铸造和木作技术的提高，不断完善马车制作技术，为车兵的迅速发展创造了条件。同时也反映出武丁时的马车和车兵不应是处于初始阶段，战车在此前已经经历了一个较长的发展过程。

关于车马的起源，国外学者多认为殷周的车马是由西亚传入的，如夏含夷认为大约在公元前1200年，即武丁中晚年，马车传入中国，马车最初用于狩猎，象征权位，或谓主要作为王室的象征，而其军事作用非常有限，仅是被当作一种机动的指挥高台来使用，无论是商还是敌人，用于实战的马车数量都极少[①]。一些国内学者则提出，商周的马车属于同一系统，在发展序列上有明显的承袭关系；而从形制、系驾方法、马具组合等方面与古代美索不达米亚的车有很多不同之处，兼考文献记载，中国古代车马有自己的起源和发展道路。[②] 还有研究者着重从马车的系驾法分析中西战车的不同传统，如孙机提出公元前3000年代，两河流域用畜力牵引的车是用颈带将牲畜的颈部固定在衡上，牲畜颈部受力，通过衡和辕拖动车子前进。这种系驾法在西亚和地中海区域被延续下来，并形成传统，可称"颈带式系驾法"，它的缺点是颈带压迫牲畜的气管，限制了畜力的发挥。因此西方的战车不用于车与车之间作近距离格斗，一般用于迎击或追赶敌人，车上用的武器主要是弓箭，轮子的直径通常不超过90厘米，便于武士迫近敌人时，跳下车来，短兵相接。中国古代的马车则使用"軛—挽绳式系驾法"，以车衡上的軛驾在马肩，軛下衬有一层代表软垫的附件，以防止軛磨上马肩，軛上牵引出挽绳，拴在车厢前，利用马的肩部通过軛和挽绳拉车前进，完全不影响马的呼吸，可保证畜力的充分发挥。而这种系驾法从商代，即中国开始出现车的时代就开始了，在见于商代金文中某些车的象形字，表现出了自軛通向车厢前部的两条挽绳。不仅如此，孙机还提出商代的马车只有少量的铜车器，都装在关键部位，如踵、耑等处，但用铜量最多的部位是軛，有的在木軛上装铜軛首、軛颈、軛箍、軛軥，有的连軛肢都用铜质外壳，反映此处承受之力相

[①] 夏含夷著，蔡芳沛译：《中国马车的起源及其历史意义》，台湾汉学研究中心《汉学研究》第七卷第一期，1989年6月。

[②] 翟德芳：《商周时期马车起源初探》，《华夏考古》1988年第1期。

当大，应与当时采用的系驾法密切相关。① 总之，这种观点认为商代开始采用的"轭—挽绳式系驾法"是中国独有的。系驾法的不同，反映了它们是在不同文化背景下产生的，也使中国古代车战的战法不同于西方。但是也有研究者比较系统地考察了古代西方车马的发展历史，提出两河流域公元前两千纪前半期的双轮车子与我国商代晚期的车子比较，有很多相似之处，同样为单辕、双轮、一衡、一舆构成，各部分的结构和连接方式大体相同，同样在衡的两侧各有一人字形车轭，使用青铜车马器，并且都主要用于战争。对于像车这样需要相当高的技术及长时间的摸索方可发明和逐步改进的复杂交通工具，两地有如此多的相似，难以用偶然的巧合去解释，而不能不考虑商代马车的出现与来自西亚影响有关的可能性。② 这还是一个有待继续深入探讨的问题。

（三）战车配置

已发现的商代车马坑最多的是一车二马一人，偶见一车二马二人、二车二马二人、二车四马三人、一车二马三人。

一车二马一人主要见于族墓地，如大司空村 M175、M292，殷墟西区第三墓区 M698 南墓道内殉葬的车马坑，第六墓区南车马坑 M7 和孝民屯南 M1，郭家庄 M172 陪葬的车马坑 M52，梅园庄东南 95 铁西城建 M41 以及山东滕县前掌大商代墓地的车马坑 M1。一车二马二人见于郭家庄 M172 陪葬坑 M52。二车二马二人见于与 95 铁西城建 M41 同组的 M40，有二车，南边的一车保存完整、套有双马，北边一车无车轮、车厢不完整、车辕和车轴均已断折，下葬前主要部件已经损坏。③ 二车四马三人和一车二马三人分别见于宫殿宗庙区的祭祀坑，小屯村北 C 区乙七基址南"车墓"的 M20、M40。

从以上车马的配置可知商代的战车和乘车均为一车二马，在一些著作中认为商代的车以挽二马居多，但晚期已经出现挽四马的车，均引证"车墓"

---

① 孙机：《中国古代马车系驾法》，《中国文物报》1990 年 6 月 28 日；《中国古代独辀马车的结构》，《文物》1985 年第 8 期。

② 王巍：《商代马车渊源蠡测》，中国社会科学院考古研究所编著《中国商文化国际学术讨论会论文集》，中国大百科全书出版社 1998 年版。

③ 刘一曼：《殷墟车子遗迹及甲骨金文中的车字》，《中原文物》2000 年第 2 期。

中的 M20 有"一车四马"之说①，这是因为这一批祭祀坑是 1936 年第十三至十四次安阳发掘的成果，资料整理正值抗日战争期间，前四次整理所在地点不同，重点也不一样，环境不允许彻底整理，对车子的了解只能停留在初步观察阶段，"车墓"又都是拆车葬，所以在发表的文章中有"一车四马"之说，后来又前后三次整理，由于环境比较固定，可以进一步分析研究，不仅分析现象，还分析饰物，确认出 M20 中有两套舆饰，即两个轵饰、两个踵饰；两套轴饰，即四个軎饰、四个辖饰；两套衡饰，即四个衡端饰、四个衡中饰；两套軶饰，即四个铜軶首、两副铜軶脚、两副木軶脚。两套车器的形制纹饰都不同，因而石璋如在正式发掘报告《北组墓葬》和其后论文《殷车复原说明》都加以明确，M20 为二车四马三人。此外，还有一些没有殉人的车马坑，如大司空村车马坑 M757、孝民屯南 M2、殷墟西区的第七墓区 M93 陪葬车马坑 M43、151；第八墓区车马坑 M1613；郭家庄 M160 陪葬车马坑 M146、147；西安老牛坡车马坑 86Ⅲ1M27 等均为一车二马。这些都说明商代的车均用二马，挽四马的车尚未出现。这与甲骨文的记载也是相合的，如前所述，卜辞中对驾车马匹的选择，总是两两相并，而不见用四马。

在车马坑中往往还有武器，如《北组墓葬》车墓中的 M20 中的武器，报告分为两区，第一区有弓形器 1 件、玉珥 2 件、石镞 10 件、长石管 1 件、铜镞 10 件、石戈 1 件、铜戈 1 件、短玉管 2 件、马头刀 1 件，附玉环、砺石 2 件、策 1 件。第二区有弓形器 1 件、铜弭 2 件、铜镞 10 枚一束、长玉管、玉兽面，又铜镞 10 枚一束、铜戈、短玉管 2 件、牛首刀 1 件、羊首刀 1 件、砺石 2 件。M40 武器有弓形器 1 件、铜镞 20（分两组）件、骨镞 11（一组 10，一组存 1）件、铜刀 1 件、玉环 2 件、砾石 1 件、策 1 件。

族墓地车马坑也有随葬武器工具的，如：

大司空村 M175，石戈 1 件，磨制光滑，尖残断；铜斨 1 件，方銎，刃端薄，似经使用所磨；铜镞 22 件，分大小两种，大者 10 个，出土时重叠在一起，小者 12 件，其中 10 个亦成组重叠，另 2 件散放他处；骨矢 10 件；弓形器 2 件。还有铜刀 1 件、锛 1 件、石觿 1 件。

大司空村发现车马坑 M292，出土铜戈、镞（十枚一束）、弓形器、兽头刀、锛、马鞭柄等。

---

① 陈恩林：《先秦军事制度研究》，吉林文史出版社 1991 年版，第 49 页；中国社会科学院考古研究所编著：《殷墟的发现与研究》，科学出版社 1994 年版，第 144 页。

殷墟西区第七墓区 M43，车厢中有矢箙 1 件，内有铜镞 10 枚，矢箙附近还出弓形器 1 件、铜戈 2 件。

郭家庄 M146，车厢内有铜銎内戈 1 件，车厢前的填土中有铜镞 1 件，还有铜泡、骨管、蚌环等。M147 车厢中有弓形器 1 件、铜戈 2 件。铜镞 12 件，分成两组，分别为 8 枚、4 枚堆放整齐。还有骨管 4 件、铜泡、蚌环等。

梅园庄东南 M41 车厢内有铜镞 16 枚、弓形器 1 件、环首刀 1 件、铜锛 2 件、铜凿 1 件、铜铲 1 件、铜策柄 1 件、石锤 1 件、骨管 1 件、骨觽、兽牙、蚌泡、蚌泡等。

《北组墓葬》发掘报告将 M20 两区的武器又分为三小组，如：甲区（1）石戈、砺石、玉策；（2）弓形器、玉珥、石镞 10 件、马头刀附玉环、砺石；（3）铜戈、铜镞 10 件。乙区（1）羊头刀、砺石、策；（2）弓形器、铜珥、铜镞 10 件、牛头刀、砺石；（3）铜戈、铜镞 10 件。两区兵器装备两部战车，每区三小组正与每车三人相合，不过根据新的研究成果，弓形器应主要属于第一组御马者的装备。族墓地的车马坑中虽然往往没有全套武器、工具随葬，但综合起来可知战车中一般配备有三类武器，包括远射的弓矢、格斗用的戈、护身的兽首或环首刀，还有御马的策、御者的弓形器，以及砺石、铜锛、凿、锤等磨打武器或修理车子的工具。这些装备大抵可以分为三组，一组以御马为主，兼有护身武器，两组皆为弓矢和戈，用以武装战斗人员，这种武器组合表明商代一部战车一般有三名乘员。在殷都以外，山东滕县前掌大车马坑的车厢内出土武器、工具情况相近，但御者似亦多以铜戈为武装，如 M40 有铜戈 3 件、镞 10 件、胄 2 件、皮质盾牌 1 件、弓形器 1 件、铜策 1 件，还有铜锛、凿、斧等工具。M41 舆中有铜戈 3 件、凿 3 件、削 1 件，以及盾牌等。M131、132 车舆内也都有铜戈、铜镞、弓形器、铜策等。

第二节　国防

一　封疆警卫系统

如前所述，周初典籍《酒诰》反映商代存在类似周代的"内服"、"外服"制度，商代考古与甲骨文也可证实当时的官僚体系已逐渐形成了雏形的内外两大类。其职能之一就是构成一个守卫系统，包括王宫守卫、王畿守卫和封疆警卫。

(一) 王宫守卫与王畿守卫

直接反映商代王宫守卫的资料很少，不过从西北冈大墓 M1001 的埋葬看，墓底埋九人、九犬、九戈，分别处于腰坑和墓室四角、椁室四隅，皆成年男子、长成大犬，腰坑内为石戈，余皆铜戈，为保卫墓主的武装侍卫[①]。在一定意义上这些武装近侍反映了商代王宫的守卫布局。有研究者联系殷墟建筑基址奠基仪式掩埋的人体牺牲，探讨商王朝宗庙宫殿建筑的守卫陈设，如提出第十五次发掘的小屯北建筑基址，有三组在靠近门前或门旁的祭祀坑均埋四人、随葬一戈或一戈一犬，其人或相当《周礼》"阍人"；一组于门内分两坑埋五人，从随葬物看似女性，或相当《周礼》"寺人"。研究者还提出，商代都城也是有守卫的，《吕氏春秋·慎势》说"汤其无郼，武其无岐，贤虽十全，不能成功"。郼、岐指商汤、周武的根据地都城，郼有人根据音转读为殷，其实就是卫，因为卫（衛）字从行、韋声，与郼从邑、韋声，声正相同，而卫之旧地正是殷之旧地，后来朝歌也称卫，不是偶然的。商代都城称"卫"，就是有守卫设施的意思。在甲骨文中卫字已用作卫队的意思，包括属于射手组织、战车组织和田猎组织的多射卫、多马卫、多犬卫，直接听命于商王，进行各种与军事有关的活动。[②]

王宫与王畿的安全由守卫部队负责，如前所述，这支常备武装包括王的禁卫军以及多射卫、多马卫、多犬卫等两大部分，卜辞的确常见王呼、令"卫"的卜辞，如：

1. 贞乎卫从𢍰北。
   贞勿乎卫。（《合集》7565）
2. 癸亥卜，贞乎多射卫。（《合集》5748）
3. 贞令多射卫。（《合集》33001）
4. 庚戌卜，㱿，贞令多马卫从盖。（《合集》5711）
5. [己]酉卜，亘，贞乎多犬卫。（《合集》5665）

这些卜辞说明守卫部队也和正式作战部队一样，调动要有王的命令，而且也不仅仅是守卫王宫、王畿，如第 1 版、第 4 版卜辞中的𢍰、盖都是地名，反

[①] 梁思永、高去寻：《侯家庄第二本·1001 大墓》，"中研院"史语所 1962 年版。
[②] 王贵民：《"卫服"的起源和古代社会的守卫制度》，《中华文史论丛》1982 年第 3 辑。

映必要时王也会派他们外出执行战斗任务。

和正式作战部队一样，守卫部队也当有军事行政系统的专职官员，结合考古发掘资料，可知王宫守卫主要由寝官负责，至于主要负责王畿守卫的多射卫、多马卫、多犬卫，是否也在寝官的统辖之下，目前尚不清楚。

在甲骨文中有，从宀、从帚，隶定为"帚"，金文同，或加又，作，是寝字的初文。甲骨金文中的寝字除表示处所外，还表示一种职官，如：

卜辞有："□未卜，宾，贞令寝往温。"（图6—32：《合集》13575）这版卜辞上部略残，但从卜辞行款看，命辞不残。全辞就是卜问是否令寝往温地执事。温为人名、地名、族氏名，西北冈1435号墓出土大圆鼎内底有铭作"温"，《殷墟文字丙编》317有"祖丁若小子温。祖丁弗若小子温"的对贞①，武丁卜辞中还见"有亡刍自温十人又二"②的验辞，是关于温地畜牧奴隶逃亡的记载。

记事刻辞有宰丰骨："壬午，王田于麦麓，获商戠兕，易宰丰，寝小𦎧眡。在五月，隹王六祀彡日。"③为大型动物肋骨，一面雕有纹饰并镶嵌绿松石，另一面是记事刻辞，帝乙帝辛时期遗存。刻辞记载王在麦麓猎获大兕，赐予宰丰，寝官小𦎧传达执行了王命。文中的"宰"、"寝"都是官名，与族名或私名结合成"宰丰"、"寝小𦎧"表示一个个人。

图6—32 《合集》13575

商代金文作册般黿铭文："丙申，王祕于洹获。王一射，殪射三，率亡灋矢。王令寝馗貺于作册般，曰奏于庸，作汝宝。"④这是新发现的铜器铭文，记载商王在洹水获一大黿，先一射，再三射，箭无虚发，四矢皆深入鳖体，王令寝馗将大黿赐予作册般，把王四射皆中的精湛射术铭记于庸器之上，作为永保。研究者还提出"'寝'是王之寝宫，此处之寝是在寝宫内服侍王的王之近臣的职官名"，"寝官直接服侍于王

---

① 张秉权：《殷墟文字丙编》第317片考释，"中研院"史语所1965年版。
② 《甲骨文合集》13575。
③ 《中国国家博物馆馆藏文物研究丛书·甲骨卷》261片。
④ 《新收殷周青铜器铭文暨器影汇编》1553。

左右，负责执行和传达王日常旨意"①，也有研究者说寝官，"近于《周礼》宫伯，是管理宫寝的近臣"②。这篇铭文中，王命也是通过"寝"传达的，类似的事例也见于西周金文，如20世纪末，上海博物馆新入藏了西周中期的殷鼎，铭文51字，其中有"隹正月既生霸丁亥，王在西宫，王令寝易殷大具"③等等。

还有一些是关于寝官受赏赐的记载，如：

辛亥，王在寝，赏寝秋口贝二朋，用作祖癸宝障。（寝秋簋，《殷周金文集成》3941）

甲子，王易寝孳赏，用作父辛障彝，在十月又二，遘祖甲叠日，隹王廿祀。（寝孳鼎，《新收殷周青铜器铭文暨器影汇编》924）

辛卯，王易寝鱼贝，用作父丁彝。（寝鱼簋，《新收殷周青铜器铭文暨器影汇编》141）

庚午，王令寝䢼省北田四品，在二月，作册友史易䢼贝，用作父乙障。羊册。（寝䢼鼎，《殷周金文集成》2710）

前三篇铭文都是寝受王赏赐，镂于金石，传之子孙。从寝秋簋铭可知，赏赐有时是在"寝"进行的。末篇记载寝䢼奉王命外出巡视农田，得到作册赐贝，作父乙祭器。末署"羊册"是族氏徽号，亦即作器者的"氏"。

这些资料都表明商代的"寝"也是职官名，且为王的近臣，他们负责传达王的指令，受王命外出行使某些职责，其职司与小臣有相近之处。见于金文的"寝某"，除上述列举者外，还有"寝出"、"寝玄"、"寝处"、"寝䍙"、"寝印"等④。正是根据这些甲骨金文资料，如上所述，有研究者认为寝是管理宫寝的近臣，相当于《周礼》的宫伯之类⑤，或论"'寝'是王之寝宫，寝

---

① 朱凤瀚：《作册般鼋探析》，《中国历史文物》2005年第1期。
② 李学勤：《作册般鼋考释》，《中国历史文物》2005年第1期。
③ 陈佩芬：《新获两周青铜器》，《上海博物馆集刊》第八期，2000年。
④ 《殷周金文集成》8295、8296、10029、5302，钟柏生等：《新收殷周青铜器铭文暨器影汇编》14，艺文印书馆2006年版。
⑤ 李学勤：《考古发现与古代姓氏制度》，《考古》1987年第3期；《作册般鼋考释》，《中国历史文物》2005年第1期。

官直接服侍于王左右，负责执行和传达王日常旨意，这些认识虽然能够得到成文的史料支持，然而安阳考古发掘提供的新资料却揭示长期以来的这种看法不够全面。

据今所见，"寝印"、"寝出"、"寝鱼"、"寝孳"四种铭文铜器出于科学发掘的墓葬。其中寝孳鼎出土于山西天马曲村遗址的西周墓中，是后人收藏的前世文化遗物或战利品，已属于传世铜器了，其余三种铭文见于河南安阳商代遗址中的四座墓，由于出土的铜器铭文比较单纯，基本可以推断"寝某"为其中三座墓的墓主，这三座墓为我们认识寝官的性质提供了重要史料。

出土"寝印"铭文墓葬86ASNM25和86ASNM29在大司空村南，属于安阳大司空村东南地墓葬群，两墓相距1.5米，开口层位及深度一致，平行排列，各随葬两爵，銎内均有铭文"帚印"二字，其中86ASNM25墓长3.14、宽1.90米，棺椁上都有较厚的红漆，有腰坑，墓葬南半部被一古井打破，随葬品存礼器：铜觚1件、爵2件。兵器：铜钺1件、戈6件。钺身亚腰形，弧刃，两角稍残，长方形内，钺身及内饰兽面纹，通长22.5、刃宽14.5厘米，属中型铜钺；鸟首式曲内戈皆为实用器，大而厚重，曲内部分的花纹有凹槽，用以镶嵌绿松石，全长约30厘米。还有铜镜1件，直径7.5、厚0.3厘米，简报指出截至20世纪80年代末，殷墟发掘共出土五面铜镜，侯家庄M1005中出土一面，妇好墓随葬四面，此墓所出为第六面铜镜，虽远不如妇好墓的精美，但在小型墓中还是第一次。玉器包括玉戈、铜柄玉矛以及玉环、玉璜、柄形饰、管状饰等9件，其中铜柄玉矛制作精美，铜柄上有两组用绿松石镶嵌的蛇纹图案，末端有简化饕餮纹图案，长21厘米。86ASNM29在M25西侧，墓圹稍小，长2.40、宽1.10—1.20米，腰坑殉犬1。随葬铜鼎1件、觚2件、爵2件，铜戈8件，玉管状器、柱状器各1件，陶簋1件。根据随葬的青铜器，两座墓是同一时期的，属于殷墟二期中段，即年代相当于武丁后期至祖庚祖甲时期。[①] 值得注意的是简报指出，两墓所出的四件铜爵几乎可以说是同范所出，这意味着它们是被同一位"寝印"同时铸造的，换言之，两位墓主不是先后相继的两代"寝印"，而是同时生活于同一家族的两个关系十分密切的成员，其中只有一座是"寝印"之墓，从

[①] 中国社会科学院考古研究所安阳队：《1986年安阳大司空村南地的两座殷墓》，《考古》1989年第7期。

整体看，形制较大的 86ASNM25 可能性更大，因为该墓与其他两位"寝某"的墓葬有一些共同的特点。

出土"寝出"铭文铜器的 80ASM539 在大司空村东南，也属于安阳大司空村东南地墓葬群，该墓口长 3.30、宽 1.45 米，殉一人殉一犬。随葬品近百件，包括青铜器 86 件、陶器 2 件、玉石骨蚌制品 11 件。其中青铜礼器 14 件，为鼎、甗、簋、盘、罍、鸮卣、斝、觯、斗、箕形器各 1 件，觚、爵各 2 件。青铜兵器 68 件，其中青铜钺 1 件，通长 22.4、刃宽 16.8 厘米，饰兽面纹。又，銎斧 1 件、戈 13 件、矛 1 件、环首刀 1 件、镞 50 件、弓形器 1 件。此外有骨镞 5 件。数件铜器有铭文，如簋内腹壁铭文"辰寝出"、盘底圈足内铭文"鼓寝"、爵鋬内铭文"寝出"、斝底铭文"亚"。青铜礼器的分期亦为殷墟第二期中段。简报指出在十多件青铜兵器中，环首刀和銎斧与殷墟常见的兵器迥异，可能是由北方草原地区传入的。从随葬铜器组合看，M539 接近小屯 M18，但墓主身份低于 M18 的墓主，根据铜器铭文，简报推测此墓主为出族人，"寝"可能是墓主担任的职务。①

出土"寝鱼"铭文铜器的是殷墟西区 M1713，属于该片族墓地的第七墓区。墓长 3.00、宽 1.56 米，有腰坑，墓中殉人 3、殉犬 2。随葬品 190 余件，包括陶器 10、青铜器 91、玉石器 46、骨蚌制品 46。其中青铜礼器 17 件，为鼎 4、甗 1、簋 2、斝 1、爵 3、觚 2、卣 1、尊 1、盉 1、盘 1。青铜兵器 65 件，包括钺 2，一件通长 19.3、刃宽 16.6 厘米；另一件通长 20.1、刃宽 16.6 厘米。又，戈 30、矛 30 件，卷头刀一对，马头刀 1（图 6—33：M1713 随葬兵器组合，《考古》1986 年第 8 期）。墓葬年代属于殷墟四期晚期，即帝辛时期，从随葬品看墓主担任过重要的军事职务。青铜礼器中有 5 件带有铭文的实用器，即：I 式鼎 M1713：27 器内铭文"壬申，王易寝鱼贝，用作兄癸障，在六月，隹王七祀翌日"；I 式簋 M1713：33 器底铭文"辛卯，王易寝鱼贝，用作父丁彝"；I 式爵 M1713：50 器铭同簋，盖铭"亚鱼"；II 式爵 M1713：43、44 鋬内铭文皆作"亚鱼父丁"。简报认为"鱼"为墓主族名，亦即氏族徽号，"寝"是墓主身前担任的职务。②

---

① 中国社会科学院考古研究所安阳队：《1980 年河南安阳大司空村 M539 发掘简报》，《考古》1992 年第 6 期。

② 中国社会科学院考古研究所安阳队：《安阳殷墟西区一七一三号墓的发掘》，《考古》1986 年第 8 期。

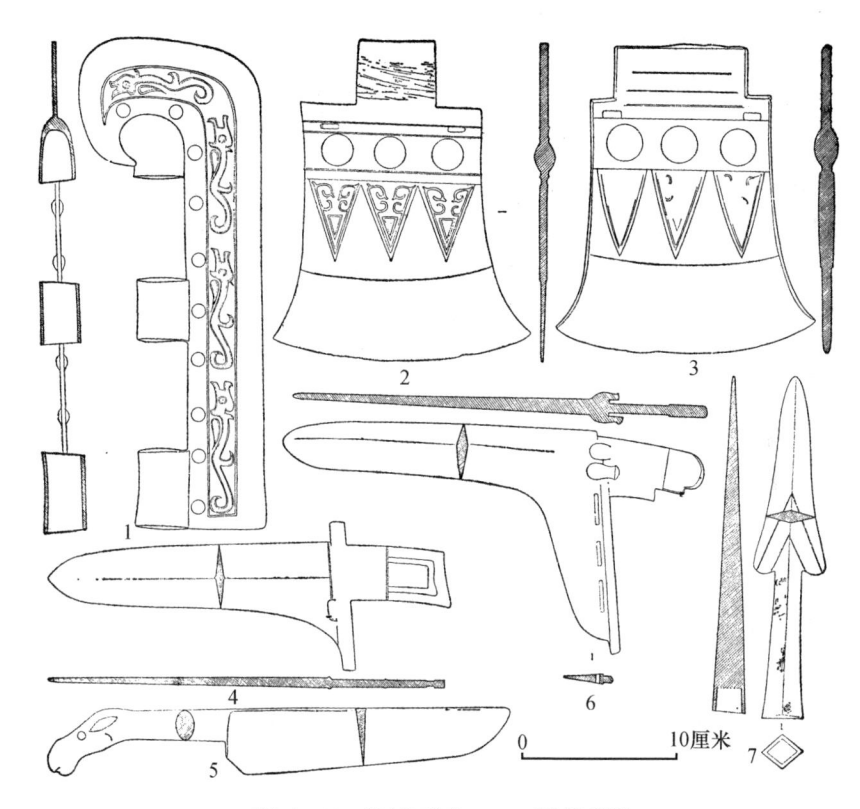

图 6—33 殷墟西区 M1713 随葬兵器

这三座寝官之墓有一些共同的特点。第一，都属于小型墓中形制较大、有成套礼器随葬的墓，而且不仅有较多的兵器，还都有中型青铜钺，可见墓主生前不仅是有一定地位的中等贵族，也是权力较大的军事长官。[①] 第二，都有一些小型墓中少见甚至不见的随葬品，例如 86ASNM25 的铜镜、80ASM539 的环首刀和銎斧，还有鸮卣和斗，这几种器类曾见于妇好墓，却不见于小屯 M18。[②] 殷墟西区 M1713 除有两件铜钺以外，还有一对卷头刀，研究者指出，近半个多世纪以来，殷墟科学发掘出土的卷头刀只有 7 件，出

[①] 杨锡璋、杨宝成：《商代的青铜钺》，《中国考古学研究——夏鼐先生考古五十周年纪念论文集》，文物出版社 1986 年版。

[②] 中国社会科学院考古研究所安阳队：《安阳小屯村北的两座殷墓》，《考古学报》1981 年第 4 期。

于 4 座墓，且都与青铜钺共存，有迹象表明其用途不仅是武器，还是一种"明贵贱，辨等列"的礼器。① 其中最值得注意的是三座墓都有通长 20 厘米以上的中型铜钺，这是寝官握有军权的象征。

在商代钺是军权的象征得到了文字与考古资料的双重印证，武丁的法定配偶妇好是拥有兵权的，在她的墓中有大型和中型铜钺各两件。亚是商代高级军职，出土"亚长"铭文青铜器群的花园庄 M54 和出土"亚址"、"亚奠址"铭文青铜器群的郭家庄 M160 的墓主都是身居"亚"职的高官，两座墓的时代分别属于殷墟文化二期偏晚和三期偏晚，但有不少共同因素。第一，有大量的随葬品，不计铜镞、铜泡、金箔等小件，M54 出土随葬品 577 件，其中青铜器 265 件重量 324 公斤；M160 出土随葬品 353 件，其中青铜器 291 件重量 253 公斤。第二，随葬的青铜礼乐器都在 40 件以上，都包括有方鼎 2，觚、爵（或角）9—10 套，斗 1，编铙 3。第三，随葬兵器多，戈的数量分别为 73 和 119 件、矛分别为 78 和 97 件、镞分别为 881 和 906 枚；都有卷头大刀，分别为 3 和 2 件；都有与御马相关的装具弓形器②、铜策，且都随葬一套铲、锛、凿等工具，M160 还有附葬的车马坑、马坑。不仅如此，随葬品中都有一件通高 30 余厘米以上、重 4—5 公斤上下的大型铜钺，并有两件以上通长 20 厘米以上、重 0.6—0.7 公斤上下的中型铜钺。

殷墟还发现一座出土"亚🉐"、"🉐"、"亚"铭文铜器群的墓葬刘家庄北 M1046③，墓葬年代为殷墟四期偏晚段。随葬的 33 件青铜礼器中 24 件有铭文，其中有两件时代偏早，可能是殷墟三期传下来的，一为方彝，盖铭"🉐"、器铭"亚🉐"，一为斝，鋬内铭文"🉐"，表明早在殷墟三期时该族已有此徽号。换言之，至迟在康丁武乙前后，该族的代表人物已用"亚🉐"之名，此后作为家族的徽号——氏，一直沿用到墓主生活的帝辛时代。由于商代存在世官世禄，其后裔有可能依然担任"亚"职，也可能不担任，

---

① 刘一曼：《殷墟青铜刀》，《考古》1993 年第 2 期；《论安阳殷墟墓葬青铜武器的组合》，《考古》2002 年第 3 期。M269 墓葬资料见安阳市文物工作队《殷墟戚家庄东 269 号墓》，《考古学报》1991 年第 3 期。

② 参见林沄《再论挂缰钩》，《林沄学术文集》，中国大百科全书出版社 1998 年版；孙机《商周的"弓形器"》，《中国古舆服论丛》（增订本），文物出版社 2001 年版。

③ 中国社会科学院考古研究所安阳队：《安阳殷墟刘家庄北 1046 号墓》，《考古学集刊》15，文物出版社 2004 年版。

但是，即使不担任，仍可以作为家族徽号铸造、拥有并以"亚某"铭文铜器群随葬。M1046有殉人6、殉犬1，报告指出随葬品中有青铜礼器33件，包括爵、觚、角10件，相当随葬5套青铜觚爵的墓葬；也有较多的兵器，包括戈28、矛27、带有镂空式脊棱的直柄刀1，还有镞183枚。又，玉石器66，包括55件石璋，其中18件有墨书文字。但是与身居"亚"职高官的花园庄M54、郭家庄M160墓主相比，从随葬青铜器的总量和类别，如青铜觚爵的套数、编铙的有无、武器的数量上看，M1046无疑要低一个等次，其墓主仅为中等贵族，不属于"亚"这一高级军职，与此相应的是他的墓中没有象征军权的铜钺，较多的武器仅表明作为一个贵族世家的代表人物，有自己的私属武装。

所以，寝官拥有中型铜钺，正表明他们拥有相当的军事指挥权，随葬的戈、矛等兵器一般不多，应与"寝"统辖的属于保卫王宫的常备武装有关。

《说文》宀部有"寝"释为"卧也"，"寝"多表示"寝宫"，但在古代社会，寝或寝庭还是行政事的地方。丁山曾论路寝即大寝，亦王听政之所，甲骨文中的寝都该作大寝或路寝解[①]，这是有道理的。《周礼·天官冢宰·宫人》"宫人掌王之六寝之脩"，郑氏注引《玉藻》："朝，辨色始入。君日出而视朝。退适路寝听政。使人视大夫，大夫退，然后适小寝，释服。"孙希旦《礼记集解·玉藻》解释说"君既退适路寝，卿大夫亦治事于治朝之左右，或事有当入谋于君者"，"俟大夫治事毕退朝，然后退适小寝适服也。"《左传·成公六年》还有一则在路寝之庭议政事的实例，"晋人谋去故绛"，晋景公在外朝（或治朝）听取众大夫关于迁都的意见以后，遍揖群臣而退，仆大夫韩献子（厥）随入寝庭，君臣进一步讨论新都选址问题，最终决定迁于新田。对于"寝庭"，杜预注：路寝之庭。杨伯峻《春秋左传注》解释说："寝，路寝，亦曰正寝，人君一般在此理政，遇斋戒或疾病，亦居于此。寝庭，路寝外庭院。"这说明直到春秋时，寝仍是治事之所。所以最初寝官并非在"寝宫"内服侍王的近臣。

值得注意的是"将新军"的韩献子"且为仆大夫"。仆大夫，一般认为相当《周礼·夏官》太仆之职，其职责包括上传下达臣下的奏事与王之教令，王以大事出入宫门时别乘车为王前驱，征伐、田猎、日月食须王亲鼓时

---

① 丁山：《甲骨文所见氏族及其制度》，中华书局1988年版，第68—69页。该书写作较早，初版于1956年。

协同于王、王宴饮、主持朝政事、行大射之礼时在王左右相助等，而《周礼·夏官司马·叙官》贾公彦疏指出，仆的主要职责是侍御于君，"凡言仆御者，是武卫之事"。商代的寝官既拥有统领武卫的军事指挥权，又作为商王近臣，其职责也包括传达王的指令、代替王外出执行某些政事，因此可能更接近于《周礼》的夏官太仆。

历史上官制是不断演化的，尤其是和三代相比，官僚机构愈加繁多，官吏职司愈加具体，《左传》和《周礼》虽然与商代有很大距离，但在后世的资料中还可以看到某些历史的影子，例如春秋时楚国有"寝尹"，历来认为是管理宫寝的官，宋代程公说《春秋分记·职官》有"寝尹盖司王之寝处"。但《左传·哀公十八年》记载一则寝尹被授予军事指挥权的实例："巴人伐楚，围鄾"，楚惠王使公孙宁为右司马"帅师而行。请承，王曰：'寝尹、工尹勤先君者也。'三月，楚公孙宁、吴由于、薳固败巴师于鄾"。公孙宁请任命辅佐官，惠王遂任命寝尹吴由于、工尹薳固为辅。这不仅说明寝尹"司王之寝处"要负武卫之责，能被任命为出征主帅的辅佐官，也应与历史上的寝官曾拥有军事指挥权的传统有关。

王宫守卫是商代国家防御系统的一个重要环节，由寝官负责，寝相当于《周礼》的太仆之类，寝官之首执中型铜钺，负责王的治事之所和居寝之所——王宫的守卫，王宫守卫部队的核心最早是从王的扈从军演化来的，基本构成为王族子弟和臣、仆等王之近侍。有研究者考订，这种守卫部队在西周就是虎贲——虎臣，虎贲之职或相当于师氏之一。[1] 在商王朝王宫守卫部队之长当为"寝"，从考古发现的"寝某"铜器或铜器群的铭文看，商代的寝官往往以"亚"或"亚某"为氏，即由世代担任商王朝重要官吏、尤其是有武职传统的家族成员担任。但其本人大抵相当于拥有三套觚爵的中级贵族，而商代的高级军职"亚"则属于拥有九至十套觚爵的高级贵族[2]，所以其职权、地位显然在"亚"之下。

(二) 封疆警卫

属于封疆警卫系统的有侯、甸、男、卫、邦伯，这些所谓"外服"的诸侯，相当一部分是由商王朝的职官经历一定发展演化而成的。商王朝建立

---

[1] 王贵民：《商周制度考信》，台北明文书局1989年版，第211—212页。

[2] 关于铜器组合与等级身份，参见杨锡璋、杨宝成《殷代青铜礼器的分期与组合》，中国社会科学院考古研究所编著《殷墟青铜器》，文物出版社1985年版。

后，为了加强统治，不断派出贵族奴隶主带领其族众进驻新被征服的地区或四土的某些有战略意义的地点，通过作邑、垦田或驻守，建立星罗棋布的统治据点。被派出者均有一定官职，如根据文献记载，侯本是"为王斥候"，即武装捍卫王畿的武官；甸即甲骨文中的田，是为王室"治田入谷"，管理王室经营的农业生产的官吏；男是"任土"作贡赋，即管理国家土地和农业赋税的官吏；卫是"为王捍卫"的官吏①。他们被派出后，则不仅要为商王垦田放牧，更重要的是承担封疆警卫职责，在这过程中发展起了自己的势力，成为有一定独立性的诸侯。中央王朝在承认了这种由职官发展而成的诸侯以后，进而用侯、甸、男、卫的称号封建诸侯，并授予一些臣服方国的君主。

见于殷墟甲骨文的侯、甸也如同亚等一样，有多侯、多田之称，如：

6. 以多田、亚、任……（《合集》32992）
7. 以多田伐，又封迺……（《合集》27893）
8. 多侯归。（《屯南》3396）

此外，商末伐夷方卜辞中也有册命告诸侯，调集多侯兵力出征夷方的内容。卜辞中涉及个体的侯则称某侯某或简称某侯、侯某，田则多称"在某田"。

殷墟卜辞中的侯数量相当多，据统计约40余②，如：

9. 丙戌卜，亘，贞蒙侯虎其御。（《合集》3286）
10. 贞［叀］陞［令］比蒙侯归不。
    贞叀象令比蒙侯。（《合集》3291）
11. 己巳卜，争，侯告再册，王勿辛𠂤。（《合集》7408）
12. 癸亥卜，王，贞余比侯专。八月。（《合集》3346）
13. 戊寅卜，乎侯敖田。（《合集》10559）
14. 壬□［卜，王］，令□取［𠬝］侯以。十一月。（《合集》3331）
15. 癸丑贞，王令剛㝎𠬝侯。（《屯南》920）

---

① 王贵民：《"卫服"的起源和古代社会的守卫制度》，《中华文史论丛》1982年第3辑。
② 张秉权：《卜辞所见殷商政治统一的力量及其达到的范围》，《历史语言研究所集刊》五十本一分册。

16. ……呈田[于]🉐侯。十二月。(《合集》3307)

17. 壬戌卜，争，贞乞令受田于🉐侯。十月。(《合集》10923)

第9、10辞䝙侯虎、䝙侯为同一个人，要经常出入王廷勤劳王事，从第8、11、12版卜辞可知侯要参与商王部署的对外征伐活动。第13辞是受王命参与田猎，也与军事活动有关。从第14辞可知侯还有贡纳义务，从第15辞可知他们和商王朝的关系有时也不大和谐，因而商王会派人加以敕戒镇抚。而武丁所以特别重视占侯，还与他的地理位置有关，卜辞曾见"令周往于占"、"吾方其敦占"①，显然是处在殷之西，且为保卫中土的最外一道防线上。从第16、17辞可知商王可以派人到多侯的领地内垦田，卜辞还见"贞受……🉐侯"②，为第17辞的同文卜辞，可见开垦耕地亦为大事，要反复占卜。此外卜辞有犬侯、亚侯③，商王不仅指令他们参与征伐等政事，卜辞还有"犬受年"、"亚受年"④ 的内容，关心他们土地的收成，这是因为"多侯"还有贡纳的义务。

臣服方国的方伯与侯的地位、作用相近，如：

18. 癸亥卜，永，贞🉐克以多伯。二月。(《英藏》199)

19. 壬午[卜]，㱿，[贞]王叀昜白猭比。(《合集》3384)

20. [贞]王叀昜白猭🉐。(《合集》3385)

21. 壬子卜，送，贞罙白……(《合集》3401)

22. 癸卯卜，贞雀宓罙亡祸。(《合集》22317)

23. 癸亥贞，于罙呈……

癸亥贞，王令多尹呈田于西，受禾。(《合集》33209)

第18版卜辞表明和"多侯"一样，武丁时已有一批服属的方伯，第19、20版是关于昜伯猭的卜辞，可以和第11、12辞相比，臣服的方伯也要受命于商王参与征伐。第21—23版是关于罙伯的卜辞，内容与第15—17辞相类。

---

① 《合集》4883、8529。

② 《合集》3308。

③ 《合集》6813、《屯南》502。

④ 《合集》9793、9788。

卜辞中出现的方伯名号近40个，相当数量是敌对方国的首领，但也有一部分是服属于商的，他们在以武力捍卫商王朝方面起重要作用的，如武丁时有大将沚馘，同期卜辞又有沚方、伯馘①，武乙文时则有大将沚或，应该是累世相承的沚方的伯长，又如蚁伯②以及向商王报告边境敌情的蚁妻笒等，他们与多侯一起构筑了商王朝封疆警卫的第一道防线。

在商代后期，田已成为商王对外征伐的主要力量之一。商王朝晚期较大规模用兵，如伐四邦方和盂方的卜辞都有王师"比多田、多伯"或"比侯、田"大军出征的内容。由于最初的田是被派出为王朝垦田者，所以在卜辞中多称"在某田"，如：

24. 贞在攸田武其来告。（《合集》10989）
25. 丁酉，中录卜，在今，贞在狱田莫其以右人舌，亡灾。
    不雉众。（《甲编》2562）
26. 乙未卜，𡧊，贞在𡧋田黄又（右）赤瑪，其𠭰……（《合集》28196）
27. 丁丑卜，在义田来执羌，王其升于大乙、祖乙又正。（《屯南》2179）
28. 叀在庞田封示，王弗每，□。
    叀在𦣞田又示，王弗每，漢。
    叀在㵒田𦣳示，王弗每，漢。（《屯南》2409）

第24版卜辞中"在攸田武"的构成包括职名"在某田"和私名"武"两部分，但也有省略私名者，如第27辞作"在义田"。"来告"，在卜辞中主要包括两方面内容，一是犬来告发现大兽踪迹，二是边地传报军情，"武其来告"当为后者。第25辞"以右人舌"，是带领右部军队进行攻击，同版的"不雉众"，卜兵力配置。第26、27版是"在㵒田"进献马和"在义田"进献用为人牲的羌人的卜辞。第28版卜辞的"示"或如记事刻辞常见的用法，表示检视，或当读"寘"，孙海波说：示、寘字通，董作宾已言之，寘、置古通

---

① 《屯南》4090；《合集》5945。
② 《合集》20078、20079。

用，置舍双声，二字互为音训，舍又可解为"予"①。总之这组连续占卜是王要在三位"在某田"中，选择一人从事某项王事活动，可见"田"不仅从事农垦，还要承担各种职贡以及封疆警卫的职责。

与"田"情况相近的是"牧"。在卜辞中也常称作"在某（地）牧"，是被派到四土侯伯封域内带领族众从事畜牧业的，虽然与"田"从事的生产活动不同，但职责是一样的，如：

29. □□卜，宾，贞牧称［册］……登人［敦］……（《合集》7343）

30. 丁亥卜，□，贞牧□爯册，曹□［王］……（《合集》7424）

31. 辛未贞，才彡牧来告，辰卫其比史，受又。（《合集》32616）

32. 壬申卜，才攸，贞右牧㠯告启，王其乎戍比宙伐，弗每，利。（《合集》35345）

33. 癸酉卜，戍伐，右牧㠯启人方，戍又戋。（《屯南》2320）

第29、30版为武丁卜辞，其中的"牧"可能因从事牧之职，已演化为族名、人名，第31、32版为武乙文丁和帝乙帝辛卜辞，第33版是康丁卜辞，可见其职责也是传报军情，受命出征。第31辞的"辰卫"当属于所谓"侯、甸、男、卫"之卫，是被商王派驻在商都以外某地保卫商王朝的武官。②"卫其比史"中的"史"，是商王派出的武官，属于内服，经常要向中央王朝述职，沟通内外服。第32、33版反映商代晚期王调用戍师出征，而以"牧"率领前军。

据已有的资料，派出田牧的地区多是有战略意义的地点，如第16、17辞垦田于彡侯，第23辞是垦田于冒伯之地，这两个人名或地名都是较多见于卜辞的，卜辞还有"王其乎卫于冒，方出于之"，知冒地处方方入侵的通道。又如罟、浑，在甲骨文中浑仅作地名，罟常表示"安宁"、"宁止"，也作地名。武乙文丁卜辞有"于浑次"、帝乙帝辛卜辞有"在罟师"③，武丁卜辞有

---

① 孙海波：《诚斋考释》，转引自于省吾主编《甲骨文字诂林》，中华书局1996年版，第1046页。

② 裘锡圭：《甲骨卜辞所见"田"、"牧"、"卫"等职官的研究》，《文史》第19辑。

③ 《合集》32277、36949。

第六章　商代的军事装备与国防　505

"贞翌丁亥我狩罕"、"贞翌丁亥勿狩罕"、"翌丁亥勿焚罕"、"翌丁亥焚罕"的反复占卜，帝乙帝辛卜辞有"在罕，〔贞王〕迓于□往来亡灾。"① 可见该地是商王师次、往来、田猎之地。陈梦家认为二字所指之地，即《韩诗外传》所言武王伐纣勒兵于宁，更名宁曰修武之地，即大陆吴泽所在，古之田猎区。② 张秉权则认为卜辞有"我戋獋，在罕"，则罕必近于獋，而獋曾伐棘，即可能是周文王子叔振铎所封之曹（山东定陶），所以罕应系殷都东南的田猎区③，其说虽不无道理，但曹地近东夷，而潭为羌方入侵之地，如廪辛康丁卜辞有"于潭，帝乎御羌方于之，戋"④，故在殷都东南说尚难以确定，但可知罕、潭属于有战略意义的地点。

此外，卜辞有：

34. ……中牧于义，攸侯山鄙。（《合集》32982）
35. 甲戌卜，宾，贞在易牧获羌。（《殷契遗珠》758）

从第34辞可知义在攸侯边鄙，第27辞"在义田"已进入攸侯之地，第35辞的"在易牧"所居可能是易伯之地。这些派往侯伯之地的田、牧，有的虽然后来也发展成地方势力，但最初的目的还是为了加强中央对地方侯伯的控制。又如：

36. 癸巳卜，宾，贞令众人肆入绊方皇田。（《合集》6）
37. 贞王令多〔尹入〕绊皇田。（《合集》33213）
38. □子贞，于□方皇田。（《合集》33211）
39. 戊辰卜，宾，贞令永皇田于盖。（《合集》9476）

第36、37版卜辞分别为武丁卜辞和武乙文丁卜辞，显然与武丁及康武文时期伐绊方，以及对其他羌人方国的征伐有关；第38辞残但也是进入了周边方国之地，这一类的"皇田"应有屯戍的目的。第39辞"盖"的地望尚难

---

① 《合集》11006、11007、36934。
② 陈梦家：《殷虚卜辞综述》，科学出版社1956年版，第261页。
③ 《丙编考释》上辑（二），"中研院"史语所出版社1959年版，第148页。
④ 《合集》27972。

断言，但卜辞有"令多马卫从盖"，还有"惠盖犬比，亡戈"①，都透露出该地对于王朝守卫具有某种意义。

田野考古调查发掘也揭示出这一警卫系统某些据点的分布，在北土，如前所述河北藁城是东西南北交通要冲之地，在商代前期即二里岗上层或稍早，就有一支商人在滹沱河畔今藁城台西兴建了聚落。相当于殷墟早期时遭火灾毁弃，人们迁至台西村东南1.5公里的故献村，营建了新聚落，从商代晚期一直延续到西周早期。在台西遗址已发掘出的112座小型墓中，有18座随葬了武器，5座墓出土有钺，包括小型铜钺3件、铁刃铜钺1件、石钺1件；8座墓出土铜戈8件、铜戟1件；12座墓出土了铜镞19件、骨镞9件。②藁城以南，在邯郸地区，武安赵窑遗址不仅有商代早中期遗存，还发现19座商代晚期的墓葬，绝大多数有腰坑或还有殉犬，是商人的葬俗。在10座墓圹较大、随葬品较多的墓中，1座仅有青铜礼器、5座有青铜礼器和兵器、3座有铜兵器、1座随葬石戈。出土的青铜兵器包括戈16件、矛2件、镞3件③。在邢台地区，位于太行山东麓山前平原的邢台葛庄遗址包括先商、中商直至晚商的遗存④。

盘庚迁殷以后虽然中止了北进的势头，但在藁城以北仍有与中心区关系密切的商代遗址。如保定地区的定州北庄子发掘出一处商代晚期的贵族墓地，42座商墓排列有序，普遍有木质葬具，较大的墓中一般有殉人1—2个，41座墓有殉犬1—10不等。31座墓随葬铜器274件，其中包括钺2、戈56、矛11、镞27，还有弓形器5。《简报》指出，从总体看，墓葬形制、埋葬制度、器物形制纹饰都显示出与商王朝中心有非常密切的关系，是商文化不可分割的组成部分。在M38、M95出土的戈、鼎的铭文中均有"丮"字徽号⑤，该字当即《说文》训"举目使人"之旻字，数见传世铜器⑥，甲骨文作丮形，虽

---

① 《合集》5711、《屯南》4584。

② 河北省文物研究所：《藁城台西商代遗址》，文物出版社1985年版。

③ 河北省文物研究所：《武安赵窑遗址发掘报告》，《考古学报》1992年第3期。

④ 河北省文物研究所：《河北邢台市葛家庄遗址北区1998年发掘简报》，《考古》2000年第11期。

⑤ 河北省文物研究所、保定地区文物管理所：《定州北庄子商墓发掘简报》，《文物春秋》1992年增刊。

⑥ 罗振玉：《增订殷虚书契考释》，第57页上，丁卯二月东方学会印、《三代吉金文存》2.5、2.10、14.34、14.26、19.4。

多为残辞，但联系考古发现可知属于商人的一支，商代晚期或如《简报》所推测，成了商王朝北方的一个方国。又如保定以北的容城上坡遗址，也发现有晚商文化遗存，包括灶址、灰坑、卜骨、陶器、石器、骨器及刀、镞等小件铜器。① 在唐山地区，卢龙和迁安都发现了商代晚期的遗址或文化遗存，有研究者考订其地即《括地志》所谓"殷时诸侯孤竹国"。②

在东土，考古学研究成果表明晚商时期商文化东扩至淄河、潍河流域，逐渐形成新的时代特征，并可分为三个地方类型，即泰沂山脉北侧地区的苏埠屯类型、苏鲁豫皖交界地区鲁西南和豫东一侧的安邱类型、鲁南地区的前掌大类型③，不仅有比较密集的遗址分布，其间还有一些大型遗址或墓葬。在泰沂山脉北侧地区，如前所述，商代前期就在济南大辛庄建立了东进的基地，研究者指出大辛庄位于泰沂山北缘，古济水之南，是扼控中原地区通往山东半岛沿海地区的水陆交通之要道，而济水恰恰正是《禹贡》所言兖、青二州的贡道，战略地位非常重要。大辛庄商文化遗址的全盛期是在大辛庄一至五期，即二里岗上层一期至殷墟二期，晚商重心东移桓台史家、青州苏埠屯。④ 桓台史家遗址是一处自龙山文化至商代晚期带有防御设施的环壕聚落，晚商遗存直接叠压在岳石文化晚期遗存之上，环壕始建于龙山文化，岳石文化和商代都曾继续加补使用。岳石文化一般认为属于土著夷人的文化，叠压其上的晚商遗存最早属于殷墟二期，延续到商末或商周之际。晚商遗存发现有祭祀坑及大片墓地，自 1964 年以来，在翻地取土等过程中，多次出土商代青铜器，铭文包括"举"、"命"、"箕"、"鱼"等徽号。⑤ 青州（原益都县）苏埠屯发现一处相当殷墟三、四期的贵族墓地，经两次调查、

---

① 河北省文物研究所、保定文物管理所、容城县文物管理所：《河北容城县上坡遗址发掘简报》，《考古》1999 年第 7 期。

② 唐云明：《河北境内几处商代文化遗存记略》，《考古学集刊》2，中国社会科学出版社 1982 年版；尹小燕：《迁安县发现商代器物》，《文物春秋》1996 年第 1 期。

③ 中国社会科学院考古研究所编著：《中国考古学·夏商卷》，中国社会科学出版社 2003 年版，第 313—318 页。

④ 方辉：《2003 年济南大辛庄遗址的考古收获》，王宇信等主编《2004 年安阳殷墟文明国际学术讨论会论文集》，社会科学文献出版社 2004 年版。

⑤ 参见《桓台史家遗址发掘获重大成果》，《中国文物报》1997 年 5 月 18 日；张学海：《史家遗址的考古收获与体会》，《中国文物报》1998 年 2 月 4 日；张光明：《山东桓台史家遗址发掘收获的再认识》，中国殷商文化学会编《夏商周文明研究》，中国文联出版社 1999 年版。

勘探、发掘，共清理了10座商代墓葬和1座车马坑，其中M1为四条墓道的亚字形大墓，殉人48、殉犬6。随葬品经多次盗掘仍存铜鼎、方鼎、斝、爵、有"亚醜"铭文的大型铜钺、戈、矛、镞、斧、锛、铃以及陶、石、骨、玉器、金箔、数千枚贝，墓主显然是方伯一类人物。M8为一条墓道的甲字形墓，两椁一棺，殉犬2，随葬器物312件，其中青铜礼、乐器29件，包括方鼎、圆鼎、簋、斝、觚、爵、尊、觯、罍、卣、斗、铙等；青铜兵器350件，包括中型铜钺2、矛10、戈16、卷头刀2、镞204枚、弓形器1。多数青铜礼器上有"融"字徽号，墓主显然是在方伯之下，握有一定兵权的武官。M7是一座长方形土坑竖穴墓，殉人3，随葬品35件，包括青铜鼎、簋、觚、爵、戈、铃等16件及陶器、石铲等，随葬铜器部分为实用器，并有"亚醜"铭文。墓葬形制、随葬品组合、埋葬制度都与殷墟相同，显示出与中心地区商文化关系非常密切[①]，作为商王朝东方的屏障是可能的。

在豫东，1997年在鹿邑太清宫发掘出一座西周初的长子口墓，但随葬器物却有较浓厚的安邱类型晚商文化特征。长子口墓为有两条墓道的中字形大墓，有腰坑，一椁重棺，墓主男性，60岁左右，殉人14、殉犬1。随葬品有编号的600余件，加上骨镞、蚌泡、贝等小件，总计近2000件，其中陶器197、瓷器12、铜器235、玉器104件。铜器包括青铜礼乐器85、车马器78、兵器46件。兵器中有卷头刀1、棱脊大刀1，通长17厘米、刃宽12.7厘米的小型铜钺1、戈5、剑1、镞32，此外还有骨镞425件。有铭文的铜器54件，其中39件都有"长子口"三字，当为墓主自铭[②]，"长子"和"长"见于殷墟卜辞[③]，长子口墓又打破商代地层，可知这一地区商代就有人居住，历来有研究者认为鹿邑太清宫镇之地即商之厉国[④]，"厉"见于《逸周书·世

[①] 山东省博物馆：《山东益都苏埠屯第一号奴隶殉葬墓》，《文物》1972年第8期；山东省考古研究所：《青州市苏埠屯商代墓地发掘报告》，《海岱考古》第一辑，山东大学出版社1989年版；中国社会科学院考古研究所编著：《中国考古学·夏商卷》，中国社会科学出版社2003年版，第314页。

[②] 河南文物考古所、周口市文化局：《鹿邑太清宫长子口墓》，中州古籍出版社2000年版。

[③] 《合集》27641、28195。

[④] 参见顾颉刚《逸周书世俘篇校注、写定与评论》，《文史》第二辑，1963年；河南文物考古研究所、周口市文化局《鹿邑太清宫长子口墓·序言》，中州古籍出版社2000年版。

俘》，记载武王克商后西归，沿途部署兵力扫灭殷之与国，到达宗周的前 5 日乙巳，伯韦来告已擒"宣方"后，又受命伐"厉"。这是牧野大捷，武王在殷都"追祀文王"、"立政"后 38 日，归途上最后一次的兵力部署。或许是在大势已去的历史背景下，厉降服，作为一个小国保存下来，值得注意的是长子口墓虽然规格较高，青铜礼器、车马器较多，属于觚 10、爵 10 的组合，相对兵器却不多，这可能意味着西周时其武装力量受到一定限制。

在鲁南，滕州前掌大遗址也包括有商代晚期的聚址、壕沟，还有一处贵族墓地，从商代晚期一直延续到周初，经多次发掘共清理墓葬 120 座，其中带墓道的中字形、甲字形墓葬 11 座，还有车马坑 5 座、马坑 2 座，以及祭祀设施和水井等。虽然较大的墓多经破坏，仍出土大量青铜器、漆器、玉器、陶器、骨器、石器，发掘者指出数量之多、精美程度之高为山东商周考古中前所未见。1991 年发掘的 4 号墓为上有一组建筑遗存的中字形墓，现有 13 个盗坑，并被现代路沟破坏，有内外二重椁，棺面有彩绘，棺底铺朱砂，夹有大量海贝。随葬品存陶器、原始瓷器、铜车马器、玉器、骨蚌器等。与之相邻的 3 号墓为甲字形，墓主为 40 岁左右的女性，1 个盗坑，墓葬遭到部分破坏，随葬品存陶器 14、原始瓷器 13、铜器 93（包括有车马器和铜镞）、玉器 16、石器 24、骨器 50、蚌器 857、海贝 153 件。1995 年发掘的 11 号墓为土坑竖穴墓，一棺一椁，殉人 1、腰坑殉犬 1，随葬青铜礼器有方鼎、圆鼎、甗、卣、尊、壶、觯、斝、盉、簋、甗、盘、觚、爵、角等，棺椁之间东侧树立铜戈 23，西侧有铜戈、矛、镞等，北侧二层台还集中放置铜胄 10，西侧二层台除有铜胄外，还有眉盾。根据墓葬随葬品和规格，可以判定 M4 墓主为东方某方国统治集团的重要成员。①

在南土，1979 年在河南罗山蟒张乡天湖村发现一处商周墓地，共发掘商代晚期墓 25、周代晚期墓 20 座，商墓的绝对年代从祖庚祖甲时期直到帝辛晚期或更晚一些。25 座商墓自北向南集中排列在长不过百米，宽不过 30 米的狭长山坡上，自北向南分布，符合古代"子蹬父肩"的埋葬习俗，属于一个族墓地。由于该墓地出土的铜器铭文中，"息"字所占比例超过 60％，尤其是排在墓地的中轴线上的 10 座木椁墓中有 8 座出此铭文，因

---

① 中国社会科学院考古研究所山东队：《滕州前掌大商代墓葬》，《考古学报》1992 年第 3 期；《滕州前掌大遗址有重要发现》，《中国文物报》1995 年 1 月 8 日。

此研究者多判定此为古息国墓地。值得注意的是随葬品中青铜兵器占比例较大，25座墓除4座遭到破坏，随葬品不明外，18座墓出土铜器245件，其中15座出土铜兵器99件，包括钺2、戈27、矛17、镞53，约占铜器总数的40%，这一现象与盘龙城遗址有相近之处，说明当地有一支比较强的军事力量，因为这一地区地理位置也十分重要。罗山介于黄河流域和长江流域之间，地处华北大平原的南部边缘地带，从这里向北跨过淮河，即进入商王朝的中心——黄河中下游地区，向南穿越大别山脉，可达长江流域（两湖平原），罗山正雄踞大别山13个关口，冥陉三关是南北要道，北临淮河，易守难攻。盘龙城遗址是商代早期的军事据点，随着荆楚力量的强大，商代晚期的盘龙城据点已经丢失，这时将南方屏障设在罗山一带是很有可能的。[①]

在西土，如前所述，灞水北岸的陕西西安老牛坡遗址地处扼控西方畜牧民东进的咽喉地带，二里岗文化时期，一支商人进驻于此，直到商末，即老牛坡商文化第四期时愈加繁荣发展到顶峰，而后突然衰亡。已发现这一时期遗址有冶铜作坊废物堆积坑，炼渣堆积长18米、厚2米，铜范22块，有人面形范、牛面形范、戈、钺范，觚范等，还有大面积建筑遗存、独立的宗族墓地。发掘了38座商墓和2座马坑、车马坑，均集中于5000平方米的范围内，墓葬排列密集，互相没有打破关系，六座中型木椁墓并列在一条直线上，位于墓地的最北边，即居于墓地的上位，小墓多在中型墓之南，居于下位。但是这批墓葬的大部分早期就遭到严重破坏，人骨架全部被扰乱或扬弃，尤其是中型木椁墓，全部遭到严重洗劫。发掘报告指出墓葬是遭到有目的、有组织、大规模的破坏，不是以掠取财宝为目的的盗掘，而可能是一场"灭国绝嗣"之举，宣告了这支商人势力的灭亡。老牛坡遗址位于先周岐邑之东，从地理位置看，有可能是崇国，由于正在周人东向翦商的必经之路上，伐犬戎、密须、耆、邘之后，伐崇势在必行，这或许是老牛坡商人势力覆灭的历史背景[②]。而换一个视角，也可以证明商王朝在西安老牛坡遗址设置西方屏障的重要意义。

---

① 河南信阳地区文管会、河南罗山县文化馆：《罗山天湖商周墓地》，《考古学报》1986年第2期；河南信阳地区文管会、罗山县文化馆：《罗山蟒张后李商周墓地第三次发掘》，《中原文物》1988年第1期。

② 刘士莪编著：《老牛坡》，陕西人民出版社2001年版。

山西南部是中原古族与西北古族混居的地区，商代后期发生在这一地区的战争较多，设置的军事据点与屏障也有多处。20世纪70—80年代，在山西灵石旌介村相继发现和发掘了商代晚期墓地，这里东南距河南安阳直线距离约240公里，北距太原123公里，墓葬地处汾河中游，东为太岳山脉，西为吕梁山脉，南接临汾盆地，北通太原盆地，是太原通向晋南的咽喉要地，正当阻拦北方民族南侵的前哨部位。发现的三座商墓均有青铜礼器、兵器随葬，礼器包括鼎、簋、罍、尊、卣、斝、觯、觚、爵、觥等52件，兵器方面M1有矛6、戈2、镞4、弓形器2；M2有矛19、戈11、镞16、弓形器2；M3为村民取土时发现，文管会派人清理时随葬品多有散失，今存戈3、青铜钺3，钺通长16.3—16.6厘米，刃宽8.7—9.1厘米。时代约当文丁至帝辛之末，报告推测三墓可能存在前后相距的父子关系。遗存反映其文化性质属于殷墟文化的一个分支，是商文化在发展过程中形成的地域类型。旌介两座完整墓葬随葬觚爵数量与墓室面积完全遵循殷墟商墓的丧葬制度，通过比较研究，其墓主地位与等级必然在小屯M8与小屯M331的墓主之间，大致为地位略低的高级贵族，其职责与戚家庄M269有一定的相似之处，可能是世代承袭戍边的军事贵族[①]。

2001年山西临汾破获文物案，缴获6件商晚期的觚、罍，器上铭文一字"先"。2003年在被盗掘地区，即浮山桥北进行了大规模钻探发掘，发现5座带墓道的大型墓，"与山东益都苏阜屯、滕州前掌大同期墓葬规模相当。其墓主应是商王朝管辖下的方国首领"，"墓葬被盗铜器中，觚、罍、斝屡见带'先'字的铭文或族徽"[②]。"先"是见于甲骨文的古族，武丁卜辞有：

40. 戊午卜，扶，令追先。（《合集》20017）
41. 贞先隻羌。（《合集》207）

第40版为自组卜辞，时代大抵属于武丁早期，从命辞看，"先"似处于被追捕的状态，是否与武丁平定晋南诸国有关，值得考虑。第41版的"先"显

[①] 山西省考古研究所：《灵石旌介商墓》，科学出版社2006年版。
[②] 《山西浮山桥北商周墓》，国家文物局主编《2004年中国重要考古发现》，文物出版社2005年版，第61—64页。

然是武丁的臣属，受命于商王，出动掳掠羌人奴隶，才会有这样的卜辞。桥北墓地的发现，揭示出商代晚期该族已经发展成一支强大的势力。这不是偶然的，浮山县位于临汾盆地边缘，临汾盆地是晋南适于农耕的富庶地区，地理形势也很重要，有"景霍以为城，汾河洣浍以为渊，被山带河，天下要地"之说①。

在同一条南北通道的南段，即运城盆地的绛县横水镇，2004年发现了西周时的倗国墓地，出土一批铸有"倗伯"铭文的青铜器。这里自古就是交通要道，遗址所在北距绛山5公里，南可远眺中条山，从绛山之阳到涑水北岸，是宽阔的缓坡塬地，背风向阳近水，方便生产生活②。倗也是见于殷墟甲骨文的古族，卜辞有：

42. 己丑卜，宾，贞：令射倗卫。一月。（《合集》13）
43. 贞：倗于𠂤卫。一月。（《合集》7563）

可知武丁时倗族有任多射者，并参与了商王朝的守卫任务，𠂤之地望不详，商代倗族的居地与西周倗国相近是有可能的，不过需要有更多考古学成果的印证。

以上的侯、伯、田、牧、卫等构成了商王朝的封疆警卫系统，他们的职责是为王提供军事防御的人力、物力，并及时传报周围方国的动态或敌情。如前所述，武丁有一版卜旬卜辞的验辞记四旬内得到的情报有："微友角告曰：舌方出𢦏我示䊂田七十五人"、"𢀛妻妥告曰：土方𢦏我田十人"、"沚𢦚告曰：土方征于我东鄙，弋二邑。舌方亦𢦏我西鄙田"，"自㠱圉"有六人逃亡。另一版记载的验辞有"庚申，亦有来艰自北，子𡜎告曰：昔甲辰方征于𢀛，俘人十又五人"③。这两版验辞记载在同一时期，监视舌方、土方和方的动态，就是掳走十余人的小侵扰，也能在十数日内将消息传递到中央王朝，可见当时从外至内有一个比较完善的军情传递系统。传回报告的人中有微友角、𢀛妻妥、沚𢦚，属于所谓"外服"侯伯警卫系统；子𡜎，系多子族中的贵族妇女，属于中央王朝的官吏，联系商王在四土设武官——立史、立大

---

① 见《大清一统志》卷九十九平阳府形势，引《国语》、《三国志》。
② 宋建忠：《绛县横水西周墓地》，《中国文化遗产》总第12期。
③ 《合集》6057正反、137正反。

史，可知商王朝十分重视军情传报，不仅要求侯伯及时报告，还派官吏驻外观察、收集、传报军情。

为保证军情的迅速传递，除了传报系统外，还要有传信设施，商代的交通工具有车、步辇、舟船，而传递军情的特殊交通工具则是驲传，即乘骑或传车传信。卜辞有：

44. 丁丑卜，狄，贞王其田，遘往。（《合集》29084）
45. 壬戌卜，狄，贞亚旃其陟遘入。（《合集》28011）
46. 醜其遘至于攸，若。王占曰：大吉。（《合集》36824，图6—34）

于省吾考遘是驲的本字，《尔雅·释言》有"驲遽，传也。"郭注：皆传车驲马之名。"驲往"、"驲入"、"驲至"都是乘传车而行，显示商代驲传制度相当发达。① 还有研究者探讨了商代的驿站，考订甲骨文羁字即"羁"：

47. 至于〔三〕羁，〔于之〕若，〔王受又〕。
    弜至三羁。
    至于二羁，于之若，王受又。
    弜至二羁。（《合集》28157，图6—35）
48. 丙寅卜，五羁卯蚩羊王受又。（《屯南》2499）

第43辞是问到达"三羁"是否顺利，王是否受到保佑；到达"二羁"是否顺利，王是否受到保佑。此外卜辞还见"羁"、"四羁"、"五羁"，羁前的数字是顺序数词，表示第一至第五个驿站，古代君王出行或返还都要告祭祖先，第44辞就是卜王往羁之前的祭祀。商代在御用大道上每隔一定距离设一个羁，以供中途休息及倒换马车②，这保证了驲传制度的推行，使得边境军情警报能利用骑乘迅速传到商都。

---

① 于省吾：《殷代交通工具和传制度》，《东北人大人文科学学报》1955年第2期。
② 齐文心：《释羁——对商代驿站的探讨》，《中原文物》1990年第3期。

图 6—34　《合集》36824　　图 6—35　《合集》28157

侯、伯、田、牧、卫等除了要为商王提供军队并及时传报敌情外，还要提供军事防御的财力物力，如卜辞有"登马以御方"① 已见前述，还有：

49. 甲午卜，㱿，贞共马乎戠……（《合集》7350）
50. 戊戌卜，贞令冓以㞢友马［衛］……（《合集》8964）
51. ……𠂤以马自孳。十二月。允以三丙。
    戊辰卜，雀以象。
    戊辰卜，雀不其以象。十二月。（《合集》8984）
52. 贞共雀𠦪牛。（《合集》8945）
53. 贞今载奚来牛。五月。（《合集》9178）

第 49、50 辞都是与军事行动有关的占卜，第 51 至 53 辞由𠂤、雀、奚等强宗

---

① 《合集》5759。

大族代表人物致送、进献或向他们征集的马、牛以及象，至少有一部分可作为军用物资。

值得注意的是在灵石旌介遗址，在 M1 东南 150 米处 40 米见方的范围内，发现有 6 座地穴式圆形粮仓，呈十字形排列，南北向并列 4 座，东西两侧各 1 座，大小相似，整体鼓腹形。如 1 号粮仓口径 7.8、深 6.8 米，坑壁由细黄泥抹成，底部经夯实火烤，近底部有木板痕迹，内有碳化谷物，上下都存有草编物痕迹。2 号粮仓口径 7.8、深 7 米，除碳化谷粒等外，仓底还有四具羊或鹿的骨骼。经对粮仓出土谷物进行测年，木炭年代为距今 3015±110（前 935±75 年）年、树轮校正年代 3015±110（前 1065±110 年）年，判定时代为商周之际。报告认为其与旌介墓葬年代非常接近，可能属于同一时期、同一群体所使用，目的可能是军事屯粮，以 6 座储粮 50 万公斤算，大抵可供 5000 人 100 天用粮[①]。灵石旌介粮仓的发现使人很容易联系起武丁卜辞关于"缶其䵼我旅"[②] 的占卜，如前所述，䵼字有两种解释，虽以释戕为长，但释"啬"指属国为王师提供粮草的义务，也可备一说，尤其是商代晚期战争频仍，商王往往调动大军四出征讨，没有粮草，这些对外战争是无法进行的，屯粮于四境，以备王师的需要，可能是这些粮仓形成的历史背景。

二　城防设施

我国古代城垣出现得很早，至夏代已有很大发展，在夏代后期都城二里头遗址，发现了始建于二里头文化二、三期之交的二里头遗址的宫城，方正规整，面积超过 10 万平方米，中心区道路网纵横交错。在宫殿区南侧大道以南，距宫城南墙约 18—19 米处有发现一道东西向夯土墙，宽 2 米左右，有较宽且深的基槽，夯筑质量高于宫城城墙，始建于二里头文化四期偏晚，不久即遭废弃，估计可能是宫城以南另一处围垣设施的北墙。[③] 看来在夏商之际这座都城遗址仍在建设，而且一直沿用到二里头文化四期晚段或更晚一

[①] 山西省考古研究所：《灵石旌介商墓》，科学出版社 2006 年版；山西省考古研究所：《灵石旌介发现商周及汉代遗迹》，《文物》2004 年第 8 期。

[②] 《合集》1027。

[③] 中国社会科学院考古研究所二里头工作队：《河南偃师市二里头遗址宫城及宫殿区外围道路的勘查与发掘》，《考古》2004 年第 11 期。

些时候。位于郑州市西北郊、西距偃师二里头70公里的大师姑二里头文化城址也是这样，它始建于二里头文化二期，沿用到四期偏晚，期间曾多次补修、续修。从二里岗下层偏早到二里岗上层一期阶段，这里都有商人居住，而且沿着二里头护城壕沟的内侧重挖了一道壕沟，外侧或打破二里头文化的壕沟，或利用原壕沟的外壁在内侧加宽。①

商代考古数见城垣的遗存，修建仍然是以军事目的为主。以护城壕环绕的高大城垣是军事防御的重要手段，也是镇抚一方的军事基地，如崇是商的重要与国，《诗·大雅·皇矣》记述文王攻崇有"以尔钩援，与尔临冲，以伐崇墉"、"临冲闲闲，崇墉言言"、"临冲茀茀，崇墉仡仡"。《毛诗正义》郑氏笺："钩，钩梯也，所以钩引上城者。临，临车也。冲，冲车也。墉，城也。""闲闲，动摇也。言言，高大也。""茀茀，强盛也。仡仡，犹言言也。"形容崇国城垣高大坚固，周人动用了钩梯、临车、冲车等攻城器械。还有文献记述文王伐崇"军三旬而不降"②，可见崇国曾依托高大城垣进行有效的抵抗。

现在知道，商王朝势力边缘地区的一些军事重地都设有城垣。

灭夏以后，在夏都附近建造的偃师商城，在夏桀统治后方晋西南建造的夏县东下冯商城和垣曲商城，都体现了浓厚的军事色彩。如偃师商城有宫城、内城、外城三重城垣，宽厚的城垣，配以狭窄的城门，内城还有近似马面的结构③，体现出这时在军事重镇的建筑结构与布局上，都积累了丰富的经验。东下冯商城则说明这时筑城技术的迅速提高，它的城墙底宽8米，剖面梯形，用红色土掺紫褐色土、料姜石碎块夯筑而成，中下部墙体分筑，上部一次筑成，夯土质量相当高，土质坚硬，夯层整齐平直，夯窝密集、清晰。城墙基部两侧，增加了用黄土掺料姜石碎块筑夯的斜坡，内侧斜坡表面铺一层料姜石，外侧斜坡基本与城壕相连。城壕口宽5.5米、底宽4米、深7米④。垣曲商城则筑出双道城垣的夹墙，更是大大增强了防卫性能。郑州、偃师、垣曲、东下冯四座商城一字排列在夏代晚期的统治中心地区，每两座

---

① 郑州市文物考古研究所编著：《郑州大师姑》，科学出版社2004年版。

② 《左传·僖公十九年》。

③ 赵芝荃等：《偃师尸乡沟商代早期城址》，《中国考古学会第五次年会论文集》，文物出版社1988年版；《偃师商城考古再获新突破》，《中国文物报》1998年1月11日。

④ 《夏县东下冯》，文物出版社1988年版，第148—149页。

相邻的城之间直线距离约为 60—90 公里，时代均为商代早期。① 它表明商王朝建立以后，为了镇抚夏民和加强对"有夏之居"的统治，大大发展和充分利用了城防设施。

在河南焦作还有一座府城古城，它北依太行山，南望沁水和黄河平原，平面方形，总面积约 8 万余平方米，城墙用黄黏土夯筑而成，夯层紧密，构筑牢固，始建年代也在早商，直到战国还曾修缮培护继续使用，据考可能是商代的雍邑、周代的雍国。②

在今湖北黄陂的盘龙城③，始建于商代前期之末，也正是商王朝将自己势力伸向长江岸边的时候。盘龙城地处其南土边缘、与荆楚的接触地带，也是通向江南的交通要冲，而长江中游地区是商王朝铸铜原料的产地，所以盘龙城应与镇守一方的军事据点有关。

至于政治经济中心的王都更是防卫的重心。

商代前期的都城——郑州商城地处于接近夏王朝统治中心的地区，修建了更为高大坚固的夯土城垣。它的周长近 7 公里，城墙底宽 20—25 米，原高约 10 米，顶宽至少 5 米，用版筑法分层分段夯筑。为了加固城墙，除平夯外，墙体内外各增加一层倾斜的夯土，总计城垣夯土约 100 万立方米。在城垣之外，东面和北面原为一片沼泽，是一片天然屏障，而南面和西面是丘陵地带，地势稍高于郑州商城，为防止开战时敌人占据丘陵高地给内城防御造成威胁，遂在西、南方城垣外 600—1000 米处修建了半环形的外郭城墙，长约 3000 米，作为第二道防御设施。城内地势较高的东北部是宫殿区，它的部分边缘地带还发现了夯土墙与深壕沟等设施，其他地区为平民居住区外，推测还有很多空地，有研究者认为可能是进行农业种植的农田。一些大规模的制骨、铸铜、制陶手工业作坊分布在城垣之外④。可能初建城垣时，要保护的不仅有商王及其统治机构，还有从事农业生产、构成武装力量中坚的统治阶层的族众。

在河南安阳还发现一座商代中期的洹北商城，平面略呈方形，占地约

---

① 《垣曲商城》，科学出版社 1996 年版，第 274、275 页。
② 杨贵金、章立东：《焦作市府城古城遗址调查报告》，《华夏考古》1994 年第 1 期。
③ 《1973 年湖北黄陂盘龙城商代遗址的发掘》，《文物》1976 年第 1 期。
④ 河南省文物考古所：《郑州商城——1953—1985 年发掘报告》，文物出版社 2001 年版，第 1019—1023 页；杨育彬：《河南考古》，中州古籍出版社 1985 年版，第 94—95 页。

4.7平方公里,与小屯殷墟略有重叠。发现了夯土城墙的基槽、总面积远在10万平方米以上的宫殿区,还有分布密集的居民点。这是一座都城遗址没有歧义,但究竟是河亶甲所居之相,还是盘庚所迁之"殷"存在不同看法,也还不能确认。值得注意的是洹北商城繁荣期在中商二、三期,以后宫殿普遍废弃,夯筑城墙的工作也停顿下来,通过7条城墙解剖探沟,可知四周城墙基槽大部分地段宽7—11米、深约4米,其中东墙基槽完全夯实,并筑起部分墙体,北墙、西墙基槽也夯实到地面,却均未见筑起墙体[①],如何解决防御问题有待更多资料的发现。

据今所知,商代晚期的都城安阳小屯殷墟没有发现城垣的踪迹,殷墟宫殿区周围只有一个大围沟,北端达洹水南岸,东端与洹水西岸相接。南北总长1100米,东西长约650米,宽10—20米以上,深约5米,环绕于宫殿宗庙遗址的西、南两面,其东、北两面是古老的洹水,由此推测这是人工挖成的防御性壕沟,始建于殷墟早期。[②] 学者们多认为因为这里处于商王朝的中心地区,商代晚期已有一套比较完备的王宫、王都守卫和封疆警卫制度,所以尽管是王都,也无须修建城垣。但也有学者不同意此说,认为卜辞"其作兹邑"非为修筑殷都城墙莫属;子组卜辞中的"子商乎出墉"等卜辞中的墉指殷都之城;"王于南门逆羌"为殷都之南门[③]。

殷墟卜辞中常见"作邑",也有"作大邑"、"作郭"。如:

  1. 戊子卜,□,贞我乍邑。(《合集》13491)
  2. 贞作大邑于唐土。(《英藏》1105)
  3. 辛卯卜,□,贞基方缶乍郭,不闢,弗否。(《合集》13514)

在甲骨文中,商都可称邑,如"其乍兹邑祸。四月","洹弗乍兹邑祸"[④] 的连续占卜,说明辞中的"兹邑"即小屯殷墟,但卜辞也有"乎比臣沚业晋三

[①] 中国社会科学院考古研究所安阳队:《河南安阳市洹北商城的勘查与试掘》,《考古》2003年第5期。
[②] 《殷墟的发现与研究》,科学出版社1994年版,第44、77—78页。
[③] 见朱彦民《殷墟都城探论》,南开大学出版社1999年版,第47—60页。
[④] 《合集》7859。

十邑"、"彭龙……取三十邑"①等，都是关于攻取邑落的卜辞，这个"邑"当指一般聚落。郭，或释为墉，其字象城郭之形，其本意亦指城郭，在殷墟卜辞中，郭多用为人名族名，如"贞令羽、郭以黄执秉"、"令郭以㞢族尹中㞢友"、"㠱令郭以众畓"②，或许其得名与城郭有关。此外，此字确有表示城郭的，如前述武丁伐基方的卜辞中有"基方缶乍郭，子商𢦒"，还有"子商𢦒基方"、"我乍基方封"③，卜问基方缶筑城抵御，子商能否摧毁它，战胜后是否要修复其城郭，作为自己统治的军事据点④。此外还有"作㠱"，如"其乍㠱于丘莫"⑤，㠱，郭沫若曾认为是城塞之塞⑥，但是从卜辞文例看，商代田猎地多有㠱，其字还往往见于祖妣庙号之后，因而近些年来学者多认为是属于行宫离馆或宗庙一类的建筑⑦。

　　方国的古城遗址，近年也有考古发现，如陕西清涧李家崖古城就是商代西北民族的遗存⑧。这座遗址三面环水，古城依地形而建，平面呈不规则长方形，东西长近 500 米，南北宽约 200 米。东、西两面筑有城墙，南、北两面利用深至百米的无定河河道悬崖为防御屏障。城墙为土石结构，分段筑起，主体城墙为内外相依的两层，外层是一层石块一层土，层层筑起。垫上为红褐色花土，夯打得坚实，石块砌筑得坚固，外侧平齐，内侧有凹凸。外层筑起后，紧依其内壁挖基夯筑内层墙体，筑好后，也用石块和夯土砌一层包壁。城垣外侧有土石结构的护城坡。主体城墙下宽 3 米上下，加上护城坡和内层墙基础达 8 米上下。在城建好使用一段时间以后，又在城墙外侧加修了加固城墙，先将呈斜坡状的地面修垫平整，有的地段还支垫木杠，以保持城墙对地面压力的平衡，防止墙体向外倒塌，可见当时人们在筑城技术方面已积累了相当丰富的经验。尤其在敌对政治势力接触地带，修建和不断完善城防设施是比较普遍的现象，商王朝周围的方国筑城技术也达到了一定水平。

----

① 《合集》707、7073。
② 《合集》553、5622、31981。
③ 《合集》13514 正、6570。
④ 郭沫若：《卜辞通纂》562 片考释。
⑤ 《合集》27796。
⑥ 郭沫若：《卜辞通纂》"别一"新 18 片考释。
⑦ 于省吾主编：《甲骨文字诂林》，中华书局 1996 年版，第 3135 页。
⑧ 张映文等：《陕西清涧李家崖古城址发掘简报》，《考古与文物》1988 年第 1 期。

第七章

余　说

第一节　商代军礼发凡

军礼是我国古代礼乐文明的重要构成之一，《周礼·春官·宗伯》叙官讲到唯王建国，设官分职"立春官宗伯，使帅其属而掌邦礼，以佐王和邦国"，明确礼是维系国家存亡的重要支柱，郑玄注：礼谓曲礼五，吉、凶、宾、军、嘉，其别三十有六。五礼见于《大宗伯》之职，即"以吉礼事邦国之鬼神示"、"以凶礼哀邦国之忧"、"以宾礼亲邦国"、"以军礼同邦国"、"以嘉礼亲万民"。而军礼之别有五，即"大师之礼，用众也"、"大均之礼，恤众也"、"大田之礼，简众也"、"大役之礼，任众也"、"大封之礼，合众也"，内容包括动员民众、组织军队出征；校比户口、均平征赋，以保证兵源和赋税来源；以田猎习战，训练、检阅军队；修建宫室、疆界或戍边，也要动员民众，大兴徒役，在上古是以军法部署的，所以属于军礼。

五礼的形成虽然较晚，但国之大事在祀与戎的商代，"军礼"已见端倪，甲骨文中反映最多的是征集众人出征及以田猎习战。商代的军制有强烈的宗法性质的内容，体现在军事组织及其指挥系统中宗族势力极为突出，在军事行动过程中更有一系列尊神敬祖活动，存有一套显示宗法性的仪礼形式以及法规[①]。

一　商代军礼的特点

礼是由于社会需要从风俗习惯演化成的行为准则、道德规范和各种礼

---

① 参见王贵民《商周制度考信》，台北明文书局1989年版，第246—261页。

节。商代的政治统治已形成一套宗法制度，这一特点同样反映在军事制度上。如前所述，商代的军事组织，基本上是以族为单位进行编制，族长担任各级编制单位长官，督率族众组成的军队，同样体现了宗法统治的等级支配关系。

在由族众组成的军队中，族中的贵族和上层平民充任甲士，他们的战车在战斗中支配下层平民充任的徒卒进退疾徐的行动。在军事领导系统中的各级首领也是行政系统的首领和宗族的首领，世代相继，致使甲骨文中一些重要职官和将领不仅往往异代同名，而且有相近的占卜内容。在军事职官和军事组织的顶端是商王，其下依次为直系大宗的王族，旁系小宗的多子族。商王是宗族首领，也拥有最高的行政权与军权，王的法定配偶作为宗族中的重要成员可代行王的部分军权，其下的各级贵族妇女也各自拥有相应的权力。

甲骨文中的妇好是武丁法定配偶妣辛，卜辞有很多妇好代王征召兵员并统兵作战的记录。在已发掘出的妇好墓葬中的大量兵器及2件分别饰虎纹和龙纹并铸有"妇好"铭文的大型铜钺，联系同墓所出饰夔纹和饕餮、铸"亚启"铭文的中小型铜钺，可见妇好拥有的军权远大于其他武官。墓中不仅有大量青铜镞，还有射箭时套入拇指钩弦用的玉扳指，与弓形器、铜戈、铜镞放置在一起的有百余个小铜泡，排列成笼头形，还有铜镳、大铜泡等马器[①]，显示出妇好不仅经常参与武装行动，而且在征战中是有骑乘的。

妇好参与征伐并非特例，从卜辞"叀妇妌伐龙㚲"、"贞勿乎帚妌伐龙方"[②]（图7—1：《合集》6584；图7—2：《合集》6585），可知武丁另一个法定配偶妇井（可能就是妣戊）也要参与出征。长久以来就有帚妌是武丁另一个法定配偶母戊之说，1984年中国社会科学院考古研究所对传出司母戊大鼎的殷墓进行了发掘，该墓位于王陵区东区，为带墓道的甲字形大墓，编号84AWBM260。墓葬曾经六次破坏和盗掘，最早一次约在商末周初，破坏了整个墓室，深及椁底。除腰坑中一玉戈和三枚贝外，随葬品几乎全部被盗，只在盗坑扰土中存一些小件器物和铜器、陶器等残片。在此劫余之物中，仍然可见一些兵器，包括铜镞36、玉镞1、骨镞251（保存完好的妇好墓随葬骨镞29），残铜戈内13、玉戈1，此玉戈长48.5、最宽10.5厘米，与妇好墓中一件最大的玉戈相近。根据出土器物形制特征、墓葬地层关系及周围墓葬

---

① 参见《殷虚妇好墓》，文物出版社1980年版。

② 《合集》6584。

的时代分析,该墓属于殷墟二期,即武丁后期至祖庚祖甲之时,报告认为墓主是武丁或祖甲的法定配偶妣戊[1],无论如何,殷墟 260 号墓葬的发掘,进一步证明了商王朝的王妇要参与武事,商王的法定配偶更有一定兵权的。

图 7—1 《合集》6584　　　　　图 7—2 《合集》6585

不仅如此,王族中其他作为法定配偶的女性也是一样。小屯丙组基址附近的殷墟早期王族墓地中,有四座中型墓,中部居于主要地位的 M362 埋有一主十从,墓主应是王族直系成员。旁边与之并排的 M331 一主五从,从墓地布局看,与 M362 形成夫妇合葬的格局,墓中随葬大量华贵的饰物,五名殉人各执铜戈,墓主头侧也有一件精美锋利的玉援铜戈。两座墓的下方是 M333、M388,均一主二从,主从人骨都较细弱矮小,有女性特征,墓中都有铜戈,或还有玉援铜戈、石戈、石戚等随葬。[2]

多子族是商代军队的骨干,族中的女性也有参加封疆警卫活动的女将,

---

[1] 中国社会科学院考古研究所安阳队:《殷墟 259、260 号墓发掘报告》,《考古学报》1987 年第 1 期。

[2] 石璋如:《殷墟墓葬之五·丙区墓葬》,"中研院"史语所 1980 年版。

如武丁时报告"方征于蚁"的子嫈①,从名号看其人当为多子族的女性。与此相印证的是小屯妇好墓附近,还有一座随葬"子↑母"铭文铜器的墓葬,编号77AXTM18,墓主35—40岁,骨骸有女性特征,殉人5、殉犬2,随葬铜、陶、玉、骨器等90件,其中有铜戈9、铜镞10,朱书玉戈1,上书与征战擒敌有关的记功文字"……在洮执叟入",此外还有玉戚1、可能是扳指的骨筒等。此墓曾有人根据随葬品中的个别铭文推测是见于甲骨文的"子渔"之墓,但发掘报告通过随葬器物及其铭文等相关资料的全面分析,否定了这种可能性,推测墓主当为殷王室成员,有"子↑母"铭文的4件铜爵纹饰风格与无铭的尊、斝相近;带女性特征的称谓,与墓主性别特征相近,很可能是墓主的自作之器②(图7—3:M18随葬铜爵铭文,图7—4:M18随葬玉戈铭文。见《安阳小屯村北的两座殷墓》,《考古学报》1981年第4期),因此77AXTM18的发掘再次为商代王室贵族妇女参与武事提供了证据。

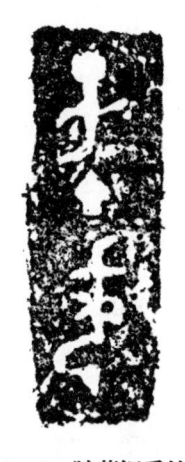

图7—3 随葬铜爵铭文　　　　图7—4 随葬玉戈铭文

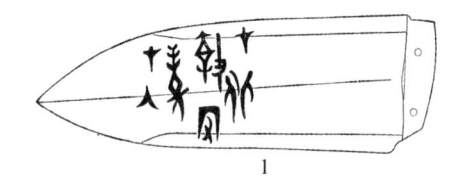

参加封疆警卫的不仅有商王同姓贵族中的妇女,武丁时验辞记载报告土方入侵的蚁妻妌,当为蚁伯之妻,竹族之女,可见担任封疆警卫的侯伯之妻也是参与武事的。

王陵区大墓中还多有配备武器的女性殉葬,她们的身份高于一般殉人,

---

① 《合集》137。

② 中国社会科学院考古研究所安阳队:《安阳小屯村北的两座殷墓》,《考古学报》1981年第4期。

常有青铜礼器、精美饰物、铜戈、玉戈随葬，应属于宫中的"多妇"，联系"登妇好三千"出征的卜辞①，商代宫中当有一支女性武装卫队，与此同时，殷墟平民墓地中以武器随葬的女性很少，这就说明商代贵族妇女握有军权归根结底是商代政治中宗法统治的体现之一。

军制中的宗法性质决定了商代军礼的特点，即浓厚的宗法性礼仪渗透在军事活动的很多方面。对此，一些研究者提出商代军礼与两周军礼一脉相承，如王贵民《商周制度考信》着重论述军事行动中的敬神尊祖礼仪和献俘典礼，钟柏生《卜辞所见殷代的军礼》着重于战争礼、大蒐礼，相当细致地对相关甲骨金文和文献资料进行了梳理、研究，对复原商代军礼进行了有益的探索。② 简言之，就甲骨卜辞看商代军礼的特点主要体现在以下几个方面：

(一) 征伐谋于庙堂

在商代王朝统擅军权，商王是最高统治者，战争决定权握于商王之手，而要取得战争的胜利，必须得到整个统治阶层的支持，体现在"军礼"中，是出征要得到神灵世界最高统治者"帝"的首肯，甚至授命，才能受到保佑而取得胜利，所以征伐卜辞中有很多卜问神谕的内容，首先是决定出兵某地先要卜问是否"受又"：

1. 辛亥卜，□，贞伐舌方，帝受［我又］。
   贞帝不其［受又］。（《合集》6270）
2. 癸丑卜，□，贞王隹征舌方，下上弗若，不我其受又。
   贞勿隹王征舌方，下上弗若，不其受又。（《合集》6317）

第1辞是从正反两个方面问卜征伐舌方会得到帝的佑助，"受又"当即"授佑"③，帝是指天神而言，后来称为上帝，主宰着自然界上天、下土及人世间的万物万事④，尤其是世间的吉凶祸福，都掌握在帝的手中，所以征伐不顺

---

① 《英藏》150。参见《试析"登妇好三千"》，《尽心集——张政烺先生八十寿庆论文集》，中国社会科学出版社1996年版。
② 钟柏生：《卜辞中所见的殷代军政》、《卜辞中所见的殷代军礼》，《中国文字》新15、16、17期。
③ 陈梦家：《殷虚卜辞综述》，科学出版社1956年版，第568页。
④ 胡厚宣：《殷卜辞中的上帝和王帝》（上），《历史研究》1959年第9期。

从的方国，首先要标榜是在执行帝的意旨。第 2 辞卜问王征舌方是否得不到"下上"的佑护，抑或不征舌方将得不到"下上"的佑护。关于"下上"早年研究者大多主张是指天神地祇，有的说"下上"必为上帝和地祇百神①，或是"上指上帝神明先祖，下或指地祇"，并引《论语·述而》"祷祠于上下神祇"证明是指天神和地祇②。近些年有学者提出"下、上和帝是分别被祈求的"，故"下、上"不可能是指天神地祇，而应该是同卜辞中的上示、下示祖先世系一样，也当是指祖先而言的。③ 新观点尽管有一定的合理性，但还缺乏"下、上"和祖先之间转换的内在联系，而且也没有文献作依据，因此就当前所见资料而言，还是将卜辞中的"下、上"理解为天神地祇较为稳妥，也就是说第 2 辞为出征前卜问天地神明意旨的卜辞。

不仅如此，从卜辞可知商人认为敌人入侵或方国的叛乱是出于鬼神作祟，所以为了求得战争的胜利需要有祖先的庇佑。如卜辞中有"贞舌方出隹黄尹耄我"④，意思是问舌方出动侵扰是否为老旧臣黄尹降下的惩罚。为此要向黄尹及一系列祖神举行告祭，如"于黄尹告舌方"，"告舌方于上甲"以及报乙、示壬、唐、太甲，祖乙等，请求祖神降灾于敌方或保佑己方能够克敌制胜，如"勾舌方于上甲"、"贞勾𢼸方于大甲"、"于父甲求戋羌方"。⑤

决定用兵以后，军事行动的重大步骤也都要卜问神灵的意志，例如，登人聚众、选将、决定征伐方略等无一不占卜是否"受又"，这在伐舌方、土方的卜辞中都有明确的体现，例如选将：

3. 乙卯卜，争，贞沚戛禹册王比伐土方，受㞢又。(《合集》6087 正)
4. 贞沚戛禹册告于大甲。(《合集》6134)

禹册，即称述册命，"沚戛禹册"是沚戛接受册命，卜辞所见与"禹册"相连的人名有沚戛、侯告、舟、牧、望等，常见于征伐卜辞，属于宣布命将仪

---

① 胡厚宣：《殷代之天神崇拜》，《甲骨学商史论丛》(初集)第二册，成都齐鲁大学国学研究所专刊之一，1944 年。
② 陈梦家：《殷虚卜辞综述》，第 567—568 页。
③ 肖良琼：《"下、上"考辨》，《于省吾教授百年诞辰纪念文集》，吉林大学出版社 1996 年版。
④ 《合集》6083。
⑤ 《合集》6131—6147，《英藏》558，《合集》8417、27983。

式。从第 3、4 辞可见命将要占卜神谕，还要告祭祖先，而且举行再册之礼的场所是在宗庙内完成的。类似礼仪在后世的文献中有更详细的记载，如《左传·隐公十一年》记载："郑伯将伐许。五月甲辰，授兵于大宫。"郑始封之君出自周厉王，大宫为厉王宗庙。授兵，即颁发作战兵器，同时也在祖庙命公孙阏等为将。《左传·闵公二年》载晋太子申生伐东山皋落氏时，梁余子养说"帅师者，受命于庙，受脤于社"，从第 4 辞可见商代出征的将领也是"受命于庙"，卜辞还有：

5. 甲子卜，囗，贞出兵［若］。（《合集》7204，图 7—5）
6. 甲囗卜，囗，贞勿出兵。（《合集》7205，图 7—6）

图 7—5　《合集》7204　　　　图 7—6　《合集》7205

7. 贞勿易黄兵。（《合集》9468）
8. 易龙兵。（《屯南》942）

第 5、6 版卜辞可能属于一组正反对贞，研究者指出早期的"兵"指兵器，所以"出兵"指的是官府拿出兵器授予武装人员，史籍中称"授兵"①。第 7、8 辞是关于赐兵器的卜辞，这些或许与后世"授兵于大宫"的礼仪有关。

在商晚期，由商王亲率侯伯大军进行的大规模的军事行动，如伐夷方、

---

① 王贵民：《商周制度考信》，台北明文书局 1989 年版，第 233 页。

盂方、四邦方，出征前的占卜和祭祀更形成一整套仪式，首先以册命的形式向诸侯或多田、多伯宣告出兵目的、敌方的罪责，进行战争动员；还要问卜军事力量的配备、出征日期的选择是否恰当，祈求神灵降下福佑；在王师启动时往往还要在大邑商举行郑重的祭祀。钟柏生在"出兵前的祭仪"中，考察了衣祭、告祭、酒祭、燎祭等，其中与征伐行动直接关联，最为常见的是告祭，告祭对象最常见的是祖神。

战争进程中更有一系列的占卜和对祖先的告祭：

  9. 丙辰卜，争，贞沚䖵启王比，帝若受我又。
   贞沚䖵启王勿比，帝弗若不我其受又。（《合集》7440 正）
  10. 癸亥贞，王其伐噩疒，告自大乙。甲子自上甲告十示又一牛。兹用。在果四阵。（《屯南》994）
  11. 贞令㠱伐东土，告于祖乙、于丁。八月。（《合集》7084）

第 9 辞大军的先导启动，卜问以王师为后盾，帝是否能授佑，王师出动总是要隆重地告祭祖先，如武丁卜辞有用二十余头祭牲"燎于王亥""告其比望乘伐下㠯"，帝辛十祀伐夷方更是在大邑商举行隆重的告庙仪式[1]。第 10 辞反映了王伐噩疒曾拟告祭自大乙以降的若干位祖先，以下记次日用牛为牲告祭自上甲以下的十一世祖先，末系占卜之地"在果四阵"，可知这时商王不在王都。第 11 辞是关于令㠱征告祭祖先的卜辞，表明不仅王师出动要告祭祖先，令大将出征同样要告祭祖先。

征伐谋于庙堂还包括筹划作战方案，对于战场上可能会遇到各种复杂情况的分析和应对，制定和执行作战计划，力争在战场上赢得胜利，即所谓的"庙算"在甲骨文中也有所体现，如：

  12. 贞舌方衡，率伐不，王告于祖乙，其正，勾㞢。七月。（《合集》6347）
  13. 贞妇好其比沚䖂伐巴方，王自东深伐，戎陷于妇好立。（《合集》6480）

---

[1] 《合集》6527、36482。

14. 于洀帝乎御羌方于之，戋。

其乎戌御羌方于义沮，戋羌方不丧众。

戌其归，乎鵲，王弗每。

戌其徣毋归，于之若，戋羌方。（《合集》27972，图7—7）

第12辞的衡，唐兰提出是"还"之本字，胡厚宣从其说；刘钊认为其构形从眉、从卫，仍应释卫，但只用于方国的防御；姚孝遂则解释为"反叛"①，由于在殷墟卜辞中，所见皆指畜牧民方国，除"舌方"外，还有"方不衡"、"土方衡"②，在大量与战争有关的卜辞中，似不见用于畜牧民以外的方国，而释"还"，解释为入侵武装遁走或卷土重来，正体现行动迅速、机动灵活的畜牧民方国的特点，因此仍以唐说更为合理。"率"前人释其本义为"索"，有率带之义，或认为作副词有"悉皆"之义③，所以这条卜辞反映对舌方战争战场形势发生变化，王考虑亲自率军、加大打击力度，追击聚歼（或迎头痛击），并以新对策告祭祖先。第13、14辞是关于作战方案乃至阵位设置的内容，详见前述武丁伐巴方及廪康伐羌方各节。表明其谋划过程中也要一一占卜。

（二）王师奉主出征

武王伐纣，大军曾奉文王木主，这不是特例，《周礼·春官·小宗伯》云："若大师，则帅有司立军社，奉主车。"是说王师出征要立社主于军中，称

图7—7　《合集》27972

---

① 唐兰：《天壤阁甲骨文存》考释，转引自于省吾主编《甲骨文字诂林》，中华书局1996年版，第2247页。

② 《合集》6388、6454。

③ 参见于省吾主编《甲骨文字诂林》3149率字按语，中华书局1996年版，第3184页。

军社；行军载祖先神主和社主于车中。①《礼记·曾子问》："曾子问曰：'古者师行，必以迁庙主行乎？'孔子曰：'天子巡守，以迁庙主行，载于齐车，言必有尊也。'"巡狩和征伐一样，都是有大军随王行，故必须迁庙主以示尊祖。这种迁庙主的做法屡见于殷墟甲骨文，如：

  15. 六月，王勿首出示，弗其若。
    六月，王首出示，若。（《英藏》1241）
  16. 甲申卜，令以示先步。
    弜先，兹王步。（《屯南》29，图7—8）
  17. 庚□涉。
    示其从上涉。（《合集》35320）
  18. 叀入，戍辟立于［大乙，自］之甾羌方，不［雉人］。
    戍辟立于寻，自之甾羌方，不雉人。（《合集》26895）

图7—8　《屯南》29

第15、16版卜辞中的"示"为祖先神主，前者卜问"出示"能否带来"若"或"弗其若"的效果，反复卜问可见对"出示"重视。"首"，据考有轻微、蔑视之义，首前加否定词"勿"便有了积极的词义②。"勿首出示"是庄重地把祖先神主请出来，当为出征迁庙主。第16版也是有关征伐的卜辞。兹，屈万里较早提出为"系属"之义，后于省吾又作了进一步的考证论定③，因而这组占卜的意思是行军途上让先导奉神主行进，还是使神主与王同行。第17版卜辞问王师庚日渡河以及神主如何渡河的问题。第18版卜辞是廪康伐羌方时关于设阵位的卜辞，在此"寻"是地名，亦拟设阵位之地，所以与之对贞的"立于大乙"的大

---

① 孙诒让：《周礼正义·小宗伯》正文和疏，中华书局1987年版。
② 张政烺：《殷契"首"字说》，《古文字研究》第十辑，中华书局1983年版。
③ 屈万里：《甲编考释》，转引自于省吾主编《甲骨文字诂林》，中华书局1996年版，第3204页；于省吾：《甲骨文字释林·释兹》，中华书局1979年版，第28—30页。

乙，应是安置大乙的神位的处所。卜辞还有：

19. 贞令比沚馘，示左。(《合集》3952正，图7—9)
20. 贞王不福，示左。
    贞示弗左王，不福。
    示左王。
    示弗左。(《合集》10613正)

"示弗左王"、"示左王"的句式同于"咸弗左王"、"我家祖辛弗左王"、"我家祖乙左王"①，这是征战过程中卜问神主是否给以庇佑。

以上卜辞显示商王出征时要迁庙主，大军抵达目的地后要安庙主，凯旋则要载回神主：

图7—9　《合集》3952正　　　图7—10　《合集》32036

21. 己巳贞，示先入于商。(《合集》28099正)

---

① 《合集》248正、13584。

22. 癸亥示先羌入。

王于南门逆羌。(《合集》32036，图 7—10)

示即神主，要先于大军进入王都和宗庙，俘虏的羌人在其后。逆，训迎，俘虏要用来献祭祖先，所以商王于南门亲迎。

(三) 振旅与献俘

大军凯旋，要列队进入国都以显示军威，在传世文献中，这一仪式称之为"振旅"。僖公二十八年城濮之战，晋军战胜楚军，晋文公班师，《左传》载："秋七月丙申，振旅，恺以入于晋。"杨伯峻的注引《公羊》、《穀梁》和《尔雅·释天》云："'入为振旅'，皆以治兵而归曰振旅，此则以作战而归曰振旅，盖凡军旅胜利归来曰振旅。"[1] 所谓"治兵而归曰振旅"，是因为这一仪式也是平日军事训练的重要内容，如《公羊传》说"出曰治兵，入曰振旅，其礼一也，皆习战也"。振旅在军礼中的地位，由此可见一斑。此外，西周金文《中觯》铭文有"王大省公族，于庚振旅"[2] 的记载，春秋时期的"振旅"是延续西周礼制，而在甲骨文表明商代已有"振旅"之说：

23. 丁丑王卜，贞其振旅，征迖[于]盂，往来亡灾。王占曰：吉。在□。(《合集》36426，图 7—11)

24. 丙子卜，贞翌日丁丑王其振旅，征迖，不冓大雨。(《合集》38177)

图 7—11 《合集》36426　"迖"常见于田猎卜辞，旧释"徍"、"过"，或认为是"步武"的专字[3]，近来研究者梳理相关资料，提出此字在第五期大概应

---

[1] 杨伯峻：《春秋左传注·僖公二十八年》，中华书局 1981 年版。

[2] (宋) 薛尚功：《历代钟鼎彝器款识法帖》卷十一中觯 (原名召公尊)。

[3] 见于省吾主编《甲骨文字诂林》，罗振玉、杨树达、商承祚说，中华书局 1996 年版，第 2256—2268 页。

该读为"慗",指对某一对象进行敕戒镇抚,往往需要到那一对象的所在地去,并援引了此条卜辞①。这表明甲骨文中的"振旅"有以大军出动显示军威的意思,而不限于"治兵而归"或"作战而归"。

卜辞还有"逆旅":

25. 庚辰王卜,在𩰬,贞今日其逆旅,以執于東单,亡灾。(《合集》36475,图7—12)
辛巳王卜,在𩰬,贞今日其从师西,亡灾。(《合集》36475)

此版卜辞涉及师、旅以及于"东单"举行告執典礼的内容,显然与征伐有关,其中"逆旅"之逆,当近第22版卜辞的"逆羌"之逆的含义,有迎的意思,不过此版是"王""在𩰬"贞卜,不在王都,尤其是第二条卜辞是次日的占卜"其从师西",表明王师仍未归,联系"以執"看"逆旅",应指凯旋,所以卜辞"逆旅"可能更具后世文献的"振旅"之意。

第25版的第二条卜辞"从"常表示大军的动态,甚至往往与"迻"相连,如帝辛伐夷方卜辞有"己未王卜,在𡘅,贞其迻,从𩵋西"、"丁丑王卜,在攸,贞今日迻,从攸东"②,所以这条卜辞可能与商王回师途中的狩猎活动有关,据《逸周书·世俘》,武王伐纣除俘获的大量战利品、俘虏外,还有"武王狩"擒获虎、猫、麋、熊、罴、豕、麝、鹿等动物一万二百有余,这一习俗在商代已经存在,安阳小屯村北出土有牛头刻辞和鹿头刻辞,其铭分别有:"于□麓获白兕……在九月隹王十祀,王来征盂方伯炎"(牛头刻辞)、"文武丁祀……王来征……"(鹿头刻辞,图7—13),都是凯旋途中大规模蒐狩,并以猎获的异兽献祭祖先的遗存。

图7—12 《合集》36475

---

① 裘锡圭:《释"柲"》,《古文字研究》第三辑,中华书局1980年版。
② 《合集》36567等新缀、《英藏》2562。

图7—13 鹿头刻辞

献俘也是军礼的一项重要内容，在周代的文献中多有记载，如康王时期的小盂鼎铭文[①]记载盂征鬼方凯旋，周康王与众大臣在周庙就位后，盂戎装进入宗庙南门，向周王禀报战况，而后举行庄严的献俘典礼及祼享之礼，接着禘祭文、武、成王等。献俘在商代也相当盛行，除第25版卜辞中的"以执于东单"外，还有：

26. 贞告执于南室三牢。（《合集》806）
27. 其多兹……十邑……而入执……禺千……（《合集》28098）

第26版"告执"即后世的"告俘"，大军凯旋，将俘虏献祭祖先，以告胜利。第27版"入执"当为向商王朝进献俘虏，该版原著录于《甲编》512，屈万里考释指出"而"为国族名，"禺千"为得俘虏千人，是记战争得胜地及俘敌之辞。据此，此辞的性质当与小臣墙牛骨刻辞类同。

作为献俘典礼，最隆重的奉献是以敌方首领人物献祭祖先，除了小臣墙牛骨刻辞记载，伐𢀜方后用"白麇于大［乙］。用魋白印□于祖乙，用美于

---

① 《殷周金文集成》5·2839。

祖丁"① 外，还有一些卜辞，如：

28. 丁卯卜，征曹俑大戊，戊辰。(《合集》19834)

29. 丁卯卜，贞奚绊白囟用于丁。(《合集》1118，图 7—14)

30. ……绊方其用，王受[又]。(《合集》27976)

31. 用𢀭方囟于妣庚，王□。(《合集》28092)

32. □□卜，狄，[贞]𢀭方美□曹于[之，若]。(《合集》28088)

33. 贞王其寻胤方白智于之若。(《合集》28087)

34. 其用羌方□于宗，王受有又。
     弜用。
     羌方囟其用，王受有又。
     弜用。(《合集》28093)

35. 其用兹……祖丁柵羌[囟]其眾。
     弜用。
     其用囟在妣辛升至母戊。(《屯南》2538)

36. 王其用羌方□，王受又。(《屯南》567)

37. □亥卜，羌二方白用于□□、祖丁、父甲。(《合集》26925)

38. 甲申卜，其执二邦白于父丁。(《合集》32287)

图 7—14　《合集》1118

第 28 辞是武丁伐俑之战结束以后，举行告执典礼，拟以俑人首领祭祀大戊的卜辞；第 29、30 辞是以绊方首领献祭；第 31、32 辞是廪康伐𢀭方卜辞；第 33 辞是以胤方白献祭的卜辞；第 34—37 为廪康伐羌方后的卜辞，其中小屯南地出土的两版，释文均定为康丁卜辞。第 38 辞为武文卜辞。

上述第 29、31、34、35 均为卜用"绊白囟"、"𢀭方囟"、"羌方囟"献

---

① 《合集》36481。

祭，与这些记录相应的是在殷墟甲骨中留下一批人头刻辞，胡厚宣共收集十一片①，为：

39. □丑用于……乂……双……（《京》5282）
40. 又（《续补》10572）
41. 白（《续存》下2358）
42. 白（《续补》9067）
43. 用（《续补》10573）
44. 隹（《掇》2.87）
45. 五（《日汇》180）
46. 囟（《续补》9070）
47. 白骉（《续补》9067）
48. 方伯用（《京》5281，《合集》38759，图7—15）
49. 人方白……祖乙伐（《续补》9068，《合集》38758）

图7—15　《合集》38759

这些都是用战败被俘的方国首领献俘的遗存。《逸周书·世俘》有"武王乃废于纣矢恶臣百人，伐右厥甲，小子鼎；大师伐厥四十夫，家君鼎"，记载献俘典礼上武王射杀纣王的百名高级官吏，砍下他们的头放在鼎中，分别由小子和邦君献祭，人头刻辞的存在当与此俗有关。又载献俘殷纣为"武王在祀，大师负商王纣悬首白旂，妻二首赤旂，乃以先馘入，燎于周庙"，可见最高的奉献是给祖先的，显示出商代的"军礼"以"尊祖"为核心，集中体现了军制中的宗法性质。

二　以蒐狩习战阵

《周礼》所谓军礼之别的"大田之礼"，包括春蒐、夏苗、秋狝、冬狩，如《周礼·夏官·大司马》有"中春教振旅，司马以旗致民，平列陈，如战之陈。"郑玄注："以旗者，立旗期民于其下也。兵者，守国之备。孔子曰：'以不教民战，是谓弃之。'兵者凶事，不可空设，因蒐狩而习之。凡师出曰

---

① 胡厚宣：《中国奴隶社会的人殉和人祭》（下篇），《文物》1974年第8期。

治兵，入曰振旅，皆习战也。四时各教民以其一焉。"有研究者对商代以田猎习战提出质疑，实际上，在商代虽然还不能形成"中春教振旅"、"中夏教茇舍"、"中秋教治兵"、"中冬教大阅"的一整套制度，但这种"大田之礼"扎根于商代应是没有问题的。首先从文字看，郑注所谓"以旗者，立旗期民于其下也"，而商代甲骨文军旅之"旅"字正是由此形构成的会意字；再从内容看，和征伐一样，田猎活动的每一重大步骤也都要经过占卜，从这些卜辞中可知田猎也是以军法部署的。

（一）人员集结

对外征伐首先要"登人"聚众，或直接调遣某支族众在其族长率领下担任某项战斗任务，田猎卜辞也有相类的内容：

1. 登人乎涿……田。（《英藏》837）
2. 丁卯卜，令执以人田于𣊡。十一月。（《合集》1022乙）

第1版的田，指田猎，从而可知当时大规模的田猎也要和征召兵员一样，先"登人"聚众，然后由王或其他军事长官率领出猎，如第2版的"执"是族名、人名，亦即率领其族人参与田猎的该族族长。武丁卜辞有"令执比䜌"、"勿令执比䜌"的反复占卜，武乙文丁卜辞有"执以𠙵用于父丁，卯牛"[1]，其中的"执"应是同一个族氏在不同时期的代表人物。

武丁征伐卜辞多见"登人"在人员集结后，要编理队伍，随着兵役制度的发展，往往直接调用军行，并配合是否"雉众"，加强派出执行战斗任务的军行的实力，田猎同样分左、中、右军行，也有是否"雉众"的考虑。如：

3. 丁酉，中彔卜，在今，贞在狩田𦎫其以右人𠂤，亡灾。
   不雉众。（《甲编》2562）
4. 癸未卜，王曰贞右兕在行，其左射获。（《合集》24391，图7—16）

第3辞，屈万里《甲编考释》指出，卜辞有王作三师右中左，戎马左右中人

---

[1] 《合集》9503、32057。

三百，军队分左右中三队，所以有中人、右人之称，田猎与战阵相类，故亦有"右人"之称。卜问派莫率领右队出动，是否能达到预期的目的，是否不用再加派补充人员。第4辞"行"也是指军行，卜问若"兕"出现在右方，令左行射杀，是否能有擒获。因为行是行军中的纵列队伍，右面出现大型动物与行进的队伍正面相遇，动用右行，势必要改变其行列，容易失去战机，因而指挥"右兕"左侧的左行射杀，便于命中猎物，可一举擒获。由此可知，田猎与军事训练密不可分。

通过田猎不仅训练民军中的徒兵，还动用战车、甲士和戍，除前述"甲午王往逐兕，小臣协车马"① 外，还有如：

图7—16　《合集》24391

5. □□卜：其乎射豕，叀多马。吉。（《屯南》693）
6. 叀多马乎射，擒。（《合集》27942）
7. 贞其令马亚射麋。（《合集》26899）
8. □□［卜，出］，贞乎多射雉，获。（《合集》5740）
9. 叀戍乎射，擒。（《合集》27970）

这些都是田猎卜辞，可见参加者有多马、马亚、多射和戍，商王朝的军队以王室贵族为核心，因此王和多子族田猎的卜辞也最为常见，如：

10. 壬戌卜，争，贞叀王自往㲋。
　　贞叀多子乎往。（《合集》787）
11. 丙辰卜，㱿，王其逐鹿，获。
　　贞多子逐鹿。（《合集》10302）
12. ［乎］多子逐鹿。（《合集》3243）
13. 壬午卜，贞多子获鹿。（《合集》810）
14. ……多子逐麋，获。（《合集》10386）

---

① 《合集》10405、10406。

15. 癸未卜，㱿，贞多子获鹿。(《合集》10501)

16. 癸酉贞，子汱逐鹿，获。(《合集》7075 反)

从第 10、11 版卜辞可知多子往往与王一起参与田猎，从多子捕获的各种猎物看，射猎活动很多。武丁卜辞有"御子汱于父乙"[1]，可见子汱亦属于多子族。

(二) 告庙、选将、布阵

和实战一样，以田猎习战也是要通过占卜确定田猎的时间、地点，如卜辞有：

17. 叀哭田，亡戋。
    叀盐田，亡戋。
    叀⌘田，亡戋。
    叀兑田，亡戋。
    其獸，亡戋。(《屯南》2386)

18. 丙戌卜，[㱿]，贞翌丁亥我獸孚。
    贞翌丁亥勿獸孚。(《合集》11006)

19. 辛卯卜，争，[贞]我獸，下乙弗若。(《合集》10608)

第 17 版是康丁卜辞，其中的"田"作田猎活动的通称，獸，是用捕猎工具与兽组合成的会意字，一般认为即狩猎之"狩"，表示一种特定方式的田猎活动，这版连续占卜表明商代的田猎有时要先确定地点，再确定方法。第 18、19 版是武丁卜辞，表明在确定了时间、地点、方法后，还要从正反面进行反复占问，并且要求得到祖先的首肯与保佑。

另一方面，当田猎活动确定以后，如同出征前要举行"告庙"仪式一样，要告祭祖先：

20. 王其田，其告妣辛，王受又。(《合集》27558，图 7—17)

21. 丁卯贞，其告于父丁其獸，一牛。(《合集》32680)

---

[1] 《合集》20028。

第 20 版是关于告祭妣辛的卜问，钟柏生《卜辞中所见殷代的军礼之二——殷代的大蒐礼》提出殷周大蒐礼的差异之一，是殷人除了告于祢祖庙外，尚可祈求先妣护佑。该版为廪康卜辞，廪康诸妣中大甲和武丁的法定配偶均有妣辛，如果考虑到考古发现和武丁卜辞中"后辛"、"妇好"的相关史料，辞中的妣辛指武丁法定配偶的可能性更大一些，殷周礼制的这一差异也容易理解了。第 68 版为武乙卜辞，父丁当指康丁。

实战在出征前要选将，田猎也有类似的考虑，如卜辞有：

22. 辛亥卜，王，贞乎㹑麋，擒。
    辛亥卜，王，贞勿乎㹑麋，弗其擒。七月。（《合集》10374）
23. 叀竝以人㹑……（《合集》32270）
24. 乙丑贞，叀亚㠯以人㹑。
    戊戌贞，叀亚㠯以人㹑。（《屯南》961）
25. 丁巳卜，令甫㹑，丁丑启。（《合集》20749，图 7—18）

图 7—17　《合集》27558　　　　　图 7—18　《合集》20749

26. 庚申卜，翌辛酉甫㞢启，獸。允獸。十一月。
辛酉卜，翌壬戌启。(《合集》20989)

这几版卜辞都涉及派率众出猎为宜，值得注意的是第25、26版关于"启"的占卜，甲骨文中作为动词的启有两种用法，一与军事行动有关，常见于征伐卜辞；一表示雨过天晴。由于田猎常见卜雨，所以这类卜辞中的启，往往与天气有关，但是第25、26辞的甫为人名，所以"令甫獸丁丑启"和"甫㞢启"之启同于《诗·小雅·六月》"以先启行"之"启"，反映出田猎和实战一样，有时也要派出先导作为前驱。

图7—19　《合集》28789　　　　　　图7—20　《合集》28790

田猎布阵，也要通过"庙算"，如卜辞有：

27. 叀牢田，亡戋。

叀沓田，亡戋。

□其逐沓麋自西、东、北，亡戋。

自东、西、北逐沓麋，亡戋。（《合集》28789，图7—19）

28. 弜逐沓麋，其每。

王其东逐沓麋，擒。

其北逐，擒。（《合集》28790，图7—20）

29. 其西逐，擒。（《合集》28791）

这两版卜辞首先是选择田猎地点，选定地点以后，再确定从哪个方向发起攻击，可以把野兽驱赶到包围圈中。为此，田猎也要布阵，如

30. 翌日乙王叀呈田，亡戋。

叀斿田，亡戋。

王其焚率西麓，王于东立，豕出，擒。

弗擒。（《合集》28799，图7—21）

31. 丁丑卜，贞王其射，获，御。

贞弗擒。

丁丑卜，贞王其田于盂，□南洮立。

贞乎北洮立。

贞勿巳。

丁丑卜，狄，贞其遘雨。

丁丑卜，狄，贞王田，不遘雨。（《合集》29084）

第30版卜辞先卜田猎地点，再卜阵位设置，卜问在山的西麓焚猎，同时在东布阵，是否可以擒获大兽。第31版卜辞最早著录于《甲编》3919，共契刻同一日所卜的十三条卜辞，占卜内容包括选

图7—21　《合集》28799

择田猎的时间、地点，卜问是否会遇雨、能否有擒获、所获用于御祭是否吉利，此版第二组对贞是问选择在"盂"地田猎，则在洮水南岸布阵有利，还是在洮水北岸布阵有利。

（三）清点战果

一些田猎卜辞是有验辞的，记载下田猎的战果，如：

32. 乙未卜，今日王戠，田率，擒。允获虎二、兕一、鹿十二、豕二、龟百廿七、□二、兔廿三、[雉]七。□月。（《合集》10197）

33. 允获麋四百五十。（《合集》10344反）

34. 壬申卜，㱿，贞甫擒麋，丙子䁆。允擒二百㞢九。（《合集》10349）

35. 贞乙亥䁆。擒七百麋，用□□。（《屯南》2626）

36. 丁亥卜，翌日戊王叀呈田……兹用。王擒狐三十又七。（《合集》28314）

37. 贞王田于鸡，往来亡灾。[王占曰]：引吉。兹㞢。获狐八十又六。（《合集》37471）

38. ……其[戠]，擒。壬申允戠擒。获兕六、豕十㞢六、麂百㞢九十㞢九。（《合集》10407）

39. 擒，兹获兕四十、鹿二、狐一。（《合集》37375）

从这些验辞看，一些大规模围猎活动，擒获的猎物相当可观，狩猎对象以鹿类动物为主，也不乏兕、虎、豕等大型猛兽，尤其是获兕的卜辞和验辞较多，如果不是指挥统一、训练有素的军事人员参加的话，是不大可能的。这种田猎活动还有一个特点，有时可能有目的地专门猎取某种动物，如第30版为一大版龟腹甲，正面卜辞中，有一组关于狩猎的占卜，反复贞问将以何种动物作为猎取对象："王获鹿，允获"、"不其获"；"贞擒麋"、"贞弗其擒麋"；"王[获]兕"、"王弗其获兕"，反面记下的猎获物只有麋，透露出对猎取对象是有选择的。此外第34、35两版卜辞的命辞明言"擒麋"或用䁆的方法捕捉猎物，显然已经计划好以麋鹿为猎取对象了，因而验辞中只有获麋的数量，至于第36、37两版王田猎卜辞的验辞仅记擒获狐的数量，也反映了同样背景。当然也有一些大规模围猎不限定狩猎对象，如第32、38、39版卜辞，猎取的动物包括大大小小的飞禽走兽。

此外，从相关卜辞可知，田猎不仅捕杀野兽，还将敌对方国的民众作为袭击和捕捉对象，如：

40. 子效臣田，其隻羌。（《合集》194）
41. 庚戌卜，今日狩，不其擒印。十一月。（《合集》20757）
42. 戊辰卜，彀，贞又来执自狩，今日其祉于祖丁。（《合集》27302，图7—22）

第40辞的羌是泛称，指西北以畜牧为主的民族。第41辞的"印"，甲骨文作，形象地表示出其所指为一种俘获的奴隶。第42辞的"执"，是俘虏的通称。这说明商代是完全将田猎和实战结合在一起了，而且和出征一样，有献俘的典礼，用俘虏祉祭先王。

不仅如此，很多卜辞反映田猎和战争使用同样的词语，在上第40辞的同版，还有一组九月进行的有关田狩擒"印"的卜辞：

己亥卜，不丕雨，狩玟印。
庚子卜，不丕大风，狩玟。
庚子卜，狩玟，不冓戎。
庚子卜，于丁步。
于辛狩玟，步，〔不〕祉取。
步，祉取。
辛丑卜，狩玟，其雨。
辛丑卜，匡，狩玟，其冓虎……九月。

图7—22 《合集》27302

从这版卜辞可知，捕捉玟地俘虏（印）和野兽均称"狩"；遭遇敌人（戎）和猎物（虎）均称"冓"；徒兵出征称"步"，出猎也要占卜日期，也称"步"。又上述第50辞的"雷"以及各辞中的"擒"、"获"等都是征伐卜辞中常见的动词，第34、35版卜辞均用的方法狩猎，这也是实战常用的方法，如伐巴方卜辞有"王□自东罙伐，戎🗝于寻好立"①。此外征伐卜辞常见"马其先，王兑比"、"叀辛兑伐"，田猎卜辞也有"翌日戊王兑田"②等，这些雷同的用语充分证明了商代确是以田猎习战阵的。这也就决定了商代的"大田之礼"与"大师之礼"有很多类同之处，换言之，田猎卜辞也是探讨商代军礼的重要的历史资料。

三 军事训练与军事法规

通过蒐狩以习武事带有以战教战或军事演习的性质，其前提则是对士兵要有一系列基础知识和技能的训练，例如掌握使用武器的技巧等，所以商代还有专门的军事训练③，卜辞有：

1. 丁巳卜，□，贞王学众伐于髳方受有又。
丁巳卜，□，贞王勿学众髳方弗其受有又。（《合集》32）
2. 其教戍。
亚立，其于右利。
其于左利。（《合集》28008，图7—23）

古代学与教是相通的，第1版"学"甲骨文作𢻱，第2版"教"甲骨文作𡥈，实为前者的繁体，"王学众伐于髳方"④，犹如《尚书·盘庚》"盘庚学于民"，"学"都是教谕的意思。第1版是武丁卜辞，同版有伐巴方、下危的卜辞，这是谋划征伐多方时的占卜，要大量征集兵员，众，亦即众人是商代军队组成的主体成分，所以

图7—23 《合集》28008

---

① 《合集》6480。
② 《合集》27945、28067、28663。
③ 参见王贵民《商周制度考信》，台北明文书局1989年版。
④ 《合集》32。

教谕、训练众人也提到了日程上。第2版是廪辛康丁卜辞，反映随着"戍"的组织的发展，更有了常规性的军事训练，卜问军事长官——亚教战，将阵位设在哪个方位较为有利。这正如《临沂汉简·见吴王》记载孙武吴宫教战，是按照"试男于右、试女于左"以及"春以蒐振旅，秋以狝治兵"[①] 的制度，在国之左后狝囿设阵。商代尚未形成完整的制度，还需要通过占卜选择教战的阵位，同样反映出当时的"教成"作为军礼的一个组成部分，是属于国之大事的。

射手、骑乘需要更熟练的技术，从而需要更多的技术训练，武丁卜辞有"王学马"[②]，可能与教练骑乘有关。射手则来自各大族，如卜辞有"吴以射"、"大以射"[③]，还有一部分是"新射"[④]，服兵役的射手需要常规的训练，"新射"更需要有专门的教练。相关资料见于卜辞的"庠射"，如：

3. 癸巳卜，㱿，贞令羋庠射。
　 癸巳卜，㱿，贞叀奚庠射。
　 贞叀奚令庠射。
　 贞勿隹奚令。
　 贞〔令〕羋庠三百射。
　 贞勿令羋庠三〔百射〕。（《合集》5772）
4. 〔癸巳卜，㱿，贞令〕羋庠〔三百射〕。
　 癸巳卜，㱿，贞令奚庠三百射。
　 贞叀奚令庠三百射。
　 贞……庠三百射。
　 贞令羋庠三百射。（《合集》5771甲乙丙）

这是两版关于教练射手的卜辞，皆为大版龟腹甲，存约三分之二，自上而下存三组对贞，为同一位贞人在同一日的反复占卜。庠，甲骨文作"⿱宀羊"，或隶定为"盖"，有研究者专门考察了相关资料，指出庠是古代学校，射手要

---

① 《国语·齐语》。
② 《合集》13705。
③ 《合集》5762、5765。
④ 《合集》5784。

经专门训练①,值得注意的是从这两版可知,为了令皋还是令奠教练射手、教练三百射手,进行过反复的占卜。两版都只有兆序"一",此外《合集》5770 存与第 92 版同文的六条卜辞,其一存兆序"三",表明存在成套卜辞,即为同一事由同一贞人在数版龟甲上进行过连续占卜,说明对训练射手教官的选择非常慎重。

此外,卜辞还有:

5. 贞〔勿〕乎〔犬〕毌多新射。(《合集》5786,图 7—24)

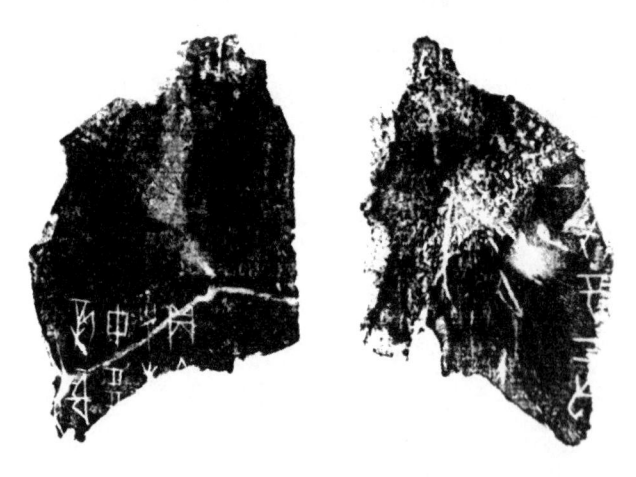

图 7—24　《合集》5786

6. 乙亥贞,令辰以新射于斩。(《合集》32996)
7. 辛未贞,蓑以新射于斩。(《合集》32996)

第 5 版字略残,但据残笔补全的两字可以肯定。又,《说文》释"毌,穿物持之也,从一横贯,象宝货之形,凡毌之属,皆从毌,读若冠。"段注引"田完世家:宣公取毌丘,索隐曰毌音贯"。又,毌部有贯,《说文》释"钱贝之毌也",段注引"《毛诗》串夷,传云串,习也。串即毌之隶变"。毌与贯相通,而贯有"习"之义。如:《尔雅·释诂》有"串、贯,习也";《国语·鲁语》有"士朝而受业,昼而讲贯",韦昭注:贯,习也;《吕氏春秋·

----

① 王贵民:《商周制度考信》,台北明文书局 1989 年版。

有始览·听言》有"造父始习于大豆,蠭门始习于甘蝇"。高诱注:"习,学也,大豆、甘蝇盖御射人姓名。"所以第5版是关于"乎彡"教练新射手的卜辞,与这版卜辞相关的还有"乎子畫以彡新射"、"令彡以多射"、"令多射眾彡",① 表明武丁时除皋、奊外,彡也担任了教练和率领射手的军职。第6、7版,是卜问究竟由何人带领新射"于斿",此外数见"以新射于斿"残辞,可能也与训练新射有关。

《周礼·大司马》有"中春教振旅……如战之阵","以教坐作、进退、疾徐、疏数之节","中秋教治兵,如振旅之阵","中冬教大阅","陈车徒如战之阵,皆坐,群吏听誓于阵前,斩牲于左右徇阵,曰不用命者斩之",可见通过田猎进行军事教育训练的一个基本内容是进行军事纪律教育,根据号令操练左右进退等队列动作。《尚书·牧誓》载武王伐纣,誓于牧野之郊,有"今日之事,不愆于六步七步,乃止齐焉","不愆于四伐五伐六伐七伐,乃止齐焉"。"六步七步",孙星衍引《司马法》云"军以舒为主,虽交兵致刃,徒不趋,车不驰,不逾列,是以不乱",是其义也。② 随时保持阵列的严整是古代战场的需要,而且随着战争的发展形成一整套制度,并且成为古代军礼的重要构成部分。如西周前期的师旂鼎铭文中记载"师旂众仆不从王征于方雷",而被判罚金三百,还透露出抗命不从王征者当判放逐③。春秋时已有了较完备的法规,《左传·襄公四年》有"师众以顺为武,军事有死无犯为敬";《国语·晋语三》记载《韩之誓》曰"失次犯令,死";到了战国,"王者之军制"更有进一步的强化,即"将死鼓,御死辔,百吏死职,士大夫死行列。闻鼓声而进,闻金声而退。顺命为上,有功次之"④。

这一思想、制度的根源同样可以追溯到商代,商代也有了一定的军事法规,如殷墟小屯南地发掘出土的武乙卜辞有:

8. 师叀律用。(《屯南》119,图7—25)
9. 辛酉卜,叀大行用。
师叀律用。(《合补》9632,图7—26)

---

① 《合集》5785、5738、5735。
② 孙星衍:《尚书今古文注疏》,中华书局1986年版。
③ 师旂鼎见《殷周金文集成》6.2809。
④ 《荀子·议兵》。

图 7—25　《屯南》119　　　　　图 7—26　《合补》9632

第 9 版原著录《怀特》B.1581，辞中"叀"是介词，在此起宾语前置的作用，即"惟师用律"，发掘者提出《易·师·初六》："师出以律"，王弼注："为师之始，其师者也。齐师以律，失律则散，故师出以律，律不可失。"此"师叀律用"之律，即"师出以律"①，律当解为"律令"。《周易》卦爻辞的时代不晚于西周，而这种思想以至于制度在商代已经形成，意思是军队必须以军纪、军法统一起来，才能投入战争。此卜辞还可与文献记载相印证，如《尚书·汤誓》载，汤伐桀时要求出征军队绝对服从，表现勇敢忠诚者，将得到奖赏，不听誓言者，将受到杀戮或降为奴隶的惩罚，即所谓"尔不从誓言，予则孥戮汝，罔有攸赦"。

---

① 参见肖楠《试论卜辞中的师和旅》，《古文字研究》第 6 辑，中华书局 1981 年版。

但也有研究者认为以上《周易》王弼注是错误的，以"律"为律令不足为训，"师出以律"的律应该是指"音律"的"律"，与"律令"毫不相干，而传统说法是上了旧注的当，以讹传讹。实际上《史记·律书》唐司马贞《索隐》已将《易·师》"师出以律"的"律"解为"音律"，闻一多曾加以阐发，却未引起重视。因而在闻一多论证的基础上，进一步提出殷代已具备阴阳五行思想的雏形。中国古代有吹律以占卜兵事的方术，可称"五音占"，属于兵阴阳家系统，殷墟卜辞的"师叀律用"是"有关兵阴阳家的最早资料"①。

这是一个可以进一步讨论的问题，新解是有文献依据的，闻一多列举了《国语·周语》、《史记·律书》、《周礼·大师》、《六韬·五音篇》，《左传·襄公十八年》服虔、杜预等注，提出《师》初六曰"师出以律"，律即六律之律。爻辞多说殷周间事，证以《周语》所载武王事，"是行军吹律，候验吉凶，盖周初已然矣"②。文中所举"武王事"即《周语下·景王问钟律于伶州鸠》，伶州鸠关于武王伐纣的一段记述是否为周初的实录，很多研究者作过多方探讨，是一个尚未完全解决的问题。但是传统说法如《周易》王弼注的观点，却有时代更早的史料支持，《左传·宣公十二年》载，晋师救郑，副帅先縠不听军令擅自行动"以中军佐济"，知庄子曰：

> 此师殆哉，《周易》有之，在《师》之《临》，曰"师出以律，否臧，凶。"执事顺成为臧，逆为否。众散为弱，有律以如己也，故曰律。否臧，且律竭也。盈而以竭，夭且不整，所以凶也。不行之谓《临》，有帅而不从，临孰慎焉。此之谓矣。

很明显，知庄子认为先縠违抗主帅军令的行为是《易》之《临》卦的重演，并据此预测其严重后果。解释"师出以律"，强调出师必有法制号令才能指挥三军如同一人，发挥出战斗力，否则必遭祸殃。这是"师出以律"的"律"在春秋时曾被解为"律令"，而不是"音律"的证明，而此证远早于唐

---

① 刘钊：《卜辞"师惟律用"新解》，张永山主编《胡厚宣先生纪念文集》，科学出版社1998年版。

② 《闻一多全集》二《古典新意·周易义证类纂》，生活·读书·新知三联书店1982年版，第39—40页。

司马贞《索隐》。《左传·襄公十八年》师旷"歌风"占兵事的记载，可为春秋时已出现吹律占卜兵事的方术提供证明，却不能否定同样见于《左传》的"师出以律"之"律"指"律令"，因为后者含义在《左传》中也是很明确的。

军队要用法制号令统一起来，才能发挥战斗力，这是夏商时代从实践中总结出来的我国古代军事思想的基本原则，至迟在商代已经制度化，成为军礼的重要构成部分。这一思想到了春秋战国时代获得进一步发展，体现在《孙子》十三篇中，十分强调要三军如一，如《九地篇》有："善用兵者，譬如率然。率然者，常山之蛇也。击其首则尾至，击其尾则首至，击其中则首尾俱至。"要求用兵者能使军队能够首尾相应一体，"齐勇若一"，"携手若使一人"是取得胜利的基本保证。

第二节　军事思想萌芽

商代有很多著名的战例长久在历史上流传，例如"汤革夏命"、"高宗伐鬼方"、"纣克东夷"等，由于时代久远，今日所见仅是一些残章断简，涉及军事思想的内容很少。在传世文献中，涉及商代军事思想的记载主要有《仲虺之诰》和《说命》，虽然已经亡佚，但其主要思想被长久传诵，屡见后人援引而保留至今，亦可见其影响之深远，从文献记载和殷墟甲骨刻辞也可见其思想的反映。

一　《仲虺之诰》与《说命》
（一）《仲虺之诰》

《书序》有"汤归自夏，至于大坰，中虺作诰"，《左传·定公元年》记述"仲虺居薛，以为汤左相"。《孟子·尽心》有"若伊尹、莱朱则见而知之"，赵岐注：伊尹，挚也。莱朱，亦汤贤臣也。一曰仲虺是也。

> 仲虺有言曰：亡者侮之，乱者取之，推亡固存，国之道也。孔颖达疏：正义曰《尚书·仲虺之诰》云，兼弱攻昧，取乱侮亡，推亡固存，邦乃其昌。孔安国云，弱则兼之，暗则攻之，乱则取之，有亡形则侮之，有道则推而亡之，有存道则辅而固之，王者如此，国乃昌盛。（《左传·襄公十四年》）

子皮曰仲虺之志云,乱者取之,亡者侮之,推亡固存,国之利也。(《左传·襄公三十年》)

(随武子曰)见可而进,知难而退,军之善政也;兼弱攻昧,武之善经也。子姑整军而经武乎。犹有弱而昧者,何必楚。仲虺有言曰"取乱侮亡"兼弱也。(《左传·宣公十二年》)

三代时期的中华大地是一个小邦林立,逐步走向统一的过程,统一是大势,但强国也不能滥用武力,而要审时度势,对弱国和政治昏乱之国用兵,不仅师出有名,而且能付出较小的代价,换取较大的胜算,这就是仲虺所谓的"取乱侮亡",后来总结为"兼弱攻昧,武之善经也",亦即对外用兵行之有效的重要法则。

"兼弱攻昧"在历史上往往被誉为"汤武之道"。商汤革夏和武王伐纣都是小国伐灭大国,都经过长期准备。如汤伐桀,在军事上灭葛、拔除三孽,逐步改变了力量对比,同时在政治方面实行一系列布德施惠的策略,争取民心、网罗人才,争取同盟者,不断壮大自己,孤立敌人,而且在政治上大力宣扬成汤勤劳政事、任用贤良,以德治民的功绩,以凸显夏桀的乱政。在准备用兵的前夕,还要进行最后的试探,停止贡纳观察动向,当夏桀尚能调动"九夷之师"时,汤"知难而退",立即"谢罪请服",第二年再行试探,"桀怒,起九夷之师,九夷之师不起",标志着夏王朝与最重要的盟友关系破裂,军事进攻的时机成熟。而太史令弃夏奔商则标志着夏王朝统治集团内部矛盾的进一步激化,统治已面临崩溃,至此,商汤"见可而进",抓住战机一举灭夏。武王伐纣也是一样,小邦周经太王、文王两代经略,始得"三分天下有其二",武王利用商王朝内外各种矛盾日益尖锐的机会,"九年观兵孟津",八百诸侯不期而遇,武王仍认为时机还不成熟,商王朝的政治昏乱与经济衰蔽尚未发展到极致。两年后,十一年戊午孟津会师,甲子牧野决战,商纣兵败自焚,周王朝建立。汤武革命实践证实文献所载所谓的"取乱侮亡"的仲虺之言是有可信性的。

而商代早期这一思想的产生,是与夏王朝灭亡的教训分不开的,即所谓"殷鉴不远,在夏后之世",夏代晚期统治阶级愈加骄奢淫逸,不断加重对人民的剥削和掠夺,社会矛盾进一步激化,而"桀愈自贤,矜过善非,主道重塞，国人大崩"①，正是总结了这样的历史教训，《仲虺之诰》不仅提出"兼弱攻昧"的策略，还包括了军事和政治的关系，保存在古文献中有两段佚文，其一如《墨子·非命上》有：

> 《仲虺之诰》曰："我闻于夏人，矫天命布命于下，帝伐之恶，龚丧厥师。"

孙诒让《墨子间诂》注引"伪孔传云：言托天以行虐于天下，乃桀之大罪"。"江声云：师，众也。言桀执有命，天用是憎恶之，用丧其众。"表明《仲虺之诰》提出了统治者若假借天命肆无忌惮地聚敛天下财富，最终必然丧失民众的支持而失去天下，王应麟曾评说"《仲虺之诰》言，仁之始也"②。"汤网"的故事，正是这一思想的体现，汤说网置四面，尽取天下之鸟，是夏桀的行为，因而收其三面，置其一面，仅"取其犯命者"，在获得"德及禽兽"美誉的同时，还得到"四十国"的拥护③。

其二如《荀子·尧问》：

> 其在《中蘬之言》也，曰：诸侯自为得师者王，得友者霸，得疑者存，自为谋而莫已若者亡。

"中蘬"即"仲虺"，这段话流传极广，还见于《吕氏春秋·恃君览·骄恣》、《韩诗外传》等，应是与"桀愈自贤，矜过善非，主道重塞，国人大崩"的教训密切相关的，这一思想在汤革夏命的一系列准备工作中也有很多体现。据《书序》，《仲虺之诰》作于灭夏之后，其思想内容却源于灭夏经验的总结。

（二）《说命》

《书序》有"高宗梦得说，使百工营求诸野，得诸傅岩，作《说命》三篇"。郑康成曰"《说命》三篇亡"，王逸注《楚辞》云"《说命》是佚篇也"。武丁梦得傅说见于《史记·殷本纪》，当有一定根据，《国语》、《孟子》、《礼

---

① 《吕氏春秋·慎大览·慎大》。
② （宋）王应麟撰：《困学纪闻·书》，四库全书本。
③ 详见《吕氏春秋·孟冬季·异用》。

记》等古文献中保存了一些《说命》佚文，如：

  《兑命》曰惟口起羞，惟甲胄起兵，惟衣裳在笥，惟干戈省厥躬。汉郑氏注："兑当为说，谓殷高宗之臣傅说也，作书以命高宗，尚书篇名也。""惟口起辱，当慎言语也。惟甲胄起兵，当慎军旅之事也。惟衣裳在笥，当服以为礼也。惟干戈省厥躬，当恕己不尚害人也。"孔疏"干戈当自省己，不可妄加无罪"。(《礼记·缁衣》)

  此文见于今本《礼记》第 16 章，虽然在 20 世纪 90 年代发现的郭店楚简、上博楚简《缁衣》，未见今本的 16 章，不过有出土文献与之相印证的可知其真，不见于出土文献的并不足以证其伪，因为从我国古代军事传统看，"慎战"是军事思想的核心，《孙子兵法》第一章"计篇"，开宗明义就提出"兵者，国之大事。死生之地，存亡之道，不可不察也"。说的就是对战争问题关系重大，要十分慎重。"形篇"有"善用兵者，修道而保法，故能为胜败之政"。对于"修道"，曹操解释说"善用兵者，先自修治，为不可胜之道"；李筌解释说"以顺讨逆，不伐无罪之国"①。《说命》所谓"惟干戈省厥躬"，就是说要师出有名、不伐无罪之国，这种思想有很古老的根系，出现在武丁时期不是偶然的。

  首先是在武丁以前，商汤灭葛就是首先在"不伐无罪之国"的问题上做足了文章，如前所述，相传葛伯不祀，"汤使遗之牛羊"以为牺牲，又"使亳众往为之耕"，以供粢盛。葛伯率众抢夺并杀死为耕者送饭的童子。商汤以为童子复仇的名义起兵灭葛，检阅了自己的军事力量，而且赢得了出兵征伐不是为了贪图天下的财富，而是为百姓复仇的声誉。更早，夏王朝建立之初，有扈氏起兵反对，虽因力量对比悬殊而失败，却也高举夏启破坏禅让制的名义。武丁时的商王朝经过盘庚、小辛、小乙三王的经略，遏制住由于九世之乱而日益衰落的总趋势，但商王朝势力的南境、西境、北境都向后退缩，原来臣服的小国纷纷兴兵内侵，北方和西方的草原民族、畜牧民族更不断南下、东进，因此为振兴商王朝不仅要有强大的武装力量，还要有正确的战略策略。

  从甲骨文资料反映出的武丁对外用兵，正反映出"慎战"和"兼弱"的

---

① 杨丙安：《十一家注孙子校理》，《新编诸子集成》，中华书局 1999 年版，第 76 页。

指导思想。如前所述，武丁时的战争相当频繁，就整体看，首先基本平定了周边小国的叛乱，再向距离较远的时服时叛的方国发动了进击，四土的安定有了保障以后，再集中力量对付游牧民族的侵扰。在一定意义上也是一种"先自修治"，再迎战强悍的外敌。就每一场具体的用兵看，无论是选择攻伐对象、把握战机以及选将都十分慎重。例如对多方的征伐，往往同时考虑若干方国，反复占卜、筛选，以确定最适宜的攻伐对象、战机及确定选派的将领，留下不少成套卜辞，展示了武丁用兵的慎重。对夷方、巴方、龙方、䝬方、卬方、下危等的征伐是很典型的例子，从相关卜辞看，对这六个方国的征伐主要集中在武丁某年一月至十三月前后，通过卜辞的试排谱，可知战事至少历经一年有余，伐下危计划提出得最早，但在具体实施过程中插入了对巴方、龙方、夷方的作战，因而计划的实施推延约一年。伐䝬方的计划提出也较早，实施也在半年以后，其间可能与卬方兴兵作乱有关。可见考虑对某方用兵的计划不一定立即付诸实施，往往要根据形势的变化及用兵对象的状况灵活机动的处置，可参见战争过程的叙述，说明《说命》佚文具有可信性。

二 "慎战"思想在殷墟甲骨文中的反映

(一) 考虑细密的征伐方略

1. 丰富的征伐用语

甲骨文中与征伐行为相关的动词非常多，有研究者将其分为征伐、防御、追击、擒获、遭遇、歼击等几大类[1]，其中尤以表示进攻的用语最为丰富，而不同的用语当代表不同的形式、手段，这从一个侧面显示出商代用兵时考虑的细密，已见前关于商代战争的叙述，以下略作概括。

殷墟卜辞用于表示征伐行为最常见的就是"征"、"伐"、"敦"。

征，多见以王为主体的军事行动，但并不限于王，也用于敌方为主体或方国之间的军事行动，其含义多泛指用兵。如"王叀征吾方"、"乎雀征目"、"方征于叙"、"马方其征在沚"[2]。

伐，甲骨文作伐，是一个表示杀戮的会意字，《说文》人部释"伐，击

---

[1] 刘钊：《卜辞所见殷代的军事活动》，《古文字研究》第十六辑，中华书局1989年版。

[2] 《合集》6313、6946、137、6。

也","一曰败也"。伐用于征伐也泛指用兵，如"贞王登三千人乎伐䞣方，戋"①，但往往和其他词素结合，表示某种具体攻击行为，如：

逆伐，卜辞有"贞舌方其来，王勿逆伐"②，《说文》辵部"逆，迎也，从辵屰声。关东曰逆，关西曰迎"。所以逆伐指迎击。

御伐，长期以来将"御"解为防御的说法十分流行，但也有研究者仔细梳理了甲骨文中有关"御"的种种用法，指出御之本义为迎迓，卜辞多言"逆伐舌方"、"遘方"、"遘羌"，与御伐的词义相似，逆、遘的字义都为遭遇，御正是迎击，在征伐卜辞中的用法正如《尚书·牧誓》"弗御克奔"，即告诫不要迎击前来投诚的敌方将士③。征伐卜辞有"贞叀妇好乎御伐"、"其乎戍御方，及"④，御与进攻性的动词"伐"、表示追击的"及"结合，也证明甲骨文的御不是指防御。"御伐"与"逆伐"的差别，还有待进一步研究，有研究者提出"御方"，是指一种进攻战斗，甚至可能是在战争取得阶段性胜利后，进一步扩大战果手段⑤的看法，值得注意。

罙伐，见于伐舌方、土方、巴方卜辞，还有"王往罙伐獐"等⑥。"罙"，甲骨文作&、&、&，诸家所释不同，或认为其形像以手探取状，应为"探"之本字，在卜辞中与"伐"组词，意为袭击⑦，或考订为"深"之本字，即《诗·商颂·殷武》颂扬武丁南征"罙入其阻"之罙，解为深入进击⑧，或释为"骚"字，"罙伐"意思是骚扰性进攻⑨，释此字者多注意到武丁伐巴方曾拟"王自东罙伐"，迫使敌人陷入妇好摆下的阵位，在这条卜辞中，罙伐解释为骚扰性进攻可能更恰切些。

---

① 《合集》6639—6643。
② 《合集》6197—6200 为一至四卜的成套卜辞。
③ 王贵民：《说驭史》，胡厚宣等著《甲骨探史录》，生活·读书·新知三联书店 1982 年版。
④ 《甲骨续存》下 66、《合集》28013。
⑤ 参见夏含夷《释"御方"》，《古文字研究》第九辑，中华书局 1984 年版，第 100 页。
⑥ 《合集》6379、6425、6480，《英藏》602。
⑦ 刘钊：《卜辞所见殷代的军事活动》，《古文字研究》第十六辑，中华书局 1989 年版。
⑧ 《中国大百科全书》（中国文学卷），第 296 页，裘锡圭撰写"甲骨卜辞"；蔡哲茂《释&、&》，《故宫学术季刊》第五卷第三期，转引自于省吾主编《甲骨文字诂林》，中华书局 1996 年版，第 2668—2672 页。
⑨ 寒峰：《甲骨文所见商代军职数则》，胡厚宣等著《甲骨探史录》，生活·读书·新知三联书店 1982 年版。

衔伐，卜辞有"乎雀衔伐［亘］"①，研究者提出卜辞"王从东戋亚侯，戋"、"乎束尹戋，擒"中的"戋"皆用为动词，表示一种杀伐方式，衔伐即指戈伐。此外还有瞪伐、专伐、尽伐、舌伐，或释为大伐、断伐、彻底杀伐、追击、追伐②，可备一说。又有敕伐，见于伐舌方③，敕，可释索④，亦当指某种手段或为达到某种目的的征伐。

敦，甲骨文作𣪘，训为"迫"，常用于具体的战役，如"乙卯王卜，在麻师贞，余其敦戚，隹十月戊申戋。王占曰：吉。在八月"⑤。《诗·大雅·常武》叙述宣王征徐，布兵敦逼淮水之涯，作"铺敦淮濆"，《诗三家义集疏》注韩诗"铺"作"敷"，云大也；"敦"云"迫"⑥，甲骨卜辞中也有"大敦"，如"戎其大敦岗"、"不大敦"⑦ 等，强调这种用兵的规模。

殷墟卜辞表示用兵的动词还有很多，有一批用武器或人执武器构成的会意字，如甲骨文有：

戎，从戈从盾，胡厚宣提出即《说文》之戎⑧，动用干戈当即兴兵，如"王戎衔受又"、"贞串方其爯佳戎"⑨，是卜问王兴兵伐衔是否会受到神祇的保佑、方是否起兵造反，所以这也是一个表示进攻性的动词。不过也有研究者将此字释为戟，解释为捍卫⑩，认为属于防御性的动词。然而从前述伐衔的卜辞来看，大都集中于某年 11 月至次年 1 月，前后达 7 旬，期间敦衔、戎衔、戋衔的占卜⑪交错进行，短短的 7 旬内，商王对衔不可能忽而征伐，忽而捍卫。此外，甲骨文中还屡见戎作名词的用法，如前述伐巴方卜辞有"王自

---

① 《合集》6949。

② 刘钊：《卜辞所见商代的军事活动》，《古文字研究》第十六辑，中华书局 1989 年版；卜辞见《合集》33208、5618。

③ 《合集》6364。

④ 于省吾主编：《甲骨文字诂林》姚孝遂按语，中华书局 1996 年版，第 3223 页。

⑤ 《英藏》2523。

⑥ （清）王先谦撰：《诗三家义集疏》，中华书局 1987 年版，第 988 页。

⑦ 《合集》6843、7665。

⑧ 胡厚宣：《甲骨文所见殷代奴隶的反压迫斗争》，《考古学报》1976 年第 1 期。

⑨ 《英藏》612、《合集》5632。

⑩ 于省吾主编：《甲骨文字诂林》，引于省吾《骈枝》的考释及姚孝遂按语，中华书局 1996 年版，第 2316 页。

⑪ 《合集》6887、6890、6896、6894，《英藏》612、614。

东夈伐，戎陷妇好立"，戎指代巴方，"戌不其菁戎"① 一类卜辞中的戎，亦当指敌人。这些都表明转释"戎"较"戬"为长。

𢦔，当即《说文》训"贼也，从二戈"的㦰，卜辞有"贞乎㦰舌方"、"贞勿㦰舌方"②，《说文》注引徐锴曰兵多则残也，因此前人多认为其字即"残"的古文，柯昌济认为㦰当通劀，是削伐之义，或以为在卜辞中表示贼伤、剪伐之义。③

𢦏、𢦗，分别释为䎽、犾。卜辞有"乎䎽髳"、"王往犾羌"④，虽然具体含义待考，但显然均作表示施加武力的动词。

甲骨文还有一批用工具捕捉动物的会意字，如𢦏、蠚等，卜辞有"戈𢦏亘，𢦏"、"王次于曾乎蠚屮"⑤，或将其归入获（𫊣）、执（𫊢）等表示擒获一类的动词，认为是指擒获手段，但是从卜辞文例看，理解为表示一种攻击手段更为恰当。

卜辞中有关军事活动的用语，还有"往"、"御"、"菁"、"𠂤"、"卫"等表示派出、迎战、遭遇、追击、抗击等，但最丰富的还是表示攻击及其手段、目标的动词，表明商代在作战方法上，最重视的是进攻。值得注意的是在诸多与军事行动相关用语中的"戋"字，甲骨文作𢦏、𢦗、𢦔等形，在甲骨卜辞中除单用外，更常见在征、伐、敦等表示征伐行为的动词之后，如：

1. 舌方征于我东鄙，戋二邑。（《合集》6057）
2. 登人三千伐𩏇，戋。（《合集》6835）
3. 贞王叀乙敦缶，戋。（《合集》6867）

或认为其字当隶定为戋，与征、伐、敦都是与战争有关的动词，但含义不一样，该字也常单用，但未见先言戋，后言征、伐或敦者，表明它属于战争的

---

① 《合集》175。

② 《合集》6335、《合集》6336。

③ 于省吾主编：《甲骨文字诂林》，引柯昌济《殷墟卜辞综类例证考释》及姚孝遂按语，中华书局1996年版，第2391、2394页。

④ 《合集》6556、《合集》6617。

⑤ 《合集》6939、6536。

细节，行动比较具体。征、伐、敦是前提，戋见成果①。这是有道理的，卜辞偶见戋在征前，如"贞方戋征登人"②，似应读为"方戋，征，登人"，卜问敌方入侵造成了损失，是否要聚众出征。从卜辞或验辞的文例看，当征伐是敌方行为时，后缀的戋指已造成或可能会造成的灾难性后果；是己方行为时，戋指预期的成果。此外，不仅征、伐、敦有与戋相呼应的用法，卜辞还见：

4. 今日子商其䦆基方缶，戋。（《合集》6571）
5. 其令戍甾羌方于敦、于利，征又啇，戋羌方。（《合集》27974）
6. 今我其执鄀，不囗戋于𥁑。（《合集》6892）
7. 戍及馭方，戋。（《合集》27995）
8. 戍重义行用，遘羌方，又戋。（《合集》27979）
9. 乎御羌方，于之戋。（《合集》27972）
10. 王其乎卫于奊，方出于之，又戋。（《合集》28012）

可见与征伐有关的动词䦆、甾、执、及、遘、御、卫这些具体的武装行动，都可与戋相呼应。《说文》释"戋，伤也"，墙盘铭文有"粤武王既戋殷"③，当指武王克商，可见戋的含义不仅仅是"夷伤"，而且包括了"灭亡"。所以与不同的征伐动词相呼应的"戋"，可能表示了不同的具体含义，如卜征、伐、敦、甾、䦆等行动后的戋，表示战而胜之，卜执、及、遘等行动后的戋，表示追及并有擒获。

总之，在卜辞中，最常见的戋应表示达到某种破敌的预期目标。由此可见，卜辞还见"乎征舌方"、"勿乎征舌方"和"允戋"的相同刻辞④，反映武丁在决定出师前，着重要考虑的是能否有胜算的把握。又，卜辞还见：

11. 丁酉卜，令彔征苎，戋。（《合集》6561）
12. ……彔伐苎，戋。（《合集》6562）

---

① 张政烺：《释"戋"》，《古文字研究》第六辑，中华书局1986年版。
② 《合集》6756。
③ 《殷周金文集成》10175。
④ 《合集》6308—6310。

13. 癸□［卜］，令象伐兽亡不若，允戋。（《合集》6564）

这组卜辞从字体和占卜部位等看，很可能同时为同一事进行的占卜，拟派的主帅是一个人，却用不同的征伐动词，皆后缀"戋"、"允戋"，似表明为了达到对兽方作战的预期目的，曾考虑过不同的征伐方略。这些反复的占卜，透露出商代虽然战争很多，但"慎战"的思想确实已经出现。

2. 战术的考虑

在殷墟甲骨文中，保存少量与庙算相关的卜辞，可以窥见商代战争已出现关于兵机战术的考虑，如前所述，伐巴方时设计王师主攻"自东罙伐"，由妇好布阵埋伏，已开奇正战术先河。不仅如此，在小屯南地发掘出土的卜骨中，见有两版康丁伐夷方卜辞，分别作：

图 7—27　《屯南》2350 局部　　　图 7—28　《屯南》2064

14. 王以众合右旅［眔左］旅，舌于雠，戋。在雠。（《屯南》2350，图 7—27）

15. 王族其敦夷方邑雋，右、左其𤔲。
    弜𤔲，其酭雋，于之若。
    右旅［不］雉众。（《屯南》2064，图7—28）

两版甲骨虽不出于同一灰坑，但事类均与伐雋相关，很可能是为同一事进行的连续占卜遗存。有研究者提出𤔲，疑从吕声，读为"营"，意思是环绕；酭，从串声，读为"串"，意思是贯穿；"合"可读为迨（会）①，这两组卜辞是卜问王亲率中旅会同左旅、右旅攻打夷方的雋邑是否能达到预期目的；在兵力部署上，以王之中旅正面攻击，钳制敌人主力，左右二旅部署用"𤔲"的迂回侧击。抑或不用𤔲法，而采取酭的部署进搗，出奇兵制胜。并且考虑用此战法，右旅是否要"雉众"——增加步兵的战斗编成。这表明康丁伐夷方的雋邑在实际上已经采取了后来兵法中的"奇正"战术，即《孙子兵法·势篇》所说"三军之众，可使必受敌而无败者，奇正是也"，"凡战者，以正合，以奇胜。"曹操曰：正者当敌，奇兵从旁击不备也。② 此外，第一版卜辞有"在雋"、第二版卜辞有"其酭雋，于之若"，可见占卜之地是在雋郊，应该是兵临城下，对地形等战场形势有了进一步了解后，对具体战术的制定。

甲骨文中，利用地形考虑兵机战术的实例还有如：

16. 辛亥卜，㱿，贞令𢍰以□御方于陟，设。（《合集》4888，图7—29）

17. □［酉］卜，贞［𢍰于］上御方。五月。（《合集》6801，图7—30）

18. 贞𢍰于下御方。（《合集》6800，图7—31）

图7—29　《合集》4888

---

① 李学勤：《商代夷方的名号和地望》，《中国史研究》2006年第4期。
② 《新编诸子集成》，杨丙安校理《十一家注孙子校理》，中华书局1999年版，第86—87页；参见中国大百科全书军事卷编审室编《中国大百科全书·军事》战术分册，军事科学出版社1985年版。

图 7—30　《合集》6801　　　　　图 7—31　《合集》6800

辞中的"菁"为人名，这三条令菁"御方"的卜辞字体相同，应是同一时期为同一事所卜。陟，《尔雅·释诂》："陟，陞也。"《玉篇·阜部》："陟，高也。"应是指一处自低至高的险要通道，类似汤伐桀"升自陑"，进入晋南，决战于鸣条。方是北方之敌，其活动地域也包括了陕西南部的某些地区，"御方于陟"当是在太行山、中条山的某些南下中原的必经之路设下埋伏，迎击入侵之敌。设，或释"凿"，尚无定说，在甲骨文中的用法，或是表示天垂象以示吉凶，常见于关于征伐卜辞的占辞，往往作某日有设吉，某日有设则不吉；或作祭名及用牲之法，如"设六人"[1]，在此辞中用法尚难确认。对于后两条卜辞，有研究者提出辞中的"下"，指地势低下之处，"上"，指地势高亢明敞之处，行军作战要正确利用地形，也就是《孙子兵法·地形篇》所说"夫地形者，兵之助也"[2]，其说有理。从这组卜辞可知，武丁针对某次方方的入侵，不仅确定是否要在敌人必经的险道进行阻击，还要考虑将阵位设在高端还是低处更为适宜，充分显示出当时对于兵机战术的考虑相当细致。

甲骨文中，还有关于发起进攻时间的占卜，如

19. 戍兴伐，邲方食……
　　于方既食，廼伐，戋。（《合集》28000，图 7—32）

---

[1]　分别见于《合集》6441、6485，《合集》22600。

[2]　黄天树：《说殷墟甲骨文的方位词》，《2004 年安阳殷商文化国际学术研讨会论文集》，社会科学文献出版社 2004 年版。

研究者提出在此"邲"作表示时间关系的介词,"必"、"比"古音极近,"邲"似应读为"比",当"及"、"至"或"临近"讲,这组卜辞卜问究竟是到敌人吃饭的时候就发起进攻好,还是等待敌人吃完饭再进攻好①。将进攻时间与敌人吃饭时间联系起来仔细斟酌,显然是与用奇兵突袭的考虑联系在一起的。

3. 战机的把握

在与征伐相关的动词中有祟,多释希,用为祟,如"令區祟方"、"令戎祟方"②,而在这类卜辞中,有时后缀"我",与前面的动词如"祟"相呼应,如:

20. 己亥卜,王,祟方我。(《合集》20466)

图7—32　《合集》28000

21. 贞勿日祟方我。(《合集》6767)

22. 乎㠯祟小方我。(《合集》20472,图7—33)

23. 乎祟戎我。(《合集》5048)

24. 贞戊得方𢦏,戋。(《合集》6764、6765,图7—34)

25. 贞雀得遘我。

贞雀弗其得遘我。(《合集》6959)

这类卜辞中的"我"颇难得其解,后,裘锡圭提出,辞中的"我"并非表示你我之"我",应读为"宜",因为在古代"宜"和从"宜"声的"谊"跟"義"("义"的繁体)是通用字。考订"義"从"我"声,所以"我"和从我声的"娥"可以读为"宜",古代出征有"宜"祭,"令诛伐得宜,亦随其宜而告也",因此征伐卜辞中的"宜"(我)指与敌作战的适宜机会。𢦏,可能是我字的繁体,也可能是"戎我"二字的合文,因此以上辞例都是与抓住

---

① 裘锡圭:《释"祕"》,《古文字研究》第三辑,中华书局1980年版。

② 《屯南》604、《合集》20469、20466。

适宜战机有关的占卜遗存①。

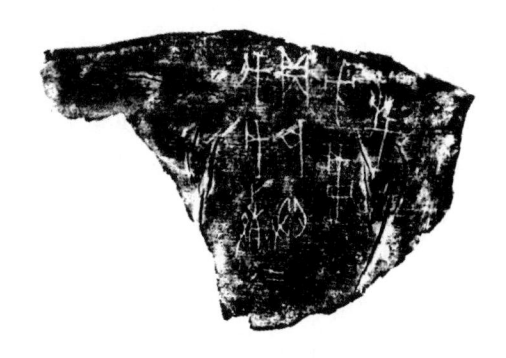

图 7—33　《合集》20472　　　图 7—34　《合集》6764、6765

这一考订是有道理的，可以补充的是学者多列举甲骨文希（祟）同于《说文》古文的"杀"字，因此祟有杀伐的意思。得，甲骨文作🖐，是从手、从贝的会意字，《左传·成公九年》有"杨虎归宝玉、大弓，书曰'得'器用也。凡获器用曰得，得用焉曰获"。春秋时俘人曰获，获器用曰得，但在商代俘人也用"得"，如前述武丁时有一组伐𢀛𢀛的卜辞，包括"贞𢀛𢀛众人得"②的占卜，"得"表明灭𢀛𢀛以后，俘获其族众为商王朝所用。又，卜辞有"得四羌在秉。十二月。"同版"乙亥卜，贞伐羌"，可知征伐擒获羌人俘虏也可称"得"，商代被擒获的羌人往往沦为奴隶，如"羌刍"就是羌人畜牧奴隶，作为劳动奴隶的羌、刍等往往会有逃亡发生，殷墟甲骨文的验辞曾见"有𡆼刍自益十人又二"、"㠱刍𡆼自㕣圉六人"③，卜辞则常见关于逃亡

---

① 裘锡圭：《释"求"》，《古文字研究》第十五辑，中华书局 1986 年版。
② 《合集》66。
③ 《合集》137、139。

者能否抓捕回来的占卜，如"贞生甾不其得"、"贞生甾得。不其得"、"贞生羌得。贞生羌不其得"① 等，这些都证明甲骨文中的"得"包括捕获的意思，所以"祟方我"、"祟戎我"，是卜问杀伐、歼灭入侵之敌的适宜时机是否成熟；"得亘我"、"得方戈"是卜问擒获敌酋的时机是否成熟，出兵的预期目的能否达到。所以殷墟甲骨文中这一类卜辞的存在，反映商代对外征伐是注重对战机把握的。

（二）"知彼知己"的军事实践

《孙子兵法》在谋攻篇、地形篇中，都曾总结"知彼知己，百战不殆"，"知彼知己，胜乃不殆；知天知地，胜乃可全"。研究者指出，"知彼知己"是《孙子兵法》制胜之道的出发点②，而这一思想的根深扎在商代军事斗争的实践中。如果说古文献中，汤伐桀派伊尹间夏的记载还带有古史传说的性质，难免有所缘饰，殷墟卜辞则是当时留下的文字记录，充分显示出商代对掌握敌方动态非常重视。

1. 甲骨文的侦察用语

甲骨文中用作观察、监视之义的动词也比较丰富，有望、见、目等。

望，甲骨文作 、 作人登高望远之形，武丁卜辞有：

26. 贞乎望舌方。（《合集》6186）
27. 贞勿乎望舌方。（《合集》6189、6191）
28. 贞勿登人乎望［舌］方。（《合集》6182）
29. 贞勿乎昌望舌方。（《合集》6192）
30. 贞□人叀王自望戎。（《合集》7218）

辞中的"望"显然是瞭望、监视、侦察的意思。

见，甲骨文作 、 ，相关辞例有如：

31. 贞乎见舌，戋。（《合集》6193）
32. 贞乎见方。（《合集》6740）

---

① 《合集》131、133、505。
② 军事科学院主编：《中国军事通史》第二卷，黄朴民著《春秋军事史》，军事科学出版社1998年版。

33. 贞令立见方。(《合集》6742)
34. 贞乎见戎。(《合集》6431、7744)
35. 贞乎登见戎。(《合集》7384)

辞中"见"的含义显然与"望"有相近之处。由于在征伐卜辞中曾见"贞登人五千乎见舌方"与"贞舌方亡闻"同版(图7—35:《合集》6167)①，在其他事类的卜辞中，"见"还常用为"献"，所以在征伐卜辞中，"望"和"见"的区别当分别为远距离的监视和逼近侦察、搜寻。

目，在甲骨文中是眼睛的象形，除作名词外，也用为动词，如：

36. 贞乎目舌方。(《合集》6195)
37. 贞勿乎目舌方。(《英藏》556)

或以为辞中的"目"其义不详，但其结构与"乎望舌方"、"乎见舌"相同，也应有侦察、监视之义。

对掌握敌情的重视，还表现在动用的人力上，从上述卜辞可见，除了王亲自主持监视敌人动态外，还往往命令臣下昌、立、登等负责侦察、搜寻敌人动态，并且由于"舌方亡闻"，即失去舌方活动

图7—35 《合集》6167

的线索，拟聚众五千搜寻其消息。类似卜辞还有如："贞勿执多棘乎望舌方"、"贞勿冒人三千乎望舌 [方]"②。总之，征伐卜辞中有一批关于"望"、"见"、"目"的占卜，与"舌方不隹虫闻"、"舌方亡闻"③ 相呼应，反映出在商代对了解敌情的重视，为此可以通过不同途径、征调动用各阶层人力、区别不同情况用不同的方法实施侦察活动。

---

① 《合集》6167。
② 《合集》547—549、6185。
③ 《合集》6150、6167。

2."来告"与"立史"

除了这些战时的部署以外,商王朝的外服侯伯及设在四方四土军事据点的执掌者,都有责任及时报告入侵之敌的动态,如前所述武丁卜辞的验辞中,记录了来自殷之西、北的舌方、土方等入侵报告的有微友角、微友唐、微戈化、沚馘、雀、蚁妻笎、子嫐等①,此外还有来自东妻的报告,如:

38. 甲午卜,𠭴,贞翌乙未昜日。王占曰:业祟,丙其业来艰。三日丙申允业来艰自东妻,[告]曰:兒……

39. 庚子卜,王,贞。王占曰:其业来闻。其佳甲不…(《合集》1075)

40. ……东妻告曰:兒伯……(《合集》3397)

41. 癸未卜,贞旬亡祸。三日乙酉业来自东妻,乎卓告旁戎。(《合集》6665,图7—36)

这组卜辞不仅说明东方也有军事据点,从"其业来闻"的占辞还可知当时有各地要定期闻报的制度,而来报内容不仅有敌方入侵、与国反叛、奴隶逃亡,还见关于是否有送来畜牧奴隶报告的卜辞,以及"之日伲至,告[曰]雀来以羌刍"的验辞②。

不仅如此,必要时商王朝廷还要向四方四土派出武官,即"立史",如廪康卜辞有"方大出,立史于北土"③,可知立史与边境不宁有关,武丁时西北是防御重点,同样也派出有"史",卜辞数见"我西史亡祸"、"我史其戋方"、"在北史有获羌"④,西史、北史外,还

图7—36 《合集》6665

---

① 《合集》138、584、1760、6057—6060、6064、6065。
② 《英藏》756。
③ 《合集》33049。
④ 《合集》5636、6771、914。

有"东史"、"立史于南"①，史为武官，参与地方征伐之事②，此外，还应充当中央与地方的联络官，武丁卜辞有：

  42. 壬辰卜，内，五月史㞢至。
    今五月史亡其至。
    六月㞢来曰：史㞢疾。（《合集》13759，图7—37）

图7—37 《合集》13759

这是一龟背甲，反面一组对贞，卜问派出的史五月是否回朝述职，正面记事刻辞或验辞，记史因患病五月未能至朝廷。于此可见史与中央王朝要保持经常的联系，武丁伐𢍰方的卜辞曾见"贞弜不丧在南土，冎告事"、"贞雀亡祸

---

① 《合集》5635、5512。
② 胡厚宣：《史为武官说》，胡厚宣主编《全国商史讨论会论文集》（《殷都学刊增刊》），1985年版。

南土，凸告事"、"贞多冒亡祸在南土，凸告事"①，是关于南土战事情报的占卜，传递情报的"告事"者，当包括"南史"。

廪辛、康丁伐𢀛伯美，也有一组与派出"史"官相关的占卜，如：

41. 自貯其乎取美御［史］。
　　王于𢀛，使人于美，于之，及伐，望，王受又。
　　𢀛取美，御史于之，及伐，望，王受又。隹用。
　　王其比，望再册，光及伐，望，王弗每，又戋。（《合集》28089，图7—38）

卜辞解读已见廪辛康丁伐𢀛方的战争，简言之这组卜辞反映商王朝晚期与𢀛方矛盾激化，商王考虑的几个应对方案，一是卜问令自貯强行将𢀛伯美送往商王行政事场所问罪；二是卜问暂缓军事行动，派人至美，首先尝试用政治的手段解决矛盾，待到必须用军事征伐的手段时，改行观察、掌控敌人动态的方案是否为上策，这一策略经过再次占卜认定；三是卜问当战争不可避免，册命"望"为主将，王师为后盾，先行派出的"光"负责监视、侦察敌情是否可以达到预期目的。从这组卜辞可见商代对外征伐，不仅重视对敌情的了解，而且已有了后发制人的萌芽。

(三)"止战为武"思想的萌芽

军事与外交相结合，后发制人，还集中体现在对"周"的策略上，周人先世就是一个古老的农业族，发祥于关中西部，早期活动于邠县、麟游、岐山、武功一带，

图7—38　《合集》28089

---

① 《合集》20576。

靠近或属于和畜牧民文化交错的地带，屡有迁徙，但始终以农业为主。周，甲骨文作囲，像种植了作物的田地，金文同，或加口作𠃬，所以周族得名有可能不是因来到周原才称之为周，而是将自己的族名带到这片丰饶的土地，才有周原之称。相传周人的始祖弃与商人的始祖契同处于尧舜禹时代，相当于夏商之际或商代早期的公刘时代，周人已有了雏形的国家，王应麟曾指出："以《公刘》之诗考之，君之宗之，宗法始于此；其军三单，军制始于此；彻田为粮，彻法始于此，周礼有自来矣。"① 大约相当于祖乙之时的高圉时代获得了进一步的发展，高圉在周人谱系中的地位，约略相当于商人国家的创建者上甲，享有"国之祀典"的报祭，《国语·鲁语上》记述："上甲微能帅契者，商人报焉；高圉、大王能帅稷者也，周人报焉。凡禘、郊、祖、宗、报，此五者国之祀典也。"今本《纪年》有"祖乙十五年，命邠侯高圉"、"盘庚十九年，命邠侯亚圉"、"祖甲十三年，命邠侯组绀"，说明高圉以后，与商王朝发生比较密切的联系，因此武丁卜辞中多见关于周的卜辞，并对周采取特殊的政策是很自然的。

在殷墟出土数以十万计的甲骨中，征伐卜辞占有很大比例，但是唯独如对周用兵使用了动词"戜"，如卜辞有：

42. 贞令多子族比犬侯戜周叶王事。五月。（《合集》6812）

43. 贞令多子族眔犬侯戜周叶王事。
    贞令多子族以犬眔𡨦咠叶王事。（《合集》6813）

44. 贞令放以多子族戜周叶王事。（《合集》6814、6815）

45. ［贞令□］以多［子族比］蒙侯戜周叶王［事］。（《合集》6817）

46. 贞令旃比蒙侯戜周……（《合集》6816）

47. 贞惠𢀛令比戜周。（《合集》6822，图7—39）

图7—39 《合集》6822

戜，甲骨文作𢦏，唐兰考订是璞之本字，在卜辞文例中都介于两名词中，必

---

① （宋）王应麟撰：《困学纪闻》卷三诗，四库全书本。

为动词，周为殷之邻敌，是必征伐之事，当读为戬。戬、薄音近，故《诗》称"薄伐玁狁"①。

近年有研究者提出，通过偏旁分析，戬，当读"翦伐"之翦，甲骨文"🐛周"即"翦周"，《诗经·鲁颂·閟宫》"居岐之阳，实始翦商"，"翦周"的说法与"翦商"正相同。翦、践不是一般的击伐，而带有斩尽杀绝的意味②。然而，如前所述，甲骨文表示征伐的动词中有𢦏，释为戋，柯昌济认为𢦏当通划，据清阮元等撰集《经籍籑诂》，"《诗·甘棠》'勿翦勿伐'释文引《韩诗》作'勿划勿伐'"，在传世文献中作为征伐动词的"戋"通"翦"，前人多有论述，甲骨文既然已有"翦"，🐛不当再释"翦"。《书序·周书》有"成王既践奄，将迁其君于蒲姑，周公告召公，作《将蒲姑》"，亡。《尚书注疏》孔颖达疏："郑玄读践为翦，翦，灭也。"孔安国传："已灭奄，将徙其君及人臣之恶者于蒲姑。"说明翦当释"灭"，却非"斩尽杀绝"，禹鼎铭文有"翦伐噩侯御方，勿遗寿幼"，所以要为某次翦伐加上"勿遗寿幼"的说明，更显示出"翦"字本身仅释为"灭"。所以关于"🐛周"的新释，尚存不少疑义。

戬，即使以"薄伐玁狁"类比，也还存有疑义，首先，张政烺曾指出《诗经》及虢季子白盘、兮甲盘、㜏钟铭文中，共六条关于"薄伐"的资料，都是对异族侵略者讲的，且为西周后半期的文献，去卜辞已数百年③，而从上述辞例可知甲骨文中"戬"并未与伐字结合成词组，语义会有所不同，而且对于《诗·小雅·六月》"薄伐玁狁"、《出车》"薄伐西戎"之薄伐，除了一般释为征伐、讨伐外，前人还根据"薄之为言聊也，盖不劳余力矣"，解释为"逐出之而已"、"略震惧之也"、"薄伐则亦但问其罪，使之自服，而亦不假于兵力也"④。这并非毫无道理，从卜辞看，"戬周"确实也有类似的特点，在"戬周"的卜辞中，对派出者的阵容有如此多的斟酌。考虑的人选包

---

① 唐兰：《殷墟文字记·释箭》，转引自于省吾主编《甲骨文字诂林》，中华书局1996年版，第2046页。

② 刘钊：《利用郭店楚简字形考释金文一例》，《古文字研究》第二十四辑，中华书局2002年版。

③ 张政烺：《释"戈"》，《古文字研究》第六辑，中华书局1986年版。

④ 《毛诗注疏》卷十七《六月》引毛传、（宋）朱子撰《诗经集传》卷四，小雅、（明）梁寅撰《诗演义》卷九小雅一、（明）季本撰《诗说解颐正释》卷十五，四库全书本。

括多子族、犬侯、蒙侯以及㐭罟、㱿、旃等；阵容的搭配有多子族和犬侯、多子族和犬及㐭罟、㱿和多子族、多子族和蒙侯、旃和蒙侯等；搭配形式更有"比"、"眔"、"以"等种种考虑，在征伐卜辞中，以（或释氏）为挈，为统①；比当训为比次②；眔，同暨、及。所以即使是同一种组合，也还要仔细斟酌是让多子族为前导，犬侯为后盾；还是让多子族与犬侯一道前往；抑或让多子族统领犬及㐭罟人前往。反复比较，以求得一个最佳方案，透露出与后世"不战而屈人之兵"的思想应有某些联系。不仅如此，王令"戡周"，还求参与者打着"叶王事"——勤劳王事的旗号，这也区别于一般征伐行动。

此外，甲骨文有㊣，释为"宓"，如卜辞有：

48. 王令周宓㞢。（《合集》4886）
49. 贞王令刚宓㞢配。（《屯南》920）
50. 贞雀宓䍃亡祸。（《合集》22317，图7—40）
51. 叀王令□宓。（《合集》34428）
52. 贞勿［乎］宓龠。（《英藏》406）
53. 取射甾乎宓□。（《合集》31996）

图7—40　《合集》22317

研究者提出"宓"当训为安、宁，《说文》宀部："宓，安也"，《淮南子·览冥》高注"宓，宁也"。"宓䍃""宓龠"可能与西周铜器盂爵、寰卣铭文中的"宁邓伯"、"安夷伯"一类事同性质。甲骨文还有㊣，从卜辞文例看，用作动词时，似与"宓"实表一词，也应读为"宓"，并且都可以解释为当"敕戒"讲的"毖"③。在以上辞例中，㞢、㞢、䍃、龠都是国族名，说明在商代虽然兵刑不分，但在发生矛盾和冲突的时候，并非一味使用暴力，特别是对于周边服属的小国，使用一个与"征"、"伐"、"敦"有别的"宓"字，表明首先考虑用政治的手段使

---

① 胡厚宣：《商非奴隶社会论》，《甲骨文商史论丛初集》，河北教育出版社2002年版，第143页。

② 于省吾：《释战后狩猎》，《甲骨文字释林》，中华书局1979年版，第276页。

③ 裘锡圭：《释"柲"》，《古文字论集》，中华书局1992年版，第25页。

其安宁，尽管从"取射畣乎宓"看，"敕戒"往往不可避免的会以武力为后盾，但仍可以看出商代已经出现了刚柔并济、止战为武的思想萌芽。而"王令周宓业"说明在周方降服顺从商王朝以后，武丁进而让周方敕戒周边小国使其安宁顺从，证实武丁"戮周"不是对周采取"带有斩尽杀绝的意味"的政策，相反，印证了古本《竹书纪年》关于武乙、文丁都曾命周王季为殷牧师的记载是可信的。

止战为武的思想至少在春秋时已经形成，在《左传·宣公十二年》记载邲之战后，楚庄王曾谈到武有七德："夫武，禁暴、戢兵、保大、定功、安民、和众、丰财者也。"并说从文字构成看"夫文，止戈为武"。对文字的解释已认为"武"是一个会意字，由止、戈两部分组成，含义是用暴力禁暴整乱，止息兵戈。近世，古文字学家往往批评这种解释是"断章取义"，因为这并非是"武"字的本义，在甲骨文中"武"从戈从止，但甲骨文的"止"不是止息的意思，而是足迹的象形，如甲骨文有龀，商代金文写作龀①，由此可见构成"武"字的"止"，本义不是"止息"，而是"出行"，执戈而行，当然就是出征了。释字虽有误，但它反映了至少在春秋时已经形成"止戈为武"的思想，而它的根则至少扎在商代。

---

① 《商周金文集成》6336 正瓠。